Thomas Schlag

Martin von Nathusius und die Anfänge protestantischer Wirtschafts- und Sozialethik

W
DE
G

Theologische Bibliothek Töpelmann

Herausgegeben von
O. Bayer · W. Härle · H.-P. Müller

Band 93

Walter de Gruyter · Berlin · New York
1998

Thomas Schlag

Martin von Nathusius und die Anfänge protestantischer Wirtschafts- und Sozialethik

Walter de Gruyter · Berlin · New York
1998

♾ Gedruckt auf säurefreiem Papier,
das die US-ANSI-Norm über Haltbarkeit erfüllt.

Die Deutsche Bibliothek – Cataloging-in-Publication Data

Schlag, Thomas:
Martin von Nathusius und die Anfänge protestantischer Wirtschafts- und Sozialethik / Thomas Schlag. – Berlin ; New York : de Gruyter, 1998
(Theologische Bibliothek Töpelmann ; Bd. 93)
Zugl.: München, Univ., Diss., 1996/97
ISBN 3-11-015862-0

Printed in Germany
Druck: Werner Hildebrand, Berlin
Buchbinderische Verarbeitung: Lüderitz & Bauer-GmbH, Berlin

Gewidmet meinen Eltern Anni und Rudolf Schlag,
denen ich das Wesentliche verdanke

Vorwort

Die vorliegende Arbeit wurde im Wintersemester 1996/97 von der Evangelisch-Theologischen Fakultät der Ludwig-Maximilians-Universität München unter dem Titel „'Herrliche Freiheit ... glücklichere Allgemeinheit'. Martin von Nathusius (1843-1906) und die Anfänge protestantischer Wirtschafts- und Sozialethik“ als Dissertation angenommen und für die Drucklegung durchgesehen und gekürzt.

Mein ganz besonderer Dank gilt Prof. Dr. Dr. h. c. Trutz Rendtorff, der nicht nur die Entstehung dieser Arbeit anregend und hilfreich begleitet und mir die notwendige Zeit für deren Fertigstellung eingeräumt hat, sondern der mir in meinen Jahren am Institut für Systematische Theologie immer mit weit mehr als nur wissenschaftlichem Rat wegweisend zur Seite stand.

Herrn Prof. Dr. Gunther Wenz danke ich sehr herzlich für die wohlwollende Zweitbegutachtung der eingereichten Dissertation. Prof. Dr. Klaus Tanner sei für seine Begleitung beim „Entdeckungsprozeß“ von Nathusius ebenfalls ein herzlicher Dank ausgesprochen.

Die Lust und Last des Schreibens und Lesens wurde nicht nur vom „Chef“, sondern von der ganz besonderen Atmosphäre am Münchener Institut in Gestalt von Dr. Stefan Pautler, Dr. Traugott Roser, Dr. Friedemann Voigt, Cornelia Lehner und Barbara Hepp mitgetragen. Cornelia Lehner hat mich immer wieder angestiftet, genau und geduldig zu recherchieren, aber nicht nur damit mehr geholfen als sie ahnt. Daneben haben Jobst Bösenecker und Andreas Goerlich aufmerksam gelesen und korrigiert.

Von unschätzbarem Wert während dieser Zeit waren die Münchener Freunde, die mich immer wieder wirkmächtig vom Schreibtisch in die kulturellen Kontexte des 20. Jahrhunderts zurückgeholt haben. Für die freundliche und verständnisvolle Aufmerksamkeit während des neuen „Vikarsdaseins“ in Bad Boll, vor allem in der Rigorosums- und Drucklegungsphase, danke ich herzlich Pfarrer Hellger Koepff und Pfarrerin Annette Roser-Koepff sowie meinen bedeutsamen Teamkollegen Vikarin Regina Glaser und Vikar Matthias Hestermann.

Großzügige Druckkostenzuschüsse wurden mir von der Evangelischen Landeskirche in Württemberg, dem Diakonischen Werk der EKD sowie vom Familienverband Nathusius gewährt. Zu danken ist schließlich den Herausgebern der Theologischen Bibliothek Töpelmann für die Aufnahme in diese Reihe sowie den Verantwortlichen des Verlages Walter de Gruyter für die unkomplizierte Zusammenarbeit.

Bad Boll, im Advent 1997 Thomas Schlag

Inhaltsverzeichnis

Einleitung

Das inzwischen geflügelte Wort „Der freiheitliche, säkularisierte Staat lebt von Voraussetzungen, die er selbst nicht garantieren kann“[1], bezieht sich nur auf den ersten Blick ausschließlich auf ideengeschichtlich eruierbare Normen und Werte als die geistigen Traditionen des demokratischen Gemeinwesens. Das Aufspüren gegenwartsrelevanter Vergangenheit bringt weit mehr ans Tageslicht als nur die ideellen Grundlagen und Gehalte dieser Vergangenheit, nämlich die Manifestationen und Gestaltungskräfte, in denen geistige Suchbewegungen durch die Zeiten hindurch ihren Niederschlag gefunden haben.

Den historischen Hintergrund der vorliegenden Untersuchung bildet die Institutionalisierung und Ausgestaltung des deutschen Sozialstaates und der ihn initiierenden und tragenden Reformbewegungen während der zweiten Hälfte des 19. Jahrhunderts. Das deutsche Modell des Sozialstaates ruht auf Fundamenten, die in den letzten einhundertfünfzig Jahren nicht nur ideell geprägt, sondern auch institutionell geformt und individuell mitgestaltet worden sind. Im Rahmen der vorliegenden Untersuchung wird für diesen spezifischen historischen Hintergrund davon ausgegangen, daß eine ausschließlich ideengeschichtlich ausgerichtete Reflexion über die Gründung sozialstaatlicher Fundamente nicht ausreichend sein kann, da das sozialstaatliche Gebäude der Gegenwart ohne die Betrachtung der konkreten Präge- und Gestaltungskräfte nur unzureichend ausgeleuchtet bleibt. In diesem Sinn sollen ideelle, institutionelle und individuelle Traditionen, die für das deutsche Modell relevant waren, eruiert werden, indem der Fokus auf ein möglicherweise charakteristisches *Argumentationsmuster* und eine konkrete *Einflußnahme* im Kontext des *deutschen Sozialprotestantismus* gerichtet wird.

Dies geschieht durch die Behandlung von Werk und Leben des protestantischen Theologen *Martin Friedrich Engelhard von Nathusius*, der am 24. 9. 1843 in Althaldensleben bei Magdeburg geboren wurde und - als Professor für Praktische Theologie - am 9. 3. 1906 in Greifswald starb. Untersucht werden einerseits das von ihm konzipierte sozialethische Programm sowie die damit in Zusammenhang stehenden methodologischen und theologischen Grundlegungen. Andererseits wird die Frage nach Nathusius' *praktischer Beteiligung*, verstanden als *Begleitung* diverser sozialstaatlicher Institutionalisierungsprozesse, aufgeworfen. Der Hauptzielpunkt der exemplarischen Darstellung besteht darin, anhand der engen Verflechtungen von Nathusius

---

[1] E. W. Böckenförde, *Die Entstehung des Staates als Vorgang der Säkularisation*, S. 112.

mit den dogmatischen und ethischen Debatten der Zeit sowie seiner vielfältigen Begleitungsstrategie der damaligen *christlich-sozialen* und *kirchlich-sozialen* Aktivitäten charakteristische ideelle Beweggründe und institutionelle Auswirkungen protestantischer Glaubenspraxis in bezug auf eben diese deutsche Etablierung des Sozialstaates herauszuarbeiten. Vom Gedanken einer protestantischen *Begleitung* aus soll zur Klärung der Frage beigetragen werden, in welchem Sinn hier von einer Wechselwirkung zwischen argumentativer theologischer *Begründung* und aktiver *Partizipation* die Rede sein kann. Grundfragen theologischer Ethik stellen sich damit nicht nur angesichts des von Nathusius präsentierten Programms, sondern ergeben sich auch im Rahmen der vorliegenden Darstellung seines Werkes und Lebens.

Diese exemplarische Betrachtung einer *theoretischen wie praktischen Begleitungsstrategie*[2], die möglicherweise für eine bestimmte 'Spielart' des Protestantismus überhaupt charakteristisch ist, bringt zugleich eine Näherbestimmung des Untersuchungszeitraums mit sich, die sich aus der Biographie des Theologen Nathusius selbst erklärt. Der Blick auf die Lebenskontexte von Nathusius läßt es als gerechtfertigt erscheinen, ihn in den Komplex protestantischer Begleitungsstrategien der Sozialstaatsentwicklung während der gesamten zweiten Hälfte des 19. Jahrhunderts einzuordnen. Allerdings gewinnt die Begründung und Ausgestaltung dieser Begleitung vor allem ab dem Ende der siebziger Jahre bei Nathusius eine neue Qualität und Intensität. Die Konzentration innerhalb der vorliegenden Untersuchung auf den Zeitraum von 1871 bis in die ersten Jahre des 20. Jahrhunderts erklärt sich daher nicht primär aus den äußeren Daten des wilhelminischen Vorkriegskaiserreichs, sondern aus Nathusius' Lebensdaten und zugleich aus seinen intensivsten christlich-sozialen bzw. kirchlich-sozialen Aktivitäten, die gleichwohl niemals von eben jenen geschichtlichen Entwicklungen unberührt geblieben sind.

1. Forschungsstand

Die Bühne der Theologiegeschichte hat Nathusius als eigenständige Figur bisher noch nicht betreten. Daß bis heute keine umfassende biographische oder werkgeschichtliche Darstellung über ihn vorgelegt wurde, ist in erheblichem Maß bereits auf die zeitgenössische Wahrnehmung seiner Person und die Rezeption seiner Schriften zurückzuführen.

---

2 Inwiefern es sich bei dieser Art der Begleitung um eine bewußte *Strategie* im Sinn eines taktisch durchdachten Vorgehens handelt, wird zu erörtern sein. Einstweilen soll damit nur Nathusius' Versuch der Grundlegung eines stimmigen Wirklichkeitsdeutungs- und Handlungsmusters zum Ausdruck gebracht werden.

Im Hinblick darauf scheint er auf den ersten Blick lediglich für Ernst Troeltsch wenigstens zum Stichwortgeber geworden zu sein. Dieser machte ihn im Zusammenhang des Entstehungsprozesses seiner 1912 erschienenen *Soziallehren der christlichen Kirchen und Gruppen* zumindest namhaft, wenn auch in einer Weise, die miterklärt, weshalb der Greifswalder schon sehr bald in Vergessenheit geriet. Im Rückblick auf die Entstehungsgeschichte der *Soziallehren* berichtete Troeltsch 1922, daß der Besprechungsauftrag des sozialethischen Hauptwerks von Nathusius *Die Mitarbeit der Kirche an der Lösung der sozialen Frage* geradezu bewußtseinsfördernd gewirkt habe - allerdings kaum in positiv inspirierender Weise, sondern eher im Sinn einer Negativfolie: „Die Aufforderung zur Rezension [durch den Besitzer und geschäftsführenden Herausgeber des *Archivs für Sozialwissenschaft und Sozialpolitik* Edgar Jaffé, Th. S.] eines elenden Buches von Nathusius über die ‘Soziale Aufgabe der Evangelischen Kirche’ brachte mir meine und unsere Unwissenheit über diese Dinge zu Bewußtsein, und ich schrieb statt einer Rezension ein Buch von annähernd tausend Seiten“[3]. Troeltsch nahm den Greifswalder über dessen wissenschaftliche Defizite hinaus schließlich vor allem als Repräsentanten eines quietistisch-konservativen Luthertums wahr, durch dessen Behandlung er das Gefecht mit der abzulehnenden Richtung in ihrer Gesamtheit austragen wollte. Für die protestantische Theologie schien das Werk von Nathusius mit dieser Signierung als eines „elenden“ durch den epochalen Wurf der *Soziallehren* endgültig erledigt.

Troeltsch scheint nicht der einzige Zeitgenosse gewesen zu sein, der Nathusius’ Einbindung in die theologischen und ethischen Debatten seiner Zeit für ein insgesamt vernachlässigbares Faktum hielt. Zwar konnte ihn etwa die *Leipzig-Berliner Illustrierte Zeitung* 1899 auf einem Titelblatt unter der Überschrift „Deutsch-protestantische Theologen“ mit den Einzelabbildungen und -beschreibungen von Adolf v. Harnack, Wilhelm Herrmann, Otto Pfleiderer, Christoph Ernst Luthardt und weiteren zwölf Theologen der Zeit vereinen[4]. Und der politisch-satirische *Kladderadatsch* zeichnete „St. Nathusius von Gryps“ gemeinsam mit Adolf Stoecker und Heinrich Engel, dem Chefredakteur des konservativen *Reichsboten* als verschreckte Trias angesichts weiterführender Sozialreformen und als *die* Repräsentanten der reformskeptischen Reaktion[5]. Doch bereits Ende des letzten Jahrhunderts lassen sich in

---

3 E. Troeltsch, *Meine Bücher*, S. 11. Zur Datierungsfrage s. F. W. Graf, *„endlich große Bücher schreiben“*, S. 29f. Auch in den *Soziallehren* wies Troeltsch auf die äußerliche Veranlaßung durch die *Mitarbeit* hin: „Ich fand dabei, daß alle Voraussetzungen für die Lösung einer solchen Aufgabe in der Literatur fehlten, und machte mich daran, die Grundlagen mir selbst zu verschaffen. Daraus ist dieses Buch entstanden. In diese Arbeit mündeten aber dann alle Interessen meiner Forschung ein“, *Soziallehren*, Anm. 510, S. 950.

4 Vgl. *Illustrierte Zeitung*, v. 17. 8. 1899.

5 Vgl. *Kladderadatsch*, v. 29. 3. 1896 u. v. 17. 5. 1897.

Abhandlungen über die einschneidenden Wandlungsprozesse evangelischer Theologie der Zeit meist nur Randglossen zu Nathusius' Beiträgen und öffentlichen Äußerungen finden.

In neueren Darstellungen zur Entwicklung protestantisch-sozialethischer Programmatik, zu christlich-sozialen Reformern und Reformleistungen, zu den einschlägigen protestantischen Foren der Zeit wie dem Evangelisch-Sozialen Kongress (ESK) und der freien Kirchlich-Sozialen Konferenz (KSK) wird Nathusius ebenfalls höchstens beiläufig erwähnt[6]. Wird er allerdings genannt, zeigt sich sowohl in den neueren wie schon den zeitgenössischen Darstellungen meist eine eher typisierende Rezeption. Man reiht ihn unbefragt unter die Vertreter einer orthodox ausgerichteten Theologie ein und schreibt ihm uneinsichtigen Biblizismus auf dem Boden eines streng polemisch-lutherischen Konfessionalismus zu. Festzustellen ist, daß sich die Wahrnehmung von Nathusius meist auf seine streitbarsten theologischen und politischen Aussagen bezieht und vor allem dasjenige Widerhall findet, was ihn als ausgewiesen reaktionären Vertreter seiner Zunft zum Vorschein bringt: einerseits sein latenter Antijudaismus und Antisemitismus, andererseits das von ihm präsentierte antiliberale und kapitalismuskritische Bild von Gesellschaft und Wirtschaft inklusive eines familienidyllischen Ständeideals romantisch-konservativer Prägung. Von diesem Gesellschaftsbild aus moniert man schließlich seine unzureichende Behandlung der Arbeiter- und Frauenfrage. Aufgrund diverser Aussagen zu den genannten Themen erscheint es allemal legitim, im Falle Nathusius das posthume Vergessen nicht weiter zu behindern.

---

6 E. I. Kouri, *Der deutsche Protestantismus*, berücksichtigt ihn ebensowenig wie W. Bredendiek, *Christliche Sozialreformer*, H. Budde, *Handbuch der christlich-sozialen Bewegung*, G. Brakelmann, *Die soziale Frage des 19. Jahrhunderts*, E. Beyreuther, *Geschichte der Diakonie* oder E. Thier, *Kirche und soziale Frage*.
M. Schick, *Kulturprotestantismus*, ist bisher der einzige, der Nathusius' sozialethisches Hauptwerk - allerdings in der 2. Auflage von 1897 - in die Debatten der Zeit eingezeichnet hat; weitere Schriften von Nathusius läßt er jedoch praktisch unberücksichtigt. W. R. Ward, *Theology, Sociology and Politics*, geht im Rahmen seiner Darstellung protestantischer Sozialethik zwischen 1890 und 1933 des öfteren auf Nathusius ein, ohne allerdings dessen Schriften systematisch zu erörtern. Jetzt findet Nathusius Erwähnung in T. Jähnichens Beitrag in G. Brakelmann/T. Jähnichen (Hg.), *Die protestantischen Wurzeln*, S. 148. Erstmals ausführlicher und systematisch zu Nathusius' sozialethischem Ansatz die jüngst erschienenen Beiträge K. E. Pollmanns, *Soziale Frage, Sozialpolitik und evangelische Kirche* und *Weltanschauungskampf*.
Von den Zeitgenossen ging Dietrich v. Oertzen in seinem Rückblick auf die Sozialreform *Von Wichern bis Posadowsky* immer wieder ausführlicher zumindest auf die aktive Beteiligung von Nathusius an den christlich-sozialen Fragen und Entwicklungen ein, während P. Göhres *Die evangelisch-soziale Bewegung* ganz von der Auseinandersetzung mit Stoecker geprägt war und Nathusius nicht im Blickfeld hatte. Später machte W. Frank wenigstens auf Nathusius' Aktivitäten zur Gründung der KSK im Jahr 1896 aufmerksam, vgl. *Stoecker*, S. 363, 365f.

Dennoch lohnt eine differenziertere Auseinandersetzung mit Nathusius' Leben und Werk. Denn einerseits erweisen sich seine theologischen Versuche als nicht zu unterschätzende Beiträge protestantischer Begleitung des sich entwickelnden Sozialstaates, andererseits sind Persönlichkeit und Wirken dieses Theologen signifikant für eine einflußreiche theologische Strömung der damaligen Zeit. Über die biographisch-werkgeschichtliche Einzelstudie hinaus kann somit vor allem eine *exemplarische Beleuchtung* von Nathusius fruchtbar werden. Diese Beleuchtung eines Theologen, der an vielen Stellen immer wieder im Fadenkreuz protestantischer Sozialstaatswahrnehmung stand, ermöglicht über dessen Person hinaus den Blick auf einen nicht unerheblichen Teil des zeitgenössischen Sittengemäldes eines theologisch fundierten, konservativ konnotierten Sozialprotestantismus.

Vom Anliegen einer auf „positionelle Verwertung zielenden Theologiegeschichtsschreibung"[7] will sich die vorliegende Untersuchung aus vielen Gründen fernhalten. Weder ist auf eine Apologetik zugunsten des konservativen Sozialprotestantismus abgezielt, noch soll diese Form protestantischer Begleitung ausschließlich auf ihre systematischen Defizite und antiliberalen Effekte geprüft werden. Vielmehr geht es zuerst um die Auffindung und Rekonstruktion der Gedanken, „die vergangene Subjekte unter bestimmten rekonstruierbaren Bedingungen hervorgebracht haben"[8].

Eine 'Heldengeschichte' verbietet sich aus vielerlei Gründen. Und doch sind es Nathusius' Selbstpositionierungen innerhalb des konservativen protestantischen Kontextes der Zeit sowie seine ohne Zweifel vorhandenen konstruktiven Beiträge, die meines Erachtens die Beschäftigung mit ihm rechtfertigen. Auf dem Hintergrund einer Untersuchung der ideellen, institutionellen und individuellen Entstehungsfaktoren des deutschen Sozialstaates erlaubt eine Darstellung dieses Ansatzes samt aller dort vorhandenen Aporien die aufschlußreiche Klärung der sozialstaatlichen Begleitung durch einen repräsentativen Vertreter dieser theologischen Strömung und damit auch die Beleuchtung dieses historischen Hintergrundes.

Daß Nathusius eben auch als ernsthafter und in einzelnen Fragen als kompetenter Gesprächspartner angesehen werden konnte, bestätigten diejenigen mit ihm disputierenden Zeitgenossen, die keineswegs auf seiner Linie lagen, seien es Wilhelm Herrmann, Adolf v. Harnack, Friedrich Naumann oder Rudolph Sohm. Daß sich mit dieser Kompetenz nicht in jedem Fall eine theologisch-positionelle Originalität verbinden mußte, mag zwar gegen Nathusius sprechen, ist aber dennoch ebenfalls signifikant für seine Selbstpositionierung. Daß sich bei ihm ein 'typisches' theologisches Argumentations- und Begleitungsmuster politischer Entwicklungen aufzeigen lassen wird, spricht nicht per se gegen die Bedeutung seines theologischen Schaffens. Im Einzel-

---

7 F. Wagner, *Theologiegeschichte*, S. 197

8 *A. a. O.*, S. 200.

fall wird sich darüber hinaus zeigen, daß angesichts vermeintlich klarer Typisierungen eine differenziertere Darstellung dieser theologischen Strömung nicht nur möglich, sondern ohne Zweifel von heuristischem Wert für die angestrebte Beleuchtung des historischen Hintergrundes ist.

In diesem Fragehorizont wird die Rede von „protestantischen Wurzeln“[9] des deutschen Sozialstaates eine detailliertere Verwendung finden müssen. Durch ein solches Bild scheint auf die Ergründung bestimmter Kausalitäten abgezielt zu werden. Hingegen ist fraglich, ob man die *Pointe* des Gedankens protestantischer *Begleitung* durch den Vesuch eines makroskopischen Aufweises genereller Kausalverhältnisse überhaupt erfassen kann.

Es erscheint somit sinnvoll, für eine Annäherung an die Verhältnisbestimmung von *Protestantismus und Sozialstaat* den Einsatzpunkt auf einer biographisch und werkgeschichtlich fokussierten Mikroebene zu wählen. Die für diese Untersuchung gewählte Reihenfolge - d. h. der Aufriß des biographisch Bedeutsamen *vor* Erörterung theoretischer Grundpositionen - erklärt sich vorerst aus der methodischen Vorentscheidung zugunsten klarer Darstellbarkeit. Die ausführliche Untersuchung einzelner Lebens- und Zeitkontexte, in denen Nathusius stand, soll wenigstens annäherungsweise die *Kontexte* und *Milieus* identifizieren, in denen Nathusius seine systematischen Abhandlungen verfaßte und vorlegte. Die *chronologisch* orientierte Darstellung reflektiert darauf, daß die Entfaltung der systematisch-theologischen Grundpositionen keineswegs in einer beiläufigen Beziehung zu Nathusius’ konkreten Lebensumständen stand, sondern neue Schwerpunktsetzungen jeweils oft erst infolge äußerer Veränderungen vorgenommen wurden. Die für Nathusius bedeutsamen religiös-kirchlichen und politischen Milieus und deren Veränderungen bildeten nicht nur einen zufälligen oder beliebigen Bodensatz für seine denkerische Arbeit, sondern sind als materiale conditio sine qua non seines theologischen Denkens und praktischen Wirkens zu begreifen. Die angenommene Wechselwirkung von theoretischer und praktischer christlicher Lebensführung läßt das Pendel sogar eher auf die Seite der biographisch relevanten Kontexte und Milieus ausschlagen.

Die Prägungen durch Elternhaus und Studium, seine pastorale und professorale Wirksamkeit sowie die christlich-soziale Tätigkeit werden somit nicht als Kulissen für das Eigentliche und Wesentliche, sondern selbst als wesentliche Bestandteile dieser protestantischen Lebensführung verstanden und dementsprechend zur Sprache gebracht. Von daher erklären sich die vielfachen

---

9 So zuletzt G. Brakelmann/T. Jähnichen, *Die protestantischen Wurzeln*, mit der zentralen These, wonach die durch eine „Synthese sozialer Verantwortung und marktwirtschaftlicher Effizienz“ sich auszeichnende Soziale Marktwirtschaft „in wesentlichen Zügen von den sozialethischen Traditionen des Protestantismus mitbestimmt“ ist, S. 13. Der Terminus der Wurzeln wird allerdings dort nicht näher erklärt, statt dessen ist dann von sozialprotestantischen „Traditionslinien“, „Motiven und Orientierungen“ „Impulsen“, „Prägungen“ oder „Beiträgen“ die Rede.

Hinweise auf Nathusius' Gesinnungsgenossen, seien es der Autorenkreis der von ihm herausgegebenen Zeitschriften, das Kollegium der Greifswalder Fakultät oder die Mitstreiter auf kirchlichen Konferenzen. Beispielsweise dient die Erörterung der Greifswalder Verhältnisse der Frage, in welchem Sinn hier eine akademisch deutlich positionierte Theologie ihren Teil zur protestantischen Begleitung staatlich-politischer Ereignisse und Entwicklungen beigetragen hat: ob damit im Fall von Nathusius und seiner akademischen Kollegen eine protestantische *Begleitung* eher im Sinn kritischer Beobachtung der Vorgänge oder aktiver Beteiligung erfolgte und ob im Blick auf Nathusius eher das Engagement eines politisch interessierten Gelehrten oder dasjenige eines Gelehrtenpolitikers aufscheint.

Hinsichtlich der Frage der Signierung dieser Milieus sowie deren Prägekraft für materiale theologische Grundpositionen ergibt sich von der Mikroebene aus die Möglichkeit einer differenzierten Problemstellung und Verhältnisbestimmung von Nathusius' religiös-theologischen und politisch-weltanschaulichen Überzeugungen. Der durchaus *komplexe Charakter* des in seinen Dimensionen aufzuzeigenden konservativen Standpunktes macht schließlich ebenfalls deutlich, daß weder durch eine rein ideengeschichtliche noch eine ausschließlich sozialgeschichtliche Behandlung, weder durch eine puristische Theorie- noch Institutionendebatte die eingehende Charakterisierung der Gestaltungskräfte des konservativen Sozialprotestantismus möglich ist.

Für die vorliegende Untersuchung konnte zwar nicht auf einen Nachlaß von Nathusius zurückgegriffen werden, da dieser - wahrscheinlich in den Neinstedter diakonischen Anstalten aufbewahrt - offensichtlich durch Kriegseinwirkungen bzw. die Folgen der sowjetischen Besatzungszeit zerstört wurde. Allerdings erfolgten im Rahmen der Annäherung an die diversen Lebenskontexte von Nathusius Recherchen im Nathusius'schen Familienarchiv Bensheim, in den Akten der Theologischen Fakultät Greifswald und in den einschlägigen Materialien der Rheinischen Kirchenprovinz in Düsseldorf. Im Geheimen Staatsarchiv in Berlin wurden die Berufungsunterlagen und offizielle Korrespondenzen zwischen Nathusius und dem zuständigen Kultusministerium eingesehen. Außerdem konnte eine Reihe von Briefen Nathusius' an Stoecker erstmals ausgewertet sowie die frühe Korrespondenz der Gründungsmitglieder der KSK Stoecker, Nathusius und Ludwig Weber im Archiv des Diakonischen Werkes in Berlin gesichtet werden.

Zunächst gilt es allerdings, die einzelnen Themenkomplexe ins Auge zu fassen, vor deren Hintergrund nicht nur die Auswertung der Archivmaterialien erfolgte, sondern auf deren Beachtung die Problemstellungen dieser Untersuchung überhaupt beruhen.

2. Die Entwicklung des Sozialstaates im deutschen Kaiserreich

Das sozialstaatliche Gefüge, wie es sich am Ende des 20. Jahrhunderts in der Bundesrepublik Deutschland präsentiert, mag auf eine wechselvolle Geschichte zurückblicken - einem geschichtlichen Zufall verdankt es sich keineswegs. Zwar kann man nicht *den* Zeitpunkt oder *das* Ereignis bestimmen, von dem an zweifelsfrei von einem deutschen Sozialstaat die Rede ist. Im Unterschied zur rechtlich-politischen Entwicklung eines staatlichen Gemeinwesens, dessen Gründung etwa durch Verkündung einer neuen Verfassung meist mit einem zweifelsfreien Datum verbunden werden kann, beruht die Entstehung des deutschen Sozialstaates auf *graduellen* sozialpolitischen Entwicklungen[10]. Daran ändert auch der Verweis auf die beiden sogenannten „Geburtsurkunden der deutschen Sozialpolitik“[11], die Kaiserliche Botschaft vom 17. 11. 1881 und das damit im Zusammenhang stehende Sozialistengesetz vom 21. 10. 1878 nichts, da beides - im Sinn von „Zuckerbrot und Peitsche“[12] - mehr sinnfälliger Ausdruck der sozialpolitischen Aufbruchsstimmung als Bestimmungsgrund für diesen Aufbruch ist.

Allerdings lassen sich entscheidende *Anfänge* markieren. Ohne diese in extenso aufzurollen, ist generell festzuhalten, daß die um die Mitte des 19. Jahrhunderts in Deutschland einsetzenden Industrialisierungs- und Modernisierungsschübe es unabdingbar machten, einen qualitativ neuen Schritt über die bis dato vorhandenen sozialen Kompensationsmechanismen lokaler, privater oder genossenschaftlicher Sicherungssysteme hinauszugehen. Der Komplexität sozioökonomischer Prozesse konnte ein willkürlich angewandter, paternalistisch-karitativer Maßnahmenkatalog keineswegs mehr genügen.

---

10 Dazu M. Schmidt, *Sozialpolitik*; W. Steitz, *Quellen zur deutschen Wirtschafts- und Sozialgeschichte*; V. Hentschel, *Geschichte der deutschen Sozialpolitik*, S. 9-54; F. Tennstedt, *Sozialgeschichte der Sozialpolitik*; A. Gladen, *Geschichte der Sozialpolitik in Deutschland*; der Sammelband zu den Entstehungsbedingungen in durchaus streitbarer Absicht von L. Machtan, *Bismarcks Sozialstaat* und ders., *Prolegomena*; außerdem Th. Nipperdey, *Arbeitswelt und Bürgergeist*, S. 335ff. und jetzt H.-U. Wehler, *Deutsche Gesellschaftsgeschichte 1849-1914*, S. 907ff.
Bezüglich der terminologischen Differenzierung erscheint mir F.-X. Kaufmanns Definition hilfreich, der im Anschluß an den angelsächsischen Begriff des „Welfare State“ unter „Wohlfahrtsstaat“ unpolemisch denjenigen Staatstypus versteht, „der die Verantwortung der Gewährleistung menschenwürdiger Lebensbedingungen für alle Angehörigen in expliziter Form übernimmt“, wobei „Sozialstaat“ dann als die „deutsche Variante wohlfahrtsstaatlicher Programmatik“ ins Spiel gebracht wird, *Christentum und Wohlfahrtsstaat*, S. 93. Im folgenden soll daher vom Sozialstaat gesprochen werden; dazu vgl. die inhaltliche Differenzierung bei G. A. Ritter, *Sozialstaat*, S. 11; auch S. Koslowski, *Sozialstaat*; ders. *Vom socialen Staat zum Sozialstaat*; E. Pankoke, *Soziale Frage* und ders. *Sozialpolitik*.

11 So V. Hentschel, *Geschichte der deutschen Sozialpolitik*, S. 9.

12 M. Schmidt, *Sozialpolitik*, S. 27.

Der Dynamik sozioökonomischer Prozesse und Strukturen innerhalb der liberalen Wirtschaftsgesellschaft mußte auf staatlicher Seite eine diese Dynamik abfedernde Institutionalisierung von bürokratisch organisierten Kompensationsmechanismen zugunsten der betroffenen Glieder des Staatswesens entsprechen. Am Ende der Liberalen Ära erfolgten staatliche Aktivitäten auf den Gebieten der Finanz- und Währungspolitik, der Wirtschafts- und der Sozialpolitik. Der hinter letztgenanntem staatlichen Eingreifen stehende Ausgleichsgedanke hatte sich bis dato in einer kommunal und subsidiär organisierten Armenpflege bzw. -fürsorge manifestiert, war aber seit Mitte des Jahrhunderts aufgrund fortschreitender Industrialisierungs-, vor allem aber Informations- und Urbanisierungsprozesse mehr und mehr zum überregionalen Problem und damit zum elementaren Bestandteil zentralstaatlicher Politik geworden.

Nicht ohne Grund gelten diese Prozesse und deren institutionelle Kompensationsversuche als wesentliche Faktoren für die „innere Reichsgründung"[13]: Der Begriff des *Sozial*staates weist darauf hin, daß hinter diesen Institutionalisierungsprozessen von Beginn an der Versuch der Re-Integration bzw. die „Inklusion"[14] der Betroffenen in das gesellschaftliche Gefüge stand, da unter den Verantwortungsträgern nicht nur die Destabilisierung des Gemeinwesens, sondern vor allem ein umfassender Kompetenz- und Machtverlust befürchtet wurde. Die sozialstaatliche Entwicklung war von Anfang an in entscheidendem Maß von *politischen* Motiven und Entscheidungen getragen, erst sekundär stellte sich die Frage nach Bedürftigkeitskriterien und nach dem notwendigen Maß sozialer Verteilungsleistungen im Rahmen einer geregelten Daseinsfürsorge.

Die sozial*politische* Intervention und Integration[15] wurde speziell seit der Reichsgründung vornehmlich auf den Gebieten der Sozialversicherung, des Arbeiterschutzes und des Arbeitsrechts virulent. Ein wirklicher sozialer und politischer Ausgleich im Sinn politischer Emanzipation und gleichberechtig-

---

13 Vgl. etwa F. Tennstedt, *Sozialgeschichte als Sozialpolitik*, S. 139ff.

14 So der im Anschluß an T. Parsons von N. Luhmann, *Wohlfahrtsstaat*, herangezogene Terminus zur Kennzeichnung wohlfahrtsstaatlicher Dynamik, wobei allerdings fraglich ist, ob die Etablierung und zunehmende Ausdehnung des Wohlfahrtsstaates tatsächlich ausschließlich auf die selbstreferentielle Eigendynamik des Fürsorgesystems zurückzuführen ist, vgl. zur Applikation Luhmanns auf die diakonische Praxis jetzt D. Starnitzke, *Diakonie als soziales System*.

15 Vgl. zur terminologischen Differenzierung, zur Debatte über den „Organisierten Kapitalismus" (H. A. Winkler) und zur Frage, ob der Bismarcksche Staat primär als patriarchalischer Interventionsstaat oder eher als Instrument wirtschaftlicher Dynamik einzuschätzen ist, immer noch L. Gall: Dieser plädiert hinsichtlich der Bewertung sozialstaatlicher Tätigkeit für die Beachtung des „Mischungsverhältnis[ses] zwischen Modernität und Traditionsbindung, [...], Beharrung und Bewegung" - zugunsten einer Autonomie des Politischen und damit zugunsten der Autonomie des Menschlichen, *Zu Ausbildung und Charakter des Interventionsstaates*, S. 566.

ter demokratischer Partizipation wurde, wie insbesondere die einschlägigen Reichstagsdebatten zeigten, noch keineswegs von allen Seiten für notwendig erachtet. Die Etablierung eines Sozialversicherungssystems diente in der Tat in nicht geringem Maß einer sozialen Flankenbildung im Zusammenhang der repressiven Sozialistengesetze[16]. Dies führte letztlich dazu, daß sich der Ausbau garantierter sozialstaatlicher Regelungen zwar seit den achtziger Jahren des 19. Jahrhunderts auf dem Vormarsch befand. Allerdings mangelte es bis in die Zeit nach dem Ersten Weltkrieg sowohl an einer zentralstaatlichen Arbeitslosenversicherung als auch an adäquaten institutionellen Gewährleistungen im Bereich von Arbeitsrecht und Arbeiterschutz. Praktisch alle Debatten über einzelne Ausgestaltungen dieser Bereiche, sei es im Bereich sozialer *Sicherungen* oder im Bereich des sozialen *Interessenausgleichs*[17], wurden immer wieder zu grundsätzlichen Diskussionen über die generellen politischen Bedingungen bzw. notwendigen Veränderungen dieser Bedingungen: statt Reform- führte man Grundsatzdebatten.

Dennoch wirkten einzelne sozialstaatliche Fortschritte auch immer wieder auf die politischen Prozesse und Strukturen zurück. Der Beginn sozialstaatlicher Integrationsprozesse sorgte dafür, daß sich das Schwungrad zunehmenden Partizipationsstrebens und Demokratisierungswillens bis hin zur Forderung eines allgemeinen Wahlrechts immer schneller zu drehen begann. Infolge dieser Bestrebungen geriet sehr bald auch die etablierte soziale Monarchie des wilhelminischen Kaiserreichs inklusive der austarierten ständisch geordneten Machtbalance ins Wanken, so daß sich die herrschaftsausübenden zentripetalen Kräfte verstärkt auf den Plan gerufen fühlten. Durch regimentliche Gegenreaktionen einer „sozialdefensiven konservativen politischen Elite“[18] drohte der stetige Ausbau deutscher Sozialstaatlichkeit nicht primär wirtschaftlicher Krisen oder Finanzierungsprobleme wegen immer wieder abgestoppt zu werden, sondern vor allem aufgrund des Beharrungsvermögens jener Eliten.

---

16 Zu den bedeutsamen 'Anfängen' des deutschen Sozialstaates gehörte die Einrichtung der reichsweiten Kranken- (1883), Unfall- (1884) sowie der Invaliditäts- und Altersversicherung (1889). Die Literatur zur detaillierten Institutionalisierung sowie zu den Leistungsträgern und -katalogen dieser frühen rechtlich verankerten Versicherungsarten ist kaum noch überschaubar; exemplarisch seien genannt: H. Peters, *Geschichte der Sozialversicherung*; H. Pohl (Hg.), *Geschichte der Sozialpolitik*; J. Alber, *Vom Armenhaus zum Wohlfahrtsstaat* sowie die instruktiven Forschungsüberblicke von H. G. Hockerts, *Hundert Jahre Sozialversicherung* und F. Tennstedt, *Fortschritte und Defizite in der Sozialversicherungsgeschichtsschreibung*.

17 So in Aufnahme einer Unterscheidung V. Hentschels, der zum ersten Bereich vor allem das entstehende Versicherungswesen, zum zweiten Bereich staatliche Garantien wie etwa Arbeitsrecht, Koalitionsfreiheit oder Vereinsrecht zählt, vgl. *Geschichte der deutschen Sozialpolitik*, S. 7.

18 M. Schmidt, *Sozialpolitik*, S. 29.

Fraglich bleibt allerdings, ob das Engagement gesellschaftlich-politischer Eliten für ein sozialstaatliches Regularium *ausschließlich* auf deren Interesse an Machterhalt und Herrschaftsstabilität zurückzuführen ist oder ob die Etablierung dieses Regulariums nicht doch die *zwangsläufige* Konsequenz einer grundsätzlich veränderten gesellschaftlichen Lage darstellte. Die Entscheidungsträger hatten wohl bereits längere Zeit zuvor die Unumgänglichkeit grundlegender sozialer Reformen erkannt, so daß ihre sozialdefensive Haltung nicht auf eine prinzipielle Abwehrhaltung zurückzuführen ist, sondern als letzter Versuch eines Herauszögerns des als unabwendbar Erscheinenden.

Zwar war etwa, wie bereits Hans Rothfels in den dreißiger Jahren feststellte, Bismarcks sozialpolitische Zielsetzung weder von religiösem noch von fürsorgerischem Interesse bestimmt, sondern vom Staat aus konzipiert und auf das Wohl der staatlich geeinten Gemeinschaft gerichtet[19]. Dennoch muß man sich Rothfels' These nicht in dem Sinn zu eigen machen, daß man die sozialpolitischen Motive der Herrschaftseliten *ausschließlich* auf diese Interessenlage zurückführt. Es erscheint als einseitiges Urteil über die deutsche Sozialpolitik dieser Zeit, daß deren Träger weniger darauf ausgewesen seien, minderbegünstigte Gruppen der Gesellschaft wirtschaftlich und sozial zu stärken als die stabilitätsgefährdenden Gruppen politisch-sozial zu schwächen[20]. Hier erscheint es angebracht, die tatsächliche Motivationslage stärker ins Blickfeld zu nehmen, wozu auch der oben angekündigte mikroskopische Weg seinen Beitrag leisten will. Von dort aus wird zu fragen sein, ob sich mit konservativem sozialprotestantischen Gedankengut und Engagement primär restriktiv-repressive Motivationen verbanden oder ob in dieser protestantischen Begleitung nicht auch die Intention erkennbar wird, sich mit der Frage nach dem Eigenrecht der politisch-sozialen Bewegungen der Zeit zunehmend stärker beschäftigen zu wollen.

Mit guten Gründen kann, wie erwähnt, behauptet werden, daß der Weg zum Sozialstaat zeitlich kaum eindeutig abgegrenzt werden kann und diese Entwicklungen nicht monokausal ableitbar sind. Dennoch dürfte eine differenzierte Analyse einzelner dieser Gestaltungskräfte schon allein deshalb weiterführen[21], weil die Modernisierungs- und Differenzierungsprozesse, die

---

[19] Vgl. H. Rothfels, *Prinzipienfragen*, S. 169. Zu Rothfels' wissenschaftlicher Rezeption der Bismarckschen sozialpolitischen Leistungen jetzt der instruktive Beitrag von L. Machtan, *Rothfels und die sozialpolitische Geschichtsschreibung*.

[20] Vgl. die These V. Hentschels, *Geschichte der deutschen Sozialpolitik*, S. 10.

[21] Unter die entscheidenden Gestaltungskräfte der sozialpolitischen Gründerzeit ist der 1872 gegründete „Verein für Socialpolitik" (VfS) mitsamt seinen Initiatoren und Teilnehmern einzureihen. Wenngleich im Rahmen der vorliegenden Untersuchung auf die Aktivitäten und Träger dieses Vereins nicht näher eingegangen wird, soll gleichwohl immer wieder auf die Beziehung von Nathusius zu einzelnen staatssozialistisch orientierten Mitgliedern des Vereins, etwa Gustav Schmoller, Adolph Wagner, Gustav Schönberg oder Albert Schäffle hingewiesen werden; auch für die wissenschaftliche Auseinandersetzung von Nathusius mit Rudolf Todt wird dieser Hintergrund bedeutsam wer-

zu den diversen sozialstaatlichen Entwicklungen geführt haben, ihrerseits kaum unter Absehung der ideellen, institutionellen und individuellen Gestaltungskräfte erfaßt werden können[22].

Zum Versuch der vorliegenden Arbeit, mit Hilfe einer biographischen und werkgeschichtlichen Untersuchung zu beschreiben, in welchem Sinn hier bestimmte theologisch begründete und religiös motivierte Gestaltungskräfte Teil dieser sozialstaatlichen Konstellation waren bzw. den Weg zum deutschen Sozialstaat konstruktiv mitbeschritten haben, gehört nach dem oben Gesagten ein Weiteres. Die theologische Perzeption der sich verändernden modernen politisch-rechtlichen Rahmenbedingungen durch diese Gestaltungskräfte kann nicht unbeachtet bleiben. Eine Untersuchung, die sich auf die religiös-theologische *Begleitung sozialstaatlicher* Prozesse beschränkt und dabei die - zustimmende oder ablehnende - Haltung gegenüber den rechtlichen und politischen Entwicklungen außer acht läßt, droht die mögliche Wechselwirkung zwischen den *politischen Bedingungen* und deren jeweiliger *theologischer Perzeption* zu verkennen. An Martin von Nathusius wird sich zeigen lassen, in welchem Sinn eine exemplarische protestantische Begleitungsstrategie der Sozialstaatsentwicklung in entscheidendem Maß von der Wahrnehmung der rechtlichen Gegebenheiten bzw. von der Einschätzung der *Legitimität* des staatlich-gesellschaftlichen Gefüges abhing. In der Frage der Akzeptanz deutscher Sozialstaats- und Rechtsstaatskultur wird sich zeigen, in welcher Weise oder ob es überhaupt zutrifft, daß Nathusius einen konservativen Sozialprotestantismus repräsentiert, der sich durch ein „apologetisches Werben um die Moderne" auszeichnete, ein „wirkliches Gefühl für die Krise der modernen Welt freilich"[23] nie entwickelt hat.

3. Die Bedeutung der Religion im deutschen Kaiserreich

Die neueren Untersuchungen über die politischen, wirtschaftlichen sowie gesellschaftlichen Strukturen und Prozesse zur Zeit des Kaiserreichs weisen al-

---

den. Durch den Blick auf den VfS soll darauf reflektiert werden, daß diese Aktivitäten bürgerlicher Sozialreform auch in enger Beziehung zu den religiösen Gestaltungskräften der Sozialreform stehen, vgl. dazu v. a. R. v. Bruch, *Bürgerliche Sozialreform*; I. Gorges, *Sozialforschung in Deutschland 1872-1914*; U. Schäfer, *Historische Nationalökonomie und Sozialstatistik*.

22 Daß diese sozialstaatlich relevanten Modernisierungsprozesse im Rahmen sozialwissenschaftlicher Theoriebildung idealtypisch entweder durch ein funktionalistisches oder ein konflikttheoretisches Modell erklärt werden können, soll an dieser Stelle nicht weiter erörtert werden, vgl. dazu J. Alber, *Vom Armenhaus zum Wohlfahrtsstaat*, S. 73ff. Generell zur Frage der wissenschaftlichen Behandlung von Modernisierungsphänomenen H. Resasade, *Kritik der Modernisierungstheorien*.

23 Th. Nipperdey, *Religion im Umbruch*, S. 76.

lesamt darauf hin, daß die positive Bedeutung der Gestaltungsmacht Religion bzw. der religiösen Deutungskultur kaum überschätzt werden kann.

Nachdem noch zu Beginn der siebziger Jahre die Frage religiöser Einflüsse etwa durch H.-U. Wehler vor allem unter das Signum des Bündnisses von Thron und Altar eingezeichnet und damit Religion zum überwiegend negativ konnotierten Faktor sozioökonomischer Stagnation erklärt wurde, war es vor allem Th. Nipperdey, der diese eindimensionale Zeichnung in Frage stellte[24] und für einen „Höhepunkt der historiographischen Wiederentdeckung von 'Religion'"[25] sorgte. Die Herausarbeitung der Religion als „Provinz des Lebens" und als „ein Stück Deutungskultur", so Nipperdey, signalisierte eine Ausweitung des Religionsbegriffs im Bereich der Historiographie: Religion sollte nicht mehr ausschließlich als „Orientierungsmacht der etablierten Kirchen"[26] als normsetzender Mächte des individuellen und sozialen Lebens verstanden werden, sondern als gesellschaftlich und politisch relevante Prägekraft über ihre kirchliche Verankerung hinaus.

Vor dem Hintergrund der Herausarbeitung kulturbedeutsamer religiöser Gestaltungskräfte stellt sich damit die Frage nach der *Bedeutung* von Religion angesichts neuzeitlicher Säkularisierungs- und Modernisierungsprozesse neu. Im Rahmen der vorliegenden Untersuchung soll daher auch erörtert wer-

---

24 Th. Nipperdey, *a. a. O.* und zuletzt *Arbeitswelt und Bürgergeist*. In diesem Zusammenhang ist außerdem auf die Beiträge in dem von W. Schieder herausgegebenen Sammelband *Religion und Gesellschaft* zu verweisen, den Schieder mit einem Blick auf die Forschungslage, *Sozialgeschichte der Religion*, einleitet sowie auf G. Hübinger, *Kulturprotestantismus und Politik*. Zur dort präsentierten Explikation im Modus einer Versäulungstheorie jetzt auch K. Nowak, *ThLZ* 1996, Sp. 64ff und J.-Chr. Kaiser, *Protestantismus und bürgerliche Gesellschaft*, v. a. S. 466ff.
Zur Thematik von theologischer Seite aus auch F. W. Graf, *Protestantische Theologie*; G. Besier, *Religion · Nation · Kultur*; K. Nowak, *Geschichte des Christentums*, S. 149ff. H. - U. Wehler behandelt in seiner *Deutschen Gesellschaftsgeschichte 1849-1914* die beiden christlichen Kirchen im Horizont der Strukturbedingungen und Entwicklungsprozesse der Kultur, welche wiederum als eine der „Achsen" der gesellschaftlichen Entwicklung namhaft gemacht wird. Er billigt dabei dem nationalkirchlichen Protestantismus für die Zeit des Kaiserreichs immer noch einen „beträchtlichen sozialmoralischen Einfluß in der Öffentlichkeit" (*a. a. O.*, S. 1180) zu. Allerdings sind für Wehler die eigentlich belebenden Impulse durch den kirchenkritischen Kulturprotestantismus gesetzt, von dessen Erbe - nicht von der „erstarrten Tradition der Orthodoxie" (*a. a. O.*, S. 1181) - der deutsche Protestantismus im 20. Jahrhundert gezehrt habe. Es bleibt jedoch das Problem, ob Wehlers Parallelisierung dieser beiden protestantischen Strömungen mit den vergangenheitsorientierten bzw. zukunftsträchtigen Elementen der damaligen Modernisierungsprozesse tatsächlich aufgeht. Dementsprechend mag dann zwar von einem Quietismus der institutionellen protestantischen Kirche gegenüber den sozialen Herausforderungen die Rede sein, vgl. *a. a. O.*, S. 1171f., 1176. Ob allerdings im selben Atemzug eine quietistische Haltung kirchlich gesinnter Protestanten konstatiert werden kann, erscheint doch fraglich.

25 G. Besier, *Religion · Nation · Kultur*, S. 183.

26 Th. Nipperdey, *Religion im Umbruch*, S. 7.

den, ob die hier aufgezeigten religiösen Kräfte in der Zeit des Kaiserreichs ausschließlich bzw. primär durch ihr Beharrungsvermögen zu charakterisieren sind oder ob sie sich unter Umständen in konstruktivem Sinn an den einschlägigen Veränderungsprozessen in Politik, Wirtschaft und Gesellschaft beteiligten bzw. die daraus erwachsenden institutionellen Gestaltungen als legitime und adäquate Manifestationen neuzeitlichen Christentums anzuerkennen bereit waren. Dies schließt die Frage ein, ob von seiten religiöser Gestaltungskräfte diese Veränderungsprozesse angemessen erfaßt wurden oder ob von vornherein Perzeptionsdefizite verhinderten, daß konstruktive Beiträge des deutschen Protestantismus zur Ausgestaltung sozialstaatlicher Strukturen und Mechanismen geleistet werden konnten.

Neuerdings wird verstärkt versucht, das begriffliche Instrumentarium der Milieu- und Mentalitätsforschung für die Untersuchung des Faktors Religion im Kaiserreich fruchtbar zu machen[27], worin erneut die Überzeugung Ausdruck findet, daß eine rein ideengeschichtlich orienterte historiographische Betrachtungsweise zu kurz greift. Allerdings scheint die Vielfalt kategorialer Muster der Milieu- und Mentalitätsforschung selbst zu neuen begrifflichen Schwierigkeiten zu führen. Weder einzelne milieuspezifische Faktoren oder mentalitätsspezifische Denk- oder Handlungsmuster noch die jeweiligen Bedingungsverhältnisse in typisierten Milieus lassen sich zweifelsfrei erheben. Von einem von vornherein bestimmbaren konstitutiven Zusammenhang zwischen religiöser Mentalität und der Selbstintegration in ein bestimmtes religiös-kulturelles Milieu kann generell offensichtlich ohnehin nicht die Rede sein, so daß sich das Verhältnis einer bestimmten Glaubenshaltung zur praktischen Lebensführung bzw. konfessioneller Identität zu öffentlicher Partizipation schwerlich eindeutig oder zweifelsfrei identifizieren läßt.

Auch hier mag eine exemplarische Beleuchtung zur klareren Verhältnisbestimmung beitragen, indem im vorliegenden Fall die Ergründung bestimmter Milieus als lebensführungsrelevanter soziokultureller Gebilde punktuell und vor allem aus der *Sicht von Nathusius* erfolgt. Es geht demzufolge nicht nur um die Ergründung diverser Lebenskontexte von Nathusius, sondern um *seine spezifische Wahrnehmung* und *Bedeutungszuschreibung* dieser Milieus. Damit will die vorliegende Untersuchung zumindest bis zu einer angemessenen Problembeschreibung und der hypothetischen Annäherung an bestimmte Bedingungsverhältnisse gelangen. Insbesondere in diesem Punkt besteht in der Mikroperspektive die einzig sinnvolle Zugangsweise zur Annäherung an die Milieu- und Mentalitätsfrage. Von dort aus kann weiteres Licht auf den Zusammenhang religiöser Gestaltungsmächte und der Entwicklung bestimmter wirtschaftlich-gesellschaftlicher Prozesse und Institutionen geworfen werden. Im konkreten Fall des Zusammenhangs von protestantischen Gestal-

27 So zuletzt O. Blaschke/F. M. Kuhlemann, *Religion in Geschichte und Gesellschaft*.

tungsmächten und sozialstaatlichen Institutionalisierungen sind in den letzten Jahren bereits Klärungsversuche erfolgt.

4. Die Bedeutung des Protestantismus für die Entwicklung des Sozialstaates

Die Frage nach der Deutungskultur des *Protestantismus* und seiner Gestaltungsmacht für die sozialstaatliche Entwicklung stellt sich etwa in folgendem Sinn[28]: Läßt sich im Anschluß an die These, daß sich die sozialstaatlichen Inklusionsprozesse der Vorstellung allgemeiner Menschenwürde verdanken, eine protestantische Beteiligung an der ideellen Ausarbeitung und institutionellen Durchsetzung dieser Vorstellung nachweisen?

Für die wissenschaftliche Erörterung *protestantischer* „Wurzeln" des Sozialstaates kann von einer Renaissance gesprochen werden[29]. Inzwischen sollte sinnvollerweise keine Untersuchung über die Anfänge des deutschen Sozialstaates darauf verzichten, neben sozialistischen bzw. sozialdemokratischen Reformbestrebungen auch diese Einflüsse namhaft zu machen. Auch wäre es kurzschlüssig, dieses stetig anwachsende Forschungsinteresse als ein zielgerichtet apologetisches Interesse zu interpretieren. Vielmehr scheint auch auf diesem Feld des Verhältnisses von Protestantismus und Sozialstaatsentwicklung die Erkenntnis Raum zu gewinnen, daß hier bisher vieles unterbelichtet geblieben ist.

So mehren sich in der Tat die Belege dafür, daß von einer protestantischen Tradition sozialstaatlichen Denkens die Rede sein kann. Bereits vor der Etablierung sozialstaatlicher Institutionalisierungen läßt sich Chr. Link zufolge die Bedeutung des Luthertums für die Begründung und Entwicklung der öffentlichen Daseinsfürsorge als elementarem Bestandteil der modernen

[28] Dazu F.-X. Kaufmann, *Christentum und Wohlfahrtsstaat*; K. Tanner, *Der Staat des christlichen Gemeinwohls?*; Th. Strohm, *Diakonie in den Umbrüchen*. Mit instruktiven Einleitungen und Quellen der bereits genannte Band *Die protestantischen Wurzeln der sozialen Marktwirtschaft*; exemplarisch am Fallbeispiel der Mitbestimmung jetzt auch T. Jähnichen, *Vom Industrieuntertan zum Industriebürger*. Abgesehen von den Studien G. A. Ritters und Kaufmanns sind von sozialwissenschaftlicher Seite aus Untersuchungen über religiöse Einflüsse auf die sozialstaatliche Entwicklung bisher eher selten. Meist bleibt es bei einer nicht detaillierter explizierten Bemerkung wie der, daß „die protestantische Fusion von Staat und Kirche" den Gedanken des Wohlfahrtsstaates als Bürgerpflicht mit sich gebracht und so von vornherein politisch-kulturelle Widerstände gegen sozialstaatliche Politik aufgeweicht habe, M. Schmidt, *Sozialpolitik*, S. 29.

[29] Es war der Soziologe A. Heidenheimer, der durch einen imaginativen Dialog zwischen E. Troeltsch und M. Weber die Suche nach den christlichen Wurzeln des Sozialstaates in der wissenschaftlichen Debatte neu angeregt hat, vgl. *Westward Spread of the Welfare State*.

Staatsidee belegen[30]. Von dieser patriarchalisch-integrativ ausgerichteten Untertanenfürsorge des lutherischen Fürstenstaates aus ist es möglich, eine keineswegs schmale Linie zum konservativen Sozialprotestantismus im Kaiserreich zu ziehen. Für beide historisch eruierbaren Phänomene kann gelten, daß der Gedanke der allgemeinen Wohlfahrt „auf vielfältige Weise mit religiösen Vorstellungen amalgamiert und legitimiert wurde“[31]. In der Tat haben sich mit diesen Legitimationsbemühungen auf seiten des sozialkonservativen Luthertums vielfältige Schwierigkeiten in bezug auf den adäquaten Umgang mit Modernisierungs- und Demokratisierungsprozessen sowie der kapitalistischen Wirtschaftsentwicklung ergeben. Diesen Entwicklungslinien wurde unter dem Banner einer exklusiv-religiös konnotierten Weltanschauung vielfach ein harmonistisches und antikapitalistisches Gemeinschaftsideal entgegengestellt, zu dessen Erfüllung man weniger auf Partizipationsstrategien der Bürger als auf die autoritative Herrschaftsausübung der vermeintlich überparteilichen Kulturstaatseliten setzte. Der staatlich eher repressiven Linienführung entsprachen demzufolge insbesondere die Reaktionen der protestantischen Eliten in Kirche und Gesellschaft. Zu Recht spricht K. Tanner bei diesen modernitätskritischen und „hochmoralischen Integrations- und Homogenitätsvorstellungen“ vom „Ballast unseres protestantischen Sozialstaatsdenkens“[32]. F.-X. Kaufmann konstatiert bei liberalen oder sozialistischen Reformbestrebungen „mehr Originalität und diagnostische Treffsicherheit“[33], weist aber gerade der christlich-sozialen Bewegung die zentrale Bedeutung für die *praktische* soziale Entwicklung in Deutschland zu.

Es wird exemplarisch zu zeigen sein, in welchem Sinn und aus welchen Gründen eine bestimmte konservativ-lutherische Bewegung, nicht zuletzt in der Gestalt eines engagierten Anstalts- und Vereinsprotestantismus, offensichtlich auf die wirtschaftlichen und sozialen Verwerfungen anfänglich deutlich sensibler reagierte als die liberalen Vertreter in Wirtschaft, Politik und Gesellschaft. Auch hier greift man zu kurz, teilt man die negative und positive Rezeption der Moderne strictissime auf theologischen Konservatismus und Liberalismus auf.

So läßt vieles darauf schließen, daß die sozialprotestantisch-konservativ angelegte Gemeinwohltradition für die weitere Entwicklung des Sozialstaates keineswegs unerheblich gewesen ist. Auch darf das öffentlich artikulierte Interesse lutherisch-sozialkonservativer Kreise an dieser Frage und die hochgradig praxisorientierte Auseinandersetzung mit der sozialen Frage eben in

---

30 Vgl. Chr. Link, *Herrschaftsordnung und bürgerliche Freiheit*, S. 138. Zur deutschen kameralistischen Tradition und deren sozialpolitischen Implikationen vgl. auch G. A. Ritter, *Sozialstaat*, S. 11f.

31 K. Tanner, *Der Staat des christlichen Gemeinwohls?*, S. 154.

32 *A. a. O.*, S. 155.

33 F.-X. Kaufmann, *Christentum und Wohlfahrtsstaat*, S. 91.

seiner Öffentlichkeitswirkung und reformerischen Relevanz keineswegs unterschätzt werden. Was bereits für die staatlichen Intentionen hinsichtlich der Einrichtung sozialstaatlicher Institutionalisierungen galt, kann auch auf die kirchliche und theologische Art der Begleitung dieser Entwicklungen Anwendung finden. Mögen auch die Intentionen für eine breite christlich-soziale Beteiligung konservativer Kreise von gesellschafts- und herrschaftsstabilisierender Art gewesen sein, so ist doch die ausschließliche Zurückführung dieser Begleitung auf das Moment der Machterhaltung eine monokausale Verkürzung. Gegen eine solche monokausale Sichtweise spricht außerdem, daß sich das protestantische Lager im Gegensatz zur katholischen Sozialbewegung mit sozialstaatlichen Ausprägungen und Maßnahmen sehr viel uneinheitlicher gestaltete. So verlangt ein Urteil wie das G. A. Ritters sowohl in inhaltlicher wie auch in terminologischer Hinsicht nach Differenzierungen, wenn er formuliert: „die evangelisch-soziale Bewegung war gespalten zwischen sozial konservativen und auf Reform der Gesamtgesellschaft gerichteten radikaleren Elementen, und die enge verfassungsrechtliche Verknüpfung der Amtskirche mit dem Staat behinderte die Bewegungsfreiheit der Reformkräfte und machte sie von den Schwankungen staatlicher Sozialpolitik abhängig“[34].

Die positiven Konsequenzen dieser Beteiligung sind ebenfalls weder zu übersehen noch von diesen konservativen Gestaltungskräften - etwa im Sinn unbeabsichtigter Nebenwirkungen - einfach abzukoppeln. Auch wenn die Intentionen des konservativen Kulturluthertums und Sozialprotestantismus dahin gegangen sein mögen, den status quo kirchlich-religiöser Deutungs- und Gestaltungsmacht für das monarchisch verfaßte Gemeinwesen zu erhalten, so sind dennoch die einzelnen damit verbundenen Reformabsichten und deren theologische Begründungsmuster genauer zu untersuchen. Denn sie sind Bestandteil der ideellen, institutionellen und individuellen Gestaltungskräfte heutiger Sozialstaatlichkeit. In dieser Absicht gilt es detaillierter nach der bereits erwähnten spezifisch *konservativen* Prägung und Haltung des Theologen Martin von Nathusius zu fragen.

5. Konservatismus und konservative Theologie

Die historische und politikwissenschaftliche Literatur zum Thema des Konservatismus droht seit einigen Jahren ebenfalls Legion zu werden. Nachdem dieses Feld nicht zuletzt aus prinzipiellen Gründen in den vier ersten Nachkriegsjahrzehnten kaum beackert wurde, wuchs das Interesse an begrifflicher Klärung des Konservatismus insbesondere im Lauf der letzten Jahre. Es hat sich dabei immer deutlicher herauskristallisiert, daß eine umfassende Klärung

---

[34] G. A. Ritter, *Sozialstaat*, S. 79.

ideengeschichtlicher und sozioökonomischer Prozesse ohne die Betrachtung konservativer Einflüsse prinzipiell nicht angemessen erfolgen kann.

Diese Beobachtung gewinnt auch für den Bereich protestantischer Theologie und Religion seit einigen Jahren an Bedeutung. Es kann festgestellt werden, daß man sich generell in der Theologiegeschichtsschreibung über Profil und Einflüsse des konservativen Luthertums schrittweise von Studien über die Theologie im Nationalsozialismus, die Theologie in der Weimarer Republik[35] nun inzwischen bis in die Zeit des Kaiserreiches zurückgearbeitet hat[36].

Hinsichtlich des geschichtlichen Kontextes des Kaiserreichs betrat man für den Bereich der protestantischen Theologie damit in den letzten Jahren Neuland. Zwar wurden auch davor immer wieder Problembeschreibungen zur Frage der Bedeutung konservativer Theologie im Kaiserreich und Untersuchungen zu einzelnen Persönlichkeiten eines konservativen Sozialprotestantismus vorgelegt[37]. Allerdings bleibt in diesen Darstellungen, etwa über Johann Hinrich Wichern, Victor Aimé Huber, Rudolf Todt oder Adolf Stoekker, aufgrund einer weitgehend deskriptiven Vorgehensweise der systematische Ertrag nicht selten unterbelichtet. Der Zusammenhang der jeweiligen Biographie mit der konkreten theologischen und sozialethischen Position wird oftmals lediglich intuitiv namhaft gemacht. Im Rahmen der vorliegenden Untersuchung soll dieses Defizit vermieden werden. Beabsichtigt ist, die Zusammenhänge zwischen historisch greifbaren Aktivitäten und Nathusius' systematischen Abhandlungen so genau wie möglich zu bestimmen. Dies erfordert konsequenterweise eine, bereits angedeutete, doppelte Perspektive, die sowohl auf die von Nathusius präsentierte Theorie als auch auf seine damit in Wechselwirkung stehende praktische Lebensführung gerichtet ist. Durch die Betrachtung einzelner Milieus, in denen Nathusius seine eigene christlich-konservative Weltanschauung formulierte und bestätigt finden konnte, läßt sich außerdem die Frage nach dem möglichen konservativen 'Beitrag' zu einer kulturellen Versäulung im Sinn der Verfestigung wilhelminischer Gesell-

---

35 Zuletzt etwa H. Assel, *Lutherrenaissance*; zur theologischen Wahrnehmung der Weimarer Staatsverfassung v. a. K. Tanner, *Die fromme Verstaatlichung des Gewissens*.

36 Dazu der im Erscheinen begriffene Aufsatzband *Sozialprotestantismus im Kaiserreich*, hg. v. F. W. Graf.

37 Am prägnantesten F. W. Graf, *Konservatives Kulturluthertum*. Aufschlußreiche zeitgenössische Abhandlungen stellen G. Oertel, *Konservatismus als Weltanschauung*; O. Stillich, *Die Konservativen*, sowie in theologischer Hinsicht R. Kübel, *Über den Unterschied zwischen der Positiven und der Liberalen Richtung*, dar. Zur terminologischen Debatte aus neuerer Zeit v. a. H.-G. Schumann, *»Konservativismus« als analytischer Strukturbegriff*, und die Kritik durch P. Kondylis, *Konservativismus*, sowie H.-Chr. Kraus in seiner Einleitung zu *Gerlach*; mit starkem Rückgriff auf einen theologischen Konservatismus immer noch M. Greiffenhagen, *Dilemma des Konservatismus*; außerdem zum Thema J. B. Müller, *Sozialkonservatismus*.

schaftssegmentierungen jenseits von Homogenität und gänzlicher Fragmentierung stellen. Denn offensichtlich entsprach die von konservativer Seite immer noch 'gepredigte' Gesellschafts- und Kulturhomogenität längst nicht mehr den tatsächlichen Verhältnissen. An Nathusius läßt sich zeigen, wie diese Homogenitätsforderungen des konservativen „sozialmoralischen Milieus"[38] die Versäulungstendenzen trotz gegenläufiger Absicht indirekt gerade zu bestätigen schienen.

6. Ein Neuanfang der Wirtschafts- und Sozialethik

Nicht nur das umfangreiche sozialethische Hauptwerk von Nathusius *Die Mitarbeit der Kirche an der Lösung der sozialen Frage*, sondern auch viele weitere Schriften und Äußerungen zu diesem Themenbereich weisen darauf hin, daß der Greifswalder Theologe sich intensiv mit der Frage christlich-sozialer Tätigkeit, deren theologischer Begründung und den wirtschafts- und gesellschaftspolitischen Implikationen auseinandergesetzt hat. Die zeitgenössischen Rezensionen der beiden 1893 und 1894 in 1. Auflage erschienenen Teilbände der *Mitarbeit* stellten durchweg die Bedeutung dieses Werkes für die christlich-sozialen Debatten der Zeit heraus. K. E. Pollmann sieht die Bedeutung des Werkes darin, das mit diesem erstmals der Versuch einer „verbindliche[n] wissenschaftliche[n] Grundlegung"[39] für die konkreten sozialen Aufgaben der Kirche unternommen worden sei. Vor allem die von Nathusius intensiv betriebene Auseinandersetzung mit der nationalökonomischen Theoriebildung der Zeit, genauer: seine Rezeption der sogenannten Historischen Schule der Nationalökonomie, führte bereits die Zeitgenossen dazu, sein Hauptwerk als bedeutenden protestantischen Beitrag zur sozialen Frage zu bezeichnen. Der Blick auf vergleichbare Debattenbeiträge der Zeit erlaubt sogar das Fazit, daß das später kaum noch rezipierte Werk eine der entscheidenen, wenn nicht sogar die erste systematische wirtschafts- und sozialethische Abhandlung aus den Reihen der protestantischen Theologie war, die sich mit der nationalökonomischen Theoriebildung der Zeit beschäftigte. Arthur Richs Bemerkung, daß „die erste und bisher letzte evangelische Wirtschaftsethik im deutschen Sprachbereich"[40] diejenige Georg Wünschs aus dem Jahre 1927 sei, ist nicht zuletzt im Blick auf Nathusius' wirtschafts- und sozialethisches Programm zu relativieren.

M. Schick zählt Nathusius neben Friedrich Naumann, Gottfried Traub und Adolph Wagner zu den „seltenen Vögeln"[41], die in dieser Zeit Brücken zwi-

---

38 Zur Verwendung des Begriffs G. Hübinger, *Kulturprotestantismus*, S. 3.

39 K. E. Pollmann, *Weltanschauungskampf*, S. 61.

40 A. Rich, *Wirtschaftsethik I*, S. 11.

41 M. Schick, *Kulturprotestantismus*, S. 117.

schen Theologie und Nationalökonomie zu schlagen versuchten, sogar von der „ersten evangelischen Sozialethik überhaupt“[42] war die Rede. Insofern kann dieser Entwurf, wie Schick dies tut, unter die „Versuche zur Begründung der Sozialethik“[43] eingereiht werden. Zugleich wird zu fragen sein, inwiefern dieser Entwurf sogar *anfänglichen Charakter* trägt und damit - terminologisch nachweisbar - als ein wesentlicher Bestandteil der frühen wissenschaftlichen Teildisziplin der *Sozialethik* bezeichnet werden kann. Auch die wissenschaftliche Disziplin der Nationalökonomie, in deren Kontext Nathusius sein sozialethisches Programm entwickelt und durchführt, wird dabei ins Blickfeld kommen. Er ist unter den Theologen seiner Zeit einer der ersten, die sich intensiver und systematisch mit den ökonomischen Erkenntnissen und Fragestellungen auseinandergesetzt hat, so daß er innerhalb der theologischen Ethik der Zeit ohne Zweifel die Rolle eines Vorreiters einnimmt.

Abgesehen von dem durch J. Kandel behandelten R. Todt, auf den einzugehen sein wird, liegen systematische Untersuchungen über das Verhältnis von protestantischer Theologie und Nationalökonomie aktuell nicht vor. So kann an Nathusius - wiederum exemplarisch- erläutert werden, mit welchen Gründen und in welcher Weise die theologische Rezeption der Historischen Schule der Nationalökonomie erfolgte. In diesem Zusammenhang ist interessanterweise festzustellen, daß die Historische Schule der Nationalökonomie momentan eine Renaissance erlebt, in deren Kontext die Frage des Verhältnisses von Wirtschaft, Ethik und Kultur durch den Blick auf die eigene Geschichte nationalökonomischer Theoriebildung aufgeworfen wird[44]. Dabei

---

42 So J. H. Wilhelmi, ebenfalls Verfasser vieler christlich-sozial orientierter Schriften, vgl. *Allgemeine Konservative Monatsschrift (AKM)* 1897, S. 1260-1264.

43 So im Untertitel seiner Untersuchung *Kulturprotestantismus*. Gegenüber Schicks Versuch, das Verhältnis von theologischer Reflexion und Frömmigkeit anhand der sozialethisch relevanten Leitbegriffe „Reich-Gottes-Begriff“, „Theologischer Individualismus und Sozialethik“, „Entkirchlichung“ und „Laientheologie“ (S. 8ff.; S. 95ff.) zu entwikkeln, ist allerdings Skepsis angebracht, da in dieser vergleichenden Perspektive das systematisch-theologische Argumentationsmuster des sozialethischen Ansatzes einzelner Autoren standardisiert zu werden droht. Auch wenn Schick richtigerweise den engen Zusammenhang zwischen Reflexion und Praxis konstatiert, enthebt dies doch nicht von einer möglichst klaren Differenzierung zwischen beiden Ebenen, wozu die detaillierte Untersuchung *eines* Ansatzes dienlich sein mag. Zur terminologischen Differenzierung des Begriffs der Sozialethik jetzt F. W. Graf, *Sozialethik*.

44 Vgl. B. Schefold, *Wirtschaftsstile I*; P. Koslowski, *Economics as Ethical Economy*, der die Bedeutung dieser Renaissance für heutige wirtschaftsethische Fragestellungen aufzeigt: „The discussion about economic ethics and business ethics has caused a new awareness of the cultural and ethical dimension of the economy“, S. 1. Zur Problematik des dahinterstehenden Ansatzes Koslowskis und seiner Suche nach einer neuen gesamten Staatswirtschaft (vgl. *a. a. O.*, S. 2) auf dem Boden sittlich-geistigen Gemeinbewußtseins (vgl. *a. a. O.*, S. 8) jetzt E. Stübinger, *Wirtschaftsethik*, S. 154f.

kommt es gegen eine neoklassische, rein 'technische' Theoriebildung durchaus zur „begrenzten Ehrenrettung"[45] der Schule, die ihrerseits in der Gestalt einer *Politischen Ökonomie* auftrat. Hervorgehoben wird heute einerseits die breite Sammlung wirtschaftsgeschichtlichen Anschauungsmaterials aus praktisch sämtlichen Kulturepochen und -kontexten, die im Interesse der induktiven Methode geschah, andererseits die erfolgte „Verbindung der Begriffe von Wirtschaftssystem und Wirtschaftsstil"[46] unter Einschluß der Berücksichtigung der jeweiligen kulturellen Wertedimension. Zuletzt haben insbesondere die Arbeiten Gustav Schmollers wieder breites Interesse gefunden.

Die ausführliche Behandlung der *Mitarbeit* - ebenfalls gleichsam auf der Mikroebene - soll ein Licht auf die zeitgenössischen Ethikdebatten überhaupt werfen: zum einen auf die Grundlinien der frühen protestantischen Debatte über die *Teildisziplin der Sozialethik*, zum anderen auf eine exemplarische interdisziplinäre Auseinandersetzung der theologischen Ethik, aufgezeigt am Dialog mit der Nationalökonomie. Nathusius' spezifisches Verständnis von Sozialethik erlaubt es außerdem, bei ihm Problemformulierungen zum Verhältnis von Christentum und Gesellschaft zu erkennen, die nur wenige Jahre später - auf sehr viel systematischerem Niveau - den Beginn umfangreicher religionssoziologischer Debatten einläuten sollten: hier schließt sich der Kreis zu Ernst Troeltsch. Wenngleich Nathusius eine eigenständige soziologische Forschungsrichtung ablehnte, kann doch die Begründung seiner ablehnenden Haltung auch als aufschlußreiche exemplarische Argumentation für die theologische Rezeption der frühen Soziologie während dieses Zeitraumes gelten.

In diesem interdisziplinären Dialog zwischen Theologie und Nationalökonomie sowie der darin angelegten religionssoziologischen Fragestellung wird eine weitere grundsätzliche Problemstellung erkennbar: die Frage nach dem Wissenschaftscharakter und Geltungsanspruch des von Nathusius entwickelten theologischen und sozialethischen Ansatzes. Für eine Klärung dieses Aspekts werden innerhalb der vorliegenden Untersuchung Nathusius' methodologische und dogmatische Grundentscheidungen in Anschlag gebracht, da sich insbesondere von diesen Entscheidungen aus das wirtschafts- und sozialethische Programm in nuce verständlich machen läßt.

Auf das Erbe der Historischen Schule und ihre Bedeutung für die frühe Soziologie weist W. Hennis hin; vgl. *Max Webers Fragestellung* und neuerdings *Wissenschaft vom Menschen*.

45 B. Schefold, *Wirtschaftsstile I*, S. 20.

46 *A. a. O.*, S. 23.

7. Die Integration in die christlich-soziale und kirchlich-soziale Bewegung

Neben diesen theoretischen Abhandlungen werden, wie angedeutet, die biographischen Kontexte, in denen Nathusius stand, in ihrem Eigengewicht zur Geltung gebracht. Auch hier gilt die Betrachtung auf der Mikroebene als unhintergehbare Voraussetzung für eine Einordnung von Nathusius' Person und Werk in die ihn umgebenden Lebens- und Zeiträume. Neben der Darstellung der Kontexte seiner religiösen Sozialisation und theologischen Prägungen wird insbesondere immer wieder auf die für ihn entscheidenen persönlichen Beziehungen rekurriert werden, etwa zu den theologischen Lehrern A. F. G. Tholuck und J. T. Beck, zum christlich-sozialen Mitstreiter A. Stoecker, den Greifswalder Kollegen H. Cremer und O. Zöckler sowie zum Nationalökonomen A. Wagner. Daneben leben seine eigenen Schriften und Aktivitäten in hohem Maß von der kritisch-konstruktiven Auseinandersetzung mit den Fachkollegen F. Naumann und P. Göhre, W. Hermann, A. v. Harnack oder auch W. Beyschlag. Diese Dialoge spielten sich eben keineswegs nur auf literarischem Feld ab, sondern wurden - fast stärker - auf den einschlägigen protestantischen Foren geführt. Nathusius' Beteiligung am *Konferenzwesen* der Zeit muß von daher als entscheidende Prägung und zugleich als Ausdruck für die eigene Positionierung innerhalb der deutschen Theologie angesehen werden.

Schließlich ergeben sich aufgrund seiner aktiven Begleitung und argumentativen Unterstützung einer *kirchlich* institutionalisierten Sozialpraxis inhaltliche Gliederungsmomente für die vorliegende Untersuchung. Es wird in diesem Zusammenhang ein Schwergewicht auf die Ausdifferenzierungsprozesse der christlich-sozialen Bewegung in die liberale und die konservativ-kirchliche Richtung am Ende des Jahrhunderts gelegt. Dies kommt bereits in der Gliederung dieser Untersuchung durch die Unterscheidung einer christlich-sozialen und einer kirchlich-sozialen Phase zum Ausdruck. Meines Wissens liegen bisher vornehmlich nur Untersuchungen über die systematische Rezeption der liberalen Theologie auf diesen Ausdifferenzierungsprozeß hin vor. Die spezifische Wahrnehmung der Auseinanderentwicklung der Christlich-Sozialen durch den konservativen Theologen Nathusius vermag neues Licht auf den Übergang vom sozialprotestantischen Konsens zum Dissens im letzten Jahrzehnt des letzten Jahrhunderts werfen. Von dort aus ergeben sich durchaus überraschende Begründungsmuster konservativen sozialprotestantischen Engagements. Wurden damit noch ganz andere, binnenkirchlich restriktive Interessen verfolgt? Sollte es dann letztlich gleichgültig gewesen sein, welches gesellschaftlich-politischen Phänomens man sich annahm? Erfolgte die Begleitung des sich entwickelnden Sozialstaates lediglich als Mittel zu einem ganz anderen Zweck? Bedeutsam wird ferner die Beobachtung sein, daß es am Ende des Jahrhunderts bei Nathusius zu einer unverkennbaren Schwerpunktverlagerung seines theologischen Interesses kam, indem er den

Weg von der Behandlung sozialethischer Fragen zur intensiven Beschäftigung mit der Theorie und Praxis der Praktischen Theologie beschritt. Diese Schwerpunktverlagerung wirft, so die These, ein signifikantes Rücklicht auf sein bis dato weitgefächertes sozialprotestantisches Engagement.

Vorausschauend sei festgehalten: Die bei Nathusius durch alle Zeiten hindurch *praktisch orientierte* Frage nach einer kirchlich verankerten Kulturdeutungs- und Gestaltungsmacht aller sozialen Verhältnisse konnte schon mit Beginn des 20. Jahrhunderts weniger denn je als beantwortet gelten. Für die vorliegende Untersuchung soll dennoch geltend gemacht werden, daß eine kritisch-abwägende Darstellung der Nathusius'schen Entwicklungslinien den Horizont der Frage aufzeigen kann, welche sozialprotestantischen Traditionen für das 20. Jahrhundert einflußreich geworden sind. Dann mag sich zwar herausstellen, daß hinsichtlich der innertheologischen Debatten die Zeit über die konservative Theologie eines Martin von Nathusius hinweggeschritten ist, die durch ihn unterstützten und beförderten christlich-sozialen Institutionalisierungsprozesse in ihrer manifesten Wirkmächtigkeit aber dennoch ganz eigene Bedeutung tragen. Man mag dann schließlich zwar nicht von „protestantischen Wurzeln" sprechen, gleichwohl könnte am Ende das Fazit stehen, daß die protestantischen Gestaltungskräfte für den eigenständigen deutschen Weg zum Sozialstaat schlechterdings nicht ignoriert werden können und der freiheitliche säkularisierte Staat tatsächlich von *protestantisch geprägten und gestalteten* Voraussetzungen lebt, die er selbst zwar nicht garantieren kann, für deren Manifestationen er allerdings um seiner eigenen positiven Zukunftsgestalt willen sinnvollerweise immer wieder Raum schaffen sollte.

I. Anfänge (1843 - 1873)

„Nun denn, die Nathusiusse sind viel und vielerlei; sie sind, ohne die Frage damit erschöpfen zu wollen, fromme Leute, literarische Leute, landwirtschaftliche Leute, politische Leute. Bücher, Kreuz-Zeitung, Rambouillet-Zucht, alles kommt in der Familie vor"[1].

A. Beeinflußtes Leben - Jugend und Studium

1. Das Elternhaus

Der Rekurs auf das Elternhaus verweist auf mehr als nur die *genetische* Verwurzelung des am 24. 9. 1843 in Althaldensleben bei Magdeburg geborenen Theologen Martin Friedrich Engelhard von Nathusius. Da zu vermuten ist, daß Nathusius' theoretisches und praktisches Sozialengagement ohne den biographischen Kontext des eigenen Elternhauses kaum von derart umfangreichem und intensivem Charakter gewesen wäre, trägt eine eingehende Betrachtung dieses biographischen Kontextes aufschlußreichen Sinn.
Die sozialprotestantische Sozialisation des Sohnes Martin manifestiert sich in erster Linie im praktischen Engagement des Vaters Philipp von Nathusius (1815 - 1872), der bereits Mitte der vierziger Jahre in Althaldensleben bei Magdeburg eine erste Anstaltsgründung zur 'Bewahrung' von Kindern vornahm[2]. Neben dem sozialen Engagement, auf das näher einzugehen sein wird, beteiligte sich der Vater ausgiebig am literarischen und vor allem am politischen Leben seiner Zeit. Ihn verband beispielsweise nicht nur eine tiefe

---

1 T. Fontane, *Cecile*, S. 166.

2 Die vermögende finanzielle Situation dieses Zweiges der Familie Nathusius, die eine solche karitative Tätigkeit erlaubte, erklärt sich aus den Aktivitäten des Großvaters Johann Gottlob Nathusius (1760-1834), der als Industrieller im Magdeburger Raum vor allem auf den Gebieten der Destillier-, Keramik- und weiterverarbeitenden Industrie zu einem nicht unerheblichem Wohlstand gelangt war, vgl. J. A. Leisewitz, *Johann Gottlob Nathusius*, S. 217ff., sowie R. Löffler, *Philipp Nathusius*. In seiner Schrift *Eine Zenturie großer Männer* von 1872 behandelte J. H. Wichern die „großen Charaktere" des Jahrhunderts und zählte auch die Familie Nathusius zu den „von unten heraufgekommenen Industriellen und Bankiers, [...] die jetzt auf Bergen Silbers und Goldes thronen, *WSW*, Bd. 5, S. 334f. Philipp und seine Gemahlin Marie blieben zunächst ohne das adelige „von". Philipps Nobilitierung erfolgte 1861, was von da an alle Nachkommen einschloß.

Freundschaft mit Bettina von Arnim[3], sondern zugleich stand der 1861 anläßlich der Krönung Wilhelms I. in den Adelsstand erhobene Rittergutsbesitzer in engem Kontakt mit den konservativen politischen und kirchlichen Eliten seiner Zeit.

In politischer Hinsicht bewegte er sich während der fünfziger Jahre, im sogenannten Reaktionsjahrzehnt, in den Kreisen der einflußreichen Kamarilla am Hof König Friedrich Wilhelms IV. Nathusius galt als einer der engsten Vertrauten Ernst Ludwig von Gerlachs, des Mitbegründers der preußischen Konservativen Partei und führenden konservativen Theoretikers der Zeit. Mit Gerlach, Hermann Wagener, Adolf von Thadden-Trieglaff und anderen hatte Nathusius im April 1848 die Gründung der *Neuen Preußischen Zeitung* vorbereitet, die unter dem Namen *Kreuz-Zeitung* sehr bald weithin bekannt wurde. Eine publizistische Wirksamkeit wurde angesichts der revolutionären Umtriebe des Jahres 1848, dem „Blitzstrahl aus Paris" und „Anfang des Gottesgerichts"[4], für unumgänglich gehalten. Nathusius zählte zu den Autoren der ersten Stunde[5] der *Kreuz-Zeitung* und Gerlach versuchte 1852 sogar, wenn auch erfolglos, ihn zu deren Chefredakteur zu machen[6]. Allerdings zerbrach die Freundschaft zwischen beiden infolge der unterschiedlichen Bewertung der Kriegshandlungen des Jahres 1866[7].

Von nicht zu überschätzender Folgewirkung für Nathusius' Integration in die führenden politischen und kirchlichen Kreise war seine Übernahme der Herausgeberschaft des in Halle angesiedelten *Volksblattes für Stadt und Land zur Belehrung und Unterhaltung* (*VB*) im Jahr 1849[8]. Diese Tätigkeit

---

3 Dazu vor allem E. v. Reuß, *Philipp Nathusius Jugendjahre*, die Nathusius' Entwicklung entscheidend von dieser Freundschaft geprägt sah.

4 Zit. nach E. v. Reuß, *Philipp von Nathusius*, S. 85f.

5 Vgl. *a. a. O.*, S. 98, S. 333ff.; H.-Chr. Kraus, *Gerlach*, S. 411, S. 413. Philipps Bruder Wilhelm (1821-1899) gehörte ab 1855 zu den Mitgliedern von Gerlachs konservativer Fraktion im preußischen Parlament, vgl. *a. a. O.*, S. 642.

6 *A. a. O.*, S. 613.

7 Vgl. *a. a. O.*, S. 829. Pikanterweise war Nathusius Anfang der vierziger Jahre noch auf einem völlig konträren politischen Standpunkt gestanden, worauf nicht nur sein ausgedehnter Briefwechsel mit Robert Blum hinweist, sondern auch seine Freundschaft mit Hoffmann von Fallersleben. Letzterer fand 1843 sogar kurzzeitig Aufnahme in Althaldensleben, zeigte sich im Verlauf der französischen und deutschen revolutionären Bestrebungen aber von der „Schnelligkeit von Philipps Fortschritt im Rückschritt" überrascht, zit. nach E. v. Reuß, *Philipp von Nathusius*, S. 72.

8 Das am 3. 1. 1844 erstmals erschienene *VB* gilt als eines der ersten Presseorgane in der Frühphase der Inneren Mission, indem es angesichts der immer größer werdenden sozialen Nöte von Beginn an auf die strukturellen Gründe für diese Nöte aufmerksam machte. Anläßlich des schlesischen Weberaufstandes im Juni 1844 forderte es nicht nur karitative Gaben für die verarmten Weber, sondern prangerte als eines von wenigen evangelischen Blättern die für das wirtschaftliche Elend Schuldigen tatsächlich auch an, vgl. M. Gerhardt, *Ein Jahrhundert Innere Mission*, Bd. 1, S. 22.

im *VB* als einem „Sammelplatz der Konservativen“[9] trug rasch dazu bei, daß Nathusius in diverse reichsweite Bekanntschafts- und Informationsgeflechte führender konservativer Persönlichkeiten einbezogen wurde. Es ergaben sich nähere Bekanntschaften der Familie Nathusius mit Friedrich Julius Stahl, dem nationalkonservativen Lyriker Emanuel Geibel, dem späteren Unterrichtsminister Karl v. Raumer sowie dem Hallenser Kreis um Friedrich A. G. Tholuck, Heinrich Leo, Julius Müller, Friedrich Ahlfeld und Hermann Hupfeld. Für den Zeitraum der fünfziger und sechziger Jahre wird Nathusius nicht zuletzt aufgrund dieser publizistischen Tätigkeit neben Hengstenberg sogar als der „einflußreichste Gestalter der öffentlichen Meinung im Protestantismus“[10] angesehen.

Infolge der Übernahme des *VB* und damit eines regen überregionalen sozialprotestantischen Informationsaustausches ergab sich die erste institutionelle Verflechtung von Nathusius’ sozialem Engagement und Johann Hinrich Wicherns Innerer Mission. Aufgrund des Bewußtseins, die Speerspitze des sozialprotestantischen Aufbruchs zu bilden, entwickelte sich seit Ende der vierziger Jahre zwischen beiden das Gefühl großer Gemeinsamkeit sowie die Einsicht in die Notwendigkeit gemeinsamer Aktion. Die Freundschaft mit Wichern führte sehr bald zu Nathusius’ Mitgliedschaft im Central-Ausschuß (CA) für Innere Mission, in deren Rahmen Wicherns „lieber Freund“[11] zugleich mit der besonderen Aufgabe eines Referenten für das populäre Schrifttum betraut wurde. Von dieser Tätigkeit aus ergaben sich weitere Verbindungslinien zur entstehenden christlich-sozialen Bewegung. G. Ecke reihte Philipp v. Nathusius zu Beginn dieses Jahrhunderts unter die „Originale[n] Erscheinungsformen der christlichen Liebestätigkeit“ Wichern, Baron Hans v. Kottwitz, Theodor Fliedner, Gustav Werner und Victor Aimé Huber ein, da Nathusius „der Bank Christi übergab“, was der Fleiß seines Vaters ihm erworben hatte, „um gefangene Kinderseelen loszukaufen“[12].

Die Motivation für seine soziale Tätigkeit und den Aufbau karitativer Einrichtungen kann allerdings ohne den Einfluß seiner Ehefrau Marie Nathusius (1817 - 1857), eine der meistgelesenen Volksschriftstellerinnen und Lieddichterinnen ihrer Zeit, nicht gedacht werden[13]. In eindrücklichen Lebenszeugnissen schilderte Philipp selbst, wie er durch die anfängliche Bekanntschaft und dann Heirat mit der Pfarrerstocher vom Pantheisten antik-heidnischer Welt-

---

9 So K. Müller-Salget, *Erzählungen für das Volk*, S. 41.

10 W. Shanahan, *Der deutsche Protestantismus*, S. 362.

11 So J. H. Wichern in seiner Schrift *Die innere Mission in ihrer nationalen Bedeutung*, *WSW*, Bd. 2, S. 231. Vgl. auch den *Nachruf* Wicherns auf Ph. v. Nathusius, *Fliegende Blätter* 1872, S. 318f.

12 G. Ecke, *Die theologische Schule Albrecht Ritschls*, Bd. 2, S. 379.

13 Dazu die Darstellungen von Leben und Werk durch Ph. v. Nathusius, *Lebensbild der heimgegangenen Marie Nathusius, geb. Scheele*; E. Gründler, *Marie Nathusius*; S. Kleiner, *Marie Nathusius*.

anschauung zu einem Konvertiten für die christlich-soziale Sache wurde. Bereits die ausgedehnte Hochzeitsreise im Jahr 1841 wurde nicht nur dazu genutzt, Friedrich Hölderlin und Gustav Schwab in Württemberg Besuche abzustatten, sondern sich in ganz Süddeutschland, der Provence, der Schweiz sowie Italien einen Eindruck über die dortigen sozialen Verhältnisse und Aufgabengebiete zu verschaffen. Maries Sorge um die Benachteiligten regte den Ehemann vor allem deshalb zu vielfältigen eigenen sozialen Aktivitäten an, da er hier eine tiefe religiöse Motivation erkannte, die für seine Ehegattin offensichtlich den Ausschlag gab, sich für die Belange der von Gesellschaft und Kirche Vernachlässigten einzusetzen.

Erfolgten von seiten des Vaters auf den Sohn Martin eher Einflüsse im sozial praktischen Sinn, so zeichnete sich der Einfluß der bereits im Alter von vierzig Jahren verstorbenen Mutter insbesondere durch deren tiefe Alltagsfrömmigkeit aus[14].

Im Zusammenhang mit einer Neuauflage der weithin bekannten Erzählung *Elisabeth*, die seine Mutter verfaßt und mit dem Untertitel *Eine Geschichte, die nicht mit der Heirat schließt* versehen hatte, notierte er: „einzig dürfte sie [die Mutter, Th. S.] dastehen in der Schilderung dessen, was man Stimmung nennt, die Stimmung in der Natur, [...] und dies nun in Wechselwirkung und Beziehung zu der wundervoll gezeichneten Seelenstimmung der Menschen"[15]. Dahinter habe immer auch die religiöse Haltung aufgeleuchtet. Die besagte Erzählung konnte „im Verein mit dem ebenso sittlich ernsten als fröhlich genießenden Christentum, aus der sie hervorgegangen [ist], zu einem Lehrbuch, insbesondere für Eheleute, wie es lieblicher und lehrreicher nicht vereint zu denken ist"[16], werden. Ohne für ihre in viele Sprachen übersetzten Schriften einen besonderen literarischen Kunstwert zu beanspruchen, wurde sie aufgrund deren beinahe missionarisch gefärbten Charakters als „Bahnbrecherin auf dem Gebiet der christlichen Novelle"[17] bezeichnet. Auch ihrem umfangreichen musikalischen Schaffen maß Marie Nathusius im Rahmen der „privaten Erbauung und der Zweckgebundenheit im Familienleben"[18] einen primär religiösen Sinn zu. Das Liedgut sollte vornehmlich der Expression des eigenen Seelenlebens dienen und ebenfalls den Charakter re-

---

14 Im übrigen dichtete anläßlich des Todes von Marie Nathusius die Freundin Eleonore Fürstin Reuß die Verse des Kirchenliedes „Das Jahr geht still zu Ende".

15 *AKM* 1886, S. 1338.

16 *A. a. O.*, S. 1339.

17 E. Gründler, *Marie Nathusius*, S. 197. Martin von Nathusius schreibt 1894 im Vorwort zu E. Gründlers Darstellung dieser biographischen Schrift folgenden Stellenwert zu: „Gerade in einer Zeit, wie die unserige, wird dieses Bild zu einer Predigt werden, wo die Erschütterungen und Schwankungen unserer sozialen Zustände immer deutlicher auf das Haus und die Familie als die festen Stützen der Gesellschaft hinweisen und auf den Geist des Glaubens und der Liebe als das Heilmittel für alle Schäden".

18 S. Kleiner, *Marie Nathusius*, S. 76.

ligiösen Erziehungs- und Bildungsgutes annehmen. Im äußerlichen Auftreten vermittelte die Mutter „den Ausdruck bewußter Einfachheit" sowie der „Entsagung von Luxus zugunsten einer christlich-motivierten Lebensweise"[19].

Man geht daher nicht fehl, das von der Volksschriftstellerin gezeichnete Ideal einer romantisch-bildungsbürgerlichen Familienidylle sowie einer im Dienst der Frömmigkeit stehenden Kindererziehung als bewußtes Gegenbild zu der von Modernisierung, Industrialisierung und beginnender Verstädterung geprägten Umwelt zu interpretieren.

Hinsichtlich der erzieherischen Einflüsse, die auf Martin ausgeübt wurden, ist so durchaus von zwei, im jeweiligen Elternteil verkörperten Polen zu sprechen, die allerdings keineswegs als konträre Einflüsse bezeichnet werden müssen, sondern sowohl von den Eltern als auch später vom Sohn selbst als fruchtbare und sich notwendig ergänzende Momente der elterlichen Glaubens- und Erziehungspraxis verstanden wurden[20]. In jedem Fall aber traf die Bemerkung des Greifswalder Theologen und späteren Schwiegersohns Julius Kögel den richtigen Punkt: „Die vornehmlich praktische Richtung seines Denkens und Arbeitens auch in der Wissenschaft, des näheren das soziale Interesse, das ihn je länger je mehr beschäftigte und seinem Wirken das charakteristische Gepräge gab, ist ihm aus seiner Heimat erwachsen"[21].

Für diesen ersten Sozialisationskontext sind auch die späteren Hinweise Martins auf seine Hauslehrer aufschlußreich. Er läßt durchblicken, daß dieser häuslichen Bildungsinstitution von elterlicher Seite aus eine prinzipiell höhere Bedeutung beigemessen wurde als der späteren gymnasialen Bildung. Mit Absicht hatte man ihn sogar auf eines der weniger angesehenen Quedlinburger Gymnasien geschickt, um diese Geringschätzung öffentlicher Bildungseinrichtungen zum Ausdruck zu bringen. Hinsichtlich der Hauslehrer, deren Einfluß Nathusius im Rückblick für bedeutend hält, fällt auf, daß diese sich später nach Beendigung ihrer Tätigkeit in der Familie Nathusius allesamt und dann meist an prominenter Stelle der christlich-sozialen Arbeit verschreiben sollten. Genannt seien hier Julius Disselhoff, der Schwiegersohn und Nachfolger Theodor Fliedners in der Kaiserswerther Diakonissenanstalt sowie der Tholuck-Schüler und spätere Berliner Missionsinspektor Eduard Kratzenstein[22].

---

19 *A. a. O.*, S. 51. Dazu auch G. A. Weller, *Marie Nathusius*, sowie D. Nathusius, *Marie Nathusius als Anstaltsmutter*.

20 F. W. Graf bilanziert, daß die Eltern dem Sohn einen christlichen Wertekanon vermittelten, „in dem asketische Frömmigkeit, strenge Kirchlichkeit, klassische Bildung und hohes soziales Verantwortungsbewußtsein eng verbunden waren", *Nathusius*, Sp. 485.

21 J. Kögel, *Nathusius*, S. 192.

22 Es ist sicherlich kein Zufall, daß Kratzenstein anläßlich seines 70. Geburtstages 1893 von der Greifswalder Theologischen Fakultät, der Nathusius inzwischen angehören sollte, ehrenpromoviert wurde, vgl. *Acta der Th. F.* 78 [14], (1893/94).

Der Zusammenhang von väterlichem Wirken und der Übernahme des praxisorientierten väterlichen Erbes durch den Sohn läßt sich an einer im Jahr 1900 unter dem Titel *Fünfzig Jahre Innerer Mission* erschienenen Festschrift aufzeigen, die Martin anläßlich des fünfzigjährigen Bestehens des Lindenhofes verfaßte. Indem in diesem 220 Seiten starken Bericht von ihm historische und gegenwartsbedeutsame Momente der Inneren Mission zusammengestellt wurden, kann diese Schrift zum einen als Quelle für die Anfänge des sozialen Wirkens der Familie Nathusius und Retrospektive eines paradigmatischen Anfangspunktes der Inneren Mission in Deutschland gelten. Zum anderen erlaubt sie einen Blick darauf, welche Relevanz der Autor selbst diesen biographischen Einflüssen des Elternhauses beimaß und wie er darüber hinaus die Lage der Inneren Mission um die Jahrhundertwende beurteilte. Auch wenn die zum Jubiläum verfaßte Darstellung der christlich-sozialen Arbeit der vergangenen fünfzig Jahre zu großen Teilen auf mündlichen Berichten, Denkschriften sowie der Auswertung von Briefen des Vaters beruht, ist doch die Handschrift des Sohnes und damit die Einschätzung dieser Arbeit deutlich zu erkennen.

Das inhaltliche Fundament für die Verknüpfung von *historischem* und *gegenwärtigem* Interesse wird von Nathusius entlang des Gedankens gebildet, daß das soziale Engagement mit der Einrichtung des sogenannten „Rettungshauses" in Neinstedt zwar - historisch gesehen - als Ausdruck für eine um die Jahrhundertmitte wieder erstarkende Glaubensbewegung angesehen werden könne, zugleich aber auch im Licht des gegenwärtigen Ziels einer „immer mehr erstarkenden Liebe"[23] stehe. Für Martin von Nathusius hat die ursprüngliche Intention der Neinstedter Anstalten nichts von ihrer Gültigkeit verloren, da die gesellschaftlich-strukturellen Probleme ihrem Charakter nach weiterhin bestanden. Er stellt diese Verknüpfung her, indem er die Berichte über das anstaltliche Wirken der Familie Nathusius „von kulturgeschichtlichem Werte"[24] für die Beurteilung des Zustandes des gesamten Volkslebens hält. Die sozial ausgerichteten Antworten christlicher Liebestätigkeit der Vergangenheit stehen seiner Überzeugung nach auch zur gegenwärtigen Zeit noch in Geltung, da die Fragen dieselben geblieben sind. Demzufolge ist im Blick auf die folgende Darstellung der sozialprotestantischen Anfänge der Familie Nathusius mitzubedenken, daß Martin von Nathusius diesen Aktivitäten nicht nur historische Bedeutung, sondern auch Gegenwarts- und Zukunftsrelevanz beimißt. Von seiner eigenen historischen Darstellung aus erschließen sich somit zugleich diejenigen Aspekte, die er in bezug auf sozialprotestantisches Engagement für entscheidend hält.

---

[23] So in Aufnahme eines Berichts des Neinstedter Hausinspektors Karl Ulrich Kobelt, der von 1875 bis 1899 dort wirkte, *Fünfzig Jahre*, S. 5.

[24] *A. a. O.*, S. 136.

1. 1. Anfänge des Engagements

Als Philipp und Marie von Nathusius im März 1844 in Althaldensleben die erste „Kinderbewahranstalt" gründeten, bestanden im weiteren sachsen-anhaltinischen Umkreis noch keinerlei derartige Einrichtungen. Mindestens für den Bereich des Harzes und der Magdeburger Gegend wurde durch diese erste Gründung, die Einrichtung eines Frauenvereins für die Ortsarmenpflege, einer Mädchenschule sowie einer organisierten Hilfe für Arme und Kranke des Ortes Pionierarbeit geleistet. Doch stand hierbei die Sorge um die lokal zahlreich vorhandene Arbeiterbevölkerung und die „gemißhandelte Kinderwelt des Proletariats"[25] keineswegs nur im Dienst sozialer Fürsorge, sondern zielte bereits auch auf die Eindämmung von offensichtlich steigender Unkirchlichkeit und politischer Umsturzbereitschaft ab. Neben den erwähnten religiösen Einflüssen der Gattin resultierte Philipp v. Nathusius' Interesse an sozialer Kinderfürsorge in erheblicher Weise aus der intensiven Beschäftigung mit dem Gedankengut der Pädagogen Johannes Falk und Johann Pestalozzi. Dieser pädagogische Impetus verband sich mit der bereits angedeuteten persönlichen Freundschaft mit Wichern, wobei Wicherns Konzeption des Hamburger Rauhen Hauses für Nathusius als geeignet erschien, diesem Impetus eine effektive Manifestation zu verleihen. Von der Arbeit des Rauhen Hauses hatte Nathusius erstmals im Frühjahr 1846 durch die Lektüre des Artikels *Die Innere Mission und ihr Seminar: die Brüderschaft des Rauhen Hauses* im *VB* Kenntnis gewonnen, woraufhin ab Juni 1847 eine intensive Korrespondenz zwischen ihm und Wichern einsetzte[26].

Im Gefolge dieser Einflüsse sollte in den folgenden Jahren die Althaldenslebener Arbeit durch die offizielle Integration in die Innere Mission auf ein breiteres und damit standfesteres institutionelles Fundament gestellt werden. Die bisherige Bewahranstalt wurde am 5. 11. 1847 in ein Rettungshaus verändert, in das zunächst neun Kinder und ein vom Rauhen Haus kommender Hausvater, den Wichern selbst empfohlen hatte, nach Althaldensleben einzogen. Anfangs bildeten diese noch einen Teil des gesamten Familienhaushaltes, in dem auch der Sohn Martin aufwuchs.

In einer *Denkschrift* des Jahres 1849[27] machte Nathusius die grundsätzliche Ausrichtung seiner Arbeit deutlich, die den *privaten*, zugleich mit der

---

[25] *A. a. O.*, S. 10.

[26] Recherchen im Archiv des Rauhen Hauses in Hamburg haben ergeben, daß dieser Briefwechsel nicht mehr dokumentiert werden kann. Allerdings bestätigt ein Brief M. v. Nathusius' vom 18. 5. 1895 an den Sohn Wicherns die beiderseitige lebhafte Korrespondenz zwischen den Vätern, *Archiv des Rauhen Hauses*, Bestand 81 B [Nathusius].

[27] Bezeichnenderweise ist diese *Denkschrift*, ebenso wie eine bereits 1848 von Nathusius zur selben Frage verfaßte, an die Ritterschaft des Magdeburger Raumes gerichtet. Philipp von Nathusius mußte jedoch in beiden Fällen feststellen, daß er deren Mitglieder nur sehr eingeschränkt als Gesinnungsgenossen für die *wahre* konservative Sache gewinnen

Kirche verbundenen und auf dem lutherischen Bekenntnis beruhenden Charakter der Anstaltsarbeit herausstellt. Für die Anstalt gilt, daß sie sich ihrer Natur nach jeder *behördlichen* Verwaltungstätigkeit entzieht, da ihre Stiftung und Leitung „einzig und allein aus einem lebendig gläubigen und kirchlichen Sinn hervorgegangen“[28] ist. Für diese Frage der Konzeptionierung der Inneren Mission und die Frage der Verbindung zur Kirche wurde Nathusius entscheidend durch Schriften des schottischen Sozialreformers Thomas Chalmers angeregt, insbesondere dessen *Kirchliche Armenpflege* sowie dessen praktische Aktivitäten, die gegen staatlich-zentralistische Fürsorgemaßnahmen gerichtet waren.

Bei der Gründung des örtlichen Vereins für Innere Mission sowie eines „Hilfsvereins für das Rettungshaus für verwahrloste Kinder in Althaldensleben“ am 28. 3. 1848 wollte man keine besondere Armenorganisation neben der Kirche institutionalisieren. Vom Mittelpunkt des geistlichen Amtes aus sollte die Vereinsgründung erfolgen, ohne ihre Gestalt einer weitgehend privat organisierten und finanzierten Liebestätigkeit einzubüßen: „Die Grundlage ist die freie Vereinigung, unabhängig vom Staat wie von der Kirche, aber beiden aus allen Kräften die Hand reichend und dienend“[29]. Dieses karitative Engagement wollte man keineswegs als Förderung revolutionärer Bestrebungen oder als Beitrag zu einer grundlegenden Gesellschaftsveränderung verstanden wissen. Ein Brief von Marie Nathusius, geschrieben zur Zeit der Märzrevolution 1848, macht deutlich, daß das Gegenteil der Fall war: „Bis jetzt haben wir, Gott sei Dank, nur aus der Ferne von den Unruhen gehört, daß aber in aller böser Leute Herzen ein Gelüst zum Ungehörigen sich regt, ist wohl natürlich, und Althaldensleben ist darin ein schlimmer Ort; es heißt schon oft, sie wollten auf höheren Lohn dringen“[30].

Da die Arbeit des Rettungshauses nicht nur auf die Beendigung äußerlicher Verwahrlosung, sondern auch auf das „Aufgehen eines ganz neuen Lebens aus der Versunkenheit“[31] abzielte, erforderte dies eine spezifische Form der erzieherischen Obhut, wofür der Gedanke einer vorbildhaften intakten Familienstruktur eine wesentliche Rolle spielte. Die Einrichtung sollte ganz im Sinne Wicherns alles Anstaltsmäßige vermeiden, hingegen vom Boden der Evangeliumsverkündigung aus zur Schaffung eines Familiensinnes beitragen und den Gemeinsinn fördern. Daneben wurde durch die Gründung ei-

---

konnte: Schon er ging in den vierziger Jahren nicht mehr davon aus, daß die adlige Schicht tatsächlich über ein angemessenes Verständnis des *Konservativen* verfügt: „Die Ritterschaft in der Nähe ist die konservativste in der Monarchie, aber meist ohne Prinzip, voll Erwerbsgedanken und Liebhabereien, und auf dies beides, statt auf ein Prinzip, geht der Konservatismus eines großen Teils hinaus“, zit. nach *Fünfzig Jahre*, S. 18.

28 *A. a. O.*, S. 29f.

29 *A. a. O.*, S. 15.

30 Zit. nach E. Gründler, *Marie Nathusius*, S. 130.

31 *Fünfzig Jahre*, S. 15.

nes „Vereins für die Verbreitung christlicher Schriften und Reisepredigt“ zum Ausdruck gebracht, daß dieses Engagement in hohem Maß öffentlichkeitswirksamen Charakter tragen sollte.

Nathusius übertrug bereits zum 1. 7. 1849 die Althaldenslebener Aufgaben an seinen Bruder Heinrich, um „frei zu werden für die Arbeit an der Inneren Mission in größerem Stile“[32]. Gemeinsam mit seiner Frau begab er sich erneut zu mehrmonatigen Studienreisen kirchlich-sozialer Arbeit nach Frankreich und England, von denen sie ausführliche Berichte anfertigte[33].

1. 2. Gründung und Arbeit der Neinstedter Anstalten

Nach der Rückkehr richtete sich der Blick der Familie Nathusius insbesondere auf Quedlinburg, wo zu dieser Zeit bereits eine größere Kinderanstalt existierte. Nachdem allerdings Philipps Bestreben nach einer umfassenden Reorganisation dieser Anstalt von staatlicher und kirchlicher Seite aus kein Entgegenkommen erfuhr, kaufte er im Februar 1850, wiederum in Absprache mit Wichern, das in der Nähe Quedlinburgs gelegene Gut Neinstedt am Harz, auf dem am 15. 10. 1850 - gewählt mit Rücksicht auf den Geburtstag des „geliebten Königs“[34] Friedrich Wilhelms IV. - das Rettungs- und Brüderhaus eingeweiht wurde[35].

Schon im ersten Jahr sammelte sich die erste „Familie“ mit einem Inspektor und zwölf Knaben im Alter zwischen acht und zwölf Jahren, wobei die Aufnahme auf „wirklich schon verwahrloste“[36] Kinder beschränkt wurde. 1852 waren bereits vier „Familien“ mit je einem Hausvater und bis zu zwölf Knaben in Neinstedt ansässig, wobei im Lauf der Jahre das Aufnahmealter im Durchschnitt auf elf bis fünfzehn Jahre anstieg. Statt von einer Kinderanstalt

---

32 *A. a. O.*, S. 26.

33 Marie Nathusius, *Reisebriefe aus England und Frankreich*, GS Bd. 12.

34 Dieses für die Einweihung gewählte Datum erlaubt - obwohl ‘präwilhelminisch’ - durchaus eine Einzeichnung in die „zivilreligiöse Festkultur“ (F. W. Graf, *Protestantische Theologie*, S. 37) der Zeit, selbst wenn in diesem Fall nicht ein staatliches Ereignis religiös überhöht, sondern eine religiös motivierte Gründung ihre Symbolisierung als ein Beispiel staatstragend-monarchischen Tatchristentums erfuhr.

35 Die überregionale Bedeutung Neinstedts und seines Gründers zeigte sich nicht nur daran, daß diese Gründung auf der Sitzung des CA für Innere Mission in Stuttgart am 12. 9. 1850 sowie der Gnadauer Konferenz am 25. 9. 1850 angekündigt wurde, sondern man wohl eben aufgrund dieser Gründungsaktivitäten Philipp von Nathusius 1851 in den CA aufnahm und ihm, wie erwähnt, die besondere Aufgabe der Vertretung des Volksschriftenwesens übertrug. Diese Tätigkeit sollte gemäß § 3 der Satzung des CA der Inneren Mission ebenfalls dazu beitragen, den Damm gegen die „fortschreitende Entkirchlichung und Entchristlichung weiter Bevölkerungsschichten“ (G. Mehnert, *Evangelische Presse*, S. 146) zu verbreitern.

36 *Fünfzig Jahre*, S. 40.

muß daher wohl eher von einer Erziehungsanstalt für Jugendliche gesprochen werden.

Die personelle Verflochtenheit mit Wicherns Rauhem Haus und konzeptionelle Nähe zur Hamburger Institution wurde endgültig unverkennbar[37]. Die ersten drei Inspektoren stammten allesamt aus dem Rauhen Haus, erst der vierte Inspektor August Hardeland, der von 1866 bis 1875 in Neinstedt wirkte, war zuvor als Hermannsburger Missionssuperintendent im kirchlichen Dienst gewesen.

Die Grundsätze des Rauhen Hauses prägten die *Konzeption* in vielfachem Sinn: Hinsichtlich der Erziehung der Kinder wurde Religionsunterricht nach Luthers Kleinem Katechismus erteilt sowie die Bedeutung des Evangeliums, des Gesangs und der Arbeit betont. Von Beginn an galt als Erziehungsprinzip, die Kinder zu der Einsicht gelangen zu lassen, daß „Glück und Fröhlichkeit nicht von äußeren, sondern von inneren Bedingungen abhängig"[38] seien. Aufgrund der Überzeugung, daß die eigentliche Quelle der Verwahrlosung sowohl in den unteren als auch den höheren Ständen die Gottlosigkeit sei[39], galt der Grundsatz, daß „verwahrloste Kinder auch im Rettungshause in den allgemeinen Grenzen ihres Standes und ihrer Verhältnisse"[40] bleiben müßten. Durch die besondere Pflege des Geistes der Familie, in deren Rahmen das anstaltliche Leben „durch das Licht und die Luft persönlicher Liebe"[41] gemildert werden sollte, war beabsichtigt, jeden als bedeutendes *Glied der Gemeinschaft* anzunehmen, damit dieser „sich im großen Ganzen als Organ [...] mit ganz bestimmten Aufgaben und Zwecken"[42] verstehen konnte.

---

37 In seinem Rückblick auf die Gründung der *Rettungsanstalten als Erziehungshäuser* von 1886 erwähnte Wichern die Neinstedter Anstalten als Teil des allgemeinen Aufbruchs der Rettungshäuser, *WSW*, Bd. 7, S. 404ff. Bereits ein Bericht Wicherns vor dem CA der Inneren Mission hatte die Bedeutung der Gründung Neinstedts als dem ersten Sammelpunkt der Inneren Mission in der Provinz Sachsen hervorgehoben, vgl. *WSW*, Bd. 2, S. 335.

38 *Fünfzig Jahre*, S. 123.

39 *A. a. O.*, S. 141. Die Signatur der Weltanschauung Martins wird in einer Beschreibung der ankommenden Knaben deutlich: „Mit den greulichsten Flüchen und eingelernten demokratischen Redensarten von 1848 her waren manche ausgerüstet", *ebd.* Im Lauf der ersten 50 Jahre Neinstedts ergab sich ein durchschnittlicher Prozentsatz von 58,5 an Stadtkindern gegenüber den aufgenommenen Dorfkindern, die insgesamt meist aus der Provinz Sachsen, seltener aus Brandenburg kamen, vgl. *a. a. O.*, S. 145.
Die anfängliche Praxis, den „Anfang des neuen Lebens" auch durch die Umänderung der Knabennamen, beispielsweise in Sixtus, Florentin, Clemens usw. zu symbolisieren und auf diese Weise „das Alte zuzudecken", wurde allerdings bald wieder aufgegeben, vgl. *a. a. O.*, S. 146.

40 *A. a. O.*, S. 122.

41 *A. a. O.*, S. 148.

42 *A. a. O.*, S. 150. Dieser *organisch-integrative Gedanke* kehrt in den späteren Arbeiten von Martin methodologisch und sozialethisch geschärft häufig wieder.

Im Lauf der ersten Jahrzehnte trat der *Lernaspekt* gegenüber den ebenfalls für pädagogisch sinnvoll erachteten landwirtschaftlichen oder häuslichen Arbeiten eindeutig in den Vordergrund. In der seit 1881 bestehenden dreiklassigen Lindenhofschule wurden die Kinder nach preußischem Vorbild während mindestens 30 Wochenstunden in alle Gegenstände des Elementarunterrichtes eingeführt.

Den Zielpunkt des auf nur einige Jahre begrenzten Aufenthaltes und der religiös fundamentierten Erziehung stellte die Vorbereitung auf die *Konfirmation* dar, die vor allem der *Abendmahls- und Beichtvorbereitung* dienen sollte. Gleichwohl wurde unter der in dieser Zeit nicht unbedingt gängigen Devise „Ein mildes Regiment ist das beste Regiment" die gewaltsame Bekehrung zum Guten oder gar zum Glauben abgelehnt: „Weder Erweckungen noch Bekehrungen können gemacht werden. Der Geist wehet, wo er will"[43], wie ein Hausvater Neinstedts zitiert wird.

Folgerichtig ergab sich im Lauf der Jahre aus dem Bestreben, die Verbundenheit der anstaltlichen Tätigkeit mit der übergeordneten kirchlichen Aufgabenstellung zu verdeutlichen, der Wunsch nach einer eigenen *Anstaltsparochie*, nach dessen Erfüllung schließlich im Sommer 1885 die Grundsteinlegung, und - wiederum an einem 15. 10. - 1886 die Einweihung der eigenen Lindenhofkirche erfolgte. Das bereits seit dem 1. 1. 1876 mit pastoralen Aufgaben verbundene Neinstedter Inspektorenamt erhielt nun einen adäquaten Ort für die eigene kirchlich verankerte Praxis. Diese Praxis beschränkte sich nicht auf den Bereich des Lindenhofes, sondern schloß auch die ebenfalls in Neinstedt am 3. 1. 1861 durch Philipp von Nathusius' Schwester Johanne gegründeten „Blödenanstalten des Elisabethstiftes" ein, in denen etwa im Jahr 1900 immerhin 500 Pfleglinge untergebracht waren.

Darüber hinaus blieb die Vermittlung der Entlassenen an andere Orte sowie der beständig aufrechterhaltene Kontakt mit diesen eingeschlossen, so daß sich die sogenannte Neinstedter „Gemeinde" nicht nur stetig veränderte, sondern auch immer weiter vergrößerte.

Gegenüber der Althaldenslebener Anstalt wurden Kinder in Neinstedt nur aufgenommen, wenn für das notwendige Pflegegeld gesorgt war. Dieses Geld kam in den Anfangsjahren in etwa einem Drittel der Fälle vom Magistrat des Wohnortes des jeweiligen Zöglings, ansonsten von Angehörigen des Kindes. Weitere finanzielle Gewährleistungen erfolgten durch Vereine, Gönner oder Freundeskreise Neinstedts. Im Zuge der Neinstedter Aktivitäten zeigte sich alsbald die zunehmende *staatliche Etablierung* sozialer Leistungen, was zugleich immer häufiger die Frage nach der Zukunft *privater* und *kirchlicher* Tätigkeit aufwarf.

---

[43] *A. a. O.*, S. 173. Dies hinderte jedoch offensichtlich nicht vor religiöser Einschärfung, was im Bericht eines Hausvaters anklingt: „Die Beichthandlung machte auf fast alle einen tiefen Eindruck; sie weinten bitterlich und waren in sich gewandt", *a. a. O.*, S. 164.

Durch die regelmäßigen Zahlungen aus der Provinzialhilfskasse seit 1857 sowie infolge des Zwangserziehungsgesetzes von 1878 stiegen die behördlichen Zuwendungen sprunghaft an. 1889 wurde der Aufenthalt von nur noch drei Kindern privat finanziert, gegenüber 102 staatlich 'geförderten' Kindern, was Martin von Nathusius im Rückblick zu dem Fazit veranlaßte: „Die christliche Liebesthätigkeit, die sich zeigt in der Unterbringung verwahrloster Knaben, ist von den einzelnen Christen und den kirchlichen Gemeinden bis auf verschwindende Ausnahmen auf den Staat übergegangen"[44]. Bezüglich der grundlegenden Gewichtsverschiebung von kirchlicher und staatlicher Tätigkeit zeigt sich bei Martin von Nathusius im Jahr 1900 eine durchaus ambivalente Beurteilung. Einerseits sah er es als unerfreulich an, daß ein solch umfangreiches Eingreifen des Staates in die sozialen Verhältnisse notwendig geworden war und sich die christliche Gemeinde damit vergleichsweise problemlos ihrer Pflichten entledigen konnte. Andererseits begrüßte er die Tatsache, daß durch den stetigen Fluß staatlicher Gelder eine Entlastung kirchlicher Liebestätigkeit zugunsten der Erfüllung anderer Bedürfnisse stattfand.

Hinsichtlich der Finanzierung der Nathusius'schen Gründung zeigte sich der unmittelbare Zusammenhang Neinstedts mit der 'Lesergemeinde' des *VB*. So erfolgten dort nicht nur Mitteilungen über finanzielle Ausstattungen und bauliche Veränderungen, sondern die Quittungen über Spenden kamen bis 1878 im *VB* zum Abdruck[45]. Dies sollte wohl signalisieren, daß das vermeintlich private Engagement sehr wohl öffentlichkeitsrelevanten Charakter trug und der öffentlichen Unterstützung bedurfte. Noch im Jahr 1900 konnte Martin von Nathusius Neinstedt als eine „Stiftung der dem Raume nach weit zerstreuten, aber im Glauben und in der Liebe, die nicht von der Erde ist, verbundenen Volksblattgemeinde"[46] bezeichnen.

Zu dieser fürsorgerischen Aufgabe kam ein konzeptionell ebenfalls bedeutsames Element. In Neinstedt wurde ein dreijähriger *Diakonenkursus* mit dem Ziel eingerichtet, junge Männer zu Hausvätern, Armenpflegern oder Lehrern und damit zum Dienst im Sinn der „suchenden, rettenden und bewahrenden Liebe"[47] auszubilden. Diese explizite Bildungsanstalt für männliche Diakonie entwickelte sich nicht nur sehr bald zum zweiten wesentlichen Arbeitsfeld in Neinstedt, sondern gemäß den Vorstellungen des Gründers sollte das Brüderhaus sogar das eigentliche Hauptstück des Lindenhofes werden. Für diese Vorstellung stand ebenfalls Wichern und dessen Rauhes Haus

---

44 *A. a. O.*, S. 101.

45 Prominente Spender waren etwa die Herzogin Witwe Friederike von Anhalt, V. A. Huber, der Hofprediger Radeke, Mitbegründer der Gnadauer Konferenz und ein enger Freund von Tholuck und Kottwitz sowie Adlige und Industrielle, vermehrt aus den Bereichen Quedlinburg, Halberstadt, Magdeburg und Wernigerode.

46 *A. a. O.*, S. 108f.

47 *A. a. O.*, S. 186.

Pate. Neben dem Hamburger Vorbild sowie den Diakonen-Anstalten in Kaiserswerth und Duisburg bot vor 1850 nur noch Neinstedt eine solche Qualifikation an.

Die Ausbildung diente vorrangig dem Ziel, eine Durchschnittsbildung des zeitgenössischen Elementarschullehrers zu vermitteln, wobei auch für diesen Teil der Bildungsaktivitäten die „Ausbildung selbständiger und tüchtiger christlicher Persönlichkeiten“[48] den Endzweck darstellte. In etwa 30 Wochenstunden nahmen die angehenden Diakone einerseits am Katechismusunterricht der Knaben, den der Inspektor leitete, teil. Andererseits wurden ihnen biblische und kirchengeschichtliche Kenntnisse vermittelt, erfolgte Deutsch- und Musikunterricht sowie Pädagogik und Berufskunde im Sinn der Einführung in Arbeit und Zielsetzung der Inneren Mission.

Für eine solche Ausbildung sollten insbesondere diejenigen in Frage kommen, „die geistlich im Glauben gesund und leiblich gesund zugleich auch die nötige Bildung oder wenigstens Bildungsfähigkeit besitzen“[49] und sich beruflich bereits als brauchbar erwiesen hatten. Zwischen zwanzig und dreißig Jahre alt, traten insbesondere „christlich angeregte junge Handwerker“[50], Kaufleute und einige wenige Landarbeiter in das Brüderhaus ein - im Lauf der ersten 32 Jahre insgesamt über 220. Für die Ausbildung kam die Anstalt auf, was im wesentlichen durch ein Umlageverfahren aus Geldern des Rettungshauses möglich wurde. Auf staatliche Unterstützungen konnte nicht zurückgegriffen werden.

Die einmal ausgebildeten Brüder waren insbesondere für die Arbeit in Rettungs-, Waisen- und Erziehungshäusern sowie Nervenheilanstalten begehrte Führungskräfte. Oftmals leiteten sie die durch Bodelschwingh initiierten Arbeiterkolonien sowie die in den sechziger Jahren aufkommenden christlichen Gesellenherbergen, um so den bis dato bekannten Herbergen, die zu „Knotenpunkte[n] für die sozialistisch-kommunistische Propaganda“[51] geworden waren, eine Alternative entgegenzustellen. Als wichtigste Tätigkeitsfelder der Brüder galten aber Stadtmission und Volksschule, da man hier am umfassendsten die christliche Liebestätigkeit und damit christliche Botschaft - auch durch die Verbreitung von Büchern und Schriften - vorantreiben zu können glaubte.

Die überregionale Bedeutung der Neinstedter Ausbildungsstätte zeigt sich nicht nur daran, daß es sich - dem Stand des Jahres 1888 nach - dabei um eines von zehn Brüderhäusern im gesamten Gebiet des Deutschen Reiches handelte, sondern auch an den Wirkungsstätten der entlassenen Brüder, die sich quer über das gesamte Reichsgebiet verteilten. Da wie bei den Knaben

[48] *A. a. O.*, S. 195.
[49] *A. a. O.*, S. 187.
[50] *A. a. O.*, S. 186.
[51] *A. a. O.*, S. 199.

auch auf diesem Sektor der Kontakt zwischen Neinstedt und den 'Ehemaligen' aufrechterhalten wurde, ergab sich ein vielfältiges Arbeits- und Informationsgeflecht der Inneren Mission mit Neinstedt als dem Zentrum[52].

Allerdings war das Verhältnis zwischen Wichern und Philipp von Nathusius im Lauf der folgenden zwei Jahrzehnte wohl vor allem aufgrund unterschiedlicher politischer und kirchenpolitischer Auffassungen keineswegs spannungsfrei, was den Sohn Martin im Rückblick auf die Bekanntschaft des Vaters mit dem Gründer des Rauhen Hauses zu der Mitteilung veranlaßte: „Der Schreiber dieser Zeilen hat später, als er sich Wichern persönlich näherte, deutlich empfunden, daß ein gewisses Mißtrauen gegen das, was von Neinstedt kam, erst durchbrochen werden mußte. Aber ich habe dann doch noch die Freude gehabt, das herzliche Wohlwollen des teuren Mannes zu erfahren“[53].

Bilanzierend kann festgehalten werden, daß väterliches soziales Engagement und mütterliche tiefe Frömmigkeit und die in diesem Licht erfolgten Anstaltsgründungen hinsichtlich ihrer prägenden Bedeutung für den Sohn Martin kaum überschätzt werden können. Hier traten die praktischen Konsequenzen einer bestimmten Form protestantischer Frömmigkeit sichtbar vor Augen, hier wurde „seine Lebensführung eigenartig vorbereitet“[54], so daß der Sohn später zurückblicken konnte: „Dies Haus und die ganze Luft, die mich in der Jugend umgab, war vollkommen dazu angethan gewesen, meine Gedanken von früh auf bei allem Thun nach oben zu richten“[55].

---

52 Im Jahr 1907 wurden reichsweit 98 Anstalten von Neinstedter Brüdern geleitet, 137 Brüder waren als Stadtmissionare, Vereinsleiter oder Anstaltsgehilfen tätig, vor allem in den Provinzen Sachsen, Brandenburg und Posen, vgl. O. Steinwachs, *Was aus der Stiftung der Marie Nathusius geworden ist*, S. 31. Im Jahr 1995 konnte Neinstedt sein 145. Jahresfest feiern. Nach dem Stand von 1995 verfügt - bei über 700 Mitarbeitern - die Einrichtung über knapp 800 Heimplätze, 360 Werkstattplätze für Behinderte und eine Sonderschule für etwa 100 Kinder. Es befinden sich etwa 40 Diakone und 60 Heilerziehungspfleger in der Ausbildung, Zahlen nach *Jahresbericht zum Jahresfest 1995*, S. 24.

53 *Fünfzig Jahre*, S. 52. In dieser Notiz wird darüber hinaus berichtet, daß Wichern den jungen Hilfsprediger Martin 1871 in Wernigerode besucht hat. Abgesehen von einigen Begegnungen auf Konferenzen der Inneren Mission wurde allerdings das Verhältnis zwischen Wichern und M. v. Nathusius nicht intensiver fortgeführt. Das Archiv des Rauhen Hauses, Hamburg, dokumentiert bis auf wenige marginale Briefe keine Korrespondenz mehr zwischen beiden.

54 So Th. Schäfer, *Martin von Nathusius*, S. 535.

55 *Timotheus*, S. 13.

2. Studienzeiten (1862 - 1867)

Nachdem sich Martin von Nathusius schon durch seine Zeit an der öffentlichen Schule Quedlinburgs „frühzeitig in eine Art von Bekennerstand“[56] hineingedrängt gefühlt hatte, ergaben sich weitere für sein späteres Wirken entscheidende Impulse durch das Studium der Theologie.

Hinsichtlich der theologischen Kenntnisse und Erfahrungen, die sich Nathusius in den folgenden Jahren aneignete, ist darauf hinzuweisen, daß er während seines Studiums die versammelte zeitgenössische theologische Prominenz des deutschen Raumes abschritt. Die Unterlagen der vier Fakultäten, an denen er studierte, zeigen, daß er sich augenscheinlich ein umfassendes Bild von der theologischen Landschaft zu machen suchte. Dabei wird seine Vorliebe für einzelne Lehrer wie den bereits erwähnten Tholuck und Martin Kähler in Halle, Johann Tobias Beck, Gustav Friedrich Oehler und Christian Palmer in Tübingen sowie sein besonderes Interesse an der systematischen Theologie bald unverkennbar.

2. 1. Heidelberg

Die beiden Brüder Martin und Philipp immatrikulierten sich am 9. 5. 1862 im Alter von 18 bzw. 20 Jahren an der Universität Heidelberg. Der eine schrieb sich für die Fächer Theologie und Philosophie ein, der andere für die Rechte und Cameralia. Die Brüder, die in dieser Zeit auch zusammen wohnten, blieben allerdings nur dieses eine Sommersemester in Heidelberg. Welche Vorlesungen Martin bei wem besuchte, kann im einzelnen nicht mehr festgestellt werden[57]. Allerdings findet sich in einem *Curriculum vitae*, das Nathusius für die Hallenser Fakultät anfertigte, folgende Notiz: „Ich [...] habe mich seit Ostern 1862 den theologischen Studien gewidmet, nachdem ich meine Vorkenntnisse unter einer Reihe tüchtiger Hauslehrer und auf dem Gymnasium zu Quedlinburg erlangt hatte. [...] In Heidelberg studierte ich das erste Semester, wo ich durch die Schönheit der Natur und die Frische und Heiterkeit des dortigen Treibens in das studentische Leben - und durch Rothe und Hitzig in die negative Kritik eingeweiht wurde“[58]. Daß Richard Rothe bleibenden Eindruck auf den Studenten hinterlassen hat, zeigen Nathusius’ spätere methodologische und sozialethische Schriften, in denen ausführliche Rückbezüge auf Rothes theologischen Ansatz und dessen Hauptschriften erfolgen sollten. Auch auf die Erfahrungen mit dem Alttestamentler Ferdinand Hitzig geht

---

56 *Ebd.*

57 Unterlagen darüber sind im Heidelberger Universitätsarchiv nicht mehr vorhanden.

58 *Curriculum vitae*, verfaßt am 29. 7. 1864, *Akten des Archivs der Martin-Luther-Universität Halle-Wittenberg.*

Nathusius später ein. Dabei hatte er aufgrund seiner eigenen religiösen Prägung Hitzigs „offenbar ungläubige[r] Kritik“[59] und dessen kühler, objektiver Behandlung der Genesis gegenüber anfangs noch eine völlig ablehnende Haltung eingenommen. Wie er berichtet, habe dieser rationalistische Geist allmählich aber doch auf ihn gewirkt; erst sehr viel später sei er vor solchen Methoden der Schriftauslegung endgültig zurückgeschreckt.

2. 2. Halle

Zum Wintersemester 1862/63 wechselte er gemeinsam mit dem Bruder Philipp nach Halle über, wo er vom 24. 10. 1862 bis zum 4. 8. 1864 an der dortigen Theologischen Fakultät immatrikuliert war. Die Verbindungen der Familie Nathusius nach Halle hatten, worauf bereits hingewiesen wurde, spätestens mit der Herausgeberschaft des *VB* durch den Vater eine umfassende Gestalt gewonnen. Mit besonderer Intensität scheint sich der Kontakt zu Tholuck entwickelt zu haben. Der Student Martin war häufig Gast im Haus des Erweckungstheologen und „Studentenprofessors“[60], unternahm mit ihm im Herbst 1863 sogar eine Reise in die Alpen[61] und knüpfte von den Bekanntschaften des Tholuckschen Kreises aus erste Kontakte zu einigen seiner späteren Mitstreiter wie Kähler, Cremer oder den späteren Hausvorsteher Neinstedts Karl Ulrich Kobelt.

Den theologischen Studien scheint sich Nathusius in der Hallenser Zeit mit großem Engagement gewidmet zu haben; die Bewertungen seiner Leistungen fielen allesamt äußerst positiv aus. Tholuck, bei dem er Vorlesungen zu den Synoptikern (WS 62/63), zur Biblischen Theologie (SS 63) sowie zwei neutestamentliche Seminare besuchte (SS 63 und WS 63/64) bescheinigte ihm „sehr fleißig“. Der Besuch von Julius Müllers Vorlesungen zur Dogmatik sowie den Prolegomena im WS 63/64 wurde von diesem mit „sehr fleißig“ bilanziert. Eine „Leben Jesu“-Vorlesung Beyschlags, mit dem Nathusius sich bis zu dessen Tod im Jahr 1900 auf lebhafteste Weise immer wieder auseinandersetzen sollte, endete im gleichen Semester mit Beyschlags Bestätigung einer „fleißigen Theilnahme“[62].

In diese Zeit fällt allerdings auch Nathusius' Mißbehagen an der rationalistischen theologischen Wissenschaft und seine Entscheidung, dieser den Abschied zu geben, ohne daß schon eine Alternative bereitstünde: „Nur einmal war in den Vorlesungen eines jüngeren Docenten über den Römerbrief ein neues Element in mein Leben gekommen, das mir - schon in dem begin-

---

59 *Timotheus*, S. 31.

60 E. Beyreuther, *Tholuck*, S. 305. Zu Tholuck überblicksmäßig zuletzt G. Wenz, *Tholuck*.

61 Vgl. *Timotheus*, S. 18.

62 *Akten des Archivs der Martin-Luther-Universität Halle-Wittenberg*.

nenden Zersetzungsprozeß - noch einmal die Möglichkeit einer Vereinigung wahrhaft wissenschaftlichen Strebens und gläubiger Frömmigkeit nahe legte"[63]. Dabei handelte es sich um den Licentiaten Martin Kähler, bei dem er im Sommer 1863 sowie im darauffolgenden Semester die Lehre von der Heiligen Schrift und Inspiration hörte und der über den Studenten urteilte: „vorzüglich fleißig"[64]. Außerdem führte die bereits bestehende familiäre Bekanntschaft zum persönlichen Kontakt der beiden Studenten Martin und Philipp mit dem konservativen Historiker Heinrich Leo. Wie dokumentiert ist, besuchten beide im ersten Hallenser Wintersemester eine Vorlesung Leos zur Geschichte der Französischen Revolution. Am Ende der Hallenser Zeit schreibt er in seinem bereits erwähnten *Curriculum*: „Die 2 letzten Jahre meines Lebens studiere ich jetzt in Halle von wo ich im Begriff stehe, nach Tübingen zu gehen, um dort vorläufig meine theologischen und allgemeinen Kenntnisse weiter auszubreiten"[65].

2. 3. Tübingen

In Tübingen, wo Nathusius vom 30. 11. 1864 bis zum 17. 3. 1866 immatrikuliert war, wurde er seinen späteren Zeugnissen nach insbesondere von J. T. Beck geprägt. Ursprünglich war er gedrängt worden, sich „streng confessionellen Einflüssen in Facultäten wie Erlangen oder Leipzig auszusetzen, um auf diese Weise die gewisse Unruhe, die sich meiner bemächtigt hatte"[66], zu bekämpfen. Aufgrund der persönlichen Freundschaft zu einem Studienkollegen entschloß er sich dann aber doch zu einem Wechsel ins Württembergische. Auch in Tübingen wurden „mit der größten Regelmäßigkeit" die Kollegien besucht, „mit Sorgfalt die Hefte ausgearbeitet, die daneben noch nöthigen Handbücher studiert"[67]. Schon sehr bald beeindruckte ihn die Gestalt Becks und dessen aus aller Rede und Lehre hervortretende „Gewalt des sittlichen Ernstes"[68]. Die Zeit des durch die bisherige wissenschaftliche Theologie ausgelösten Glaubenszweifels schien ihrem Ende entgegenzugehen. Durch Beck wurde Nathusius der Eindruck einer Glaubenshaltung vermittelt, „die in

---

63 *Timotheus*, S. 56.

64 *Akten des Archivs der Martin-Luther-Universität Halle-Wittenberg*.

65 *Curriculum vitae*, verfaßt am 29. 7. 1864, *a. a. O.*

66 *Timotheus*, S. 59. Den Studenten der Theologie, denen dieses Buch ja vor allem gelten sollte, empfahl er fünfzehn Jahre später allerdings das Studium an der Leipziger Fakultät, an der zu dieser Zeit unter anderem das „lutherische Dreigestirn" lehrte, die von ihm hochgeschätzten Ernst Christian Luthardt, Karl F. A. Kahnis und Franz Delitzsch.

67 *A. a. O.*, S. 65.

68 *A. a. O.*, S. 60.

sich selbst so fest ist, daß all die wissenschaftlichen Untersuchungen um dieselbe herum und neben ihr, als unwichtig erscheinen"[69].

Bei dem systematischen Theologen hörte er im Verlauf der nächsten drei Semester acht Vorlesungen, unter anderem zur christlichen Ethik, zur Glaubenslehre und Dogmatik. Becks Auslegungen einzelner paulinischer Briefe faszinierten ihn aufgrund des dort formulierten grundsätzlichen Anliegens, „die Schrift durch die Schrift erklären zu lassen"[70]. Daneben widmete er sich eigentlich nur noch Studien des Alttestamentlers Oehler, der ihm das AT als heilige Schrift gerettet habe[71], sowie der Praktischen Theologie bei dem der Vermittlungstheologie nahestehenden Christian Palmer[72].

Die späteren Notizen und Rückblicke auf seine Studienzeiten machen deutlich, daß er, was seine theologische Anschauung anging, von den Tübinger Semestern am stärksten geprägt wurde[73]. In einer biographischen Notiz über die Tübinger Studienzeit aus dem Jahr 1881 hebt Nathusius sogar hervor, daß die Tiefe seiner theologischen Anschauungen erst durch diese Eindrücke erfolgte: „Ich schweige noch von dem Gipfelpunkt aller Erfahrungen über das Dasein Gottes, der in der Beseligung des durch Christum gerechtfertigten Sünders liegt, weil diese Erfahrung bei mir erst einer späteren Zeit vorbehalten war als jener Periode der Beeinflussung durch Beck"[74]. Neben den universitären Erkenntnissen hinterließen Erfahrungen mit der spezifischen Form württembergischer Frömmigkeit - die Teilnahme an offensichtlich pietistischen Glaubenskonventikeln sowie Begegnungen mit Johann Christoph Blumhardt in Bad Boll - bleibenden Eindruck auf ihn. Dennoch bilanziert Nathusius seine Tübinger Zeit durchaus selbstkritisch. Ein starker Rigorismus mit nicht gerade liebenswürdigen Folgen hatte sich offensichtlich seiner be-

---

69 *Ebd.* Dem Vater Philipp, der den Werdegang des Sohnes aufmerksam verfolgte, schien allerdings dessen Begeisterung für Beck nicht ganz geheuer. In einem Brief an den Tübinger Studenten machte der theologisch wohlinformierte Vater auf Becks durchaus zur Einseitigkeit neigende theologische Lehre mitsamt dessen ahistorischer Schriftauslegung aufmerksam: „An Deinen Tübinger Berichten haben wir uns sehr amüsiert. Den Unterschied, den Du zwischen der subjektiv-wissenschaftlichen Theologie, die Du (mit etwa alleiniger Ausnahme Tholucks) bisher kennen gelernt hattest, und der biblisch-gläubigen Professor Becks findest, begreife ich wohl. Nun wirst Du, wills Gott, auch noch das objektiv-historische Moment hinzufügen, das ihm zu fehlen scheint, oder dessen er sich wenigstens nicht bewußt ist. Denn in der That, würde es auch ihm schwer gewesen sein, seine Theologie wirklich aus der Bibel allein selbst abzuleiten", zit. nach E. v. Reuß, *Philipp von Nathusius*, S. 326.

70 *Timotheus*, S. 76.

71 Vgl. *a. a. O.*, S. 80.

72 Vgl. dazu *Akten des Universitätsarchivs Tübingen* 40/153 Nr. 96.

73 Der spätere Schwiegersohn J. Kögel nennt vor allem Tholuck und Beck als die beiden theologischen Lehrer, die auf Nathusius' inneren Werdegang am stärksten eingewirkt hätten: „Sie bestärkten wohl in ihm die Hinneigung zur Praxis und gaben auch seinem wissenschaftlichen Streben noch mehr diese Richtung", *Nathusius*, S. 192f.

74 *Timotheus*, S. 70.

mächtigt: „Und eine gewisse puritanische Ader, über der ich noch immer einmal wieder zu wachen habe, mag wohl gleichfalls in Tübingen gewachsen, wenigstens ausgebildet worden sein“[75].

2. 4. Berlin

Schließlich wechselte Nathusius nach einer Pause im akademischen Leben, in der er sich privatissime intensiv mit Werken über Kirche, Kirchenamt und Kirchenverfassung[76] beschäftigt hatte, nochmals die Fakultät und ging nach Berlin. An der dortigen Friedrich-Wilhelms-Universität war er vom 23. 10. 1866 bis 21. 6. 1867 immatrikuliert. Aus dieser Zeit finden sich nur wenige, dennoch aufschlußreiche Belege über seine Studien. Er besuchte dort in seinem ersten Semester eine Vorlesung zur Geschichte der Philosophie bei Friedrich Adolf Trendelenburg, studierte dessen *Logische Untersuchungen* und erfuhr eigenem Bekunden nach erst durch dessen umfassende Kritik am Hegelschen Begriffssystem die Erhebung der Logik „aus dem Gebiete der bloßen Flächen in die lebendige Körperwelt“[77]. Außerdem hörte er den später von ihm vielfach kritisierten Isaak August Dorner zur Symbolik und besuchte eine Vorlesung des orthodoxen Lutheraners Ernst Wilhelm Hengstenberg, den, wie er später schrieb, „Gott zur festen Stadt und zur ehernen Säule gemacht hatte, wider das Volk und die Fürsten in Judäa und wider ihre Priester“[78]. Mit letzterem hatten ebenfalls bereits intensive Kontakte der Familie Nathusius bestanden, auf die in Berlin aufgebaut werden konnte.

Im Februar 1868 absolvierte er die Prüfung pro licentia concionandi, ein Jahr später diejenige pro ministerio, wobei er beidemal mit dem Prädikat „sehr gut“ abschloß. Obwohl ihm offensichtlich von mehreren Seiten empfohlen wurde, den akademischen Weg weiterzubeschreiten, zog er vorläufig den Weg in die Praxis vor: Ende Mai 1869 ging er auf besondere Aufforderung des dortigen Superintendenten Arndt als „Hülfsprediger“ nach Wernigerode, wo er, ohne eigene Gemeinde, eine Vielzahl pastoraler Tätigkeiten, unter anderem die der Seelsorge im dortigen Gerichtsgefängnis ausübte[79].

---

75 *A. a. O.*, S. 98.

76 Vgl. *a. a. O.*, S. 101.

77 *A. a. O.*, S. 88.

78 *AKM* 1886, S. 604.

79 Diese Angaben laut Ernennungsurkunde zum Professor für Praktische Theologie an der Universität Greifswald vom 28. 6. 1888, *GStA*, Rep. 76 Va Sekt. 7, ohne Signatur.

B. Anfängliches Wirken

1. Hilfsprediger in Wernigerode (1869 - 1873)

Über Nathusius' erste Jahre als Hilfsprediger lassen sich keine näheren Angaben mehr machen. Bedeutsam erscheint jedoch die besondere religiöse Prägung der Harzstadt. G. Ecke zählt Wernigerode neben Nathusius' späterer Wirkungsstätte Quedlinburg zu denjenigen größeren Städten der Provinz Sachsen, in denen auch noch während des 19. Jahrhunderts ein blühendes Gemeindeleben herrschte und zählt die Grafschaft Wernigerode - die „Oase in der Wüste"[80] - zu den kleinen Kirchengebieten, die aufgrund starker pietistischer und später erwecklicher Einflüsse „vor den Verwüstungen des Rationalismus bewahrt geblieben sind"[81]. Wernigerode galt im übrigen ab der Mitte des 19. Jahrhunderts als Hochburg des lutherischen Konfessionalismus, was sich auch daran zeigte, daß genannter Superintendent Arndt vor allem in den siebziger Jahren zu einem der Wortführer auf den Konferenzen der preußischen Lutheraner wurde. Einerseits der Nähe zu Neinstedt wegen, andererseits aufgrund des besonderen, religiöse und konfessionelle Identität stiftenden Charakters der Wernigeroder Verhältnisse erscheint Nathusius' Gang dorthin keineswegs als eine zufällige Wahl.

In die Wernigeroder Zeit fällt die Bekanntschaft mit Victor Aimé Huber (10. 3. 1800 - 19. 7. 1869), der sich nach seinem Rückzug aus dem öffentlichen politischen Leben Anfang der fünfziger Jahre eben dort niedergelassen hatte. Der christlich-konservative Gelehrte Huber zeichnete sich seit Ende der vierziger Jahre durch eine vehement ablehnende Haltung gegenüber den immer unüberhörbarer artikulierten sozialistischen und liberalen Leitideen aus. Huber hatte deshalb sowohl die Verantwortung adliger und bürgerlicher Schichten als auch die Selbsthilfe der sozial Benachteiligten eingefordert. In diesem Sinn hatte er für die Schaffung genossenschaftlicher Vereinigungen im Rahmen einer ständisch gegliederten Monarchie plädiert. Diese Vereinigungen sollten nicht nur die negativen Folgen der fortschreitenden Industrialisierungsprozesse materiell kompensieren sowie für bessere Wohnverhältnisse der Arbeiterschaft sorgen, sondern zugleich im Sinn eines sittlichen und religiösen Balsams[82] das althergebrachte ständisch und organisch grundierte gesellschaftliche Gleichgewicht gewährleisten. Enttäuscht vom sozialen Versagen der Konservativen Partei, deren Mitbegründer er 1848 gewesen war, und dem vergeblichen Bemühen um eine nicht-politische Sozialreform, verlagerte er nach dem Bruch mit der Partei seine Mahnungen auf die Aufgaben der Inneren Mission. Deren Wirken sollte seiner Überzeugung zufolge mehr

---

80 G. Ecke, *Die theologische Schule Albrecht Ritschls*, Bd. 2., S. 284.

81 *A. a. O.*, S. 294.

82 Vgl. W. Shanahan, *Der deutsche Protestantismus*, S. 331.

als nur karitative Liebestätigkeit sein[83]. Um der gemeinsamen Schlagkraft willen sei die Nähe zur Genossenschaftsbewegung zu suchen, was er in die Formulierung einfaßte: „Vereinigung ist Christentum“[84].

Die Bekanntschaft zwischen Huber und dem Wernigeroder Hilfsprediger Nathusius begann nicht am Nullpunkt. Bereits der Vater Philipp war auf den Sozialreformer Huber 1848 vor allem durch dessen Schrift *Die Selbsthilfe der arbeitenden Klassen durch Wirtschaftsvereine und innere Ansiedlung* aufmerksam geworden und hatte dessen teilweise ungestüme Beteiligung an der Weiterentwicklung christlicher Sozialreformen mitverfolgt[85]. Sehr bald nach 1848 war der „fortwährend beweglich brodelnde und abstrahirende Professor“[86] Huber als Mitarbeiter für das *VB* gewonnen worden, hatte sich allerdings aufgrund seiner immer offensichtlicher werdenden isolierten Stellung auf politischem Gebiet und dem *Bruch mit der Revolution und Ritterschaft*[87] bereits zu Beginn der fünfziger Jahre auch von der Mitarbeit am *VB* zurückgezogen. Nach dem Rücktritt von seiner Berliner Professur für Literatur und Philologie plante er zuerst sogar die Umsiedlung zu Philipp von Nathusius nach Neinstedt. Allerdings erschien ihm schließlich doch Wernigerode als der geeignetere Ort, um seine Genossenschaftsidee umsetzen und „in den Handwerkerkreisen praktisch thätig“[88] werden zu können.

Im industriearmen Wernigerode fanden Hubers Versuche der Gründung eines Darlehens- und eines Vorschußvereins Mitte der fünfziger Jahre offensichtlich nur in den ersten Jahren Anklang. Seine Bemühungen um christlich geprägte Erwachsenenbildung in Gestalt eines Jünglingsvereins, eines christlichen Gesellenvereins „Fides“ sowie einer Lehrlingsschule fielen dagegen auf fruchtbareren Boden[89]. Schließlich erfolgte durch Huber im Jahr 1862 die

---

83 Eine etwas unprofilierte Aussage findet sich bei W. Shanahan, die aber dennoch die Bedeutung Hubers zu veranschaulichen vermag: „Eine spätere Generation protestantisch-konservativer Sozialreformer, besonders Th. v. Goltz, Th. Lohmann und Stoecker, profitierte von Hubers Erkenntnissen, ohne von seinem Programm wirklich abhängig zu sein“, *a. a. O.*, S. 329. Dazu auch D. Blasius, *Konservative Sozialpolitik*, S. 480.

84 Zit. nach W. Shanahan, *Der deutsche Protestantismus*, S. 341. Einschlägig ist hierfür der auf dem Kirchentag 1854 gehaltene und später von Nathusius aufgenommene Vortrag Hubers *Über Assoziation und deren Verhältnis zur inneren Mission.*

85 Vgl. E. v. Reuß, *Philipp von Nathusius*, S. 106.

86 *A. a. O.*, S. 225.

87 So der Titel seiner 1852 erschienenen offiziellen ‘Abschiedsschrift’ von der Konservativen Partei. Die Mitarbeit im *VB* erwähnt auch R. Elvers, *Victor Aimé Huber*, S. 339.

88 E. v. Reuß, *Philipp von Nathusius*, S. 225.

89 Zu Hubers Wernigeroder Zeit s. die erste Biographie über ihn, die der Wernigeroder Regierungs- und Konsistorialrat R. Elvers 1874 unter dem Titel *Victor Aimé Huber. Sein Werden und Wirken* vorlegte und die Nathusius später in seinem sozialethischen Hauptwerk anführen sollte; zur Wernigeroder Zeit bei Elvers insbesondere S. 368ff. Weitere kurze Hinweise zu Hubers Wernigeroder Zeit finden sich in E.-S. Yu, *Die*

durch eigene Stiftungsmittel geförderte Eröffnung eines Vereinshauses für die Innere und Äußere Mission, wobei jedoch der erhoffte Erfolg nicht eintrat.

Martin von Nathusius hat von Huber ohne Zweifel entscheidende Anregungen für seine spätere Tätigkeit auf christlich-sozialem Gebiet gewonnen. Er beruft sich später insbesondere auf den sozialreformerischen Impetus von Hubers Forderungen. Dabei betont er weniger einzelne Reformvorschläge Hubers als dessen grundsätzliche Leistung für die christlich-soziale Bewegung. Insbesondere hebt er dessen Bestreben hervor, die konservativen und kirchlichen Kreise zur sozialen Mitarbeit herangezogen und aufgerüttelt zu haben[90]. Der junge Hilfsprediger, seit 1872 in erster Ehe verheiratet, bezeichnete es im Rückblick als sein Glück, „noch wenigstens einige Monate lang“[91] Hubers Aktivitäten persönlich mitverfolgt und ihn bis zu dessen baldigem Tod begleitet haben zu können.

2. Martin von Nathusius als Vorsteher Neinstedts

Nach dem Tod des Vaters am 16. 8. 1872 übernahm Martin die Leitung Neinstedts. Noch kurz vor seinem Tod hatte sich Philipp an das Königliche Konsistorium in Magdeburg sowie an den Evangelischen Oberkirchenrat (EOK) in Berlin gewandt, um die Versetzung des Sohnes nach Quedlinburg zu erwirken. Der Sohn hatte sich schon während seiner bisherigen Wernigeroder Hilfspredigerzeit intensiver mit dem inneren Betrieb und der Geschäftsführung Neinstedts vertraut gemacht.

Die räumliche Trennung von Neinstedt brachte es allerdings mit sich, daß der junge Pastor die dortigen Verpflichtungen nicht mehr in gleicher Weise wie sein Vater ausübte, sondern sich mehr und mehr aus diesen Tagesge-

Grundzüge der sozialen Gedankenwelt von Victor Aime [sic!] *Huber*, S. 20ff. sowie S. Hindelang, *Konservatismus und soziale Frage*, S. 28-31.

90 Vgl. *Mitarbeit I*, S. 7. Auf konkrete persönliche Erfahrungen mit Huber könnte ferner Nathusius' Feststellung zurückgehen, daß diesem bei aller unermüdlichen Tätigkeit letztlich doch „jeder praktische Blick“ gefehlt habe, *a. a. O.*, S. 178. F. Naumann spricht später von Huber als der „frühe[n] Schwalbe, die noch lange keinen sozialreformerischen Sommer machte“, *Konservatives Christentum*, S. 465.
Interessant sind ferner die Ausküfte von Nathusius' späterem Mitstreiter und Stoecker-Biographen v. Oertzen, der 1868 in Wernigerode sein Abitur ablegte und für den die Bekanntschaft mit Huber ebenfalls von nicht unwesentlicher Bedeutung für das eigene sozialpolitische Interesse der späteren Jahre gewesen sein muß, vgl. *Erinnerungen eines Zeitungsschreibers*, *MSL* 1903, S. 52.

91 *AKM* 1895, S. 423. In diesem Zusammenhang verweist er auf einen offensichtlich ausführlichen Briefwechsel zwischen dem Vater Philipp und Huber im Zeitraum zwischen 1849 und 1869. Einen der ausführlichsten Nekrologe auf Huber legt der Wernigeroder Pastor Schwartzkopff im *VB* 1871 unter dem Titel *Professor Huber und seine Stellung zu den Aufgaben unserer Zeit* vor.

schäften zurückzog. Allerdings gehörten nach wie vor zumindest ein bis zwei Besuche in Neinstedt pro Woche sowie häufige Ferienaufenthalte der Familie zum Repertoire[92]. Mit Nathusius' Übernahme der Anstalten ergab sich die weitgehende Übertragung der Geschäfte an die jeweiligen Inspektoren. Über die Aufnahme der Knaben und Brüder wurde nun allein durch den jeweiligen Inspektor entschieden. Allerdings erfolgte Nathusius' Reaktion prompt, wenn von Neinstedt Berichte über zu rigide Erziehungsmaßnahmen zu hören waren. Insbesondere unter dem Inspektor Hardeland, einem den Berichten nach „wetterharte[n] Knecht Gottes"[93], griff ein scharfes Züchtigungssystem Platz. Da dieser, wie Martin von Nathusius befand, „von Schlägen zuviel erwartete"[94], und zeitweise bis zu einem Drittel der neuangekommenen Knaben wieder davonlief, sorgte er für einen Nachfolger, den bis dato als Rektor tätigen Karl Ulrich Kobelt, der am 30. 4. 1875 als Achtundzwanzigjähriger in Neinstedt sein Amt antrat.

An der Wahl dieses Nachfolgers Hardelands ist deutlich, daß für die Ausübung des Inspektorenamtes eine angemessene theologische Ausbildung und Ausrichtung für notwendig erachtet wurde. Nathusius hatte, damals selbst schon Kandidat, den jungen Theologiestudenten Kobelt 1868 im Haus Tholucks in Halle kennengelernt. Im Rückblick weiß er von Kobelt zu notieren, daß dieser bereits als Student ein entschiedener Gegner des Rationalismus gewesen und - keineswegs abfällig gemeint - „dem Kinderglauben auch im wissenschaftlichen Studium treu geblieben"[95] sei.

Auf Bedenken Kobelts hinsichtlich der Neinstedter Anfrage antwortete ihm Nathusius in einer Weise, die bereits sein eigenes Verständnis der Inneren Mission anklingen läßt: „Von dem, was Sie Innere Mission nennen, sind auch wir auf dem Lindenhofe Gegner; wir wollen keine Gegen- oder Nebenkirche, sondern wollen der Kirche und ihrer Arbeit dienen"[96]. Kobelt folgte schließlich dem Ruf und übernahm sehr bald faktisch das Vorsteheramt in Neinstedt. Die mit der angesprochenen Obhut für die Brüder verbundene umfangreiche Reisetätigkeit des jeweiligen Inspektors sorgte dafür, daß Kobelt bald über vielfältige Kontakte zu Personen und Institutionen der Inneren Mission verfügte. Er wurde zum häufigen Referenten auf Konferenzen der Inneren Mission und tauchte jahrzehntelang außerdem als Mitherausgeber der Schäferschen *Monatsschrift für Innere Mission* auf. Für Nathusius galt Ko-

---

92 Davon berichtet häufig die zweite Frau von Nathusius, Elisabeth von Wissmann, in ihrem ab 1883 geführten *Tagebuch der E. v. Wissmann*. Nachdem seine erste Ehefrau, Helene von Stosch, bereits 1881 gestorben war und drei Kinder hinterlassen hatte, heiratete er am 22. 6. 1883 erneut. Aus der Ehe mit Elisabeth von Wissmann gingen weitere vier Kinder hervor.

93 *Fünfzig Jahre*, S. 76.

94 *A. a. O.*, S. 165.

95 *A. a. O.*, S. 75.

96 *A. a. O.*, S. 73.

belt als mit der Geschichte der Inneren Mission im 19. Jahrhundert untrennbar verbunden. Nathusius orientierte sich von nun ab allerdings ‘großräumiger’. Der vergleichsweise umgrenzte Kontext Neinstedts wurde zwar nie endgültig aus den Augen gelassen, allerdings galt es, den Horizont zu erweitern.

II. Grundlegungen (1873 - 1888)

A. Biographische Kontexte

1. Pastor in Quedlinburg (1873 - 1885)

Über die Quedlinburger Zeit liegen von Nathusius selbst kaum Äußerungen vor, in späteren Schriften oder beiläufigen biographischen Notizen wird diesen immerhin dreizehn Jahren kaum Stellenwert eingeräumt. Um einigermaßen über seine Tätigkeit als Pastor an der dortigen Haupt- und Ratskirche St. Benedicti und Schulinspektor an einer vierklassigen Knabenschule informiert zu werden, kann man einerseits nur auf den einzigen Visitationsbericht aus seiner Quedlinburger Zeit, andererseits auf ein Gutachten zurückgreifen, das das Königliche Konsistorium der Provinz Sachsen auf Anfrage der Kirchenleitung der Rheinprovinz erstellte.

Der am 13. 5. 1876 durch den Generalsuperintendenten D. Moeller angefertigte Visitationsbericht weist vor allem auf Nathusius' *Gründungstätigkeit sozialer Einrichtungen* hin. Danach wurde durch ihn ein Jünglingsverein sowie ein christlicher Fortbildungskreis für Mädchen ins Leben gerufen. Durch den Quedlinburger Pastor erfolgte die Gründung eines „für die ganze Stadt ins Leben gerufene[n] Vereins gegen die Bettelei"[1] sowie die Einrichtung einer Gemeindebibliothek. Anläßlich des bereits beschlossenen Amtswechsels von Nathusius nach Barmen-Wupperfeld heißt es im konsistorialen Gutachten von 1885 unter anderem: „Herr von Nathusius besitzt nicht gewöhnliche pastorale Gaben. Durch seine ernsten, umfassenden, meist schlichten, aber in Gottes Wort tief eindringenden Predigten hat er es verstanden, über den

---

1 Vgl. *Visitationsbericht* D. Moeller über die Kirchengemeinde St. Benedicti, Quedlinburg, vom 13. 5. 1876, Rep A spec. G - A15402.
In Nathusius' Quedlinburger Wirkungszeit fallen außerdem die Gründung einer Öffentlichen Fortbildungsschule (1882) sowie ab 1. 1. 1885 die Einführung des sogenannten Elberfelder Systems, das - kommunal und subsidiär ausgerichet - auf der „Dezentralisierung der Verwaltung, Ehrenamtlichkeit der Armenpfleger und Hilfe zur Selbsthilfe der Armen" beruhte. Zugleich ging es aber über rein private kirchliche oder bürgerliche karitative Armenpflege hinaus, indem durch eben diese Pfleger erstmals soziale *Ansprüche* erkennbar bzw. geltend gemacht wurden, H.-P. Ullmann, *Das Deutsche Kaiserreich*, S. 177; zur Entstehung vgl. W. Köllmann, *Wirtschaft, Weltanschauung und Gesellschaft*, S. 51ff; zum städtischen „Munizipalsozialismus" vgl. J. Reulecke, *Entstehung des Sozialstaats*, S. 60. Inwieweit allerdings Nathusius an diesen Gründungen beteiligt war, ist nicht mehr zu klären, vgl. H. Lorenz, *Quedlinburg*, S. 396f.; S. Kleemann, *Quedlinburgs Vergangenheit.*

nächsten Kreis seiner Parochien hinaus eine zahlreiche Gemeinde um sich zu sammeln, die ihn nun mit innigem Bedauern scheiden sieht. In der Seelsorge ist er unermüdlich, treu und sorgfältig gewesen und hat es sich auf allerlei Weise angelegen sein lassen, namentlich auch die Jugend und die Dienstboten in ständiger Verbindung mit der Kirche zu erhalten. Ueber die Aufgaben der eigenen Gemeinde hinaus hat er den Bestrebungen der inneren Mission auf ihren verschiedenen Gebieten ein lebendiges thatkräftiges Interesse zugewandt, wie er ins Besondere an der Organisation und Leitung der Neinstedter Anstalten einen hervorragenden Anteil gehabt [sic!]. Auch wissenschaftlich hat er mit Ernst und gutem Erfolg weiter gearbeitet. Sein Verhältnis zu der Fraternität seiner Diöcese ist, soweit uns bekannt, ein freundschaftliches gewesen"[2].

Es wird deutlich, daß die kirchlich-soziale Tätigkeit, nicht nur im Kontext der Neinstedter Aktivitäten, einen profilierten Bestandteil seines pastoralen Wirkens bildete und Nathusius auch auf die Integration solcher Personen und Gruppen abzielte, die schwerlich unmittelbar zur Kerngemeinde gehört haben dürften. In einer sehr viel später erfolgten beiläufigen Bemerkung kommt zum Vorschein, daß Nathusius wohl etwa seit 1874 damit begonnen hatte, „'bei Tabak und Bier', wie man verächtlich sagte, Fragen mit kirchlichem Interesse öffentlich zu behandeln", auch wenn die „besten Freunde den Kopf schüttelten"[3]. Das später von ihm auch theologisch begründete Auftreten eines Geistlichen in öffentlichen Versammlungen, selbst wenn diese von politischen Parteien abgehalten wurden, scheint in Quedlinburg eine seiner biographischen Wurzeln zu haben.

Aufschlußreich sind außerdem kurze Notizen, sowohl innerhalb des Visitationsberichtes als auch im ausführlichen Gutachten, in denen die offensichtlich zu einer gewissen Direktheit neigende Persönlichkeit von Nathusius zur Sprache kommt. Bemerkungen in inhaltlich ähnlicher Richtung finden sich im Verlauf der nächsten Jahrzehnte immer wieder, sei es in Gutachten oder in Schilderungen des öffentlichen Auftretens des Theologen. Im Quedlinburger Fall lautete das Urteil des Generalsuperintendenten Moeller, daß er „sehr sicher in seiner Ueberzeugung und in der Art, wie er sie geltend macht"[4] ist. Die sächsische Kirchenleitung zog das Fazit: „Wenn in früheren Jahren, wie dies die Personal-Akten des von Nathusius des Näheren ausweisen, er sich im Kampf der kirchlichen Parteien wiederholt zu öffentlichen Expectorationen hat hinreissen lassen, bei denen man ebensowohl Objectivität und Nüchternheit des Urtheils, wie geistlichen Takt und die seinen Jahren zustehende Bescheidenheit vermissen mochte und die ihm daher ernste Zurechtweisungen

---

2 Gutachten vom 19. 8. 1885, *Acta betreffend die Besetzung der Pfarrstelle Wupperfeld.*

3 *AKM* 1890, S. 766.

4 *Visitationsbericht* D. Moeller über die Kirchengemeinde St. Benedicti, Quedlinburg, vom 13. 5. 1876, Rep A spec. G - A15402.

zugezogen haben, so wollen wir nicht unausgesprochen lassen, daß unter mancherlei tief ernsten Führungen Gottes das gesamte innere Wesen des Vorgenannten ja mehr und mehr durchgereift und abgeklärt ist“[5].

2. Pastor im Wuppertal (1885 - 1888)

„Es ist ein reges, eifrig ringendes Völkchen, das in den beiden Industriestädten [Elberfeld und Barmen, Th. S.] sein Wesen treibt. Vom größten Arbeitgeber und Finanzmann bis zum geringsten Handlanger lautet die Losung: 'Arbeit'“[6].

Nathusius war vom 27. 9. 1885 bis zum 30. 9. 1888 Pastor der lutherischen Kirchengemeinde Barmen-Wupperfeld[7]. Wie es zu diesem Ruf kam, kann nicht mehr eindeutig geklärt werden. Nathusius schien allerdings bereits längere Zeit mit dem Gedanken gespielt zu haben, Quedlinburg zugunsten eines anderen Arbeitsfeldes zu verlassen, wenngleich das Wuppertaler Angebot offensichtlich nicht von ihm selbst initiiert wurde[8]. Immerhin zeigt sich aber nicht nur an seiner Person, sondern sowohl an den Alternativkandidaten als auch an seinem Vorgänger und Nachfolger, daß der dortigen Gemeinde und den staatlichen Stellen viel an einem eindeutig *positiv* ausgerichteten und sozial engagierten Pastor gelegen war[9]. Im Rückblick wird dies deutlich, indem im Zusammenhang der späteren Greifswalder Berufung der Düsseldorfer Regierungspräsident Hans Hermann Freiherr von Berlepsch am 1. 5. 1888 Friedrich Althoff, Ministerialdirektor im preußischen Kultusministerium,

---

5 Gutachten vom 19. 8. 1885, *Acta betreffend die Besetzung der Pfarrstelle Wupperfeld*

6 O. Frommel, *Reformirtes Wochenblatt*, 4. 7. 1902, zit. nach H. Beyer, *Arbeit*, S. 55.

7 Der Superintendent Kirschstein zeigte dem Konsistorium der Rheinprovinz am 25. 6. 1885 an, daß bei der kirchenordnungsgemäß abgehaltenen Wahl auf Nathusius 55 Stimmen gegenüber 18 für den Tuttlinger Diakon Knapp entfielen, vgl. *Acta betreffend die Besetzung der Pfarrstelle Wupperfeld*; vgl. auch A. Rosenkranz (Hg.), *Das evangelische Rheinland*, Bd. 2, S. 355; A. Witteborg, *Geschichte der evang.-lutherischen Gemeinde Barmen-Wupperfeld*, S. 284f. sowie zur kirchlichen Struktur im Wuppertal M. Wichelhaus, *Kirchengemeinden und Bürgergemeinden*.
Laut Auskunft des Archivs der Ev. Kirche der Kirchenprovinz Sachsen, Magdeburg, bat Nathusius am 3. 7. 85 um seine Entlassung aus der Quedlinburger Stelle zum 15. 9. 85.

8 Vgl. seine Antrittspredigt vom 27. 9. 1885, *Reden bei der Amtseinführung des Herrn Pastors Nathusius*, S. 13.

9 In einem Brief vom 19. 4. 1885 an das Konsistorium der Rheinprovinz teilte Kirschstein mit, daß die ins Auge gefaßten Pastoren, unter anderem ein Berliner Missionspfarrer, die Wahl abgelehnt hätten. Der spätere Nachfolger Wilhelm Zoellner gab über sich die Auskunft, an den theologischen Fakultäten in Leipzig, Halle und Bonn studiert zu haben und vor allem von Delitzsch, Kahnis, Luthardt, in Bonn von Christlieb und in Halle von Kähler angeregt worden zu sein, vgl. A. Witteborg, *Geschichte der evang.-lutherischen Gemeinde Barmen-Wupperfeld*, S. 285.

mitteilte: „Ich darf es nicht verschweigen, daß seine Abberufung von Barmen grade [sic!] jetzt in sozialpolitischer Beziehung sehr zu bedauern sein würde. Nachdem ich lange und vergeblich nach einer geeigneten Persönlichkeit in Barmen gesucht haben, welche unter den Arbeitern eine Bewegung gegen die doch sehr starke Beeinflussung durch die socialdemokratischen Agitatoren hervorrufen könnte, glaube ich, sie in Nathusius gefunden zu haben. Er steht an der Spitze des evangelischen Arbeiter-Vereins und sucht denselben in verständigem patriotischen Sinn zu leiten“[10].

Daß hinter den Berufungen ins Wuppertal generell auch in theologischer Hinsicht Methode stand, bestätigt Nathusius in einer rückblickenden Notiz, in der er von der kirchlichen Arbeit „im ganzen Wupperthale“ berichtete, daß diese „sich durch kirchlichen Sinn und unbeschränkte Wohltätigkeit auszeichnet, allerdings auch das Glück genießt, keinen einzigen Vertreter der freisinnigen Richtung im Pfarramt zu haben“[11]. Er teilte mit, der Ernennung mit Freude zu folgen und sich der Ehre bewußt zu sein, „die für weite Kreise darin liegt, einen Ruf in das Wupperthal zu erhalten“[12].

Die pastorale Tätigkeit konnte von dem besonderen Ort und der Tradition, in deren Rahmen sie erfolgen sollte, schlechterdings nicht absehen. Die Gemeinde Wupperfeld war 1872 in die vier Parochialbezirke Johanniskirche, Rittershausen, Wupperfeld und Friedenskirche aufgeteilt worden, wobei sich die Zahl der Gemeindeglieder um das Jahr 1880 bereits auf jeweils 6500 bis 8500 belief. Wie Nathusius im Rückblick schrieb, konnte das mittlerweile prominent gewordene Sulzesche Gemeindeideal bereits in Wupperfeld entdeckt werden, insofern die dortige Gemeindeorganisation bis in kleinste Bezirke und Straßenzüge mit einzelverantwortlichen „Hausvätern“ aufgefächert war[13].

Schon zur Einführung von Nathusius formulierte der Superintendent Kirschstein in seiner Rede als Besonderheit des geistlichen Amtes im Wuppertal: „Der rechte Pastor muß nicht bloß ein Pastor auf der Kanzel, sondern auch unter der Kanzel sein“[14]. Offensichtlich erfüllte Nathusius beide Anfor-

---

10 *GStA*, Rep. 76 Va Sekt. 7, U I 6713.

11 *AKM* 1891, S. 94.

12 So in seiner offiziellen Einführung anläßlich seiner Antrittspredigt am 27. 9. 1885, *Reden bei der Amtseinführung des Herrn Pastors Nathusius*, S. 13.

13 Vgl. *AKM* 1891, S. 94.

14 *Reden bei der Amtseinführung des Herrn Pastors von Nathusius*, S. 5.
Die Nachweisung vom 12. 7. 1885 über die Nathusius obliegenden Amtsverrichtungen beinhaltete unter anderem unter Punkt 7: „Wenn auch regelmäßige jährliche Hausbesuche durch die ganze Gemeinde wegen deren Größe nicht durchführbar sind, so wird doch erwartet, daß Sie es in dem Ihnen zugewiesenen Parochialbezirk am fleißigen Haus- und Krankenbesuch nicht fehlen lassen und die Seelsorge treu und eifrig wahrnehmen werden. Insbesondere werden Sie der Armenpflege in Ihrem Parochialbezirk ihre angelegentliche Sorge zuwenden und, wenn Ihnen dies übertragen werden sollte, sich des Gemeindehauses seelsorgerlich annehmen“.

derungen in nicht unerheblichem Maß. Sämtliche späteren Berichte über sein Wirken in der Gemeinde hoben seine homiletische Begabung hervor. In einem an Friedrich Althoff gerichteten Gutachten anläßlich der Greifswalder Berufungsverhandlungen kam der örtliche Referent zu dem Urteil: „Als Kanzelredner liess Herr v. N. vollkommenste Sicherheit gegenüber seiner Aufgabe empfinden, und zwar ebensowohl der stofflich-gedanklichen wie der rednerischen Erfordernisse als solchen und namentlich auch der Bedürfnisse der Zuhörer. Mit wohlthuender Leichtigkeit werden von ihm auch verwickelte und schwierige Themata zur Klarheit gebracht, in lichtvoller Entwicklung, in gewandter Handhabung der Sprache, aber auch in sicherer und besonnener Beherrschung der höheren rhetorischen Mittel darf er wohl als Vorbild gelten, daher zeichnet Geist ihn aus, und auf festem biblischem und wissenschaftlichem Grunde ruhend, durchdringt er den Stoff mit selbständigem Denken und in wünschenswerter Fühlung mit dem thatsächlichen religiösen Leben der Gemeinde, dem wirklichen Leben und seiner inneren Bedürfnisse scheint er etwas näher treten zu wollen als die Mehrzahl der Prediger zu thun pflegt“[15].

In einem anderen Gutachten zur selben Angelegenheit wurde berichtet, daß Nathusius wohl auch deshalb regelmäßig die Kirchen fülle, da er „klar, deutlich u[nd] eindringlich, rhetorisch vortrefflich“ predige: „Natürlicher Weise hat er an denjenigen, welche die wupperthalisch-sentimental-, verschwommene Phrase für erforderlich erachten, seine Kopfschüttler“[16]. Regierungsrat von Berlepsch teilte Althoff in derselben Sache mit, daß der Kandidat zu den begabtesten Predigern der Stadt Barmen gehört: „Seine Predigten sind einfach, klar und erbaulich, sein Vortrag ist lebendig, die Darstellung originell und oft schwungvoll; er wird deshalb von allen gern gehört. Beim Volke ist er recht beliebt“[17]. Allerdings war ebenfalls nicht selten von den Schranken seiner rednerischen Leistungen die Rede. Wiederum Dr. Münch konstatierte „eine gewisse Ungleichmässigkeit des Tones, eine gewisse Willkür im Wechsel der sprachlichen Behandlung, auch des Vortrages; es wird

Anläßlich einer durch das Wupperfelder Presbyterium beantragten fünften Pfarrstelle wurde in der schriftlichen Begründung des Antrages an den Berliner EOK im Januar 1886 das Profil der dortigen pastoralen Tätigkeit noch deutlicher: „Dazu kommt, daß die Entwicklung der socialen u. kirchlichen Verhältnisse gesteigerte Anforderungen an die pastorale Arbeit stellt, die Theilung der Parochien in Armenbezirke und der Armenbezirke wieder in Diaconiebezirke erfordert regelmäßig Besprechungen mit den mitarbeitenden Presbytern und Provisoren. Dazu kommen die Sonntagsschulen, die Jünglingsvereine, Jungfrauenvereine, Armenvereine, Männervereine u. Familienabende und mannigfache andere Vereinsthätigkeit, vgl. *Acta betreffend die Besetzung der Pfarrstelle Wupperfeld.*

15 Gutachten des Direktors Dr. Münch an Geheimrath Althoff vom 30. 4. 1888, *GStA*, Rep. 76 Va Sekt. 7, U I 6693.

16 Ernst v. Eynern in einem am 24. 5. 1888 ebenfalls für Althoff angefertigten Gutachten, *GStA*, Rep. 76 Va Sekt. 7, U I 7039.

17 Brief vom 1. 5. 1888, *GStA*, Rep. 76 Va Sekt. 7, U I 6713.

die gehaltene Würde zuweilen abgelöst durch eine Annäherung an den Gesprächston, auch die Aussprache gestattet sich zu Zeiten die mundartlichen Eigentümlichkeiten der Hauptstadt oder ihrer aristokratischen Kreise. Vielleicht hat man recht, die nicht germanische Abkunft des Redens in Vorzügen wie Mängeln seiner Rede hindurchzufühlen"[18].

Was das theologische Auftreten angeht, so finden sich fast durchgehend wohlwollende Beurteilungen. Zwar gab beispielsweise der im Wuppertal präsente liberale Politiker Ernst v. Eynern an, nicht allzu ausführlich über Nathusius berichten zu können, „da ich in den hiesigen strengkirchlichen Kreisen, zu denen er sich hält, nicht verkehre". Zugleich betonte er aber auch, daß man Nathusius' theologische Richtung „insofern gemäßigt nennen kann, als er in keiner Weise schroff gegen andere Richtungen auftritt"[19].

Die genannten Gutachter bestätigten, daß Nathusius, der durchweg für das akademische Amt als geeignet angesehen wurde, im Umgang mit den Kollegen ein verträglicher Mann und in bezug auf den kirchlich-theologischen Standpunkt dem Extremen und Exklusiven abhold war: „er scheint sich von Sonderbestrebungen, wie sie im Conventikelwesen hier vielfach gepflegt werden, fern zu halten, aber überhaupt von Intoleranz frei zu sein; das sittlich-religiöse Wertvolle auch da anzuerkennen, wo es in freieren Erscheinungsformen auftritt, scheint er bereit. [...] er bewahrt seinen positiven Standpunkt nicht in bequemer Ablehnung Andersartiger, sondern durch eine gründliche Auseinandersetzung damit; seine schriftstellerische Sprache ist gerade durchweg lobenswerth, der Ton auch der Polemik vornehm"[20].

---

[18] *GStA*, Rep. 76 Va Sekt. 7, U I 6693. Was sich hinter dem Verweis auf die „nicht germanische Abkunft des Redens" verbirgt, brachte ein weiterer Brief Münchs vom 4. 5. 1888 - möglicherweise auf Rückfrage Althoffs hin - zum Vorschein, wonach er es des öfteren „erwähnen hörte, die Familie sei in ihren Vorfahren jüdisch gewesen und habe beim Übertritt zum Christentum auch ihren Namen - der Nathaeson oder ähnlich gelautet habe - geändert. Ich habe dies bona fide aufgenommen und wiedergegeben, muß freilich sagen, daß ich es als eine zweifellose Thatsache nicht hinstellen kann und glaube mich auch nicht so ausgesprochen zu haben", *GStA*, Rep. 76 Va Sekt. 7, U I 6789.
Mir wurde dankenswerterweise von Herrn Gottlob Nathusius ein Stammbaum der Familie Nathusius aus dem Zeitraum von 1628 bis 1954 zugänglich gemacht. Der bis 1901 von Martin v. Nathusius verfertigte Stammbaum dokumentiert keinen Übertritt vom Judentum zum Christentum. Der zuerst dort aufgeführte Christian Nathusius (1625 bis 1707) war Pfarrer in Sonnewalde bei Cottbus.
S. Kleemann führt den Namen Nathusius unter den „Kirchlichen Personnamen als Familiennamen" für die Quedlinburger Gegend auf, vgl. *Familiennamen Quedlinburgs*, S. 97ff.

[19] Ernst v. Eynern in dem am 24. 5. 1888 ebenfalls für Althoff angefertigten Gutachten, *GStA*, Rep. 76 Va Sekt. 7, U I 7039.

[20] Gutachten des Direktor Dr. Münch an Geheimrath Althoff vom 30. 4. 1888, *GStA*, Rep. 76 Va Sekt. 7, U I 6693. In diesem Zusammenhang und mit demselben Tenor ein weiteres Empfehlungsschreiben des damaligen Barmer Oberbürgermeisters an Althoff am 25. 5. 1888, *GStA*, Rep. 76 Va Sekt. 7, U I 7039.

Die traditionellerweise sozial ausgerichtete gemeindliche Arbeit umfaßte eine Vielzahl von Tätigkeiten, auf deren engagierte Erfüllung durch Nathusius sämtliche Gutachter ebenfalls hinweisen. Der 1878 gegründete Barmer „Christlich-soziale Verein“, die erste Organisation, die außerhalb Berlins für die christlich-soziale Bewegung eintrat, wurde von Nathusius geleitet und gewann unter ihm neues Profil. In Anlehnung an Stoeckers Christlich-soziale Arbeiterpartei (CSAP) wollte der Verein seinen Statuten gemäß auf der Grundlage des christlichen und monarchisch-vaterländischen Gedankens „den Stand der Arbeiter und Gewerbetreibenden auf friedlichem Wege [...] heben und die social-democratische Agitation [...] bekämpfen“[21]. Bereits im Rahmen dieser Vereinstätigkeit artikulierte Nathusius seine Forderungen nach einem Verbot der Sonntagsarbeit sowie nach umfassenden Verbesserungen der Lebens- und Arbeitsbedingungen der Arbeiter. Die christlich-sozialen Positionen des Vereins wurden durch regelmäßige Schulungen, Vorträge, Diskussionsabende und Publikationen in vielfältigster Form befördert. Wie von mehrfacher Seite berichtet wird, sah die örtliche Sozialdemokratie durch diese Veranstaltungen durchaus Grund zur Reaktion. In einer späteren rückblickenden Bemerkung - im übrigen innerhalb seines sozialethischen Hauptwerkes - schrieb Nathusius darüber: „Es war in Barmen gelungen, daß vor den Diskussionsabenden des christlich-sozialen Vereins in dem sozialdemokratischen Parteiorgan gewarnt wurde, und zwar - wie ausdrücklich hinzugefügt wurde - weil sie unserer ‘Dialektik’ nicht gewachsen wären. Wir bedürfen kein besseres Zeugnis für den Nutzen solcher Versammlungen“[22]. Von seiten von Eynerns wurde dieser Sachverhalt durchaus anders wiedergegeben, indem er berichtete: „er bemüht sich, auch außerhalb seines Amtes als Seelsorger, Gutes zu schaffen und glaubt das in einem Anschluß an die christlich-sociale Partei zu finden, in deren Versammlungen er häufig [...] u[nd] auch furchtlos u[nd] nicht ungeschickt den [...] Kampf gegen die Socialdemokraten aufnimmt, die in seine Versammlungen allerdings mehr aus Ulk zu kommen scheinen“[23].

---

21 Zit. nach H. Beyer, *Arbeit*, S. 258. W. Köllmann macht Nathusius' Tätigkeit im Christlich-sozialen Verein nicht zuletzt dafür verantwortlich, daß hier die Zahl der Kirchenaustritte unter den Arbeitern bis zum I. Weltkrieg vergleichsweise niedrig blieb, vgl. *Sozialgeschichte*, S. 207.

22 *Mitarbeit II*, S. 414.

23 E. v. Eynern in dem am 24. 5. 1888 ebenfalls für Althoff angefertigten Gutachten, *GStA*, Rep. 76 Va Sekt. 7, U I 7039. Superintendent Kirschstein berichtet über diese Vorgänge: „Der christlich-soziale Verein hat unter der Leitung des Pastors von Nathusius in großen öffentlichen Versammlungen den Kampf mit der Sozialdemokratie versucht. Es fehlte dabei nicht an tumultuarischen Auftritten, die durch die anwesenden Sozialdemokraten veranlaßt wurden“, *Verhandlungen der Elberfelder Kreis-Synode 1888*, S. 18.

Unter den von Nathusius in diesem Zeitraum herausgegebenen Publikationen ist insbesondere ein Blatt zu nennen, das unter dem Titel *Vorwärts. Neue Zeitung für Social-Politik auf monarchischer Grundlage für die Bürger, Handwerker und Arbeiter des Bergischen Landes* erstmals am 28. 9. 1887 erschien. Zu seinen Spitzenzeiten verfügte es immerhin über ca. 300 Abonnenten. Das Blatt wollte nicht nur über die aktuellen sozialpolitischen Entwicklungen im Wuppertaler Raum berichten, sondern zugleich der Verständigung zwischen den sich polarisierenden gesellschaftlichen Gruppen dienen. Der anfangs zweimal wöchentlich, schließlich täglich erscheinende *Vorwärts* machte von Beginn an seine Zielsetzung klar, „das arbeitende Volk zu befreien von den Hinderungen einer gedeihlichen sozialen Entwicklung"[24] sowie die sozialpolitischen Maßnahmen des staatlichen Gesetzgebers unterstützen zu wollen: Vorwärts sollte es nicht auf dem Weg der Revolution, sondern - vom Boden der vaterländischen Entwicklung aus - auf dem Weg des gesetzgeberischen Fortschritts gehen. Im ungezeichneten Leitartikel der ersten Ausgabe wurde unter der Überschrift „Sozialismus und Revolution" deutlich gemacht, daß der Sozialismus nicht als Parteilosung, sondern als eine gegen den wirtschaftlichen Egoismus gerichtete Gesamtanschauung verstanden werden müsse. Für eine der „Natur und dem modernen Leben" entsprechende Neuordnung der Verhältnisse wurde jedoch die Einrichtung freier Assoziationen zugunsten staatlicher gesetzgeberischer Gewalt, zugunsten eines „Staatssozialismus" in ihre Schranken gewiesen. Unter dieser Voraussetzung verbiete sich eine soziale Revolution und deren Bestreben auf Abschaffung des Eigentums und der monarchischen Staatsform. Deutlich wurde der im *Vorwärts* artikulierte Reformgedanke 'von oben', was konsequenterweise dazu führte, dem Arbeiterstand die Sorge um seine Zukunft nicht in die eigene Verantwortung zu überweisen, sondern die „gedeihliche soziale Entwicklung" unter das Banner des sozialen Königtums zu stellen. In einer weiteren Kolumne zur Hebung und Zukunft des Handwerks wurde auf die nicht zu vernachlässigende soziale Bedeutsamkeit dieses Standes hingewiesen und die gesetzlichen Fortschritte, das Innungswesen betreffend, als bedeutsame staatliche Hilfestellungen hervorgehoben. Ferner fehlte es nicht an ausführlichen lobenden Erwähnungen kaiserlicher Aktivitäten sowie einer Würdigung des 25jährigen Ministerjubiläums Bismarcks.

Daher konnte es nicht verwundern, daß dem Organ reaktionäre Staatskonformität vorgeworfen und es von der liberalen Presse als „Schmutzkloake des Wupperthales"[25] bezeichnet wurde. Daß bereits der Gründung des Blattes

---

24 *Vorwärts* Nr. 1, vom 28. 9. 1887. Die einzige noch auffindbare Ausgabe dieser Zeitung bzw. deren erste Nummer, wurde mir dankenswerterweise vom Internationalen Zeitungsmuseum Aachen zugänglich gemacht.

25 *Freie Presse* vom 9. 1. 1889, zit. nach H. Vorländer, *Evangelische Kirche und soziale Frage*, S. 99.

gewisse staatstragende und arbeitgeberfreundliche Motive zugrundelagen, zeigte sich auch darin, daß diese Gründung von staatlicher Seite aus nicht nur begrüßt, sondern an den *Vorwärts* von ministerieller und industrieller Seite aus, etwa durch den Fabrikanten Carl Vorwerk, mehrfach finanzielle Zuschüsse ergingen[26]. Allerdings konnte auch dies letztlich nicht verhindern, daß das Blatt bereits ein Jahr nach seiner Gründung wieder einging[27].

Daneben stand Nathusius dem bereits 1849 gegründeten und überkonfessionell ausgerichteten „Männer- und Jünglingsverein Wupperfeld" vor und kümmerte sich insbesondere um dessen Abteilung eines Armen- und Krankenvereins[28]. Die soziale Tätigkeit der Kirche ging so weit, daß ein „christlich-sozialer Männerchor" ins Leben gerufen wurde, dessen Leitung Nathusius ebenfalls übernahm. Auch die Aktivitäten, die sich mit dem sogenannten „Wupperfelder Gemeindehaus", einer karitativen Einrichtung für Kinder und hilfsbedürftige Ältere, verbanden, nahmen seine Kräfte in Anspruch[29]. Nathusius stand dem Haus in dieser Zeit als Präses vor und vertrat es den Behörden und der Öffentlichkeit gegenüber nach außen. Von den Neinstedter Erfahrungen war offensichtlich sein Bemühen um die Integration von Diakonen in die parochiale Arbeit geprägt: Zu Beginn des Jahres 1887 beantragte er beim Presbyterium eine solche Mitarbeit in Form einer Diakonenstelle, die schließlich auch bewilligt wurde.

Das christlich-soziale Engagement schien in der Gemeinde seine Spuren hinterlassen zu haben, was einen Chronisten der Gemeinde zu dem späteren Resümee veranlaßte, daß Nathusius „nicht nur in gebildeten, sondern auch in Arbeiterkreisen durch seine christlich-sozialen Gedanken viel Eingang gefunden hatte"[30]. Die Repräsentation der Gemeinde Wupperfeld nahm am 6. 7. 1888 seine Kündigung „mit dem tiefsten Bedauern über das Scheiden eines

---

26 Vgl. R. Bergmann, *300 Jahre reformierte Diakonie in Elberfeld*, S. 83.

27 Vgl. H. Beyer, *Arbeit*, S. 262. Von Berlepsch bestätigte dies in seinem Brief vom 1. 5. 1888 an Althoff: „Das Blatt kämpfte natürlicher Weise mit erheblichen finanziellen Schwierigkeiten und es ist mir erst vor wenigen Wochen gelungen, die Industriellen des Wupperthals zu erheblichen Geldbeiträgen zu bestimmen, die das Forterscheinen des Blattes für die nächste Zeit gewährleisten. Würde v. Nathusius jetzt abberufen, welcher der geistige Leiter des Blattes ist, so würde dasselbe sich nicht halten können", *GStA*, Rep. 76 Va Sekt. 7, U I 6713.

28 A. Witteborg, *Geschichte der evang.-lutherischen Gemeinde Barmen-Wupperfeld*, S. 230f.

29 Vgl. H. Wülfing (Hg.), *Aus der Geschichte eines alten Hauses*, S. 25f., A. Schlurmann, *Das Lutherische Gemeindehaus zu Barmen-Wupperfeld*, S. 28 und *Zur hundertjährigen Jubelfeier*, Vorwort. Letztere Schrift berichtet auch über die Teilnahme von Nathusius an dieser Feier im Jahr 1902, vgl. S. 5.

30 A. Witteborg, *Geschichte der evang.-lutherischen Gemeinde Barmen-Wupperfeld*, S. 285.

Pastors, der in den drei Jahren seiner Wirksamkeit sich treu bewährt, vielen Segen gestiftet und viele Liebe und Anerkennung erfahren hat"[31], entgegen.

3. Der Herausgeber der Allgemeinen Konservativen Monatsschrift (AKM)

„Es ist ein sonderliches Stück der Geschichte, was mit der genauen Kenntnis der Geschichte einer Zeitschrift erschlossen würde"[32].

Nicht nur hinsichtlich des sozialen Engagements trat Nathusius in die Fußstapfen seines Vaters. Von ihm übernahm er mit der Nr. 52 vom 5. 7. 1871 auch die Herausgeberschaft des *Volksblattes für Stadt und Land zur Belehrung und Unterhaltung* (*VB*), dem bereits erwähnten 1844 gegründeten konservativen Organ, das er 1879 in *Allgemeine Conservative Monatsschrift für das christliche Deutschland* umbenannte und in den ersten Jahren alleine, ab 1882 gemeinsam mit Dietrich v. Oertzen herausgab[33].

---

[31] So Superintendent Kirschstein in einem Schreiben an das Konsistorium der Rheinprovinz vom 9. 7. 1888, *Acta betreffend die Besetzung der Pfarrstelle Wupperfeld*. Nathusius' Weggang wurde der Elberfelder Kreissynode im Spätherbst 1888 von Kirschstein folgendermaßen mitgeteilt: „besonders anregend und Neues schaffend war seine Wirksamkeit auf dem Gebiete der inneren Mission und gegenüber der Sozialdemokratie. Nicht bloß seine erwecklichen Predigten, sondern auch seine patriotischen Vorträge und seine Reden im christlich-sozialen Verein werden unvergessen bleiben", *Verhandlungen der Elberfelder Kreis-Synode*, 1888, S. 10.

[32] M. v. Nathusius, *Ein Rückblick*, *AKM* 1880/2, S. 291.

[33] Zu Beginn von Nathusius' Wuppertaler Zeit änderte sich die Herausgeberschaft. Von 1885 bis 1887 gab v. Oertzen die *Allgemeine Konservative Monatsschrift für das christliche Deutschland* alleine, im Jahr 1888 gemeinsam mit Th. Müller aus Gütersloh, heraus. Von 1889 bis zum Juni 1896 waren Nathusius und v. Oertzen die gemeinsamen Herausgeber. Der Rückzug v. Oertzens aus der Redaktion im Jahr 1896 ist insbesondere auf die Loslösung der Christlich-Sozialen von der Konservativen Partei zurückzuführen, wovon zu sprechen sein wird. Danach übernahm Nathusius die Herausgeberschaft allein und übertrug die Schriftleitung an seinen Schwager Oberstleutnant Ulrich v. Hassell aus Berlin, der schließlich 1898 Mitherausgeber wurde. Vgl. dazu v. Hassell, *Erinnerungen aus meinem Leben 1848-1918*, sowie die Biographie G. Schoellgens über den 1944 hingerichteten oppositionellen konservativen Diplomaten *Ulrich v. Hassell* jun.
Im Jahr 1900 erfolgte die Umbenennung in *Monatsschrift für Stadt und Land* (*MSL*). Ab dem 1. 10. 1905 und unter dem neuen Herausgeber Reimar Hobbing aus Berlin lautete der Name dann *Konservative Monatsschrift für Politik, Kunst und Literatur*. Die Jahrgänge 1880 bis 1884 liegen in jeweils zwei separaten Bänden vor, was bei der Zitierung berücksichtigt ist.
Trotz dieser wechselnden Herausgeberschaft und Schriftleitung ist davon auszugehen, daß Nathusius bis zu seinem Tod die Gestalt und Prägung des Blattes maßgeblich beeinflußtc. Alle die Monatsschrift betreffenden wichtigen Fragen wurden, wie U. v. Hassell später bemerkte, entweder mündlich oder schriftlich mit Nathusius abgeklärt, vgl. *Nathusius †*, S. 667. Nach weiteren Umbenennungen wurde das Erscheinen - zuletzt unter dem Namen *Konservative Monatsschrift* - im September 1922 eingestellt.

Dem Vater Philipp war, wie erwähnt, in der Folge der deutschen revolutionären Umtriebe von 1848/49 die Herausgeberschaft des *VB* angetragen worden, damit dieser es zum Sprachrohr der christlich-konservativen Interessengruppen machte. In der ersten von ihm übernommenen Nr. 71 des Jahres 1849 nannte er als sein grundsätzliches Anliegen, mit dem *VB* Bildungsgut für alle präsentieren zu wollen, um auf diese Weise „das von Gott geordnete Band um die verschiedenen Stände" zu stärken und ein klassenmäßiges Auseinanderdriften der Gesellschaft zu verhindern. Das *VB* sollte eine Initialzündung für die Arbeit am sittlichen und vor allem am religiösen Fortschritt des Volksganzen liefern und zugleich kirchlicher Erneuerung dienen. Zur zentralen Aufgabe wurde das Werben „für das Reich Gottes"[34] erklärt. Erkennbar ist allerdings, daß es letztlich die gebildeten Schichten waren, denen das *VB* diese Bildungsaufgabe am ganzen Volk zugedachte. J. H. Wichern hatte bereits 1849 die Ausrichtung des *VB* auf diese Klientel kritisiert, während es doch nicht schwer sei, ein wirkliches *VB* zu schreiben[35]. In der Tendenz zutreffend ist es, wenn K. Müller-Salget angesichts des Themenniveaus und Abonnementspreises (!) moniert: „Die Probleme des 'Volkes', das man in spät- bis vulgärromantischer Manier zur Autorität erhob, wurden weitgehend unter Ausschluß eben dieses Volkes verhandelt"[36].

Im Lauf der folgenden knapp zwei Jahrzehnte wurde aus dem 1844 gegründeten *VB* mit dem ursprünglichen Profil eines erbaulichen Hausfreundes für die bildungsbürgerlich-christlichen Kreise „das einzige christlich-konservative Wochenblatt der Zeit"[37] im Sinn des „führenden populären Publikationsorgans der preußischen Hochkonservativen und der lutherisch-konfessionellen Gruppierungen in der altpreußischen Kirche der Union"[38]. Der generelle Aufschwung der modernen Großmacht Presse seit den fünfziger Jahren sowie die beschleunigten und verkürzten Verbreitungswege dieses Informationsmediums sorgten dafür, daß Nathusius' publizistische Tätigkeit das *VB* in der Tat zu einem der herausragenden Foren christ-

---

34 *VB* 1849, Nr. 71.

35 Vgl. J. H. Wichern, *Bericht über die Fortschritte der inneren Mission*, *WSW*, Bd. 2, S. 79.

36 K. Müller-Salget, *Erzählungen für das Volk*, S. 48.

37 U. v. Hassell, *Nathusius*, S. 665.

38 F. W. Graf, *Nathusius*, S. 484. Der Einflußverlust des *Volksblattes* setzte wohl vor allem mit den innerkonservativen Meinungsverschiedenheiten über die Bismarckschen Annexionen im Jahr 1866 ein. Philipp von Nathusius hatte sich dabei im Verbund mit Hengstenberg auf die Seite Bismarcks geschlagen, während etwa Ludwig von Gerlach vergeblich Bismarcks Respektierung der habsburgischen Belange einforderte, vgl. H.-Chr. Kraus, *Gerlach*, S. 817f.; W. Shanahan, *Der deutsche Protestantismus*, S. 362.

lich-konservativer Gesinnung, geprägt durch das „Ringen um eine volkstümliche Kirche gegen die mechanisch betriebene Unionstendenz“[39], werden ließ.

Zu Zeiten Philipps zweimal wöchentlich erscheinend, fanden sich feste Rubriken zu geschichtlich-politischen und kirchlichen Ereignissen, Artikel zu christlichen Zeitfragen, aber auch belletristische und lyrische Texte sowie Rezensionen zur neuesten theologischen, geschichtlichen und schöngeistigen Literatur. Die Liste der regelmäßigen Mitarbeiter veranschaulicht die Ausrichtung des *VB*. Es beteiligten sich E. L. v. Gerlach, H. Gauvain und der bereits genannte F. J. Stahl[40]. Die geschichtlichen Monatsberichte wurden lange Zeit hindurch von dem ebenfalls schon erwähnten Hallenser Historiker H. Leo verfaßt[41], von 1868 bis 1870 vom preußischen Kulturminister und Staatssekretär des Reichsamtes des Inneren Robert Bosse. Letzterer nahm später erheblichen Einfluß auf die deutsche Sozialgesetzgebung, spielte eine bedeutsame Rolle im Umfeld der kaiserlichen sozialpolitischen Februarerlasse von 1890[42] und schaltete sich aktiv in den Apostolikumstreit des Jahres 1892 ein. Auf theologischer Seite tauchen Autoren wie die Hallenser A. F. G. Tholuck und J. Müller, F. Ahlfeld, V. A. Huber und andere auf[43], die kirchlichen Berichte wurden bis ins Jahr der Reichsgründung von A. F. Chr. Vilmar, Marburger Theologieprofessor und Haupt der hessischen konservativen Lutheraner, verfaßt. Zugleich befand sich mit H. E. Macard auch einer der „übelsten antisemitischen Schreier“[44] unter den regelmäßig publizierenden Autoren des *VB*.

Im Blick auf diese profilierten Autoren des *VB* wird erkennbar, daß sich objektiv-informative Berichterstattung und „Persönlichkeitsjournalismus“[45]

---

[39] Th. Schäfer, *Philipp von Nathusius*, S. 535. Wegen Verunglimpfung der Union im *VB* kam es im Jahr 1858 zum ersten Gerichtsprozeß, in dem die Rechtsbeständigkeit der Union den Mittelpunkt des Verfahrens darstellte. Nathusius wurde wegen Störung des kirchlichen Friedens zu 14 Tagen Gefängnis verurteilt, was etwa bei F. J. Stahl scharfe Kritik hervorrief. Allerdings erfolgte alsbald der Königliche Gnadenerlaß, der diese Strafe zur Bewährung aussetzte, vgl. dazu auch E. v. Reuß, *Philipp von Nathusius*, S. 266-286.

[40] Zu F. J. Stahl vor allem die biographische Untersuchung von W. Füssl, der allerdings dessen Mitarbeit im *VB* nicht erwähnt.

[41] Darüber informiert ausführlich O. Kraus auf über 250 Seiten in der *AKM* der Jahre 1893 und 1894. Vgl. zu v. Gerlach, Huber, Stahl und Leo außerdem H. J. Schoeps, *Die preußischen Konservativen*, sowie die umfassende Darstellung von Chr. v. Maltzahn, *Leo*.

[42] Vgl. H.-J. v. Berlepsch, *„Neuer Kurs" im Kaiserreich*, S. 148f. Im übrigen trug Bosse später nicht unerheblich zur nochmaligen Umbenennung der *AKM* in *Monatsschrift für Stadt und Land* (*MSL*) im Jahr 1900 bei, um so den möglichen Vorwurf eines primär politischen Blattes zu entkräften, wie M. v. Nathusius notiert, vgl. *MSL* 1901, S. 989.

[43] Vgl. *AKM* 1880/2, S. 291.

[44] K. Müller-Salget, *Erzählungen für das Volk*, S. 42.

[45] Diesen „Persönlichkeitsjournalismus“ macht B. Sösemann als charakteristisches Merkmal der konfessionellen Publizistik der Zeit namhaft, *Die konfessionelle Publizistik*, S. 411.

durchaus die Waage hielten. Man geht somit fehl, das *VB* primär als chronistisches Informationsorgan anzusehen. Vielmehr verband sich mit den einzelnen Berichten meist elementar die persönliche Stellungnahme bzw. Ausrichtung des jeweiligen Autors. Dies wurde für die Frühphase des *VB* schließlich auch daran anschaulich, daß sich Nathusius' Gattin Marie lebhaft an dieser Arbeit beteiligte, indem sie vor allem für den eher feuilletonistischen Teil des *VB* verantwortlich zeichnete, zu dem sie selbst einzelne Erzählungen und Gedichte beitrug. Mit dem *VB* (wie auch später mit der *AKM* und der *MSL* !) sollte, was bereits der Kanon der Autoren deutlich machte, eine publizistisch-literarische „Umschließung des Milieus" und „Identitätsbewahrung in einer Phase raschen sozialen Wandels"[46] im Kontext des Bildungsbürgertums geleistet werden.

Gegen diesen „Persönlichkeitsjournalismus" spricht im übrigen nicht, daß ein Gutteil der Artikel und Aufsätze des Volksblattes nicht namentlich gekennzeichnet war, so daß die Zuschreibung im nachhinein nicht selten schwer fällt bzw. unmöglich ist. Diese Beobachtung läßt eher darauf schließen, daß die einzelnen Autoren sich gerade auf diese, Homogenität und Einigkeit suggerierende, Weise in den Dienst der gemeinsamen Sache stellen wollten, indem das jeweilige literarische Bekenntnis ungenannt vorgelegt wurde. Ferner spricht diese Beobachtung für die gemeinsame breite interne Informationslage der Lesergemeinde, die offensichtlich auf die Signierungen auch deshalb verzichten konnte, weil zumindest die Autoren der regelmäßigen Rubriken offenbar bekannt waren. Erst mit Erscheinen der *AKM* ab dem Jahr 1879 wurde die Autorschaft durchgängig aufgeführt.

Martin von Nathusius verfaßte von 1871 an die kirchlichen Berichte, in denen er über aktuelle Fragen des kirchlichen Lebens, auch außerhalb Deutschlands, berichtete und zu diesen meist ebenfalls pointiert kommentierend Stellung nahm[47]. Die Herausgeberschaft trat er am 5. 7. 1871 mit einem

---

46 In Aufnahme von R. v. Bruch, *Kunst- und Kulturkritik*, S. 313f. Allerdings wird in der Tat mitzubedenken sein, inwiefern bei diesen Umschließungsansprüchen von einer wirkungsmächtigen Fiktion gesprochen werden kann, wie v. Bruch dies tut, *ebd.*

47 Wie Philipp v. Nathusius in seinem Abschied vom *VB* am 28. 6. 1871 berichtete, hatte der Sohn, der nun Herausgeber werden sollte, bereits seit mehreren Jahren immer wieder Artikel und Predigten beigetragen, etwa zu Schleiermacher, Vincenz von Paul oder Elisabeth Fry, vgl. *VB* 1871, Sp. 802.
Interessanterweise stieg auch Martins Bruder Philipp zu dieser Zeit in die Pressearbeit ein. Im Oktober 1872 wurde er Chefredakteur der renommierten Kreuz-Zeitung. Im selben Jahr hatte er in seiner Schrift *Conservative Partei und Ministerium* deutliche Kritik an der Bismarckschen Politik, vor allem am Entwurf einer neuen demokratischeren Kreisordnung für die östlichen Provinzen (1872), geübt und eine neue Taktik der konservativen Partei gefordert. Sein Wirken in der Kreuz-Zeitung stieß allerdings aufgrund einer Serie von gegen Bismarck gerichteten Leitartikeln, die er Ende 1875 verfaßte, auf starke Gegenreaktionen Bismarcks im Reichstag, die im Frühjahr 1876 zum Rückzug von Nathusius aus der Redaktion der Kreuz-Zeitung führten, vgl. H.-Chr. Kraus, *Ger-*

Aufsatz unter dem programmatischen Titel *Die eigentlichen Gegensätze* an, in dem er zugleich das Credo seiner zukünftigen publizistischen Arbeit formulierte: „Es muß dem Humanismus in der Anthropologie, dem Intellektualismus in der theologischen Wissenschaft, dem Spiritualismus in Kirche und Sakrament, dem Subjektivismus im Glauben, kurz der modernen Vermittlungstheologie mit all ihren doktrinären Folgen für das wirkliche Leben eine ächte, kräftige, original-christliche Theologie entgegengesetzt werden"[48]. Allein seine kirchlichen Berichte, von 1871 bis 1872 meist wöchentlich, 1873 bis 1882 quartalsmäßig, danach monatlich vorgelegt, umfassen im Zeitraum von 1871 bis 1878 etwa 600 Spalten im Quartformat des *VB* und von 1879 bis 1905 über 1000 Seiten im Oktavformat der *AKM* und der *MSL*. Auch wenn es in diesem Zusammenhang möglicherweise übertrieben ist, wenn Nathusius an einer Stelle mitteilte, für den fälligen Quartalbericht „in den letzten Tagen einige Hundert Nummern kirchlicher Zeitschriften aus allen Gegenden Deutschlands noch einmal durchblättert"[49] zu haben, so ist doch von seinem enormen Überblick über die kirchliche Landschaft auszugehen. Aufgrund dieser regelmäßigen 'Sichtungen' sowie seiner vielfältigen persönlichen Teilnahme am einschlägigen Konferenzwesen der Zeit, worauf einzugehen sein wird, dürfte Nathusius zu den bestinformierten Theologen seiner Zeit gehört haben, insbesondere was die kirchenpolitischen Geschehnisse und Personalia im letzten Drittel des 19. Jahrhunderts anging.

Das Spektrum der Berichte sowie seiner Aufsätze ist beachtlich. Informiert wurde über bevorstehende kirchliche Konferenzen und ihre Ergebnisse, über innerkirchliche Streitigkeiten in Verfassungs- und Bekenntnisfragen, über Disziplinar- und Lehrzuchtverfahren in einzelnen Landeskirchen, die Situation an den theologischen Fakultäten sowie anstehende Neuberufungen, über kirchliche Belange betreffende staatliche Maßnahmen, das Verhältnis zur römischen Kirche, Fortschritte und Rückschläge auf den Gebieten der Inneren und Äußeren Mission sowie Todesfälle prominenter Theologen und Kirchenmänner. Meist folgten auf diese Informationen nicht nur einordnende und wertende Kommentare, sondern theologisch fundierte Erörterungen zu einzelnen Sachverhalten, etwa in Fragen innerkirchlicher Reformen, eines einheitlichen protestantischen Bekenntnisses, des Staat-Kirche-Verhältnisses, der neuesten Erkenntnisse historischer Kritik und schließlich zum christlich-sozialen Themenkomplex. Seine breiten Erörterungen dieses letzten Komple-

---

lach, S. 906f. sowie neuerdings E. Engelberg, *Bismarck II*, S. 210 und W. Loth, *Kaiserreich*, S. 48.
Ohnehin erscheinen die Aktivitäten des Bruders als wenig glücklich: Das väterliche Vermögen, das 1865 in einer Herrschaft in Ludom (Posen) angelegt worden war, ging unter dem Sohn Philipp als Sachwalter in dieser Zeit verloren, vgl. E. v. Reuß, *Philipp von Nathusius*, S. 333.

48 *VB* 1871, Sp. 821.

49 *VB* 1877, Sp. 741.

xes innerhalb der *AKM* resultierten zugleich aus seiner Einsicht, daß die christlich-soziale Bewegung aufgrund des selbstgesetzten Aufklärungs- und Öffentlichkeitsauftrags „ihrem Wesen nach auf publizistische Wirksamkeit angelegt“[50] sein müsse. Die Breite des Themen- und Berichtsspektrums erlaubt es, das *VB* bzw. die *AKM* durchaus als „Kulturzeitschrift“ im Sinn einer meinungsbildenden periodischen Publikation, „deren Tendenz sich aus dem von ihr verkündeten Programm ergibt“[51], zu bezeichnen. Damit ergab sich zugleich die Abgrenzung gegenüber einer reinen Kirchenzeitung: Bereits im zweiten Jahr seiner Herausgeberschaft hatte Martin von Nathusius eine solche Einengung abgelehnt und für die eigene ‘Berichterstattung’ festgehalten, daß die kirchliche Frage immer nur insoweit Platz beanspruchen sollte, „als sie das Leben des Volkes berührt“[52].

Werden von Nathusius gleichwohl alle aktuellen kirchlichen Fragenkomplexe behandelt, läßt sich aufgrund dieses Kriteriums die deutliche Gewichtung in der Erörterung einzelner Themen konstatieren. Dies verweist einerseits auf die jeweilige Brisanz der angesprochenen Debatte, läßt andererseits vornehmlich Nathusius’ gesteigertes Interesse an einzelnen Fragen über den konkreten Anlaß hinaus erkennen. D. h., daß in diesen Berichten nicht nur ein umfangreich illustriertes Bild der damaligen kirchlichen Landschaft, der theologisch und kirchlich einflußreichen Persönlichkeiten und institutionellen Verflechtungen vor Augen tritt. Zugleich ermöglicht es die Lektüre dieser Berichte, die theologischen Grundlagen, von denen aus Nathusius argumentiert, zu erheben sowie die im Lauf der Zeit sich ergebenden Schwerpunktverlagerungen seiner theologischen Beschäftigung zu eruieren.

Kaum weniger aufschlußreich sind die Rezensionsabschnitte innerhalb der *AKM*, wenngleich hierbei das Schwergewicht auf praktisch-theologischer und ‘erbaulicher’ Literatur liegt. Im Zeitraum von 1879 bis 1905 lassen sich allein von Nathusius knapp 700 mehr oder weniger ausführliche Buchanzeigen und -besprechungen aufweisen. Daneben veröffentlichte er in der *AKM* zwischen 1879 und 1904 insgesamt mehr als 25 ausführliche, meist in theologisch-programmatischer Absicht stehende Aufsätze, woraus sich ebenfalls Motive und Leitlinien seines theoretischen und praktischen Wirkens erheben lassen. Somit können seine Stellungnahmen im Rahmen der *AKM* als beredtes Zeugnis für seine eigenen theologischen Grundpositionen sowie als exemplarisches Forum angesehen werden, auf dem die Auseinandersetzungen mit den theologischen, kirchlichen und politischen Gegnern ausgetragen werden sollten und auch wurden. Die Erörterung seines Wirkens im Rahmen der

---

50 G. Mehnert, *Evangelische Presse*, S. 172.

51 So die generelle Definition des - allerdings - politischen Periodikums durch W. Haacke, *Staat, Gesellschaft und politische Zeitschrift*, S. 9.

52 *VB* 1872, Sp. 5.

AKM trägt zugleich heuristischen Charakter für das Verständnis seiner späteren methodologischen, dogmatischen und sozialethischen Schriften.

3. 1. Das Programm

Im zweiten Jahr nach der Umbenennung der Zeitschrift zog Martin von Nathusius ein erstes Resümee: Die lange Erfolgsgeschichte des Volksblattes hatte spätestens mit dem Tod des Vaters im Jahr 1872 ihr Ende gefunden. Die Vorreiterrolle, die das Blatt im Lauf „wider den wilden Souveränitätstaumel [...] [und] das entfesselte Heidentum"[53] der ersten nachrevolutionären Jahre übernommen hatte, war nicht mehr gegeben. Sie hatte darin bestanden, „das ganz öffentliche Leben an dem Maßstabe des Christentums zu messen und so den Sauerteig der christlichen Weltanschauung auf unser Volksleben in seinem gesammten Umfange wirken zu lassen"[54]. U. v. Hassell machte insbesondere die Ereignisse der sechziger Jahre und die eindeutige Haltung von Philipp von Nathusius gegenüber der Bismarckschen Politik für das Auseinanderbrechen der ursprünglichen 'Volksblattgemeinde' verantwortlich: „Das Jahr 1866 entfremdete manche nichtpreußische Leser dem den altpreußischen Konservatismus vertretenden Volksblatt"[55]. Die Abonnentenzahl hatte in den siebziger Jahren lediglich noch zwischen 850 und 1300 betragen, so daß nur eine grundlegende Reform des Blattes neuen Aufschwung bringen konnte[56].

Nachdem das *VB* 1879 folgerichtig die „durch die moderne Entwicklung gebotene Gestalt der christlichen und conservativen Revue"[57] erhalten hatte, erreichte es schließlich eine Abonnentenzahl von 3000 - eine bereits zeitwei-

---

[53] D. v. Oertzen, *Ein Jubiläum 1843 - 1893*, *AKM* 1893/1, S. 1. Genau gesprochen fiel das Jubiläum in das Jahr 1894, da die erste Nummer des *VB* erst am 3. 1. 1844 erschien. Insofern wurde das *VB* genaugenommen erst zu Beginn des Jahres 1844 gegründet.

[54] *AKM* 1880/2, S. 293.

[55] U. v. Hassell, *Nathusius*, S. 666.

[56] Erste Andeutungen einer notwendigen Konzentration der evangelisch-konservativen Presse, der man das *VB* ruhig opfern könnte, finden sich bei Nathusius bereits Mitte des Jahres 1874, vgl. *VB* 31, Sp. 737ff. Allerdings wurde der Schritt der Einstellung des Blattes auf Anraten der Gesinnungsgenossen nicht vollzogen. Für die Neukonzeption und Umbenennung des *VB* wies Nathusius auf das gemeinsame Vorgehen mit dem Straßburger Rechtsgelehrten Fr. H. Geffcken und dem badischen Oberkirchenrat K. Mühlhäußer hin, denen für diese Zeit das größte Verdienst um den Aufschwung der evangelischen Presse zugeschrieben werden kann, vgl. *VB* 1878, Sp. 706f. Eines der vehementesten Zeugnisse für dieses Engagement ist der von Mühlhäußer 1876 verfaßte Aufsatz *Christenthum und Presse*, der programmatisch an den Anfang des ersten Bandes der Reihe *Zeitfragen des christlichen Volkslebens* gestellt wurde. Nicht ohne programmatischen Sinn wurde 1879 auch R. Sohms Schrift *Zur Trauungsfrage* als einer der ersten Beiträge der *Zeitfragen* veröffentlicht.

[57] *AKM* 1880/2, S. 293.

se Ende der fünfziger Jahre erreichte Höhe - und damit wieder größeres Gewicht auf dem Markt der christlichen Presse[58]. Nathusius hatte selbst zum 'Zeitenwechsel' die geplanten Änderungen angekündigt. Der „volksthümlich-erbauliche" Charakter sollte noch weiter zurücktreten. V. Oertzen bestätigte später dieses neue Anliegen: nicht für das Volk, sondern für die Gebildeten sollte geschrieben werden[59]. In inhaltlichem Sinn sah man zum einen die Herausarbeitung des prinzipiellen Standpunktes, zum anderen die adäquate Vermittlung dieses Standpunktes an die gebildeten Leser als die entscheidenden Aufgaben der *AKM* an. Die Bezeichnung als „allgemeine" Zeitschrift wurde damit erklärt, den Schwerpunkt der Berichterstattung nun von regionalen und landeskirchlichen Ereignissen hin zu Geschehnissen von reichsweiter Bedeutung zu verlegen. Man wollte sich, wie Nathusius es bereits 1878 gefordert hatte, von nun an noch entschiedener an das „christliche Deutschland"[60] wenden.

Ende des Jahres 1882 wurde der überregionale Anspruch daran deutlich, daß einer redaktionellen Notiz zufolge nicht nur die partikularstaatlichen Angelegenheiten außerhalb Preußens, sondern auch die politischen und kirchlichen Entwicklungen der Nachbarnationen verstärkt Erwähnung finden sollten. Nathusius kam in den folgenden Jahren insbesondere auf die kirchlichen Ereignisse in Österreich, der Schweiz, Holland, England sowie Polen und

---

58 G. Mehnert stellt das konservative *VB* in eine Reihe mit *Kreuz-Zeitung* und *Evangelischer Kirchenzeitung* und nennt es zugleich einen „der rührigsten Werber für die Innere Mission", *Evangelische Presse*, S. 148. Mehnert referiert zwar das *VB* unter der Rubrik konservativer Publizistik im Zeichen der Inneren Mission, erwähnt allerdings die *AKM* dann nicht mehr, obwohl seine Charakterisierung Evangelischer Kirchenzeitungen eine solche Einordnung in diese Reihe der „protestantischen Richtungspublizistik" (*a. a. O.*, S. 186) ohne Zweifel nahegelegt hätte. Sei es was deren überregionalen gesamtprotestantischen (Führungs-) Anspruch, die gleichwohl dezidierte theologische, konfessionelle und politische Ausrichtung, das anspruchsvolle geistige Niveau von Autoren und Leserschaft, die Beteiligung gebildeter Laien, die Themenausweitung über Theologie und Kirche hinaus sowie die teilweise fließende Grenze zu wissenschaftlich-theologischen Zeitschriften angeht, vgl. *a. a. O.*, S. 181ff. Auch Chr. H. Schöner verzichtete in der ersten größeren Bestandsaufnahme der evangelischen Presse im Jahr 1892 auf die Nennung der *AKM*, vgl. *Die periodische Presse und die Kirche*.
Im übrigen waren die von Mehnert erwähnten allgemeinen Kirchenzeitungen keineswegs auflagenstärker als die *AKM* (vgl. G. Mehnert, *Evangelische Presse*, S. 168; K. Müller-Salget, *Erzählungen für das Volk*, S. 49), so daß sich, auch was den Verbreitungsgrad angeht, die Nichterwähnung durch Mehnert und Schöner schwerlich rechtfertigen läßt. Die für die damalige Zeit einschlägige *Bibliographie der Deutschen-Zeitschriften-Litteratur*, die sich der eigenen Zielsetzung nach auf die wichtigeren Zeitschriften beschränkte, führte vielfach Aufsätze aus dem *VB*, der *AKM*, später aus der *MSL* auf, vgl. etwa die Sammlungen zu den Jahren 1861-67, 1896, 1897.

59 Vgl. *AKM* 1893, S. 4. U. v. Hassell bestätigte diese Ausrichtung des Wochenblattes, das sich „nach und nach immer weniger" an das Volk als an die Gebildeten gewandt habe, *Nathusius*, S. 666.

60 *VB* 1878, Sp. 786f.

Rußland zu sprechen. Außerdem fehlte es nicht an einer intensiven Beschäftigung mit amerikanischen kirchlichen Ereignissen, Entwicklungen und religiösen Bewegungen, vor allem mit dem amerikanischen Sektenwesen. Für die weiteren Jahrgänge wurden ausführliche zeitgeschichtliche Abhandlungen sowie eine regelmäßige volkswirtschaftliche Chronik geplant[61].

Die geplante Horizonterweiterung ist zudem daran erkennbar, daß ab dem 1. 10. 1881 die bisherigen 'Hausmitteilungen' über die Neinstedter Anstalten dort nicht mehr erschienen[62]. Trotz der Hoffnung auf eine Renaissance des eigenen Publikationsorgans sahen die Herausgeber Verbreitungsgrad und Funktion der *AKM* durchaus realistisch. Für die stimmgewaltige Verbreitung konservativer Anschauungen wurden weder *Kreuz-Zeitung*, *Reichsbote* noch die eigene *AKM* als ausreichend angesehen und deshalb die Schaffung einer konservativen und überregionalen Tagespresse für unumgänglich gehalten[63].

So betrachtete Nathusius im Jahr 1880 die neueste Phase und Entwicklung der *AKM* als erfreuliches Zeichen der Zeit. Seine Wunschvorstellung, die *AKM* als „Centralorgan zur Vertretung d. christlich-conservativen Weltanschauung in Staat u. Kirche, Schule u. Familie, Kunst, Wissenschaft u. Literatur"[64] zu etablieren, schien wieder näherzurücken.

Das formulierte Ansinnen läßt nicht nur darauf schließen, daß Nathusius seine Herausgeberschaft in die Kontinuitätslinie mit dem *VB* einzeichnete, sondern weist auch darauf hin, daß er in seiner Zeit eine religiöse Renaissance ihren Anfang nehmen sah, in der auch die *AKM* ihren berechtigten Platz einnehmen sollte[65]. Diese optimistische Zukunftshoffnung ist ohne Zweifel im Zusammenhang mit dem konstatierbaren neuen Aufschwung des evangelischen Pressewesens bzw. der Hoffnung auf einen solchen Aufschwung zu sehen. Dieser rührte auf konservativer Seite nicht zuletzt daher, daß man danach trachtete, sowohl den bereits florierenden katholischen und den aufkommenden sozialdemokratischen Organen als auch - deutlich antisemitisch - „der Judenpresse, welche die Publizistik rein als Geschäft betreibt"[66], die eigene Stimme und damit die eigene Weltanschauung entgegenzusetzen.

---

61 Vgl. *AKM* 1882/2, S. 475f.

62 Vgl. *AKM* 1881/2, S. 244.

63 So D. v. Oertzen, *Conservative Presse*, *AKM* 1882/1, S. 55-59.

64 *AKM* 1882/1, Vorwort.

65 Auch der Mitarbeiterkreis der *AKM* läßt das neue Organ nach wie vor als bedeutsam erscheinen. Es waren dies etwa H. Thiersch, F. Delitzsch, G. Warneck, O. Zöckler, K. Mühlhäußer, E. v. Ungern-Sternberg, der zugleich unter W. Hammerstein Redakteur der *Kreuz-Zeitung* war, und auch E. F. Wyneken, vgl. *ebd.*

66 D. v. Oertzen, *AKM* 1893, S. 4. Zum Hintergrund des den Aufschwung mitbefördernden Reichspressegesetzes vom 1. 7. 1874 H.-D. Fischer, *Handbuch der politischen Presse*, S. 67ff., zum generellen Aufschwung der kirchlichen Presse im evangelischen Lager I. Rieger, *Die Wilhelminische Presse im Überblick 1888-1918*, S. 163ff., sowie B. Sösemann,

Dies schloß programmatisch das Ziel ein, sich nicht nur bezüglich der Informationsvermittlung, sondern auch hinsichtlich der eigenen Urteilsbildung auf der Höhe der Zeit zu befinden. Auch für die *konservative* Ausrichtung, von der zu sprechen sein wird, sollte das Bemühen um Zeitgemäßheit konstitutiv sein. Dieses Vorhaben schloß explizit Modernitätsoffenheit ein, auch gegenüber einer gegnerischen Weltanschauung, die sich nur „für die allermodernste"[67] ausgab. Allerdings wird auch deutlich, daß dabei der Begriff der Moderne durchaus im eigenen Sinn gefüllt wurde: mit der Konsequenz, keineswegs jeglichen Aspekt, der sich mit der modernen Entwicklung verband, unbefragt zu akzeptieren.

3. 2. Die christlich-konservative Weltanschauung

Seinen prinzipiellen Standpunkt über das oben erwähnte 'Credo' hinaus erläuterte Nathusius ausführlich in zwei Aufsätzen, die in den ersten beiden Jahrgängen der *AKM* erschienen und programmatischen Charakter für die Ausrichtung der *AKM* in den folgenden Jahren tragen[68].

Der hermeneutische Ausgangspunkt seiner um Zeitgemäßheit bemühten Beobachtungen besteht darin, die gegenwärtige Zeitlage unter dem Signum des grundsätzlich weltanschaulichen Konflikts, des krisenhaften Kampfes um die Wahrheit wahrzunehmen. Nathusius zeichnet die Entwicklungen des 19. Jahrhunderts in einen von ihm diagnostizierten tiefen Gegensatz zwischen der *christlichen* Weltanschauung und der Weltanschauung des *Unglaubens* ein. Indem Nathusius die Gründe für diesen Kampf auf dem Gebiet des *Glaubens und der Religion* verankert, ist der Boden für sein weiteres Vorgehen bereitet. Er analysiert nicht nur die gesellschaftspolitische Situation der Zeit aus der Perspektive der *christlichen* Weltanschauung, sondern konzipiert auch sämtliche Lösungswege im 'Geist' dieser Weltanschauung. Denn es gilt: Nur die christliche Weltanschauung führt zur Welt-Wahrnehmung, da jene allein alles Erkennen vom vorgängigen Geschehen der göttlichen Offenbarung aus bedingt sein läßt. Trotz dieser Krisenwahrnehmung verbindet sich damit von vornherein die optimistische Gewißheit über den positiven Ausgang dieses Kampfes!

Konfessionelle Publizistik. Schließlich jetzt auch H. Hinze, *Entwicklung des evangelischen Pressewesens im deutschen Kaiserreich.*

67 *AKM* 1879, S. 2.

68 *Die christliche Weltanschauung, a. a. O.*, S. 1-11 und *Conservativ*, *AKM* 1880/1, S. 1-15. Bereits angesichts des nationalen Ereignisses schlechthin, des Sieges Deutschlands über Frankreich, hatte er im *VB* von 1871 jetzt auch innerhalb des Deutschen Reiches eine „kräftige Reaction" auf kirchlichem, sozialem und politischem Gebiet im Sinn des Kampfes gegen den Liberalismus gefordert, *a. a. O.*, Sp. 1153.

Insbesondere in Nathusius' frühen Abhandlungen ist festzustellen, daß die Zeichnung des für ihn durch die gesamte Geschichte hindurch präsenten weltanschaulichen Gegensatzes deutlich eschatologisch konnotiert ist. Als den fundamentalen Gegensatz zur christlichen Weltanschauung macht er die Negation des messianischen Erlösungshandelns mitsamt der grundsätzlichen Infragestellung des göttlichen Heilsplanes namhaft. Der vielfache und sich durch nahezu alle Jahrgänge der *AKM* hindurchziehende Verweis auf die „Zeichen der Zeit" erfährt, wenn nicht apokalyptische, so doch endzeitliche Färbung: „Ich finde in der That gar kein Hindernis, anzunehmen, daß der jüngste Tag nicht ferne sei. [...] in unseren Zuständen liegt nichts, was noch ein langes Zuwarten Gottes als das wahrscheinlichere hinstellen könnte"[69]. Die in Nathusius' Stellungnahmen, vor allem innerhalb der frühen Jahrgänge der *AKM*, immer wieder aufscheinende eschatologisch konnotierte Kampfmetaphorik erlaubt daher den Schluß, daß Nathusius die verhandelten Themengebiete als *Kampfgebiete* ansah, auf denen die argumentativen Waffen erprobt werden sollten.

Immer gilt dabei, daß die weltanschauliche Auseinandersetzung für Nathusius im wörtlichen Sinne auf 'theo-logischem' Weg stattfinden muß, da für ihn die Gegensätze nirgendwo anders zu suchen sind als in der Frage, „ob es einen Gott giebt, der reden kann"[70]. Von einer *Welt*anschauung im eigentlichen Sinne ist von dem Moment an die Rede, in dem das Christentum *von sich aus* „die Grundlinien für alle Verhältnisse des menschlichen Lebens"[71] entwickelt. Für alle Weltbezüge gilt, daß sie unter dem Gesichtspunkt ihres Verhältnisses zu Gott und angesichts des verheißenen Gottesreiches betrachtet werden müssen. Der Praxisbezug wird nicht nur als zwangsläufige Konsequenz dieser Weltanschauung angesehen, sondern gilt als ihr konstitutiver, geradezu naturgemäßer Bestandteil: „Die christlichen Wahrheiten sind durchaus praktischer Natur, sie drängen nach Verwirklichung im Leben, sie treiben den, der sie im Geist ergriffen hat, zu einem bestimmten Handeln, und zwar zu einem solchen, was mit dem Handeln derer, die andere 'Ansichten' haben, auf allen entscheidenden Punkten in Gegensatz gerät"[72]. Die angestrebte praktische Vertretung und Vermittlung christlicher Überzeugung erhält nun ihre Manifestation durch den vermeintlich ausschließlich politischen Begriff des *Konservativen.*

Der um Öffentlichkeitswirksamkeit bemühten Vertretung der christlichen Wahrheit wird nicht nur im Titel der neuen Zeitschrift durch das Signum *konservativ* der Name gegeben, sondern Nathusius äußert sich des öfteren über den Bedeutungsgehalt des Wortes und stellt seine Betrachtungen unter das

---

69 *AKM* 1880/1, S. 231.

70 *AKM* 1879, S. 10.

71 *A. a. O.*, S. 3.

72 *Ebd.*

Signum eben jenes Begriffs. Durch das 19. Jahrhundert hindurch manifestieren sich für ihn zwei gleichzeitig vorhandene, aber voneinander unterscheidbare konservative Strömungen, wobei er das Kriterium für die Unterscheidbarkeit beider Strömungen nicht auf der zeitlichen, sondern allein auf der inhaltlichen Ebene festmacht. Ohne den Begriff des Konservativen sogleich in einen weltanschaulichen oder gesellschaftlichen Sinnhorizont einzuzeichnen, wird doch die Gesellschafts*relevanz* beider Strömungen alsbald benannt: „Selbstsucht und Unproductivität“[73] gegenüber einer positiv konnotierten konservativen Strömung, die diese atomistischen Lebensstrategien durch konstruktive Alternativen wirkmächtig zu verwerfen vermag. Es zeigt sich, daß diese Zeichnung der positiven Strömung vorläufig nicht zu einem greifbaren, politisch-gesellschaftlichen Strukturbegriff führt, sondern eher in teleologischem Sinn dem Blick in die gewünschte Ferne dient, in der das Anzustrebende angesiedelt scheint. Aufgrund des gleichsam zeitenthobenen, Ewigkeitsgültigkeit beanspruchenden Charakters der ‘wahren konservativen’ Anschauung gilt diese Unterscheidung zweier konservativer Anschauungen nicht nur als möglich, sondern sogar als notwendig, auch wenn die anzustrebenden Ziele vorläufig vage bleiben und ihrer Erdung zu ermangeln scheinen.

Eine konkrete Füllung erhält der Begriff des *Konservativen*, indem Nathusius verneint, sich gegen den Begriff des *Reaktionären* wenden zu wollen. Letzteren hält er ebenfalls für geeignet, konstruktive gesellschaftsrelevante Anwendung zu finden - unter der Voraussetzung, daß man *Reaktion* als konstruktives Moment des Voranschreitens - auf den „wahren Fortschritt“[74] zu - versteht: „Reagiren heißt auf einen gegebenen Anstoß hin sich als lebendig erweisen“[75]. Immerhin hatte Nathusius bereits 1871 in einem seiner ersten Artikel für das *VB* festgehalten: „Reaktion ist nicht Repristination. Wir wollen nichts wissen von den geselschaftlichen [sic!] Organisationen der vergangenen Jahrhunderte“[76]. Innerhalb eines Rückblicks auf die Anfänge der Konservativen Partei unterscheidet Nathusius dieses positive Moment des Reaktionären ebenfalls von der negativen konservativen Strömung, also von einem traditionalistisch geprägten Verhalten der *Restauration und Stagnation*, das insbesondere in den vierziger und fünfziger Jahren unter großen Teilen der deutschen Konservativen zu beklagen gewesen sei[77]. Zugleich wird der eigentliche Gegner in dieser Debatte namhaft gemacht: Auf dem Hintergrund seines prinzipiell positiven und optimistischen Bildes über den zukünftigen Lauf der Geschichte konstatiert Nathusius, daß der Begriff der *Re-*

---

[73] *AKM* 1880/1, S. 3.

[74] *A. a. O.*, S. 1.

[75] *A. a. O.*, S. 2.

[76] *VB* 1871, Sp. 1154.

[77] *AKM* 1896, S. 301.

aktion vor allem gegen den *Liberalismus* gerichtet sei, da dieser „das eigentliche Hindernis des wahren Fortschritts der Geschichte“[78] darstelle.

Die positiven Begriffe des *Konservativen* und des *Reaktionären* erlangen damit, wie diese ersten Äußerungen verdeutlichen, ihren Gehalt augenscheinlich zuerst durch eine kritische und negierende Haltung gegenüber dem abzuwehrenden negativen Konservatismus und vor allem gegenüber dem Liberalismus, deren Gestaltungen Nathusius immer wieder in den grellsten Farben schildert.

In bezug auf den ‘kurzsichtigen’ Konservatismus will man sich der Aufgabe widmen, die Grenzen des althergebrachten Konservatismus aufzuzeigen und die Zeitgemäßheit seiner gesellschafts- und sozialpolitischen Konzeption dezidiert in Frage zu stellen. Schon der Vorgänger der *AKM* sei Ende der vierziger Jahre gegen die defizitäre Strömung angetreten: „Es war die Zeit, in der das Volksblatt den Kampf führte gegen jenen ‘Konservatismus’, der kein Verständnis für die Aufgaben der Zeit hatte und schwächliche alte Lappen zum Flicken der Löcher in den neuen Zuständen hervorsuchte“[79].

Die eigentliche Auseinandersetzung findet jedoch nicht innerhalb der konservativen Reihen statt. Die konservative Binnendiskussion ist nur der Nebenschauplatz. Im eigentlichen Sinn sieht man den gegenwärtigen weltanschaulichen Gegensatz vor allem in der liberalen Richtung manifestiert. Auch hierbei wird etwa im Jahr 1883 von v. Oertzen die Kontinuität zum *VB* betont: „Der Feind ist der alte geblieben; derselbe den man vor vierzig Jahren in blanker Waffenrüstung bekämpfte, steht uns heute noch gegenüber“[80].

Angesichts dieser vehementen Kritik der *AKM*-Autoren an rückständigem Konservatismus und fortschrittsfeindlichem Liberalismus, wovon noch zu sprechen sein wird, kann folgendes vorläufig festgehalten werden: Der Gefahr völliger Zeitabgehobenheit entledigt sich diese konservativ-weltanschauliche Haltung zu allererst nicht durch einen Akt materialer positiver Selbstdefinition, sondern mit Hilfe des Verweises auf das *negative Gegenteil* der - ja nur vage gefaßten - angestrebten Ziele. Nathusius' Vorgehensweise, den Begriff des Konservativen materialiter durch den Verweis auf die *negati-*

---

78 *VB* 1871, Sp. 1154. Der von Nathusius später rezipierte konservative Sozialpolitiker R. Meyer sah 1873 in seiner Schrift *Was heißt conservativ sein? Reform oder Restauration* im konservativen Moment eine, den wirtschaftlich berechtigten Ansprüchen entsprechende Forderung nach „analoger Evolution“ auf dem Boden des festzuhaltenden positiven Rechts, vgl. D. Blasius, *Konservative Sozialpolitik*, S. 487.

79 *AKM* 1886, S. 1322. Offensichtlich waren sich die Leser über diese Stoßrichtung gegen die ‘quietistische’ bzw. egoistische konservative Haltung durchaus im klaren, denn bereits wenige Jahre nach Gründung der *AKM* fiel ein nicht unerheblicher Teil dieser Konservativen wieder von der Zeitschrift ab, so daß die Schriftleitung monierte: „Vor selbständigen Ansichten, vor der Energie sittlicher und christlicher Grundsätze, vor einem Schwimmen gegen den Strom - hatten sie ein Grauen“, *AKM* 1896, S. 897.

80 *AKM* 1883/1, S. 2.

ve konservative Strömung und vor allem auf den *Liberalismus* zu beschreiben, führt vorläufig dazu, daß die eigene christlich-konservative Weltanschauung vergleichsweise unbeschrieben und unbegründet erscheint. Selbst die anzustrebenden Manifestationen dieses positiven Konservatismus erscheinen auf seltsam willkürliche Weise gefaßt[81].

In der Frage praktischer Manifestationen der konservativen Weltanschauung wird von Nathusius beispielsweise eine charakteristische Gewichtung des Verhältnisses von Rechten und Pflichten vorgenommen. Dabei legitimiert er seine Forderung pflichtgemäßen Handelns innerhalb des Gemeinwesens theologisch mit Hilfe des Schöpfungs- sowie des Opfergedankens. Der göttlich geordnete Rechte- und Pflichtenkatalog verlange die „stete Bereitschaft zu den höchsten Opfern"[82] innerhalb der verfaßten Gemeinschaft.

Dies bringt zugleich eine spezifische Fassung des Freiheitsbegriffs mit sich: Nathusius bewertet zwar das mit der Reformation gewonnene neue Verständnis des neuzeitlichen Persönlichkeits- und Freiheitsbegriffs positiv. Allerdings sieht er den reformatorischen Freiheitsbegriff infolge der durch die Aufklärungszeit initiierten politischen Freiheitsbestrebungen zur „absolute[n] Freiheit des Subjects"[83] übersteigert. Unter dieser Voraussetzung negiert Nathusius die schematisierende Auffassung, derzufolge die Konservativen ausschließlich erhaltend tätig sein wollten und die Liberalen als die eigentlichen Freiheitskämpfer zu gelten hätten, denn „leider hat sich die liberale Partei als ganze zu einer solchen herausgebildet, welche zu ihren Freiheiten auch die Freiheit von dem 'Gehorsam des Glaubens' rechnet"[84].

Freiheit im idealen Sinn gilt dagegen nur dort als erreicht, wo sie vom offenbarenden Willen Gottes her ihre Bestimmung erfahre und zur grundsätzlichen Beschränkung des handlungsleitenden Willens der autonomen Persönlichkeit zugunsten einer Integration des Subjekts in die kirchliche und politische „gliedliche Gemeinschaft"[85] führe. Und die konkrete Füllung des kon-

---

81 In diesem Zusammenhang ist daran zu erinnern, das K. E. Pollmann die protestantischen Weltanschauungskämpfe dieser Zeit generell „nicht unerheblich auf das Bedürfnis nach der Auseinandersetzung mit dem jeweiligen Weltanschauungsgegener [sic!]" zurückführt, *Weltanschauungskampf*, S. 78.

82 *AKM* 1880/1, S. 4.

83 *A. a. O.*, S. 7.

84 *AKM* 1886, S. 1213. Rudolph Sohm, dessen Abhandlungen zur Geschichte der christlichen Kirche in den Jahren 1886 und 1887 in insgesamt sechs ausführlichen Folgen in der *AKM* veröffentlicht wurden, formulierte im Rahmen der Darstellung des 19. Jahrhunderts in gleichem Sinn: „Die Aufklärung ist illiberal: sie vernichtet mit der Freiheit des religiösen Lebens und des Vereinslebens die wertvollsten Aeußerungen der Freiheit des Individuums", *AKM* 1887, S. 938.

85 *AKM* 1879, S. 5. Ein amerikanischer Rezensent bringt Nathusius' charakteristische Auffassung von Luthers Freiheitsbegriff auf den Punkt: „He [Luther, Th. S.] declared that the freedom of the gospel had nothing to do with freedom in social affairs. Yet he recognized that the progress of the gospel would promote freedom", G. D. Heuver, *The*

servativen Elements zeigt sich daran, daß dieser weltanschaulich geprägte Freiheitsbegriff für das politische Gemeinwesen vorrangige Bedeutung erlangen soll, oder wie Nathusius konstatiert: „Was bringt die demokratischste Republik von Freiheit gegen diese Theilnahme jedes Einzelnen an dem Gesammtwillen“[86]. Der formale Charakter des staatlichen Rechts wird auf der Grundlage des Wortes Gottes - das „einzig conservirende [ ] Element“[87] - zugunsten weltanschaulicher Positionalität durch dezidiert „materiales Recht“[88] überformt. Indem in Nathusius' Ansatz jedoch die Einrichtung und Aufrechterhaltung gottgewollter Lebensordnungen als Kampfmittel gegen die Durchsetzung der Sünde angesehen wird, droht die formalrechtliche Ausgestaltung der äußeren gesellschaftlichen und sozialen Verhältnisse in den Kampf der politischen Gegensätze hineingezogen zu werden. Ein Kampf, der durch die Überformung mit dem weltanschaulichen Gegensatz von Glauben und Unglauben, protestantischer Reformation und liberaler Revolution, stetig Brisanz zu gewinnen droht. Die Gefahr, die aus der Überformung politischer Einstellungen mit vermeintlich idealen Gehalten erwächst, droht auch bei der Frage nach der konkreten Partizipation am politischen Geschehen und deren legitimer Vermittlung mit der eigenen Glaubenshaltung.

Die Nähe zur politischen Vertretung der konservativen Anschauung wird von Nathusius keineswegs verschwiegen, vielmehr setzt er den neuen politisch konstatierbaren Aufschwung mit der Renaissance der - nicht flüchtig notierenden, sondern gründlich orientierenden[89] - *AKM* in Beziehung. Auch hier wird auf Kontinuität gesetzt, wenn v. Oertzen davon ausgeht, daß die Geschichte des eigenen Blattes während der letzten fünfzig Jahre fast gleichbedeutend mit der Geschichte der Konservativen Partei sei[90]. Man will sich als Organ der christlichen Partei im Land verstanden wissen, „einer Partei, die erst im Werden begriffen ist, die aber gerade kurz zuvor durch die Neuorganisation der Conservativen in der 'Deutschen conservativen Partei' einen erheblichen Fortschritt zu ihrer Verwirklichung gemacht hatte“[91].

American Journal of Theology II 1898, S. 936. Von daher muß Nipperdeys Typisierung der deutschen lutherischen Tradition im Fall von Nathusius eine differenzierende Aufnahme finden, wenn er festhält: „Die Spiritualität des Einzelnen, die Freiheit seines Gewissens, [...] mündete in eine Theologie nicht primär der Freiheit, sondern primär der Ordnung, in die altprotestantische Zuordnung der Christen und der Kirche in die Welt von Herrschaft und patriarchalischer Herrschaft“, *Religion im Umbruch*, S. 101.

86 *AKM* 1879, S. 5.

87 *AKM* 1881/1, S. 9.

88 *AKM* 1879, S. 8.

89 Vgl. *AKM* 1880/2, S. 290.

90 *AKM* 1883/1, S. 1.

91 *AKM* 1880/2, S. 294. Man hatte sich auch keineswegs gescheut, am 19. 7. 1876 den „Aufruf zur Bildung einer deutschen conservativen Partei“ im *VB* abzudrucken und dieses Ereignis als „ersten Schritt zur Sammlung der Gesinnungsgenossen in ganz Deutschland“ zu begrüßen, *VB* 1876, Sp. 466ff., hier 468.

Anläßlich des Rückblickes auf die ersten zehn Jahrgänge der *AKM* wird zwar negiert, daß man Sprachrohr für die Interessen der konservativen Parteirichtung sein wolle. V. Oertzen hebt das Bemühen der *AKM* um sachliches und leidenschaftliches Urteilen hervor und betont, daß die Zeitschrift sich bisher bewußt aus dem landläufigen Parteiengetriebe herausgehalten habe[92]. Unter dem Motto „j'aime le christianisme vivant, mais je ne l'aime pas agité" wird auch von Nathusius eine fundamentale Unterscheidung zwischen „lebendiger Thatkraft und propagandistischer Aufgeregtheit"[93] in die Debatte eingezogen. Allerdings ist bei ihm von dieser Unterscheidung her die Hoffnung auf die Entstehung einer „idealen christlichen Partei"[94], die sich im öffentlichen Leben mehr und mehr herausbilden möge, festzustellen. Aufgrund der eigenen idealen Zielsetzungen hält er es für möglich, im gleichen Atemzug von einer idealen Repräsentation dieser Interessen reden zu können!

So ist eine eigenartige Gemengelage zu konstatieren, wenn zwar einerseits die grundsätzliche Übereinstimmung mit der konservativen Anschauung und ihrer politischen Vertretung proklamiert wird, andererseits die Vermittlung der „ewigen Principien"[95] jenseits allen Parteienhaders vonstatten gehen soll und betont wird, in der *AKM* habe keine Partei durch die Jahre hindurch größeren Widerspruch erfahren als die konservative[96]. Daß diese Aussage eher auf große Solidarität mit konservativer Parteiumtriebigkeit als auf deren ernsthafte Infragestellung schließen läßt, wird daran deutlich, daß der Mitherausgeber v. Oertzen sich selbst - trotz der genannten guten Vorsätze - nicht einbildet, immer mit wahrer Unparteilichkeit ein Bild der Zeit gezeichnet zu haben[97] und die *AKM* nicht selten ein von besonderer Sympathie getragenes Augenmerk auf Erfolge und Aktivitäten der konservativen Parteirichtung wirft.

Für die konkrete Verwendung der konservativen Signatur bedeutet dies, daß es schließlich zur engen Verbindung zwischen christlicher Weltanschauung und konkreter politischer Form kommt, indem Nathusius die Deutsch-Konservative Partei als die Partei derer bezeichnet, die „das Vaterland conserviren, für Deutschland auch in der modernen Zeit deutsches Recht, deutsche Freiheit, deutsche Wissenschaft, deutsche Kunst, deutsche Sitte"[98] gewährleisten.

Indem Nathusius das Bild der erhofften Partei unter dem Signum des Idealen ausmalt, enthebt er aber das Wünschenswerte zugleich der konkreten

---

92 Vgl. *AKM* 1888, S. 1343.

93 *AKM* 1882/2, S. 218.

94 *AKM* 1879, S. 2.

95 D. v. Oertzen, *Ein Jubiläum 1843 - 1893*, *AKM* 1893/1, S. 5.

96 So D. v. Oertzen, vgl. *AKM* 1888, S. 1344.

97 Vgl. *a. a. O.*, S. 1343.

98 *AKM* 1881/1, S. 9.

Form bzw. negiert diese zugunsten des politisch und weltanschaulich gewünschten Inhaltes. Die Realität der politischen Partei des Konservatismus wird zugunsten ihrer materialen Zielvorstellungen als belanglos betrachtet, so daß parteipolitische Aktivitäten nur noch als Mittel zur Erfüllung eines höheren Zweckes fungieren. Indem Nathusius den Schauplatz unter dem Banner *konservativ* mit dem Ziel betritt, den Part des Vertreters exklusiver Wahrheit einzunehmen, macht er jegliche Möglichkeit für einen gleichberechtigten Dialog zwischen unterschiedlichen politisch-kulturellen Anschauungen und Interessen von Beginn an zunichte.

Die Überschau auf die biographischen Kontexte von Nathusius in der Zeit zwischen 1843 und 1888 sollte deutlich machen, daß Nathusius sich in einem Umfeld bewegte, das in besonderer Weise sowohl Orientierungen bot als auch zur eigenen Antwort auf diese Angebote herausforderte. Für alle frühen Lebenskontexte fällt auf, daß in ihnen die Vermittlungsfrage zwischen christlicher Glaubenshaltung und praktischer Lebensführung unmittelbar Gestalt gewann. Im Elternhaus, sogar in den beiden Elternteilen, sowie in der Gleichzeitigkeit von Erziehungsort und christlich-sozialem Betätigungsfeld manifestierte sich diese Vermittlungsfrage früh auf paradigmatische Weise. Es ist festzustellen, daß schon der scheinbar eng umgrenzte erste Lebenskontext in einem weit gespannten Zusammenhang mit politischen, sozialen und kirchlich-theologischen Dimensionen der damaligen Zeit stand. Die politisch-literarischen Kreise, in denen sich die Eltern Nathusius bewegten, die frühen sozialstaatlichen Regelungen, die unmittelbar auf die institutionalisierte Tätigkeit der Eltern Einfluß hatten, und schließlich die dezidiert kirchliche Prägung dieser Arbeit sorgten dafür, daß von Beginn an die Frage nach den größeren Zusammenhängen dieses Engagements im Raum stand. Dazu trug ebenfalls bei, daß bedeutende Personen des politischen und kirchlichen Lebens wie selbstverständlich im unmittelbaren Lebensbereich der Familie präsent waren. Dieser erste Lebenskontext sorgte dafür, daß sich die Interessen des Sohnes beinahe zwangsläufig auf größere Fragestellungen und Bereiche ausweiten sollten. Diese überregionale Konnotation christlicher Lebensführung gewann außerdem Gestalt in der publizistischen Tätigkeit der Eltern, durch die dem Sohn eine weitere Vermittlungsinstanz und Manifestation des größeren Zusammenhanges unmittelbar vor Augen geführt wurde.

Der Blick auf die theologische Studienzeit und die spätere eigene Zeit des Lehrens erlaubt ebenfalls die Feststellung, daß aus der Frage nach dem Zusammenhang von Glaubenshaltung und Lebensführung das wissenschaftliche Problem der adäquaten Vermittlung von biblischer Verkündigung und moderner Welterfahrung wurde. Nathusius galten die Orte theologischer Lehre vor allem als Orte, an denen die Suche nach Vermittlungsmöglichkeiten Erfolg zu versprechen schien. Nicht zufällig hoben Nathusius' eigene Studienberichte weit weniger auf einzelne materiale theologische Gehalte ab als auf die Frage, ob ihm die jeweiligen Vermittlungsinstanzen als Zeugen christlicher Authentizität gelten konnten. Die Vermittlungsfrage schien sich bereits ab diesem anfänglichen Wirken vornehmlich nur noch als 'Entweder-Oder'-Entscheidung konkretisieren zu können. Sie wurde eher im Rückgriff auf persönliche Erfahrungen als auf einem Weg wissenschaftlich-argumentativer Abwägung zu beantworten gesucht.

Im Zusammenhang seiner Beteiligung an der christlich-sozialen Arbeit, die für alle (!) folgenden Orte seines Wirkens zu konstatieren ist, wurden für den jungen Pastor erstmals vehement die Fragen aufgeworfen, die er später theologisch begründet zu beantworten suchte: Fragen nach dem eigentlichen Zweck der Armenpflege und Fürsorge, dem Zusammenhang von christlich-sittlicher Erziehung und wirtschaftlichem Wohlergehen, nach der Verbindung von Innerer Mission und kirchlicher Verortung, der sachlich angemessenen Verhältnisbestimmung von kirchlicher Arbeit und staatlicher Unterstützungstätigkeit bzw. der politischen Bedeutung dieser Tätigkeit angesichts der aufkommenden, als zutiefst unkirchlich wahrgenommenen, sozialdemokratischen Bewegung. Zur fundierten Beantwortung dieser Fragen konnte, wie gezeigt wurde, sowohl auf eigene Erfahrungen unmittelbar zurückgegriffen werden als auch auf das bereitstehende publizistische Instrumentarium - und Programm! Mit diesen grundlegenden Kontexterfahrungen ging jedoch ab dieser Zeit immer auch ihre systematische Aufarbeitung im Sinn einer tieferen theologischen Besinnung und Begründung einher. Denn für endgültig gelöst hielt Nathusius das Vermittlungsproblem offenbar noch keineswegs.

B. Das methodologische Programm

Bereits an Nathusius' früher publizistischer Tätigkeit wird erkennbar, daß seine Interessen und wohl auch bereits Ambitionen über das unmittelbare gemeindliche Umfeld und die pastorale Tätigkeit hinausgingen. Mit Beginn der siebziger Jahre kristallisieren sich nicht nur in seinen Stellungnahmen innerhalb der *AKM*, sondern auch in den umfassenden theologischen Abhandlungen bestimmte Themenkomplexe heraus, die teilweise über die nächsten fünfunddreißig Jahre hinweg immer wieder zur Sprache gebracht werden sollten. Auffallend und für die Beschäftigung eines Gemeindepfarrers nicht unbedingt üblich, ist die von Beginn an intensiv bearbeitete Frage nach der „Theologie als Wissenschaft", der Verortung theologischer Fakultäten im Kontext der staatlichen Universitäten sowie seine Behandlung der Anfragen an die Theologie und Kirche bezüglich einer gesellschaftsrelevanten, zeitgemäßen Partizipationsstrategie. Wenn sich auch eigentlich naheliegende Äußerungen zur pastoraltheologischen Praxis bis Anfang der neunziger Jahre selten finden, ist festzustellen, daß sich seine Auseinandersetzung mit der wissenschaftlichen Theologie in hohem Maß als praxisorientiert präsentiert: Theologische Theoriebildung will kein Selbstzweck sein und wird daher, nicht nur in den Frühschriften, schwerpunktmäßig von ihrem handlungsleitenden Charakter her konzipiert.

Die Auseinandersetzung mit exegetischen Fragen scheint hingegen mit dem Abschluß des Studiums vorläufig stillgelegt worden zu sein. Neben seiner umfangreichen chronistischen und essayistischen Tätigkeit zeigt sich Nathusius bereits von seinen frühen Schriften an in hohem Maß als systematischer Theologe, der die Möglichkeit einer authentischen christlichen Lebensführung sowie deren Gesellschaftsrelevanz nun auch wissenschaftlich erweisen will.

1. Diagnostische Voraussetzungen

Eine Scharnierfunktion zwischen dem eigenen Studium und der kirchlichen Tätigkeit sowie zwischen Theorie und Praxis generell stellt Nathusius' 1881 erschienene Schrift *Timotheus. Ein Rathgeber für junge Theologen in Bildern aus dem Leben* dar. In dieser Abhandlung wird seine, für die Frühschriften charakteristische Wahrnehmung bzw. Diagnose der kirchlichen und gesellschaftlichen Lage der Zeit erkennbar.

Die Warnung des Paulus vor den falschen Gesetzeslehrern gegenüber seinem Schüler Timotheus, „die der Schrift Meister sein wollen und verstehen nicht was sie sagen oder was sie setzen"[99], soll als bewußte Analogie zu Nathusius' Kritik an der gegenwärtigen Praxis wissenschaftlicher Theologie verstanden werden. In explizit zeugnishafter Absicht ergeht die vehemente und umfassende Anklage des Quedlinburger Pastors gegen die Arbeit der theologischen Fakultäten, die - unter dem Banne glänzender Wissenschaftlichkeit - der „Originalität und Kraft des Gotteswortes und des Glaubens Abbruch thut"[100], sowie gegen die Kirchenregimenter und selbst die Gläubigen, „daß sie dieser wichtigen Aufgabe [der Vermittlung richtiger theologischer Wissenschaft, Th. S.] die Theilnahme versagen"[101]. Der Theologie wird ein grundlegend falsches Verständnis von Wissen und Wissenschaft vorgewor-

---

99 In Aufnahme von 1. Tim. 1,7, *Timotheus*, S. 41. Vgl. auch eine seiner letzten Schriften *Ueber die Bedeutung christlicher Erkenntnis* 1903, in der er nochmals auf die „falsche Lehre" zu sprechen kommt. Paulus habe in den Briefen an Timotheus und Titus „vor der falschberühmten Kunst, mit welchen Worten Luther das Wort Gnosis übersetzt", gewarnt, *a. a. O.*, S. 4. Bereits dieser Verweis vermag die noch zu belegende These unterstützen, daß im *Timotheus* eine der vielen systematischen Kontinuitätslinien der Nathusius'schen Theologie einsetzt.

100 *Timotheus*, S. 6.

101 *A. a. O.*, S. 7.

fen, das nicht weniger als den *Verlust innerer Gewißheit* bei den Theologen bewirke. Statt dessen fordert Nathusius im Sinn der Theologie als *habitus practicus* eine Theologenausbildung im Lichte umfassender kirchlicher und moralischer Erneuerung aus paulinischem Geist: keine echte Theologie ohne persönliches sittliches Streben des theologischen Lehrers und Schülers, Ganzheitserfahrung statt alles zerstückelnder intellektualistischer Schrift- und Kirchenkritik. Dies schließt notwendigerweise die Forderung nach *gegenwarts*bezogener kirchlicher Verkündigung ein: „Die Kirche hat für ihr Wortzeugniß an die Welt die Sprache, welche sie in der Gegenwart reden muß, noch nicht gefunden“[102].

Diese Forderung nach einer epochal neuen Hinwendung zum christlichen Glauben wird zwar bereits im Rahmen des *Timotheus* erstmals andeutungsweise konkretisiert. Das Plädoyer für einen theologischen, kirchlichen und gesellschaftlichen Aufbruch entfaltet Nathusius aber vor allem in seinem wenige Jahre später erscheinenden und breit angelegten Werk *Das Wesen der Wissenschaft und ihre Anwendung auf die Religion. Empirische Grundlegung für die theologische Methodologie* (*WdW*). In dieser 1885 veröffentlichten methodologischen Untersuchung zur Frage der wissenschaftlichen Behandlung der Religion[103] tritt der zeugnishafte Charakter sowie die bildhafte

---

[102] *A. a. O.*, S. 6. Inwiefern sich mit dieser Forderung nach Gegenwartsbezogenheit tatsächlich ein Aufruf zu einer zeitgemäßen Theologie verbindet, und nach welchen Kriterien Nathusius dann die Frage der Zeitgemäßheit entscheidet, wird noch zu klären sein. Jedenfalls werden die Probleme, die sich durch Nathusius' Forderungen auftun, von den Rezensenten sogleich erkannt: K. Koehler sieht die Gefahr, dem Theologen auf diese Weise „im Namen der Frömmigkeit das Opfer des Wahrheitssinnes“ zuzumuten, *ThLZ* 1881, Sp. 195.
Aus diesen gegenwartsdiagnostischen Bemerkungen erwächst ferner Nathusius' Bestreben, durch vielfache Veröffentlichungen eigener Predigten ein materiales Gegenkonzept zu dieser als defizitär eingeschätzten wissenschaftlichen Theologie zu präsentieren sowie neu erscheinende Predigtbände in der *AKM* regelmäßig insbesondere im Fragehorizont der Zeitgemäßheit und „Volkstümlichkeit“ zu besprechen.

[103] Die Erörterung von Nathusius' frühen, grundlegenden Schriften und Äußerungen hat ihr Schwergewicht auf der Behandlung dieses methodologischen Hauptwerkes. Die Erörterung der publizistischen 'Frühphase' erfolgt mit Hilfe einer systematischen Gliederung, welche sich wiederum aus der Herausarbeitung von fünf, den m. E. für das *Hauptwerk* charakteristischen Zentralbegriffen *Einheitlichkeit - Tradition - Erfahrung - Absolutheit - Praxis* ergibt. Hinter der Gliederung steht meine These, daß diese Begriffe nicht nur Hauptaspekte des *WdW* sind, sondern zugleich als Interpretationsraster hinsichtlich der frühen Schriften dienen können. Von der Behandlung des *WdW* aus soll dann die Einordnung des Werkes sowohl in die zeitgenössischen, thematisch naheliegenden Debatten als auch in den Gesamtkanon von Nathusius' Schriften erfolgen. Das *WdW* ist folgendermaßen gegliedert: I. Das Wesen der Wissenschaft. 1. Kap.: Abgrenzung der Aufgabe und des dabei zu beobachtenden empirischen Verfahrens (S. 15-31); 2. Kap.: Das Verfahren der Wissenschaft (S. 32-100); 3. Kap.: Die Gewißheit der Wissenschaft (S. 101-176); 4. Kap.: Die Grenzen der Wissenschaft (S. 177-231). II. Grundlinien für die wissenschaftliche Behandlung der Religion. 1. Kap.: Abgrenzung der Aufgabe und des

Sprache des *Timotheus* zugunsten der Absicht des seriösen wissenschaftlichen Dialoges erkennbar zurück.

Obgleich die umfangreiche Methodologie im Modus einer *religionsphilosophischen* und dabei dezidiert *religionswissenschaftlichen* Abhandlung präsentiert wird, will Nathusius sie nicht unabhängig von den kirchlichen und theologischen Zeitläuften verstanden wissen, worauf bereits die einleitenden Passagen hinweisen. Wie innerhalb des *Timotheus* wird in diagnostischer Absicht auf die aktuelle gesellschaftliche und religiöse Lage rekurriert. Die *Diagnose* ist dabei einerseits deutlich negativ konnotiert: „Die Übelstände der Zeit in kirchlicher und sittlich-religiöser Beziehung im Gegensatz zu einer pietätsvolleren Gesinnung bei den Vorfahren hier darzulegen, hieße Wasser in das Meer tragen“[104]. Andererseits wird auf eine am Horizont aufscheinende neue religiöse Lebendigkeit hingewiesen und das baldige Ende der gegenwärtigen *religionskritischen* Epoche prognostiziert. Diese Lebendigkeit umgreife jetzt, selbst gegen den herrschenden „Zeitgeist“, die „Gebildeten unter ihren Verächtern“[105]. Dem *WdW* liegt zum einen die Diagnose einer grundsätzlich vorherrschenden Infragestellung der Religion[106] zugrunde, zum anderen zeigt sich, was die Bedeutung und Zukunft von Religion angeht, eine prinzipiell optimistische Einstellung.

Im Anschluß an diese als ambivalent wahrgenommene religiöse Lage zielt Nathusius darauf ab, das konstatierte Phänomen des sich abzeichnenden religiösen Umschwungs von einer *wissenschaftlich begründeten*, allgemein zustimmungsfähigen Basis her zu interpretieren. Die wiedererstarkende, bis dato vor allem subkutan vorhandene *öffentliche Bedeutung* der Religion soll dadurch explizit gemacht werden, daß deren *Relevanz* wissenschaftlich aufgezeigt und geklärt werden soll. So will er zugleich in apologetischer Absicht zur Festigung eines neuen Erscheinungsbildes von Religion sowie derjenigen Instanzen beitragen, unter deren Dach Religion öffentlich wird. Mit dem angestrebten Erweis der Wissenschaftsfähigkeit von Religion soll zugleich die Relevanz der Religion nicht mehr auf nur einige Personengruppen oder Gebiete beschränkt bleiben, sondern deren umfassende Gestaltungskompetenz herausgearbeitet werden. Religion soll auf einem wissenschaftlich anerkannten Boden zu stehen kommen, „auf welchem sie in dem gesamten Aufbau des

Verfahrens (S. 235-248); 2. Kap.: Allgemeine Grundsätze über die Anwendung der Wissenschaft auf die Religion (S. 249-319); 3. Kap.: Der Betrieb der Religionswissenschaft in der kirchlich-theologischen Fakultät (S. 320-411); 4. Kap.: System der theologischen Encyklopädie (S. 412-446).

104 *WdW*, S. 2.

105 *A. a. O.*, S. 5.

106 Inwiefern Nathusius hierbei ausschließlich oder primär die christliche Religion im Blickfeld hat, wird sich hinsichtlich seiner Anwendung des wissenschaftlichen Verfahrens auf das Gebiet der Religion verdeutlichen lassen.

geistigen Lebens der Menschheit ihre gebührende Stellung einnimmt“[107]. Denn nur wenn „die Begriffsbildung innerhalb ihres Gebietes eine möglichst sachgemäße und gesunde wird“[108], läßt sich Nathusius’ Meinung nach die praktische und kulturelle Relevanz der Religion wissenschaftlich erweisen.

Abgewehrt wird jedoch der Gedanke, daß anhand einer wissenschaftlichen Erörterung des Begriffs und der Erscheinung von Religion deren ‘Lebenskraft’ selbst wissenschaftlich erwiesen oder vice versa widerlegt werden könnte. Da Nathusius zufolge Erscheinungen und Epochen des religiösen Lebens ihren Ursprung nicht der Erfindung neuer wissenschaftlicher Formeln, Begriffe oder Theorien verdanken, sondern ihr Quell „in der Tiefe des religiösen Geistes selbst“[109] entspringt, unterscheide sich die *wissenschaftliche* Behandlung der Religion von der Frage nach den *Erscheinungen des religiösen Lebens* und der jeweiligen individuellen Religiosität fundamental.

Dahinter steht seine These, daß Wissenschaft generell niemals mit ihrem Gegenstand in eins gesetzt werden kann und keine erzeugende Kraft im Blick auf die Phänomene des *religiösen* Bewußtseins, das er zugleich als *moralisches* Bewußtsein faßt, innehat. Daraus leitet er die Grundregel ab, daß eine wissenschaftliche Behandlung generell „sich eine souveräne Macht über ihren Gegenstand nicht einbilden darf, so daß sie nicht schaffend und Gesetze gebend vorzugehen hat, sondern suchend, um die dem Gegenstande innewohnenden Gesetze und dadurch ihn selbst in seinem eigentümlichen Leben zu erkennen“[110]. In Aufnahme grundsätzlicher Erwägungen Wilhelm von Humboldts zu den Aufgaben der *Geschichtswissenschaft* hebt er hervor, daß der *ursächliche Zusammenhang*, der allen einzelnen geschichtlichen Geschehnissen und Ereignissen ihre jeweilige Gestalt und Prägekraft gibt, als der „unsichtbare Teil einer jeden Thatsache“[111] angesehen bzw. anerkannt werden

---

[107] *A. a. O.*, S. 11.

[108] *Ebd.*

[109] *A. a. O.*, S. 7.

[110] *A. a. O.*, S. 41.

[111] *A. a. O.*, S. 83. W. v. Humboldts wissenschaftstheoretische Grundentscheidungen, wie dieser sie in seiner Abhandlung *Über die Aufgabe des Geschichtsschreibers* (1822) für den Bereich der historischen Forschung expliziert hatte, dienen Nathusius als Muster für die eigene Zugangsweise zur Erörterung des Begriffs und der Erscheinung von Religion. Mit dem Rekurs auf W. v. Humboldt bekennt Nathusius sich zugleich zu dem Komplex einer ganzen Wissenschaftstradition mitsamt deren ausgeformtem Bildungsideal. Diese mit dem Namen Humboldt verknüpfte Tradition ist - bei aller einzelwissenschaftlichen Ausdifferenzierung - von der Überzeugung eines geordneten Weltganzen getragen und betont von dieser Überzeugung aus die Einheitlichkeit der wesentlichen Bildungsinhalte sowie die Ganzheit des Bildungskanons. Die Erfassung dieser Bildungsinhalte wird ihrerseits nur vom Boden individueller und damit freier Forschungstätigkeit aus als möglich erachtet, vgl. etwa E. Kessel, *Idee und Wirklichkeit*. Humboldts hier angeführte Schrift gilt zugleich als einer der charakteristischen Belege für den klassischen idealistischen Historismus: Die Überzeugung eines geordneten Weltganzen steht in Zusammenhang mit einem Verständnis von Geschichte, das diese als Reich der Zwecke, Sinnbil-

muß. Denn gerade dieser Zusammenhang, auf dem die *innere Wahrheit* der einzelnen Tatsachen beruht, bleibt der wissenschaftlichen Beobachtung und Darstellung entzogen.

Festzustellen ist, daß Nathusius das *WdW* explizit nicht als erkenntnistheoretisch ausgerichtete Untersuchung verstanden wissen will, und so entzieht er seine methodologische Untersuchung bewußt der Eingruppierung in die Gattung des gängigen erkenntnistheoretischen Schrifttums seiner Zeit. Konkret nimmt seine folgende Darlegung ihren Ausgangspunkt nicht in der Eruierung oder Erörterung philosophischer Voraussetzungen, sondern beginnt mit Lehnsätzen aus der empirischen Psychologie und biblischen Theologie[112].

Wie der Verweis auf W. v. Humboldt zeigt, will Nathusius mit diesem wissenschaftstheoretischen Programm nicht nur zu einem allgemein zustimmungsfähigen Begriff von Religion gelangen, sondern zugleich wird der Anspruch auf einen Allgemeinbegriff von Wissenschaft erhoben. Die Frage nach dem *Wesen der Wissenschaft* ist gleichbedeutend mit der Suche nach dem einen Fundament aller Wissenschaftsdisziplinen. Dem *Begriff des Wesens* der Wissenschaft will er sich von der Frage der *Methode* der Wissenschaft aus nähern. Diese Vorgehensweise hält er deshalb für angemessen, da für alle Wissenschaftsdisziplinen ein *gemeinsamer methodischer Zugang* zum Allgemeinbegriff der Wissenschaft anzunehmen sei. Den Zielpunkt seiner Untersuchung erblickt Nathusius darin, durch eine „Umschau auf den verschiedenen Gebieten des Wissens“[113] und bedeutsamen Wissenschaftszweigen deren gemeinsamen Begriff der *Methode* zu eruieren.

In diesem Zusammenhang taucht die Vorstellung auf, daß prinzipiell nur eine empirisch ausgerichtete Wissenschaft zur Überwindung ungesicherter und zweifelhafter Ergebnisse führen kann, weil sie allein jenseits aller bloßen Vermutungen nach tatsächlich Feststellbarem forscht: „Es handelt sich darum, ob die Wissenschaft an dem Prädikate der Irrtumslosigkeit festhalten

---

dungen und „Ideen“ (W. v. Humboldt, *a. a. O.*, S. 601) begreift. Es wird zu zeigen sein, inwiefern sich Nathusius durch den Rückgriff auf W. v. Humboldt die Grundkonzeption dieses klassischen Historismus zu eigen macht, vgl. zur Begriffsgeschichte und Debatte auch V. Steenblock, *Transformationen*, S. 22ff., O. G. Oexle, *»Historismus«,* A. Wittkau, *Historismus*, S. 25ff. sowie M. Murrmann-Kahl, *Die entzauberte Heilsgeschichte*, S. 75ff.

112 Vgl. *WdW*, S. 395. Dieser vermeintliche Verzicht auf eine philosophisch fundierte Erkenntnistheorie stößt bei J. Gottschick in seiner Rezension des *WdW* auf Kritik, dies aber nicht aus dem Grund, weil Nathusius etwa auf Erkenntnistheorie verzichtet habe, sondern weil er sich auf anderem Weg und unter der Hand „ein ganzes metaphysisches System aneignet“, wie Gottschick ihm vorwirft, *ThLZ* 1886, Sp. 181. Diesen Vorwurf gilt es im Verlauf der folgenden Behandlung des *WdW* im Auge zu behalten und auf seine Richtigkeit hin zu überprüfen.

113 *WdW*, S. 10.

soll. Giebt sie diesen Anspruch auf, so kann sie sich natürlich in das Unbegrenzte erheben und alle möglichen Phantastereien aufnehmen“[114].

Im folgenden ist zu untersuchen, in welcher Weise Nathusius zu einem einheitlichen Begriff von Wissenschaft gelangt und auf welcher Grundlage er von einer solchen Einheitlichkeit - und damit der Lösbarkeit der Aufgabe - überhaupt ausgehen kann (2. 1. Die Aufgabe). Im Anschluß daran ist zu klären, wie sich die angestrebte empirische Ausrichtung der Wissenschaft manifestiert (2. 2. Das Verfahren). Dies führt darauffolgend zur Behandlung der Frage, wie von dort aus zur spezifisch wissenschaftlichen Erörterung von Religion fortgeschritten wird (2. 3. Die Anwendung). Schließlich wird zu überprüfen sein, welche Konsequenzen dies für die Vermittlung von Theorie und Praxis zeitigt (2. 4. Praktische Konsequenzen).

2. Explikation

2. 1. Die Aufgabe

2. 1. 1. *Einheitlichkeit*: Die einheitliche Disziplin und der einheitliche Untersuchungsgegenstand

Die Antwortstrategie, die Nathusius im *WdW* vorlegt, beginnt mit der Beschreibung des zu (unter)suchenden *Gegenstands*. Diese eröffnet Nathusius mit einer Charakterisierung der zeitgenössischen Wissenschaft, ihrer theoretischen Verankerung und universitär-gesellschaftlichen Verortung. Abermals macht er eine zeitdiagnostische Beobachtung zum Ausgangspunkt: „Die Wissenschaft läuft Gefahr, sich selbst zu verlieren, da sie ihre Einheit verloren hat“[115]. Wie am deutlichsten - und seiner Ansicht nach am bedenklichsten - die theologischen Diskussionen unter den Überschriften „Empirische oder rationale Erkenntnis?“ bzw. „Spekulative Methode oder Erfahrungswissenschaft?“[116] zeigen, ist sich die zeitgenössische Wissenschaft über ihren eigenen Begriff nicht einig, womit die Möglichkeit einheitlicher wissenschaftlicher Methodologie verschlossen zu sein scheint. Vor dem Hintergrund der Humboldtschen Konzeption und unter Bezug auf den eigenen Berliner Lehrer Trendelenburg bemüht sich Nathusius, die „Vorstellung eines Ganzen des menschlichen Wissens und eines letzten Grundes für die Einheit der zerstreuten Teile des Seins“[117] näher zu beschreiben. Von Trendelenburg aus sieht er bestätigt, daß selbst die vorhandenen philosophischen Systeme über keinen

---

[114] *A. a. O.*, S. 152.
[115] *A. a. O.*, S. 10.
[116] *Ebd.*
[117] *A. a. O.*, S. 96f.

anerkannten Gemeinbesitz mehr verfügen[118]. Somit lassen auch die gegenwärtigen Mängel der philosophischen Disziplin die Aufgabe und das Ziel neuer Vollständigkeit allen wissenschaftlichen Arbeitens als gerechtfertigt und notwendig erscheinen[119].

Die Forderung nach einem neuen übereinstimmenden Begriff der wissenschaftlichen *Methode*[120] kann von Nathusius nur erhoben werden, weil er die gegenwärtige Uneinheitlichkeit der wissenschaftlichen Disziplinen nicht auf die wissenschaftliche Methode selbst, sondern auf die Zerfahrenheit der jeweiligen methodischen *Anschauungen* der einzelnen Wissenschaftsdisziplinen[121] zurückführt. Nathusius fordert nicht zur Entwicklung einer völlig neuen Wissenschaftstradition auf, sondern zur Erinnerung an den früheren gemeinsamen *Inhalt* aller Wissenschaften.

Schon in *formaler* Hinsicht wird von ihm das Fehlen eines *einheitlichen Maßstabes* beklagt, „der auf dem einen Gebiete, also z. B. dem der Religion,

---

[118] Vgl. *a. a. O.*, S. 18. Er rekurriert dabei auf Trendelenburgs *Logische Untersuchungen* (1840), auf die er sich insgesamt in ausgiebigem Maße in der Frage der Bewertung des empirischen Verfahrens gegenüber der spekulativen Methode bezieht, vgl. auch *WdW*, S. 21, S. 27, S. 115. Es steht zu vermuten, daß die konstruktive Aufnahme Trendelenburgs, wie sie im *WdW* vorliegt, nicht unerheblich auf die persönlichen Studienerlebnisse von Nathusius in Berlin zurückzuführen ist. Hieran kann belegt werden, daß der Bezug auf die zu erläuternde Wissenschaftstradition, von der bereits gesprochen wurde und in die Nathusius sich stellt, keinesfalls unabhängig vom Aspekt *biographischer Erfahrungen* erklärt werden kann.

[119] Vgl. *a. a. O.*, S. 34.

[120] Eine klare Unterscheidung zwischen wissenschaftlicher *Methode* und wissenschaftlichem *Arbeiten* vollzieht Nathusius nicht. Im Unterschied zu dieser Unklarheit erfährt allerdings die Rede vom *Begriff* der Wissenschaft eine spezifische Verwendung, indem Nathusius formuliert, daß es ihm in vorliegender Untersuchung nicht um die Erhebung des Begriffs der Wissenschaft, sondern um die Frage nach der Methode geht. Allerdings wird, wie das Folgende zeigen soll, für die Frage nach der Methode dann doch wiederum implizit ein bestimmter Begriff von Wissenschaft vorausgesetzt, so daß diese Unterscheidung ohne Zweifel zu relativieren ist. D. h. explizit soll eine spekulative Begriffsklärung im Hegelschen Sinn vermieden werden, zugleich strebt Nathusius jedoch ebenfalls nach der Herausarbeitung eines materialen Allgemeinbegriffs.

[121] An einigen wenigen Stellen wird diese Differenzierung von Nathusius anhand der Unterscheidung zwischen (richtiger genereller) *Methode* und (gegenwärtig zerfahrener defizitärer) *Methodik* veranschaulicht (vgl. etwa *a. a. O.*, S. 9, 10, 28), meistens jedoch die *Methode* entweder als *falsch* oder *richtig* signiert. Daß er sich den Ausdruck der *Methodik* nicht zu eigen macht, erklärt Nathusius grundsätzlich damit, daß alle Bezeichnungen mit der Endung -ik bzw. -tik die illegitime Spezialisierung in atomisierte Einzeldisziplinen zum Vorschein brächten und damit unwissenschaftlichen Charakter trügen. Dies wird später im Rahmen seines wirtschaftsethischen Programms Anwendung auf den Terminus der Nationalökonomik, im Zusammenhang der praktischen Theologie auf die Einzeldisziplinen wie Homiletik, Liturgik oder Poimenik Anwendung finden, vgl. dazu V. Drehsen, *Neuzeitliche Konstitutionsbedingungen*, S. 25. Angemerkt sei hier nur, daß der Nationalökonom B. Schefold seine aktuellen Betrachtungen zur Frage normativer Integration der Einzeldisziplinen mit einer Diagnose unter der Überschrift „Der Zustand der Zersplitterung" beginnt (!), vgl. *Wirtschaftsstile I*, S. 59.

angelegt, auch von den Vertretern der andern Gebiete, der Natur, Geschichte etc. als wissenschaftlich anerkannt wird"[122]. Die Suche nach einem einheitlichen Verständnis des wissenschaftlichen Arbeitens und damit des Wissenschaftsbegriffs will er als Suche nach einem Gerüst, das auf den verschiedenen Gebieten in gleichartiger Weise zur Anwendung kommt, verstanden wissen. In *inhaltlichem* Sinn soll diese Einheit von dem Gedanken aus hergestellt werden, daß „alle Zweige der Wissenschaft 'gewußte Dinge' enthalten und sich dem Zweck gemäß gestalten: wirkliches Wissen zu produzieren"[123]. Diesem Gedanken liegt die Prämisse zugrunde, daß die Seele der Wissenschaft im Streben nach *Wahrheit* besteht[124]. Die Möglichkeit, einen einheitlichen Begriff der wissenschaftlichen Methode zu eruieren, ergibt sich, wenn in den Fragestellungen der einzelnen Wissenschaftsdisziplinen das Thema eines *gemeinsamen Inhaltes* und einer *einheitlichen Zielsetzung* präsent gemacht werden kann. Dies sieht er als die eigentliche Zielsetzung des *WdW* an.

2. 1. 2. *Tradition*: Die bisherige und die gegenwärtige Religionskritik

Der Anlauf zu den Kernpunkten seiner Untersuchung weist darauf hin, daß Nathusius seinen konzeptionellen Versuch in hohem Maß in die Diskussionslage seiner Zeit einzuordnen bestrebt ist. Schon für die Aufgabenstellung fällt der ausgeprägte Rückbezug auf Wissenschafts- und Lehrtraditionen der unmittelbar vergangenen und gegenwärtigen Zeit auf, wobei sein *Rückgriff auf Tradition* mit Hilfe eines *Entweder-Oder-Rasters* erfolgt. Seine Wahrnehmung und Verwendung diverser Traditionselemente und -argumente geschieht in den meisten Fällen entweder in *positiv-aufnehmender* oder in *negativ-ablehnender* Weise. Seine Rezeption der Tradition geht insofern über eine beliebig eklektische Verwendung diverser Grundanschauungen, die für das eigene Wirken fruchtbar gemacht werden können, hinaus. Er entwickelt ein Bild von *Tradition*, wonach diese einen positiv-integrierbaren und einen negativ zu kritisierenden Strang enthält. Seiner Rezeption liegt ein Verständnis von Tradition zugrunde, wonach diese sich doppelpolig bzw. sogar dualistisch ausgebildet habe und sich immer wieder in dieser doppelten Gestalt ausforme. Die für Nathusius in Anschlag gebrachte Hermeneutik des Kampfes zweier Weltanschauungen findet jetzt also ihre methodologische Manifestation. Die für das *WdW* formulierte Aufgabenstellung zeigt, daß die *Rezeption von Tradition*, von der aus die eigenen Anschauungen entwickelt werden sollen, permanent der Signierung beider Pole sowie der eigenen Positionierung angesichts dieser Pole dient. Die vorliegende wissenschaftliche Untersu-

---

[122] *WdW*, S. 28.

[123] *Ebd.*

[124] Vgl. *a. a. O.*, S. 207.

chung steht selbst damit auf dem Gefechtsfeld des weltanschaulichen Kampfes!

Diese hermeneutische Vorentscheidung läßt den doppelseitigen *Rekurs auf Tradition* als Untermauerung dieser dualistischen (Welt-)Anschauung erscheinen. Auch hier kann in Übertragung festgestellt werden: Nur aufgrund der vorhandenen Negativfolie gilt der weltanschauliche Kampf als führbar. Möglicherweise dient die Fortsetzung dieses Kampfes mit anderen (wissenschaftlichen) Mitteln sogar der Vermeidung des Kampfendes. Es wird zu fragen sein, ob diese Rezeption der fruchtbaren Auseinandersetzung mit den unterschiedlichen Wissenschaftstraditionen oder aber der Vergewisserung des eigenen für richtig und wahr gehaltenen Standpunktes nützen soll. In jedem Fall ist schon an dieser Stelle unverkennbar, daß hinter der von Nathusius vermeintlich rein wissenschaftlich geführten Debatte de facto nicht nur wissenschaftliche Voraussetzungen, sondern weltanschauliche und davon nicht zu trennende politische Überzeugungen ihren Platz beanspruchen.

Der geradezu standardisierte Umgang mit den jeweiligen Traditionssträngen läßt sich im vorliegenden methodologischen Werk hinsichtlich der Aufgabenbeschreibung, in bezug auf die Erarbeitung des adäquaten wissenschaftlichen Verfahrens sowie hinsichtlich der wissenschaftlichen und religiösen Gewißheitsfrage konkret nachweisen.

Für die formulierte Aufgabenstellung ist bedeutsam, daß durch die Erschließung von wissenschaftlicher *Methode* und ihrem *inhaltlichen 'Gegenstand'* nicht nur die Bedeutung der Religion herausgestellt wird, sondern die epochalen Auswirkungen der Religionskritik anvisiert werden. Der Behandlung dieses Aspekts liegt die doppelte Intention zugrunde, sich einerseits mit der wissenschaftlich verankerten Kritik der Religion auseinanderzusetzen, andererseits das Faktum der Religionskritik zur Negativfolie für die eigene Konzeption des Religionsbegriffs zu machen.

Wenngleich zu Beginn des *WdW* noch keine explizite Auseinandersetzung mit Vertretern der Religionskritik geführt wird, nennt Nathusius doch bereits im Rahmen der in kritischer Absicht geführten Diagnose der kirchlichen und kulturellen Lage die dafür vermeintlich verantwortlichen Namen und Traditionselemente. Den Beginn neuzeitlicher epochaler Religionskritik macht Nathusius an Kant fest, der der Überzeugung Bahn gebrochen habe, daß das öffentliche Leben und die darin geltenden Mächte nur auf die Moral Beziehung und Rücksicht zu nehmen hätten, „nicht auf eine von dieser irgendwie unabhängige Religion“[125]. Diese religionsunabhängige Lebens- und Weltanschauung hat Nathusius zufolge unter dem wachsenden Einfluß der Philosophie nicht nur die Fundamente wissenschaftlichen Denkens verändert, sondern sich auch auf die konkreten ethischen Fragestellungen ausgewirkt. Dies sei geschehen, indem Kant und Fichte verlangt hätten, „daß die Wissenschaft

---

125 *A. a. O.*, S. 2.

rein aus sich selbst und um ihrer selbst willen, mit vollständigem Absehen von den Bedürfnissen des praktischen Lebens getrieben werde, - nur nach Maßgabe der der absoluten Vernunft innewohnenden Gesetze“[126].

Im Zusammenhang der Frage nach den Ursprüngen der Religionskritik macht Nathusius die Denkform vernunftgemäßer Abstraktion für die Verkennung der *praktischen* Bedeutung der Religion verantwortlich. Im Umkehrschluß bedeutet dies für die Aufgabenstellung seiner eigenen Untersuchung, daß die philosophische Religionskritik von vornherein auf einer Ebene abgehandelt werden muß, die von derjenigen, auf der die Kantische Kritik angesiedelt ist, fundamental unterschieden sein will, da der *Gegenstand* der eigenen Untersuchung für die Vernunfterkenntnis unerreichbar ist. Das *WdW* kann somit nicht als Beitrag zu einer erkenntnistheoretischen Auseinandersetzung mit den theoretischen philosophischen Entwürfen der vergangenen einhundert Jahre verstanden werden, da der entscheidende Punkt der Frage nach dem *Gegenstand* der Wissenschaft die Erörterung der *praktischen, lebensnahen Relevanz* jeglicher Wissenschaft ist. Entscheidend ist daher für Nathusius, wenn man so formulieren will, nicht die Frage nach der *Begründungs*leistung, sondern nach der Begründungs*leistung*.

2. 1. 3. *Erfahrung*: Die empirische Methode

Aufgrund der beiden Forderungen, einerseits eine einheitliche wissenschaftliche *Methode* und ihren *inhaltlichen Gegenstand* zu eruieren, andererseits die *praktische Relevanz* jeglicher wissenschaftlichen Disziplin herauszustellen, erfolgt die Konzentration auf die empirische Methode bzw. deren Favorisierung gegenüber der spekulativen Methode, die die philosophische Art der wissenschaftlichen Beweisführung auszeichne. Die doppelte Rezeption negativer und positiver Tradition wird in bezug auf die möglichen wissenschaftlichen Methoden in die Alternativen *Spekulation oder Empirie* bzw. *Deduktion oder Induktion* bzw. *Synthese oder Analyse* aufgefächert: „Es gibt zwei verschiedene Betrachtungsweisen je nach dem Ausgangspunkt, welchen das Denken nimmt, um zur Erkenntnis einer Sache zu gelangen. Man sucht entweder aus dem Ganzen das Einzelne zu erkennen, indem man die Idee des Ganzen, den Gedanken, welcher die Teile beherrscht, zu entwickeln strebt.

[126] *A. a. O.*, S. 41. Nathusius bezieht sich in der Auseinandersetzung mit Kant explizit auf den *Streit der Fakultäten*, die *Prolegomena* sowie die *Metaphysik der Sitten*. Hinsichtlich dieser Verwendung mit vielfachen expliziten Belegen der genannten Werke sowie einer Vielzahl von Querverweisen auf Kants Schriften ist davon auszugehen, daß er diese tatsächlich intensiv zur Kenntnis genommen und sich in bezug auf die Rezeption Kants ein umfassendes Bild gemacht hat. Dies kann nicht gelten für seine Rezeption des fast beiläufig erwähnten J. G. Fichte und dessen nur punktuell angeführte Schriften *Störung der akademischen Freiheit* und *Deducierter Plan*.

Dies ist die eigentlich philosophische Betrachtungsweise. [...] Die entgegengesetzte Weise hebt mit der Betrachtung der einzelnen Teile an, sucht in den einzelnen Gegenständen oder Thatsachen, die wir wahrnehmen, nachdem sie erkannt sind, die Fäden auf, die zu einem zusammenhängenden Ganzen zu führen scheinen. Jenes heißt die synthetische, dieses die analytische Methode"[127].

Will man von einem erkenntnisleitenden Interesse des *WdW* sprechen, scheint dies ausschließlich durch Klärung der Begriffe wie *Wahrnehmung, Tatsächlichkeit, Erfahrung* oder *Anschauung* möglich. Anhand einer sinnfälligen Umkehrung Hegelscher Terminologie macht er den notwendigen Paradigmenwechsel von der Spekulation zur Empirie innerhalb des eigenen methodischen Vorgehens deutlich, verweist aber zugleich auch auf die immanenten Grenzen der empirischen Erkenntnis: „An den thatsächlichen wissenschaftlichen Zuständen, Einrichtungen und Erfolgen wollen wir die Grenzen und die Aufgaben der wissenschaftlichen Behandlung aufzuweisen unternehmen, um in möglichst überzeugender Weise Anschauung und Begriff miteinander zu verbinden"[128]. So formuliert er die Aufgabe, die erwähnte doppelpolige Struktur - nur an diesem entscheidenden Punkt! - aufzubrechen: *Jenseits* aller einseitigen Spekulation und einlinigen Empirie ist auszugehen von einer „Anlage im Menschengeist, welche ihm [dem Menschengeist, Th. S.] die Erfahrung und durch dieselbe die geistige Erkenntnis der Dinge außer ihm ermöglicht"[129].

Hierin deutet sich das inhaltliche Moment dafür an, daß die Aufgabenstellung - die Suche nach einem einheitlichen Begriff von Wissenschaft - für 'erfolgversprechend' gehalten wird. Als objektives Moment der subjektiven Anlage des Menschengeistes, als das „einende Band für alle Momente des Wissens" soll „der Begriff vom Wissen selbst oder von der wissenschaftlichen Gewißheit"[130] dienen. Spekulative und empirische Vorgehensweise werden durch den einheitlichen Maßstab der aus der *Wahrnehmung* resultierenden *Gewißheit aller Erkenntnis* bestimmt und umgrenzt.

---

127 *WdW*, S. 17f.

128 *A. a. O.*, S. 23.

129 *A. a. O.*, S. 100. Anhand eines Zitates von Francis Bacon aus dessen *De dignitate et augmentis scientiarum* verdeutlicht Nathusius diesen Ausgangspunkt: „Die Wahrheit des Seins und die Wahrheit des Erkennens ist dieselbe, und sie unterscheiden sich nicht mehr von einander als der direkte und der reflektierte Strahl", *a. a. O.*, S. 106. Bacon ist im übrigen mehrfacher Bezugspunkt innerhalb der Untersuchung, wobei Nathusius sich einerseits auf das genannte Werk bezieht, andererseits häufig auf Kuno Fischers *Francis Bacon und seine Nachfolger* rekurriert. Die intensive Aufnahme des englischen Philosophen, der als einer der Begründer des neuzeitlichen wissenschaftlichen Empirismus gilt, ist Reflex auf eine generelle Renaissance der Baconschen Theoriebildung während des 19. Jahrhunderts.

130 *WdW*, S. 11.

2. 1. 4. *Absolutheit*: Anspruch auf die Herausstellung des Absolutheitsgedankens?

Unter der Prämisse, daß die Seele der Wissenschaft sich durch ihr Streben nach Wahrheit auszeichnet, wird durch den Begriff der *Gewißheit* eine inhaltliche Näherbestimmung des einenden Bandes aller Wissenschaft vorgenommen. Im Zusammenhang der generellen Aufgabenstellung des *WdW* wird die Gewißheit zum hermeneutischen Angelpunkt für jegliche wissenschaftliche Erkenntnis. Dabei wird durch den Gedanken der Anlage im Menschengeist bzw. des ordnenden Geistes des Menschen die Forderung wissenschaftlicher Erkenntnis mit dem Aspekt der Gewißheit des forschenden Subjekts verbunden[131]. Den Ausgangspunkt stellt der Rekurs auf den Gedanken der der menschlichen Natur ursprünglich eingeordneten Ideen[132] dar. Indem Nathusius die Behauptung aufstellt, daß von Wissenschaft erst dort gesprochen werden könne, wo sich der Geist des Stoffes bemächtige[133], führt ihn dies zu Forderungen an das forschende Subjekt selbst. Die Frage nach wahrheitsgemäßer Erkenntnis kann nicht unabhängig von der Frage nach dem individuellen Bewußtsein des Forschers gestellt werden. Dies führt direkt auf die Frage des materialen Gegenstandes, der die Einheitlichkeit der Wissenschaft erst ermöglicht, zu: auf den *absoluten Ursprung* aller Wissenschaft.

Das jeweilige Forschen ist nur dann als gegenstandsadäquat anzusehen, wenn es sich des bestimmten *absoluten Ursprungs* des jeweils untersuchten Gegenstandes sowie des *fundamentalen Zusammenhangs dieses Ursprungs mit den eingeborenen und eingeordneten Ideen des Menschen* bewußt wird. Die Rede vom ordnenden Geist des Menschen verweist auf eine den Gegenständen selbst inhärente Ordnung, so daß es die erste Aufgabe des Forschers sein muß, sich dieses Ordnungsgefüges - und damit auch seines eigenen Standortes innerhalb dieses Gefüges - bewußt zu werden. Im Sinn eines wechselwirksamen Prozesses liefert jede Wissenschaft zugleich erneute Anregungen für den denkenden Geist. Als empirische und vergleichend verfahrende muß jede wissenschaftliche Teildisziplin zu einer *systematischen*, den menschlichen Geist bildenden Wissenschaft und damit im eigentlichen Sinn zu einer kulturphilosophischen Disziplin werden[134].

---

131 Vgl. *a. a. O.*, S. 7. An dieser Stelle erfolgt die systematische Aufarbeitung des im *Timotheus* beklagten „Verlustes der inneren Gewißheit".

132 Vgl. *a. a. O.*, S. 100.

133 So Nathusius in Aufnahme einer Formulierung A. v. Humboldts aus dessen Werk *Kosmos*, s. *WdW*, S. 67. Auch Nathusius' Rekurs auf A. v. Humboldt soll dem Gedanken eines inhaltlichen Zusammenhangs des Naturganzen dienen, der die Integration zunehmend spezialisierter Einzelerkenntnisse in den enzyklopädischen Kosmos sichert.

134 Den Übergang von einer empirischen zur kulturphilosophischen Disziplin erläutert Nathusius am Beispiel der Geographie anhand von C. Ritters Werk *Erdkunde*, in dessen Rahmen auf eine Herausarbeitung der „Erdräume samt ihren Gestalten, Stoffen und

Für die Frage, was unter dem Stichwort der Gewißheit konkret als *inhaltliches Fundament* des jeweiligen wissenschaftlichen Teilsystems und damit als Fundament des gesamten Systems gelten kann, gewinnt im Rahmen der Aufgabenstellung erneut der Aspekt der Grenzerfahrung seine Bedeutung. Da jedes wissenschaftliche System gleichsam mit der Spitze des eigenen Systems über die eigene Sphäre hinausreiche, gewinne der Aspekt der Grenzerfahrung materiale Bedeutung: der jeweilige Forscher wird durch diese Erfahrung auf den Kontext des Ganzen hingewiesen und verwiesen. Dieser Aspekt ist somit ebenfalls von heuristischer Bedeutung für die Frage nach dem *absoluten Ursprung*.

Indem die Betrachtung der wissenschaftlichen Aufgabe mit dem Gedanken eines *einheitlichen Maßstabes von Gewißheit* verknüpft und zugleich die *Grenze aller Gewißheit* aufgewiesen wird, trifft Nathusius eine weitere grundlegende Entscheidung für seine Aufgabenstellung. Diese besteht in der Einführung des Gedankens, daß es ein - den Hintergrund aller Gewißheitsproblematik und Grenzerfahrung bildender - *inhaltlich bestimmbarer Letztgrund* ist, der das wissenschaftliche Gesamtgefüge zusammenbindet und zusammenhält.

Entscheidend für den Fortgang der Argumentation ist, daß diese *subjektive Grenzerfahrung* in unmittelbare Verbindung mit dem *inhaltlichen Letztgrund*, dem absoluten Ursprung aller Wissenschaft gesetzt wird. Es scheint, daß subjektive Grenzerfahrung diesen Letztgrund selbst konstituiert, wenn Nathusius formuliert: „Der wissenschaftlich angelegte Geist des Menschen kommt von selbst auf die Bildung religiöser Begriffe. [...] Auch der bloße Vertreter der Wissenschaft, der von Religion gar nichts wissen will, wird in seinem Gebiete überall auf sie stoßen. Denn es gibt keine wissenschaftlichen Inseln“[135]. Damit wird schon innerhalb der Aufgabenstellung die religiöse Konnotation des absoluten Ursprungs aller Wissenschaft vorbereitet. Die vorliegende Methodologie erhält ihren Ausgangspunkt und entscheidenen Maßstab von der vorausgesetzten Bedeutung der Religion. So hat das *WdW* insofern paradigmatischen Charakter, als es den Versuch widerspiegelt, die Relevanz von Religion für den gesamten Zusammenhang des *gemeinsamen* wissenschaftlichen und geistigen Lebens und *in seiner eigenen Zeit gegen-*

Kräften als Wohnort der Menschen und Schauplatz ihrer geschichtlichen Schicksale“ (*WdW*, S. 69) abgezielt wird.

Eine schlüssige Kritik an Nathusius in der Frage der behaupteten erkenntniskonstituierenden Bedeutung des einzelnen Forscherbewußtseins liefert J. Gottschick. Er mahnt im Sinn differenzierter historischer Forschung die deutliche Unterscheidung zwischen Geschichtserkenntnis und den psychologischen Beweggründen einzelner Forscher an: Die Aufgabe kann demzufolge nur sein, „zu verstehen, was bestimmte ideale Motive für Andere bedeutet haben, und das kann man mittelst der Analogie begreifen, ohne sich dieselben für die eigene Person anzueignen“, *ThLZ* 1886, Sp. 182.

135 *WdW*, S. 7f.

wartsnah zu thematisieren. Diese Thematisierung der Religion entspringt somit einerseits dem Gedanken, daß alle leitenden Ideen ihre materialen Gehalte bzw. ihren *gemeinsamen* Gehalt aus dem Bereich der Religion beziehen, andererseits daraus, daß durch die Religion die *kulturellen* Bedingungen für jegliche wissenschaftliche Forschung geliefert wurden und werden: „Alle Teile der Wissenschaft haben gewisse Punkte, wo sie sich mit allen anderen berühren, abgrenzen, auseinandersetzen. Jede weist auf ein Gemeinsames hin, gemeinsame Fragen, gemeinsame Ziele, die sie mit anderen teilt. So drängt alles auf einen klaren Begriff von der Religion hin, der zur wissenschaftlichen Verständigung über sie dienen kann“[136].

2. 1. 5. *Praxis*: Die praktische Relevanz der Religion

Mit der von Anfang an hervorgehobenen konstitutiven Bedeutung der Religion für das System der Wissenschaft erschließt sich Nathusius' weiterführende Intention, die *praktische* Bedeutung der Religion zu evaluieren. Ein einseitiges Abzielen auf die Theorie sowie das „Abschließen gegen den lebendigen Strom der Wirklichkeit und Praxis“[137] wird nicht nur gegen die philosophische Abstraktion ins Feld geführt, sondern auch gegen ein Verständnis von Religion, das diese *ausschließlich* als einheitsstiftendes Interpretament aller wissenschaftlichen Gedankengebäude für notwendig erachtet[138]. Mit der Her-

---

[136] *A. a. O.*, S. 8. Die aufgezeigte „Stufenfolge“ wissenschaftlichen Arbeitens expliziert Nathusius mit Hilfe von Francis Bacons *De dignitate et augmentis scientiarium*, indem er dessen Forderungen folgendermaßen wiedergibt: „Mit dem ABC hat es zu beginnen, der Betrachtung der Natur und ihrer Erfahrung, von wo aus man (gradatim et sensim) zuerst die Buchstaben, dann die Silben und endlich den Text und das ganze Buch der Kreaturen lesen lerne“, *WdW*, S. 23. Dieses Lesen des gesamten „Buches“ als Endziel aller Wissenschaft wird von Nathusius schließlich religiös konnotiert, indem er dieses schöpfungstheologisch deutet, worauf einzugehen sein wird. Im übrigen wird für Nathusius' hermeneutische Grundentscheidung auch der zweiseitige - der allgemein-logische und der subjektiv-moralische - Gewißheitsbegriff bedeutsam, der ebenfalls zu erörtern sein wird.
In diesem Sinn nimmt er in einer späteren Schrift zur Unterscheidung (nicht Trennung!) von göttlicher Inspiration und sinnlicher Wahrnehmung Bacons Wort „omnis scientia duplicem sortitur informationem, una inspiratur divinitus, altera oritur a sensu“ auf, *Die Inspiration der Hl. Schrift*, S. 18. Der Vorwurf, wonach es sich bei dieser Unterscheidung zwischen wissenschaftlicher und moralischer Gewißheit um eine „doppelte Buchführung“ handle, wird von ihm in der Weise zurückgewiesen, daß diese Sichtweise - wie die kaufmännische Buchungsart - „gerade die großartigste und zwingendste Harmonie darstellt“, *a. a. O.*, S. 20.

[137] *WdW*, S. 36.

[138] Nathusius sieht sein primär durch lebenspraktische Fragen bestimmtes Bemühen um das Verständnis von Religion als Ausdruck für eine neue Epoche der konstruktiven Beschäftigung mit Religion. Dies wird etwa in seiner Aufnahme des Religionsphilosophen G. F. Taute und dessen *Religionsphilosophie* (1840) deutlich, indem er ihn zitiert:

ausstellung der lebenspraktischen Bedeutung von Religion schließt sich der Kreis, indem jetzt der Versuch der konstruktiven Anbindung religiöser Praxisrelevanz an die von Nathusius anfänglich aufgezeigte, gesellschaftliche, kulturelle und religiöse Gegenwartsdiagnose erfolgt.

Als Bereiche, in denen sich die öffentliche Relevanz konkret auswirkt, gelten neben der sogenannten Heidenmission[139] insbesondere die Innere Mission sowie die gesellschaftliche und staatliche Öffentlichkeit. Von daher legt sich bereits im Blick auf Nathusius' frühe Abhandlungen die Vermutung nahe, daß die spätere intensive wissenschaftliche Beschäftigung mit dem Komplex der sozialen Frage und den dezidiert staatlichen Aufgaben ihrerseits entscheidend von seiner Intention geprägt ist, die öffentliche Bedeutung der Religion, insbesondere in bezug auf die Frage der individuellen und kulturellen Sittlichkeit, herauszustellen.

Im Rahmen der vorliegenden Methodologie, insbesondere bei Behandlung des Verfahrens der Wissenschaft und der genauen Fassung des Gewißheitsbegriffs, ist zu klären, inwiefern möglicherweise sogar *primär* auf diese praktische Wirksamkeit abgezielt wird und damit die ausgebreitete wissenschaftliche Erörterung letztlich nur methodologisches Mittel zum apologetisch-praktischen Zweck wäre.

2. 2. Das Verfahren

2. 2. 1. *Einheitlichkeit*: Der organische Charakter der Untersuchungsobjekte

Aufgrund der von Nathusius betonten Notwendigkeit, aus den Gegensätzen zur Einheit zurückzukehren und unter der Voraussetzung, daß in jeglicher wissenschaftlicher Untersuchung das Thema eines gemeinsamen Inhalts und einer einheitlichen praktischen Zielsetzung aller Wissenschaft präsent wird, stellt sich in bezug auf das wissenschaftliche Verfahren das Problem: Welche *Eigenschaften der Untersuchungsgegenstände* rechtfertigen es, eine solche

---

„Vielmehr wie jede Zeit den Mitlebenden ihre Aufgaben zu stellen pflegt, so scheint die unsrige es vorzugsweise darauf abgesehen zu haben, mit sittlichen und religiösen Dingen, so viel [wie, Th. S.] möglich, ins Reine zu kommen", *WdW*, S. 3.

139 An diesem Beispiel wird deutlich, worin Nathusius die kulturelle Bedeutung der christlichen Religion erblickt: „Die Religion hat in der Gestalt der Mission eine geistige Erneuerung in den größten und ältesten Völkerschaften der Erde teils angebahnt, teils schon in volle Ausführung gebracht, hat das völkerpsychologische Wunder gethan, daß ganz tief stehende Völker in zwei Menschenaltern zu einer naturwüchsigen und gesunden Kultur erhoben sind, zu deren Aneignung andere Jahrhunderte brauchten", *a. a. O.*, S. 4. Daß er also doch, ganz gegen das eigene Anliegen, bereits zu Beginn die *christliche* Religion erwähnt, weist darauf hin, daß er letztlich während der gesamten Untersuchung genau diese Manifestion der Religion vor Augen hat, selbst dort, wo er den Allgemeinbegriff von Religion verhandelt.

Einheit anzustreben? Dieser Frage nähert sich Nathusius nicht durch eine Untersuchung der Gegenstände selbst, sondern indem er zuerst nach der *subjektiven* Seite des Verfahrens fragt.

Unter der Prämisse der dem menschlichen Geist eingeordneten Ideen stellt für ihn bereits die empirische Beobachtung die erste einheitsstiftende Äußerung dar. Empirie ist unter dieser Bedingung mit geistiger Durchdringung gleichzusetzen, oder wie W. v. Humboldt zitiert wird: „Jedes Begreifen einer Sache setzt als Bedingung seiner Möglichkeit in dem Begreifenden schon ein Analogon des nachher wirklich Begriffenen voraus, eine vorhergängige, ursprüngliche Übereinstimmung zwischen dem Subjekt und Objekt“[140]. *Jedes* empirische Verfahren muß demzufolge in seinem größeren Zusammenhang erfaßt und in seiner Beziehung zur geistigen Anschauung gesehen werden, weil, so könnte man sagen, diesem Verfahren die geistige Dimension immer schon inhärent ist.

2. 2. 2. *Tradition*: Die positive und die negative Rezeption der Wissenschaftstraditionen

Um der Aufgabenstellung und Grundlegung des angemessenen Verfahrens gerecht zu werden, beginnt Nathusius seine materiale Untersuchung mit dem Sammeln der „Anschauungen des wissenschaftlichen Verfahrens aus dem wirklichen Leben“[141] und insistiert darauf, daß dieser Vorgang des Sammelns nur unter Berücksichtigung der aufweisbaren Traditionen erfolgen kann. In seiner Behandlung der Rechts-, Natur- und Geschichtswissenschaft wird wiederum der dualistisch geprägte *Rekurs auf Tradition* deutlich. In negativer Hinsicht erfolgt die Abgrenzung gegenüber einer Verfahrensweise, die beispielsweise im Rahmen der *Rechtswissenschaft* lediglich apriorisch konstru-

---

140 W. v. Humboldt, *Über die Aufgabe des Geschichtsschreibers*, S. 14, s. *WdW*, S. 21. In diesem Zusammenhang ist auf Nathusius' vielfachen Rückgriff auf Aussagen J. W. Goethes hinzuweisen, der hier zitiert wird: „Jede Analyse setzt eine Synthese voraus. [...] Nur beide zusammen (Analyse und Synthese) wie das Aus- und Einatmen, machen das Leben der Wissenschaft“, *Ges. WW Bd. 50*, s. *WdW*, S. 21. Insbesondere für die Frage der Bedeutung empirischer Wissenschaft, der ihr zugrundeliegenden leitenden Ideen sowie der Betonung der Grenzen des Naturerkennens nimmt Nathusius Gedanken Goethes, vor allem aus *Fragmente zur Naturwissenschaft III*, Ges. *WW Bd. 40*, auf. Zur zeitgenössischen Rezeption Goethes naturwissenschaftlicher Schriften vgl. K. R. Mandelkow, *Goethe im Urteil*, S. LIIff. Mandelkow referiert, daß letztlich an Goethe der Streit zwischen idealistischer Naturphilosophie und modern-exakter Naturwissenschaft zum Austrag kam. Nathusius ist darüber offensichtlich wohlinformiert, indem er auch auf H. v. Helmholtz verweist (vgl. *WdW*, S. 25), der um die Jahrhundertmitte durch seine charakteristische Rezeption Goethes die Grenzlinie zwischen beiden Wissenschaftsverständnissen markierte, vgl. K. R. Mandelkow, *a. a. O.*, S. LIV.

141 *WdW*, S. 19.

iert und den Aufbau des Rechts durch ein logisches Schlußverfahren vollzieht, im Zusammenhang der Naturwissenschaft Naturphilosophie statt Naturbeobachtung betreibt[142] und innerhalb der Geschichtswissenschaft auf dem Boden Hegelscher Spekulation und Konstruktion - inklusive eines problematischen dialektischen Zukunftsbegriffs - steht.

Für diese drei und alle anderen wissenschaftlichen Disziplinen wie etwa Geographie, Medizin oder Nationalökonomie - auch wenn von letzterer hier explizit noch nicht die Rede ist! - wird geltend gemacht, daß „die Aufstellung von Gesetzen, die als giltig [sic!] für den Gegenstand angenommen werden, ohne daß sie aus der Betrachtung desselben abgeleitet wären, die vielmehr aus Vernunftprinzipen entnommen sind“[143], dem richtigen Verständnis von empirischer Wissenschaft entgegenstehen. An einigen Beispielen, die für die spätere Auseinandersetzung mit der nationalökonomischen Forschung virulent werden, soll das Wissenschaftsverständnis, das Nathusius diesen apriorischen Konstruktionen entgegensetzt, expliziert werden.

Bereits früh ist in Schriften und Äußerungen von Nathusius die intensive Auseinandersetzung mit den naturwissenschaftlichen Erkenntnisfortschritten und Theorien seiner Zeit festzustellen. Die Grundhaltung dieser im Lauf der folgenden Jahrzehnte immer wieder thematisierten Beschäftigung liegt prinzipiell bereits zu Beginn der achtziger Jahre vor: 1883 nimmt er eine Rede des Berliner Physiologen Emil du Bois-Reymond zum Anlaß, um sich mit dessen dort erfolgter „officielle[r] Proklamation des Materialismus“[144] und

---

142 Als prominente Vertreter des „ideellen Naturwissens“ werden einerseits Lorenz Oken und dessen Werke *Naturphilosophie*, *Universum als Fortsetzung des Sinnensystems* und seine *Naturphilosophie* genannt. Zugleich erfolgt eine vehemente Abgrenzung gegenüber den Forschungen des Zoologen und Philosophen E. Häckel über das „biogenetische Grundgesetz“, indem Nathusius sich insbesondere mit dessen *Entwicklungslehre* (1877) auseinandersetzt, wobei er inhaltlich an seine bereits 1883 veröffentliche Abhandlung *Naturwissenschaft und Philosophie* anknüpft.
Wie verschiedene Aufsätze von Wilhelm v. Nathusius (1821-1899) in der *AKM* zeigen, ist davon auszugehen, daß entscheidende Kenntnisse durch den lehrenden Onkel vermittelt worden sind, der bereits ab 1849 im *VB* publizierte und dessen letzter Aufsatz *Karl Ernst von Baer und der Darwinismus* im Jahr 1900 in der *AKM* (S. 588-598; 701-707) erschien. Aufgrund der häufigen Zitierungen und Verwendungen ist gleichwohl auch von einer eigenständigen Lektüre dieser Schriften durch Martin von Nathusius auszugehen.

143 *WdW*, S. 71.

144 *Naturwissenschaft und Philosophie*, S. 343. Die Vehemenz, mit der Nathusius seine Argumente gegen den Darwinismus vorbringt, rührt daher, daß er durch diesen den hergebrachten Geist-, Gottes- und Jenseitsbegriff, die christliche Lehre als „wesentliche Grundlage der Staatseinrichtungen“ (*WdW*, S. 343) und damit die „gesammten Ordnungen unseres socialen Lebens“ (*a. a. O.*, S. 340) in hohem Maße gefährdet sieht. Die vermeintlich wissenschaftsinterne Kanonade seiner Argumente zielt weit über die Mauern des Universitätsgebäudes hinaus, insofern das gesellschaftliche Ganze und dessen Grundlagen vor seinen Angreifern geschützt werden soll. Von daher ist die häufige Erör-

der im Hintergrund stehenden darwinistischen Entwicklungslehre auseinanderzusetzen. Nathusius konzentriert dabei die materialistische Weltanschauung der darwinistischen Naturforscher auf den Grundsatz, daß es andere als mechanisch wirkende Kräfte nicht gäbe. Das eigentliche Problem dieses Grundsatzes sieht er in dem *Anspruch*, mit dem innerhalb dieser Forschungsrichtung die genannte Behauptung vertreten werde. Anstatt von einer naturwissenschaftlichen Hypothese auszugehen, setzten ihre Verfechter diese Hypothese als unbedingt gültig voraus, was fatale Konsequenzen für die Begründung der gesamten Weltanschauung habe. In diesem Fall sei *Weltanschauung* nicht mehr „Resultat eines wissenschaftlichen Standpunktes, sondern lediglich der Ausdruck einer bestimmten philosophischen Überzeugung, mit der man freilich sein wissenschaftliches Denken nachher in Uebereinstimmung zu setzen suchte und sie darum zur leitenden Idee bei der Behandlung der Naturwissenschaft erwählt“[145].

Für die Prüfung der Verfahren und dahinterstehenden Prinzipien der materialistisch geprägten Naturwissenschaft fragt Nathusius danach, was an der gegenwärtigen Naturerforschung Wissenschaft und was Philosophie ist. Lehrten Darwin und seinen Adepten vom Boden einer physikalisch-mathematischen Erkenntnistheorie aus eine „Entwicklung alles Seienden durch Zufall“[146], so trage diese unausgesprochen philosophische Grundannahme einen unbewiesenen und damit unhaltbaren Charakter.

Folge man dem interessegeleiteten Verfahren und der verabsolutierenden Hypothesenbildung des prominentesten Vertreters Ernst Häckel[147] und ver-

---

terung naturwissenschaftlicher Fragen in der *AKM* durch Nathusius und weitere Mitstreiter wie den erwähnten Onkel W. v. Nathusius zu erklären. Zu den Reaktionen der Theologenschaft auf du Bois-Reymonds Reden zu *Darwin* und *Kopernikus* (1884) sowie über die generelle Auseinandersetzung der Theologie mit den aufkommenden darwinistischen Lehren vgl. H. Lübbe, *Religion nach der Aufklärung*, S. 28ff., der diese unter „die Schlußkämpfe[ ] wissenschaftlicher Spätaufklärung“ einreiht, *a. a. O.*, S. 31. G. Altner verweist zu Recht darauf, daß es nicht so sehr Darwins Gedanke der Evolution war, der Theologie und Kirche auf den Plan rief, sondern der gegen die Vorstellung der Artenkonstanz gerichtete „Versuch einer kausalen Erklärung der Evolution der Organismen“, *Darwinismus und Theologie*, S. 251. Daß Nathusius über die innertheologische Rezeption der Darwinschen Theoreme wohlinformiert ist, zeigt sein ausführlicher Rückgriff auf Henry Drummonds (1851-1897) schöpfungstheologische Interpretation der Evolutionstheorie (vgl. *Mitarbeit II*, S. 25f., 37f.). Die konstruktive Auseinandersetzung kann der schottische Naturwissenschaftler in dem Satz zusammenfassen: „Evolution is seen to be neither more nor less than the story of creation as told by those who know it best“, zit. nach G. Altner, *Darwinismus und Theologie*, S. 255.

145 *Naturwissenschaft und Philosophie*, S. 391.

146 *A. a. O.*, S. 388.

147 Tatsächlich galt E. Häckel den Theologen nicht zuletzt deshalb als rotes Tuch der Naturwissenschaft, weil er über Darwins vergleichsweise vorsichtige Definition der Naturgesetze als aufeinanderfolgender Ereignisse geradezu zu einer „Vergöttlichung des einen allgemeinen Naturgesetzes“ (G. Altner, *Charles Darwin*, S. 74) und damit in der Konse-

kenne man dabei die Ersetzung der Naturforschung durch epikureisch gefärbte Philosophie, so kann laut Nathusius bei der Suche nach dem höchsten Wesen und letzten Grund folgendes passieren: „Ich griff nach dem Gespenst - und was hatte ich in der Hand? Ein ganz oberflächliches dünnes weißes Laken, und darunter hervor grinste mich ein scheußlicher Affe an“[148].

Die konstatierten Fehlentwicklungen der Naturwissenschaft seiner Zeit versteht Nathusius somit als negatives Anschauungsbeispiel seiner eigenen Überzeugung, daß die materialen Ausgangspunkte jeglicher Wissenschaft, die auf sicherem Boden stehen will, nur von der Grundlage tatsächlicher Erfahrung aus erforscht werden können.

2. 2. 3. *Erfahrung*: Die Bedeutung der Empirie für die Entwicklung der Wissenschaftsdisziplinen

Der positiv-aufnehmende Rekurs auf die *Tradition* verschmilzt mit dem Aspekt der *Erfahrung*, indem die empirische Ausrichtung des wissenschaftlichen Verfahrens im Folgenden als Charakteristikum des positiv bewerteten Stranges der Tradition geltend gemacht wird.

Wiederum in Anschluß an Bacon bezeichnet Nathusius den Weg der Induktion als den einzig sachgemäßen, um zu den Ursachen aller historischen Erscheinungen gelangen zu können. Die Induktion wird dabei definiert als „planmäßige Aneinanderreihung von beobachteten Thatsachen, welche die erforderlichen Elemente liefern für den zu machenden Schluß auf ein zu Grunde liegendes Gesetz“[149]. Für diesen induktiven Weg ist die *Hypothesenbildung* von besonderer Bedeutung, insofern die Funktion der Hypothese darin gesehen wird, den fundamentalen Unterschied zwischen *Gewißheit* und *Wahrscheinlichkeit* eines wissenschaftlichen Urteils zu verdeutlichen. Messe man hingegen der Hypothese allgemeinen und notwendigen Charakter zu und leite man daraus sogleich grundsätzliche Schlußfolgerungen ab, drohe diese zum Glaubensbekenntnis zu avancieren.

Die Bedeutung des empirischen Verfahrens wird nun im positivem Sinn erneut anhand der Disziplinen der Rechts-, Natur- und Geschichtswissenschaft expliziert. Auf dem Gebiet der Rechtswissenschaft verweist Nathusius gegenüber einem naturrechtlichen Ansatz auf die spezifische Leistung der Historischen Schule des Rechts. Durch die Betonung der Erfahrungsebene wird in dieser das Recht nicht als *Produkt*, sondern als *Gegenstand* der

---

quenz zu einer monistischen Weltanschauung gelangte, was bei ihm gleich zu massiver antiklerikaler Polemik führte, die im Gegenzug massive Gegenreaktionen der Theologenschaft provozierte.

148 *Naturwissenschaft und Philosophie*, S. 406.

149 *WdW*, S. 126.

Rechtswissenschaft erfaßt und damit die Jurisprudenz als „positive Wissenschaft“[150] verstanden. Der Begriff der *positiven Wissenschaft* bringe allerdings nicht nur den Erfahrungsaspekt zum Tragen, sondern zugleich das Moment der konkreten *praxisrelevanten Auswirkungen* dieses empirischen Verfahrens. *Positive* Wissenschaft wird definiert als „eine solche, welche einen gegebenen, für die Wissenschaft zufälligen Stoff besitzt, den es gilt, in einem bestimmten praktischen 'Interesse' geistig zu durchdringen“[151]. Diese praxisrelevante Konnotation der Wissenschaft wird auch für die spätere Fassung der *positiven* Theologie von Bedeutung sein.

Die Rechtswissenschaft des 19. Jahrhunderts hat daher ihren Ausgangspunkt in einer allgemeinen und vergleichenden *Rechtskunde* genommen, innerhalb derer das Recht in den Naturgesetzen seines Werdens verfolgt und auf diese Weise begriffen werden sollte. Daß diese Rechtskunde dezidiert als eine *vergleichende* konzipiert wurde, ergab sich aus dem spezifischen Gegenstand des Rechts bzw. aus den je individuellen, unterschiedlich geprägten historischen und geographischen Kontexten, in denen Recht entsteht, sich ausformt und verändert.

Von daher ist die Unterscheidung zwischen Natur- bzw. Vernunftrecht und der Historischen Schule des Rechts nicht nur auf zwei unterschiedliche Rechtsbegriffe zurückzuführen, sondern ergab sich aus zwei ursprünglich getrennt voneinander ablaufenden historischen Entwicklungslinien. Die Historische Schule gilt Nathusius als Ausdruck der spezifisch deutschen Tradition der Rechtsentwicklung.

Wie es von einer vergleichenden, Fakten sammelnden Rechtskunde aus zur - jegliche Rechtsgestaltung erfassenden - praxisrelevanten Wissenschaft kommen konnte, macht Nathusius deutlich, indem er mit v. Savigny einen zweifachen Sinn - in diesem Fall für den Juristen - für unentbehrlich hält: „den historischen, um das Eigentümliche jedes Zeitalters und jeder Rechtsform scharf aufzufassen, und den systematischen, um jeden Begriff und jeden Satz in lebendiger Verbindung und Wechselwirkung mit dem Ganzen anzusehen“[152]. Erneut zeigt sich, daß dem Verweis auf einen empirischen Ausgangspunkt der Gedanke einer vorgängigen Einheit des zu Erforschenden zu-

---

[150] *A. a. O.*, S. 46. Zur den Anfängen geschichtlicher Rechtsbetrachtung und der Historischen Schule des Rechts vgl. A. Wittkaus Darstellung der Rechtsphilosophen H. M. Chalybäus und I. H. Fichte, den auch Nathusius zu Wort kommen läßt (vgl. *WdW*, S. 192, 219, 224), *Historismus*, S. 36ff.

[151] *WdW*, S. 46. Die Rede von einer *positiven* Wissenschaft darf, wie M. Murrmann-Kahl feststellt, nicht als ein Wissenschaftspositivismus, der die Suche nach determinierenden Entwicklungsgesetzen betreibt, mißverstanden werden, vgl. *Die entzauberte Heilsgeschichte*, S. 76.

[152] F. K. v. Savigny, *Vom Beruf unserer Zeit für Gesetzgebung und Rechtswissenschaft*, S. 146, s. *WdW*, S. 47f. Für seine Rezeption der Historischen Schule des Rechts greift Nathusius außerdem breit auf R. Sohms Abriß *Die deutsche Rechtswissenschaft* zurück.

grundeliegt, von der aus das historische Sammeln und Vergleichen seine systematische Ordnung und praktische Relevanz erlangt. Nathusius schließt sich dem Versuch der Historischen Schule an, zwischen rein empirisch-historistischer und deduktiv-spekulativer Zugangsweise einen Weg zu beschreiten, der durch den Gedanken vorgängiger Einheit im absoluten Ursprung die Synthese beider Zugangsweisen ermöglicht.

Dieser Sachverhalt sowie die Bedeutung der induktiven Methode wird von Nathusius auch für die Geschichtswissenschaft in Anschlag gebracht, indem er als Erkenntnis*methode* der Disziplin den *Vergleich* - im Sinn der Verknüpfung des einzelnen geschichtlichen Ereignisses mit anderen Tatsachen - benennt und die Notwendigkeit der Sonderung des Regelmäßigen und Wesentlichen vom Zufälligen betont. Durch diese Sonderung soll zur „Auffindung und Geltendmachung der in den Schicksalen der Menschen sich vollziehenden Gedanken oder Gesetze“[153] gelangt werden.

Das Wesentliche und Notwendige innerhalb der Geschichte erschließt sich, wie erwähnt, nicht durch eine spekulative Betrachtungsweise, sondern durch die Einsicht in die „Thatsächlichkeit“ des jeweiligen geschichtlichen Ereignisses. Das Ereignis selbst wird nicht unter dem Gedanken eines vergangenen Ereignisses rezipiert, sondern das „Thatsächliche“ ist das aktuell, faktisch Vorhandene und Wirksame. Ein dem Objekt angemessenes geschichtswissenschaftliches Verfahren besteht darin, daß „die historischen Überreste in künstlerischen oder Litteraturwerken, in Traditionen und überkommenen Sitten und Ordnungen, in Baudenkmälern, und dann die eigentlichen Quellen, die Berichte, Akten, sowie alle schriftlichen Aufzeichnungen“[154] in ihrem *Ideengehalt* als für die Gegenwart relevant erwiesen werden.

Geschichtswissenschaft hat demzufolge wesentlich auf die Ideen hinter den einzelnen Ereignissen abzuzielen, erst in diesem Sinn nimmt sie teil an der Erforschung der herrschenden Bewegungen und Anschauungen: „Aus diesen Vergangenheiten läßt der forschende Geist herausleuchten, was noch davon lebt, - die Ideen, welche durch jene Ereignisse Dasein in der Wirklich-

---

153 *A. a. O.*, S. 83. Er expliziert diese „Heuristik der Geschichtswissenschaft“ im Anschluß an J. G. Droysens *Historik* (2. Aufl. 1875) als einen Vorgang, der sich durch divinatorisches Suchen und Entdecken, durch Kombination, durch Analogie und durch Hypothesenbildung, „deren Beweis die Evidenz des Ergebnisses ist“ (*WdW*, S. 158; vgl. auch S.87ff.), auszeichne. Mit der ausführlichen Rezeption Droysens macht Nathusius seine Anerkennung einer Ausprägung von Geschichtswissenschaft signifikant, die im Modus „forschenden Verstehens“ wiederum auf die Erkenntnis normativer Gehalte ihrer Gegenstände abzielt, vgl. dazu etwa J. Rüsen, *Droysen*; H. Schnädelbach, *Philosophie in Deutschland*, S. 69ff.; Th. Nipperdey, *Deutsche Geschichte 1800-1866*, S. 517f.; M. Murrmann-Kahl, *Die entzauberte Heilsgeschichte*, S. 105ff. sowie H.-U. Wehler, *Deutsche Gesellschaftsgeschichte 1849-1914*. Wehler hebt darüber hinaus immer wieder auf Droysens borussischen Protestantismus ab (S. 236f., 247f., 297), der für Nathusius' positive Rezeption nicht unwesentlich gewesen sein dürfte.

154 *WdW*, S. 157.

keit zu gewinnen strebten“[155]. Ein Abzielen auf historische Wahrheit verlangt demzufolge von der Empirie zugleich die geistige Durchdringung des jeweiligen Gegenstandes, die Anerkenntnis der „frei wirkenden Impulse“ (W. v. Humboldt) und sittlichen Mächte als der entscheidenden Faktoren und Produkte des geschichtlichen Lebens.

In Anknüpfung an den Gedanken des ordnenden Menschengeistes kann Nathusius zufolge die Hypothesenbildung im Rahmen der jeweiligen Wissenschaft keinesfalls von der „Phantasie als Verknüpfungsgabe“ (W. v. Humboldt) und damit von der selbstbewußten Entscheidung des Forschers abstrahieren. Als Prinzip der Bildung von Gewißheit unterliegt der persönliche und freie (!) Wille selbst keinen allgemeinen objektiven Gesetzen, da auch das dem Willen zugrundeliegende Sittengesetz sich immer nur im Modus des individuellen sittlichen Standpunktes manifestiert und damit das Gewissen trotz seines kategorischen Forderungscharakters eine lediglich subjektiv verpflichtende Kraft zu besitzen vermag.

Damit ist für Nathusius entschieden, daß sich auf dem Gebiet der Willensentscheidungen, also dort, wo die moralische Gewißheit „entsteht und schaltet“[156], eine allgemeine Anerkennung oder Unbestreitbarkeit gewonnener Erkenntnis nicht erzwingen läßt. Allerdings können von der individuellen Willensentscheidung aus - gleichsam als hermeneutischem Prinzip - die Entscheidungen der anderen Individuen in den Blick genommen werden: „faktisch ist die sittliche Individualität des Forschers, d. h. der Teil seines Lebens, der [...] von der Freiheit regiert wird, das Hilfsmittel zum Verständnis jener freien Entschließungen und sittlichen Beweggründe bei anderen“[157]. Dieses Verständnis für die Lebensführung anderer sowie das Zutrauen zu ihren ‘guten Absichten’ wird als Sache des subjektiven Gefühls ausgegeben,

---

155 *A. a. O.*, S. 84, wiederum in Aufnahme von W. v. Humboldts *Über die Aufgabe des Geschichtsforschers*. In diesem Gedanken gegenwartsprägender Ideen ist Nathusius’ Vorstellung eines beschreibbaren und umgrenzbaren, tatsächlich wert-vollen, Ideengutes deutlich greifbar. Für Nathusius ist beim Begriff der „Wissenschaft“ daher nicht primär an die individuell angehäufte Summe des Wissens in einer einzelnen Person zu denken, sondern an den „Schatz des Wissens, den die Menschheit in gemeinsamer Arbeit zu gemeinsamem Besitze hervorgebracht hat, der den allgemeinen und notwendigen Charakter an sich trägt“, *WdW*, S. 165.

156 *A. a. O.*, S. 228.

157 *A. a. O.*, S. 161. Nathusius stellt außerdem den Gegensatz zwischen individueller freier Erforschung und logischer Methode her, indem er darauf insistiert, „daß das Zwingende des logischen Beweises sich nicht auf die Erscheinungen der menschlichen Freiheit anwenden läßt“, *a. a. O.*, S. 172. Diese Betonung der Forscher-Freiheit verdeutlicht sich an einer charakteristischen Einschätzung der Lebens*leistung* Schleiermachers. Danach haben Nathusius zufolge weniger dessen wissenschaftliche Errungenschaften Einfluß auf die Erneuerung der christlichen Bildung geübt, als vielmehr die „mächtigen religiösen Impulse, welche von seiner Persönlichkeit, seinen ‘Reden über die Religion’ und seinen Predigten ausgingen“, *a. a. O.*, S. 6.

das selbst auf der „unbewußten Äußerung des innersten verborgenen Wesens“[158] beruht.

Mit Hilfe des Gewißheitsbegriffs wird der Zusammenhang zwischen dem individuellen Erkenntnisvermögen bzw. -interesse des jeweiligen Forschers, der Ideen in jedem Ereignis und der Grenze der Erkenntnis dieser inhärenten Ideen verdeutlicht. Zwar ist im Hinblick auf die Erhebung der tatsächlichen Fakten die Möglichkeit einer objektiven, mathematischen und exakten Gewißheit[159] möglich. Für das individuelle Bewußtsein des Forschers ist aber die „rein subjektive auf moralischer Gewißheit beruhende Überzeugung, mit der die wesentlichsten Zusammenhänge der geschichtlichen Ereignisse, nämlich alle freien, alle sittlichen Motive dargestellt werden können“[160], von Bedeutung. Diese gegenüber logischer Gewißheit inkommensurable subjektive Gewißheit impliziert, daß die Ergebnisse des Forschens jeweils nur subjektive Gültigkeit für sich beanspruchen können, was Nathusius zugleich dazu führt, auch innerhalb des wissenschaftlichen Forschens Gebiete anzunehmen, in denen exakte Beweisführung nicht mehr möglich ist und wo es die moralische Gewißheit ist, die in letzter Instanz entscheidet[161].

2. 2. 4. *Absolutheit*: Die Suche nach dem Absoluten in allen Gegenständen und Ereignissen

Unter der Voraussetzung, daß historische und systematische Erkenntnis nicht unter Absehung der Impulse, sittlichen Mächte und Ideen hinter bzw. in allen Gegenständen gedacht werden kann, ergibt sich einerseits, wie erwähnt, für den einzelnen Forscher die Notwendigkeit, sich seines Standortes innerhalb des jeweiligen Forschungsgebietes bewußt zu werden. Zugleich muß er sich darüber im klaren sein, daß er durch *systematisierende Forschung* über den zu erforschenden Gegenstand und die jeweilige Forschungsdisziplin hinausschreitet.

Indem bei der Suche nach den zugrundeliegenden Ideen die eine vorausgesetzte Idee des Ganzen zum Thema wird, gewinnt die jeweilige Disziplin selbst philosophischen Charakter. Dort wo nur noch von subjektiver Gewißheit die Rede sein kann, ist das Feld von Philosophie und Religion betreten. Denn diese beiden Disziplinen klären nicht nur die Vorbedingungen jeglicher wissenschaftlichen Behandlung, sondern verweisen zugleich auf die Grenze aller Wissenschaft.

---

158 *A. a. O.*, S. 229.

159 Vgl. *a. a. O.*, S. 162.

160 *Ebd.*

161 Vgl. *a. a. O.*, S. 176.

Der Philosophie wird zunächst eine kontrollierende, subalterne Funktion innerhalb des wissenschaftlichen Kontextes zugeschrieben, indem sie im Rahmen der Forschung für die Beachtung der allgemeinen Prinzipien zuständig sein soll. Andererseits wird ihr eine idealere Funktion beigelegt, die darin besteht, die Fragen zu beantworten, auf die alle Wissenschaften hinauslaufen. Ihre eigentliche Aufgabe erfüllt die Philosophie demzufolge, wenn sie bei ihrer Suche nach ewiger Wahrheit den Boden herkömmlicher philosophischer Methodik und Logik hinter sich läßt und zur Kulturphilosophie wird: „je weiter die Philosophie in der Bildung einer systematischen Weltanschauung, in der Erklärung der Rätsel des Lebens in Natur und Menschheit schreitet“[162] und dem wissenschaftlichen Denken die Ideen des „Gewissen und des Organischen vermittelt“[163], desto mehr entfernt sie sich von objektiver Wissenschaft.

Gilt die Suche der Philosophie demnach dem allmächtigen Wesen bzw. der absoluten Macht hinter den Schranken des Wissens und wird als Hintergrund von Natur- und Rechtswissenschaft „das Unendliche, das niemals zu Lösende der wissenschaftlichen Aufgabe“[164] bezeichnet, wird einsichtig, daß der Forscher sich diesem Geheimnis nicht auf logische, sondern allein auf *glaubhafte* Weise nähern kann.

Wenngleich an diesem Punkt der Glaubensbegriff unscharf bleibt, wird offensichtlich, daß Nathusius ein Bild des Forschers zu zeichnen bemüht ist, das letztlich auf die Forderung nach einem *gewissenhaften* - im Sinn des gläubigen Forschers - zuläuft und damit auf eine dezidiert christlich gefaßte Idee hinter allen geschichtlichen Tatsachen und Forschungsgegenständen.

An diesem Punkt melden einige der Rezensenten grundsätzlichen Widerspruch an. Die Gegenargumentation deutet sich durch den Historiker Ernst Bernheim an, der sich in seinem *Lehrbuch der Historischen Methode* immer wieder auch auf Nathusius bezieht. Im Horizont der Frage nach der „Gewißheit der Geschichte“[165] nimmt Bernheim Nathusius' methodologische Erörterungen auf und geht wie dieser von der subjektiven Möglichkeit *sicheren historischen* Wissens aus. Auch Bernheim zufolge wird die Gewißheit historischen Erkennens nicht auf logischem Weg, sondern allein durch „die praktische Erfahrung des täglichen Daseins“ gewonnen. Als Grundaxiom historischer Erkenntnis und kombinatorischer Forschungstätigkeit gilt die

---

[162] *A. a. O.*, S. 214.

[163] *A. a. O.*, S. 230.

[164] *A. a. O.*, S. 206. So im Anschluß an eine Formulierung R. Sohms, *Die deutsche Rechtswissenschaft*, S. 232.

[165] E. Bernheim, *Lehrbuch der Historischen Methode*, S. 189.

„Identität der Menschennatur"[166], auf deren Boden historische Analogiebildungen erst möglich sind. D. h., die über alle Zeiten hinweg einheitliche menschliche Empfindungs-, Vorstellungs- und Willensweise erlaube es, mit Nathusius von einer *psychologischen*, nicht einer *logischen* Natur der historischen Gewißheit zu sprechen. Damit schließt er sich hinsichtlich des Problems der Beurteilung einzelner Quellen Nathusius' Kriterien an. Die Zuverlässigkeit einzelner Traditionen beruht auf der *Erfahrung*, „daß kein Mensch die Tatsachen, welche er weiß, ohne Grund und Zweck falsch mitzuteilen pflegt", positiv gesprochen: daß bei der Beurteilung der Quellen danach zu fragen ist, ob man einen Autor vor sich hat, „der sich intellektuell und moralisch befähigt erwiesen hat, die Tatsachen treu mitzuteilen"[167]. Allerdings hält Bernheim Nathusius' prinzipielle Unterscheidung zwischen subjektiver und exakt-mathematischer Gewißheit für fraglich, da seiner Meinung nach selbst die scheinbar zweifelsfreie Erhebung beliebigen Quellenmaterials wiederum auf psychologischen Erfahrungssätzen beruht. Er nimmt damit aber im Umkehrschluß auch Nathusius' Gedanken *subjektiver Gewißheit* den Nimbus, daß durch diese eine qualitativ ganz andersartige, jenseitige Erkenntnisart gegenüber empirisch-psychologischer Erkenntnis eingezogen werde. Die von Nathusius hervorgehobene heuristische Bedeutung der Kategorie der *Grenzerfahrung*, gar die Transponierung dieser Grenzerfahrung in den christlichen Glauben, ist für Bernheim keine wissenschaftlich anwendbare Kategorie zur Ergründung historischer Gewißheiten.

Der Rezensent August Ebrard konstatiert im Zusammenhang dieser Transponierung der Grenzerfahrung auf das Gebiet des christlichen Glaubens, daß es wohl besser gewesen wäre, gleich von der Beschaffenheit des besonderen Objekts aus die Methode des eigenartigen Erkennens abzuleiten. Er erhebt Zweifel, daß „überirdische unsichtbare Dinge" auf dieselbe Weise erkannt werden können wie irdische und sichtbare und hält demzufolge die Zusammenstellung der wissenschaftlichen Erforschung des *einen göttlichen Ereignisses* mit der Erforschung der *menschlichen Geschichtsereignisse* für einen Fehlgriff[168].

Nathusius' Replik auf Ebrard verdeutlicht die Intention und den weiteren Gedankengang des *WdW*: Er stellt fest, daß für ihn das Kapitel über die „Grenzen der Wissenschaft" das wichtigste des gesamten Buches ist und lehnt Ebrards Kritik mit Hilfe der These ab: Daß überirdische unsichtbare Dinge anders erkannt werden als sichtbare, ist keine wissenschaftliche Erkenntnis. Er besteht darauf, daß es sich im Rahmen des ganzen *WdW* eben

---

166 *A. a. O.*, S. 190f. In diesem Zusammenhang bezieht sich Bernheim zugleich auf G. Simmels Analyse des Prozesses historischen Verstehens, wie dieser sie in *Probleme der Geschichtsphilosophie* vorgelegt hatte.

167 *A. a. O.*, S. 521f.

168 Vgl. *AKM* 1885, S. 1222f.

„nicht eigentlich um Glaubensfragen handelt, sondern um die Wissenschaft“[169].

Es greift zu kurz, Nathusius’ Werk als einen kurzsichtigen Versuch unwissenschaftlicher frömmelnder Apologetik zu verstehen. Festzuhalten ist zwar, daß er letztlich über die fundamentalen Voraussetzungen seines eigenen Wissenschaftsbegriffs nicht hinreichend Auskunft gibt bzw. reflektiert. Allerdings muß davon die intentionale Bedeutung des *WdW* strikt unterschieden werden, der Kirche eben keinen diskussionsfreien Raum gegenüber den Anfragen der modernen Wissenschaft zu erlauben. Es führt an dieser Stelle nicht weiter, die vorliegende Konzeption von vornherein durch einen Wissenschaftsbegriff widerlegen zu wollen, der zur damaligen Zeit noch keineswegs als unbestrittenes oder konsensfähiges Allgemeingut für alle wissenschaftlichen Debatten galt. Das Credo des *WdW*, das er ebenfalls in seiner Replik auf Ebrard formuliert, unterstreicht zumindest den Willen zu einer ernsthaften apologetischen Untersuchung: „Dieser Tendenz: der Sicherstellung der Kirche in ihrem Glauben vor der Wissenschaft, die nicht weniger gefährlich ist, wenn sie beweisen will was nicht zu beweisen ist, als wenn sie widerlegen will was nicht zu widerlegen ist, - galt meine Schrift“[170].

Weiter zu klären ist aber, in welchem Sinn die heuristische Bedeutung subjektiver Grenzerfahrung für die Erforschung der geschichtlichen Wahrheit im Rahmen der *Religionswissenschaft* fruchtbar gemacht wird und wie die These zu verstehen ist, daß der „ideale Hintergrund“ aller wissenschaftlichen Erkenntnis für den Forscher nicht in der logisch eruierten Wahrheit des Begriffs, sondern „im Gesamtinhalt aller Wahrheiten für ihn, also im Gebiet des Glaubens“[171] liegt. Dieses Gebiet des Glaubens betritt Nathusius dort, wo er die Religion als „die berufenste Vertreterin des Idealen“ ins Spiel bringt, die „wie nichts anderes dem geistigen Blick eine gewisse Weite und dem geistigen Streben einen universellen Charakter“[172] verleihe. Im Religionsbegriff manifestiert sich die letztgültige - schon außerwissenschaftliche - Annahme, zu der der Forscher im Gang wissenschaftlichen Bemühens geführt werden kann: die Hypothese der Existenz des Schöpfergottes[173].

Daß die Erörterung des Religionsbegriffs auf dem Hintergrund des christlichen Religionsverständnisses erfolgt, wird sukzessiv explizit gemacht. Der monotheistische Gottesbegriff erlaube es, eine Analogie zum Gedanken der einen, absoluten Wahrheit in und hinter allen Dingen und Ereignissen herzu-

---

169 *A. a. O.*, S. 1224.

170 *A. a. O.*, S. 1223.

171 *WdW*, S. 193.

172 *Stellung der evangelisch-theologischen Fakultäten*, *AKM* 1887, S. 606. Aus dieser praktisch zeitgleich entstandenen Schrift läßt sich in anschaulicher Weise der noch zu erörternde Zusammenhang zwischen Nathusius’ Religionsbegriff und seinen konkreten wissenschaftspolitischen Entscheidungen ablesen.

173 Vgl. *WdW*, S. 224.

stellen: „Die Idee eines Gottes [...] gewöhnte auch in der Wissenschaft den menschlichen Geist an die Vorstellung, daß überall der Grund der Dinge nur Einer sei und entzündete in ihm den Wunsch, diesen Grund zu erkennen“[174].

Von besonderem Charakter unter den monotheistischen Religionen ist die Geschichte und Gestalt des Christentums insofern, als es sich bei dieser um die Religion der „freien geistigen Ueberzeugung und des sittlichen Gehorsams“[175] handelt. Nur vom Boden des - nun reformatorischen! - Christentums aus könne die Forderung erhoben werden, daß die sittliche Individualität des Forschers für den Erkenntnisprozeß konstitutiv werden muß. Denn zum einen habe die biblische Idee einer Einheit von Menschheit und Menschengeschichte sowie die Idee eines zweckvollen Ganzen in der Natur den frühesten Ansatz von Wissenschaft dargestellt. Zum anderen sei der im Mittelpunkt der biblischen Überlieferung stehende Gedanke der Persönlichkeit erst durch die Reformation endgültig zum Durchbruch gelangt: „Der Wert der Menschenseele wird höher geschätzt als Himmel und Erde, als die Gesamtheit der kreatürlichen Dinge. Diesen unendlichen Wert zu erkennen, d. h. sich selbst von allem andern zu unterscheiden, sich in seiner Überzeugung mit der vollsten Gewißheit zu erfassen, - das ist es, worauf besonders das Christentum immer hindrängt“[176].

In diesem Zusammenhang wird die persönliche Gewißheitserfahrung erneut mit dem Erlebnis der Grenzerfahrung in Verbindung gebracht. Diese Grenzerfahrung als notwendigen Bestandteil aller Welterkenntnis verständlich zu machen, ist nicht mehr nur eine Forderung an das wissenschaftliche Ethos des Forschers, sondern wird zum Ausdruck seiner eigenen Religiosität. Alle Wissenschaftspraxis wird damit in den Bereich der christlichen Religion eingezogen, genauer: *vom Boden des protestantischen Christentums aus* interpretiert.

2. 2. 5. *Praxis*: Die praxisrelevante Einheit der Wissenschaft

Aufgrund der Forderung einer sowohl historisch als auch systematisch ausgerichteten Aneignung der Wirklichkeit und durch den Aufweis des Zusammenhanges aller Tatsachen bzw. *des Tatsächlichen* mit dem Wesensgehalt von Religion ergibt sich Nathusius zufolge in institutioneller Hinsicht für jegliche Wissenschaft die Notwendigkeit, in Wechselwirkung mit dem wirk-

---

174 *A. a. O.*, S. 117f.

175 *Stellung der evangelisch-theologischen Fakultäten*, S. 599.

176 *WdW*, S. 182. Es sei bemerkt, daß sich hier bereits die später durch Harnack prominent gewordene Formulierung vom unendlichen Wert der Menschenseele findet. Vom „Wert der Menschenseele“ wird auch im Rahmen des sozialethischen Programms, genauer im Zusammenhang der „christlichen Soziologie“, die Rede sein, vgl. *Mitarbeit* II, S. 156.

lichen Leben zu treten. In dieser Hinsicht stellt für ihn die Universität den eigentlichen Ort dar, an dem diese Verbindung von Forschung und Wirklichkeit gelingen kann: „Indem an der einen Hochschule die verschiedensten Zweige des geistigen Lebens getrieben werden, wird angedeutet, daß sie alle unter einander gemeinsame Beziehungen haben, daß die wissenschaftliche Behandlung bis zu den Wurzeln dringen muß, wo der besondere Zweig mit den andern, mit dem Gemeinsamen zusammenhängt"[177].

Diese Feststellung erhält ihre Konkretion durch die zeitgenössisch brisante Frage, ob der Theologie die Zugehörigkeit zu den anderen Fakultäten unter Umständen abgesprochen werden sollte. Nathusius verneint diese Frage mit dem Hinweis auf die einheitsstiftende Relevanz der christlichen Religion vehement. Allerdings soll auch für die *Theologie* gelten, was Nathusius von *jeder Wissenschaft* fordert: daß es sie zwar niemals entehre, „wenn sie dem praktischen Leben Dienste leistet, [...], daß sie aber dabei immer in ihrer vornehmen Selbstbewahrung verharren muß, sich durch den Strom des Lebens nicht derartig hinnehmen lassen darf, daß die Rücksicht auf das Wissen, auf objektive Wahrheit dagegen zurückstehe"[178]. Wenn nun aber die Rede von objektiver Wahrheit ihrerseits nicht ohne Rekurs auf das subjektive Bewußtsein des jeweiligen Forschers und damit letztlich nur unter Einbeziehung des Gedankens der Grenzerfahrung thematisiert werden kann, bringt dies die Schwierigkeit mit sich, daß der Status der Religion selbst als unklar erscheint. Das Problem liegt darin, daß Religion einerseits ihrem Wesen nach auf der Grenze der Wissenschaft virulent wird, andererseits selbst aber einen wissenschaftlichen Untersuchungsgegenstand darstellt. Religion als Beziehung zu Gott - Religion als Wissen: um die Frage einer angemessenen Synthese beider Dimensionen von Religion muß sich alles folgende drehen.

2. 3. Die Anwendung des wissenschaftlichen Verfahrens auf das Gebiet der Religion

2. 3. 1. *Einheitlichkeit*: Die Möglichkeit und Notwendigkeit der Applikation

Unter der Voraussetzung, daß für die *Darstellung* der christlichen Religion nicht ein aus religiöser Überzeugung erwachsender, sondern ein zustimmungsfähiger wissenschaftlicher Maßstab für notwendig erachtet wird, werden von Nathusius die methodischen Schritte, wie sie für jedes wissenschaftliche Verfahren gelten, auf das Problem der Darstellung der Religion appliziert. Auch die Betrachtung des speziellen Gebietes der Religion hat demnach

---

177 *WdW*, S. 34.
178 *A. a. O.*, S. 95.

mit der Feststellung des Tatsächlichen, der Erfassung der religiösen geschichtlichen Erfahrungen, zu beginnen.

Um zu einem „anerkannten Gemeinbesitz“ in bezug auf die Religion zu gelangen, wird mit Lehnsätzen aus der allgemeinen Religionskunde begonnen, denen zufolge Religion „eine Erscheinung des öffentlichen Lebens [ist], und zwar diejenige, wonach sich Menschen Beziehungen geben zu jenseitigen Wesen, welche von Einfluß werden auf ihr sittliches Handeln, und welche zu ganz eigenartigen Gemeinschaftsbildungen unter den Menschen führen“[179].

Im Sinn einer weiteren methodisch relevanten Entscheidung kommt Nathusius zur differenzierten Aufgabenbestimmung von Religionswissenschaft und Theologie, indem nicht nur von den bisherigen Begriffen der Theologie als Wissenschaft zunächst abgesehen, sondern damit zugleich das Hauptaugenmerk auf die Religionswissenschaft als *Wissenschaft* gelegt werden soll. Deren wichtigste „Vertretung“ ist dann allerdings die Theologie als „wissenschaftlich gestaltete und mitgeteilte Religion“[180]. Was bereits für die genannten Wissenschaftsdisziplinen geltend gemacht wurde, bestimmt nun auch die Aufgabenstellung der Religionswissenschaft: „Die Wissenschaft soll Religion nicht machen, weder im Allgemeinen noch im einzelnen Menschen [...], sondern soll die Religion nur deutlich erkennen und richtig darstellen, ein Bild von dem Leben und Wesen derselben entwerfen im denkenden Menschengeiste“[181].

Objektive Erkenntnis gewährleistet eine solche Vorgehensweise nur, indem sie die Frage nach der *Denkform*, nicht den *Denkinhalten des religiösen Vollzuges* stellt. Die Frage nach der *Wahrheit* religiöser Aussagen steht erst am Ende des methodischen Durchganges. Geht es dieser wissenschaftlichen Disziplin um die Aufgabe der systematischen Erfassung von Religion, wie diese sich durch die Geschichte hindurch darstellt, ist zugleich klar, daß im Rahmen dieser Vorgehensweise eine Antwort auf die religiöse Wahrheitsfrage nicht erteilt wird.

Aber mit diesem eingegrenzten Forschungsinteresse mag sich Nathusius dennoch nicht begnügen, da sich von der Wahrheit dieses spezifischen Untersuchungsgegenstandes schlechterdings nicht abstrahieren läßt. Religion wird nicht bloß in ihrer Wirklichkeit dargestellt, sondern ist auf ihre Richtigkeit hin zu prüfen. Nathusius verläßt das vertraute Gleis der der Wissenschaft bisher zugestandenen Aufgaben und Möglichkeiten, indem er ihr zubilligt, daß sie „dem nach Wahrheit suchenden Geiste weiterzuhelfen“[182] vermag. Für die Unterscheidung zwischen objektiver und moralischer Gewißheit bedeutet

---

179 *A. a. O.*, S. 262f.

180 *A. a. O.*, S. 250.

181 *A. a. O.*, S. 249.

182 *A. a. O.*, S. 307.

dies, daß die Religionswissenschaft einerseits die Wahrheitssuche zu befördern vermag, indem sie den Wert ihres Gegenstandes an bereits anerkannten wissenschaftlichen Gewißheiten prüft, also etwa an bestimmten religiös-kulturellen Erscheinungen einzelner Epochen oder Völker. Andererseits begibt sie sich erst in gegenstandsadäquater Weise auf die Wahrheitssuche, wenn sie einen Maßstab wählt, der aus der „Frage nach der Übereinstimmung mit irgend einer Wahrheit, welche außerhalb des wissenschaftlichen Verfahrens dem denkenden Geiste zugekommen ist“[183], resultiert. So liegt im prinzipiellen Unterschied zwischen wissenschaftlich objektiver und moralischer Gewißheit das Problem des Verhältnisses zwischen Wissenschaft und Religion, genauer: zwischen Religion als Wissen einerseits und Religion als Beziehung zu Gott andererseits, begründet. Die unterschiedlichen Verhältnisbestimmungen dieser beiden Begriffe von Religion rezipiert Nathusius auf der Folie der genannten zwei - gegensätzlich geprägten - Traditionsstränge.

2. 3. 2. *Tradition*: Die Tradition einer unangemessenen Verhältnisbestimmung von Religion und Wissenschaft

Seine Kritik an der „intellektualistischen“ Ausprägung theologischer Wissenschaft entwickelt Nathusius anhand von Schleiermacher, Rothe und den Vertretern der mit Ritschl aufkommenden liberalen und spekulativen Theologie. Generell gelte für die gesamte Richtung, daß dort der Ausgangspunkt für sämtliche theologischen Grundentscheidungen im Subjektiven, sei es im Gefühl der Abhängigkeit oder Freiheit, sei es im subjektiven Gottesbewußtsein[184], bestimmt werde, wodurch diesen Entwürfen ein von vornherein rein spekulativer Charakter zu eigen sei. Nathusius unterscheidet nicht streng zwischen beiden Bezeichnungen. Gemäß seines charakteristischen *Rekurses auf Tradition* ist angesichts der Beurteilung theologischer Ansätze ohnehin vornehmlich nach dem jeweiligen *Prinzip und Ausgangspunkt* theologischer Rede zu fragen. Ist in der grundsätzlichen Bewertung des jeweiligen Ansatzes die Entscheidung gefallen, gelten ihm einzelne nuancierte Unterschiede als ohnehin nur noch zweitrangig.

Die Beurteilung der Authentizität religiöser Erkenntnis kann für Nathusius hingegen nur im Rekurs auf die - im subjektiven Bewußtsein faktisch wahrnehmbaren - Tatsachen im Sinn *objektiver Mächte*, *historischer Ereignisse* und *göttlicher Offenbarungen* erfolgen. Nur auf diese Weise sei die „unmittelbare psychologische Anknüpfung an Religion“[185] denkbar. Der Schleiermachersche Gedanke des schlechthinnigen Abhängigkeitsgefühls re-

---

[183] *A. a. O.*, S. 308.
[184] Vgl. *a. a. O.*, S. 259.
[185] *A. a. O.*, S. 370.

sultiere aus einem subjektiven Bewußtsein, „das sich nicht auf unseren empirischen Zustand bezieht, sondern auf unser Sein, das nie in einem bestimmten Momente da ist, sondern sich auf uns überhaupt bezieht, auf unsere Thätigkeit, unser ganzes Dasein“[186] und damit nicht als *wirklich* unmittelbares Bewußtsein bezeichnet werden könne. Vorgehalten wird Schleiermacher die Ignoranz der faktischen Manifestationen von Religion, seien es die Tatsachen historischer Christentumsüberlieferung oder einzelner Offenbarungsereignisse. Man könnte Nathusius' Kritik an Schleiermacher in dem Sinn interpretieren: der *Rekurs auf Tradition* droht durch Schleiermacher willkürlich und beliebig zu werden.

Entwickle Rothe sein theologisches System vom Gedanken der menschlichen Gewißheit als einer „Urthatsache des Gottesbewußtseins“[187] aus, wird er Nathusius zufolge ebenfalls der Aufgabe nicht gerecht, den Gemeinbesitz menschlichen Wissens auf das Gebiet der Religion zu applizieren. Auch durch diesen Entwurf drohe die Faktizität der Religion verlorenzugehen. Schon die von Rothe für die Frage präziser Spekulation angenommenen Bedingungen des 'einfachen Urdatums' und des für notwendig erachteten rein abstrakten Denkens[188] führten nicht nur zur Negation der wissenschaftlichen Methode, sondern verletzten darüber hinaus aufgrund ihres bloßen Behauptungscharakters die religiöse Pflicht, Gott als den entscheidenden Bezugspunkt vom menschlichen Bewußtsein zu unterscheiden.

In konstruktivem Sinn versteht Nathusius die Differenzierung zwischen objektiver und subjektiver, i. e. moralischer Gewißheit als angemessenen Ausdruck für die Betätigung der richtig verstandenen menschlichen Subjektivität - im Sinn der Verwirklichung idealer Freiheit. Wird die Vernunft hingegen als unmittelbar offenbarendes Erkenntnisvermögen verstanden, macht sich der nach religiöser Erkenntnis Strebende von der Leistung eigenen Den-

---

[186] *A. a. O.*, S. 369f. Fordert Nathusius im *Timotheus* in bildhafter Weise, daß die Beschäftigung mit der Theologie „in erster Linie ein heiliges Gemüth, einen ernsten Sinn“ (S. 16) bzw. eine christliche „Gemütshingabe“ (S. 28) verlange, ist damit augenscheinlich etwas völlig anderes als Schleiermachers subjektivitätstheologisch fundierter Gedanke von der „Provinz im Gemüthe“ angesprochen.

[187] *WdW*, S. 269. Nathusius bezieht sich auf Rothes posthum erschienene *Theologische Encyklopädie*, Ritschls *Rechtfertigung und Versöhnung* sowie dessen *Theologie und Metaphysik*.

[188] *WdW*, S. 271. Hinsichtlich der Beurteilung Rothes läßt sich bei Nathusius allerdings weder eine strikt negative noch eine strikt positive Rezeption erweisen. Dies ist sicherlich auch auf die schillernde Person und systematische Lehrentfaltung Rothes zurückzuführen, der, wie der Zeitgenosse R. Kübel formuliert „einesteils die spekulative Vernunft schrankenlos ihr Werk treiben, andererseits dasselbe möglicherweise, d. h. wenn das Resultat nicht mit der Bibel, der Kirche und dem frommen Bewußtsein stimmt, durch diese Autoritäten zertrümmern läßt und materialiter neben den größten Ketzereien die herrlichsten ganz positiven Glaubenswahrheiten verkündigt“, *Über den Unterschied zwischen der Positiven und der Liberalen Richtung*, S. 20; vgl. zu R. Rothe jetzt auch F. Wagner, *Theologische Universalintegration* sowie M. Heesch, *Transzendentale Theorie*.

kens und Gefühls abhängig. Rothes Methode sei im Ergebnis vor allem deshalb als unbrauchbar zu bezeichnen, weil dabei die Religion in Konflikt gerät „mit dem Momente der Freiheit, sei es in Gott oder im Geiste des Menschen“[189].

Daß sich seine grundsätzliche Kritik an diesen subjektivitätstheologischen Ausprägungen allerdings keineswegs nur in den Bahnen des wissenschaftlichen Streits bewegt, macht seine Behandlung des theologischen und kirchlichen ‘Tagesgeschehens’ deutlich. Von Beginn an verfolgt er dabei intensiv die Entwicklungen des Protestantenvereins (PV) und des 1887 gegründeten Evangelischen Bundes (EB) sowie die theologischen und kirchenpolitischen Stellungnahmen der jeweiligen Leitfiguren dieser beiden protestantischen Foren.

Dabei ist sein kritischer Blick auf diese Foren primär christologisch fundiert: die Geister scheiden sich an der Lehre von der *Person* Christi. Ohne es jeweils auszuführen, benennt er als entscheidenden Unterschied zwischen positiver und liberaler Theologie, daß bei jenen der lebendige Jesus zu Wort komme, bei den anderen nur vom verstorbenen Jesus die Rede sei[190]. Und persiflierend legt er an anderer Stelle einem Jünger der theologischen Wissenschaft, „der wahrscheinlich noch zwischen dem Ritschl'schen, Beyschlag'schen, Schenkel'schen und Dorner'schen ‘Christusbilde’ umherschwankte“ die Worte in den Mund: „‘Ich muß mir meinen Christus erst construieren’“ und gibt ihm dann zur Antwort: „Nein mein lieber junger Freund, [...] vorerst muß der Herr Christus S i e construieren“[191]. Dieses, wie Nathusius es nennt, offene Leugnen des „Hervorragen[s] Christi über das rein Menschliche“[192], das letztlich auf einer Verkennung des fundamentalen Unterschiedes zwischen theologischer Erkenntnis und biblischer Offenbarung beruhe, ist der Hauptgrund seiner Klage über die liberalen Theologen und ihre Foren. Denn werde in den Werken eines Ritschl oder Herrmann die persönliche Erkenntnisleistung zum Ausgangspunkt für die Frage nach der Gottebenbildlichkeit Jesu Christi gemacht und die Versöhnungslehre gänzlich in die Gegenwart eingezogen, so verlören zum einen die Tatsachen der Wunder und der Auferstehung ihre Bedeutung für den Glauben. Auch könne die Lehre von der Präexistenz und der Menschwerdung des Gottessohnes nicht mehr aufrechterhalten werden. Diese Gefahr, den eigentlichen ‘Inhalt’ des Glaubens aus den Augen zu verlieren, droht Nathusius' Kritik an Herrmann zufol-

---

189 *WdW*, 273. Für die Bedeutung der empirischen Verfahrensweise, seinen eigenen Versuch der „Widerlegung“ der spekulativen Wissenschaft sowie die konstruktive religiöse Begriffsbildung greift Nathusius ausführlich auf Julius Müllers *Die christliche Lehre von der Sünde* zurück.

190 Vgl. *AKM* 1881/1, S. 226.

191 *AKM* 1882/1, S. 226.

192 *A. a. O.*, S. 227.

ge, wenn Religion auf sittliche Erfahrbarkeit gegründet werde. So findet sich der Zusammenhang zwischen der Kritik an einer individuellen Konstruktion von Glaubensinhalten und Nathusius' eigenem wissenschaftlich methodologischen Ansatz in folgender Feststellung: „Während jede andere Disciplin sich die Anerkennung erobert hat, daß sie einen Gegenstand besitzt, den sie nicht erst zu producieren, sondern nur wissenschaftlich darzustellen hat, [...] - soll das kirchliche Handeln die großartigen Realitäten der göttlichen Offenbarung, welche die Welt erneuert haben, so lange unberührt lassen, bis festgestellt ist, was sich die Herren Professoren darüber aus den Fingern gesogen haben"[193].

Auch Pfleiderer und der ehemalige theologische Lehrer Beyschlag - man denke an die Bedeutung der Nathusius'schen Rezeption von *Personen*, nicht primär von *Theorien*! - geraten in das Visier der Kritik, wobei Nathusius ersterem vorwirft, den naturwissenschaftlichen Entwicklungsgedanken eines Darwin für die Beurteilung der Wahrheit theologischer Aussagen in Anschlag zu bringen[194]. Pfleiderer, der sich in seinen Schriften immer wieder als Pantheist offenbart habe und in seiner *Religionsphilosophie* von 1878 die „Bedeutung des Christentums als der absoluten Religion"[195] endgültig aufgegeben habe, sei als theologischem Lehrer nicht weiter zu folgen.

Nicht viel besser ergeht es Beyschlag, den Nathusius aufgrund von Schriften wie dessen 1885 erschienenen *Leben Jesu* und seiner führenden Stellung in der Mittelpartei, dann im EB, ebenfalls vielfältig harsch kritisiert. Die skeptische Haltung gegenüber den Aktivitäten der Mittelpartei und der späteren Neuorganisation der Kräfte im EB ist beredter Beleg für seine grundsätzliche Kritik an dessen subjektivitätstheologischem Ansatz. Weil dieser Vereinigung der positive Boden fehle, könne diese Form kirchlicher Vereinigung nicht der geeignete Weg für ein gemeinsames Vorwärtsschreiten sein. „Nur Gleichartiges läßt sich in [sic!] Verhältnis setzen, d. h. organisie-

193 *AKM* 1882/2, S. 221f. Allerdings teilt er in einem späteren Rückblick auf die Arbeit am *WdW* mit, daß er hinsichtlich der theologischen Streitigkeiten vor allem bei der Rezeption Ritschls viel zu unbekümmert verfahren sei. Eine gewisse Übereinstimmung mit der Ritschlschen Methodologie - die bei ihm im eigentlichen Sinn auf Becks Ideen aufbaue - sei von den Rezensenten vielfach mißverstanden worden. So gilt zumindest im Fall Nathusius nur eingeschränkt, daß Ritschl theologischer Stichwortgeber für die konservativen Lutheraner der Zeit sein konnte, vgl. etwa Th. Nipperdey, *Religion im Umbruch*, S. 69f.

194 Vgl. *AKM* 1879, S. 212.

195 So Nathusius, *AKM* 1884/1, S. 353; vgl. zur Charakterisierung Pfleiderers auch *AKM* 1884/2, S. 218f. u. *AKM* 1885, S. 318, wo Nathusius ihn sogar in unmittelbare Nähe zu E. Renan stellt. Die Parallelisierung mit dem Orientalisten und Philosophen Renan (*La vie de Jésus*, 1863) belegt erneut das Nathusius'sche 'Entweder-Oder' seiner Rezeption theologischer Gedankengebäude und vor allem der jeweiligen Repräsentanten unterschiedlicher theologischer Richtungen.

ren“[196]. Auf den ersten Blick kommt für Nathusius trotz seiner ausgeprägt antikatholischen Haltung ein Beitritt zum EB aus theologischen Gründen nicht in Frage. Aufgrund der von Nathusius befürchteten Zügellosigkeit eines subjektivitätstheologischen Ansatzes tritt selbst die Aussicht auf einen schlagkräftig organisierten Antikatholizismus hinter das theologische Argument zurück.

Gleichwohl bleibt zu fragen, ob es tatsächlich strictissime die *theologische* Grundhaltung Beyschlags war, durch die er sich *eben auch* zur Kritik an dessen kirchenpolitischen Aktivitäten herausgefordert fühlte. Oder ob er umgekehrt dessen theologische Position aus dem Grund negativ rezipierte, weil er durch Beyschlag eine verhängnisvolle kirchenpolitische Linie eingeschlagen sah. In letzterem Fall hätten bestimmte unklare *theologische* Aussagen Beyschlags nichts weiter als eine willkommene Gelegenheit dargestellt, das eigentlich intendierte *kirchenpolitische* Gefecht zu führen. Man begrüßte zwar die antikatholische Haltung, befürchtete aber bei einem erfolgreichen Wirken des EB dessen fernerhin nicht mehr kontrollierbaren Einfluß auf den deutschen Protestantismus. Nathusius' dezidiert theologische Argumentation kann als Versuch interpretiert werden, sich nicht dem Vorwurf auszusetzen, die Aktivitäten des EB rein unter Macht- und Interessengesichtspunkten zu rezipieren. Wie auch immer man dieses Verhältnis zwischen theologischer und kirchenpolitischer Auseinandersetzung interpretiert: Festzustellen ist, daß innerhalb dieser vermeintlich ausschließlich wissenschaftsmethodologischen Debatte zwischen Nathusius und der liberalen Theologie eine eigenartige Gemengelage von theologischer, kirchenpolitischer und politischer Diskussion vorherrschte.

Für die Debatte mit dem PV - „exponierter Widerpart des konservativ-kirchentreuen moralprotestantischen Milieus“[197] - und seinen Vertretern ist prinzipiell dieselbe Beobachtung zu machen. Auf die reichsweiten Gefahren durch Sympathisanten des PV weist Nathusius immer wieder mit großer Unermüdlichkeit hin. Will er in einem Monatsbericht innerhalb der *AKM* beispielsweise aufzeigen, daß in der kirchlichen Landschaft keine Neuigkeiten zu vermelden sind, bringt er dies durch die Bemerkung zum Ausdruck, daß nach wie vor „die Protestantenvereinler Unglaubliches auf Kanzeln und in Vorträgen äußern, daß die Kirchenregimente darüber schwach und die gläubige Geistlichkeit 'beunruhigt' ist“[198]. Seine Berichte über Aktivitäten des PV dienen durch die Jahre hindurch zu einem erheblichen Teil dazu, die eigene Überzeugung von der Bremswirkung liberaler Theologie auf eine positive ge-

---

[196] *AKM* 1887, S. 994.

[197] V. Drehsen, *Kulturprotestantismus*, S. 151 im Zusammenhang seiner Rezension von G. Hübinger, *Kulturprotestantismus*, S. 23f., 51ff., außerdem zum PV neuerdings die Monographie von C. Lepp, *Der deutsche Protestantenverein*.

[198] *AKM* 1879, S. 462.

deihliche Entwicklung der protestantischen Kirche zum Vorschein zu bringen. Dies wird auch für seine späteren Bemerkungen zur Frage der Freiheit von Wissenschaft und Lehre an den theologischen Fakultäten von Bedeutung werden. Die hier kurz angerissene Auseinandersetzung mit der liberalen Theologie legt erneut die Vermutung nahe, daß sich Nathusius' eigene Position und Konzeption in nicht unerheblichem Maße ex negativo herauskristallisierte. Die eigene, konstruktive Bestimmung des theologischen Ansatzes, wenn man so will, der Rekurs auf den positiven Strang der Tradition erscheint einstweilen gegenüber der Rezeption des negativen Stranges als vergleichsweise unprofiliert. Im Blick auf die Applikation des Empiriebegriffs auf den Religionsbegriff wird sich zeigen, ob es bei dieser Unprofiliertheit bleibt.

2. 3. 3. *Erfahrung*: Die dem Gegenstand der Religion angemessene Verhältnisbestimmung von Religion und Wissenschaft

Den positiv rezipierten Traditionsstrang der Empirie appliziert Nathusius auf das Gebiet der allgemeinen und vergleichenden Religionskunde, indem er deren Leistungskraft darin erblickt, nicht mit der Frage nach dem *Wesen* von Religion einzusetzen, sondern den Blick auf die „lebendigen Anschauungen des religiösen Lebens"[199] zu richten. Unter der Voraussetzung der Möglichkeit objektiver Kenntnis religiöser Tatsachen ergibt sich dann ebenfalls, wie etwa innerhalb der Geschichtswissenschaft, die Konsequenz, daß an diese empirische Methode - um der freien Bewegung des individuellen forschenden Geistes willen - die kombinierende Tätigkeit und die subjektive Urteilskraft des jeweiligen Forschers anknüpfen muß. Es kann demzufolge nicht behauptet werden, daß eine *historische Fundierung* theologischer Reflexion abgelehnt würde. Allerdings bleibt auch bei Nathusius deutlich, daß die konservative Theologie die drohende *durchgängige Historisierung* theologischer Erkenntnis als Preisgabe ihrer 'Sache' verstand[200].

---

[199] *WdW*, S. 243. Nathusius macht im biographischen Rückblick auch den Tübinger Lehrer Beck für die Erkenntnis dieses Zusammenhanges namhaft, da schon für diesen die *Tatsachen des religiösen Lebens* „vor allen Systemen da sind, ja vor und über allen Begriffen, in deren gewaltiger historischer Construction wohl die nachforschende Intelligenz hier und da die Grundlinien einer großartigen Systematik erkennt, die aber viel zu hoch sind, als daß sie sich einbilden könnte, jemals ihr Meister zu werden", *Timotheus*, S. 62. Nathusius verweist auf die zu dieser Zeit überhaupt erst in Gang kommende vergleichende Religionswissenschaft, in deren Folge „ersichtliche Fortschritte [...] in der Kunde des geistigen Lebens der Völker auch in Bezug auf die Religion" (*WdW*, S. 276) gemacht worden seien.

[200] Vgl. F. W. Graf, *Protestantische Theologie*, S. 8.

Für die Religionswissenschaft gilt, daß die Bedeutung der Quellen des Christentums, der säkularen Wirkungen sowie der gegenwärtigen christlichen Lehren durch *Analogiebildung in bezug auf das eigene religiöse Bewußtsein* erläutert werden soll. Die Relevanz des religiösen Gegenstandes definiert sich nur von der jeweiligen Relevanz für das forschende Subjekt her: „je geistiger die Gegenstände der Wissenschaft werden, jemehr in ihrem Werden und Wesen die Freiheit, die sittlichen Entscheidungen mitwirkend waren, desto bedeutsamer wird auch in der wissenschaftlichen Arbeit die innere Gleichstimmung des Forschers mit seinem Gegenstande"[201]. Gilt über den Aspekt der intellektuell erfaßbaren logischen Gewißheit hinaus die Religiosität und Subjektivität des Forschers als elementare Bedingung - nicht als *Quelle*, sondern als *Hilfsmittel* - der Erkenntnis, dann stellt sich die Frage, ob die Möglichkeit moralischer Gewißheit als in der *natürlichen Anlage des Menschen* verankert angesehen werden kann. Mit der Betonung der erkenntnisleitenden Funktion moralischer Gewißheit dürfen nicht durch die Hintertür subjektivitätstheoretische Prämissen gesetzt werden. An dieser Schnittstelle, an der unumgehbar die Frage nach den erkenntniskonstituierenden Faktoren am Ort des Subjekts auftaucht, wird erkennbar, daß es sich hierbei keineswegs nur um die Schnittstelle innerhalb der vorliegenden methodologischen Argumentation handelt. Auf den Plan getreten ist vielmehr eines der Grundprobleme theologischer Wissenschaft der zweiten Hälfte des 19. Jahrhunderts: welchen wissenschaftlichen Status theologische Rede für sich beanspruchen kann, wenn offensichtlich einerseits der bisherige Gewißheitsanspruch der Theologie angesichts der neuzeitlichen wissenschaftlichen Ausdifferenzierung nicht mehr haltbar ist, andererseits auf die Vermittlung authentischer und zustimmungsfähiger theologischer Rede mit den Erkenntniszuwächsen neuzeitlicher Wissenschaft nicht verzichtet werden soll. Daß Nathusius ausführlich auf dieses Vermittlungsproblem eingeht, ist kein l'art pour l'art. Sondern auf den Grundentscheidungen, die jetzt getroffen werden, basiert sein gesamter materialdogmatischer Ansatz sowie sein späteres sozialethisches Programm. Erst nach grundsätzlicher Klärung des Wissenschafts- und Theologiebegriffs kann es zu einer angemessenen Erörterung und Beurteilung dessen kommen, was Nathusius unter einer protestantischen *Begleitung* der Sozialstaatsdebatte versteht!

Der Grundfrage selbst nähert sich Nathusius mit Hilfe einer Erörterung der für die Entstehung moralischer Gewißheit konstitutiven *Willensentscheidung* des Subjekts. Er geht von einer eigentümlichen Gesetzmäßigkeit aus, nach der sich die willentliche Urteilsbildung auf sittlich-religiösem Gebiet vollziehe. Diese Gesetzmäßigkeit ist für ihn im Modus einer aufsteigenden Stufenfolge darstellbar. Die Offenheit gegenüber der beginnenden Religionsphänomenologie und Religionspsychologie geht also durchaus soweit, die Ausbil-

---

[201] *WdW*, S. 311.

dung christlicher Überzeugung in eine solche psychologische Phänomenologie einzuzeichnen.

Im Prozeß der Urteils- und Überzeugungsbildung tritt zuerst die dem Selbstbewußtsein objektiv gegenüberstehende Forderung des *Gewissens* in Form einer unmittelbar und unwillkürlich empfundenen Gewissensregung auf, wobei er diese Gewissensregung als *psychologische Tatsache der Ahnung*, die mit dem Charakter *absoluter Gewißheit* bekleidet ist, bezeichnet. *Moralische Gewißheit* tritt erst zutage, wenn der subjektive Wille diese Forderung tatsächlich bejaht. Dann überträgt sich die Absolutheit jener Forderung auf die Beurteilung eines einzelnen Falles: „Das moralische Subjekt eignet sich in seiner Entscheidung ein Urteil an über bestimmte Begriffe“[202]. Sittlich-religiöse Überzeugung herrscht vor, wenn aus der Erfahrung moralischer Gewißheit und der willensmäßigen Beurteilung *eines* Falles ein *allgemeines* Urteil über die dieser Erfahrung zugrundeliegenden religiösen Begriffe wird.

Aus der Summe mehrerer psychologischer Erfahrungen und innerer Erlebnisse baut sich ein *System* von Begriffen und Urteilen auf, „welches selbst eine Erfahrungswissenschaft repräsentiert“[203]. Diese Urteile bzw. die sittlich-religiösen Überzeugungen unterscheiden sich, worauf Nathusius insistiert, in ihrer *Bedeutung* für das *individuelle* Bewußtsein von anderen objektiv gültigen Erkenntnissen allerdings nicht, da sie ebenfalls als *für das Bewußtsein begründete* Urteile und Überzeugungen anzusehen sind.

Der Gedanke eines aus sittlicher Erfahrung entspringenden Urteils verweist schließlich darauf, daß es das *Gebiet der Ethik* ist, auf dem die entscheidende Ideen- und Urteilsbildung hervorgerufen wird. Nathusius stellt einen kausalen Zusammenhang des Glaubens- und Gottesbegriffs mit der ethischen Fragestellung her, indem er in Aufnahme prominenter Tradition den Gedanken eines sittlich vermittelten Charakters des Gottesglaubens ins Bild rückt.

Im Unterschied zum Glaubensverständnis anderer Religionen erblickt Nathusius die Besonderheit der christlichen Glaubensüberzeugung darin, ein

---

202 *A. a. O.*, S. 352.

203 *A. a. O.*, S. 353. J. Gottschick weist allerdings mit Recht darauf hin, daß Nathusius sich nicht mit Kants und Lotzes Problembeschreibung hinsichtlich der Möglichkeit, die Gottesidee zur unumstößlichen Leitidee jeglicher empirischer Forschung zu machen, auseinandergesetzt hat, vgl. *ThLZ* 1886, Sp.182. In der Tat bürdet sich Nathusius mit seiner Art des Beweisverfahrens grundsätzliche erkenntnistheoretische Probleme auf.
Ein weiterer berechtigter Vorwurf eines ungenannten Rezensenten geht dahin, daß Nathusius keine deutlichere Differenzierung zwischen der Philosophie und Theologie als den Disziplinen der „Grenzerfahrung“ unternimmt, d. h. nur unzureichend von dem „der Philosophie einerseits analogen, andererseits ungleichartigen Wesen des religiösen Erkennens handelt“, vgl. *EKZ* 1886, Sp. 92. Damit wird das grundsätzliche Problem des Nathusius'schen Ansatzes benannt, indem dieser die Philosophie letztlich in den Gegenstands- und Erkenntnisbereich der Religion als Wissenschaft einzieht.

klares Bewußtsein über ihre eigenen Gründe zu erfordern und zu ermöglichen. Christlicher Glaube beansprucht, Rechenschaft über die eigene Glaubenshaltung geben zu können. Daß diese Rechenschaft und somit diese Überzeugung nicht ohne bewußte und freie Willensentscheidung zustande kommen kann, wird als Frucht reformatorischer Grundentscheidungen positiv anerkannt und geltend gemacht.

Um sich auch an dieser Stelle nicht dem Vorwurf gegenreformatorischer oder subjektivitätstheologischer Rede auszusetzen oder als Anhänger des „Ritschlschen metaphysik-scheuen Kriticismus“[204] zu gelten, erfährt dieser hermeneutische Begriff der Willensentscheidung eine begrenzende Näherbestimmung. Die jeweilige Willensentscheidung gilt nur dann als legitime Antwort auf das göttliche Offenbarungsereignis, wenn sie als „Frucht und Folge eines Gehorsams“[205] gegenüber der objektiven Wahrheit verstanden wird. Nathusius plädiert vehement dafür, diese Fassung persönlicher Willensentscheidung keinesfalls als Widerspruch zur freiheitlichen Entscheidungsfähigkeit der religiösen Persönlichkeit anzusehen. Diese Fassung entspreche vielmehr der tiefsten Bedeutung der Rede von der Freiheit des Christenmenschen. Jetzt, wo sich einer der ersten *konstruktiven* Rekurse von Nathusius auf *positive* Tradition findet, ist darauf aufmerksam zu machen, daß diese Fassung des Freiheits- und Gehorsamsbegriffs in unmittelbarer Verbindung mit seiner bereits angedeuteten weltanschaulich-politischen Konzeption des Freiheitsbegriffs steht. Nun läßt sich genau an dieser Stelle aber ebenfalls fragen, ob diese christlich-konservative Weltanschauung aus einer vorgängig-theologischen Konzeption des reformatorischen Freiheitsbegriffs resultiert oder ob diese spezifische theologische Konzeption nur dazu dienen soll, die bestehenden kirchlichen und politischen Herrschaftsinstanzen theologisch zu legitimieren. Die Entscheidung über die angemessene Verhältnisbestimmung zwischen christlicher Glaubensüberzeugung und praktischer Lebensführung ist bei Nathusius selbst noch nicht gefallen.

Indem Nathusius den Vorgang der Urteilsbildung mit der christlichen Glaubenspraxis verbindet, kommt er zu der Definition des Glaubens als „das auf eine, mit moralischer Gewißheit verbundene, [auf] innere Erfahrung gegründete Urteil über die Wahrheit von Aussagen und Thatsachen, deren Ver-

---

204 So dennoch der Vorwurf des ungenannten Rezensenten des *WdW*, der Nathusius' Werk aufgrund des Versuches einer empirisch-anthropologischen und religionswissenschaftlichen Grundlegung sogar als Kriegserklärung gegen jegliche theologisch-dogmatische Spekulation versteht, vgl. *EKZ* 1886, Sp. 93f. Diese Wahrnehmung macht erneut deutlich, daß Nathusius keineswegs als ungebrochene Speerspitze einer nach dogmatischer Exklusivität strebenden Richtung der damaligen theologischen Wissenschaft angesehen werden kann! Das *WdW* zeigt ihn zumindest als bemühten Vertreter des theologisch begründeten und für ihn noch verantwortbaren Dialogs.

205 *WdW*, S. 358.

kündigung zu jener ersten Erfahrung geführt hatte“[206]. Da sich die Verkündigung aber nicht an die Vernunft, sondern an das Gewissen und die zustimmende Entscheidungsfähigkeit des subjektiven Willens richtet, vermittelt sich der Inhalt christlicher Verkündigung nicht in einem objektiven Sinn, sondern manifestiert sich in sittlicher Gewissens-Entscheidung und gehorsamer Antwort des gläubigen Selbstbewußtseins. Wenngleich damit die in diesen Urteilen liegende Erkenntnis nicht als objektiv gültige Erkenntnis für alle einsichtig gemacht werden kann, ist doch das auf der inneren Erfahrung begründete Urteil für eine wirkliche Erkenntnis zu halten.

Die christlichen Glaubensüberzeugungen können nur für denjenigen als unzugänglich gelten, „welcher nicht den Sprung macht, der in dem ‘Gehorsam der Wahrheit’ für Wille und Vernunft beschlossen ist“[207]. Die Vermittlung zwischen subjektivem psychologischen Bestand und der objektiven Macht der Offenbarung leistet Nathusius zufolge die Offenbarung selbst, indem durch sie Tatsachen verkündigt werden, für die gerade Glaubensvollzug beansprucht wird. Als *objektive Faktoren der Offenbarung* werden dabei einerseits die aus dem Naturzusammenhang rational ableitbare „Einrichtung der Natur und die Leitung der Schicksale durch die göttliche Weisheit“[208] genannt, andererseits die positiven, historischen Tatsachen der *Uroffenbarung* - verstanden als „Einleitung des Umganges zwischen dem Menschen und Gott in den Anfängen des Menschengeschlechts“[209] - und der *Macht der Sünde* als „vermöge der menschlichen Wahlfreiheit [...] eingetretene[n] Störung dieses Umganges“[210].

Die hamartiologischen Grundaussagen bekommen damit heuristischen Wert für die Erfassung historischer Tatsachen des religiösen Lebens. Die Ausführung dieser dogmatisch besetzten Schaltstelle liegt bereits im *Timo-*

---

206 *A. a. O.*, S. 386.

207 *A. a. O.*, S. 406. Auf die philosophie- und theologiegeschichtliche Bedeutung der Rede vom „Sprung“ muß an dieser Stelle nicht hingewiesen werden. Allerdings vermag doch die Tatsache zu überraschen, daß offensichtlich Theologen, die man wohl zwei sehr unterschiedlichen theologischen Traditionen zuordnen wird, an der entscheidenden Stelle, an der sich nun endgültig und unvermeidlich die Frage nach der subjektiven Glaubensgewißheit stellt, mit derselben Metapher antworten.

208 *A. a. O.*, S. 378.

209 *Ebd.*

210 *Ebd.* Für die Erkenntnis des Zusammenhanges zwischen historischen Tatsachen und göttlicher Offenbarung werden bereits im *Timotheus* die Quellen der Bezugnahme genannt. Danach sei es das entscheidende Verdienst des Erlangers Hofmann gewesen, den Gedanken der geschichtlichen Dimension der Offenbarung für Theologie und Kirche fruchtbar gemacht zu haben. Aber auch die Bedeutung der individuellen Forscherpersönlichkeit wird namhaft gemacht: „unbestreitbar dürfte es sein, daß von gläubigen Geschichtsforschern, wie z. B. Ranke, vor allen aber Leo, auf die künftigen Diener der Kirche oft eine viel positivere Anregung ausgegangen ist als von vielen Theologen“, *Timotheus*, S. 45.

theus offen zutage. Die Gewissensüberzeugung im Sinn des „sum peccator, ergo est Deus" bezeichnet Nathusius dort als die „logische Grundlage für jede religiöse Überzeugung"[211].

Darüber hinaus wird in jener Schrift diese Vermittlungsleistung der Offenbarung für die Gotteslehre fruchtbar gemacht. Unter der Voraussetzung, daß der einzige „Weg in den Glauben hinein [...] der sittlich praktische, nicht der metaphysisch speculative"[212] ist, können Dasein und Wirken Gottes niemals in Abhängigkeit vom menschlichen Denken gedacht werden. Auch die trinitarischen Lehraussagen sind im Gegensatz zur Hegelschen Spekulation niemals als denknotwendig behauptbar. Die „Beweisführung" des Daseins Gottes endet bei Nathusius damit, daß es nur *eine* Form der Apologetik geben könne: „Ich habe ihn erfahren"[213].

Die Willensentscheidung hat demnach bereits immer schon eine vorgegebene Zielrichtung. So kann gefragt werden, ob Nathusius tatsächlich eine freie, subjektive Weise der Willensentscheidung vor Augen hat, wenn er diese mit der „Beugung des Subjects unter den Gehorsam der Wahrheit"[214] gleichsetzt. Denn mit dieser Gleichsetzung verbindet sich für das jeweilige Subjekt die Forderung, den gottbejahenden Willen nicht nur von individueller Reflexion und sittlicher Entscheidungskraft her konstituiert sein zu lassen, sondern die grundsätzliche Bedeutung der *Tradition* im Blick zu haben. Indem Nathusius darauf insistiert, „die konkreten Anschauungen von den Pflichten, an welche das Gewissen gebunden erscheint, immer aus der das betreffende Subjekt beherrschenden allgemeinen oder besonderen Tradition abzuleiten"[215], wird explizit eine *Güterlehre* in die Argumentation eingeführt. Da das einzelne Gewissen die pflichtgemäßen Grundsätze einer Güterlehre nicht aus sich selbst heraus zu entwickeln vermag, sondern höchstens a posteriori diese Grundsätze zum expliziten Inhalt des sittlichen Bewußtseins machen kann, hat sich das Gewissen auf die objektiven Mächte - im Sinn der durch die geistigen Lebensmächte geformten Gottesgeschichte - auszurichten. Für die Frage des Bezugspunktes moralischer Gewißheit wird der jeweils zu erkennende Gegenstand als *bereits vorhanden* vorgestellt. Der Richtungssinn subjektiven Erkenntnisstrebens ist insofern determiniert, als dieses Streben seiner Bestimmung nur zu entsprechen vermag, wenn es das bereits Bekannte 'erkennt' und sich darauf ausrichtet, der - bereits immer schon feststehenden - Gewißheit gewiß zu werden.

Der bereits innerhalb der Darstellung der christlich-konservativen Weltanschauung aufgezeigte Pflichtbegriff erhält, wie bereits der Freiheitsbegriff,

---

211 *A. a. O.*, S. 68.

212 *A. a. O.*, S. 62.

213 *A. a. O.*, S. 72.

214 *A. a. O.*, S. 91.

215 *WdW*, S. 364.

seine theologische Legitimation. Damit wird allerdings jeglicher Veränderungsmöglichkeit und -notwendigkeit traditionaler Herrschaftsinstanzen der begriffliche Boden entzogen. Eine Möglichkeit wirklicher Fundamentalkritik an den kirchlichen oder politischen Instanzen ist nicht mehr möglich, zumindest solange diese ihrem Auftrag gerecht werden.

Somit wird erneut die Absicht und Konsequenz der vorliegenden Methodologie deutlich. Keine erkenntnistheoretische Klärung der Gottes- und Glaubensfrage soll befördert werden, sondern Nathusius will - auf zugegebenermaßen verschlungenem Weg - den Gehorsam fordernden Charakter der göttlichen Macht als einer objektiv wirkmächtigen Wahrheit behaupten. Auf diese Weise wird die methodologische Konzeption für eine *bestimmte praktische Lebensführung* des einzelnen Christen fruchtbar gemacht.

2. 3. 4. *Absolutheit*: Die Absolutheit des Christentums

Zwar setzt sich Nathusius, wie angedeutet, für seine wissenschaftliche Behandlung der Religion das methodische Ziel, die Begriffsbildung nicht von einer spezifisch christlichen Fassung des Religionsbegriffs aus vorzunehmen, allerdings betont er - wie längst klar geworden ist - über diese ursprüngliche Prämisse hinaus doch die wissenschaftliche Notwendigkeit, die christliche Religion zum Ausgangspunkt des empirischen Verfahrens zu machen. Im Blick auf die Gründe für diese sachliche Vorentscheidung wird zugleich der absolute Charakter, den Nathusius der christlichen, genauer der protestantischen Religion beimißt, erkennbar. Nachdem er als Vorbedingungen seiner wissenschaftlichen Behandlung einerseits den organisch-einheitlichen Charakter des zu untersuchenden Gegenstandes, andererseits die objektive und subjektive Gewißheit am Ort des Untersuchenden genannt hat, appliziert er diese Vorbedingungen auf die historischen Erscheinungsformen von Religion.

Das Christentum als Ausgangspunkt des wissenschaftlichen Vorgehens zu bestimmen, wird von ihm dadurch gerechtfertigt, daß sich der organische Charakter zuerst in der christlichen Religionsauffassung gezeigt habe. Dieser Auffassung liege das Bewußtsein der anbrechenden Erfüllung eines lang angelegten geschichtlichen Plans zugrunde, indem durch den Gedanken der καινη κτισις eine einheitliche Anschauung und Erklärung der Weltgeschichte erschlossen worden sei und sich somit gerade hier dem menschlichen Geist erstmals das in dem Gegenstand liegende Organische „zur systematischen Erkenntnis aufdrängte“[216]. Hinsichtlich der Vorbedingung objektiver und subjektiver Gewißheit sei erst durch die Forderung bewußten, erkennenden Glaubens die zentrale Bedeutung des subjektiven Bewußtseins für den reli-

[216] *A. a. O.*, S. 290.

giösen Vollzug vor Augen getreten. Die Erkenntnis der subjektiven Gründe des religiösen Vollzugs ist die elementare Errungenschaft des protestantischen Christentums: „Wenn in dem Schlußverfahren, durch welches das gläubige Urteil gebildet wird, der Obersatz [d. h. die Annahme von der Wahrheit der eigenen inneren Gewißheit, Th. S.] nicht durch das subjektive Element gebildet sein dürfte, so würde es überhaupt keine Gewißheit aus Gründen auf dem Gebiete der Religion geben. In diesem Satze liegt die Wahrheit und die Berechtigung des Protestantismus“[217].

Indem Nathusius als Maßstab für die *Beurteilung der unterschiedlichen Religionen* die Übereinstimmung der jeweiligen Religion mit ihren eigenen Geltungsansprüchen sowie die Fähigkeit, über sich selbst Rechenschaft abzugeben, annimmt, scheine hinter der allgemeinen und vergleichenden Religionskunde letztlich immer die Wahrheitsfrage auf. Da diese zugunsten des Christentums als entschieden gilt, ist seiner Meinung nach der Wissenschaftsentwicklung von der *vergleichenden* zu einer *ausgleichenden* Religionskunde zu wehren, welche das Christentum „nur als eine der wechselnden Gestalten, welche die Urreligion annehme, vorführt“[218]. Die „christliche Religion, in der Form des evangelischen Bekenntnisses“[219] wird als wissenschaftlich bedeutsamste Ausprägung von Religion verstanden, da hier der Weg der persönlichen Anerkennung und Annahme als „Sprung der freien Entscheidung nach sittlichen Motiven“[220] am klarsten vor Augen stehe und „das Transcendente mit dem Geschichtlichen in eine ebenso einfache wie tiefsinnige Verbindung“[221] gesetzt werde. Durch diese Verbindung ist nicht nur für die historischen und philosophischen Wissenszweige, sondern auch für Natur- und Geisteswissenschaften eine gemeinsame Grundlage hergestellt.

2. 3. 5. *Praxis*: Die praktische Zielsetzung von Theologie

Nathusius' Zielpunkt seiner methodologischen Untersuchung ist aufgewiesen: Keine theoretische Neukonstruktion des gesamten Wissenschaftsgebäudes wird vorgelegt, sondern primäre Berücksichtigung findet die „Fülle der Interessen der Gesellschaft, welche sie neben, vor und über den wissen-

---

217 *A. a. O.*, S. 396.

218 *A. a. O.*, S. 419.

219 *A. a. O.*, S. 330. Insofern kann diese besondere Betonung, die der protestantischen Fassung von Religion und religiösem Vollzug beigemessen wird, durchaus als weiterer Versuch bewertet und eingeordnet werden, sich gegen die wissenschaftlichen und praktischen Anschauungen des Katholizismus zu stellen.

220 *A. a. O.*, S. 309.

221 *A. a. O.*, S. 330.

schaftlichen hat"[222]. Allerdings ist damit die Frage nach dem Verhältnis der Theologie zur Praxis des religiösen Lebens noch keineswegs beantwortet.

Das Ziel der wissenschaftlichen Lehre besteht nicht nur im Ausbau der wissenschaftlichen Arbeit, sondern die institutionelle Verankerung der theologischen Wissenschaft muß Ausgangspunkt für die verschiedenen Zweige der praktischen Berufsausübung sein. Nathusius plädiert dafür, „daß die Organisation des Betriebes der wissenschaftlichen Religionslehre sich irgendwie im Anschluß an das religiöse Leben vollziehe"[223]. Die dieser Intention entsprechende Bildung eines Gegengewichts zu einseitiger Theoriebildung gelingt nur, wenn *actio* und *contemplatio* verbunden werden. Wissenschaft und religiöses Leben müssen im Rahmen einer theologischen Enzyklopädie in ein solches Verhältnis zueinander gebracht werden, daß die Wissenschaft selbst sich nicht nur nicht vor dem Leben verschließt, sondern sich letztlich nur über den Aspekt ihrer praktischen Relevanz definieren kann.

2. 4. Praktische Konsequenzen für Religion und Theologie

2. 4. 1. *Einheitlichkeit der Erfahrung*: Theologische Enzyklopädie und die „Freude am Realen und Geschichtlichen"[224]

Die für die Theologie formulierte Aufgabe, sich den praktischen Seiten des religiösen Lebens zuzuwenden, erfordert ein bestimmtes inhaltliches Verständnis von Theologie. Unter der Voraussetzung, daß der Glaubensvollzug nicht auf allgemein beweisbaren Gründen, sondern nur auf jeweils neuen inneren Erfahrungen basieren kann, die wiederum durch neue Offenbarungsereignisse ausgelöst werden, stellt sich das Problem der *Gültigkeit* theologischer Aussagen. Das Höchste an *Allgemeinheit*, das die Theologie überhaupt erreichen kann, besteht darin, die subjektiven Bedingungen für Glaubenserfahrungen als allgemein menschliche nachzuweisen. Anhand der Unterscheidungen zwischen *objektiver Wahrheit* und *objektiver Erkenntnis* sowie zwischen *kirchlich geprägter* und *'rein' wissenschaftlicher Theologie* gelangt Nathusius zu einer charakteristischen Aufgabenbestimmung der Theologie.

Diese hat als kirchliche Theologie im Rahmen des wissenschaftlichen Vollzuges von der Voraussetzung der Wahrheit des christlichen Glaubens auszugehen und muß demzufolge auch die Glaubenserfahrungen des religiösen Lebens als objektive Wahrheiten darstellen können. Zugleich aber hat sie sich als Erfahrungswissenschaft über diese Voraussetzung in objektiv gültiger

---

[222] *A. a. O.*, S. 294.

[223] *A. a. O.*, S. 319.

[224] So eine Formulierung von Karl F. A. Kahnis aus dessen *Dogmatik*, die sich Nathusius bezeichnenderweise zu eigen macht, *WdW*, S. 427.

Weise *Rechenschaft* abzulegen und sich damit die gesetzte Grenze, ab der diese Wahrheiten nur noch als subjektiv gültige und bindende verstanden werden können, bewußt zu machen: „So hat die Theologie die Macht, auf alle ihre ungelösten Fragen eine Antwort zu geben, von deren Wahrheit sich jeder, der will, überzeugen kann auf dem Wege der inneren psychologischen Erfahrung. Wer nicht will, bleibt ohne Antwort. Die Theologie kann zu ihrer Anerkennung nicht zwingen, sondern nur einladen“[225].

Durch diese Fassung des Wahrheitsbegriffs steht im Zusammenhang der theologischen Methodologie wiederum das Thema *Einheitlichkeit* auf dem Plan, so daß Nathusius' Aufriß des Systems einer theologischen Enzyklopädie unter der Voraussetzung und im Interesse eines einheitlichen, verallgemeinerungsfähigen Wahrheits- und Wirklichkeitsbegriffs konzipiert wird. Nathusius benennt in dieser Linie und entlang Schleiermachers Unterscheidung von philosophischer, historischer (unterteilt in die exegetische und systematische Disziplin) und praktischer Theologie als die drei Hauptaufgaben der Theologie: 1. die eigenen Voraussetzungen zu rechtfertigen, d. h. sich über die vertretene Wahrheit sowie die eigene Art der Beweisführung und Gewißheit gegenüber anderen Religionen Klarheit zu verschaffen, 2. die ge-

---

[225] *A. a. O.*, S. 411. Damit wendet sich Nathusius erneut gegen Versuche der Vermittlungstheologie, etwa eines Philipp K. Marheineke, *Die Grundlagen der christlichen Dogmatik als Wissenschaft* oder auch I. A. Dorners. Beider Hauptanliegen erblickt er darin, auf wissenschaftlichem Weg auf eine höhere Ebene der Gewißheit und zum wissenschaftlichen Erweis der Glaubenswahrheiten zu gelangen. D. h. er unterstellt hier die Vergeblichkeit des Versuches, mit Hilfe der Erhebung christlicher Erkenntnis auf eine höhere spekulative Stufe die Erkenntnisfähigkeit des christlich erleuchteten Geistes durch logischen Zwang zu bestätigen oder zu befestigen, vgl. *WdW*, S. 403f. Anläßlich von Dorners Tod am 8. 7. 1884 kann Nathusius Dorners moderner Scholastik zwar „unermeßlichen Tiefsinn und unbegrenzten Scharfsinn“ zubilligen, bescheinigt ihr aber zugleich, außerhalb des „Verständnisses für die praktischen Bedürfnisse der Kirche“ zu stehen, *AKM* 1884/2, S. 210. Kaum positiver fällt das Urteil über A. E. Biedermann anläßlich dessen Todes am 25. 1. 1885 aus, vgl. *AKM* 1885, S. 317.
Aber auch einem Vertreter der orthodoxen lutherischen Theologie wie F. H. R. Frank und dessen *System der christlichen Gewißheit* (1870) wird angesichts des dort formulierten Gedankens der „höheren Stufe der theologischen Gnosis“ vorgeworfen, den fundamentalen Unterschied zwischen intellektueller und moralischer Gewißheit zu ignorieren. Als aufschlußreicher positiver Bezugspunkt, auf den Nathusius auch an dieser Stelle rekurriert, taucht Kählers *Wissenschaft von der christlichen Lehre. I. Teil Encyklopädie* (1883) auf, demzufolge die Bürgschaft für die christlichen Wahrheiten ebenfalls ausschließlich im christlichen Glauben selbst verankert sein kann, vgl. *WdW*, S. 406.
J. Gottschicks grundsätzliche Kritik am *WdW*, wonach Nathusius durch seinen Entwurf vor allem dazu beitragen wollte, „den Besitzstand der Orthodoxie durch Incompetenterklärung der Wissenschaft aufrecht zu erhalten und zu erweitern“ (*ThLZ* 1886, Sp. 183), muß als überzogen gelten. F. W. Graf trifft den Punkt, wenn er vermutet, daß Nathusius „in scharfer Kritik der von vielen liberalen Theologen propagierten historistischen Auflösung der Theologie in eine Kulturwissenschaft des Christentums, den strengen Offenbarungsbezug theologischer Reflexion bzw. deren Bindung an Schrift und überliefertes kirchliches Bekenntnis sichern“ wollte, *Nathusius*, Sp. 486f.

schichtlichen Ereignisse, die die absolute Wahrheit des Christentums zum Vorschein bringen, wissenschaftlich und systematisch darzustellen und 3. die wissenschaftlichen Kunstregeln für den praktischen Kirchendienst zu entwickeln[226].

Die Notwendigkeit der philosophischen Theologie ergibt sich für Nathusius nicht nur aus der Idee der *Theologie als Wissenschaft*, sondern aus den *praktischen Bedürfnissen* sowie - im Sinn des historischen Arguments - aus der *Geschichte* der Entwicklung der Enzyklopädie selbst. Als Lehrfächer der philosophischen Theologie, die auf die Bedeutsamkeit des Geschichtlichen im Sinn des real Wirksamen hinweisen, werden allgemeine Religionskunde und Religionsgeschichte, Anthropologie und Psychologie sowie Enzyklopädie und Methodologie genannt. In diesem Zusammenhang dienen sowohl die Apologetik als auch die Prolegomena der Dogmatik dazu, dem Vorwurf mangelhafter theologischer Wissenschaftlichkeit entgegenzutreten. Die philosophische Theologie schließt auch die Religionsphilosophie im engeren Sinn - allerdings in charakteristischer Bestimmung - ein: „Wir stecken der Spekulation, wenn sie sich nur auf dem Boden des Thatsächlichen aufbauen will, gar keine Grenzen"[227].

Die Apologetik hat somit einerseits auf einen allgemein neutralen Boden zurückzugehen und den Punkt aufzuzeigen, „in dem sich der christliche Standpunkt mit dem außerchristlichen berührt"[228], andererseits bildet auch hier der bereits vorhandene Glaube den Ausgangspunkt und damit das Objekt der Apologetik. Die Prolegomena kommen nicht nur an den Anfang der systematischen Theologie zu stehen, sondern werden als Anfangspunkt der gesamten theologischen Wissenschaft in Geltung gesetzt. Die *Einheitlichkeit* des enzyklopädischen Systems kommt darin zum Vorschein, daß auch die historische, d. h. exegetische und systematische Theologie ihren materialen Kern in der Einheitlichkeit der von Gott her ergangenen Offenbarungen hat. Hier ist für Nathusius das Ende der wissenschaftlichen Beschreibung der Glaubensgehalte erreicht.

2. 4. 2. *Tradition und Absolutheit*: Das Wesen und die Aufgaben der Kirche

Der aufgezeigte Zusammenhang von Wissenschaft und religiösem Leben im Sinn des Miteinanders von actio und contemplatio weist auf die Bedeutung der Kirche als dem institutionellen Ort des Miteinanders hin, an dem sich die Verwirklichung der absoluten Wahrheit manifestiert. Nathusius' Konzeption des Kirchenbegriffs sowie die Konsequenzen, die er aus seinem Kirchenver-

---

226 Vgl. *WdW*, S. 413f.

227 *A. a. O.*, S. 417.

228 *A. a. O.*, S. 440.

ständnis für die Aspekte des kirchlichen Lebens zieht, sind dabei vor dem Hintergrund der kirchenpolitischen Debatten seiner Zeit zu beurteilen.

2. 4. 2. 1. Die Selbständigkeit der evangelischen Kirche

Insbesondere in den achtziger Jahren des 19. Jahrhunderts tauchen massiv Forderungen nach kirchlicher Selbständigkeit gegenüber staatlichen Behörden und Direktiven auf[229]. In der Folge der nur allmählich sich lockernden restriktiven Bestimmungen der Kulturkampfzeit entdeckte man auch seitens der evangelischen Kirche grundsätzliche strukturelle Defizite im Verhältnis zwischen Staat und Kirche. Zwar wurden bereits 1873 bzw. 1876 durch die Einführung der Gemeinde- und Synodalordnung für die altpreußischen Provinzen die Strukturen der obrigkeitlich ausgerichteten Kirchenverfassung aufgebrochen, um die Selbstverwaltungselemente auf lokaler, provinzialer und der Ebene der Generalsynode zu stärken. Allerdings hatte sich an der Schlüsselstellung des preußischen Kultusministeriums unter der Obhut des Königs als Summepiskopus und der damit verbundenen Weisungsbefugnisse gegenüber dem Evangelischen Oberkirchenrat und damit gegenüber der verfaßten Kirche überhaupt nichts geändert[230].

Was diese Zusammenhänge angeht, so überschritt Nathusius, wie vor allem seine Berichte im *VB* und in der *AKM* zeigen, regelmäßig die aktuellen Entwicklungen der kirchlichen Selbständigkeitsbewegung, indem er die Ereignisse in grundsätzliche ekklesiologische Fragestellungen einzeichnete. Aktuelle kirchenpolitische Entwicklungen stellten somit eine Initialzündung für seine grundsätzlichen Überlegungen zum Wesen und Selbstverständnis von Kirche dar. Der Erörterung des Kirchenbegriffs kommt in seinen Schriften eine quantitativ und inhaltlich herausragende Bedeutung zu und bildet einen der Fixpunkte für die Explikation seines methodologischen Programms.

---

229 In Nathusius' Berichten während der siebziger Jahre steht vor allem die Frage nach der Zukunft der Union im Mittelpunkt. Bereits im Zusammenhang der Oktoberkonferenz von 1871 hatte er - selbst preußischer Lutheraner - seine Grundposition formuliert: „Die Union [von 1817, Th. S.] war also ein mißlungener Versuch, weil sie das Bekenntniß übersah. Nun so halten wir darum fest am Bekenntniß und lernen aus der Geschichte der letzten 50 Jahre! Wir geben damit nicht den wahren Unionsgedanken auf", *VB* 1871, Sp. 1051. Daß er selbst innerhalb der preußischen Kirche auf seiner lutherischen Identität beharrt, machte er schon in frühen Stellungnahmen durch den Verweis auf den Aspekt kirchlicher Selbständigkeit deutlich. Als Fundament für seine kirchliche Haltung benannte er gerade das Recht der preußischen Lutheraner auf eine eigenständige lutherische Gestalt von Kirche: „Die Union als eine Vereinigung der beiden Kirchen ist n i c h t vollzogen", *VB* 1873, Sp. 183.

230 Vgl. dazu exemplarisch die Darstellung G. Besiers, *Preußische Kirchenpolitik in der Bismarckära*.

Für die gegenwärtige Zeit, schreibt er bereits 1880, gelte in besonderer Weise die Fraglichkeit des hergebrachten Kirchenbegriffs. Lehrinhalte und Verfassung der evangelischen Kirche stünden zur Disposition: „Nach dem Erlebnis des Dogmas von der Rechtfertigung in der Reformation, stehen wir jetzt im Erleben des Dogmas von der Kirche und dann erst kommt das Erleben der letzten Dinge“[231].

Anläßlich des 400. Geburtstages Martin Luthers entfaltet er 1883 erstmals ausführlicher sein Verständnis des Wesens der Kirche, da „wir Modernen“ immer noch der positiven Bestimmungen dieser Lehre ermangelten[232]. Die Darstellung setzt sich zum Ziel, die reformatorische Konzeption des subjektiven Glaubensvollzugs mit der durch das Gotteswort gegebenen formellen Gebundenheit des Gläubigen an die Institution Kirche zu vereinen. Unter der Voraussetzung, daß Kirche keineswegs unsichtbare Gemeinschaft sei, sondern in der gleichen Liebe, dem gleichen Wandel und dem gemeinsamen Bekenntnis sichtbar werde, fordert Nathusius von kirchlicher Lehre, die *Dogmenbildung* für den Gegenstandsbereich der *Erfahrung* fruchtbar zu machen. Da dogmatische Aussagen von ihm als die „lehrhaft gefaßten Niederschläge der kirchlichen Erfahrung“[233] aufgefaßt werden, erhebt er seine Stimme dafür, das Dogma von der Kirche als das vorhandene *Objektive* „mit Bewußtsein“ zu erleben[234]. Der subjektive Glaubensvollzug gestaltet sich für ihn in der Weise, die *freie Erfahrung des Gehorsams* gegenüber dem göttlichen Wort zu machen: „herrliche Freiheit der Kinder Gottes, [und] [...] sklavische Gebundenheit an das Wort Gottes“[235] zugleich. Ausdrücklich lehnt er jedoch das Einexerzieren der Dogmen, das „Einpauken der Laien auf dogmatische De-

---

231 *AKM* 1880/1, S. 233.

232 Vgl. *Luther. Ein Ausblick in die Zukunft der Kirche*, *AKM* 1883/2, S. 563-573, S. 702-715, hier S. 564.

233 *Ebd.*

234 Vgl. *a. a. O.*, S. 563. Dies ist gleichsam die ekklesiologische Konsequenz aus Nathusius' Verständnis der Theologie als *habitus practicus*. Allerdings entgeht er damit nicht dem Problem, nur noch dasjenige als theologische Wissenschaft anzuerkennen, was als Darstellung des Kirchenglaubens reüssiert und nur noch eine solche kirchliche Praxis als legitim zu akzeptieren, die sich in die Traditionen des historischen Kirchenglaubens einordnet. Die bereits im Blick auf den *Timotheus* geäußerte Kritik kann durchaus auch hier in Anschlag gebracht werden: „Was vom Verf. unter dem Namen der 'Beugung des Subjectes unter den Gehorsam der Wahrheit' des 'neuen Organs für die höhere Sphäre' gefordert wird, unterscheidet sich kaum von der katholischen *fides implicita*“, K. Koehler, *ThLZ* 1881, Sp. 195.

235 *AKM* 1883/2, S. 568. Die theologische, nicht nur ekklesiologisch, sondern vor allem eschatologisch konnotierte Fassung des Freiheitsbegriffs kumuliert in einer Formulierung, die sich in seiner Schrift *Was ist christlicher Sozialismus?* von 1896 findet: „Und das Wesen dieser Welt vergehet. Aber das Leben Christi in uns, die Freiheit - bleibet. Ich wiederhole: der einzige Zweck des Christentums ist d i e s e Freiheit zu bringen, das ewige Leben“, S. 15.

finitionen, die weit über ihren Horizont gehen“[236], ab. Mit dieser Zurückweisung dogmatischer Indoktrinationsversuche verbindet sich die vehemente Infragestellung jeglicher weltlichen Macht für den Fall, daß diese neben dem einzig autoritativen Wort Gottes innerhalb des *kirchlichen* Bereichs Autorität für sich beansprucht. In diesem Sinn konnte Nathusius bereits 1879 fordern, daß die „Centra“ des kirchlichen Baus gestärkt werden, „das geistliche und das kirchenregimentliche Amt, die Gemeinde- und die kirchlichen Behörden“[237]. Damit sollte zugunsten der „Aufgabe der Erhaltung einer Volkskirche“ zugleich die Loslösung von jeglicher staatlichen Beeinflussung einhergehen: „Der Summepiscopat der Staatsbehörden, auch in der Form, die sich in Monarchien neuerdings ganz unhistorisch herausgebildet hat, nämlich als persönlicher Episcopat des Landesherrn, muß aufhören“[238].

Diese Forderungen wurden insbesondere im Zusammenhang der Diskussion über die sogenannten Kleist-Hammersteinschen Anträge von Nathusius vielfach ausgeführt und wiederholt. Diese Anträge, die am 20. 5. 1886 durch den mit Stoecker eng zusammenarbeitenden Chefredakteur der *Kreuz-Zeitung* Wilhelm von Hammerstein im preußischen Abgeordnetenhaus und durch den konservativen Abgeordneten H. v. Kleist-Retzow im Herrenhaus eingebracht wurden, sollten den Anspruch konservativer Kreise auf Emanzipation der evangelischen Kirche vom Staat in der politischen Öffentlichkeit artikulieren. Mit der absehbaren Beendigung des Kulturkampfes hielten Teile der konservativen Lutheraner den Zeitpunkt für gekommen, die kirchlichen Belange im eigenen Interesse ein für allemal rechtlich verbindlich festzuschreiben. Von dem Gedanken aus, daß die Leitungsaufgaben innerhalb der Kirche nur auf theologischer Grundlage, keinesfalls auf bürokratischem Weg durch die Staatsbehörden erfolgen können, wurde eine Reihe von Veränderungen der Kirchenverfassung von 1876 gefordert. So etwa eine garantierte Mitwirkungsmöglichkeit von Generalsynode und -vorstand in Fragen der Besetzung kirchenregimentlicher Ämter und theologischer Professuren, die Installierung des direkten Dialogs zwischen Summepiskopus und Oberkirchenrat ohne das dazwischengeschaltete Kultusministerium, kirchliche Einwirkungskompetenz hinsichtlich der Gestaltung des Religionsunterrichts sowie die feste Dotation der Geistlichen. Den politischen Hintergrund der von Hammersteins engem Vertrauten Stoecker unterstützten Forderungen stellte allerdings die Auseinandersetzung mit Bismarck dar. Stoecker und Hammerstein tendierten dazu, eine konfessionell gefärbte Machtbildung zu betreiben und in der Deutsch-Konservativen Partei unter der Fahne des mit Hohenzollern verbundenen orthodoxen Protestantismus ein einheitsstiftendes Forum

236 *AKM* 1881/2, S. 493.
237 *AKM* 1879, S. 699.
238 *Ebd.*

für möglichst alle gesellschaftlichen Schichten bereitzustellen[239]. Auch zeigte sich in diesen Anträgen die auf konservativer Seite bestehende Kritik an Bismarcks generell distanzierter Haltung gegenüber den kirchlichen Anliegen, seinen kartellpolitischen Ambitionen sowie an der parlamentarischen Führungsrolle der Mittelpartei. In der Öffentlichkeit stießen die Anträge auf großes Interesse, zugleich aber nicht nur innerhalb des liberalen Lagers ebensosehr auf Ablehnung. Selbst unter den Mitgliedern der deutschkonservativen Fraktion im preußischen Abgeordnetenhaus fanden sie keine ungeteilte Zustimmung, so daß Ende April 1887 trotz dieser Unterstützung durch das Zentrum keine parlamentarische Annahme erfolgte.

Für Nathusius bildeten sie im Jahr 1888 den Anlaß, in einer Schrift unter dem Titel *Die Verfassung der evangelischen Kirche und die neuesten Versuche zu ihrer Verbesserung in Preußen* die dogmatischen Aussagen über die Kirche nochmals genauer auf die Frage kirchlicher Verfassung und Selbständigkeit - „die Frage des Jahrhunderts"[240] - zu applizieren, wobei er seinem Vorgehen eine theoretische und eine praktische Dimension zugrundelegte.

Im Rahmen der *theoretischen* Dimension wird einerseits der durch die Landeskirchen gehende Riß aufgrund der fehlenden gemeinsamen Bekenntnisgrundlage beklagt[241]. Zugleich rekurriert Nathusius in diesem Zusammenhang in Aufnahme A. F. Chr. Vilmars wiederum auf den Begriff der *Erfahrung* bzw. des *Erlebnisses*, indem er eine „klare Anschauung [...] von dem Wesen der Kirche"[242] nur durch das bewußte Erleben des Dogmas für möglich hält. Erneut werden somit als einheitsstiftende Kennzeichen für die gemeinschaftsstiftende sichtbare Kirche nicht nur die einheitliche Bekenntnisgrundlage, Evangeliumsverkündigung und Verwaltung der Sakramente genannt, sondern „die übereinstimmende christliche Lebensführung"[243] der Glieder der Kirche in den Blickpunkt gerückt.

Der Begriff der *Lebensführung* taucht an mehreren Stellen des Nathusius'schen Werkes auf, wobei sich die profilierteste Bestimmung im Rahmen einer 1889 erfolgenden Auseinandersetzung mit W. Herrmanns *Verkehr des*

---

239 Vgl. W. Frank, *Stoecker*, S. 198; G. Koch, *Adolf Stoecker*, S. 125f. und jetzt G. Besier, *Die Kleist-Hammersteinschen Anträge*.

240 *Verfassung der evangelischen Kirche*, S. 3. Im Rahmen seiner Tätigkeit als Wupperfelder Pastor und als Mitglied der Elberfelder Kreis-Synode unterstützte er am 28. 9. 1886 ein Proponendum des reformierten Moderamens, das die Provinzialsynode der Rheinprovinz aufforderte, dahingehend zu wirken, „daß auch die im wohlverstandenen Interesse des Staates liegende größere Selbständigkeit der evangelischen Kirche endlich erzielt und derselben eine ihren Rechten und Bedürfnissen entsprechende Dotation verliehen werde", *Verhandlungen der Elberfelder Kreis-Synode*, 1886, S. 24f.

241 An dieser Stelle ist an Nathusius' grundsätzliche Stellung zur Union und sein Engagement für die „konfessionellen Belange" der Lutheraner zu erinnern.

242 *Verfassung der evangelischen Kirche*, S. 10.

243 *A. a. O.*, S. 19.

Christen mit Gott findet. Dort formuliert er angesichts des Herrmannschen Ansatzes im Zusammenhang der Frage innerer Erfahrungen: „Dionysius der Tyrann [...] hatte bisher geurteilt: es gäbe keine Treue. Und zwar war dies die Folge seiner früher gemachten Erfahrungen. Teils Anlage, teils selbstsüchtige, sündliche Willensrichtung hatte dazu verholfen, daß seine Lebensführungen in ihm jene Überzeugung betreffs der Treue erzeugt hatten, die nun bestimmend wurde nicht nur für sein Urteilen, sondern auch für sein Handeln“[244]. *Lebensführung* wird in diesem Kontext als theorie- und praxisprägende Dimension der Lebenserfahrung verstanden, wobei Nathusius den Lebensführungsbegriff als überindividuell bedeutsame Größe präsentiert.

Die *praktische* Dimension seiner Ekklesiologie deutet sich im Begriff der *Lebensführung* unverkennbar an: Nathusius überträgt diesen Begriff auf die praktische Frage, welche Bedingungen von kirchlicher und staatlicher Seite aus erfüllt sein müssen, damit die *gemeinschaftsstiftenden Charakter tragende christliche Lebensführung* zum Ausdruck zu kommen vermag.

Im Blick auf die *institutionell* zu erfüllenden Bedingungen wird charakteristischerweise den kirchlichen *Leitungsgremien*, sei es in Form einer *obersten unabhängigen Kirchenbehörde* oder einer *mit umfassenden Kompetenzen ausgestatteten Generalsynode*, entscheidende Bedeutung zugemessen. Nathusius betrachtet die Hammersteinschen Bestrebungen vornehmlich unter diesem Blickwinkel, indem er dessen Initiative nicht primär für politisch motiviert hält, sondern als längst fälligen Schritt im Ringen um die zukünftige Leitung und Stellung der Kirche innerhalb der gesellschaftlichen Ordnung interpretiert. Deshalb vermag er sich ohne Einschränkung den Hammersteinschen Forderungen anzuschließen, wobei er insbesondere die notwendige Ausweitung kirchlicher Entscheidungskompetenzen in der Frage der Besetzung kirchenleitender Positionen betont.

Das konkrete, aktuell bedeutsame Beispiel für kirchliche Selbständigkeit sieht er in der Rheinisch-Westfälischen Kirchenordnung von 1835 manifestiert, in der ein kirchliches Bewußtsein zum Vorschein komme, demzufolge der König eben nicht als Inhaber kirchlicher Gewalt anzuerkennen sei[245]. Neben der Ausweitung synodaler Kompetenzen sieht Nathusius in einer staatsunabhängigen bischöflichen Leitung den institutionellen Kern und innerkirchlichen Garanten für die Gewährleistung kirchlicher Selbständigkeit im Sinn christlicher Freiheit *und* Sicherung der autoritativen christlichen Botschaft und Lehre. Die „größere Unabhängigkeit der kirchlichen Oberen von weltlich-irdischen Rücksichten“[246] führt seiner Meinung nach dazu, Sachen und Personen nach ausschließlich religiösen Gesichtspunkten zu behandeln und so hierarchisierend-katholisierende Tendenzen abzuwehren.

---

244 *Darstellung der christlichen Erfahrung*, S. 7.

245 Vgl. *Verfassung der evangelischen Kirche*, S. 38.

246 *A. a. O.*, S. 16.

Von fataler Konsequenz gilt ihm der Versuch, das Geschick der Kirche vom Wohlwollen politischer Amtsträger abhängig zu machen, da sich insbesondere das Gebiet des parlamentarischen Lebens durch Zwänge auszeichne, die dem innerkirchlichen Leben nicht angemessen seien. Die Forderung der Zeit lautet demzufolge: „Scheidung zwischen dem Gebiet des Zwanges und dem Gebiet der Freiheit, der Religion und der Politik. [...] Sonderung zwischen den synodalen und den parlamentarischen Befugnissen“[247].

Werden diese Forderungen erfüllt, zeitigt dies auch für den nichtkirchlichen Bereich positive Konsequenzen, insofern dadurch die Existenzbedingungen der gesellschaftsgestaltenden Definitionsmacht Kirche gewährleistet werden und diese ihren Dienst zugunsten von Staat und Gesellschaft wahrnehmen kann: „Denn von dem Gedeihen der Kirche, von ihrer Lebenskraft und der Art ihrer Entwicklung und ihres Baues hängt das Wohl der Völker und Staaten ab“[248].

Bevor auf die hier bereits angedeutete Verhältnisbestimmung von Kirche und Staat näher eingegangen wird, ist allerdings zu klären, welche Folgerungen Nathusius aus dieser Debatte für den institutionellen Bereich kirchlicher Lehre, konkret: die theologischen Fakultäten zieht.

2. 4. 2. 2. Der Streit über die Stellung der theologischen Fakultäten

Unter dem Titel *Wissenschaft und Kirche im Streit um die theologischen Fakultäten* konzipierte Nathusius bereits 1886 diese Seite der praktischen Konsequenzen für Religion und Theologie. In seinem Beitrag, den er primär als Streit über die *Methode*, nicht über den *Inhalt* von Glaubensüberzeugungen verstanden wissen wollte[249], erfolgt im Anschluß an die inzwischen bekannte Zweiteilung zwischen objektiv-exakter und moralischer Gewißheit eine Bilanzierung der methodischen Leistungen theologischer Fakultäten.

Beklagt wird nicht etwa eine mangelnde Vermittlung bestimmter Kenntnisse und Fertigkeiten auf dem Gebiet der exakten Forschung, sondern die unzureichende methodisch geleitete *Bildung religiöser Überzeugungen* während des Studiums. Dieses Defizit wird auf die theologischen Lehrer selbst

---

247 *A. a. O.*, S. 63.

248 *A. a. O.*, S. 9.

249 *Streit um die theologischen Fakultäten*, S. 10. Zwar weist Nathusius explizit darauf hin, daß seine Schrift zur wissenschaftlichen Arbeit theologischer Fakultäten nicht als unmittelbarer Beitrag zur Auseinandersetzung zwischen den sich gegenüberstehenden liberalen und positiven Parteien angesehen werden soll. Dennoch zeichnet sich diese Debatte und wohl auch Nathusius' eigentliche Motivation seines Beitrages im Hintergrund deutlich ab. Dazu auch *Die Stellung der evangelisch-protestantischen Fakultäten in der preußischen Landeskirche*, *AKM* 1887, S. 596-611.

zurückgeführt, insofern deren Grundüberzeugungen, statt aus christlichem Geist, rein aus materialistischen und naturalistischen Prinzipien entsprängen.

Da die Berücksichtigung kirchlicher Bedingungen und Interessen die conditio sine qua non der Theologenausbildung darstelle, erhebt sich für Nathusius die Frage, in welcher Hinsicht die Kirche von den Fakultäten die Vermittlung bekenntnismäßiger Lehre verlangen kann. Nathusius' erste Forderung richtet sich auf die innere Disposition der theologischen Lehrer, auf die Theologieprofessoren als religiöse Persönlichkeiten. Die theologische Lehre erfolgt nur sach- und wahrheitsgemäß, wenn die Fundamente dieser Lehre vom jeweiligen Lehrenden bereits *als wahr* geglaubt werden bzw. er sich dieser Fundamente *gewiß* ist: „Die Anerkennung der christlichen Offenbarung auf Grund der persönlichen Erfahrung ist also die Voraussetzung für die geschichtswissenschaftliche Behandlung des Christenthums in der Theologie"[250]. Darin ist eingeschlossen, daß persönliche Erfahrungen des Glaubens sowie die Erfahrungen kirchlicher Kämpfe (!) lehrhaften Ausdruck finden können und sollen, „auch auf die Gefahr hin, zu einer Fortbildung der bekenntnismäßigen Lehre"[251] beizutragen.

Die Notwendigkeit evangelisch-christlich geprägter Subjektivität des theologischen Lehrers erklärt sich aus den genannten methodischen Gründen: „Die Wissenschaft bedarf leitender Ideen, welche ihr nicht durch die eigene Methode, sondern durch die Weltanschauung des Forschers gegeben werden, die Weltanschauung, welche ein Ergebnis seiner ganzen geistigen und sittlichen Entwicklung ist, mit hervorragendem Einflusse der freien Willensentscheidungen"[252].

Dies muß notwendigerweise zur kirchlichen Beurteilung der jeweils zur Debatte stehenden Lehrpersönlichkeit führen. Aufgabe der Kirche kann und soll zwar nicht seine fortlaufende Überwachung sein, zumindest aber dürfen Besetzungsfragen nicht ohne Beteiligung offizieller kirchlicher Instanzen, seien es Kirchenleitung oder Synoden, geklärt werden.

---

250 *Streit um die theologischen Fakultäten*, S. 41. Interessanterweise nennt Nathusius bereits im Jahr 1886 die theologische Fakultät Greifswald als lobendes Beispiel für die Anziehungskraft theologischer Persönlichkeiten wie Cremer und Zöckler. In der Frage der Verpflichtung der theologischen Lehrer auf das evangelische Bekenntnis werden die Greifswalder Fakultätsstatuten als positives Beispiel herangezogen!, vgl. *Stellung der evangelisch-theologischen Fakultäten*, S. 605.

251 *WdW*, S. 325. Daß die Fortbildung von ihm als „Gefahr" bezeichnet wird, deutet auf den generell bestandssichernden Charakter seines Bekenntnisverständnisses hin.

252 *A. a. O.*, S. 333. Erinnert sei hier nur an E. Troeltschs Formulierung über die notwendigen Voraussetzungen für theologische Lehrer, die sowohl Gemeinsamkeiten als auch Unterschiede zur Nathusius'schen Position erkennen läßt, wenn er schreibt: „Also die Gelehrten der theologischen Fakultäten sind naturgemäß an eine vor Eröffnung der Lehrtätigkeit gewonnene entscheidende Stellungnahme gebunden, nicht aber die zu diesem Entschluß führende religiös-wissenschaftliche Denkarbeit und die deren Ergebnis entwickelnde theologische Theorie", *Die Absolutheit des Christentums*, S. 13.

Hinsichtlich des von außen vorgebrachten Vorwurfes der Gebundenheit der theologischen Fakultäten an das evangelische Bekenntnis und damit der Unwissenschaftlichkeit der theologischen Lehrbildungen kommt Nathusius unter Aufnahme der von ihm entfalteten Methodologie konsequenterweise zu folgendem Schluß: Die Forderung, Theologie von der leitenden Idee der Wahrheit des evangelischen Bekenntnisses aus zu betreiben, kann gerade nicht als eine der wissenschaftlichen Methode zuwiderlaufende Beschränkung aufgefaßt werden. Gilt die *Freiheit der Wissenschaft* als eine nur durch das Absolute begrenzte, sei dies ebensowenig als Widerspruch zu verstehen wie der Wunsch, „daß unsere ganze Theologie einen mehr kirchlichen und weniger doktrinären Charakter annehme“[253].

Eine der profundesten Auseinandersetzungen mit Nathusius' diesbezüglichen Äußerungen ist W. Herrmanns ausführliche Besprechung des *Streits um die theologischen Fakultäten*. Herrmann hebt zwar die vorliegende „besonnene Auseinandersetzung“[254] hervor, hält aber die Forderung nach entscheidendem Einfluß des Generalsynodalvorstandes auf die Besetzung theologischer Lehrstühle nicht für die geeignete Maßregel, um die freie wissenschaftliche Theologie mit der kirchlichen Bindung der theologischen Lehrer in Einklang zu bringen. Es zeigt sich das unterschiedliche Verständnis der beiden Theologen über den Charakter theologischen *Fortschritts*, indem Herrmann gegen eine solche den status quo unterstützende Maßregel notiert, daß neue Entwicklungsstufen theologischer Erkenntnis nur zur Geltung kommen können, „wenn die evangelische Theologie wenigstens als ein freies, dem mechanischen Eingreifen der herrschenden Majorität entzogenen Gebiet kirchlichen Lebens anerkannt wird“[255].

Diese grundsätzlich unterschiedliche Bewertung dessen, was theologischer Fortschritt bedeute, manifestiert sich darin, daß Nathusius in der Frage der praktischen Konsequenzen für Religion und kirchlich gebundene Theologie im Rahmen der *staatlichen Fakultät* wiederum das Argument der *Tradition* fruchtbar zu machen sucht. Auf die Frage, ob evangelisch-theologische Lehre dem universitären Fächerkanon zugehören soll, antwortet er dezidiert mit dem Hinweis auf die Bedeutsamkeit der *christlichen Grundanschauungen* und die wirkmächtige Traditionsbildung *evangelischer Lehre* für die *gegenwärtige Kultur* und *Gesellschaft*. Als ausschlaggebender positiver Aspekt der Tradition wird der Zusammenhang der kirchlichen Lehrbildung mit den Interessen des staatlichen Gemeinwesens hervorgehoben, so daß für die Gegenwart ebenfalls nur ein solcher Staat seine Existenz - und diejenige der theo-

253 *Stellung der evangelisch-theologischen Fakultäten*, S. 610.

254 *ThLZ* 1886, Sp. 519.

255 *A. a. O.*, Sp. 521. In die gleiche Richtung und ebenfalls mit einer Kritik an der Vorstellung der Kirche als „Parteiproduct des kirchlichen Parlamentarismus“ geht die auf das *WdW* bezogenene Besprechung J. Gottschicks, vgl. *ThLZ* 1886, Sp. 185.

logischen Fakultäten! - bewahren könne, der sich „in seinen Ordnungen und Grundrechten auf den Boden des Christentums stellt“[256]. Dieser als fundamentales religiöses Interesse des Staates stark gemachte Aspekt führt zu überraschenden Konsequenzen für die Relevanz theologischer Lehre sowie die Gestalt der Kirche. Nathusius schreibt der theologischen Fakultät nur dort einen vernünftigen Sinn zu, „wo es noch eine Staatskirche giebt und wo alle die Voraussetzungen einer solchen gegeben sind“[257]. Insbesondere hinsichtlich seines permanenten Insistierens auf kirchlicher Unabhängigkeit gegenüber staatlichen Institutionen und Machtträgern überrascht diese Forderung der denkbar engsten Verbindung zwischen Kirche und Staat. Allerdings ist zuzugeben, daß es sich hier um eine einmalige positive Betonung von „Staatskirche“ handelt. Zu sehr hat Nathusius das Zerrbild katholischer Machtansprüche und die Erfahrungen, die er selbst infolge der Ereignisse und Konsequenzen des Kulturkampfes gemacht hat, vor Augen. Wie seine späteren Abhandlungen zur Frage des Staat-Kirche-Verhältnisses zeigen, ist damit wohl eher gemeint: eine Kirche im christlichen Staat. Daß dieser christlich geprägte Staat nicht mit dem traditionalen Konzept des christlichen Staates verwechselt werden darf, zeigt en détail eine Auseinandersetzung, die er 1895 mit Rudolph Sohm führt und von der zu sprechen sein wird.

Für den Aspekt weltlicher Aufgaben der Kirche konzipiert Nathusius in seinen Frühschriften einen Kirchenbegriff, der wesentlich vom Gedanken der Sendung und Sammlung neuer Glieder geprägt ist. Kirche soll danach nicht „vorherrschend als die gerade vorhandene gesammelte Gemeinschaft, sondern in erster Linie als die zur Gemeinschaft sammelnde Anstalt“[258] verstanden werden: Sie ist dadurch wahrhaft sichtbare Kirche, daß sie *erfahrbare Gemeinschaft* ist. Von diesem Sendungsgedanken aus ergibt sich per definitionem die Ausweitung der kirchlichen Verkündigung auf die Ebene der gesamten Gesellschaft. Die der eigenen Botschaft adäquate Praxis der Kirche ist so zu gestalten, „daß das wesentliche der Stiftung Jesu Christi auf die christliche Volksgemeinde hingeht und daß sich von hier aus die Aufgaben des sogenannten christlichen Staates“[259] bestimmen. Damit soll zum Ausdruck gebracht werden, daß der *Erfahrungs*bereich in Kirche *und* Gesellschaft ein gemeinsamer und einheitlicher Lebenskontext ist. Der Gedanke wissen-

---

256 *WdW*, S. 328. Die Frage, anhand welcher Aspekte Nathusius den Zusammenhang zwischen christlicher Lehre und gesellschaftlicher Gestaltung bzw. staatlicher Ordnung konkretisiert, eröffnet an dieser Stelle bereits die religionssoziologische Dimension des frühen Schriftenwerkes und methodologischen Hauptwerkes. Eine nähere Behandlung dieser Dimension wird sich bei der Erörterung seiner sozialethischen Schriften der 90er Jahre ergeben.

257 *Ebd.*

258 *Timotheus*, S. 103.

259 *A. a. O.*, S. 104.

schaftlicher und methodologischer Einheitlichkeit gewinnt damit nun für den gesellschaftlichen Kontext seine Konkretionen.

Da sich Einheit und Wahrheit der christlichen Tradition demzufolge angemessen nur im Kontext einer christlichen Gesellschaft - durch kirchliche und staatliche Institutionen zugleich - zur Sprache bringen lassen, ergibt sich auch in dieser Hinsicht als kirchenpolitische Konsequenz die Forderung an den Staat, der Kirche entscheidenden Einfluß bei der Besetzung theologischer Lehrstühle zukommen zu lassen. Es soll ihr wieder die Möglichkeit eröffnet werden, Zustimmung oder Unzufriedenheit mit der Vorbereitung auf das kirchliche Amt zu artikulieren, „welche ihren Dienern durch die vom Staate eingerichteten Fakultäten gegeben wird“[260].

2. 4. 2. 3. Das Verhältnis von Staat und Kirche

Indem sich Nathusius bemüht, kirchlichen Institutionen und Ausbildungsstätten ihre legitimen Freiräume gegenüber staatlichen Ansprüchen und Instanzen zu erhalten, bricht zugleich die grundsätzliche Frage nach dem Verhältnis zwischen Kirche und Staat auf. Die Behandlung dieses Verhältnisses läßt nicht nur weitere Rückschlüsse auf seine Zeichnung kirchlicher Selbständigkeit zu, sondern wird auch für die späteren systematischen Erörterungen der sozialen Aufgabenstellung der Kirche von prinzipieller Bedeutung sein, insofern er hier die kirchlichen und staatlichen Felder absteckt und auf beiden Ebenen die sozialen Gestaltungskompetenzen klärt. Der Charakter seiner *zukünftigen Begleitung* sozialstaatlicher Aufgaben entscheidet sich nicht unwesentlich an dem Bild, das er sich vom Verhältnis zwischen Kirche und Staat macht.

Den Einsatzpunkt für seine Überlegungen stellen die konkreten Erfahrungen des durch Bismarck losgetretenen und von Kultusminister A. Falk durchgeführten Kulturkampfes dar bzw. die Auswirkungen der ab 1871 erlassenen preußischen Gesetze gegen katholische Kirche und Geistlichkeit. Obwohl Nathusius schwerlich als Verteidiger des Ultramontanismus bezeichnet werden kann, läßt doch seine Kritik an diesen staatlichen Maßnahmen nichts zu wünschen übrig. Ende der achtziger Jahre bekundet er anläßlich der theologischen Ehrenpromotion Bismarcks durch die Gießener Fakultät rückblickend sein Unverständnis über diesen Akt: „Niemals aber ist unseres Wissens irgend ein Schritt nachzuweisen, der als Gunst, als Hilfe, als Stärkung oder Förderung evangelischen Wesens ausgelegt werden könnte, niemals irgend etwas, was Anerkennung oder Dank begründen könnte“[261].

260 *WdW*, S. 322.

261 *AKM* 1888, S. 1339. Auch anläßlich Bismarcks Tod schlägt Nathusius keineswegs einen versöhnlicheren Ton an. Obwohl überzeugter Christ, habe der Reichskanzler, dessen

Allerdings zielten diese, während der Kulturkampfzeit getroffenen Bemerkungen nur indirekt auf die Rücknahme der einschlägigen staatlichen Maßnahmen gegen die katholische Seite ab. Seine intensive Beschäftigung mit den Ereignissen des Kulturkampfes ist vielmehr auf die Befürchtung zurückzuführen, daß diese Form staatlicher Bevormundung früher oder später paradigmatischen Charakter für den Umgang mit Belangen der evangelischen Kirche gewinnen könnte. Entweder so, daß der Protestantismus selbst in diese staatlichen Aktion einbezogen würde oder aber, daß auf lange Sicht letztlich die katholische Kirche zum moralischen Sieger der Auseinandersetzung erklärt werde, womit eine Hebung katholischen Selbstgefühls zu erwarten sei[262]; beides gelte es zu verhindern.

Diese fremden Einflüsse drohen Nathusius zufolge nicht nur auf den Gebieten christlicher Bildung wie den Schulen und theologischen Fakultäten, sondern in allen Bereichen des öffentlichen Lebens. Die Bedeutung von Offenbarungsglaube und Religion für das öffentliche Leben droht durch rein formalrechtliche Vorgaben einer abstrakten omnipotenten Staatsgewalt ausgelöscht zu werden. Die Ära ist, wie Nathusius etwa 1879 feststellen konnte, dadurch gekennzeichnet, daß sich „der Kulturkampf der staatlichen Maschinerie, Gesetzgebung und Verwaltung im Interesse des Unglaubens" bedient[263]. Damit verband sich seine Kritik an der Mesalliance von staatlichen Entscheidungsträgern und liberalen Kräften, die diesen Maßnahmen niemals feindlich gegenübergestanden seien. In seinen Augen schürten die Liberalen den Haß eher noch, da in ihren Augen mit einem Ende dieses Kampfes „an die gründliche Beseitigung der liberalen Mißwirthschaft mit Ernst Hand angelegt werden würde"[264].

Entscheidende Verfehlungen machte Nathusius aber im Rückblick auch in den eigenen Reihen der Konservativen namhaft. Obwohl im *VB* und der *AKM* von Beginn an Widerspruch eingelegt wurde und Nathusius seinem eigenen Bekunden nach seit 1871 „stets in derselben Weise"[265] persönlich gegen diese staatlichen Maßnahmen aufgetreten ist, hätten die konservativen Kreise die Gefahr der antikatholischen Vorgänge für die eigenen Belange erst spät wahrgenommen. Anders Nathusius: Obwohl er zu Beginn der achtziger Jahre aufgrund stärkerer parlamentarischer Widerstände vermutete, daß das Ende des Kulturkampfes nicht fern sein könne, ließ ihn dies jetzt erst recht nach einer grundsätzlichen Neuordnung des Staat-Kirche-Verhältnisses fragen. Erst recht forderte er eine grundsätzliche Neuordnung am Ende der

---

größter Fehler der Kulturkampf gewesen sei, keinerlei Verständnis „für die selbständige Macht geistiger Richtungen auf religiösem Gebiet gehabt", *AKM* 1896, S. 986.

262 *Culturkampf und Conservative*, vgl. *AKM* 1882/1, S. 407.

263 *AKM* 1879, S. 696.

264 *AKM* 1881/1, S. 225.

265 *AKM* 1886, S. 653.

Kulturkampfzeit, für deren antichristlichen Charakter die Ablehnung der Hammersteinschen Anträge nur der letzte sinnfällige Ausdruck gewesen sei.

Dementsprechend lagen in der bereits angesprochenen Abhandlung *Die Verfassung der evangelischen Kirche* von 1888 historisch fundierte Überlegungen grundsätzlicher Natur vor. Der Tenor dieser Überlegungen geht dahin, daß die nachreformatorische Zeit Luthers reinliche Scheidung von Kirche und Obrigkeit, von Zwang der Politik und Freiheit der Religion[266] im Lauf der Zeit bis hin zu einer „babylonischen Gefangenschaft der evangelischen Landeskirche in Preußen“[267] immer stärker verwässert habe. Dies führe heute dazu, daß die Obrigkeit die ihr als advocatia ecclesiae aufgetragenen Aufgaben nicht mehr wahrnehme. Die Kirche werde sogar von ihren Gegnern regiert, während es sachgemäß ausgeschlossen ist, daß „die Schöpfungsordnung der weltlichen Obrigkeit auch in der Organisation des Reiches der Heilsordnung, d. h. der Kirche, das Heft in der Hand habe“[268].

Welche Form von Obrigkeit - das „Wort Staat mag ich gar nicht leiden“[269] - nun am geeignetsten für einen Neuanfang zwischen Kirche und Staat erscheint, beantwortet Nathusius nur auf den ersten Blick und wohl nur bis in die Anfänge der achtziger Jahre hinein eindeutig. Er hält gegen die diversen liberalen Mehrheiten und - wie er es empfindet - weitgehend konfessionslosen Abgeordnetenhäuser nur das monarchische System für fähig, im Sinn reformatorischer Lehre obrigkeitliche Verantwortung auszuüben. Nur noch die Dynastie Hohenzollern hält Deutschland zusammen[270], wie er schreibt. Diese Herrschaftslegitimation qua Erbe und kultureller Tradition bringt seiner Meinung nach für das Gemeinwesen den enormen Vorteil mit sich, eine sachliche Differenz zwischen *Rechtsstaat* und *Kulturstaat* zu vermeiden. Eine Wiederbelebung des kirchlich-religiösen Elements mit Hilfe des monarchischen Systems ist folglich deshalb denkbar, weil diese Form der Obrigkeit ursprünglich religiös legitimiert gewesen sei. Die Monarchie könne wahre politische Freiheit garantieren, da sie selbst aus dem reformatorischen Freiheitsgedanken entspringe. Damit *gewährleiste* sie die individuelle Freiheit des Bürgers bzw. eher Untertanen nicht nur, sondern sie *gewähre* und *schaffe* diese überhaupt erst. Die Favorisierung einer hierarchisch strukturierten Gesellschaftsgliederung zeigt sich auch daran, daß Nathusius nicht nur der Monarchie freiheitsverbürgende Kompetenzen zuschreibt, sondern auch den „Spitzen aller derjenigen Corporationen [...], in welche sich das ganze Volk

---

[266] *Luther. Ein Ausblick*, vgl. *AKM* 1888, S. 108. Diese Aufspaltung des Zwangselements auf die Politik und des Freiheitscharakters auf die Religion läßt erkennen, daß Nathusius weit davon entfernt ist, den Bereichen der politischen Verfassung oder des politischen Alltagsgeschäfts eigenständige Bedeutung zuzuerkennen.

[267] *Verfassung der evangelischen Kirche*, S. 36.

[268] *AKM* 1883/2, S. 710.

[269] *AKM* 1880/2, S. 384.

[270] Vgl. *AKM* 1880/1, S. 231.

von unten auf schon gliedert“[271]. Im Analogieverfahren wird auf diese Weise die kirchlich vermittelte, sakramental verbürgte Freiheit des Glaubens nun auf die äußeren Verhältnisse angewandt, was nicht nur die kulturelle Bedeutung der Instanz Kirche gewährleisten, sondern auch die obrigkeitlich geordneten Strukturen und Verhältnisse religiös legitimieren soll. Aus dem Rekurs auf die reformatorische Tradition ist somit unter der Hand ein gesellschaftlich relevantes Zukunftsmuster geworden. Bereits über ein Jahrzehnt vor den systematischen sozialethischen Abhandlungen findet sich bei Nathusius die explizite Feststellung - und Forderung! -, daß von einem christlichen Charakter des Staates erst dann die Rede sein kann, wenn „seine Institutionen, Gesetze und Ordnungen vom christlichen Geist durchdrungen“[272] sind.

Eine Rückkehr zur *absoluten* Monarchie ist für ihn, wie er einige Jahre später ausführt, aber weder denkbar noch notwendig, da bereits eine monarchische Regierungsform bzw. durchsetzungsfähige konstitutionelle Monarchie den tieferen Sinn des Summepiskopates erfüllen kann. Deutlich wird, daß Nathusius nicht monarchisches Versagen für die Forderung kirchlicher Selbständigkeit verantwortlich macht, sondern die gänzlich indifferente religiöse Einstellung der modernen Volksvertreter. In der Bewertung parlamentarischer Strukturen und politischer Vorgänge gibt es ebenfalls nur ein ‘Entweder-Oder’! Das Kriterium für diese Bewertung findet sich nicht in der Frage ihrer *Funktions*-, sondern ihrer *Pflicht*erfüllung: Parlamentarische Strukturen und Mechanismen erfüllen aber nur dann ihre ureigene Pflicht und Aufgabe, wenn sie ihr Eingebundensein in den christlich geprägten Kontext permanent manifestieren. Sie tragen damit keinen funktionalen Charakter im Sinn der Bewältigung tagespolitischer Aufgaben, sondern sollen materialiter christlich geprägte Gemeinschaftlichkeit zur Darstellung bringen und befördern.

Angesichts der Entwicklung des modernen Staates, der konfessionellen Gespaltenheit sowie der „Erteilung von Staatsbürgerrechten an Nicht-Christen“[273] hält Nathusius ein staatliches Kirchenregiment gleichwohl nicht mehr für denkbar. Ob er diese Entwicklung nun allerdings bedauert oder ob es lediglich gilt, sich mit diesen Phänomenen konstruktiv zu arrangieren, bleibt einstweilen offen. In diesem Zusammenhang ist signifikant, daß die Herausgeber der *AKM* in den Jahren 1886 und 1887 in ausführlicher Weise Rudolph Sohms Darstellung der kirchlichen Entwicklung von den Anfängen bis in das 19. Jahrhundert präsentieren. Die Antwort des - von 1872 bis 1887 in Straßburg, danach in Leipzig lehrenden - konservativen Juristen hinsichtlich der Bewertung des modernen Staates kann sich auch die *AKM* ohne

---

271 *AKM* 1880/2, S. 384.

272 *AKM* 1881/1, S. 230. Diese Konzeption steht in unmittelbarem Zusammenhang mit seiner Behandlung der Judenfrage sowie der Eides- und Ehefrage, wie sich zeigen wird.

273 *AKM* 1887, S. 94.

Zweifel zu eigen machen, wenn Sohm schreibt: „Der Konservatismus von heute acceptiert den Parlamentarismus und Rechtsstaat. [...] Die Kraft des Staates ist und bleibt die Monarchie und ihr Beamtentum, und auf dieser durch die Erfahrung gegebenen Erkenntnis der wirklich den Staatsaufgaben gewachsenen Mächte ruht das Wesen des Konservatismus und zugleich seine geistige Gewalt“[274].

2. 4. 2. 4. Zur Ehefrage

Der Gedanke der zunehmenden Macht kirchen- und religionsfeindlicher politischer Majoritäten zieht sich auch durch Nathusius' Behandlung der in diesem Zeitraum virulenten Frage der Zivilehe. Obgleich er sich zu diesem Thema bereits vor der Veröffentlichung seines methodologischen Programms geäußert hatte, steht sein Beitrag in unmittelbarem Zusammenhang zu diesem Programm. Anhand dieser Auseinandersetzung wird besonders deutlich, daß nicht nur die methodologischen Grundentscheidungen die diversen Bearbeitungen konkreter Themenfelder beeinflußt und geprägt haben, sondern umgekehrt auch das Grundsatzprogramm seine Gestalt in nicht unerheblicher Weise *im Anschluß* an die jeweiligen aktuellen Debatten gewann. Man geht nicht fehl, auch bei dieser Themenbearbeitung eine Wechselwirkung zwischen Grundlegung und aktueller Transformation bzw. zwischen theologisch-methodologischem Programm und praktisch-ethischer Entscheidung zu konstatieren.

Seine Schrift *Vom Heiligthum der Ehe* aus dem Jahr 1878 stellte die erste ausführliche Veröffentlichung des jetzt 35jährigen Quedlinburger Theologen dar. Erstmals wurden von ihm monographisch und auf paradigmatische Weise diejenigen Kategorien vorgeführt, mit deren Hilfe er die staatlichen Versäumnisse *und* die kirchlichen Aufgaben hinsichtlich einer zukunftsfähigen Gesellschaftsgestaltung namhaft macht. Am Beginn seines literarischen Wirkens stand somit *nicht* die theologische Grundlegung, sondern eine von Zeitkritik geprägte Gesellschaftsanalyse.

Den geschichtlichen Hintergrund bildete einerseits die infolge der Zivilstandsgesetzgebung am 9. 3. 1874 in Preußen, am 6. 2. 1875 reichsweit erfolgte obligatorische Einrichtung des zivilen Eheschlusses, andererseits die diversen kirchenamtlichen Reaktionen und synodalen Petitionen an den

[274] R. Sohm, *Die Kirche im neunzehnten Jahrhundert*, *AKM* 1887, S. 940. In diesem Zusammenhang fordert bereits Sohm auf wirtschaftlichem Gebiet ein Abgehen von der „reinen, abstrakt durchgeführten Freiheit des einzelnen“ (*a. a. O.*, S. 941), wie sie die liberale Wirtschaftsdoktrin vertrete.

Reichstag auf eben jenes Gesetz[275]. Den Bestimmungen dieses Gesetzes zufolge sollten dem offiziellen Eheschluß de jure nur noch die Bestandteile der persönlichen Willenserklärung der Eheleute sowie der offiziellen Eheerklärung des Standesbeamten zugrunde liegen. So strebten die kirchlichen Petitionen in vielen Fällen an, wenigstens die Umwandlung dieses *staatlichen obligatorischen* in einen von Kirche oder Staat vorgenommenen *fakultativen* Akt zu erreichen.

Nathusius konnte sich der Forderung nach einer Modifizierung dieses staatlichen Aktes oder gar nach einem separaten kirchlichen Trauformular nicht anschließen, weil er dadurch das eigentliche Problem des Verhältnisses zwischen staatlicher und kirchlicher Kompetenz erst recht für verwässert hielt. Damit werde der falsche Versuch gemacht, zwei grundsätzlich voneinander verschiedene dogmatische Anschauungen miteinander zu verbinden[276]. Seine Kritik an der Zivilehe ist von grundsätzlicher Art. Durch diese gesetzliche Festlegung sieht er zukünftig die Geltendmachung von Offenbarungswahrheiten im öffentlichen Leben in Frage gestellt. Infolge der neuen Regelungen brauchen die Ehepartner nicht mehr „mit Gesetzen oder Wahrheiten in Berührung zu kommen [...], die wir für einer jenseitigen Welt entstammend ausgeben“[277]. Mit der Frage der Zivilehe tritt damit das Thema der Erneuerung des christlichen Volkslebens auf den Plan. Das Phänomen erhöhter

---

275 Vgl. *AKM* 1879, S. 459. Es darf nicht übersehen werden, daß die kirchlichen Widerstände gegen diese Zivilstandsregelung in der Konsequenz sogar zu disziplinarischen Maßnahmen von seiten der Kirchenregimente führte. Dies betraf im Jahr 1874 einerseits vielfach Teilnehmer der lutherischen Gnadauer Konferenz, andererseits selbst Nathusius' unmittelbaren Vorgesetzten der Wernigeroder Zeit, den dortigen Superintendenten Arndt, vgl. etwa *VB* 1875, Sp. 269ff. Nathusius' einzelnen theologischen Abhandlungen lag in der Regel immer eine Form eigener Beteiligung zugrunde bzw. diese hatten ein konkretes Engagement zur Folge. Der unmittelbare Zusammenhang von theologischer Theoriebildung und praktischer Lebensführung wird deutlich und biographisch nachweisbar.

276 Vgl. *AKM* 1879, S. 952. In diesem Zusammenhang beruft sich Nathusius bereits auf einen von Cremer vorgebrachten Widerspruch gegen ein mögliches Parallelformular, den dieser auf der ersten ordentlichen preußischen Generalsynode im Oktober 1879 vorgebracht hatte. Bereits zu diesem frühen Zeitpunkt von Nathusius' literarischer Tätigkeit bestand demzufolge eine 'Gesinnungsgemeinschaft' mit dem späteren Greifswalder Kollegen. Dieser hatte, worauf Nathusius ausführlich rekurriert, außerdem 1875 als einer der ersten protestantischen Theologen in seiner Schrift *Die kirchliche Trauung, historisch, ethisch und liturgisch* Stellung zum neuen Zivilstandsgesetz genommen und dieses vehement kritisiert. Eine erste theologische Verbindungslinie zwischen Nathusius und Cremer wird damit sichtbar.
Sohms Stellungnahmen zu dieser Frage und seine deutliche Ablehnung einer Trennung der sittlichen und rechtlichen Aspekte des Eheschlusses erfuhren durch Nathusius und die *AKM* ihr positives Echo. Wie Nathusius ist Sohm regelmäßiger Teilnehmer der lutherischen „August-Konferenz“, auf deren Treffen der Kontakt zwischen beiden offensichtlich bereits während der siebziger Jahre entstand.

277 *Vom Heiligthum der Ehe*, S. 3.

Scheidungszahlen und Wiederverheiratungen ist, wie Nathusius befindet, zu allererst ein „Zeichen der Zeit“[278], wobei bereits die Protestantenvereinler E. Herrmann - seines Zeichens Präsident des preußischen EOK - und I. A. Dorner das Heiligtum der christlichen Ehe dem Zeitgeist preisgegeben hätten[279].

Im Anschluß an diese Fundamentalkritik wird die Bedeutung erkennbar, die Nathusius den biblisch überlieferten Offenbarungswahrheiten nun auf dem konkreten Feld des politischen und gesellschaftlichen Zusammenlebens beimißt. Es geht ihm darum, die Ehe ihrer rechtlichen und der von ihm befürchteten gesellschaftlichen Profanisierung zu entziehen. Indem er die Ehe als elementaren Bestandteil göttlicher Ordnung präsentiert und damit auf deren unhintergehbar religiöse Fundierung verweist, wird im Umkehrschluß den gesetzlichen Bestimmungen eine allerhöchstens sekundäre Bedeutung beigelegt. Erst in zweiter Linie hat die Ehe als Rechtsinstitut zu gelten, primär ist sie der Ort göttlichen Segens.

Durch die Gottesordnung der Ehe, die zugleich der Sünde wehren soll, erhalten die menschlich-natürlichen Verhältnisse ihre normative Bestimmung. Nur durch die christliche Liebe kann die Ehe zur sittlichen Tat werden, nur durch die göttlichen Bestimmungen wird aus ihr ein *sittlich* geprägtes Rechtsverhältnis, das der Seligkeit des Menschen und der Gemeinschaft untereinander dient. In diesem Sinn wird die Ehe, christologisch begründet, als „Heiligthum“ verstanden, als Einsatz der ganzen Person, als „Einsetzen dessen, was man überhaupt für den gekreuzigten König im Gottesreiche einzusetzen hat“[280]. In ihr wird die Berührung mit Christus zur *psychologischen* Tatsache, zum *Erlebnis* der zugesagten Erlösung, zur „Erlösungsehe“[281]. Gleichwohl bleibt festzuhalten, daß Nathusius ein sakramentales Verständnis der ehelichen Gemeinschaft ablehnt. Zwar wird das *Wesen der christlichen Ehe* mit der Offenbarung des göttlichen Willens zusammengedacht, der *kirchliche Akt des Eheschlusses* wird allerdings aus dem *Wesen der christlichen Gemeinschaft* bzw. *Kirche* abgeleitet, da dieser Akt auf keine besondere göttliche Offenbarung zurückführbar sei.

Vor allem der *öffentliche* Charakter der Kirche bestimmt die Beschreibung der diesbezüglichen kirchlichen Aufgabe. Die genuin theologische Wesensbestimmung von Kirche verbindet sich dabei mit einer soziologischen Charakterisierung, wenn diese Aufgabe darin gesehen wird, daß Kirche „stets den Charakter einer öffentlichen Anstalt bewahren [muß], oder einer organisirten [sic!] Gemeinschaft, deren Organismus die Reinerhaltung der göttlich geoffenbarten Wahrheiten zum Zwecke hat“[282].

---

278 *AKM* 1884/1, S. 468.
279 Vgl. *AKM* 1885, S. 654f.
280 *Vom Heiligthum der Ehe*, S. 4.
281 *A. a. O.*, S. 35.
282 *A. a. O.*, S. 9.

Für den kirchlichen Akt der Eheschließung bedeutet dies, daß zwar ein den staatlichen Anforderungen gemäß geschlossenes eheliches Verhältnis als legitim und „bürgerlich unantastbar“[283] anzusehen ist, dieser Zivilakt aber seinerseits die kirchliche Trauung nicht ersetzen kann. Unter dem Zivilstandsgesetz könne demzufolge von einer christlichen Ehe nur die Rede sein, wenn sie diesen formal geschlossenen Bund nicht lediglich bestätigt, sondern im Sinn der *Kirchenzucht* über dessen Wahrhaftigkeit befindet. Ausgeschlossen wird „die Möglichkeit, daß die Kirche einen Ehebund segnet mit dem von Gott auf seine Ordnung gelegten Segen ohne daß sie die Garantie hat, daß der vorliegende wirklich unter diese Ordnung gehört“[284].

An diesem konkreten Beispiel wird deutlich, wie sich durch Nathusius' Beleuchtung gesellschaftlich-politischer Verhältnisse unter dem Signum der göttlichen Schöpfungs- und Heilsordnung die Schwierigkeit ergibt, die staatlichen und kirchlichen Aufgabenfelder sachgemäß voneinander abzugrenzen. Die Eintragung der Kategorie *unmittelbarer Offenbarungswahrheiten* in den Rechtsraum des politischen Kontextes inklusive der Betonung besonderer kirchlicher Herrschafts- und Gestaltungsmacht läßt bereits ansatzweise ahnen, welche Folgeprobleme sich bei weiteren, ethisch relevanten Themenkomplexen auftürmen werden. Die vorliegende Abhandlung macht schließlich deutlich, daß die Rede vom göttlich geordneten Institut der Ehe und deren Gefährdung ganz massiv auf Nathusius' eigene Erfahrungen mit einer sich grundlegend wandelnden Gesellschaft zurückzuführen ist. Die Wechselwirkung zwischen methodologisch-theologischer Grundlegung und aktueller Gesellschaftskritik bzw. praktisch-ethischer Handlung ist im vorliegenden Fall nicht so zu bestimmen, daß die grundsätzliche Erörterung erst *aufgrund* der konkreten neuen Erfahrungen initiiert worden ist. Bringt Nathusius für die Frage des Eheschlusses *überzeitliche Wahrheiten* ins Spiel, ist zu fragen, ob der eigenen subjektiven Überzeugung letztlich nicht nur der Anstrich objektiver und damit autoritativer Gültigkeit gegeben wird. Dies findet seine Bestätigung darin, daß er nach anfänglicher Ablehnung der fakultativen Zivilehe diese - wenn auch aus pragmatischen Gründen - nun doch favorisiert. Zwar werde damit nicht der korrekten Ordnung zwischen Staat und Kirche entsprochen, allerdings könne sie in ihrer Unzulänglichkeit das geeignete Werkzeug für einen grundlegenden Besinnungsprozeß in den Landeskirchen sein[285].

---

[283] *A. a. O.*, S. 51.

[284] *A. a. O.*, S. 44. Konsequenterweise wendet sich Nathusius gegen die Praxis der Landeskirchen, mit der Rücknahme der kirchlichen Trauung auf eine bloße Segenshandlung den rechtlichen Akt nur noch zu bestätigen. Er hält aber auch das vom preußischen OKR zur Begutachtung vorgelegte Parallelformular nicht für geeignet, den Charakter der Ehe als einer göttlichen Ordnung angemessen widerzuspiegeln. Das 'Entweder-Oder' hat erneut Platz gegriffen.

[285] Vgl. *Der Reichstag und die Civilehe*, *AKM* 1880/1, S. 403.

Dieses thematische Feld der Ehegesetzgebung fordert die Anfrage heraus: Erweisen sich durch diese pragmatische Variante der theologischen Grundhaltung die vermeintlich überzeitlichen Wahrheiten in besonders hohem Maß als abhängig von den äußeren gesellschaftlichen Gegebenheiten? Anders gefragt: Ist die Vehemenz der Rede von überzeitlichen Wahrheiten unter Umständen als Reflex von Nathusius auf die unausgesprochene, gar uneingestandene Tatsache zu werten, daß er seine eigenen subjektiven Geltungsgründe offenbar nicht mehr als allgemeingültige vermitteln konnte?

Insgesamt gilt auch für Nathusius' Bearbeitung des Staat-Kirche-Verhältnisses, daß der Behandlung konkreter Themenfelder immer auch der Gedanke des Kampfes zweier grundsätzlich voneinander verschiedener Weltanschauungen zugrundeliegt. Dieser eschatologische Charakter der systematisch-theologischen Überlegungen überlagert scheinbar alle 'irdischen' Fragestellungen, wenn Nathusius fragt: „Stehen wir nicht vielleicht schon mit einem Fuß in dem Erleben des [...] Dogmas von den letzten Dingen? - Nur mit dem Blick auf dies Ende der Zeiten werden wir uns recht orientieren in den kirchlichen Fragen"[286]. Dennoch gilt auch angesichts dieser *Grundlegung* zu fragen, ob der betont eschatologische Charakter der Weltbetrachtung und Weltdeutung vorausgeht oder aber dieser Verweis auf die 'letzten Dinge' eine 'nur' metaphorische Beschreibung bzw. den Versuch eines objektiv-normativen Lösungsansatzes angesichts einer Welt darstellt, die Nathusius bereits in seiner Zeit als eine immer komplexere und unüberschaubarere erfahren hat.

2. 4. 3. *Praxis*: Die soziale Frage im Blick?

Steht die Gestalt und der Gehalt theologischer Aussagen in unmittelbarer Wechselwirkung zu den Feldern *Kirche bzw. Gemeinde* und *Gesellschaft*, so ergeben sich konkrete Handlungserfordernisse auf eben diesen beiden Feldern. Das *WdW* und die einschlägigen Schriften der siebziger und achtziger Jahre sind für den Fortgang der Untersuchung daraufhin zu prüfen, ob sich in ihnen bereits praktische Konsequenzen für das Feld des *Sozialen* bzw. erste theologisch fundierte Antworten auf die aktuellen sozialstaatlichen Entwicklungsprozesse aufzeigen lassen: praktische Konsequenzen theologischer Aussagen einerseits für den binnenorientierten Raum von Kirche und wissenschaftlich-universitärer Theologie, andererseits für den politisch-wirtschaftlichen Kontext des gesellschaftlichen Ganzen. Zuvor ist allerdings danach zu fragen, in welchem Sinn Nathusius in beiden Kontexten von *Praxis* sprechen kann.

---

[286] *Luther. Ein Ausblick*, *AKM* 1883/2, S. 715.

Für den kirchlichen Kontext wird der praktischen Theologie - dem enzyklopädischen Aufriß entsprechend - die Aufgabe zugemessen, eine besondere „praktische Glaubenslehre“ zu konzipieren, die ihrerseits im Dienst praktisch-homiletischer Verwertung stehen soll. Demzufolge gilt für Nathusius, beispielsweise Christologie und Erlösungslehre sowie deren Zusammenhang zu den theologischen Themen von Strafe, Zorn und Sünde immer auch im Interesse adäquater homiletischer und poimenischer Arbeit zu behandeln. Den Hintergrund dieses Gedankens bildet der von Nathusius vielfach vorgebrachte Vorwurf, wonach „die Theorie der Predigt zumeist viel weniger durch die Bedürfnisse der Zeit als durch die theologische Gesamtanschauung bedingt war“[287] und damit aus der jeweiligen homiletischen Lehre immer nur unzureichende praktische Konsequenzen erwuchsen. Die praxisrelevante Konnotation dogmatischer Lehre und kirchlicher Verkündigung besteht primär in ihrer katechetischen und erzieherischen Bedeutung. Die Forderung nach einem volkstümlicheren Charakter von Predigt (und Predigtliteratur!), wie Nathusius es in seinen Rezensionen immer wieder einklagt, mag damit zwar auch als Plädoyer für Einfachheit und Verständlichkeit interpretiert werden. Wesentlich ist dieser Forderung allerdings das Verlangen nach christlicher Bildung: Kirchliche Praxis muß bereits innerhalb der eigenen Kirchenmauern dezidiert Bildungs- und Erziehungspraxis sein.

Hinsichtlich des zweiten Punktes, der Forderung nach einer gegenwartsadäquaten Außenorientierung der Theologie, empfiehlt Nathusius eine auf den ersten Blick geradezu konziliante Vorgehensweise, auch wenn sich, wie er 1886 formuliert, Gewitterwolken am Horizont des politisch-sozialen Lebens zusammenziehen, „deren Geschwindigkeit nach dem bisherigen Gange nicht berechnet werden darf“[288]. Als Programm und Zweck seiner eigenen Darstellung der Religion innerhalb des *WdW* fordert er einerseits die Einheit ihrer Bekenner, andererseits von den Gegnern „wenigstens“ die Anerkennung als Kulturmacht, „eine Versöhnung der Christen unter einander, und eine Versöhnung des Edlen in dem wissenschaftlichen Leben und Streben der Gegenwart mit den christlichen Ideen“[289]. Soll demzufolge die moderne (!) Bildung und Wissenschaft ihren Gegensatz zur christlichen Kulturmacht aufgeben, bedeutet dies für Theologie und Kirche, sich den Gründen und Hintergründen dieses Gegensatzes tatsächlich zu stellen. Dies setzt voraus, sich über die gegenwärtigen gesellschaftlichen Zustände *sachgemäß* in Kenntnis zu setzen. Indem Nathusius die wirtschaftlichen und sozialen Defizite der Zeit als sinnfälligen Ausdruck für den Gegensatz zwischen christlicher Kulturmacht und unchristlicher Weltanschauung begreift, steht für ihn außer Frage, daß eine neue Evaluierung christlicher Wahrheiten nur über den Prozeß

---

[287] *WdW*, S. 444.

[288] *Stellung der evangelisch-theologischen Fakultäten*, S. 611.

[289] *WdW*, S. 239.

der *theoriegeleiteten und praktischen* Auseinandersetzung mit diesen wirtschaftlichen und sozialen Fragen erfolgen kann. Der Theologie als der „Wissenschaft vom Kirchenglauben“[290] kommt dabei die entscheidende Vermittlungsaufgabe zu: die „Vermittelung zwischen Theorie und Praxis, zwischen Wissenschaft und Leben, zwischen Ideal und Wirklichkeit, zwischen der leuchtenden Gotteswelt und der armen, hustenden, murrenden, glaubenslosen und gottlosen Menschheit“[291]. Die Theologie tritt an die Schlüsselstelle, an der die Wechselwirkung zwischen der Verkündigung normativer Wahrheit und der konkreten Transformation dieser Verkündigung stattfindet. Die Herausstellung des *Evangeliums als Macht* hat immer zwei Seiten. Dies läßt sich für die sozialethische Entfaltung des vorliegenden Theologie- und Kirchenbegriffs näher zeigen.

Bereits vor der systematischen und ausführlichen Behandlung, die schließlich zu Nathusius' sozialethischem Hauptwerk führt, gewinnt seine Aufmerksamkeit für die soziale Frage Gestalt. Nicht erst die epochemachenden sozialstaatlichen Entwicklungsprozesse oder einzelne Ereignisse dieser Entwicklung haben seine theoretische Beschäftigung mit diesem Fragenkomplex initiiert. Bereits seine diakonischen und gemeindlichen Aktivitäten legten es ja nahe, daß er auch die wirtschaftlichen und sozialen Entwicklungen überregionaler Art sowie deren theologisch-kirchliche Bewältigungsstrategien aufmerksam mitverfolgte, sich darüber mit den Gesinnungsgenossen lebhaft austauschte und dies - überwiegend in der *AKM* - zur Sprache brachte. Als Theologen wie Stoecker und Todt trotz der kirchenregimentlichen Widerstände „von ihrer Kanzelhöhe auf den Boden der realen Verhältnisse hinabsteigen“[292], ist Nathusius nicht nur mit dabei, sondern begibt sich auch

---

290 So Nathusius im Anschluß an Rothe und Schleiermacher, *Timotheus*, S. 90.

291 *A. a. O.*, S. 9.

292 *AKM* 1879, S. 461. Nathusius war bereits seit Anfang der siebziger Jahre auf den entscheidenden kirchlichen Konferenzen anwesend, die sich immer häufiger auch mit der sozialen Frage beschäftigten. So bereits 1871 auf der bedeutenden Berliner Oktoberkonferenz, von der er allerdings praktisch nur über die Verhandlungen zur zukünftigen Gemeinschaft der Landeskirche berichtete. Dieses Ereignis galt ihm vor allem im Blick auf die Selbständigkeitsfrage als bedeutsam, da hier zum ersten Mal „Confessionelle aus allen Provinzen als Einheit“ auftraten, *VB* 1875, Sp. 665. Der ursprünglich von ihm angekündigte Bericht über die Verhandlungen zur sozialen Frage und Wicherns Vortrag findet sich im *VB* nicht mehr. Dennoch ist aufgrund dieser Ankündigung an der genannten Stelle davon auszugehen, daß er Wicherns Vortrag tatsächlich dort gehört hat!
Er war ferner regelmäßiger Besucher der Gnadauer Konferenzen, etwa im Jahr 1872, (vgl. *VB* 1872, Sp. 263-274) und zwei Jahre später, als er anläßlich der Debatte über die Zivilehe unter anderem mit K. F. A. Kahnis in den theologischen Diskurs eintrat, vgl. *VB* 1874, Sp. 257ff. Außerdem zählte er zu den Mitgliedern der evangelisch-lutherischen Augustkonferenz, auf deren erster Versammlung im Jahr 1873 er bereits gemeinsam mit den späteren Gesinnungsgenossen R. Grau, Königsberg, und Kleist-Retzow Vorträge hielt, vgl. *VB* 1873, Sp. 576, 628ff.; vgl. auch *VB* 1875, Sp. 665ff.; *VB* 1877, Sp. 616. So berichtet er etwa von der Augustkonferenz des Jahres 1885, auf

auf die Suche nach den theologischen Begründungen für sein eigenes christlich-soziales Engagement. Trotz Todts 1877 gegründetem „Centralverein für Socialreform" verkennt er nicht die Notwendigkeit konkreter politischen Aktion, wie er dem preußischen Reichs- und Landtagsabgeordneten der Deutsch-Konservativen Partei Hermann W. Kropatschek bereits Anfang der achtziger Jahre mitteilte[293].

Der Übergang von der vorwiegend praktischen christlich-sozialen Arbeit zur theoretischen Reflexion über die christlich-soziale Aufgabe zeigt sich darin, daß Nathusius in den achtziger Jahren vor allem das Verhältnis von Innerer Mission bzw. freier Liebestätigkeit und kirchlicher Organisation thematisierte. Auf der Augustkonferenz der preußischen Lutheraner schloß er sich dem Referat des Neinstedter Leiters und Mitstreiters K. U. Kobelt an. Dieser hatte darauf hingewiesen, daß die Innere Mission kein Konkurrenzverhältnis zu den kirchlichen Organen anstrebe, sondern sich als Bestandteil der kirchlichen Sozialtätigkeit begreife. Für die größeren Anstalten und Vereine hält Nathusius es allerdings für ausreichend, wenn diese sich in „eine möglichst große Anlehnung an die kirchlichen Organe begeben"[294] und auf diese Weise wiederum soziale Aktionen der kirchlichen Behörden motivieren oder befördern. Das Fehlen eines gesicherten christlichen Fundaments erblickt Nathusius erstaunlicherweise gerade nicht in den Kreisen freier Liebestätigkeit, sondern auf seiten der *offiziellen Kirche*. Initialzündungen für die kirchliche soziale Tätigkeit werden daher von ihm primär nicht von dieser kirchenleitenden Seite aus, sondern von christlich motivierten privaten Aktionen und Organisationen erwartet. Das Problem der 'Kirchlichkeit' privater sozialer Tätigkeit ist seines Erachtens nicht dort angesiedelt, sondern im Bereich der offiziellen Kirche, die er zu stark in Kämpfe um politische Majoritäten verwickelt sieht.

---

der der Neinstedter 'Hausvater' K. U. Kobelt über Pfarramt und Diakonie sprach und dabei unmißverständlich für eine kirchliche Integration der Inneren Mission plädierte, vgl. *AKM* 1885, S. 1101f.

Seit der Gründung und den ersten Versammlungen der Positiven Union war er auch häufiger Besucher von deren Tagungen, so bei der Magdeburger Konferenz im Jahr 1876, vgl. W. Frank, *Stoecker*, S. 31, der preußischen Positiven Union im Oktober 1880, auf deren erster Generalversammlung im darauffolgenden Jahr und im April 1885 auf dem Vereinstag der Freunde der Positiven Union in Berlin, auf dem Generalsuperintendent Kögel zur sozialen Aufgabe der Kirche referierte, vgl. *AKM* 1885, S. 545.

Er kann auch sonst als fleißiger Konferenzreisender gelten, wie das Beispiel des Jahres 1879 zeigt: Teilnehmer der Augustkonferenz in Berlin, der Evangelischen Allianz in Basel, auf dem Kongreß der Inneren Mission in Stuttgart und auf der Ersten ordentlichen preußischen Generalsynode in Berlin, vgl. *AKM* 1879, S. 702f., 950f.

293 Vgl. *AKM* 1880/2, S. 383ff. Im selben Atemzug beklagt er die abwartende soziale Haltung der 1876 neugegründeten Deutsch-Konservativen Partei und ihres Organs, der *Kreuz-Zeitung*.

294 *AKM* 1885, S. 1102.

Im übrigen entwickelt er auch in der Frage der sozialpraktischen Konsequenzen christlicher Theologie den Gegensatz zur liberalen Theologie. Für Nathusius steht die gänzliche soziale Bedeutungslosigkeit der liberalen Theologie außer Frage. Immer wieder stellt er bei Betrachtung von Versammlungen des PV oder des EB eine „so drückend empfundene Unfruchtbarkeit an praktischen christlichen Werken"[295] fest, was er - kaum verwunderlich - auf die fehlende klare Stellung zu den überlieferten Offenbarungswahrheiten, darüber hinaus aber auch auf deren fundamentale Nähe zum gemeinschaftszerstörenden wirtschaftlichen Liberalismus zurückführt. Daß die christlich-sozialen Debatten für Nathusius und sein Umfeld nicht nur auf den einschlägigen Konferenzen, sondern auch publizistisch immer deutlicher in den Vordergrund rückten, verdeutlicht folgendes:

Um die Mitte des Jahres 1888 findet sich in der *AKM* ein Aufsatz Naumanns, in dem dieser die Bedeutung und Stellung der Inneren Mission im kirchlichen Leben herauszuarbeiten sucht. Zwar hält sich Naumann an die Definition des 'Diakonieexperten' Theodor Schäfer, der in seinem 1887 erschienenen *Leitfaden der inneren Mission* hervorgehoben hatte, daß es der Inneren Mission nicht nur um die Behebung sozialer Nöte, sondern auch um die Besserung kirchlicher Zustände gehen müsse. Naumann schreitet darüber aber hinaus, insofern er dieser organisierten freien Liebestätigkeit auch eine vorarbeitende Bedeutung für alle kirchenamtliche und schließlich staatliche Organisation beilegt. Von lokalen Ursprüngen aus soll es - bei Naumann fast im Sinn eines evolutionären Prinzips! - zur missionarischen Beeinflussung bis hinauf zu den entscheidenden staatlichen Verantwortungsträgern kommen, was konkret bedeutet, daß die Innere Mission das „Zwischenstadium zwischen der Privat- und der Staatsbethätigung"[296] darstellt. Im Vergleich ist zwischen Nathusius und Naumann ohne Zweifel durchaus ein erster Anflug von Konsens über die christlich-soziale Tätigkeit festzustellen. Beide plädieren nicht nur entschieden für die kirchliche Bodenhaftung der Inneren Mission und insistieren auf kirchlicher Reformbedürftigkeit, sondern diese Reformbedürftigkeit soll zugleich über den unmittelbar kirchlichen Kontext hinaus für den staatlichen Bereich in Anschlag gebracht werden. Naumanns bilanzierende Definition: „Die christliche Vorarbeit für die praktischen Formen der Zukunft ist die innere Mission"[297] könnte in diesem Sinn auch von Nathusius mitgesprochen werden.

Schließlich zieht auch Nathusius alle Formen privater und kirchlicher sozialer Tätigkeit in die eine große Frage ein: „werden wir widerstandsfähig sein gegen die Ideen des Materialismus?" Die soziale Praxis gilt Nathusius zwar bereits *vor* der *intensiven* sozialethischen Entfaltung immer schon als

---

295 *AKM* 1886, S. 880.
296 F. Naumann, *Was ist innere Mission?*, *AKM* 1888, S. 694.
297 *A. a. O.*, S. 696.

ein brisantes Thema. Allerdings stellte er bereits in den siebziger und achtziger Jahren bei der Bearbeitung dieser praktischen Fragen fest, daß auch die theoretische Seite ihre Beachtung erfahren müsse: „Die soziale Reform, die wirtschaftliche Gesetzgebung, an der wir heute arbeiten, ist zweifellos von der größten praktischen Bedeutung. Aber ebenso zweifellos liegt hier die letzte Entscheidung nicht. Die letzte Entscheidung liegt vielmehr in den Ideen, welche uns selbst beherrschen“[298].

[298] *AKM* 1887, S. 949.

III. Christlich-sozial: Entfaltungen im sozialprotestantischen Konsens (1888 - 1894)

A. Biographische Kontexte

1. Auf dem Lehrstuhl für Praktische Theologie in Greifswald

1. 1. Die Berufung

Die Berufung nach Greifswald zum Wintersemester 1888/89 läßt nicht nur darauf schließen, daß Nathusius' Schriften und Aktivitäten mittlerweile auch unter den theologischen Fachkollegen Bekanntheit erlangt hatten, sondern wirft zugleich ein Licht auf die Intentionen der damaligen Berufungspolitik in Preußen. Die Berufungsverhandlungen zogen sich zwar nur über einen vergleichsweise kurzen Zeitraum hinweg, allerdings herrschte dabei reger Korrespondenzverkehr zwischen den Ordinarien der Greifswalder Fakultät, insbesondere Cremer als dem Dekan der Fakultät, und dem bereits erwähnten Friedrich Althoff, Vortragender Rat und Ministerialdirektor im preußischen Kultusministerium in Berlin[1].

Althoff, der als einer der bedeutendsten Organisatoren deutscher Wissenschaftsverwaltungen und Wissenschaftspolitik zu gelten hat, übte zwischen 1882 und 1907 von der preußischen Kultusbürokratie aus auch auf die theologischen Fakultäten einen kaum abschätzbaren Einfluß aus. Neben Harnack und Oberkonsistorialrat B. Weiß wurde Cremer als besonderer Experte für den Bereich und die Belange der protestantischen Theologie konsultiert. Als persönlicher Berater Althoffs konnte Cremer in entscheidendem Maß seinen Einfluß auch auf die Gestaltung der Greifswalder Theologischen Fakultät geltend machen. Durch seine Mitgestaltung aller einschlägigen Berufungsverhandlungen sicherte er Greifswalds in Deutschland einzigartige 'Positivität' bis zu seinem Tod im Jahr 1903. Am Fall der Berufung von

---

1 Vgl. dazu B. v. Brocke, *Hochschul- und Wissenschaftspolitik* und der von demselben herausgegebene Sammelband *Wissenschaftsgeschichte und Wissenschaftspolitik*. Gleichwohl fehlt in letztgenanntem Sammelband eine Darstellung der Althoffschen Einwirkungen auf die deutsche Theologie. Innerhalb der Philosophie waren die unmittelbaren Ansprechpartner Althoffs etwa W. Dilthey, B. Erdmann, F. Paulsen, H. Vaihinger und E. Zeller, vgl. U. Sieg, *Universitätsphilosophie*, S. 288. Einen Prospekt auf den Zusammenhang der theologischen Richtungen mit der preußischen Kulturpolitik liefert jetzt E. Lessing, *Positive und „liberale" Theologie*.

Nathusius wird deutlich, in welcher Weise das sogenannte „System Althoff" auch in der Frage dieser Besetzung zum Tragen kam.

Den Anlaß für die Neubesetzung des Lehrstuhls für Praktische Theologie bildete der unerwartete Tod Ernst Bindemanns, der bereits ein Jahr nach Antritt des Greifswalder Ordinariats im Juli 1887 verstorben war. Nach ersten Absagen potentieller Nachfolgekandidaten[2] sah sich die Fakultät zu einer weiteren Auswahlrunde veranlaßt. Im Zug des neuerlichen Verfahrens verfaßte Nathusius am 13. 3. 1888 einen Brief an „Sn. Excellenz den Königlichen Staatsminister Herrn von Gosslar" in Berlin: „Durch eine Mitteilung in den öffentlichen Blättern ist mir bekannt geworden, daß der für die Stelle einer Professur der praktischen Theologie in Greifswald ausersehene Professor Köstlin [gemeint ist H. A. Köstlin, Professor am Prediger-Seminar in Friedberg, Th. S.] diesen Ruf abgelehnt hat. Ich erlaube mir daher, Ew. Excellenz gehorsamst zu bitten, meine Person bei der Besetzung der genannten Stelle in geneigte Erwägung ziehen zu wollen. Zwar wird sich mein Name unter den Ew. Excellenz durch die evangelisch-theologische Fakultät zu Greifswald zu unterbreitenden Namen nicht befinden. Ich war mit einer darauf bezüglichen Anfrage zu spät gekommen. Ich wage aber dennoch meine gehorsamste Bitte vorzutragen, da ich mit mehreren der Herren der Fakultät, vor allem D. Zöckler und auch D. Cremer verschiedene freundschaftliche persönliche und literarische Berührungen gehabt habe und versichert zu sein glaube, daß ich mit denselben nicht nur in einem Geiste arbeiten, sondern auch von ihnen gern aufgenommen werden würde. Ew. Excellenz würden sich eventuell davon überzeugen können, wenn Hochdieselben die Geneigheit haben würden, die Fakultät in Greifswald dieserhalb zu befragen."[3]

Auch wenn Nathusius sich nicht um eine systematische, sondern eine praktische Professur bewarb, sollte sich dennoch im Lauf der nächsten Jahre zeigen: Nathusius kam es bei aller Lehre der Praktischen Theologie weiterhin entscheidend auf die *Grundlagen* an, auf denen diese theologische Disziplin basieren sollte. Unter der Voraussetzung, daß alles praktisch kirchliche Verhalten durch die „Form der dogmatischen Auffassung des Christentums"[4] bestimmt wird, findet sich bei Nathusius nicht selten eine Selbstbezeichnung wie „Systematiker der praktischen Theologie"[5] oder „Theoretiker der kirchlichen Aufgaben"[6].

---

2 Dazu gehörten neben Köstlin auch der Hallenser Theologe Hering sowie der bereits erwähnte Herausgeber der *Monatsschrift für innere Mission* und Vorsteher der Altonaer Diakonissenanstalt Th. Schäfer, vgl. *Acta der Th. F.* 73 [16-20] (1887/88).

3 *GStA*, U I 5893.

4 *Die Christlich-socialen Ideen*, S. 164.

5 *Ebd.*

6 *Zur Charakteristik der afrikanischen Circumcellionen*, S. 3.

Auf sein Schreiben hin wurde Nathusius als offizieller Bewerber akzeptiert und in den engeren Kreis der möglichen Nachfolger aufgenommen. Am 7. 4. 1888 schrieb Cremer an Althoff und schilderte seine Eindrücke von Nathusius: „Wenn Witte [Inspektor in Schulpforta, Th. S.] absagt, bleibt kaum jemand übrig als Nathusius - ein hochbegabter Mann, der nur durch einige nicht genug durchdachte Äußerungen und Meinungen sich den Weg zur wissenschaftlichen Carriere versperrt hat. Er ist ein ganz besonders frischer, hochbegabter Mensch mit großer Arbeitskraft, der vielleicht, wenn er erst als Docent die Zucht wissenschaftlicher Arbeit lernt, in der Äußerung nicht genügend durchdachter Meinungen zurückhaltender wird“[7].

Althoff wandte sich in der Sache an den königlichen Regierungspräsidenten von Berlepsch nach Düsseldorf[8], der in seiner Antwort, die direkt an den preußischen Kultusminister Gustav von Goßler gerichtet war, positiv auf Nathusius' Tätigkeit im Wuppertal zu sprechen kam. Positive Erwähnung fanden seine grundsätzlichen Erwägungen zur Frage kirchlicher Verfassung und Selbständigkeit, die er 1888 vorgelegt hatte[9]. Auch universitätsintern wurde Nathusius fachlich begutachtet. Der Greifswalder Alttestamentler Conrad Justus Bredenkamp gab ein kurzes Gutachten ab, in dem er Nathusius' wissenschaftliches Arbeitsvermögen anhand seines methodologischen Hauptwerkes positiv hervorhob und auf die vorhandene praktische Vorbildung in den unterschiedlichsten Pfarrämtern hinwies[10]. Ebenfalls im Juni 1888 schrieb Cremer mit der festen Absicht, den lutherisch-positiven Charakter der Fakultät stärken zu wollen, an Althoff - das Blatt hatte sich nun entscheidend zugunsten von Nathusius gewendet: „nachdem der reformierte Schlatter berufen ist, ist es für die Zukunft unserer Fakultät sehr wesentlich, daß nun für die praktische Professur der Pastor der ev.-luth. Gemeinde Wupperfeld (landeskirchlich lutherisch) von Nathusius berufen werde. Wenn Sachsse [Seminardirektor in Herborn, Th. S.] berufen würde, der neuerdings den Ritschlianern sehr große Konzessionen gemacht hat, so würde das bei vielen die Vermutung erwecken, als wolle der Herr Minister den bisherigen Charakter der Fakultät entschieden ändern, und Leipzig und Erlangen würden zu neuer Blüte gelangen. Nathusius Name ist so weit bekannt und geachtet, daß seine Berufung das bisherige Vertrauen nur festigen würde. Seine wissenschaftliche Begabung zu charaktervoller Erfassung seiner Objekte ist meines Erachtens auch größer als die Sachsses, nur daß letzterer schon etwas geschulter ist“[11].

---

7 *GStA*, Rep 76 Va Sekt. 7, U I 7646.

8 *GStA*, Rep 76 Va Sekt. 7, U I 6346.

9 Vgl. *GStA*, Rep 76 Va Sekt. 7, U I 6416; 6713.

10 Vgl. *GStA*, Rep 76 Va Sekt. 7, U I 7022.

11 Nach R. Stupperich (Hg.), *Cremer*, S. 193.

Von kirchlicher Seite aus stand dem Ruf nichts im Weg. Der EOK teilte v. Goßler am 20. 6. 1888 mit, „daß wir in Beziehung auf Lehre und Bekenntnis des für ein Ordinariat [...] ins Auge gefaßten Pastor Dr. von Nathusius zu Barmen Bedenken nicht zu äußern haben"[12]. Die Nennung des Doktortitels kam dabei allerdings entschieden zu früh. Nathusius wurde erst als Ordinarius am 14. 3. 1889 die Ehrendoktorwürde der Greifswalder Fakultät verliehen. Nathusius antwortete alsbald auf den Ruf aus Greifswald, indem er es zwar ablehnte, die zu dieser Zeit noch mit dem Ordinariat verbundene Pfarrstelle zu übernehmen, ansonsten aber seine Bereitschaft bekundete, dem Ruf folgen zu wollen[13]. Er trat sein neues Amt am 1. 10. 1888 an.

Trotz der von Althoff in diesem Fall beförderten dezidierten Ausrichtung der Fakultät ist nicht davon auszugehen, daß *vornehmlich* die Plazierung theologisch reaktionärer Geister befördert werden sollte. Die Gutachten über Nathusius an Althoff reflektieren vielmehr, daß es dem Ministerium insbesondere um die Etablierung lehrfähiger Nachwuchswissenschaftler[14] ging und daß die Gutachter um dieses Interesse wußten. Diese Tatsache wird auch dadurch bestätigt, daß von sämtlichen Greifswalder Berufungen, die nach Cremers Eintritt in die Fakultät ergingen, nur Nathusius direkt aus dem Pfarramt berufen wurde. Alle anderen berufenen Theologen kamen tatsächlich bereits aus der Praxis der theologischen Lehre. Auch für das vorliegende Greifswalder Beispiel gilt, daß mit dem „System Althoff" generell „die Tradition der Wissenschaftspflege des liberalen preußischen Kulturstaates"[15] fortgeführt sowie politisch und sozial konservative, außeruniversitäre Einflüsse durchaus in Grenzen gehalten werden sollten. Zugleich ist allerdings die Feststellung E. Cremers zu bedenken, daß Althoff durch seine entschiedene Unterstützung für den positiven Ausbau der Greifswalder Fakultät die bisherige Bevorzugung der Ritschlschen Schule auszugleichen gedachte[16]. Althoff

---

[12] *GStA*, Rep 76 Va Sekt. 7, U I 7420.

[13] Vgl. R. Stupperich (Hg.), *Cremer*, S. 214.

[14] Vgl. U. Sieg, *Universitätsphilosophie*, S. 289.

[15] So B. v. Brocke, *Hochschul- und Wissenschaftspolitik*, S. 16.

[16] Vgl. E. Cremer, *Cremer*, S. 137. Aus den Akten der Fakultät geht außerdem hervor, daß Althoff sich mindestens in einem Fall in die Frage der Verleihung Greifswalder theologischer Ehrenpromotionen einschaltete. Diese Beobachtung erhält ihre besondere Pikanterie dadurch, daß die vorgeschlagene Ehrenpromovierung des Missionsinspektors Plooth zuvor durch die Berliner Fakultät abgelehnt worden war und damit der „Act im Licht einer Demonstration erscheinen" konnte, wie Zöckler vermutete, *Acta der Th. F.* 80 [21] (1895/96).
Generell ist für einen nicht unerheblichen Teil der Ehrenpromotionen geltend zu machen, daß damit die Fakultät nicht nur ihre Haltung in theologischen, sondern auch in kirchenpolitischen Fragen symbolisieren wollte. Dieses Anliegen fand immer wieder auch von außerhalb seine Entsprechung. Anläßlich der Frage der - schließlich abgelehnten - Ehrenpromotion des *Reichsboten*-Chefredakteurs H. Engel heißt es in einem Bitt-

selbst bestätigte anläßlich seiner eigenen Ehrenpromotion durch die Greifswalder theologische Fakultät im Jahr 1897 sein offensichtlich besonders ausgeprägtes Interesse an deren spezifischen Belangen: „Wenn ich auf meine fünfzehnjährige Thätigkeit als Referent für Universitätsangelegenheiten zurückblicke, so gereicht mir nichts zur größeren Befriedigung, als daß es mir während dieser Zeit vergönnt war, zu einer Fakultät, die sich so große Verdienste um Kirche und Staat erworben hat, in nähere Beziehung zu treten“[17].

Nicht alle Erwartungen, die sich ursprünglich an den Ruf des Wupperfelder Pastors geknüpft hatten, gingen in Erfüllung. Nathusius' Lehrtätigkeit scheint über die folgenden fünfzehn Jahre hinweg nur mäßige Begeisterung ausgelöst zu haben. Weder konnte Nathusius einen wissenschaftlichen Schülerkreis um sich scharen noch dokumentieren die Greifswalder Fakultätsakten die Betreuung auch nur einer einzigen Dissertation durch Nathusius[18]. Offensichtlich strahlte der Stern Cremers, der es sich als eigentliches Haupt der Fakultät auch nach Nathusius' Berufung vorbehalten hatte, weiterhin praktisch-theologische Veranstaltungen durchzuführen, deutlich heller.

Anläßlich einer durch das Kultusministerium veranlaßten Visitation der Greifswalder Fakultät im Jahr 1889 wird ein anschauliches Bild der frühen Lehrtätigkeit von Nathusius gezeichnet, indem die Dozententätigkeit des jetzt 45jährigen Nathusius durchaus kritisch beschrieben wird: „Der bedeutendste unter den jüngeren Ordinarien der theologischen Fakultät in Greifswald ist wohl von Nathusius. Ich hatte schon wiederholt den Eindruck gewonnen, daß [...] seine akademische Wirksamkeit nicht ganz den Erwartungen entspreche, die man auf ihn gesetzt hatte. Was ich von ihm gehört, hatte mir dies ausreichend erklärt. In einer Vorlesung über Homiletik (27 Zuhörer) sprach er über die Behandlung der biblischen Geschichten in der Predigt. Er gab ein kurzes, sich in ziemlich abstrakten Kategorien bewegendes Diktat, das er in freier Rede erläuterte. Seine Ausführungen wiederholten sich stark und blieben doch aphoristisch. Sie setzten zu viel voraus“[19].

In einem Brief an Schlatter bestätigte Cremer, fast verzweifelt, diese Eindrücke: „Er behandelt die Sache zu sehr als Geschäftsmann ohne Originalität und Empfindung. Aber was sollen wir machen?“[20] In diese Richtung geht auch ein Schreiben, in dem Cremer Luthardt gegenüber, der diesen für die ei-

brief an die Fakultät: „Greifswald muß es machen, [...], in allen Tonarten wird immer dieselbe Forderung laut“, *Acta der Th. F.* 89 [61] (1904/05).

17 *Acta der Th. F.* 82 [4] (1897-98).

18 Für den gesamten Zeitraum zwischen 1888 und 1904 findet sich nur ein Zweitgutachten von Nathusius zur Dissertation des Sohnes von Cremer. Ernst Cremers dogmatische Abhandlung wird von ihm im ganzen positiv beurteilt, nicht zuletzt deshalb, weil diese „nicht die Form der Verkündigung, sondern der wissenschaftlichen Lehre ausbilden will“, *Acta der Th. F.* 76 [33] (1891/92).

19 *GStA*, Rep 76a Va Sekt. 7, U I 15221.

20 Zit. nach R. Stupperich (Hg.), *Cremer*, S. 422.

gene Leipziger Fakultät gewinnen wollte und Nathusius als dessen Nachfolger vorschlug, mitteilte: „An einen Ersatz für mich in Greifswald durch Nathusius ist nicht zu denken, da derselbe Systematik und NT nicht vertreten kann"[21]. Diese Nachricht ist wohl kaum in dem Sinn zu lesen, daß Cremer die doppelte fachliche Vertretung durch Nathusius etwa im organisatorischen Sinn für zu umfangreich und schwierig hielt.

Was die 'private Seite' des Greifswalder Professorenlebens angeht, fällt in den Berichten immer wieder die Erwähnung des für Studenten „offenen Hauses" der Familie Nathusius auf. Vieles in den Beschreibungen der Kollegen und Studierenden erinnert an das, was Nathusius seinerzeit über die Verhältnisse im Hallenser Kreis Tholucks berichtet hatte. Ein Nachruf v. Oertzens auf Nathusius hält fest: „Wie wußte er liebevoll, teilnehmend und freundlich der Studenten, die Sonntags nachmittags Zutritt in sein Haus hatten, sich anzunehmen, ihnen aus ihrer Schüchternheit herauszuhelfen und, wo er Nöte innerer oder äußerer Art merkte, ihnen mit Rat und Tat beizuspringen"[22]. Ein anderer Bericht beschreibt Nathusius geradezu als Pädagogen der Frömmigkeit und ausgesprochenen Mann der Praxis: „Durch den persönlichen Umgang mit ihm, durch den ungezwungenen Verkehr in seinem Hause, das jedem offen stand, durch die herzliche, harmlose Fröhlichkeit im Kreise der Seinen hat mehr als einer 'praktische Theologie' studiert, vielleicht gründlicher oder entscheidender als in mancher Kollegstunde"[23]. Welche Bedeutung auch immer man seiner Greifswalder Lehrtätigkeit beimißt, so steht doch fest, daß Nathusius im Lauf der Jahre zu einem der profiliertesten Repräsentanten der Greifswalder theologischen Fakultät wurde. Zumindest in dieser Hinsicht bestätigte er die Erwartungen, die sich mit der Berufung des positiven Lutheraners aus Wupperfeld verbunden hatten. Die intensiven Kontakte mit den Greifswalder Kollegen führten darüber hinaus zur weiteren Schärfung des eigenen theologischen Profils.

1. 2. Die Greifswalder Schule

Die Greifswalder theologische Fakultät war insbesondere seit Cremers Übernahme der Professur für Systematische Theologie zum WS 1870/71 zu einem der Anziehungspunkte der deutschsprachigen Theologie geworden. Vor allem seinem Einfluß war es zu verdanken, daß sie sich im letzten Drittel des 19. Jahrhunderts ihres provinziellen Daseins entledigen konnte, eine „über die Landesgrenzen ausstrahlende unvergleichliche Blütezeit" entwickelte und

---

21 Zit. nach *a. a. O.*, S. 137.

22 D. v. Oertzen, *Nathusius*, vom 13. 3. 1906.

23 Zit. nach Chr. Urban, *Nathusius*, S. 13.

damit auf den „absoluten Höhepunkt ihrer jahrhundertealten Geschichte“[24] gelangte.

Daß Cremers Bedeutung für die Konstituierung der sogenannten „Greifswalder Schule“ kaum zu überschätzen ist, wird auch daran deutlich, daß mit eben dieser Schule einerseits der Kreis Cremers und seiner Kollegen, andererseits Cremers Schüler bezeichnet werden[25]. Cremer gelang es nicht zuletzt aufgrund seiner integrativen Fähigkeiten, „der Fakultät ein Gesamtprofil zu verleihen, das in wesentlichen Zügen von seinem theologischen Denken geprägt war“[26]. Cremers Tätigkeit an der Fakultät griff weit über die Behandlung systematischer Fragen hinaus, indem er während der gesamten Zeit in ebenso hohem Maß in die neutestamentliche wie in die praktische Lehre involviert blieb.

Die besondere Stellung Cremers innerhalb des Kollegiums zeigt sich deutlich an dessen entschiedenen Voten, wann immer an Cremer Lehrstuhlangebote anderer Fakultäten herangetragen wurden. Man betonte in diesen Fällen die außergewöhnlichen Leistungen des Ordinarius und wies darauf hin, daß im Fall von Cremers Weggang nicht nur die positive Ausrichtung der Greifswalder Fakultät grundsätzlich gefährdet sei, sondern die gesamte deutsche Kirche darunter zu leiden haben werde. Anläßlich einer 1892 ergangenen Berufung nach Berlin riet Kähler von Halle aus Cremer dazu, den Ruf

---

24 H.-G. Leder, *Evangelische Theologie*, S. 41. Vgl. zur Theologischen Fakultät Greifswald auch H. Heyden, *Kirchen Greifswalds* und *Festschrift zur 500-Jahrfeier II*.
Dennoch mußte man sich als junger Theologe nicht unbedingt von der *Positivität* der Fakultät angezogen fühlen. Auch unabhängig von diesem theologischen Profil war bekannt, daß von der dortigen Ausbildung zu profitieren war. Für den jungen Berliner Studenten Ernst Troeltsch beispielsweise kamen für einen Studienplatzwechsel offenbar nur Greifswald, Tübingen oder Göttingen in Frage, H.-G. Drescher, *Ernst Troeltsch*, S. 45. Allerdings mag Greifswald auch deshalb eine Alternative gewesen sein, da er sich in dieser Zeit, wie er W. Bousset am 25. 6. 1886 mitteilte, nach „kleinen Verhältnissen“ sehnte, H.-G. Drescher, *a. a. O.*, S. 43. Letztlich wechselte er vor allem aufgrund der Anziehungskraft Ritschls dann doch nach Göttingen.
Überschaubare Verhältnisse hatte Greifswald ohne Zweifel zu bieten, wenngleich die Zahl der Theologiestudenten von 17 im Jahr 1870 auf über 320 im Jahr 1895 anstieg, womit die juristische und philosophische Fakultät wieder überflügelt wurden, vgl. H.-G. Leder, *Evangelische Theologie*, S. 43f.; E. Cremer, *Cremer*, S. 135. In der Chronik der Nr. 2 der *Christlichen Welt* berichtete E. Förster 1897 sogar, daß nur in Erlangen und vor allem in Greifswald als den „beiden orthodoxesten Fakultäten Deutschlands“ die Zahl der Theologiestudenten noch steigt: „Einigen ganz und gar in Parteigeist Befangenen mag ja der durch beispiellose Reklame mächtig geförderte Aufschwung der Fakultät Greifswald ein großer Erfolg dünken“. Im übrigen resultiert diese Behauptung „beispielloser Reklame“ aus der von der *Christlichen Welt* sowie den *Deutsch-evangelischen Blättern* Beyschlags aufgezeigten überdurchschnittlichen staatlichen bzw. ministeriellen Stipendienvergabe an die jungen Theologen; gegen diesen Vorwurf Nathusius in *AKM* 1897, S. 206f.

25 Vgl. H.-G. Thümmel, *Greifswald*, S. 211.

26 H.-G. Leder, *Evangelische Theologie*, S. 43.

nicht anzunehmen, sondern dem Minister mitzuteilen: „Sie und ich, wir sind der gegenwärtigen deutschen Kirche Greifswald schuldig!“[27].

Für Cremers eigenen Werdegang und seine theologischen Prägungen verblüfft im Vergleich mit Nathusius die Duplizität der Studienorte und theologischen Vorbilder. Cremer war ebenfalls vor allem von Tholuck und Julius Müller in Halle sowie von Beck in Tübingen entscheidend geprägt worden. In seine Hallenser Zeit fiel außerdem der Beginn der Freundschaft mit Kähler. Die theologische Konzeption des bedeutendsten Greifswalder Theologen des 19. Jahrhunderts[28] beruhte auf einem Biblizismus, der sich wissenschaftlichem Bemühen gegenüber zwar als prinzipiell offen erwies, zugleich aber die Bedeutung der dadurch gewonnenen Forschungsergebnisse strikt einzugrenzen gedachte. Cremer bemühte sich um die Herausarbeitung der substantiellen Verbindung von neutestamentlicher Botschaft und dogmatischer Interpretation, die er auf dem Hintergrund einer soteriologischen Konnotation seiner Christologie mit Hilfe des Gedankens des ‘rettenden Gerichts’ herzustellen suchte. Den Fluchtpunkt Cremers theologischer Abhandlungen bildete der Grundgedanke eines paradoxen Heilsgeschehens, woraus für ihn die doppelte Konsequenz der Unvermeidbarkeit des göttlichen Strafgerichts einerseits, der unbedingte Vergebung zusprechenden Gnade Gottes andererseits resultierte. Als Inhalt und Kern der Evangeliumsbotschaft sowie Ausgangspunkt eigener Sünden- und Heilsgewißheit legte Cremer besondere theologische Aufmerksamkeit auf die Bedeutung des Kreuzes Christi bzw. auf die von dort aus zu konzipierende Heilslehre. Cremers dogmatisch geleitete Schriftauslegung auf dem Boden hamartiologischer Vertiefung sowie seine forensisch-paulinische Rechtfertigungslehre[29] führten ihn dazu, die Erkenntnisse historischer Kritik zwar anzuerkennen, zugleich aber in ihre Schranken zu weisen. Wie einige seiner Semesterberichte zeigen, ließ ihn dies dennoch die kontroversen theologischen Meinungen auf einem möglichst hohen gedanklichen Niveau zur Sprache bringen. Angesichts der Behandlung von Ritschls *Rechtfertigung und Versöhnung* berichtete er etwa, daß sich diese Arbeit als besonders förderlich für die methodische Schulung der Seminarmitglieder erwies, „indem die zum Teil scharf zugespitzten, der dogmatischen Tradition entgegengesetzten, durch große methodische Sicherheit gestützten Anschauungen Ritschls unwillkürlich zu sorgfältiger Beachtung der Methode und vorsichtiger, nicht voreiliger Erhebung der Resultate nötigten“[30].

---

[27] Zit. nach E. Cremer, *Cremer*, S. 148.

[28] Vgl. H. Beintker, *Cremer*, S. 231. Eine umfassende Darstellung von Cremers theologischem Werk sowie seinen Einflüssen auf die Theologie der Zeit steht immer noch aus. Hinsichtlich der biographischen Entwicklung ist der Schrift des Sohnes E. Cremer, *Hermann Cremer. Ein Lebens- und Charakterbild*, immer noch nichts an die Seite gestellt.

[29] Vgl. H. Beintker, *Cremer*, S. 233.

[30] *Acta der Th. F.* 74 [28] (1888/89).

Dementsprechend konnte für Cremer auf seiten des gläubigen Subjekts von Glaubensgewißheit nur die Rede sein, insofern jegliche Glaubenspraxis nicht unter das individualitätsorientierte Signum persönlicher Frömmigkeit gestellt, sondern - von der Anerkennung des göttlichen Heilshandelns aus - als Tat der Selbstverurteilung am Ort des eigenen Gewissens verstanden wird: „So verwächst der Gewissensmensch, nur er und Niemand in der ganzen weiten Welt sonst, mit dem Gott der Gnade und mit seinem Christus"[31]. Dabei gilt Cremer dieser Ort des Gewissens dennoch zugleich als Ort der Freiheit, an dem 'Glauben-Dürfen' und nicht 'Glauben-Müssen' möglich ist.

Angesichts eines - wie Cremer es empfand - die Evangeliumsbotschaft verwässernden theologischen Liberalismus betrachtete er es als seine primäre Aufgabe, das „Überwintern der Wahrheit des Evangeliums"[32] nach Kräften zu unterstützen, was er zugleich mit vehementer Kritik an den inneren Auflösungstendenzen von Kirche, Gesellschaft und Staat verband. Innerhalb der Greifswalder theologischen Landschaft reichten sich generell die Interessen Cremers und die der kirchlichen und staatlichen Instanzen auf unverkennbare Weise die Hand. In kirchenpolitischer Hinsicht trat Cremer, Gründungsmitglied der Positiven Union (PU) im Jahr 1876, in Provinzial- und Generalsynoden vielfach gegen die von ihm als zersetzend empfundenen rationalistischen Strömungen auf, etwa in Fragen des Apostolikums[33], des Kirche-Staat-Verhältnisses, der theologischen Ausbildung oder auch im Punkt neuester religionsgeschichtlicher Forschungen. Die durch ihn maßgeblich beförderte positive Prägung der Greifswalder Fakultät hatte somit auch ihre Auswirkungen auf die diversen Verhandlungen und Entscheidungen der Pommerschen Provinzialsynode, an deren Zusammenkünften sich Cremer und Nathusius vor allem in den neunziger Jahren lebhaft beteiligten.

Wie schon bei Nathusius, bildete Cremers Bemühen um den Erhalt kirchlicher Unabhängigkeit unter gleichzeitiger Ablehnung kirchlicher Zentralisationstendenzen einen bedeutsamen Fokus seiner theoretischen und prakti-

---

[31] Zit. nach E. Schaeder, *Gedächtnisrede auf Hermann Cremer*, S. 16. Für Cremers Glaubenslehre sind insbesondere seine Schriften *Die paulinische Rechtfertigungslehre im Zusammenhange ihrer geschichtlichen Voraussetzungen* (1899) und *Taufe, Wiedergeburt und Kindertaufe in Kraft des Heiligen Geistes* (1900) aufschlußreich. Über die erstgenannte Monographie, die als das eigentliche Ziel und den Zentralgedanken des Offenbarungshandelns Gottes die Rechtfertigung des Sünders herausstellt und dessen Begnadigung als „rettendes Gericht" bezeichnet, schreibt Cremer an M. Kähler, daß seine ganze Theologie sich auf die in diesem Werk getroffenen Entscheidungen gründe, vgl. E. Cremer, *Cremer*, S. 269.

[32] Zit. nach H. Beintker, *Cremer*, S. 231.

[33] Anläßlich der neuen Agende erbat sich eine Greifswalder Petition im Jahr 1893 von der Theologischen Fakultät die Ausarbeitung eines Parallelformulars, das dahin gehen sollte, das einzelne Gewissen nicht an die Aussagen des Apostolikums zu binden. Bereits die einzelnen Anträge in dieser Sache erklärten die Greifswalder Professoren unter der Führung Cremers für gegenstandslos.

schen Bemühungen. Eine der wenigen Ausnahmen fakultärer Unstimmigkeit bestand in der unterschiedlichen Einschätzung einer Frage, mit der sich Nathusius bereits in den achtziger Jahren beschäftigt hatte. Auf der Provinzial-Synode von 1893 kam es zur Erörterung der theologischen Aufgaben an den Universitäten, wobei Cremer trotz des aktuellen 'Falles Harnack'- und im Gegensatz zu Nathusius' Meinung - dem Antrag auf Begutachtung der zu berufenden Professoren durch den Generalsynodalvorstand entschieden widersprach, da er die theologische Auseinandersetzung durch Verwaltungsmaßnahmen weder für führbar noch für beendbar hielt. Das einzige Mittel zur Verhinderung liberalen Übergewichts erblickte Cremer hingegen in einer dezidierten Berufungspolitik der Fakultäten. Letztlich kam es auf diese Initiative Cremers hin nicht zur Annahme des Antrages[34].

Was am Beispiel von Nathusius' Berufung erkennbar wurde, galt auch für Cremers Einfluß auf die Besetzung der anderen Lehrstühle. Seit Cremers Tagen und nach der endgültigen Ausschaltung des Einflusses von J. Wellhausen und J. W. Hanne wurde - unter der Voraussetzung wissenschaftlicher Qualifikation - nur in die Hansestadt berufen, wer im Geist 'positiver Theologie' lehrte oder zumindest als eindeutiger Kritiker liberaler Theologie identifiziert werden konnte.

Dabei ist zuerst auf den Kirchengeschichtler Otto Zöckler hinzuweisen. Für den 1866 von Gießen aus Berufenen kann natürlich nicht die Berufungspolitik des vier Jahre später nach Greifswald gekommenen Cremer in Anschlag gebracht werden. Dennoch prägte Zöckler später ebenfalls in entscheidendem Maß und großer inhaltlicher Nähe zu Cremers theologischen Interessen die Geschicke der Greifswalder Fakultät. Neben Cremer ist er als das theologische Universaltalent der Fakultät anzusehen. Obwohl Lehrstuhlinhaber für Kirchengeschichte, verfügte er über vielfältige Interessen im Bereich der biblischen und systematischen Theologie, wobei er sein Wirken insbesondere auf den Bereich der Apologetik konzentrierte. Bereits in den Gießener Anfangsjahren seiner theologischen Dozententätigkeit hatte er, wie der Kollege V. Schultze später berichtete, als Schüler Vilmars vom konfessionell-lutherischen Standpunkt aus diese apologetische Aufgabe in Angriff genommen und vor allem für die Vermittlung naturwissenschaftlicher Erkenntnisse mit dem christlichen Weltbild fruchtbar zu machen versucht. Nicht zuletzt deshalb galt er in theologischen Fachkreisen sehr bald „als die erste

---

[34] Vgl. *Verhandlungen der Pommerschen Provinzial-Synode* 1893, S. 207ff. Während der Amtszeit des Generalsuperintendenten H. Poetter zwischen 1886 und 1904 nahm die pommersche Kirchenleitung zwar gegenüber der Ritschlschen Theologie eine ablehnende Haltung ein, verfolgte unter diesem gleichwohl einen eher konzilianten Kurs. Laut Fakultätsakten wurde Poetter im November 1894 in Greifswald ehrenpromoviert, vgl. *Acta der Th. F.* 79 [15] (1894/95). Über das Verhältnis von theologischer Fakultät und Kirchenleitung, vor allem zwischen den beiden Westfalen Cremer und Poetter, unterrichtet H. G. Bloth, *Kirche in Pommern*, S. 203ff.

theologische Autorität auf dem Gebiete des naturwissenschaftlichen Erkennens"[35]. Seine wissenschaftlichen Interessen können folglich durchaus in Parallele zu Nathusius' methodologischen Absichten gesetzt werden. Offenbar blieb bei beiden Greifswaldern das, meist historisch untermauerte, apologetische Interesse auch deshalb aufrechterhalten, weil gemeinsam an Vorarbeiten in diesem Bereich angeknüpft werden konnte. Auch die 1887 erschienene Schrift Zöcklers *Wider die unfehlbare Wissenschaft. Eine Schutzschrift für konservatives Forschen und Lehren* weist auf die frappierende Nähe seiner theologischen Grundrichtung im Vergleich zum Argumentationsmuster von Nathusius hin. Daneben fungierte er ab 1865 als Mitherausgeber der positiv orientierten theologischen Zeitschrift *Beweis des Glaubens*, in der unter anderem am Ende der achtziger Jahre eine ausführliche dogmatische Kontroverse zur Frage christlicher Erkenntnis zwischen Nathusius, W. Herrmann und dem schon erwähnten Königsberger positiven Theologen R. Grau dokumentiert werden sollte. Außerdem war Zöckler ab 1882 für zehn Jahre Herausgeber der von E. W. Hengstenberg gegründeten *Evangelischen Kirchen-Zeitung* und zugleich einer deren vielseitigster und aktivster Verfasser[36]. Auch unter ihm sollte der von Hengstenberg intendierte apologetische Zweck aufrechterhalten werden: die „Begründung und Vertheidigung der evangelischen Wahrheiten" im Sinn der „Wahrung der Heiligthümer der Kirche und Kirchenlehre"[37] gegenüber unkirchlichen und rationalistisch-naturalistischen Zeitströmungen und zugleich unter besonderer Parteinahme für die konfessionellen Lutheraner Preußens. Damit sorgte Zöckler ebenso wie Nathusius publizitätswirksam für den Bekanntheitsgrad des Greifswalder theologischen und kirchenpolitischen Profils.

Der von der Berner Theologischen Fakultät nach Greifswald kommende Adolf Schlatter hatte bereits mit seinem ersten Werk *Der Glaube im Neuen Testament* (1885) für fachwissenschaftliches Aufsehen gesorgt und galt seitdem als profilierter Kopf biblisch-theologischer Forschung. Wie Nathusius und Cremer ebenfalls ein Schüler Becks, zeigte sich das wissenschaftlich eigenständige Beharrungsvermögen des Neutestamentlers darin, daß er gegenüber der erblühenden religionsgeschichtlichen Forschung auf „überzeugende und hochgelehrte Weise" seinen positiven Standpunkt und „eine mit der Entschiedenheit positiven Glaubens verbundene echte Wissenschaftlichkeit" zu vertreten vermochte, wie ein Gutachten der Theologischen Fakultät Halle bescheinigte[38].

---

35 V. Schultze, *Zöckler*, S. 706.

36 Zur Ausrichtung unter der Zöcklerschen Herausgeberschaft vgl. auch G. Mehnert, *Programme Evangelischer Kirchenzeitungen*.

37 O. Zöckler, *Ankündigung*, *EKZ* 1882, Sp. 1.

38 Zit. nach R. Stupperich, *Schlatters Berufungen*, S. 103. Zu Schlatter jetzt außerdem W. Neuer, *Adolf Schlatter* und F. Neugebauer, *Wer war Adolf Schlatter?*

Wie Nathusius erhielt Schlatter den Ruf nach Greifswald im Jahr 1888, wobei er dezidiert auf Cremers Urheberschaft in dieser Sache verwies und konzedierte, mit dem Gang nach Greifswald „Cremers Ruf“[39] gefolgt zu sein. Zwischen dem reformierten Schlatter und dem lutherischen Cremer entwikkelte sich während der gemeinsamen Greifswalder Zeit auf dem Boden der jeweiligen fachlichen Kenntnisse und Fähigkeiten ein intensiver wissenschaftlicher Dialog mit enormer gegenseitiger Hochschätzung. Als späteres Resultat dieses Dialogs kam es ab 1897 zur Herausgabe einer Schriftenreihe unter dem Titel *Beiträge zur Förderung christlicher Theologie* durch Cremer und Schlatter, ab 1904 durch Cremer und W. Lütgert.

Die *Beiträge* können, obwohl erst nach Schlatters Weggang ins Leben gerufen, auch in theologischem Sinn als ein Produkt Greifswalds gelten: Die Reihe stellte neben der Erlanger *Neuen kirchlichen Zeitschrift* den profiliertesten Beitrag der positiv-lutherischen Theologie der Zeit dar. Als Richtzeichen christlicher Theologie bestimmten die Herausgeber der jährlich sechs Hefte der *Beiträge*, „daß uns dies als der fundamentale Unterschied zwischen den theologischen Gedankenreihen gilt, ob sie uns den zum Heilande gegebenen Sohn Gottes verneinen oder nicht“[40]. Unter „Förderung“ christlicher Theologie verstand man die Befestigung und Sicherung der bisherigen Theologie gegen den wissenschaftlichen Historismus und Rationalismus der Zeit. Das Schwergewicht der Beiträge, die überwiegend aus der Feder der Greifswalder Fakultätskollegenschaft stammten, lag deutlich auf exegetisch-historischer Seite sowie auf Untersuchungen über das Urchristentum und die frühe Kirche. Wie aus den Titeln der einzelnen Hefte hervorgeht, sahen die Autoren ihr Anliegen aber auch darin, ganz im Sinne Cremers die jeweiligen exegetisch-historischen Einzelerkenntnisse mit Fragen ihrer dogmatischen Interpretation zusammenzubinden. Daß man sich hinsichtlich dieser Interpretation dezidiert in einer bestimmten Traditionslinie wußte, wird dadurch deutlich, welche ‘neueren’ systematischen Ansätze verhandelt werden. G. Daxer behandelt im Jahr 1900 Franks *System der christlichen Gewißheit*, K. Bornhäuser unterzieht 1903 Harnacks *Wesen des Christentums* einer historisch orientierten Kritik, Cremer nimmt 1903 Stellung zu R. Seebergs *Grundwahrheiten der christlichen Religion*, Schlatter und A. Sturhahn stellen im Jahrgang 1904 die systematische Grundkonzeption J. T. Becks dar und M. Kähler erinnert sich im selben Jahr in seiner Darstellung an den Gesinnungsgenossen Cremer.

Die theologiepolitische Großwetterlage wurde für die Greifswalder Verhältnisse sehr bald erneut virulent und führte dazu, daß dieses intensive Verhältnis zwischen Cremer und Schlatter letztlich von nur kurzer Dauer sein

[39] Zit. nach R. Stupperich, *Schlatters Berufungen*, S. 104.

[40] Heft 1 der *Beiträge* 1897. Dazu auch A. Schlatter selbst, *Entstehung der Beiträge*.

sollte. Bereits 1890 versuchte Cremer, den Weggang des Neutestamentlers nach Heidelberg zu verhindern. Man war Schlatter von seiten der Fakultät so weit entgegengekommen, daß er nun auch Vorlesungen aus dem Bereich der Dogmatik übernehmen konnte[41]. Als in der Folge von Harnacks Berliner Professur auf Initiative des bereits genannten ehemaligen *VB*-Mitarbeiters Minister Bosse in Berlin eine sogenannte „Strafprofessur" eingerichtet wurde, hatte dies zur Folge, daß man sich an den positiven Fakultäten nach einem möglichen Kandidaten für diese Professur umsah. Nachdem bereits der in Halle tätige Kähler abgelehnt hatte, ließ sich Schlatters Wegberufung zum WS 1893/94 trotz Cremers Bemühungen nicht mehr verhindern. Dabei wirft eine, letztlich vergebliche Intervention Kählers zugunsten Schlatters nochmals bezeichnendes Licht auf die Bedeutung Greifswalds, wenn dieser formulierte: „Ew. Excellenz wollen Greifswald nicht berauben, um die augenblickliche Blöße Berlins zu decken, der größte Segen für die Kirche ist ein unverändertes Greifswald"[42]. Dementsprechend wurde der aus Dorpat kommende Nachfolger Schlatters, Johannes Haussleiter, nicht zuletzt auf seine kirchenpolitische Haltung hin überprüft.[43]

Aber selbst nach Schlatters Weggang aus Greifswald im Jahr 1893 und einer Reihe weiterer Neuberufungen[44] konnte Cremer im Jahr 1895 über die

---

41 Vgl. dazu und zu den Bemühungen Cremers, *Acta der Th. F.* 75 [28] (1889/90).

42 Zit. nach A. v. Harnack-Zahn, *Apostolikumstreit*, S. 63, dazu vgl. auch R. Stupperich, *Schlatters Berufungen*.

43 Vgl. Protokoll der Fakultätssitzung vom 4. 4. 1893, *Acta der Th. F.* 77 [14] (1892/93).

44 Neben den genannten Nathusius, Zöckler, Schlatter und Haussleiter wurden unter Cremers Ägide berufen: als außerordentlicher Professor für Altes Testament Friedrich Giesebrecht (1882), der Erlanger Privatdozent für Altes Testament Conrad Justus Bredenkamp (1883), der Kieler Neutestamentler Erich K. F. Gaus (1883), der Praktologe Ernst Bindemann (1886), der Privatdozent Victor Maximilian Schultze für den Bereich der Kirchengeschichte und christlichen Archäologie (1888), als Nachfolger Bredenkamps Friedrich Baethgen (1889) und wiederum als dessen Nachfolger Samuel Oettli (1895). Anläßlich Oettlis Werk *Die Herrlichkeit des Alten Testaments* und seiner Vertretung in Greifswald im SS 1895 nannte Nathusius diesen zweiten Schweizer in Greifswald einen Mann, „der nicht nur mit seinem Verstande, sondern mit seinem Glauben im A. T. lebt", *AKM* 1895, S. 660.

Habilitiert wurden unter anderen der genannte Giesebrecht - ein Schüler Wellhausens! - (1879), außerdem der für die genannte innertheologische Kontroverse zwischen Greifswald und Bonn sorgende Alttestamentler Johannes Friedrich W. Meinhold (1884), der Neutestamentler Johannes W. Th. Dalmer (1886), der Systematiker Wilhelm Lütgert (1892) sowie der Systematiker - und spätere Schwiegersohn von Nathusius - Julius Kögel (1899). An der Beurteilung Lütgerts wird beispielhaft deutlich, daß man, auch was den internen wissenschaftlichen Nachwuchs anging, die Positivität der Fakultät zu sichern bzw. zum Ausdruck zu bringen gedachte. Dies erweisen einerseits die Promotionsgutachten Cremers und Zöcklers zu Lütgerts Arbeit über den dogmatischen Beweis nach Schleiermacher, vgl. *Acta der Th. F.* 77 [6] (1892/93). Und andererseits fällte auch Nathusius ein charakteristisches Urteil, indem er 1895 Lütgerts Schrift *Das Reich Gottes nach den synoptischen Evangelien* als kräftige Opposition „gegen die rationalistischen

Zusammensetzung der Fakultät, die sich jetzt bis zu seinem Tod 1903 in dieser Konstellation nicht mehr verändern sollte, schreiben: „Jetzt ist unsere Fakultät so durchaus einheitlich zusammengesetzt, wie kaum jemals außer Erlangen eine Fakultät in Deutschland in diesem Jahrhundert gewesen ist. Von Erlangen aber unterscheiden wir uns, indem uns die Bibel, den Erlangern aber die Konfession im Vordergrunde steht. Was wir vertreten, ist, wenn man es nach Menschen nennen will, Bengelsche Art und Bengelsche Schule“[45]. Hinsichtlich der angestrebten Bildungsaufgaben und Öffentlichkeitswirksamkeit der Fakultät, die auch bei der noch zu besprechenden Gründung des Greifswalder Studienhauses zum Vorschein kommen sollte, erschließen sich aus vielen Fakultätsprotokollen die weitergehenden Intentionen. Anläßlich der Ehrenpromotion des königlichen Staatsministers Graf v. Zedlitz-Trütschler wußte sich die Fakultät dazu verpflichtet, „durch ihren Beruf für die Ziele zu arbeiten, die Ew. Excellenz erstrebt haben, durch ihre Aufgaben unserem Volk die Zeugen des Evangeliums zu erziehen und auszurüsten, die ihm das Heil Gottes gegenwärtig halten sollen“[46].

Die 'Nachwirkungen' Cremers und seiner theologischen Fachkollegen sind nach dessen Tode nur für verhältnismäßig kurze Zeit deutlich erkennbar. Noch im ersten Jahrzehnt des neuen Jahrhunderts galt zwar, daß Greifswald sich den Ruhm, „Hüterin orthodoxen Glaubens“[47] zu sein, bis in die Gegenwart erhalten habe. Doch dieses eindeutige Profil und damit ein wesentlicher Aspekt für die Anziehungskraft der Greifswalder Fakultät ging durch den Tod der 'Schulmitglieder' Nathusius und Zöckler (1906) sowie Oettlis Ausscheiden (1908) endgültig verloren, selbst wenn ein gänzliches Zurückfallen in „öden Provinzialismus“ nicht konstatiert werden mußte[48].

Verflachungen der biblischen Begriffe durch die Ritschlianer, sowie gegen die Halbheiten der verflossenen Vermittlungstheologie“ bezeichnete, *AKM* 1895, S. 438.

45 Brief an Schwartzkopf, vom 3. 3. 1895, zit. nach E. Cremer, *Cremer*, S. 155.

46 Brief der Fakultät an Zedlitz vom 17. 4. 1892, *Acta der Th. F.* 76 [38b] (1891/92).

47 Heyn, *Greifswald*, Sp. 1659.

48 Vgl. H.-G. Leder, *Evangelische Theologie*, S. 44.

2. Die Teilnahme am Evangelisch-Sozialen Kongreß (ESK)

„So einten sich mit hochkirchlichen Autoritäten, wie Stöcker, Nathusius, Kremer, Dryander, die Theologen der freien, wissenschaftlich forschenden Richtung: Kaftan, v. Soden, Harnack, dazu die Jüngeren: Rade, Baumgarten, Göhre, Bonus"[49].

Mit dem Beginn seiner Lehrtätigkeit in Greifswald veränderte sich der Charakter von Nathusius' öffentlichem Wirken. Zwar war Nathusius durch seine diversen sozialen Aktivitäten, seine wissenschaftlichen Veröffentlichungen, die Herausgeberschaft der *AKM* sowie seine Partizipation an kirchlicher Gremienarbeit auf der Ebene kirchlicher Synoden und Konferenzen in der Landschaft der deutschen Theologie längst kein Unbekannter mehr. Durch die Berufung nach Greifswald wuchs ihm nun aber eine exponierte und privilegierte Stellung für seine zukünftigen Aktivitäten zu. Durch den neuen Status als theologischer Lehrer an einer der führenden deutschsprachigen Fakultäten kam es im Verlauf der nächsten Jahre zu einer immer stärkeren Integration in das Geflecht informeller und offizieller Verbindungen der führenden deutschen Theologenschaft, die dem bisher akademisch Außenstehenden so nicht möglich gewesen war. Aus dem einfachen Mitglied der unterschiedlichsten Konferenzen wurde bald ein vielfach gefragter und unüberhörbarer Teilnehmer vieler grundsätzlicher theologischer Debatten. Sein bereits biographisch bedingtes, reges Interesse an Fragen christlich-sozialer Praxis konnte nun zudem seine akademische Grundierung und Überprüfung erfahren. Das Ansinnen, eine grundlegende sozialethische Konzeption zu entwerfen, erhielt seine institutionelle Ermöglichung. Mit dem Ruf nach Greifswald hatte er den 'inner circle' betreten und gedachte, sowohl durch Veröffentlichungen als auch durch rege persönliche Begegnungen seinen Teil zu den Debatten dieses Kreises beizutragen. Alsbald begann er mit der Abfassung einer umfangreichen systematischen Erörterung zur sozialen Frage.

Wirft man einen Blick auf seine Tätigkeit und die Berichte in der *AKM*, so ist es gerechtfertigt, mit dem Jahr 1888 und dem Ruf nach Greifswald für Nathusius eine Zeit bedeutsamer Veränderungen angebrochen zu sehen. Festzustellen ist generell, daß er sich im Jahr 1889 praktisch nicht an der Arbeit der *AKM* beteiligte. Erst Ende des Jahres finden sich wieder kirchliche Monatsberichte von ihm, ansonsten scheint ihn sein Orts- und Aufgabenwechsel überaus stark in Anspruch genommen zu haben. 1890 teilt er mehrfach mit, die letzten Jahre als eine Zeit großer Veränderungen empfunden zu haben. Seines Eindrucks nach hatten sich nicht zuletzt die politischen Fronten weiter verhärtet, woran seiner Überzeugung zufolge auch der Antritt des jungen Kaisers Wilhelm II. im Jahr 1888 nichts zu ändern vermochte.

---

[49] Marianne Weber, *Max Weber. Ein Lebensbild*, S. 140.

Zum einen habe die Feindschaft gegen das Evangelium in Gestalt der atheistischen Sozialdemokratie und der jüdischen Propaganda eine deutlichere Gestalt angenommen, was er in der signifikanten Kräfteverschiebung im Anschluß an die Reichstagswahlen vom Februar 1890 mit der Niederlage des Kartells und Bismarcks Rücktritt manifestiert sah[50]. Zum anderen ließen sich für ihn die mit Skepsis betrachteten Veränderungen auch im innerkirchlichen Kontext aufzeigen: etwa an der erfolgreichen Etablierung und Öffentlichkeitswirkung der 1886 von Martin Rade gegründeten *Christlichen Welt*, an Stoeckers Scheitern als politisch einflußreicher Hofprediger und seiner kaiserlichen Dienstentlassung im Jahr 1890 sowie am immer lauter werdenden Auftreten des Evangelischen Bundes[51]. Für Nathusius hatte sich damit auch innertheologisch der Linksruck verstärkt.

Allerdings deuteten sich für ihn auch positive Entwicklungen an. Vor allem meinte er - wofür ihm der EB durchaus als signifikant galt - auch einen deutlich stärkeren Zug auf die Bündelung kirchlicher Kräfte hin feststellen zu können. Möglicherweise durch die negativen Entwicklungen befördert, erschienen ihm die Forderungen nach einer „organischen Zusammenfassung“[52] der wahren evangelischen Kräfte hin zu einer wahrhaft selbständigen und damit freien Kirche nun angebrachter und erfolgversprechender denn je. Schließlich wurden die politischen Verwirrungen seines Erachtens sogar dadurch aufgewogen, daß die soziale Reformbewegung durch die Kaiserliche Botschaft von 1890 erneut breite Unterstützung erfahren habe, der sich auch die Kirchenleitungen nicht länger entziehen könnten. Die optimistische Zukunftshoffnung, die sich in Nathusius' Betrachtungen über die Veränderungen der politischen und kirchlichen Lage ausmachen lassen, erfuhr ihre deutlichste Stärkung allerdings durch ein Ereignis, das alle diese negativen und positiven Beobachtungen in konstruktiver Weise aufzuarbeiten und integrieren zu können schien: die Gründung des ESK. Bereits in das zweite Jahr seiner Greifswalder Professur fiel die Gründung dieses überregionalen Forums, das seinen Absichten in idealer Weise entgegenzukommen schien.

---

50 Vgl. *AKM* 1890, S. 421, 654f. Zu den Veränderungen des Jahres 1890, besonders dem kaiserlichen sozialpolitischen Programm und den Aktivitäten des Sozialreformers Th. Lohmann vgl. auch H.-J. v. Berlepsch, *Neuer Kurs*, S. 15ff.

51 Vgl. *AKM* 1891, S. 202 u. ö.

52 *AKM* 1890, S. 93.

2. 1. Die Gründung des ESK[53]

Die institutionelle Zusammenfassung unterschiedlichster theologischer Richtungen hatte sich bereits lange vor der eigentlichen Gründung des ESK im Jahr 1890 angebahnt. Die soziale Kundgebung des Kaisers war nur der äußere Anlaß dafür, nun angesichts der Frage kirchlicher Partizipationsstrategien ein Forum ins Leben zu rufen, auf dem ein einheitlicher sozialer Wille artikuliert und von dem aus eine einheitliche protestantische Stimme laut werden konnte. Dabei verkannte Nathusius von Anfang an keineswegs die weit auseinandergehenden theologischen Ansichten der diversen Richtungen, plädierte angesichts der kirchlichen Aufgabe aber dennoch für die „organische[ ] Zusammenfassung der zur Durchdringung der Welt mit dem Evangelium bereiten Kräfte in einer selbständigen Kirche“[54].

---

[53] Im folgenden soll keine vollständige Geschichte der ersten Jahre des ESK gegeben werden, sondern lediglich die - für den protestantischen Konservatismus der Zeit allerdings signifikante - Beurteilung der Gründung und des anfänglichen Verlaufs aus der Sichtweise von Nathusius dargestellt werden. Auf die Kongreßstrukturen, Tagungsthemen und -verläufe des Kongresses wird nur dort verwiesen, wo sie für eine solche Erörterung von Bedeutung sind. Aus der neuesten Literatur, die zum Hintergrund herangezogen wurde, seien nur genannt E. Strathmann-v. Soosten, *Der Evangelisch-soziale Kongreß*; K. Heienbrok u. a., *Protestantische Wirtschaftsethik*; W. H. Neuser, *Das soziale Experiment des Kaisers*; H. Wahlhäuser, *Adolf Stoeckers Wirken auf dem Evangelisch-Sozialen Kongreß*; G. Hübinger, *Kulturprotestantismus*, S. 52ff.
Neben punktuellen Verweisen innerhalb seiner wissenschaftlichen Werke bilden Nathusius' kirchliche Monatsberichte in der *AKM* sowie seine eigenen Debattenbeiträge auf dem ESK die aufschlußreichste Quelle für seine Begleitung und Einschätzung dieses protestantischen Forums. Daneben ging er auf diese Zusammenhänge ausführlicher in zwei programmatischen Abhandlungen *Der evangelisch-sociale Kongreß*, *AKM* 1891, S. 746-753 und *Der evangelisch-sociale Kongreß. Eine Absage*, *AKM* 1895, S. 561-564, ein.
Aus diesen Quellen kann am deutlichsten, Jahr für Jahr meßbar, seine kontinuierlich wachsende Kritik an dessen Verlauf und Meinungsführerschaft eruiert werden. An seinem Beispiel wird somit deutlich, weshalb zum Ende des 19. Jahrhunderts zwar noch diverse Strömungen des sozialen Protestantismus, aber sicherlich kein einheitliches sozialprotestantisches Vorgehen mehr konstatiert werden kann. Es wird mitzubedenken sein, ob die wenige Jahre später erfolgende Spaltung letztlich wesentlich auf dogmatische Grundunterschiede, kirchen- und theologiepolitische Differenzen oder womöglich handfeste, nicht mehr vermittelbare politische Einstellungen und Interessen zurückzuführen ist.

[54] *AKM* 1890, S. 93. Im *Stoecker-Nachlaß* findet sich im übrigen Nathusius' handschriftliche Unterzeichnung des Aufrufes zum ESK, Rep. 92 I, 16, Blatt 220.
Die Nähe zu der von Stoecker der Kirche zugewiesenen Aufgabe einer „öffentlichen Mission“ ist unverkennbar. Im Vorfeld des ESK formulierte Stoecker: „Als ihre besondere Mission soll die Kirche ein Vereinsleben hervorrufen, das die öffentlichen Angelegenheiten, die kirchlichen wie die vaterländischen und sozialen, in dem Lichte des Wortes Gottes behandelt und neben der christlichen Gottesanschauung auch die christliche Weltanschauung zur festen Ueberzeugung bringt“, zit. nach *AKM* 1890, S. 766.

Die Forderung nach *organischer* Strukturiertheit reformfähiger kirchlicher Kräfte läßt zwar bereits darauf schließen, daß Nathusius ein dezidiert *einheitsorientiertes* kirchliches Kräftefeld für notwendig erachtete. Dennoch bemühte er sich in den ersten Jahren des ESK darum, dieses übergeordnete Ziel, das er aufgrund der vorhandenen grundlegenden theologischen Differenzen in immer weitere Ferne rücken sah, zugunsten gemeinsamer praktikabler sozialer Zielsetzungen zurückzustellen. Bedenkt man die konstitutive Beziehung zwischen theoretisch-methodologischer Grundlegung und praktischer Umsetzungsebene, wie er sie innerhalb des *WdW* ausführlich konzipiert hatte, so sprang er jetzt angesichts der notwendigen Arbeit des ESK in gewisser Weise über seinen eigenen Schatten. Dieser konkrete Fall Nathusius ist charakteristisch für die Kompromißbereitschaft vieler Theologen in der Gründungsphase des ESK, selbst wenn man meinte, nur unter größten Schwierigkeiten mit Theologen der jeweils anderen Couleur zusammenarbeiten zu können. Die theologischen Differenzen wurden zugunsten der gemeinsamen sozialen Sache einstweilen zurückgestellt.

Für seine Beteiligung an den diversen Kongressen[55] formulierte er jedoch die Bedingung, daß die liberalen theologischen Kräfte auf diesem Forum nicht die Überhand gewinnen dürften. Die von ihm weitgehend als Agitationsversammlung aufgefaßte Erscheinung des EB mitsamt der dort „grundsätzlich vertretene[n] Gleichgültigkeit gegen die ‘gesunde Lehre’“[56] stand ihm als warnendes Beispiel falscher Vermischungs- und Verschmelzungstendenzen in Teilen der evangelischen Theologie vor Augen, der gegenüber falsche Kompromißhaftigkeit unbedingt zu vermeiden sei. Eine Beteiligung von Beyschlag und dessen Gesinnungsgenossen der Mittelpartei am ESK galt ihm daher nicht zuletzt aus strategischen Erwägungen heraus als sinnvoll. Diese sollten durch eine Mitarbeit am ESK zugleich die wahre Berechtigung der konservativen Forderung nach kirchlicher Selbständigkeit einsehen. Eine Beteiligung ausgewiesener Vertreter des PV schien ihm prinzipiell zwar ebenfalls als wünschenswert, allerdings bereits 1890 als wenig wahrscheinlich[57]. Offensichtlich ist Nathusius' Kompromißbereitschaft nicht nur auf seine Hoffnung zurückzuführen, der sozialen Sache einen guten Dienst zu tun. Der ESK schien ihm auch das geeignete Forum für sein eige-

---

[55] Nathusius blieb bis zu seinem Austritt im Frühjahr 1895 die ganze Zeit über nur ‘einfaches’ Mitglied des ESK. Er übernahm keine der leitenden Funktionen, weder im Vorstand noch in einer der Arbeitsgruppen. Dennoch zählt ihn etwa G. Kretschmar nicht zu Unrecht zu den führenden Männern des ESK, vgl. *Der Evangelisch-Soziale Kongreß*, S. 116. Nathusius war auf den ersten beiden Kongressen in Berlin 1890 und 1891, nicht aber auf dem 3. anwesend. Er besuchte dann allerdings wieder den 4. ESK 1893, ebenfalls in Berlin, sowie den 5. ESK in Frankfurt a. M. im Jahr 1894. Der 6. in Erfurt abgehaltene ESK im Jahr 1895 sowie alle späteren fanden ohne ihn statt.

[56] *AKM* 1890, S. 202.

[57] Vgl. *a. a. O.*, S. 766.

nes Interesse zu sein, die wahren evangelischen Kräfte zur Einheit zu sammeln und zugleich diejenigen Kräfte kontrollierbar zu halten, die dieser Einheit gefährlich zu werden drohten. Dieses Ansinnen bestätigen im Verlauf der nächsten Jahre seine Stellungnahmen zur Arbeit des ESK.

Wie Nathusius im Mai 1890 anläßlich des Gründungsaufrufs zum ESK feststellte, beinhaltet die gegenwärtig alles Interesse beherrschende Frage nach dem Verhältnis von evangelischer Kirche und sozialer Bewegung grundsätzlich zwei Fixpunkte: einerseits die Frage nach Mitteln und Wegen des kirchlich- bzw. christlich-sozialen Einflusses - die Kirche und ihre Geistlichen dürfen nicht dem „Schutz des Geldsacks“[58] dienen -, andererseits die Frage nach der Bedeutung dieses Engagements für die *internen* kirchlichen Angelegenheiten[59]. Nathusius zufolge mußte auch für den außenorientierten Dialog - als erstem Fixpunkt - das theologische ‘Selbstgespräch’ bzw. die interne kirchliche Selbstverständigung von konstitutiver Bedeutung sein. Allerdings erwuchs daraus, wie sich in den nächsten Jahren immer wieder zeigen sollte, zugleich die Gefahr, daß Reflexionen über kirchliche Praxis nicht selten zu einer gänzlich binnenorientierten Selbstreflexion diminuierten. Daran änderte auch seine Bemerkung nichts, daß der ESK sich von der Oktoberkonferenz der Inneren Mission von 1871 vor allem durch die jetzige Zielsetzung *praktischer Verständigung* gegenüber dem damaligen Schwergewicht auf den *theoretischen Erörterungen* über die kirchliche Einheit[60] unterscheide.

Was diese internen kirchlichen Selbstverständigungsprozesse betraf, ging Nathusius allerdings von einem Konsens aus, der de facto bereits in der Anfangszeit des Kongresses schon nicht mehr bestand. Indem er für die erste Zusammenkunft des ESK den „hohen Standpunkt“[61] der Kirche jenseits des Parteiengetriebes forderte und dafür eintrat, „die evangelisch-christlichen Grundsätze mit Deutlichkeit hin[zu]stellen über alle die sittlichen Fragen, welche in den sozialen Bewegungen mitwirken“[62], wird seine *Orientierung auf Einheit hin* unverkennbar. Nathusius hatte das Bild eines unbezweifelbaren gemeinsamen Grundbestandes theologischer Grundsätze noch zu einer Zeit vor Augen, als die Bewegung theologischer Ausdifferenzierungen längst über diesen Grundbestand hinweggeschritten war. Nur indem er die konstatierten theologischen Differenzen unter den Gedanken eines gemeinsamen

---

58 *A. a. O.*, S. 423.

59 *A. a. O.*, S. 541. Die hier vorfindliche Semantik legt sogar die Vermutung nahe, daß Nathusius das *Schwergewicht* auf den Fixpunkt der Kircheninterna legte, wenn er diese Behandlung der *kirchlichen* Angelegenheiten mit dem Ziel verband, die evangelische Kirche „grade auch auf dem durch die sozialen Bewegungen eröffneten Boden“ (*ebd.*) arbeitstüchtiger zu machen.

60 Vgl. *AKM* 1891, S. 650.

61 *AKM* 1890, S. 424.

62 *A. a. O.*, S. 653.

Bestandes evangelischer Wahrheit subsumierte, konnte er überhaupt über den eigenen Schatten springen.

Insofern beruhten die Hoffnungen, die sich bei Nathusius mit der Gründung des Kongresses verbanden, von vornherein auf einem theologischen Mißverständnis[63]. Höchstwahrscheinlich erklärt sich demzufolge der Austritt der Konservativen aus dem ESK einige Jahre später nicht primär aus aktuellen Ereignissen auf dem Kongreß - obwohl diese ohne Frage von enormer Brisanz waren - oder der generellen kirchenpolitischen Verschärfung der Lage. Die Mitte der neunziger Jahre erfolgenden Austritte haben ihren eigentlichen Grund vielmehr darin, daß man *aufgrund* jener Ereignisse im nachhinein schmerzlich dieses Mißverständnis, das grundsätzliche Defizit der eigenen optimistischen Sichtweise[64] und die Überschätzung des eigenen Einflusses auf dieses Forum erkannt hatte.

Dieses vorweggenommene Ergebnis wird einerseits durch Nathusius' Urteile über die jeweiligen Hauptvorträge des ESK beleuchtet, andererseits durch seine immer wieder eingestreuten Bemerkungen über die sich verstärkenden Schwierigkeiten der Verständigung zwischen den unterschiedlichen theologischen Richtungen.

---

63 Nur in diesem Sinn kann m. E. hinsichtlich des späteren „Schismas", wie M. Schick im Anschluß an M. A. Nobbe formuliert, von einem Mißverständnis gesprochen werden. Schick führt die Aufspaltung des Kongresses primär auf die politischen Kämpfe im Umfeld von Stoecker zurück, vgl. *Kulturprotestantismus*, S. 93, verkennt aber, daß vor Beginn dieser handfesten Auseinandersetzungen bereits durch die theologisch grundverschiedenen Positionen der Keil zwischen die Versammlungsteilnehmer getrieben worden war. Wie sich diese Erkenntnis bei Nathusius im Lauf der ersten Jahre des ESK langsam immer deutlicher durchsetzte, soll im folgenden gezeigt werden.

64 Diese optimistische Sichtweise ist in Nathusius' Beurteilung der ersten Kongresse unübersehbar: Die rege Unterstützung des Aufrufes zum 1. ESK wurde als Ausdruck für die soziale Aufbruchstimmung der Zeit namhaft gemacht und bereits der Gewinn an gegenseitigem Verständnis positiv hervorgehoben (vgl. *AKM* 1890, S. 541.543), die erste Versammlung gerierte zum Beleg für die „Wendung zur Wahrheit in der modernen Kulturentwicklung", *a. a. O.*, S. 654. Die Arbeit des ESK galt als „eine neue, wir können sagen: eine moderne" (*AKM* 1891, S. 746), die ihren Hauptgewinn darin trägt, daß die kirchlichen Kreise überhaupt auf die volkswirtschaftlichen Probleme aufmerksam geworden sind, vgl. *a. a. O.*, S. 650. Die Versammlungen wurden von ihm generell in die Bewegung der religiösen Erneuerung des Volkslebens angesichts der ökonomischen Entwicklungen eingezeichnet, vgl. etwa *ebd.*
Zum Behuf der 'Entglorifizierung' der Arbeit des ESK sei Nathusius' Schilderung vom 2. ESK in Berlin nicht vorenthalten: „manch alter Bekannter wurde erst noch begrüßt, neue Bekanntschaften gemacht, gefrühstückt, in den Büchern geblättert [...] So war es denn mit der Pünktlichkeit des Anfangs nicht gut bestellt und auch in den späteren Pausen mußte der thätige Präsident [M. A. Nobbe, Th. S.] sich alle Mühe geben, um den Wiederbeginn der Verhandlungen nicht gar zu lange hinausschieben zu lassen", *a. a. O.*, S. 747.

2. 2. Die Begleitung des ESK bis 1894

Die anfänglich ohne Frage äußerst wohlwollende Bewertung des ESK zeigt sich in Nathusius' Rezeption des ersten Hauptvortrags *Die Kirchengemeinde in ihrer sozialen Bedeutung*, den der Neutestamentler H. von Soden hielt, ein ausgewiesen 'von links' kommender Teilnehmer des ESK. Nathusius stimmte mit ihm in der Ablehnung der Inneren Mission als einer Neben- oder Konkurrenzkirche überein und hob dessen Betonung der *organisierten kirchlichen* Gemeinde als eines Werkzeuges zur Lösung sozialer Fragen hervor. Damit lehnte er eine durch die *Christliche Welt* vorgenommene Interpretation der Reaktionen auf den Sodenschen Vortrag ab, derzufolge es den konservativen Christlich-Sozialen auf dem 1. ESK vor allem um ein vereinsmäßiges, direktes Eingreifen in die sozialen Bewegungen gegen die Wirkungen der Sozialdemokratie gehe, während die 'Linke' vornehmlich die lebhaftere Aktion der geordneten kirchlichen Organe zugunsten des sittlichen Gehalts des Christentums im Auge habe. Nathusius antwortete darauf: „Wir sehen in den beiden Idealen keinen Gegensatz. [...] Die Vereinsthätigkeit ist heute überall [...] gut kirchlich, und will und soll den Gemeindegedanken fördern"[65]. Im Anschluß daran stellte er die Frage nach der angemessenen Begründung kirchlicher sozialer Tätigkeit. Zwar verschwieg Nathusius nicht, daß er gegenüber von Soden zu einer anderen Einschätzung in der Frage der „mehr direkten oder mehr indirekten Geltendmachung christlicher Ideen für die Verhältnisse, in denen sich die soziale Bewegung abspielt"[66], gelangt. Allerdings rezipierte er konzilianterweise v. Sodens Plädoyer für den „Einsatz der evangelisch-christlichen Persönlichkeit"[67] und die Aktivierung kirchlichen Gemeinschaftslebens nicht in dem Sinn, daß er es primär als Entfaltung des liberalen Persönlichkeitsideals interpretierte, sondern als Beitrag zur Hebung und Belebung der geordneten *kirchlichen* Organe. Nathusius' Rezeption des Sodenschen Vortrags stand somit generell unter dem Signum offener und um Verständigung bemühter Dialogbereitschaft. Die eigentliche Differenz hinsichtlich der theologischen Bestimmung von Begriff und Funktion der Kirche sowie der genauen Bedeutung des Reiches Gottes als sozialer Idee[68] blieb so lange ausgeklammert, wie man sich über die Notwendigkeit der „Kirche als Erziehungsinstitut"[69] einig sein konnte. Daß sich letztlich aber genau von dieser Differenz aus entscheiden mußte, ob man sich die Zukunft als „ein Reich

---

65 *AKM* 1890, S. 767.
66 *Ebd.*
67 H. v. Soden, *Kirchengemeinde*, S. 28.
68 Vgl. *a. a. O.*, S. 29.
69 M. Schick, *Kulturprotestantismus*, S. 106.

persönlicher Geister oder real als kommende Königsherrschaft Gottes"[70] vorstellen sollte, blieb einstweilen unerörtert.

Diese optimistische Offenheit gegenüber der differierenden theologischen Richtung zeigte sich noch deutlicher in Nathusius' Reaktion auf W. Herrmanns Vortrag *Religion und Sozialdemokratie*, den dieser auf dem 2. ESK 1891 hielt. Dabei stand insbesondere Herrmanns These, wonach es sich bei der materialistischen Geschichtsdeutung nicht um ein *Prinzip*, sondern lediglich um ein *Agitationsmittel* der Sozialdemokratie handle, im Brennpunkt der Debatte. Wiederum vergleichsweise konziliant mahnte Nathusius eine notwendige Ergänzung dieser These Hermanns um den Hinweis an, daß der tiefste Unterschied zwischen sozialdemokratischer und christlicher Weltanschauung im Wissen um die Sünde bestehe. Er verschwieg auch nicht, daß Herrmanns 4. These, derzufolge die Bekämpfung wirtschaftlicher Ziele der Sozialdemokratie im Namen der evangelischen Kirche als unchristlich zu gelten habe, für ihn voller Unklarheiten stecke.

In diesem Zusammenhang verzichtete er allerdings nicht darauf, Herrmanns unzureichende Zeichnung des Gegensatzes zwischen Christentum und Sozialdemokratie auf dessen theologische Grundanschauung zurückzuführen und über Herrmanns Auftreten das Fazit zu ziehen, daß „der Partei des Umsturzes gegenüber das Aeußerste von Entgegenkommen geleistet ist, was vom christlichen und patriotischen Standpunkt aus möglich ist"[71]. Somit hielt er es rückblickend für angemessen, daß der ESK sich den Wortlaut der Herrmannschen Thesen nicht zu eigen machte, gleichwohl sein Einverständnis mit den Grundgedanken des Vortrags erklärte. Aber auch in diesem zweiten Jahr des ESK widmete er sich sogleich wieder den positiven Seiten des Vortrags, indem er zustimmend auf Herrmanns Verneinung einer Identifikation des Reich-Gottes-Gedankens mit einer *bestimmten* Wirtschafts- oder Gesellschaftsordnung hinwies.

Bezüglich Herrmanns Auftreten wies Nathusius auf dessen „geistvolle Behandlung des Stoffes [...], die lichtvolle Gruppierung, die Wärme der Empfindung verbunden mit dem Reichtum der Gedanken"[72] hin, erwähnte den in der anschließenden Diskussion - trotz fundamentaler theologischer Gegensätze - beispielhaften Umgang der Diskutanten Herrmann und Cremer miteinander und berichtete zustimmend von Cremers erfreuter Bilanz, „den Eindruck gewonnen zu haben, daß es einen großen gemeinsamen Boden gäbe für unsern Kampf gegen die Socialdemokratie trotz der verschiedenen theologischen und kirchlichen Richtungen"[73].

---

70 So *a. a. O.*, S. 124.

71 *AKM* 1891, S. 752.

72 *A. a. O.*, S. 750.

73 *A. a. O.*, S. 753. In einem Brief an Stoecker vom 31. 5. 1891 bestätigt er diese ambivalente Haltung gegenüber Herrmanns Vortrag, die auch „in einem längeren freundlichen

Hinsichtlich der Frage konkreter gemeinsamer Aktionen des ESK, etwa bezüglich eines Presseorgans oder diverser sozialer Ausbildungskurse zeigte sich Nathusius allerdings von Beginn an skeptisch. Für ihn erfüllte der Kongreß durch seine Bereitschaft zur Verständigung über die theologischen Gräben hinweg sowie den Austausch praxisrelevanter, vor allem volkswirtschaftlicher Informationen, seinen wesentlichen Zweck: „wie die Gemeinsamkeit der Gesinnung ihre Grenzen hat, so muß es auch die Gemeinsamkeit der Aktion haben“[74].

Daß er eine deutlichere Abgrenzung des ESK gegenüber der sozialdemokratischen Partei für angeraten hielt, machte seine Reaktion auf A. Wagners Hauptvortrag *Das neue Erfurter Sozialdemokratische Programm* im folgenden Jahr deutlich. Gegenüber Herrmanns Referat, in dessen Verlauf der ESK mehr Entgegenkommen als Entgegentreten signalisiert habe, sei jetzt ein Vortrag „mit lichtvoller Entschiedenheit gegen den abstrakten Doktrinarismus, die widrigen Phantasien und die frivolen Agitationen jener Partei“[75] erfolgt. In bezug auf einen anderen Beitrag, Naumanns *Christentum und Familie,* stimmte Nathusius zwar dessen Klage über die Einseitigkeiten theologischer Ethik zu. Doch war nun sein Urteil deutlich konturierter von grundsätzlichen *theologischen* Grundentscheidungen bestimmt. Nathusius war somit kein Unbeteiligter, als bereits im dritten Jahr des Kongresses die theologischen Gräben immer unüberbrückbarer wurden. Hinsichtlich Naumanns Behandlung der Frauenfrage blieb er nicht bei konkreten Änderungsvorschlägen stehen, sondern stellte die „Gefahr einer Verflachung der christlichen Begriffe durch die einseitige Betonung praktischer Bedürfnisse“ und damit die „Entleerung des göttlichen Wortes“[76] in das Zentrum seiner Darstellung und Bewertung.

Anläßlich der Bekanntgabe des Tagungsprogramms für den 4. ESK kam Nathusius mahnend auf die ursprüngliche Zielsetzung des ESK zu sprechen. Indem er den *Mitteilungen* des ESK nur beipflichten konnte, daß bisher weder eine klare Anschauung „über den socialen Beruf des evangelischen Chri-

---

Gespräch“ zwischen ihm und Herrmann während des Kongresses nicht habe ausgeräumt werden können, *Nachlaß Stoecker*, Rep 92, I.

74 *AKM* 1891, S. 753.

75 *AKM* 1892, S. 538. Wie erwähnt, nahm Nathusius am 3. ESK 1892 nicht teil. Signifikant für die immer mühsamer zu verbergenden Gegensätze war die in der *CW* mit M. Rades Frage „Wo blieb denn diesmal Greifswald?“ verbundene Vermutung, die „positiven Kreise“ hätten sich bereits aus dieser Arbeit zurückgezogen. Nathusius negierte dies sogleich und bedauerte das geringe Verständnis der *CW* „für die Verhältnisse und Stimmungen in den preußischen und konservativen Kreisen [...] ‘Greifswald’ aber war diesmal am Gardasee, in Kleinasien, und in - Eldena. Man kann wirklich nicht überall sein“, *AKM* 1892, S. 654. Für seine Erörterung des 3. ESK bezog er sich im übrigen auf die schriftlichen Veröffentlichungen der dortigen Vorträge und Diskussionsbeiträge.

76 *A. a. O.*, S. 874.

stentums“ gefunden noch eine „allgemein angenommene evangelisch-sociale Position“[77] aufweisbar sei, brachte er seine Enttäuschung über den bisherigen Verlauf des ESK zum Ausdruck.

Daß die grundlegenden theologischen Differenzen immer stärker auf die Arbeit des ESK durchschlugen, ist vor allem darauf zurückzuführen, daß diese Differenzen durch den inzwischen weite Kreise ziehenden Apostolikumstreit ihren manifesten Fixpunkt erhalten hatten. Dieser neue ‘Kriegsschauplatz’ konnte auch von den um Verständigung und christlich-soziale Zusammenarbeit bemühten Hauptakteuren des ESK nicht länger ignoriert werden. Nathusius hielt zu Beginn des Jahres 1893 die Behauptung, daß der „Fall Harnack“ am Kongreß spurlos vorübergegangen sei, für nichts weiter als jugendlichen Optimismus[78]. Einen weiteren großen Lackmustest für die Frage zukünftiger Zusammenarbeit erblickte er in J. Kaftans Vortrag *Christentum und Wirtschaftsordnung*, den dieser auf dem 4. ESK in Frankfurt hielt. Auch auf diesen Vortrag hin sah sich Nathusius gezwungen, eine aus der Ritschlschen Ethik entspringende Verflachung christlicher Gedanken und Aufgaben bemängeln zu müssen. Insbesondere hielt er Kaftans Konzeption der sittlichen Persönlichkeit als Verbindungspunkt zwischen Christentum und Wirtschaftsordnung für theologisch unzureichend, was er in dessen Überbewertung der individuellen Lebensbewährung sowie der mangelhaften Ausführungen zum Reich-Gottes-Begriff begründet sah[79]. Nathusius schloß sich hierbei sogar - nach wie vor ohne Berührungsängste - dem Votum Naumanns an, daß die Ideale des Evangeliums als immer schon „unabhängig von der subjektiven Betätigung vorhanden“[80] anzusehen seien. Kaftan hatte in der Tat den entscheidenden Unterschied in bezug auf die Bewertung des *Ordnungsgedankens* bereits implizit namhaft gemacht, als er noch vor Nathusius’ Anfrage bemerkte: „Wir können auch nicht etwa aus der heiligen Schrift unmittelbar entnehmen, was in der Wirtschaftsordnung christlich-evangelischer Völker gelten soll“[81].

Nathusius’ Rezeption einzelner Vorträge und Debattenbeiträge geriet von nun an immer deutlicher in ein terminologisches Fahrwasser, das bis dato eigentlich im Rahmen des Apostolikumstreites Verwendung gefunden hatte.

---

77 *AKM* 1893, S. 217.

78 Vgl. *ebd.*

79 Vgl. J. Kaftan, *Christentum und Wirtschaftsordnung*, S. 40.

80 *AKM* 1893, S. 794, vgl. J. Kaftan, *Christentum und Wirtschaftsordnung*, S. 40.

81 *A. a. O.*, S. 20. Diese Auseinandersetzung zwischen Kaftan und Nathusius wiederholte sich, wenn auch nur schriftlich, anläßlich von Kaftans ESK-Vortrag von 1899 *Das Verhältnis der lutherischen Kirche zur sozialen Frage*. Allerdings sollte Nathusius bis dahin seine konziliante Haltung gegenüber Kaftans Standpunkt aufgegeben haben, indem er sich dann entschieden gegen dessen „unlutherische“ Parallelisierung der Evangeliumsbotschaft mit der Forderung nach gesellschaftlicher Gleichheit bzw. einem Ausgleich der Stände wendet, vgl. *AKM* 1899, S.765.

Der Dialog wurde zwar noch geführt, nun allerdings nicht ohne eine unschwer erkennbare 'Hermeneutik des Verdachts', wonach der ESK von linker Seite aus dazu benützt werde, die Indifferenz des Bekenntnisstandes durchzusetzen. So zeigte sich von jetzt ab Nathusius' Bemühen, die jeweils geäußerten sozialreformerischen Zielsetzungen sogleich dogmatisch aufzuschlüsseln. Hinter seinen jetzt vehementer werdenden Gegenreaktionen ist aber auch zu vermuten, daß er die liberalen Theologen auf dem ESK jetzt mehr und mehr nur noch als Feinde der einen, wahren Kirche wahrnahm.

Daraus ist zu erklären, daß Nathusius bereits zu diesem Zeitpunkt und früher als Stoecker den entscheidenen Unterschied zwischen den „Alten" und den „Jungen" auf dem ESK nicht in der unterschiedlichen Vorstellung über das Tempo sozialer Reformvorschläge gegründet sah, sondern in der tiefen Gegensätzlichkeit theologischer Anschauungen, die „freilich den meisten Teilnehmern verborgen geblieben zu sein scheint"[82]. Während der Großteil des Kongresses noch um die Annäherung in Einzelfragen bemüht war, sah Nathusius die Arbeit des ESK demnach bereits zu dieser Zeit aus grundsätzlichen Erwägungen heraus als gefährdet an.

Seine Bedenken gegen ein gemeinsames Fortschreiten verstärkten sich im Verlauf des 4. ESK. Einerseits ließ sich seiner Einschätzung nach die immer stärker werdende Beherrschung des Aktionskomitees und erweiterten Ausschusses des ESK durch die „moderne Theologie"[83] nicht länger bestreiten. Andererseits sah er vor allem durch Harnacks Vortrag *Die evangelisch-soziale Aufgabe im Lichte der Geschichte der Kirche* neue Gräben in die Diskussionslandschaft eingezogen. Zwar stimmte er mit Harnack hinsichtlich der Ablehnung schwärmerisch-utopischer Ideen zum Zweck ihrer gesellschaftlichen Verwirklichung überein, allerdings hielt er die Grundlinien der neutestamentlichen sozialen Botschaft bei Harnack für unterschätzt, was „bei seiner ganzen Stellung zum Worte Gottes erklärlich"[84] ist. Darüber hinaus wandte er sich in der Frage der christlich-sozial fruchtbar zu machenden theologischen Tugenden gegen Harnacks Favorisierung des Aspekts der *Bildung* gegenüber der *Hoffnung*, die Nathusius zufolge neben der *Predigt des Glaubens* und der *Werke der Liebe* als das eigentlich Elementare festgehalten werden müsse.

Als dunkelsten Punkt der Verhandlungen des 4. ESK bezeichnete Nathusius allerdings die durch Max Weber und Paul Göhre gehaltenen Vorträge zur *Lage der Landarbeiter*. Dabei war seine Einschätzung von Webers Präsentation noch vergleichsweise moderat. Dessen Bestreben, einen ländlichen Mit-

---

[82] *AKM* 1893, S. 794.

[83] *AKM* 1894, S. 652. In den Verlauf der Frankfurter Versammlung fielen die Beratungen über die Frage der aktiven Beteiligung von Frauen an der Mitarbeit des Kongresses. Durch den anfänglich positiven Beschluß in dieser Sache wurden Nathusius' Austrittsabsichten erstmals konkret.

[84] *A. a. O.*, S. 653.

telstand zu schaffen, hielt er sogar für einen trefflichen Punkt. Allerdings resümierte er: „Professoren der Nationalökonomie ist ja gestattet, ihre eigenen Theorien zu haben, so eigentümlich und neu auch aus solchem Mund der Vorschlag klingt: über die Köpfe der Spießbürger hinweg dem Proletarier die Hand zu reichen“[85]. Seine eigentliche Kritik galt jedoch den Ausführungen Göhres, dessen Forderungen nicht nur darauf hinausgelaufen seien, den Großgrundbesitz des Ostens zu vernichten, sondern der als oberflächlicher Enqueten-Statistiker und Klassenhaß predigender Prophet in Personalunion am anschaulichsten die falsche theologische Richtung repräsentiere[86].

Dennoch brachten alle diese Beobachtungen Nathusius nicht davon ab, auch weiterhin auf eine positive Zukunft des ESK zu setzen. Solange Stoeckers Einfluß dort noch erkennbar bleibe und auch ein Vortrag wie der Cremers *Die soziale Frage und die Predigt* möglich sei, in dessen Verlauf jegliche schwärmerische sozialreformerische Tendenz zurückgewiesen wurde, könne die Arbeit des Kongresses *an sich* als eine gute bezeichnet werden[87].

---

85 *A. a. O.*, S. 654.

86 Bereits Ende des Jahres 1891 hatte Nathusius deutlich ablehnend auf Göhres eben erschienene Schrift *Drei Monate Fabrikarbeiter* reagiert, indem er zwar dessen Beschreibung der Arbeiterverhältnisse zustimmte, gleichwohl Göhres Reformvorschläge auf einem „völlig anderen kirchlichen und theologischen Boden“ stehen sah, *AKM* 1891, S. 753.
In diesem Zusammenhang kann konstatiert werden, daß Nathusius zwar keineswegs unhinterfragt zum Vertreter des konservativen ostelbischen Standesdünkels wurde, sich aber doch vehement gegen einen Traditionsabbruch des Einflusses großagrarischer Interessen stellte. Zu dieser Zeit kam er zu der Überzeugung: „Bei den agrarischen Bestrebungen handelt es sich nicht um Verteidigung von Genüssen, sondern um den Existenzkampf des Standes, der - im Groß- und Kleingrundbesitz - stets die größten Opfer für das Vaterland gebracht hat“, *AKM* 1896, S. 302.

87 *AKM* 1894, S. 652. Allerding wird Nathusius es in einem späteren Rückblick auf den ESK als symptomatisch für dessen innere Gestaltungkräfte ansehen, daß es erst einer fünfjährigen Aktivität des ESK bedurfte, bis mit Cremer erstmals ein ‘positiver’ Vertreter zu einem der Hauptreferate eingeladen worden war, vgl. *AKM* 1896, S. 648. In diesem Rückblick bestätigt Nathusius ebenfalls, daß während der gesamten Zeit der ersten Kongresse vor allem Stoeckers Teilnahme die Konservativen überhaupt noch an eine positive Zukunft des ESK denken ließ. Dies mag wohl auch der Grund dafür sein, daß Cremer zwar nach dem Frankfurter Kongreß an Stoecker schrieb, daß der Kongreß „unsere Beteiligung an der sozialen Frage, wie ich wenigstens empfinde, fast unheilbar kompromittiert“ hat (Brief vom 26. 6. 1894, E. Cremer, *Cremer*, S. 197), er aber ebenfalls noch Mitglied des ESK blieb.
Cremer verließ den ESK nicht zum gleichen Zeitpunkt wie Nathusius, sondern schied erst mit dem Austritt Stoeckers im Jahr 1896 aus. Dabei hatte er ebenfalls schon im Jahr zuvor auf dem Boden der eigenen theologischen Vorstellungen die fatale Entwicklung des ESK moniert: „Die Sozialpolitik wird zum Taumelkelch für jung und alt, und der phantastische Traum einer Weltverklärung verdrängt den Ernst des Glaubens an ein letztes Gericht und an den wiederkommenden Herrn“, Brief an Fr. Steinkopf am 3. 3. 1895, zit. nach R. Stupperich, *Cremer*, S. 88. Man muß davon ausgehen, daß die Bewer-

So galt für Nathusius noch im Mai 1894, daß „der bisherige Erfolg dieser fünf Kongresse nach der Seite der Aufklärung weiter Kreise über die socialen Probleme und insbesondere die socialen Aufgaben der Kirche nicht zu unterschätzen“[88] ist.

Daß diese tagespolitische christlich-soziale Arbeit aber die grundsätzliche und theoretisch verankerte Klärung der sozialen Frage keineswegs zu ersetzen vermochte, stand für Nathusius außer Frage. So machte er sich praktisch parallel mit Gründung und Verlauf des ESK an die Abfassung seines umfangreichen wirtschafts- und sozialethischen Hauptwerks, denn: grundsätzliche Klärung in alle Richtungen schien notwendig. Zuvor ist jedoch noch auf eine bedeutsame persönliche Verbindung von Nathusius hinzuweisen, ohne deren Betrachtung weder seine Haltung im ESK noch die folgende sozialethische Programmatik angemessen erfaßt werden kann.

3. Das Verhältnis und die Zusammenarbeit mit Adolf Stoecker

Die Debatten zur kirchlichen Selbständigkeitsfrage sowie die ersten Jahre des ESK haben bereits angedeutet, daß zwischen Nathusius und Stoecker eine enge Gesinnungsgenossenschaft bestand. Von daher erscheint es, wenn von Anfängen protestantischer Wirtschafts- und Sozialethik die Rede ist, angebracht, auf dieses Verhältnis näher einzugehen. Dabei wird zu fragen sein, ob sich Nathusius ausschließlich im kirchenpolitischen und theologischen Fahrwasser von Stoecker befand oder ob nicht eher Nathusius' eigene Entwicklung und Auseinandersetzung mit Stoecker es rechtfertigt, in seinem Wirken einen wirklich eigenständigen Anfang sozialethischer Debatten zu erblicken. V. Oertzen, der beide aufgrund langjähriger gemeinsamer publizistischer Tätigkeit gut kannte, dürfte Nathusius nicht grundlos als „keineswegs unbedingte[n] Verehrer Stoeckers“[89] bezeichnet haben: Gleichwohl kann auch die Feststellung des Greifswalder Theologen J. Kögel als zutreffend gelten, derzufolge Stoecker und Nathusius zeitlebens „freundschaftliche Bande“ ver-

---

tung und Stimmung Cremers unter den Greifswalder Kollegen zur opinio communis wurde.

[88] *AKM* 1894, S. 655. Diese optimistische und zugleich hoffnungsvolle Sichtweise hinsichtlich der gegenwärtigen und zukünftigen Arbeit des ESK wurde im übrigen zu dieser Zeit auch von Naumann geteilt. Unmittelbar vor Abhaltung des 5. ESK verspürte er die „Luft des geeinten Wollens“ und konstatierte: „Der Theologenstreit ist in den Hintergrund gerückt vor dem Bewußtsein praktischer Pflicht“, *Die Evangelisch-sozialen Kongresse*, S. 394.

[89] D. v. Oertzen, *Adolf Stoecker*, S. 325. Neuerdings zu Stoecker auch K. Motschmanns Beitrag *Stoecker* in dem von H.-Chr. Kraus herausgegebenen Band *Konservative Politiker*.

knüpften[90]: Diese Ambivalenz der Bewertung reflektiert in adäquater Weise das Verhältnis zwischen beiden Sozialreformern.

Nathusius' Tätigkeit als reflektierender und wertender Berichterstatter weist vielfach darauf hin, daß er Stoeckers Aktivitäten praktisch über drei Jahrzehnte hinweg permanent im Blick hatte. Wohl wissend, daß Stoecker „kein Mann der wissenschaftlichen Systematisierung"[91] ist, wurde der Berliner Hofprediger, der stets „im Mittelpunkt der Bewegung gestanden hat"[92], für ihn vor allem aus kirchlichen Gründen von Bedeutung. Bereits die geplante Gründung der Christlich-sozialen Arbeiterpartei (CSAP) im Jahr 1878 wurde von Nathusius als Beleg für die nun endgültig angebrochene Kampfzeit zwischen „Christenthum und Antichristenthum"[93] angesehen. Allerdings deutete sich schon in dieser Zeit an, daß Nathusius das politische Engagement des *Theologen* Stoecker zumindest für geeignet hielt, von gegnerischer Seite

---

90 J. Kögel, *Nathusius*, S. 194. Im Nachlaß von Stoecker sind insgesamt neun ausführliche Briefe von Nathusius an Stoecker aus dem Zeitraum vom 31. 5. 1891 bis zum 26. 9. 1896 erhalten. Der Inhalt dieser Korrespondenzen läßt allerdings darauf schließen, daß tatsächlich ein weit regerer Briefwechsel stattfand, sicherlich über den besagten Zeitraum hinaus. Auch Nathusius' Ankündigungen von Besuchen in Stoeckers Haus klingen nicht so, als ob es sich dabei um ein seltenes bzw. außergewöhnliches Ereignis handelte, vgl. Brief vom 13. 3. 1896, *Nachlaß Stoecker*, Rep. 92, I.

Neben dem ESK und der KSK sind als Orte gemeinsamer Begegnung etwa die Augustkonferenzen (vgl. etwa *AKM* 1883/2, S. 471), die Versammlungen der Positiven Union sowie die Generalsynoden der Jahre 1891 und 1897 zu nennen. Das erste gemeinsame Auftreten fällt meines Wissens in das Jahr 1876, als Stoecker und Nathusius auf der Magdeburger Konferenz der Lutheraner am 18. 5. des Jahres angesichts des kirchlichen Selbständigkeitsproblems zwei aufeinander bezogene Referate zu der Frage hielten: „Welches sind die nächsten Aufgaben, welche den positiven Parteien durch die neue Generalsynodalordnung gestellt sind?", vgl. *VB* 1876, Sp. 401ff. W. Frank berichtet darüber allerdings, daß Nathusius' Plädoyer für eine *politische* Arbeit der Kirche von Stoecker zurückgewiesen wurde, vgl. *Stoecker*, S. 31. Hier sollten sich im Lauf der nächsten beiden Jahrzehnte die Vorzeichen umkehren. Nathusius war schließlich wohlinformiert über Stoeckers Pressearbeit, die ihn dazu führte, Stoeckers *DEKZ* keineswegs als Konkurrenz zum eigenen Blatt, sondern im Sinn der Bündelung konservativer Kräfte als „die kräftigste und zielbewußteste Vertretung der volkstümlichen Arbeit der Kirche" einzuschätzen, *AKM* 1890, S. 422.

Die Bedeutung, die Stoecker für Nathusius bereits in den siebziger Jahren gewann, wurde durch die gemeinsame Greifswalder Tätigkeit mit Cremer noch untermauert, womit sich eine weitere - wenn auch indirekte - Verbindungslinie zwischen Nathusius und Stoecker ergab. Denn Cremer war in ähnlicher Weise fasziniert und in seinem kirchenpolitischen Engagement auf die Entscheidungen Stoeckers bezogen wie Nathusius. E. Cremer geht sogar davon aus, daß all diejenige kirchliche Tätigkeit des Vaters, die sich auf die soziale Frage bezog, „in erster Linie als Eintreten für Stöcker" zu bezeichnen ist, E. Cremer, *Cremer*, S. 186.

91 *AKM* 1894, S. 1219, anläßlich einer Besprechung von Stoeckers Aufsatzsammlung *Wach' auf Evangelisches Volk!*

92 *A. a. O.*, S. 1220.

93 *VB* 1878, Sp. 77.

aus unbewußte oder bewußte Falschinterpretationen und -informationen über Stoecker zu kolportieren[94].

Begründet kann vermutet werden, daß Nathusius nicht zuletzt deshalb von Stoeckers Wirken fasziniert war, weil er in ihm die praktische Erfüllung seiner eigenen theologischen Grundanschauungen, die praktische Verwirklichung seiner sozialethischen Forderungen zumindest angestrebt sah. Niemals habe der Konservatismus eine Persönlichkeit gehabt, die in einer solchen Weise wie Stoecker für die Popularität der ganzen Richtung gesorgt habe[95]. Einen der Höhepunkte in diesem Zusammenhang scheint die von Stoecker gehaltene Festansprache zum Jubiläum der Neinstedter Anstalten im Jahr 1883 gebildet zu haben, wovon Nathusius' Frau euphorisch berichtete: „seine Festrede war gewaltig und fortreissend; über das Kommen des Reiches Gottes. Ich bin immer froh, wenn er auch über die Berliner Stadtmission spricht und die dortigen Zustände spricht, damit alle Menschen einen Begriff davon bekommen, wie dort Hülfe noth tut“[96].

Man greift allerdings zu kurz, Stoecker nur als das öffentlichkeitswirksame Vorbild für die konservative Theologenschaft schlechthin verstehen zu wollen. Viel eher resultiert die durchaus auch emotionale Bindung des Theologen Nathusius an den Vorreiter Stoecker daher, daß er durch diesen die Wahrheit und Zukunftsfähigkeit der eigenen protestantischen Identität durchsetzungsfähig manifestiert sah.

Dafür spricht auch, daß Nathusius sich bei Stoecker entscheidenden Rat für die Abfassung seines sozialethischen Hauptwerkes holte, vor allem für die Frage nach der kirchlichen Beteiligung und nach möglichen politischen Durchsetzungsstrategien gesetzlicher Regelungen[97]. Als Kernpunkt von Stoeckers kirchenpolitisch relevanter wie brisanter Anschauung nannte Nathusius dessen Forderungen nach der „Volkstümlichkeit der Kirche“[98] sowie der Zurückdrängung summepiskopaler Kompetenzen mit dem Hauptziel, kirchliche Freiheit von allen hemmenden politischen Gewalten und theologisch illegitimen Instanzen herzustellen. In bezug auf die christlich-soziale Tätigkeit hielt er es für Stoeckers Verdienst, „daß jetzt wirklich die Stellung des Geistlichen zu den sozialen Aufgaben, zur Politik mit Ernst erwogen

---

94 Vgl. *a. a. O.*, Sp. 432ff.

95 Vgl. etwa *Krisis in der konservativen Partei*, *AKM* 1896, S. 301.

96 *Tagebuch der E. v. Wissmann*, Eintragung vom 9. 9. 1883, S. 17.

97 Brief an Stoecker vom 31. 5. 1891. Nathusius deutet dabei in seiner vorläufigen 'Zwischenlösung' zu dieser Frage zugleich das Programm seines späteren Werkes an, wenn er schreibt: „was gehört zur gesetzlichen Regelung? Dreierlei: 1) daß die Stimmung im Volke dieselbe verlangt - 2) daß die richtige Form für sie gefunden werde - 3) daß ein Geist im Volke lebt, der die Behandlung derselben ermöglicht“, *Nachlaß Stoekker*, Rep. 92, I.

98 *AKM* 1894, S. 1220.

wird"[99] und angesichts der zunehmenden Entwertung der menschlichen Persönlichkeit von Stoeckers Bewegung entscheidender Einfluß auf den Zeitgeist erwartet wird[100].

Dabei ging die Tendenz seiner Beschreibungen nicht selten in die Richtung, Stoecker geradezu als Märtyrer für die christlich-soziale Sache zu zeichnen. Der offensichtlich vor allem auf Stoecker und dessen CSAP gerichtete EOK-Erlaß zur politischen Tätigkeit der Geistlichen von 1879 führte Nathusius zu der kritischen Bemerkung, daß sich hierdurch vor allem der Liberalismus in seiner Ablehnung jeglicher sozialer Reformen bestätigt fühlen dürfte und nun den Feinden der christlichen Religion erneut Gelegenheit geboten werde, sich auf Stoecker, Todt und deren Gefolgschaft zu stürzen[101]. Die folgenden zwanzig Jahre hindurch wird Nathusius immer wieder Momente ausfindig machen, in denen er „die ganze Meute der kirchenfeindlichen Presse" sich auf Stoecker, den „Zeugen des Evangeliums"[102], stürzen sieht.

Die bereits genannte Dienstentlassung Stoeckers durch den Kaiser im Jahr 1890 wurde von Nathusius breit erörtert[103]. Allerdings interpretierte er dieses Ereignis, wie bereits angedeutet, nicht als Signal für das Ende kaiserlicher Sozialpolitik, sondern als kirchenpolitisch relevante staatliche Aktion gegenüber Stoeckers Bestreben nach kirchlicher Selbständigkeit. Dadurch sah er die Brisanz der Frage aber nur noch erhöht und zudem Stoeckers Bedeutung stetig steigend. Dessen Märtyrerrolle bestätigte sich für Nathusius dadurch, daß Stoecker auf der 2. ordentlichen Generalsynode 1891 zwar ein von allen Seiten begrüßtes Referat über die soziale Aufgabe der Kirche gehalten hatte, kurz darauf aber aus dem Synodalvorstand ausscheiden mußte. Nathusius hielt auch in diesem Fall durch die jetzt als „charakterlos" angesehenen Fraktionen der Konfessionellen und der PU die ehernen evangelischen Grundsätze und die gemeinsame Zukunft der kirchlich-positiven Kräfte aufs Spiel gesetzt[104].

---

99 *AKM* 1885, S. 768.

100 Vgl. *AKM* 1886, S. 97.

101 Vgl. *AKM* 1879, S. 461.

102 *AKM* 1895, S. 1317.

103 Vgl. *AKM* 1890, S. 1326ff.

104 Er forderte Stoecker in diesem Zusammenhang schriftlich dazu auf, die Spaltung der Positiven Union als des Sammelplatzes der guten Gedanken von rechts nach allen Kräften zu verhindern, wobei er - entgegen seiner bisherigen kirchenpolitischen Leitlinien - und durchaus pragmatisch - eine unterschiedliche Stellung zur Frage des Summepiskopates nicht mehr als ausreichenden Grund einer möglichen Spaltung akzeptierte. Er notierte, seine eigene alte Parole „Los vom König!" selbst längst aufgegeben zu haben: „ich halte es nicht für richtig, daß die Folgen des Summepiskopats, oder seine Wirkungen, gegenwärtig das Haupthindernis für die Kirche bilden. Das Hindernis ist der Doctrinarismus", *Nachlaß Stoecker*, Rep. 92, I.

Eine besonders unrühmliche Affinität von Nathusius zu Stoecker wird angesichts dessen massiv antisemitischer Äußerungen deutlich. Ohne schon an dieser Stelle auf Nathusius' eigene antisemitische Grundhaltung einzugehen, sind doch die Verbindungslinien zu Stoecker hier aufzuzeigen. Er schloß sich etwa Stoeckers Forderung an, Juden aus dem Richterstand zu entfernen, und machte sich auch dessen Begründung zu eigen: Ein jüdischer Richter widerspreche dem Gedanken christlicher Obrigkeit[105]. Nathusius versäumte auch nicht, Stoeckers antisemitische Angriffe vor dem „Mißverständnis" in Schutz zu nehmen, daß es sich dabei um Angriffe auf den jüdischen *Glauben* handle[106]. Im Blick auf Stoeckers 2. Auflage seiner Aufsatzsammlung *Christlich-sozial*, die massiv mit antisemitischen Aussagen angereichert ist, sieht die *AKM* in einer Rezension keine Notwendigkeit, Widerspruch zu erheben[107].

Schließlich sollte es während Nathusius' Greifswalder Zeit mehrmals zu Anfragen zwecks einer Ehrenpromotion Stoeckers kommen. Im Zusammenhang der Gründung des Greifswalder Theologischen Studienhauses wurde 1895 von O. Hahn, einem mit der PU verbundenen finanziellen Förderer dieser Gründung, die Anfrage einer solchen Promotion zu Stoeckers 60. Geburtstag an die Fakultät herangetragen[108]. Dieser Vorschlag stieß allerdings trotz der heftigen Unterstützung von Nathusius auf Vorbehalte, so daß es vorläufig und für längere Zeit nicht zur Promotion kam. Wie die einschlägigen Fakultätsakten ergeben, sorgte erst eine mehr oder weniger deutliche Erpressung von Nathusius zu Beginn des Jahres 1901 dafür, daß Stoecker schließlich diese Ehre widerfuhr. Nathusius verweigerte einer Reihe geplanter Ehrenpromotionen kirchlich verdienter Männer seine Zustimmung, so lange das gewünschte Verhalten gegenüber dem Gesinnungsgenossen Stoecker ausbleibe: „Ich empfinde den Umstand, daß Stoecker nicht an dieser ziemlich verschwenderisch ausgetheilten Ehrung der theol. Fakultäten theilnimmt, als einen Mangel im öffentlichen Leben, und die theologische und kirchliche Welt empfindet, soweit die mir bekannten und zugänglichen Kreise in Betracht kommen, denselben Mangel"[109]. In diesem Zusammenhang kam Nathusius nochmals in ausführlicher Weise auf die Errungenschaften und öffentliche Bedeutung Stoeckers zu sprechen: seine Abwehr des Doktrinarismus, den „Kampf gegen die jüdische Materialisierung" sowie seine kirchlich geprägte Arbeit an der inneren Mission. Die Promotion sollte damit zugleich ein politisches Signal setzen. Schließlich kam es am 9. 3. 1901 zur Erfüllung dieses Wunsches, dem sich vor allem V. Schultze bis zum Ende widersetzt

---

105 Vgl. *AKM* 1883/1, S. 330.

106 *AKM* 1885, S. 767.

107 Vgl. *AKM* 1890, 1329.

108 Vgl. auch I. Garbe, *Geschichte*, S. 20.

109 Brief an das Fakultätskollegium vom 10. 1. 1901, *Acta der Th. F.* 85 [32a] (1900/01).

hatte[110]. Stoeckers Antwort macht erneut die besondere Stellung deutlich, die die kirchlich-konservativen Kreise der Greifswalder Fakultät beimaßen. Am 11. 3. 1901 antwortete er dementsprechend, „daß ich von keiner anderen theologischen Fakultät diesen akademischen Grad lieber empfangen hätte als von der Ihrigen, mit der ich mich in meiner theologischen und kirchlichen Überzeugung so eng verbunden weiß“[111].

B. Der sittliche Gehalt allen Wirtschaftens: Das wirtschaftsethische Programm im Diskurs der Nationalökonomie

„Wer die Gegenwart seiner Wissenschaft recht verstehen und ihre Zukunft beherrschen will, der muß auch ihre Vergangenheit kennen. Darum gewährt es dem Forscher fast ebenso große Freude, wenn er die unscheinbare Quelle einer Wahrheit höher zurückverfolgen kann, als wenn es ihm gelingt, den vollen Strom derselben weiter und schiffbarer zu machen“[112].

1. Hinführung

1. 1. Die Aufgabenstellung

1. 1. 1. Die zweifache Perspektive

„Wir wollen eine wissenschaftliche Theorie geben von der Aufgabe der Kirche bei der Lösung der sozialen Frage. [...] Wir wollen alle die Fäden aufsuchen und verfolgen, welche das wirtschaftliche Leben und Treiben der Menschen verbinden mit sittlichen Aufgaben. Durch eine Darstellung der sittlichen Aufgaben auf sozialem Gebiet ist der Kirche der Weg gewiesen, auf dem sie in eine Mitarbeit an der bei der Lösung sozialer Fragen entstehenden Schwierigkeiten eintreten kann“[113]. Mit diesen Worten kennzeichnet Nathusius sein umfangreiches literarisches Vorhaben, die Dimensionen der sozialen Frage einerseits aus der Perspektive der *Nationalökonomie*, andererseits aus der Perspektive von *Theologie und Kirche* wahrzunehmen. Damit wird der Anspruch deutlich, mit dem Nathusius zu Beginn der neunziger Jahre sein sozialethisches Programm präsentiert. In seinem zweiteiligen, knapp 800 Seiten starken Hauptwerk *Die Mitarbeit der Kirche an der Lösung der sozia-*

---

110 *Acta der Th. F.* 86 [47] (1901/02).

111 *Acta der Th. F.* 86 [47b] (1901/02).

112 W. Roscher, zit. nach H. Contzen, *Geschichte der Volkswirthschaftlichen Literatur*, Titelblatt.

113 *Mitarbeit I*, S. 28f.

len Frage [Mitarbeit] und vielen thematisch nahestehenden Schriften und Äußerungen sollen nicht nur soziale Mißstände thematisiert werden, sondern abgezielt wird auf einen konstruktiven *Entwurf christlicher Sozialethik*[114]. Dieser soll es erlauben, die nationalökonomischen und theologischen Dimensionen der sozialen Frage einerseits terminologisch und sachlich zu unterscheiden, andererseits die Zusammengehörigkeit beider Dimensionen herauszustellen sowie deren einheitliches Fundament und deren gemeinsame Zielrichtung zu erweisen. Dementsprechend wird die *Mitarbeit* unter Einschluß aktueller Diagnostik und Zeitkritik mit dem Ziel des *wissenschaftlichen Dialogs* zwischen den Disziplinen der Nationalökonomie und Theologie vorgelegt. Die im *WdW* getroffenen methodologischen Entscheidungen werden nun für diesen konkreten Dialog fruchtbar gemacht. Nathusius' Auseinandersetzung mit der sozialen Frage der Zeit trägt an dieser Stelle nicht primär aktuellen, sondern programmatischen Charakter[115].

Gleichwohl beginnt die Untersuchung, wie schon der Großteil seiner bisherigen Schriften, mit der Diagnose erbitterter Kämpfe, die infolge der grundstürzenden wirtschaftlichen Umwälzungen stattfinden und „unser Volksleben zerreißen“[116]. Konstatiert wird die „kriegerische Gesinnung der Gesellschaftsklassen gegeneinander“[117] und die damit einhergehende Zerstörung der „zum Staatsleben unbedingt erforderliche[n] Harmonie der Gesin-

---

[114] Inwiefern es angemessen ist, das vorliegende Werk mit Hilfe des Terminus *Sozialethik* zu verhandeln, wird zu erörtern sein. Die einstweilige Verwendung des Begriffs dient der Signierung und Darstellung des Programms von Nathusius. Sukzessive soll zugleich deutlich gemacht werden, daß diese Verwendung aufgrund von Nathusius' programmatischer Explikation tatsächlich ihre Berechtigung hat. Die terminologische Klärung der spezifischen Begriffsverwendung durch Nathusius wird an späterer Stelle erfolgen (s. IV. B. 1).

[115] Der Titel der Arbeit erklärt sich wohl vor allem in Anlehnung an Wicherns Vortrag auf der Oktoberkonferenz der Inneren Mission von 1871, den dieser unter dem Titel *Die Mitarbeit der Kirche an den sozialen Aufgaben der Gegenwart* gehalten und den Nathusius, wie erwähnt, in Berlin auch gehört hatte. Was den Zeitraum der Abfassung dieses umfangreichen Werkes angeht, spricht Nathusius davon, daß er seit 1890 mit der Ausarbeitung beschäftigt war, vgl. *AKM* 1895, S. 561. In einem Brief vom 31. 5. 1891 teilt er Stoecker mit, daß sein „erstes Buch, das ich nun endlich als Professor schreiben muß“, die Frage nach der „Betheiligung der Kirche an der Lösung der sozialen Frage“ behandeln soll, *Nachlaß Stoecker*, Rep. 92, I. In einem späteren Brief vom 26. 1. 1895 rekurriert er auf Stoeckers offensichtlich rege Begleitung des Entstehungsprozesses der *Mitarbeit* und reagiert in diesem Zusammenhang auf Stoeckers wohlwollende Meinung zum II. Buch, *a. a. O.*
Aber schon am 8. 2. 1871 sprach er im Zusammenhang einer Darstellung des Reformators kirchlicher Armenpflege *Vincenz von Paul* (1576-1660) davon, daß nur in der Nachfolge christlicher Liebe eine „Arbeit an dem Elend der Menschheit [...], - modern gesagt: eine Lösung der socialen Frage“ möglich ist, *VB* 1871, Sp. 164.

[116] *Mitarbeit I*, S. 1.

[117] *A. a. O.*, S. 29.

nungen in den verschiedenen Volksklassen"[118]. Aufgrund der Annahme einer *Wechselwirkung* zwischen dem wirtschaftlichen Gebiet und den sittlich-religiösen Zuständen der Gesellschaft wird die soziale Krisensituation von Beginn an und in programmatischem Sinn mit Faktoren in Verbindung gebracht, die nicht von unmittelbar wirtschaftlicher Art sind. Offen bleibt zumindest an dieser Stelle die nähere Bestimmung dieser Wechselwirkung: ob also Nathusius davon ausgeht, daß die Abwendung von Religion und Kirche zu dieser wirtschaftlichen Lage geführt hat oder ob wirtschaftliche Gründe in *ursächlichem* Sinn für das Ende der gemeinschaftlichen sittlichen Gesinnung verantwortlich zu machen sind.

Nathusius spricht etwas vage davon, daß mit den sozialen Bewegungen die sittlichen und religiösen Schäden „hervorgetreten"[119] sind. Es bleibt demnach offen, ob diese Schäden bereits vor der eigentlichen äußeren Krisensituation als latent vorhanden angesehen werden oder ob sie erst mit der krisenhaften Veränderung entstanden sind. Nathusius hält einstweilen aber fest, daß die wirtschaftlichen Bedingungen von *entscheidendem Einfluß* auf die Gesinnungen innerhalb des gesellschaftlichen Kontextes sind: „Daß die Verhältnisse des wirtschaftlichen Lebens oder die soziale Entwicklung Einfluß auf die sittlichen und schließlich die religiösen Zustände haben, ist durch den Lauf der Dinge bewiesen. Die Feindschaft gegen die Religion in den unteren Ständen hätte nie diese Formen angenommen, ohne die Möglichkeit, die materiellen Interessen der Masse nach dieser Richtung hin auszubeuten"[120]. Auf eine Interpretation, derzufolge die *sittliche Verfassung* für den gegenwärtigen Zustand von Wirtschaft und Gesellschaft *ursächliche Bedeutung* habe, weist folgende Bemerkung hin: „Das wirtschaftliche Leben eines Volkes hat seine sittliche Seite. Wird dieselbe verkannt und die darin liegende sittliche Aufgabe versäumt, so gerät nicht nur das wirtschaftliche Leben auf Bahnen, die zu seinem Verfall führen, sondern auch das geistige und das sittliche Leben des Volkes geht dabei einer Zerrüttung entgegen"[121]. Seine Entscheidung darüber, auf welche Seite das Pendel in der Frage der Näherbestimmung dieser Wechselwirkung letztlich ausschlägt, ist signifikant für seinen gesamten sozialethischen Ansatz sowie die Vorschläge zur Lösung der sozialen Frage, die er im Lauf seiner Untersuchung präsentiert.

In jedem Fall gilt, daß die Ursachen für die sittlichen und wirtschaftlichen Mißstände von ihm nicht ohne die Frage nach der Mitbeteiligung der Kirche an diesen Mißständen erhoben werden: „Unsere Meinung ist vielmehr die, daß die mit den sozialen Bewegungen in unserem Volksleben hervorgetretenen tiefgehenden sittlichen und religiösen Schäden der Kirche die Frage vor-

---

118 *Ebd.*

119 *A. a. O.*, S. 3.

120 *A. a. O.*, S. 17.

121 *A. a. O.*, S. 73f.

legen, ob sie ihre Aufgabe wohl überall recht erkannt und geübt habe"[122]. Trotz dieser Diagnose der krisenhaften Lage ist insgesamt eine ambivalente Beschreibungsleistung Nathusius' zu konstatieren. Neben den teilweise düsteren Schilderungen gesellschaftlicher, sozialer und kirchlicher Entwicklungen teilt er der Leserschar immer wieder freudig seine Beobachtung des neuerlichen religiösen Aufschwungs in allen Bereichen des Lebens mit. Auch hier wird der bereits des öfteren erwähnte grundsätzlich krisenbewußt-optimistische Zug durch Nathusius' gesamte Theologie hindurch deutlich: An vielen Stellen begibt sich Nathusius explizit in vehementen Gegensatz zu den *pessimistischen* Deutern der Gegenwart und argumentiert von einer grundsätzlich *optimistischen* Betrachtung der „Zeichen der Zeit" aus. Fast schon im Rückblick kann er 1902 bilanzieren: „Der Pessimismus ist leider immer ein Stück der Orthodoxie gewesen, d. h. der Ansicht, daß die Welt immer schlechter wird. Noch in meiner Jugend stand ich unter dem Eindruck: es gehört zu den Ueberzeugungen des gläubigen Christen, daß die Menschen schlechter werden. Hierin ist ein Umschwung eingetreten. [...] Ein kräftiger Optimismus sichert immer ein gut Teil des Erfolges"[123].

1. 1. 2. Die besondere Bedeutung der kirchlichen Perspektive

Neben die Beobachtung und Erörterung äußerer Verhältnisse tritt ein theologischer Diskurs über das Wesen und die Aufgaben kirchlichen Engagements, da Nathusius zufolge nur auf diese Weise die Defizite des bisherigen und die Bedeutung des zukünftigen kirchlichen Handelns geklärt werden können. Die *theologische Dimension des sozialethischen Programms*, das Nathusius in diesen Jahren entwickelt, steht in der Zielrichtung, kirchliches Handeln zu legitimieren. Der *wissenschaftliche Dialog zwischen Nationalökonomie und Theologie* zielt auf kirchliche Praxis und damit auf die Manifestation kirchlicher Gestaltungsmacht im Kontext des gesellschaftlichen Ganzen ab. Nathusius faßt die Notwendigkeit der *zweifachen Perspektive* so zusammen: „Wollen wir feststellen, was bei dieser Aufgabe die Kirche mitzuwirken ha-

---

[122] *A. a. O.*, S. 3.

[123] *Christliche Liebe und soziale Hilfe*, S. 38. Hierbei bezieht er sich ebenfalls auf Stoecker, den er immer wieder als „feurigen Vertreter optimistischer Auffassung der Lage" (*AKM* 1894, S. 1220) zur Sprache bringt.
Für seine explizit *wirtschaftsethische* Erörterung ergibt sich derselbe Sachverhalt: Die Ambivalenz von Optimismus und Pessimismus wird von Nathusius auch für die Rezeption und Bewertung nationalökonomischer Theorien in Anschlag gebracht. Bei aller Kritik an Adam Smiths liberaler Konzeption etwa, von der noch zu reden sein wird, betont er doch positiv dessen religiös begründete optimistische Erwartung einer harmonischen Verteilung der Güter gegenüber des späteren malthusianischen „in den wirtschaftlichen Liberalismus eingeführten Pessimismus", *Henry George, der Bodenbesitzreformer*, *a. a. O.*, S. 316.

be, so empfiehlt es sich, in einem grundlegenden Hauptteil zunächst die Volkswirtschaft und das wirtschaftliche Leben zu überblicken, um zu sehen, wo dasselbe Berührungen mit den ethischen Fragen zeigt, bei denen die Kirche einzusetzen habe. Und wir müssen dann das Wesen der kirchlichen Aufgabe überhaupt darlegen bis zu jenen Berührungspunkten, die sich aus der volkswirtschaftlichen Betrachtung ergeben haben“[124].

Ein nicht zu unterschätzender Punkt ist, daß innerhalb des ersten Buches der *Mitarbeit* diese Gewichtung *zugunsten* der theologisch-kirchlichen Blickrichtung praktisch nicht explizit gemacht wird. Erst auf den zweiten Blick schält sich dieses entscheidende Motiv für die Abfassung des Werkes im Verlauf der *Mitarbeit* heraus, nämlich im Zusammenhang der Forderung, daß nicht primär die Mängel und Härten der wirtschaftlichen Strukturen und Prozesse kritisiert werden sollen, sondern die Defizite zeitgenössischer Theologie und Kirche im Mittelpunkt stehen. Trotz intensiver Beschäftigung mit nationalökonomischen Fragen bildet das interdisziplinäre Bemühen während dieses Zeitraums nicht den Schwerpunkt des Programms der *Mitarbeit*. Vielmehr sind diese Erörterungen von der „Thatsache eines kirchlichen Defekts“[125] geleitet. Die *Mitarbeit* zielt darauf ab, „die wissenschaftliche Grundlage zu sichern für ein kirchliches Handeln, das jenem Defekte gerecht wird“[126]. Zwar werden, wie dieses letzte Zitat zeigt, die kirchlichen Defekte und eigenen konstruktiven Absichten sogleich benannt. Aufgrund der thematischen Vielfalt und wahren Materialschlacht, die Nathusius im folgenden führt, gehen diese Anfangspassagen, d. h. die ursprünglichen und eigentlichen Intentionen der *Mitarbeit* aber beinahe wieder unter, zumal sich das erste Buch sehr bald nach Beginn weitgehend frei von dieser binnenkirchlich orientierten, apologetischen Absicht präsentiert.

Konkret wendet er sich zugleich dagegen, die Kirche zu außerkirchlichen Zwecken mobil zu machen, indem sie entweder zur Aufrechterhaltung bestehender Verhältnisse oder aber für wirtschaftliche Umsturzbewegungen herangezogen wird. In beiden Fällen würde die Kirche, so Nathusius, ihren Hauptzweck und ihre Hauptaufgabe außer acht lassen, so daß vielmehr gelte: „Eine spezifisch kirchliche Frage ist es, die hier eine theologisch-wissenschaftliche Beantwortung finden soll“[127]. Dies schließt im eigenen Interesse der Kirche ein, an der Verbesserung der äußeren Verhältnisse mitzuwirken, da bei einer Verschlechterung dieser Verhältnisse mit weiter verstärkter „Feindschaft gegen die Religion“ zu rechnen ist, woraus gefolgert wird, „daß die Kirche ge-

124 *Mitarbeit I*, S. 29.
125 *A. a. O.*, S. 5.
126 *Ebd.*
127 *A. a. O.*, S. 3.

ordnete wirtschaftliche und soziale Verhältnisse wünschen muß. Gibt es nun ein kirchliches Handeln, welches darauf hinwirkt? - das ist die Frage“[128].

Daß das Hauptgewicht auf der theologischen Begriffsbildung liegt und diese zugleich das Fundament für die nationalökonomischen Einzelerkenntnisse liefern soll, wird auch in dem Anliegen dieser „Untersuchung aus dem Gebiete der Ethik und der praktischen Theologie“[129] deutlich, von einem „gesicherten prinzipiellen Standpunkte und dem Boden einer allgemeinen Anschauung aus überall in die einzelnen Fragen und Gebiete sich zu tieferem und genauerem Studium zu versenken“[130]. Dem Studium nationalökonomischer Einzelfragen liegt der bereits aus dem *WdW* bekannte Gedanke einer durch die christliche Weltanschauung a priori gewährleisteten Einheitlichkeit des gesamten wirtschaftlich-gesellschaftlichen und damit des gesamten menschlichen Lebens zugrunde. Es wird dann aber mitzubedenken sein, in welchem Sinn der Titel *Mitarbeit* der Kirche gerechtfertigt ist - oder ob Nathusius nicht doch eher das Bild einer Kirche vor Augen hat, der in den wirtschaftlichen und sozialen Fragen der Zeit die eigentliche *Hauptarbeit* zukommt.

1. 2. Gründe für den Neueinsatz der Fragestellung

Nathusius nimmt für seine Untersuchung keineswegs in Anspruch, ein grundlegend neues, durch die bisherige Theologie und Kirche womöglich bisher gänzlich unbeachtetes Gebiet zu betreten. Er verortet seine Arbeit vielmehr im Diskussionskontext der theoretischen und praktischen Versuche des Protestantismus des 19. Jahrhunderts, angemessene Lösungen für die sozialen Problemlagen der Zeit liefern zu wollen. Allerdings sind es zwei Gründe, die ihn zu einem Neueinsatz der Fragestellung und damit zu dem oben erwähnten hohen Anspruch, eine neue Lösung bieten zu wollen, geführt haben.

Neben den erwähnten *äußeren* Gründen - seien es die neuen Signale sozialstaatlicher Reformbereitschaft[131], die als politisch notwendig angesehene Eindämmung der Sozialdemokratie oder die innerkirchlich noch unsichere Zukunftsentwicklung - benennt Nathusius einen zweiten Komplex als Grund

[128] *A. a. O.*, S. 17f.

[129] *A. a. O.*, Vorwort, S. V.

[130] *Ebd.*

[131] „Der Appell an die evangelische Kirche, der vom Kaiserthron her erklungen ist, hat eine lebhaftere Thätigkeit hervorgerufen“, *a. a. O.*, S. 12. Die besondere Bedeutung dieses Erlasses zeigt sich beispielsweise in einem Ausspruch Stoeckers, der in Hinblick auf die positive Aufnahme der sozialpolitischen Kundgebung des Kaisers durch den preußischen Oberkirchenrat im April 1890 sagt: „Die Welt ist über Nacht christlich-sozial geworden“, zit. nach K. E. Pollmann, *Landesherrliches Kirchenregiment*, S. 81.

für seine Neuaufnahme der Fragestellung kirchlichen Sozialengagements. Dieser Grund ist für ihn die grundsätzlich ungenügende „sachgemäße“[132] theologische Beschäftigung mit dem Thema. Dabei macht er Mängel auf drei unterschiedlichen Ebenen namhaft: auf der Ebene volkswirtschaftlicher Kenntnisse, der Ebene der praktischen Theologie sowie auf der Ebene der theologischen Ethik.

1. 2. 1. Die Kenntnis volkswirtschaftlicher Probleme

Konstatiert wird, daß die theologische Literatur zum Thema bisher den kirchlichen Standpunkt zu einseitig in den Blick genommen habe. Ohne Rücksicht darauf, wie der Gegenstand der Beschäftigung, das *Soziale* selbst, beschaffen sei, habe man die sachgemäße Fragestellung bislang weitgehend verfehlt: „Man kennt und berücksichtigt nicht genug das Gebiet, auf dem die Kirche eventuell thätig sein soll, in seinen eigentümlichen Naturgesetzen“[133]. Die *Mitarbeit* soll dazu dienen, diese Naturgesetze aufzuzeigen und zu erörtern, um den Anspruch des sozialethischen Programms und damit die Forderung an alle zukünftige theologische Literatur zu unterstreichen: „Wir verlangen [...] kategorisch von demjenigen Theologen, der über die soziale Aufgabe der Kirche in wissenschaftlicher Weise entscheiden will, eine Kenntnis der volkswirtschaftlichen Probleme“[134].

---

132 *Mitarbeit I*, S. 12. Die theoretischen Mängel, die Nathusius im folgenden aufzeigt, sind im unmittelbaren Zusammenhang zur Aufgabenstellung zu sehen, die er 1893 auch für den ESK geltend gemacht hatte: 1. die Klärung des individuellen und institutionellen christlichen Verhaltens im Rahmen der sozialen Bewegungen; 2. die Herausarbeitung der an die Rechtsordnung zu stellenden Forderungen bezüglich der sozialen Frage; 3. die Konzipierung der grundsätzlichen theologischen Begründung christlich-sozialer Tätigkeit, vgl. *AKM* 1893, S. 793.

J. Weiß bilanziert deshalb in seiner Besprechung der *Mitarbeit* ganz zu Recht, daß Nathusius' „so vollständiges, maßvolles 'evangelisch-soziales Lehrbuch'“ mitsamt des Überblicks über die soziale Frage „den Freunden der Christlichen Welt und des Evangelisch-sozialen Kongresses willkommen sein“ wird, *CW* 1893, Sp. 526.

133 *Mitarbeit I*, S. 15. Nathusius erkennt die wissenschaftliche Selbständigkeit des nationalökonomischen Problemkreises an, von der alle kirchlich-theologische Beschäftigung auszugehen bzw. die sie bei ihren Überlegungen zu berücksichtigen habe. Daß letztlich die beiden wissenschaftlichen Gebiete der Theologie und Nationalökonomie von Nathusius unter das Dach einer einheitlichen Weltanschauung gestellt werden, macht die Pointe seines Programms aus, stellt aber auch eines der Hauptprobleme der Vorgehensweise und Argumentation dar. Dieser Sachverhalt wird bereits Ende 1890 formuliert: „Alle volkswirtschaftlichen Prinzipienfragen wurzeln in der Ethik, die Ethik - wenigstens die unsrige - wurzelt im Christentum. Freilich in sämtlichen Lehrbüchern der theologischen Ethik, die Referent kürzlich auf die Begriffe Gesellschaft, Wirtschaft und dgl. durchging, fand er übereinstimmend - nichts. [...] etwas mehr volkswirtschaftliche Bildung, wenn es gefällig ist!“, *AKM* 1890, S. 1211.

134 *Mitarbeit I*, S. 13.

Mit dem Plädoyer für eine umfassende Kenntnis ökonomischer Phänomene und Probleme sind aber nicht primär die Fragen wirtschaftlicher „Technik" oder die Verfahrensabläufe des ökonomischen Prozesses angesprochen. Von Interesse für den Theologen ist die Ökonomie vielmehr, insofern sie als „menschliche Thätigkeit in Richtung auf ihre Zwecke für die menschliche Gesellschaft"[135] verstanden wird. Die Theologie hat sich mit Ökonomie zu beschäftigen, da sich hinsichtlich der *anthropologischen* Grundentscheidungen, der *ethischen* Zielsetzungen sowie der *gesellschaftlich* relevanten Zwecke Wechselwirkungen und Berührungspunkte zwischen beiden Gebieten ergeben.

Als manifester Berührungspunkt zwischen beiden Bereichen wird von Nathusius in diesem Zusammenhang das Stichwort der *Ordnung* eingeführt. Der Mangel der bisherigen Diskussion innerhalb der einschlägigen Literatur besteht demzufolge darin, daß die Frage nach der Ordnung bisher nicht angemessen herausgestellt bzw. beantwortet worden sei: „Was an der sozialen Frage hauptsächlich wirklich in Frage steht, d. h. noch ein erst zu lösendes Problem bildet, das sind immer neue Ordnungen - Lebensordnungen, Rechtsordnungen, welche den wirtschaftlichen Veränderungen gemäß gestaltet werden sollen"[136]. Damit verbindet sich für Nathusius die Feststellung, daß jegliche theologische Überlegung zu volkswirtschaftlichen Fragen letztlich defizitär bleibt, solange sie sich nicht auch mit dem Verhältnis der Kirche zu den gesellschaftlichen Wirklichkeiten des Rechtes und des Staates beschäftigt[137].

135 *A. a. O.*, S. 15.

136 *Ebd.* Die herausragende Bedeutung des Begriffs der Ordnung wird dort deutlich werden, wo im Rahmen der *Mitarbeit* explizit von christlicher Gesellschaftslehre die Rede ist.

137 Hinsichtlich der Frage kirchlicher Beteiligung an der Schaffung oder Aufrechterhaltung einer adäquaten Rechtsordnung deutet Nathusius in den einleitenden Passagen der *Mitarbeit* drei Möglichkeiten kirchlichen Handelns an: „Soll die Kirche die öffentliche Meinung so beeinflussen, daß dadurch volkswirtschaftliche Ordnungen bestimmter Art ermöglicht werden? - soll sie auf die Formulierung jener Ordnungen Einfluß üben? - und soll sie die Aufrechterhaltung und Wirksamkeit derselben durch die Pflanzung einer entsprechenden Gesinnung fördern?", *a. a. O.*, S. 18; vgl. die Arbeitsfragen im genannten Brief an Stoecker vom 31. 5. 1891. Nicht nur die Grundentscheidungen, die in der *Mitarbeit* dargestellt werden, sondern auch sein gesamtes wirtschafts- und sozialethisches Programm sowie das damit verbundene sozialpolitische Engagement machen deutlich, daß Nathusius die erste und dritte Möglichkeit bejaht, eine konkrete kirchliche Einflußnahme auf die technische Seite der Schaffung und Aufrechterhaltung bestimmter Ordnungen aber nicht befürwortet.

1. 2. 2. Die praktische Theologie

Als weiteren Bereich, in dem es bisher an einer sachgemäßen Fragestellung fehlte, nennt Nathusius das Feld der praktischen Theologie[138]. Den bisherigen Versuchen hält er vor, ausnahmslos unzureichende theologische Begründungen und Bestimmungen für die kirchliche Praxis geliefert zu haben. Notwendig ist es, „daß wir uns - wie das Wesen der Volkswirtschaft und ihrer Probleme - so auch das Wesen der kirchlichen Arbeit überhaupt klar machen, wie sich dasselbe aus den Stiftungsurkunden der Kirche und den Erfahrungen der Geschichte ergiebt“[139]. Die Erörterung der *praktischen* Berührungspunkte zwischen Volkswirtschaft und Kirche wird damit als *Theorieaufgabe* der historisch orientierten Theologie herausgestellt.

Dies ist insofern eine Frage an die *Disziplin* der praktischen Theologie, als der praktische Theologe Nathusius dieser Disziplin die spezifische Aufgabe beimißt, zu bestimmen, was die Menschen zum Werden des Reiches Gottes beizutragen imstande sind: „Das Reich Gottes, [...] ist noch ein werdendes. Aber es ‘wird’ nicht, ohne daß Menschen dabei thätig sind. [...] Was haben Menschen dabei zu thun? - das ist die Frage der praktischen Theologie“[140].

Diese Charakterisierung der Fragestellung der praktischen Theologie verbindet Nathusius mit der Rede vom Wesen der Kirche, indem er nun auch hier als konstitutives Merkmal für die kirchliche Tätigkeit nicht den Begriff der *Erbauung*, sondern denjenigen der *Sendung*[141] wählt. Den theologischen Vorgängern „Schleiermacher, Nitzsch u. A.“[142] wird eine mangelhafte Fas-

---

138 Dieser Punkt zielt nicht auf die praktische kirchliche Tätigkeit ab, sondern auf die *wissenschaftliche Begründung* dieses Handelns. Dies wird an der Definition der praktischen Theologie als der „Theorie des kirchlichen Handelns ganz allgemein“ deutlich, *a. a. O.*, S. 20. Der Wissenschaft der praktischen Theologie wird Relevanz beigelegt, insofern sie es vermag, die *Praxisrelevanz* von Kirche herauszuarbeiten und nicht im Hegelschen Sinn als „Theorie der Thätigkeiten der Kirche zu ihrer Selbstverwirklichung“ (*a. a. O.*, S. 23) zu fungieren. Bereits mehr als zehn Jahre zuvor hatte Nathusius beklagt, „daß an keinem anderen Punkte der Krebsschaden, an dem unsere Theologie krankt, so sehr zu Tage tritt als an der Art und Weise, wie die sogenannte praktische Theologie gelehrt und betrieben wird“, *Timotheus*, S. 108.

139 *Mitarbeit I*, S. 19.

140 *A. a. O.*, S. 20. Nathusius weist darauf hin, daß seine Überlegungen zur praktischen Theologie keineswegs ausschließlich als Pastoraltheologie verstanden werden sollen. Inwiefern er eine klare Scheidung zwischen den sozialen Aufgaben der evangelischen Kirche und dem Verhalten der Geistlichen vornimmt (vgl. *a. a. O.*, S. 19f.) und dementsprechend auch die Aktivitäten der christlichen Laien einbezieht, wird im Zusammenhang der Frage nach den kirchlichen Institutionen und deren sozialer Relevanz, wie sie Nathusius im II. Buch der *Mitarbeit* entwickelt, erörtert werden.

141 Vgl. *Mitarbeit I*, S. 23. Dieser Begriff wurde bereits im Zusammenhang der Konkretionen der Methodologie in Anschlag gebracht, um dogmatisch die Gesellschaftsrelevanz von Kirche zu fundieren.

142 *A. a. O.*, S. 22.

sung des Kirchenbegriffes vorgeworfen. Sie hätten es über ideale Beschreibungen des Wesens der Kirche hinaus nicht vermocht, den Begriff der Kirche für das öffentliche Leben wirklich fruchtbar zu machen, sondern seien in theoretisierenden Erörterungen steckengeblieben: „Es ist bezeichnend für den spekulativ angelegten Charakter der Theologie unseres Jahrhunderts, daß es auch in der praktischen Theologie an einer genügenden Darlegung der kirchlichen Aufgaben in den realen Verhältnissen des Weltlebens fehlt"[143]. Dieser zweite grundsätzliche Mangel, den Nathusius aufzeigt, ist mit dem ersten Punkt, der Forderung nach Kenntnis der volkswirtschaftlichen Naturgesetze, durch die Forderung nach *Sachgemäßheit* verbunden. Dies ist ohne Zweifel als Reflex auf die methodologisch herausgearbeitete Eigenständigkeit der einzelnen Wissenschaftsdisziplinen und deren Eigenwert zu interpretieren.

Für die konkrete kirchliche Tätigkeit macht Nathusius auf die besondere Ausprägung des Predigtverständnisses in diesem Zeitraum aufmerksam, indem er formuliert, „daß von den großen Epochen der christlichen Predigt [...] k e i n e den sozialen und öffentlichen Fragen so fern stehend sich erweist, wie die klassische Predigt des 19. Jahrhunderts, wie sie bis vor einigen Dezennien die herrschende war"[144]. Nur wenn die praktische Theologie den Begriff der Sendung in den Vordergrund stellt, kann sie das eigentliche Wesen und die vorrangige Aufgabe der Kirche angemessen zum Ausdruck bringen und auf diese Weise in theoretischer Hinsicht den Boden dafür bereiten, „daß alle irdischen Verhältnisse mit dem Heilsgedanken Gottes durchdrungen und dadurch gestaltet werden"[145].

1. 2. 3. Die theologische Ethik

Als dritten Bereich, in dem eine mangelhafte Behandlung der Fragestellung konstatiert werden müsse, macht Nathusius schließlich das Gebiet der theologischen Ethik aus. Den Autoren der bisherigen Entwürfe wirft er vor, der Verführung theologischer Spekulation erlegen zu sein und abseits der Wirklichkeiten des Lebens zu stehen: „Ich kann mich des Eindruckes nicht erwehren, den ich empfinde, so oft ich von dem Gebiete der Volkswirtschaftslehre und einer modernen philosophischen Ethik auf das Gebiet der theologischen Ethik übergehe, als träte ich in einen Märchenwald. Jorinde sitzt als verzauberter Vogel im Bauer und Joringel naht sich mit der Zauberblume und befreit alle Vögel der alten bösen Hexe"[146].

---

143 *Ebd.*

144 *Mitarbeit II*, S. 392.

145 *Mitarbeit I*, S. 23.

146 *A. a. O.*, S. 25. Ein ebenso schlagkräftiges Bild findet sich in einem Brief vom 31. 5. 1891 an Stoecker, in dem er auf die Vorarbeiten zu seinem Hauptwerk eingeht und be-

Die Realitätsferne der bisherigen theologischen Ethik wird von Nathusius jedoch nicht nur als weiterer Mangel, sondern zugleich als *Wurzel* der zuvor konstatierten Mängel benannt. Da die praktische Theologie als *Theorie des kirchlichen Handelns* auf der theologischen Ethik als der *Theorie des christlichen Handelns* basiert, führt eine defizitäre ethische Argumentation zwangsläufig zu mangelhafter kirchlicher Theorie und Praxis[147]. So hängt es schließlich von der *Sachgemäßheit* der Ethik ab, ob die kirchliche Praxis in adäquater Weise auf die soziale Frage einzugehen vermag: „Weil die christlichen Gedanken verwirklicht werden wollen in und an den Lebensverhältnissen, die v o r dem Christentum und u n a b h ä n g i g von ihm vorhanden sind, so müßten dieselben in ihrer ganzen handgreiflichen Realität in das Auge gefaßt werden"[148]. Zu diesen Lebensverhältnissen, mit deren Realität sich die theologische Ethik auseinanderzusetzen hat, sind neben der Volkswirtschaft das Wesen des Staates und des Rechtes zu zählen. Da sich alle Lösungsaspekte der sozialen Frage im Sinne eines „konkreten Realismus"[149] in ihrem Zielpunkt auf staatliches gesetzgebendes Handeln konzentrieren, „muß eine grundsätzliche Klarheit vorhanden sein über das Wesen des Staates, sein Verhältnis zur freien Sittlichkeit und zur Kirche"[150].

1. 3. Die methodische Vorgehensweise der *Mitarbeit*

Nach Konstatierung dieser wissenschaftlichen Defizite erfolgt die Behandlung der sozialen Frage im Rahmen der *Mitarbeit* durch eine Betrachtungs-

richtet, daß er etwa zwanzig Handbücher der theologischen Ethik auf eine etwaige Verhältnisbestimmung von Ethik und Nationalökonomie durchgesehen habe, aber überall nur ein abstrakter Standpunkt festzustellen sei: „Vortrefflich Strategen - aber keine Kenntnis des Landes, dem der Feldzug gilt", *Nachlaß Stoecker*, Rep. 92, I.

147 Der theologischen Ethik werden zwei Hauptaufgaben zugeschrieben, die - eschatologisch gegründet- die gemeinschaftliche und die individuelle Dimension christlichen Lebens reflektieren. Zum einen soll Ethik die *christliche Sitte in ihrer Vollendung* darstellen, d. h. in idealer Weise den Zustand der Welt angesichts der Heilsverwirklichung in Christus beschreiben. Zum anderen dient sie dazu, das *sittliche Leben und Streben der Christen auf jenes Ziel hin* darzustellen, d. h. die je individuelle Bedeutung, das „persönliche Werden" der christlichen Sitte herauszustreichen, *Mitarbeit I*, S. 24.

148 *A. a. O.*, S. 25.

149 *A. a. O.*, S. 28.

150 *A. a. O.*, S. 27. Im Blick auf die theologischen Ethiken seiner Zeit erwähnt Nathusius positiv die „außerordentlich tiefgehende[n] und lichtvolle[n] Entwicklungen über menschliche Lebensverhältnisse" (*a. a. O.*, S. 26), die R. Rothe in seiner *Theologischen Ethik* aufgezeigt habe, sowie die realistischere ethische Betrachtungsweise, wie sie in der Ethik des dänischen Lutheraners H. L. Martensen sowie den moralstatistischen Studien A. von Oettingens zum Ausdruck komme. Letztlich seien diese Entwürfe jedoch ebenfalls an der „Natur des wirtschaftlichen Lebens" (*ebd.*) vorbeigegangen.

weise, die von Nathusius in einen *organischen*, einen *historischen* und einen *systematischen* Methodenschritt unterteilt wird.

Wie bereits an der Konzeption des *WdW* deutlich wurde, besteht das Erkenntnisinteresse der organisch-einheitlichen Betrachtungsweise als eines Teilschritts des wissenschaftlichen methodischen Verfahrens generell darin, den jeweiligen Untersuchungsgegenstand im „Zusammenhange mit dem Gesamtgebiete des menschlichen Geisteslebens und des menschlichen Wissens, in das er 'organisch' eingefügt werden muß"[151], beurteilen zu können.

Durch die Betonung der Bedeutsamkeit der organischen Betrachtungsweise kommt in inhaltlicher Perspektive eine Weltsicht zum Tragen, die partikulare Erscheinungen, Strukturen und Problemstellungen einerseits als je eigenständige Phänomene des Weltgeschehens anerkennt, was die Forderung nach Sachgemäßheit erklärt. Zugleich wird andererseits durch diese organische Betrachtungsweise der Horizont einer einheitlichen Welterklärung erkennbar. Diese Betrachtungsweise hat ihr inhaltliches Pendant in der organischen Verfaßtheit ihres Untersuchungsgegenstandes, hier konkret: der organisch gegliederten Gesellschaft.

Als Voraussetzung für eine sachgemäße wissenschaftliche Darstellung der *sozialen Problematik* gilt deshalb, daß an den Beginn der Untersuchung die Frage nach dem *Kontext* zu stellen ist, in dem die soziale Frage aufgeworfen, behandelt und beantwortet wird. Auf der Grundlage der dort gewonnenen Erkenntnisse sowie der *historischen* Einordnung wird die soziale Frage in diesen Kontext integriert bzw. in ihren Dimensionen kontextualisiert, was die Aufgabe der *systematischen* Erörterung des Untersuchungsgegenstandes bildet.

2. Die nationalökonomische Entfaltung der Problemstellung

2. 1. Die Grundbegriffe

Im Rahmen der organischen Betrachtungsweise werden diejenigen Elemente aufgewiesen, die die *Beziehung* des Gesamtkontextes zu den jeweiligen Einzelerscheinungen zur Darstellung bringen können. Diese verbindenden, vermittelnden Elemente bezeichnet Nathusius als *Grundbegriffe*. Als einheits*stiftende* oder besser einheits*darstellende* Grundbegriffe, von denen aus alle weiteren Überlegungen im Rahmen des sozialethischen Programms erfolgen, nennt Nathusius *Gesellschaft*, *Volkswirtschaft* und *Stände*.

---

[151] *A. a. O.*, S. 29f.

2. 1. 1. Die Gesellschaft

Bei dem Versuch, das Wesen der Gesellschaft zu bestimmen, zielt Nathusius auf eine rechts- und staatswissenschaftliche Definition ab, die über eine formaljuristische Bestimmung der societas civilis hinausführt. Unter Berufung auf eine reformatorische Grundentscheidung und -unterscheidung stellt er fest: „An der Kirche des reinen Wortes wurde es klar, daß die Form der Rechtsgemeinschaft im Staate [...] nicht Selbstzweck sein kann, sondern daß es jedem Menschen zugehörige und unveräußerliche Interessen giebt, die in sich eine verbindende, gesellende Kraft haben. In der evangelischen Kirche haben wir zuerst eine mit der staatlichen Rechtsordnung sich nicht deckende, von ihr unabhängige 'Gesellschaft'"[152].

Den Zusammenhang *unveräußerlicher Interessen* jedes einzelnen Menschen mit der *Bildung von Gesellschaft* stellt Nathusius unter Aufnahme von Untersuchungen Lorenz von Steins dar. Danach sind ökonomische Interessen die entscheidenden Kräfte für die Entstehung gesellschaftlicher Gruppierungen. Nathusius bringt *Gesellschaft* auf den Begriff, indem er definiert: „Die Gesellschaft ist die Gesamtheit der Menschen (eines Landes, einer Gegend, eines Weltteils), darauf hin angesehen, daß sie aus Gruppen besteht, die sich gegenseitig ergänzen und dienen bei dem Erwerb und Genuß der zum Leben nötigen Dinge"[153]. Der ökonomisch konnotierte Begriff der Gesellschaft gilt als erster und entscheidender *Grundbegriff* für alle weiteren wissenschaftlichen Überlegungen, insofern er die unhintergehbare Voraussetzung aller konkreten Erscheinungen des menschlichen Lebens darstellt.

Der Gedanke der für alle gesellschaftlichen Gliederungen geltenden ökonomischen Bedingtheit stellt die materiale Voraussetzung für das Verständnis der Gesellschaft als einer organisch gegliederten dar. Dabei werden diese gesellschaftlichen Verhältnisse zugleich als paradigmatisch für die Gegebenheiten menschlichen Lebens angesehen: Die menschliche Gesellschaft ist - „durch die Verteilung der Güter bedingt, durch den Organismus der Arbeit geregelt, durch das System der Bedürfnisse in Bewegung gesetzt und durch die Familie und ihr Recht an bestimmte Geschlechter dauernd gebunden"[154] - die organische Einheit des menschlichen Lebens schlechthin.

Die wirtschaftlich bestimmte Einheitlichkeit menschlicher Lebensbedingungen macht es somit unumgänglich, das Feld der wirtschaftlichen Strukturen, Prozesse und Probleme näher in den Blick zu nehmen. Anhand des Grundbegriffes der *Volkswirtschaft* expliziert Nathusius, was es im einzelnen

---

[152] *A. a. O.*, S. 42.

[153] *A. a. O.*, S. 38f.

[154] *A. a. O.*, S. 38. So Nathusius in Paraphrasierung der v. Steinschen Sicht von Gesellschaft.

bedeutet, daß „alle gesellschaftlichen Gliederungen unter den Menschen wirtschaftlich bestimmt sind“[155].

2. 1. 2. Die Volkswirtschaft

Der Grundbegriff der Volkswirtschaft weist darauf hin, in welchem Kontext die weiteren Überlegungen angesiedelt werden. Die Klärung wirtschaftlicher Gegebenheiten erfolgt im Rahmen der Wissenschaft der Nationalökonomie bzw. Volkswirtschaftslehre[156]. Da der Anstoß zur Klärung des „eigentümlichen Begriffs der Gesellschaft“[157], wie Nathusius behauptet, historisch betrachtet weder durch die *Ethik* noch durch die *Staatswissenschaft*, sondern durch die *Nationalökonomie* als die dritte Disziplin[158] bewirkt wurde, greift er auf eben diese Disziplin zurück. Die Entdeckungszusammenhänge, die diese Wissenschaft darbietet, liefern ihm den Ausgangspunkt für die Klärung der sozialen Frage als eines *gesellschaftlichen* Problems: „Es leuchtet ein, daß die ganze Auffassung der sozialen Frage und die Stellungnahme in ihren einzelnen Partien von dieser Grundanschauung über die Wirkungsweise der wirtschaftlichen Interessen in der menschlichen Gesellschaft abhängig ist“[159].

Die erste Charakterisierung dieser dritten Disziplin verdeutlicht zugleich, daß der nationalökonomischen Wissenschaft im Vergleich zu den anderen Teildisziplinen innerhalb des Wissenschaftsgebäudes eine herausgehobene Stellung zugesprochen wird. Im übrigen vermag dies angesichts der marginalen Rolle, die der Nationalökonomie noch innerhalb des *WdW* zugekommen war, durchaus zu überraschen. Es kann davon ausgegangen werden, daß Nathusius erst seit etwa 1890 von einer besonderen Relevanz dieser Wissenschaft ausgeht bzw. sich erst ab dieser Zeit intensiver mit der einschlägigen nationalökonomischen Literatur beschäftigt hat. Wie bereits angedeutet, hat er zwar die Entwicklungen um Stoecker und Todt, dabei die Arbeit des Todtschen Publikationsorgans *Der Staats-Socialist*, mitverfolgt. Auch in der *AKM* erschienen immer wieder Anzeigen und Besprechungen einzelner nationalökonomischer Literatur. Eine eigenständige Rezeption und Auseinan-

---

155 *A. a. O.*, S. 58.

156 Eine strenge Unterscheidung zwischen Volkswirtschaftslehre und Nationalökonomie nimmt Nathusius nicht vor, wenn er Volkswirtschaftslehre als Lehre vom „wirtschaftliche[n] Leben in den konkreten Verhältnissen eines ganzen Volkes“ definiert, *ebd.* Die Unterscheidung Roschers zwischen Nationalökonomie=Volkswirtschaft und Nationalökonomik=Volkswirtschaftslehre (s. u.) übernimmt er nicht (vgl. das oben Gesagte zum Terminus der ‘Methodik’ [II. B. 2.1.1.]).

157 *A. a. O.*, S. 37.

158 Vgl. *ebd.*

159 *A. a. O.*, S. 40.

dersetzung mit der Disziplin ist aber tatsächlich erst ab Beginn der neunziger Jahre zu konstatieren.

Die Bedeutsamkeit der nationalökonomischen Wissenschaft besteht für Nathusius zwar auch darin, Fachkenntnisse zu erwerben und ein geeignetes begriffliches Instrumentarium zur Darstellung wirtschaftlicher Sachverhalte zu entwickeln. Ihre interdisziplinäre Relevanz gewinnt sie jedoch in dem Moment, ab dem sie sich als *Wissenschaft des gesamten Kulturlebens* begreifen läßt. Die *Ausweitung des Horizontes* der wirtschaftlichen auf die kulturelle und ethische Fragestellung ist Nathusius zufolge in Ansätzen bereits bei Adam Smith einerseits, bei Claude H. Saint-Simon und dessen Nachfolgern andererseits angelegt. Während Smith durch die Bewertung des wirtschaftlichen Eigennutzes als der entscheidenden sittlichen und damit kulturbildenden Kraft die wirtschaftliche und ethische Fragestellung miteinander verbunden habe, sei Saint-Simon die gesellschaftliche Relevanz wirtschaftlicher Faktoren ex negativo aufgrund der wirtschaftlichen Nöte seiner Zeit klargeworden, in der auch das Christentum „seine Bestimmung an den Armen nicht erfüllt habe“[160]. Man kann diesen Einstieg in die theologische Rezeption der Nationalökonomie in seiner Bedeutung kaum überschätzen. Nathusius ist bereits durch seine historische Aufarbeitung nationalökonomischer Theoriebildung wenn nicht auf dem Weg zu einem Paradigmenwechsel, so doch auf dem Weg zur Integration eines fachfremden Paradigmas in die eigene Betrachtungsweise der gesellschaftlich-kulturellen Zustände. Es ist nicht mehr das explizit theologisch determinierte Sinnsystem, mit dem ein Versuch der Gesellschaftserklärung erfolgt, sondern Nathusius unternimmt eine substantielle ‘Anleihe’ bei einer vermeintlich ganz anders gearteten Disziplin, eben der Nationalökonomie. Gleichwohl bleibt festzuhalten, daß er dabei nicht wahllos in die Geschichte dieser Theoriebildung hineingreift und - trotz des Verweises auf Smith - nicht allzuweit in diese Geschichte zurückgeht.

Der epochale Einschnitt hinsichtlich der Einschätzung der gesellschaftlichen Relevanz nationalökonomischer Sachverhalte gilt ihm erst um die Mitte des 19. Jahrhunderts durch die sogenannte *Historische Schule der Nationalökonomie* bewirkt. Erst im Rahmen dieser Forschungen habe man ein Verständnis von Nationalökonomie als ausschließlich technisch-mathematisch ausgerichteter Wissenschaft endgültig aufgegeben. Da um die Mitte des Jahrhunderts nun auch im Rahmen dieser Wissenschaft überall die Wechselwirkung zwischen rein wirtschaftlichen Untersuchungsgegenständen und dem jeweiligen ethisch-kulturellen Kontext entdeckt wurde, sei diese nicht nur selbst bald als die entscheidende *Kulturwissenschaft* verstanden worden, sondern biete sich nun auch für die Frage einer konstruktiven Behandlung der sozialen Frage an. Auf der *wissenschaftlichen Methode* sowie den *Erkenntnissen* dieser Schule beruht für Nathusius die Möglichkeit und Notwendig-

---

[160] *A. a. O.*, S. 49.

keit, die *sittlichen Aspekte* des wirtschaftlichen Lebens herauszuarbeiten und diese Wissenschaft für die sozialethische Fragestellung, damit zugleich für die Bewältigung der sozialen Nöte in der *Gesellschaft*, in Anschlag zu bringen. Hinsichtlich des Rückgriffs auf Methoden und Erkenntnisse der Historischen Schule der Nationalökonomie ist festzustellen, daß Nathusius diese in sich keineswegs homogene, wissenschaftliche Schulrichtung einerseits in generalisierender Weise rezipiert, andererseits gleichwohl die maßgeblichen Unterschiede zwischen ihren einzelnen Vertretern bzw. deren Theorien zu kennzeichnen und für sein eigenes Programm fruchtbar zu machen vermag.

2. 1. 2. 1. Die Historische Schule der Nationalökonomie

Durch diese, um die Mitte des 19. Jahrhunderts sich profilierende Schulrichtung erfolgt auf dem Gebiet der Nationalökonomie die bereits im Rahmen der Rechts-, Natur- und Geschichtswissenschaft praktizierte *konsequent historische Anschauung und ethische Bewertung* der zu untersuchenden Gegenstände und Sachverhalte als *Tatsachen* des wirtschaftlichen Lebens. Durch die Beschäftigung mit der Historischen Schule der Nationalökonomie macht Nathusius die innerhalb des *WdW* argumentativ erläuterte Favorisierung der *empirischen Methode* für die Behandlung nationalökonomischer und sozialer Probleme fruchtbar. Der Rekurs auf eben jene ökonomische Schule erklärt sich daraus, daß ihm seine hochgradig empiriegeleitete Ethiktheorie - sein Verständnis von Ethik als empirischer Wissenschaft - mit dem ethischen Ansatz der Historischen Schule als in umfassendem Sinn kompatibel erscheint.

Die Gegenwartsadäquanz der „neuere[n] deutsche[n] Wissenschaft von der Volkswirtschaft“[161] wird darin erblickt, daß durch sie die bisherigen Grundlagendefizite der wissenschaftlichen „Hauptstämme“[162], der Rechts- und Staatswissenschaft, der philosophischen und theologischen Ethik sowie der bisherigen Nationalökonomie vermieden werden. Durch diese Wissenschaft verspricht der Versuch der Überwindung terminologischer und methodischer Abgeschlossenheit der einzelnen Disziplinen voneinander erfolgreich zu sein. Denn nur diese Wissenschaft habe „seit dem Aufkommen der historischen Schule eine glücklichere Allgemeinheit gewonnen und dadurch zur Klärung der auch im politischen und Rechtsleben wichtigen Begriffe erheblich beigetragen“[163].

Die „glücklichere Allgemeinheit“ dieser Wissenschaft resultiert aus ihrem einheitlichen Bestimmungsgrund, dem sich jeweils historisch manifestierenden und die Weltwirklichkeit bestimmenden *Geist* des Jahrhunderts. Der die-

---

[161] *A. a. O.*, S. 63.
[162] *A. a. O.*, S. 67.
[163] *A. a. O.*, S. 68.

se Wahrheit verkörpernde *historische Geist des Jahrhunderts selbst* ermöglicht es, die Nationalökonomie als historische und damit als konkret praxis- und kulturrelevante Wissenschaft zu verstehen.

Analog zur Argumentation im *WdW* gilt zugleich: In den Untersuchungen der Nationalökonomie als *Kulturwissenschaft* über den Zusammenhang und die Bedeutung der wirtschaftlichen und sittlichen Faktoren für das gesellschaftliche Gesamtleben verkörpert sich nicht nur die Suche nach *wissenschaftlicher Wahrheit*, sondern nach *religiös-sittlicher Gewißheit* und damit zugleich die *Möglichkeit*, bei dieser Suche tatsächlich fündig zu werden.

In der intensiven Rezeption dieser Schule und ihrer Vertreter wird Nathusius' Anspruch deutlich, durch seine *Mitarbeit* eine *moderne* Antwort auf die drängenden Probleme der Zeit geben zu wollen. Die *Modernität* des eigenen Ausgangspunktes spiegelt sich darin wider, daß der aktuelle wirtschaftliche Kontext, signiert durch die Verfeinerung und Ausweitung der Methoden und Erkenntnisse seiner ihm zugehörigen Wissenschaft, keineswegs als ein für theologische Antwortstrategien vernachlässigbares Gebiet beurteilt wird, sondern eine für die Erkenntnis von Gesellschaft konstitutive Größe darstellt. Demnach ist die Wahrnehmung der, vermeintlich belanglosen, äußeren Verhältnisse notwendiger Bestandteil der *wahren Weltanschauung* und damit für eine dieser Anschauung entsprechende sozialethische Konzeption zwingend notwendig. Nathusius' Interesse, sich in die nationalökonomische Debatte zu begeben, versinnbildlicht folglich nicht nur theologische Dialogfähigkeit. Sondern dieses Interesse will darüber hinaus einem ganzheitlichen Weltverständnis entsprechen, demzufolge - so das Schlußziel - sich zeigen lassen wird: Das wirtschaftliche Leben selbst ist auf eine Auslegung im christlichen Horizont angewiesen. Dies führt für die jeweilige konkrete Gestalt des ethischen Entwurfes zu Konsequenzen.

Mit der Herausarbeitung der wirtschaftlichen Bedingtheit gesellschaftlicher Strukturen, Prozesse und Reformen verbindet sich zugleich die vehemente Distanzierung vom marxistischen Ansatz und Geist der Epoche. Dieser materialistisch geprägte Ansatz hebe zwar ebenfalls die grundlegende Bedeutung wirtschaftlicher Phänomene für das menschliche Zusammenleben hervor, negiere jedoch die gesellschaftliche Relevanz sittlicher Prägungen und Faktoren. Er könne auch deshalb den wahren Begriff von Gesellschaft nicht zur Sprache bringen, weil er diesen *ausschließlich* unter Verwendung ökonomischer Kategorien gewinne und damit bei einer ausschließlich ökonomischen Grundlegung der Gesellschaft stehenbleibe: „Wir bestreiten, daß es zu materialistischen und kommunistischen Konsequenzen führt, wenn wir an der Erklärung der Gesellschaft, wie wir sie auf Grund der Steinschen Darlegungen gewonnen haben, festhalten“[164]. In diesen Aussagen manifestiert sich jetzt im Modus der wissenschaftlichen Arbeit die Auseinandersetzung mit der So-

---

[164] *A. a. O.*, S. 50.

zialdemokratie der Zeit und mit deren Bestreben, vom Gedanken der ökonomischen Determiniertheit der Gesellschaft aus revolutionäre Zielsetzungen zu konzipieren.

2. 1. 2. 2. Die Rezeption einzelner Vertreter

Neben dieser generalisierenden Betrachtung der Schulrichtung der historisch ausgerichteten Nationalökonomie werden die Erkenntnisse ihrer prominentesten Repräsentanten rezipiert sowie deren Leistungen eingeordnet und gewürdigt. Dies ist insofern von Bedeutung, als aus dieser Rezeption erkennbar wird, daß Nathusius sich keineswegs auf sekundäre Quellen oder oberflächliche Beurteilungen verlassen will. Die Häufigkeit seiner Belege nationalökonomischer Literatur in der *Mitarbeit* - allein an reinen Fachuntersuchungen werden über 150 Werke und daraus etwa 380 *explizite* Verweise präsentiert -, die Ausführlichkeit der Darstellung der einzelnen Ansätze sowie deren Integration in sein eigenes sozialethisches Programm erlauben es ohne Einschränkung, bei Nathusius von einer intensiven und kenntnisreichen Debatte mit der Historischen Schule der Nationalökonomie zu sprechen. Für die einschlägige Beschäftigung mit den jeweiligen Ansätzen spricht ferner, daß die heute geläufige Unterscheidung zwischen einer *älteren* und einer *jüngeren* Historischen Schule[165] ihre implizite Entsprechung in den von Nathusius vorgenommenen Differenzierungen findet, auch wenn er im Anschluß an damalige Bezeichnungen die Historische Schule insgesamt aufgrund ihres „tief ethischen Charakter[s]“ in einheitlichem Sinn als „die reformatorische Gruppe“[166] tituliert. Es ist nicht primär die Chronologie, die ihn zu dieser Differenzierung führt, sondern die nähere Erläuterung des methodischen Zugangs, Erkenntnisinteresses und der durchaus variierenden Einzelergebnisse des jeweiligen Nationalökonomen.

Als „Gewährsmann“[167] für sein eigenes sozialethisches Programm wird *Wilhelm Georg Friedrich Roscher (1817-1894)*, der „große Bahnbrecher auf dem Gebiete der Nationalökonomie“[168], von Nathusius in besonderer Weise

---

165 Vgl. etwa H. Winkel, *Nationalökonomie*, insbes. S. 92-121; G. Stavenhagen, *Wirtschaftstheorie*, insbes. S. 95-102; diese Unterscheidung bleibt weitgehend unberücksichtigt in der Untersuchung G. Eisermanns, *Grundlagen des Historismus*, der aber gerade die Bedeutung der historischen Methode für diese nationalökonomische Richtung herausarbeitet.

166 In Aufnahme H. v. Scheels, *Die politische Oekonomie als Wissenschaft*, S. 105, s. *Mitarbeit I*, S. 129.

167 Vgl. *a. a. O.*, S. 82.

168 Vorwort zur *Mitarbeit II*, S. III. Er nimmt dort Bezug auf Roschers im *Litterarischen Centralblatt* 1893 (Nr. 23) erschienene Rezension zum ersten Teil der *Mitarbeit* und

ins Spiel gebracht. Von Nathusius als Gründer der Schule bezeichnet, der die historische Methode auf diesem Gebiet zuerst fruchtbar gemacht und der gesamten Schule den Namen gegeben habe[169], stellt die Behandlung von Roschers Werken einen besonderen Brennpunkt innerhalb der *Mitarbeit* dar. Hervorgehoben wird Roschers Konzeption der volkswirtschaftlichen Lehre als eine über die mathematisch operierende Chrematistik hinausgehende *po-*

---

bedauert, dem inzwischen Verstorbenen den zweiten Band nicht mehr überreicht haben zu können. Deutlich wird die fachliche Nähe beider zueinander, wenn Nathusius schreibt: „Von allen Rezensionen des ersten Teils, so viel Anerkennung und Zustimmung darin auch enthalten war, ist mir keine so wertvoll, als die ausführliche Besprechung [Roschers, Th. S.], [...], die mit dem Satz schließt, daß er „nach dem, was der erste gebracht, von dem zweiten Teil s e h r v i e l e r w a r t e", *Mitarbeit II*, S. III.
Die von Nathusius angeführten Zitate Roschers und der anderen Nationalökonomen werden im Wortlaut der *Originalschriften* wiedergegeben. Wird bei einzelnen Zitaten der nationalökonomischen Werke kein Parallelverweis aus der *Mitarbeit* gegeben, so beruhen diese Belege auf meiner eigenen Lektüre der einschlägigen Nationalökonomen. Sie sollen der Charakterisierung der einzelnen Nationalökonomen über Nathusius hinaus dienen.

169 *Mitarbeit I*, S. 122f. Nathusius bezieht sich insbesondere auf folgende Werke und Schriften Roschers: *Grundriß zu Vorlesungen über die Staatswirthschaft nach geschichtlicher Methode* (1843); *System der Volkswirthschaft. Ein Hand- und Lesebuch für Geschäftsmänner und Studierende, Bd. 1: Grundlagen der Nationalökonomie* (1854, 12. Aufl. 1875, 20. Aufl. 1892; soweit festgestellt werden konnte, benutzte Nathusius diese drei Auflagen; das entscheidende 3. Kapitel zur methodischen Grundlegung blieb allerdings in allen Auflagen praktisch unverändert!). Die historische Methode wird in diesem Werk schon allein dadurch signifikant, daß auf die jeweilige theoretische Explikation einzelner Sachverhalte ausführliche historische Verweise folgen. Der historische Fußnotenapparat kommt in seiner Dimensionierung dem Haupttext durchaus nahe. Ausserdem greift Nathusius auf Roschers *Ein neuer Versuch, die Volkswirthschaftslehre zu katholisiren* (1863) und dessen *Geschichte der Nationalökonomik in Deutschland* (1874) zurück. In letztgenanntem Werk, einem von König Maximilian II. von Bayern angeregtem Sammelwerk, behandelt Roscher nationalökonomische Meinungen von etwa 1000 (!) Autoren, wobei er aus keiner Quelle häufiger zitiert als aus der Bibel, vgl. W. Roscher, *Geistliche Gedanken*, S. XVIIf. [Einführung des Sohnes Roschers].
Obwohl Roschers Ansatz in den folgenden Jahrzehnten durch die eigene Schule vielfach ergänzt, durch die Gegner, etwa Carl Menger, später Max Weber, grundsätzlich bestritten wurde, gehörten seine Publikationen bis zum Beginn des 20. Jahrhundert zu den meistverbreitetsten wirtschaftswissenschaftlichen Standardwerken im deutschsprachigen Raum, vgl. etwa H. Winkel, *Nationalökonomie*, S. 95. Zu Roscher vgl. neben den erwähnten Überblicken über die Historische Schule auch Ch. Jaffé, *Begründer der älteren historischen Schule*, S. 39ff., natürlich Max Webers kritische Auseinandersetzungen, *Roscher und Knies*, und *»Objektivität«*. Weber trifft ohne Zweifel einen entscheidenden Punkt, wenn er konstatiert, daß bei Roscher „rein logisch betrachtet [...] [ein] durchaus widerspruchsvolles Gebilde" vorliegt: „Versuche, die gesamte Realität der historisch gegebenen Erscheinungen zu umklammern, kontrastieren mit dem Streben nach Auflösung derselben in Naturgesetze", *Roscher und Knies*, S. 41. Von dieser grundsätzlichen Kritik Webers aus, die schließlich im sogenannten Werturteilsstreit kumuliert, wird die gesamte Rezeption der Historischen Schule der Nationalökonomie ihre Prägung erhalten. Vgl. neuerdings B. P. Priddat, *Intention and Failure*.

litische Wissenschaft, wenngleich er unter den Vertretern der Historischen Schule noch die geringste methodische Differenz im Vergleich zur klassischen Nationalökonomie aufweist und im übrigen als Anhänger des liberalen politischen Systems in Erscheinung tritt[170].

Innerhalb dieser Disziplin komme es darauf an, Menschen und Völker zu beurteilen, indem deren wirtschaftliches und gesellschaftliches Leben und Handeln vom volkswirtschaftlichen Standpunkt aus - in historischer, nicht philosophischer Methode - verglichen werde[171]. Über die „gewohnte Fülle des historischen und litterarischen Materials in knapper Zusammenfassung“[172] hinaus habe Roscher durch den Versuch der Herausarbeitung von „Entwicklungsgesetzen“ den Zusammenhang von Rechts-, Staats-, Wirtschafts- und Geschichtswissenschaft als „Wissenschaften vom Volksleben“[173] betont und zugleich in praktischer Absicht die Fundamente für die Tätigkeiten staatlicher Gesetzgebung und Verwaltung gelegt[174].

---

170 Allerdings betonte Lujo Brentano später, daß es gerade Roscher gewesen sei, der der klassischen Theorie den Anspruch streitig gemacht habe, *National*ökonomie zu treiben, „da dort nicht das Volk als Ganzes, sondern nationalitätslose Einzelne“ Gegenstand der Betrachtung waren, zit. nach W. Roscher, *Geistliche Gedanken*, S. XI [Einführung des Sohnes]. Auch B. P. Priddat bestätigt diese grundsätzliche Frontstellung Roschers gegen die klassische Schule. Schon bei Roscher sei deutlich geworden, daß sich die wissenschaftstheoretische *Position* in nicht unerheblichem Maße durch ihre vehemente *Negation* profilierte: „it was mere a ‘reaction against Adam Smith’ than a completed scientific conception“, *Intention and Failure*, S. 16. H. K. Betz weist darauf hin, daß Roscher Smiths' Schriften *The Theory of Sentiments* und *Wealth of Nations* nur im Sinn eines unüberbrückten Gegensatzes verstehen konnte, vgl. *Role of Ethics*, S. 82.

171 Roscher selbst nennt in diesem Zusammenhang seine auf „Ideale“ verzichtende, vergleichende historische Methode auch die „Anatomie und Physiologie der Volkswirthschaft“, *System der Volkswirthschaft I* (1875), S. 51. Er stellte sich bereits in seinem prinzipiellen *Grundriß* in die bewußte Linie der Savigny-Eichhornschen historischen Methode der Jurisprudenz, vgl. *Grundriß*, Vorrede sowie S. 1-4.

172 *Mitarbeit II*, S. 286.

173 W. Roscher, *System der Volkswirthschaft I* (1875), S. 31, s. *Mitarbeit I*, S. 123. An der von Nathusius aufgenommenen Stelle findet sich außerdem Roschers Unterscheidung von „Nationalökonomie=Volkswirthschaft und Nationalökonomik=Volkswirthschaftslehre“ (*System der Volkswirthschaft*, S. 32), sowie die nähere Bestimmung der Nationalökonomik als „Lehre von den Entwicklungsgesetzen [...] des wirthschaftlichen Volkslebens“. Diese Lehre knüpft Roscher zufolge einerseits an die Betrachtung des einzelnen Menschen an, weitet sich andererseits zur Erforschung der ganzen Menschheit aus, *a. a. O.*, S. 31. Eine organologische Auffassung aller volkswirtschaftlichen Erscheinungen findet sich folglich schon vor dem noch zu behandelnden Ansatz A. E. Fr. Schäffles; vgl. dazu ausführlich Ch. Jaffe, *Begründer der älteren historischen Schule*, S. 45ff.

174 Die *praktische* Seite gilt Roscher als konstitutitiv für die Berechtigung des umfassenden Anspruchs der historischen Methode, allerdings nicht praktisch in der Weise der Vermittlung wirtschaftlicher Verhaltensregeln, sondern im Sinn der praktischen Philosophie: als Appell an die „sittlich-praktische Menschenvernunft“, von der aus jeder einzelne „frei von jeder irdischen Autorität, aber nach gewissenhafter Abwägung aller Um-

Die besondere Berücksichtigung des „historisch-nationalökonomischen 'Systematikers'“[175] Roscher ergibt sich auch aus der Grundlegung und Motivation seiner Methode selbst. Diese erwuchs aus der Voraussetzung, daß die Beurteilung des wirtschaftlichen Lebens einzelner Menschen oder Völker nur unter Berücksichtigung grundlegender *anthropologischer* Kenntnisse erfolgen könne. Für die frühen Vertreter der Schule und dabei insbesondere Roscher gilt, daß diese Lehnsätze aus der Anthropologie in dezidiert christlichem Sinn ausgerichtet sind. Unter den Nationalökonomen der Zeit stehe Roscher, so Nathusius, am entschiedensten auf dem Standpunkt der christlichen Anthropologie und Ethik, „indem er neben die egoistischen Triebe im Menschen, auf die Forderungen der Stimme Gottes in uns, das Gewissen hinweist und ausführt, daß das 'Trachten nach dem Reiche Gottes' den Eigennutz im Zaum zu halten und den Selbsterhaltungstrieb zu verklären berufen sei“[176]. Er habe die sozialen Grundgedanken des Alten Testaments in den altisraelitischen Verhältnissen aufgewiesen[177], auf den geschichtlichen und inneren Zusammenhang der ethischen Forderungen nach Gleichheit und Brüderlichkeit mit der frühen christlichen Gemeinde und dem Wesen des Christentums aufmerksam gemacht[178] sowie durch den Gedanken des biblisch verankerten und geordneten Rechts auf Privateigentum eine „sozialere Auffassung“[179] desselben befördert. *Eigennutz und Gemeinsinn* als die Triebfedern der Wirtschaft werden durch Roscher vom Boden christlicher Anthropologie aus interpretiert: „Wie sehr immer bei den meisten Menschen das göttliche Ebenbild getrübt worden [ist], so ist doch bei keinem die Sehnsucht nach demselben spurlos verschwunden. Durch diese Richtung nun wird der Eigennutz im Zaume gehalten“[180]. Roscher kann sowohl den geforderten Gemeinsinn als auch das Gewissen als innere Stimme Gottes im Menschen ansehen[181]. Hier zeigt sich in ethischer Dimension die soziale Seite der inneren Glaubenshal-

---

stände, sich selbst Verhaltensregeln für die Praxis zu schaffen vermag“, *System der Volkswirthschaft I* (1875), S. 55.

175 So A. Wagner, *Systematische Nationalökonomie*, S. 203.

176 *Mitarbeit I*, S. 207.

177 Vgl. *Mitarbeit II*, S. 128, S. 276.

178 Vgl. *Mitarbeit I*, S. 136.

179 *A. a. O.*, S. 255.

180 W. Roscher, *System der Volkswirthschaft I* (1875), S. 20, s. *Mitarbeit I*, S. 126.
Von der genannten Grundlegung aus ergeben sich konkrete Forderungen Roschers, etwa hinsichtlich der Arbeitsteilung, des Eigentums und seiner Verteilung, für den Umgang mit Wucher und Luxus sowie die Frage nach den Aufgaben des Staates im Bereich des Wirtschaftsgeschehens. Inwieweit Nathusius diese Forderungen aufnimmt, wird an einzelnen Aspekten, die er insbesondere im II. Teil der *Mitarbeit* zur Sprache bringt, gezeigt werden. Dies gilt auch für Nathusius' Beschäftigung mit den weiteren nationalökonomischen Entwürfen. An dieser Stelle soll es nur darum gehen, die grundsätzliche Ausrichtung des jeweiligen Ansatzes zu verdeutlichen.

181 Vgl. H. K. Betz, *Role of Ethics*, S. 84.

tung. Gleichwohl wird aus der vorliegenden Rezeption Roschers durchaus der spätere Vorwurf des Kollegen Karl Knies erklärlich, der von Roscher sagt, er habe mehr die Geschichtsschreibung ergänzt als die gängige *klassische* Nationalökonomie berichtigt. Auch Nathusius bezieht sich im wesentlichen auf die materialreichen Darstellungen, die explizite Theoriebildung Roschers scheint ihm zu dürftig ausgefallen zu sein, als daß sie über ihre Grundsätze hinaus ausführlicher hätte aufgenommen werden können.

Neben Roscher und dem von Nathusius allerdings nur wenig rezipierten *Bruno Hildebrand (1812-1878)*[182] ist es unter den Vertretern der älteren Schule der Nationalökonomie vor allem der systematisierende Theoretiker dieser Richtung[183] *Karl Knies (1821-1898)*, auf dessen Ansatz und Material in der *Mitarbeit* ausführlich Bezug genommen wird. Dies wird damit begründet, daß innerhalb der ganzen Historischen Schule nur Roschers und eben Knies' Untersuchungen vom Geist „entschieden christlicher Sittlichkeit"[184] getragen seien. Der von Wagner als der „größte deutsche Methodologiker des Faches"[185] bezeichnete Knies formuliert den Grundsatz, daß die Zustände des gesellschaftlichen und wirtschaftlichen Lebens Ergebnis der *geschichtlichen Entwicklung* sind und hält den „Zusammenhang zwischen den religiösen Vorstellungen der Menschen und den wirtschaftlichen Erscheinungen im Volksleben"[186] für unverkennbar. So untersucht er die konkreten Grundlagen der Volkswirtschaft, das eigenartige Wesen der verschiedenen Völker auf der

---

[182] In Hildebrands *Jahrbüchern für Nationalökonomie und Statistik* hatte, wie Nathusius richtig feststellt, diese Schulrichtung ihr Hauptorgan. Nathusius gibt zumindest Hildebrands programmatische Gedanken wieder, wonach die Gewährleistung wirtschaftlicher Freiheit allein das ökonomische Gedeihen der Völker nicht sicherstellen könne, sondern erst die öffentliche Moral „den einzelnen Menschen aus seiner beschränkten egoistischen Welt auf den höheren Standpunct des öffentlichen Gemeinwohls" hebe, *Über die gegenwärtige Aufgabe der Wissenschaft der Nationalökonomie* (1863), S. 141, s. *Mitarbeit I*, S. 129. Zum nationalökonomischen Ansatz von Hildebrand außerdem F. J. Bauer, *Bürgerwege*, S. 167ff. und im Vergleich mit Roscher und Knies die ältere Darstellung von Ch. Jaffé, *Begründer der älteren historischen Schule*, S. 54ff.

[183] Vgl. H. Winkel, *Nationalökonomie*, S. 97. Zu Knies außerdem Ch. Jaffé, *Begründer der älteren historischen Schule*, S. 73ff.

[184] *Mitarbeit I*, S. 126. Nathusius berücksichtigt vor allem dessen Werke *Religiöse Gesichtspunkte für Volkswirthschaft und Volkswirthschaftslehre der Gegenwart* (1858) und *Die politische Oekonomie vom geschichtlichen Standpuncte* (1853, 2. Aufl. 1883). Die damalige Renaissance der Historischen Schule, die mit Gründung des Vereins für Socialpolitik im Jahr 1872 einsetzte und dann auch zumindest punktuell Interesse bei den Theologen fand, kommt zum Ausdruck, wenn Nathusius über letztgenannte Schrift formuliert: „ein wahrhaft grundlegendes Werk, [...] das merkwürdigerweise 20 Jahre fast unbeachtet blieb", *Mitarbeit I*, S. 124.

[185] A. Wagner, *Systematische Nationalökonomie*, S. 203.

[186] K. Knies, *Die politische Oekonomie*, S. 125, s. *Mitarbeit I*, S. 126.

Grundlage „konkreter Eigentümlichkeit“[187] des Territoriums sowie der jeweiligen Geistesrichtung und Sitte und beleuchtet dies „mit dem Lichte christlich-ethischer Erkenntnis“[188]. Mit dieser Zeichnung wirtschaftlich mitbestimmter geschichtlicher Entwicklungslinien wird von Knies zugleich die Ansicht abgewiesen, daß das wirtschaftliche Leben in natürliche Gesetzmäßigkeiten gefaßt werden könnte. Dieses Leben ist von ganz anderer Gesetzmäßigkeit[189], was erkennbar wird, sobald die Frage nach den menschlichen Geisteskräften der geschichtlichen Entwicklung gestellt wird.

Knies wird gleichsam als die nationalökonomische Lichtgestalt für den Gedanken angesehen, daß alle sittlich-kulturellen Gesichtspunkte unter das historisch greifbare und gegenwärtig wirksame ethische Prinzip des Christentums zu subsumieren sind. Das Christentum werde von dem „objektiven Gelehrten“[190] Knies darüber hinaus als Konstituens für die politische Verfassung des Gemeinwesens angesehen, da der *soziale Geist des Christentums* die Bildung der Gesellschaft gegen den „Tod aller Gemeinschaft“[191] und damit die Umgestaltung aller wirtschaftlichen Verhältnisse nach dem Maß der Gerechtigkeit überhaupt erst ermöglicht habe. Knies habe damit erstmals den Kausalzusammenhang zwischen sozialem Geist des Christentums und politisch-sozialem Kontext historisch belegt und zu Recht betont, daß man die Folgen der christlichen Grundsätze auf keinem Lebensgebiete höher anschlagen dürfe als auf dem wirtschaftlichen[192]. Im Rahmen der Rezeption von

---

187 K. Knies, *Die politische Oekonomie*, S. 44.

188 *Mitarbeit I*, S. 206.

189 Vgl. dazu auch Ch. Jaffé, *Begründer der älteren historischen Schule*, S. 79f.

190 *Mitarbeit II*, S. 354.

191 *A. a. O.*, S. 147.

192 Vgl. K. Knies, *Die politische Oekonomie*, S. 114, vgl. *Mitarbeit II*, S. 147. Ähnliches wird für Karl Marlos [Pseudonym des Marburger Chemie-Professors Carl Georg Winkelblech (1810-1865), Th. S.] *Untersuchungen über die Organisation der Arbeit oder System der Weltökonomie* (Nathusius bezieht sich allerdings auf die 1. Aufl. von 1848-59) und Julius Kautz' *Die National-Ökonomik als Wissenschaft* (1858) sowie dessen Werk *Die geschichtliche Entwicklung der National-Ökonomik und ihrer Litteratur* (1860) geltend gemacht. Beide hätten in ihren historisch-ethischen Untersuchungen die schöpferische Leistung des christlichen sozialen Geistes und damit den tiefgreifenden Einfluß des Christentums auf das soziale und materielle Leben der Völker herausgearbeitet. Marlos Studien, die später geradezu enthusiatisch von Schäffle und C. Rodbertus gewürdigt werden, liegt die Anschauung zugrunde, wonach alle individuellen Rechtsbildungen durch die christlichen Prinzipien der Liebe und Gerechtigkeit durchdrungen sind, *a. a. O.*, S. 198, vgl. *Mitarbeit II*, S. 160.
Der Roscher-Schüler Kautz gliedert in seiner *National-Ökonomik* von 1858 die wirtschaftliche Weltentwicklung in eine „heidnisch-antike und christlich-moderne“ (*a. a. O.*, S. 223) und weist in seinem Werk von 1860 auf die durch das Christentum geleistete Einbürgerung des Prinzips der Freiheit hin als „jenes tiefen und bedeutsamen Lebens- und Entwickelungs-Factors, der [...] als einer der fundamentalen Hebel und Bedingnisse aller Völkerwohlfahrt und alles ökonomischen Fortschritts anerkannt werden muß“, *Die*

Knies findet sich damit erneut Nathusius' spezifische Fassung des Gesellschaftsbegriffs. Indem Nathusius die fatale Alternative des „Todes aller Gemeinschaft" vor Augen führt, wird deutlich, daß bei ihm der Begriff der *Gesellschaft* seine materiale Füllung und inhaltliche Prägung in entscheidendem Sinn durch die Verbindung mit dem *Gemeinschaftsgedanken* erlangt. Die säkulare Fassung der „glücklicheren Allgemeinheit" stellt sich in der Weise dar, daß eine wirtschaftliche Gemeinwohlorientierung nur durch den sozialen Geist des Christentums gewährleistet werden kann. Demgegenüber tritt die Frage nach einer funktionalen und funktionierenden Gesellschaftsordnung weit zurück.

Knies' Ausführungen, die Nathusius zufolge keinem Theologen unbekannt bleiben sollten, sind für ihn aber auch deshalb von Bedeutung, da dieser bereits um die Mitte des Jahrhunderts auf die Notwendigkeit *kirchlichen* Engagements hingewiesen habe. In der Folge seiner Untersuchungen des Neuen Testaments „in Bezug auf die über wirtschaftliche Fragen sich direkt aussprechenden Stellen"[193] sei durch Knies der Wächterruf an die evangelischen Geistlichen ergangen, sich mit den aktuellen wirtschaftlichen Bewegungen zu beschäftigen. Knies wird demnach in gut historischem Sinn als Repräsentant für die Beobachtung herangezogen, daß die Frage nach der Mitarbeit der Kirche an der Lösung der sozialen Frage ursprünglich von nationalökonomischer Seite aufgeworfen wurde!

Diese nationalökonomisch konnotierte Aufforderung zu kirchlicher Mitarbeit wird auch an Aussagen *Lujo Brentanos (1844-1931)*, des liberalen Vertreters der jüngeren Historischen Schule der Nationalökonomie belegt. Neben Brentanos Kritik an der klassischen Volkswirtschaftslehre, seinen historischen Darstellungen des Manchesterliberalismus sowie der christlich-sozialen Bewegung Englands, die gegen diesen Liberalismus opponierte, hebt Nathusius insbesondere dessen Aufruf an die Gebildeten hervor, sich mit der sozialen Frage auseinanderzusetzen. Auch Brentano wird so für die Forderung namhaft gemacht, daß von den Theologen als exponierten und verantwortlichen Mitgliedern des Standes der Gebildeten nationalökonomische Kompe-

---

geschichtliche Entwicklung der National-Ökonomik, S. 192f. In Aufnahme von K. B. Hundeshagens *Der Communismus und die ascetische Socialreform* (1845) nennt Kautz sogar Christus „das höchste Vorbild wahrer Wirthschaftlichkeit" (*a. a. O.*, S. 204) und zeigt Roschers Rezeption der Schleiermacherschen und Fichteschen Staatslehre auf, *a. a. O.*, S. 688f.

Allerdings ist Nathusius sich der begrenzten Durchsetzungsfähigkeit dieser Anschauungen bewußt: „Leider hat die historische Volkswirtschaftslehre im ganzen nicht bewirken können, daß dieses unbefangene Geständnis [des entscheidend christlichen Einflusses auf das wirtschaftliche Leben, Th. S.] ein Gemeingut der Wissenschaft geworden wäre", *Mitarbeit II*, S. 148.

193 *Mitarbeit I*, S. 8.

tenz zu verlangen sei[194]. Daß sich Brentano schon zur Zeit der Abfassung der *Mitarbeit* durchaus von den Gesinnungsgenossen im Verein für Socialpolitik entfernt hatte und inzwischen im liberalen Geist von den benachteiligten Schichten stärker soziale Selbsthilfe und privates Vereinsengagement als staatliche Interventionspolitik forderte, hält Nathusius nicht davon ab, ihn dennoch, wenn somit auch eklektisch, in positivem Sinn namhaft zu machen[195].

Neben Brentano zieht Nathusius als Vertreter der jüngeren Schule die auch als „Kathedersozialisten" titulierten *Gustav Schmoller (1838-1917)* und *Adolph Heinrich Gotthilf Wagner (1835-1917)* für sein eigenes Programm heran. Auffallend ist, daß Schmoller als der ohne Zweifel prominenteste Volkswirtschaftler seiner Zeit und dessen Konzept einer nicht-utilitaristischen und „empirisch begründeten Gesellschaftsethik"[196] vergleichsweise wenig zur Sprache gebracht wird. Zwar hat er sich Nathusius zufolge am eingehendsten mit dem Zusammenhang von ökonomischer und ethischer Fragestellung auseinandergesetzt[197]. Schmoller scheint ihm vor allem als herausragender Vertreter wissenschaftlicher Interdisziplinarität und als sozialpolitisch engagierter Nationalökonom vor Augen getreten zu sein. Dennoch macht die begrenzte Rezeption seiner Schriften innerhalb der *Mitarbeit* eines deutlich: Das Urteil der Zeitgenossen, daß Schmoller mit seinen historisch-statistischen Beschreibungen im eigentlichen Sinn die Flucht aus der Theorie angetreten habe, scheint gerechtfertigt. Nathusius' vergleichsweise geringes Inter-

---

194 Vgl. *a. a. O.*, S. 13f. und *Mitarbeit II*, S. 418f. Nathusius bezieht sich auf Brentanos Vorträge *Die klassische Nationalökonomie* (1888), *Die Stellung des Gebildeten zur sozialen Frage* (1890) sowie dessen epochemachende Darstellung *Die christlich-soziale Bewegung in England* (1883). Zu Brentanos Wissenschaftsverständnis, seiner Unterscheidung zwischen einer *speziellen* bzw. *praktischen* und einer *allgemeinen* bzw. *theoretischen* Nationalökonomie und seinem Bekenntnis zu einer *historisch-realistischen* Wissenschaft im Sinn der ersteren Ausformung der Nationalökonomie etwa U. G. Schäfer, *Historische Nationalökonomie*, S. 103ff.

195 Offensichtlich schreckte es Nathusius auch nicht ab, daß die historischen Ökonomen ja keineswegs alle auf derselben politischen Linie lagen: Knies und Hildebrand waren ausgewiesene Liberale, letzterer hatte sogar aktiv an der Revolution von 1848 teilgenommen, vgl. F. J. Bauer, *Bürgerwege*, S. 115ff. sowie B. Schefold, *Wirtschaftsstile I*, S. 23.

196 *A. a. O.*, S. 64.

197 Vgl. *Mitarbeit I*, S. 127. Vor allem die folgenden Werke Schmollers werden präsentiert: *Johann Gottlieb Fichte. Eine Studie aus dem Gebiet der Ethik und der Nationalökonomie* (1865), *Zur Geschichte der deutschen Kleingewerbe im 19. Jahrhundert* (1870), *Offenes Sendschreiben an Herrn Professor Dr. Heinrich von Treitschke über einige Grundfragen des Rechts und der Volkswirtschaft* (1874), *Die Thatsachen der Arbeitsteilung* (1889). Seine *Methodologie der Staats- und Socialwissenschaften* (1883) wird überraschenderweise nicht rezipiert, obwohl gerade dort Schmollers ethischer Ansatz im Rahmen der Auseinandersetzung mit W. Dilthey aufschlußreich vorlag, vgl. auch B. Schefold, *Wirtschaftsstile I*, S. 63ff.

esse an Schmollers Schriften resultiert wohl auch daher, daß sich bei diesem methodisch begründete, ethische Bezüge des wirtschaftlichen Lebens kaum eindeutig identifizieren lassen. Zwar greift Nathusius auf Schmollers Auseinandersetzungen mit der liberalen Ökonomie in Gestalt K. H. Raus, H. v. Treitschkes sowie später C. Mengers zurück und bezeichnet zugleich Schmollers Behandlung der gesellschaftlichen Stände sowie seine Konzeption reformerischer, nicht-revolutionärer staatlich-gesetzlicher Regelungspraxis als unübertrefflich. Dennoch scheint ihm Schmollers Insistieren auf realer Tatsachenerforschung jegliche normative Forderung zu überdecken. Auch führt ihn schließlich die Gesamtlektüre Schmollers zu der Bemerkung, daß in der Frage des christlichen Einflusses auf die ökonomische Ideenbildung und soziale Entwicklung bei manchen Vertretern der Nationalökonomie eine gewisse Dürftigkeit der Erkenntnis nicht zu verkennen sei[198]. A. Giouras nennt beispielsweise als Unterschied zwischen Roscher und Schmoller, daß für ersteren das von Schmoller formulierte Gerechtigkeitspostulat nicht ausreichend fundiert sein konnte, „da er [Roscher, Th. S.] den werturteilenden Charakter seiner Wissenschaftsauffassung durch seine Religiosität begründet hatte, und nicht wie Schmoller durch ein induktives Verfahren, das in jedem Stadium die Brauchbarkeit der Begriffe prüfte“[199].

---

[198] Vgl. *Mitarbeit II*, S. 148f. Nebenbei sei bemerkt, daß Nathusius' eigene Suche nach *Grundbegriffen* durchaus als Entscheidung contra Schmoller pro Wagner verstanden werden kann. Wagner hatte Schmollers Diktum beklagt, wonach diese Suche nach Grundbegriffen als müßige Scholastik und bloße Wortspielerei verstanden werden müsse, vgl. E. Fabian-Sagal, *Schaeffle*, S. 56ff. In diesem Sinn formuliert wohl auch v. Bruch, daß Schmoller „eine eher tastende Vorstellung für historische Wesenhaftigkeit“ eignete, vgl. R. v. Bruch, *Schmoller*, S. 234. Außerdem zu Schmoller die neueren Untersuchungen von A. Giouras, *Arbeitsteilung und Normativität*, der von einer Betrachtung der Schmollerschen Anthropologie sowie dessen Arbeitsteilungstheorie aus eine Rekonstruktion des Gesamtwerkes im Licht einer moralischen Gesellschaftstheorie unternimmt; H. Harnisch, *Schmoller und der gesellschaftliche Wandel der Zeit*; K. H. Kaufhold, *Schmoller*, der wieder stärker auf Schmollers Einsichten über die methodologische Bedeutung historisch-empirischer Erkenntnisse verweist sowie die Beiträge zu Schmoller von Y. Shionoya und H. K. Betz in P. Koslowski (Hg.), *Theory of Ethical Economy*, die in besonderer Weise die anfangs erwähnte 'Renaissance' der Historischen Schule der Nationalökonomie aktuell widerspiegeln.
B. P. Priddats Differenzierung zwischen beiden Schulen in dem Sinn, daß Schmoller an einem „normative approach of modernization of society“ gelegen gewesen sei, Roscher hingegen vornehmlich mit „observing and ascribing the beginning of this very process“ beschäftigt gewesen sei, leuchtet allerdings nicht unbedingt ein, *Intention and Failure*, S. 31.

[199] A. Giouras, *Arbeitsteilung und Normativität*, S. 15. Giouras bestätigt indirekt Nathusius' Erfassung der Schmollerschen Fundierung, wenn er weiter formuliert: „Schmoller gründete seine Wertvorstellungen nicht auf die Religion [...], sondern auf die Wechselwirkung der Menschen, deren Gewissen nicht von Gott stammend, sondern als Resultat der Gewöhnung an die Vernunft gedacht wurde“, *a. a. O.*, S. 16.

Als charakteristisches Movens der deutschen Nationalökonomie dieser Zeit kann der Versuch der unmittelbaren Umsetzung der eigenen Theorien in konkrete Wirtschafts- und Sozialpolitik gelten. Daß dieses Movens bei Nathusius auf größtes Interesse stößt, wird insbesondere daran deutlich, wie Wagners Schriften im Rahmen der *Mitarbeit* in Anschlag gebracht werden[200]. Insbesondere für die Frage der volkswirtschaftlichen Aufgaben des Staates wird Wagners Gedankengut rezipiert, da bei diesem konservativen Nationalökonomen und Mitglied des ESK die Behandlung staatlicher und gesetzgeberischer Maßnahmen auf sozialem Gebiet am ausführlichsten vorliege[201] und dieser am entschiedensten für eine soziale Ordnung der Rechtsverhältnisse eintrete[202].

Von besonderer Bedeutung für Nathusius' eigenes Programm wird Wagner dadurch, daß durch ihn erstmals wieder auf eine systematische Verbindung von Nationalökonomie und christlicher Ethik abgezielt worden sei, einerseits durch dessen sozial motiviertes Engagement im Verein für Socialpolitik, andererseits durch sein Korreferat zu Wicherns Oktoberkonferenz-Rede im Jahr 1871. Nathusius macht ihn in positivem Sinn dafür mitverantwortlich, daß zu Beginn der siebziger Jahre eine durchaus epochale neue Einheitlichkeit der wissenschaftlichen Teildisziplinen unter dem Dach der *christlichen* Weltanschauung manifest werden konnte. Wagner ist für ihn personhafter Ausdruck dafür, daß an dieser epochalen Wende nicht mehr die theologische Wissenschaft allein beteiligt ist, sondern die *christlichen Laien* selbst aktiv partizipieren. In dem „lebhaften Geisterkampf, der auf ihrem [dem nationalökonomischen, Th. S.] Gebiete gefochten wurde, fehlten nun nicht mehr die christlichen Stimmen. Gläubige Christen traten [...] als Wissende und Handelnde auf"[203]. In Wagner sieht er das hervorragende Sinnbild für die Möglichkeit eines fruchtbaren Zusammenhangs zwischen christlicher

P. Koslowski sieht Schmollers Leistung ebenfalls weniger in der religiösen Aufladung ökonomischer Sachverhalte, sondern in der Herausarbeitung der Bedeutung des „kulturellen Zwischenbaus" für das wirtschaftliche Leben, vgl. *Economics as Ethical Economy*, S. 9.

200 Zum Hintergrund s. M. Heilmann, *Wagner*, sowie zu den Verbindungen Wagners mit der protestantischen Theologie M. Schick, *Kulturprotestantismus*, S. 49ff.

201 Vgl. *Mitarbeit I*, S. 283. Herangezogen werden Wagners auf der Oktoberkonferenz der Inneren Mission 1871 gehaltene *Rede über die sociale Frage*, das von ihm und dem langjährigen Vorsitzenden des Vereins für Socialpolitik E. Nasse bearbeitete *Lehrbuch der politischen Ökonomie* (2. Ausgabe 1879), die *Systematische Nationalökonomie* (1886), sein 1892 auf dem 3. ESK präsentiertes Referat *Das neue Erfurter Sozialdemokratische Programm* sowie sein ausführlicher Gesprächsbeitrag zu J. Kaftans Referat *Christentum und Wirtschaftsordnung* auf dem 4. ESK 1893.

202 Vgl. *Mitarbeit I*, S. 288.

203 *A. a. O.*, S. 10. Hiermit nimmt er, ohne explizit darauf zu verweisen, ein Wort V. A. Hubers auf, der dies von all denjenigen eingefordert hatte, die sich um christlich-soziale Tätigkeit bemühen.

Verkündigung und weltlich-öffentlicher Praxis. An ihm zeigt sich für Nathusius, daß die Hoffnung auf eine neue Deutungs- und Gestaltungskraft der christlichen Religion begründet ist. In der Tat zeichnen sich Wagners nationalökonomische Abhandlungen durch die von starkem Sündenbewußtsein geprägte Überzeugung aus, daß die ethischen Aspekte des Wirtschaftslebens erst durch die Beziehung auf die religiösen Anschauungen ihr wesentliches Fundament erhalten und somit mit den Traditionen der jüdischen und christlichen Religion sowie den kirchlichen Verwaltungseinrichtungen in Beziehung zu setzen sind[204].

Wie Nathusius im Rückblick auf die Historische Schule resümiert, fundiere Wagner nicht nur die wissenschaftliche Lehre im Einklang mit den Grundlagen christlicher Überlieferung, sondern mache sie zugleich für den *kirchlichen* Bereich praxisrelevant. Durch ihn sieht er den christlich-sozialen Geist explizit werden, von dem aus alle historischen Forschungen der Nationalökonomie immer schon vorgängig geleitet seien.

Schließlich wird Wagners staatssozialistisches Konzept für die entschiedene Auseinandersetzung mit Liberalismus und Marxismus als der geeignete Lösungsweg präsentiert: „Das Christentum fordert also die Fassung des Problems, welche[s] Adolf Wagner als die Aufgabe unserer Zeit bezeichnet hat: nicht Individualismus oder Sozialismus, sondern Individualismus und Sozialismus!"[205] Von Wagner übernimmt Nathusius die nationalökonomische Begründung dafür, daß diese beiden, nur vermeintlich sich ausschließenden Forderungen als konstitutive Bestandteile des gemeinsamen Lebens angesehen werden müssen. Integration des Individuums in das Gemeinwesen geht mit der sittlichen Pflicht der Gemeinschaft dem einzelnen gegenüber einher.

Wagners Staatsauffassung, „ein eigenartiges Compositum aus organischer Staatslehre, Resten lutherischer politischer Theologie und einem guten Teil selbstbewußten Rationalismus"[206], zeigte Nathusius offensichtlich den möglichen Weg, auf dem der moderne, christlich geprägte Kultur- und Rechtsstaat in politisch und sozial verantwortlicher Weise voranschreiten konnte. Nicht nur Wagners Forschung, sondern insbesondere seine Zusammenarbeit mit Verfechtern eines sozial ausgerichteten Protestantismus wie Wichern, Huber und Todt veranlaßt Nathusius zu dem Resümee: „Jedesfalls [sic!] kann Deutschland stolz sein auf seine gegenwärtigen Vertreter der Nationalökonomie, die mit einer Fülle von Geist und Gelehrsamkeit eine Wissenschaft geschaffen haben, wie sie jetzt kein anderes Land besitzt"[207].

---

204 Vgl. A. Wagner, *Systematische Nationalökonomie*, S. 234.

205 *Mitarbeit II*, S. 157. Auf Wagners Auseinandersetzung mit dem wissenschaftlichen Sozialismus weist M. Heilmann, *Wagner*, S. 41ff. hin.

206 M. Schick, *Kulturprotestantismus*, S. 57.

207 *Mitarbeit I*, S. 124.

Wenngleich *Albert Eberhard Friedrich Schäffle (1831-1905)* von Nathusius ebenfalls zu seinen nationalökonomischen Gewährsmännern gezählt wird, kommt diesem innerhalb der damaligen Forschungslandschaft doch bereits eine Sonderstellung zu, die dessen Einordnung in die Historische Schule der Nationalökonomie nicht unproblematisch macht. Im Gegensatz zu dieser Schule wird in seinen Untersuchungen diese Wissenschaft ihrer exponierten Stellung als Kulturwissenschaft enthoben und nur mehr als Teildisziplin einer noch zu konzipierenden umfassenden Gesellschaftswissenschaft, überhaupt einer Lehre vom Menschen, verstanden. Indem Schäffle durch seine Forschungen über *Bau und Leben des socialen Körpers* ein soziologisch systematisiertes Bild der Volkswirtschaft präsentiert, befindet er sich bereits im Übergang zu einer die wirtschaftlichen Probleme überschreitenden soziologischen Fragestellung[208]. In Nathusius' Rezeption kommt Schäffles grundlegender Aufbruch zur Soziologie zwar zum Vorschein. Allerdings stützt sich Nathusius stärker auf die schon von den anderen Nationalökonomen her bekannten Charakterisierungen, was deren Methode und Einzelerkenntnisse angeht. So wird Schäffle ein Stück weit gegen den Strich gelesen. Beispielsweise appliziert Nathusius' Schäffles Ausdruck der „ethischen Wissenschaft" unmittelbar auf den Bereich der Volkswirtschaftslehre[209], während bei diesem selbst die Formulierung lautet, daß die *Socialwissenschaft* „unmittelbar ethischen Character"[210] hat. Im Sinn dieser Lesart hebt er ferner positiv hervor, daß auch für Schäffle der Mensch nicht nur als Zielpunkt, sondern als das „herrschende Agens"[211] zu erfassen ist. Dessen soziologische Methode wird somit in die eigene Zielsetzung integriert. Über Schäffle teilt er mit, daß die-

---

[208] Diese Einordnung wird beispielsweise bestätigt durch Ferdinand Tönnies' Abhandlung *Die Entwicklung der Soziologie in Deutschland im 19. Jahrhundert*, 1908, in der Schäffle ein eigener Abschnitt gewidmet ist, vgl. S. 27ff. Eine neuere umfassende Darstellung zu Schäffle liegt nicht vor; nach wie vor kann daher nur auf E. Fabian-Sagals Untersuchung *Schaeffle* von 1909 zurückgegriffen werden, die bereits bestätigt, daß Schäffle zwar kein vollständiges System der Soziologie vorlegte, aber doch als erster deren *Grundlegung* durch den „Versuch der Systematisierung des ganzen Tatsachenmaterials über die und von der menschlichen Gesellschaft" konzipierte, *a. a. O.*, S. 24. Als die entscheidenden Unterschiede zur Historischen Schule nennt Fabian-Sagal sowohl dessen Vorbehalte gegenüber den Erkenntnisleistungen der strikt historischen Methode als auch die *soziologisch* fruchtbar gemachten Inhalte seiner Forschungen, *a. a. O.*, S. 37ff.

Nathusius bezieht sich auf folgende Schriften des Tübinger Nationalökonomen: *Mensch und Gut in der Volkswirthschaft oder der ethisch-anthropologische und der chrematistische Standpunkt in der Nationalökonomie* (1861), *Das gesellschaftliche System der menschlichen Wirthschaft* (2. Aufl. 1867), *Bau und Leben des socialen Körpers* (1875-1878), *Die Aussichtslosigkeit der Sozialdemokratie* (1885), *Quintessenz des Sozialismus* (13. Aufl. 1891).

[209] *Mitarbeit I*, S. 127.

[210] A. Schäffle, *Bau und Leben des socialen Körpers*, Bd. IV, S. 482.

[211] A. Schäffle, *Mensch und Gut in der Volkswirthschaft*, S. 237, s. *Mitarbeit I*, S. 200.

ser die psychologische Grundanschauung und die Frage nach Sittlichkeit und Religion behandelt habe, „um die soziale Natur des Menschen, die Anlage auf Vergesellschaftung nach allen Seiten durchzuführen, und um 'die ungeheuren weltgeschichtlichen Wirkungen begreiflich zu machen, die in allen Zeitaltern vom Idealismus und von der Religion ausgegangen sind'"[212]. Das zweite Motiv, also die Frage nach den weltgeschichtlichen Wirkungen, erscheint Nathusius für seine eigene Fragestellung von ungleich größerer Bedeutung. Indem Nathusius es als einen Grundirrtum der Soziologie ansieht, Anthropologie und Nationalökonomie in einer einzigen systematischen Wissenschaft aufgehen zu lassen, wird bereits innerhalb der rein nationalökonomisch orientierten Abschnitte zugleich die sich bei Schäffle andeutende Vormachtstellung der Soziologie explizit abgelehnt.

Hinsichtlich der Auseinandersetzung mit den *sozialistischen Ideen* der Zeit bezieht er sich allerdings wieder auf dessen Grundgedanken: einerseits auf Schäffles Ablehnung der Sozialdemokratie, andererseits auf dessen Plädoyer für eine sittlich geprägte und harmonisch gegliederte Gemeinschaft. Gegen die „chrematistische, morallose Wirtschaftslehre"[213] des Sozialismus *und* Liberalismus macht Nathusius im Einklang mit Schäffle den *vernünftigen, gemeinschaftserneuernden Sinn* des Sozialismus stark, so daß er eine große Sympathie für Schäffles staatssozialistisches Programm hegt. Zugleich stellt er ein gemeinsames *konservatives* Element heraus, indem Schäffle mit den Worten zitiert wird: „das intellectuelle Kapital schreitet fort im Wechsel, das moralische in der Erhaltung. Beide sind der Volkswirthschaft gleich unentbehrlich"[214].

Schließlich hebt Nathusius an Schäffle positiv hervor, daß dieser bereits dreißig Jahre zuvor auf die Vertreter von Kirche und Schule eingewirkt habe,

---

212 A. Schäffle, *Bau und Leben des socialen Körpers*, Bd. I, S. 183, s. *Mitarbeit I*, S. 201. Bei Schäffle kommt die Religion neben Metaphysik, Ästhetik und Ethik im Rahmen der „Elemente des socialen Körpers" (Bd. I, S. 69ff.), genauer der Behandlung des idealistischen Elements in den „Thatsachen des menschlichen Geistes" zur Sprache (*a. a. O.*, S. 149ff.), wobei Schäffle sie als die „unmittelbare, allgemeinste und volksthümliche Aeußerung des Idealismus" (*a. a. O.*, S. 177) bezeichnen kann. Dementsprechend gilt ihm das kirchlich-religiöse Volksleben als Ausdruck für den „Idealismus als sociale Macht" (*a. a. O.*, S. 689ff.) bzw. als Ausdruck für das „Gemüthsleben der Gesellschaft", Bd. IV, S. 144ff. Ein für Schäffles Betrachtung der Religion charakteristischer Satz kann deutlich machen, an welchem Punkt Nathusius seine Rezeption Schäffles abgebrochen haben könnte: „Je länger die Erfahrung des Menschengeschlechtes über die Nacht- und Lichtseiten des irdischen Daseins dauerte, desto fester sezte [sic!] sich im Volksgeiste das religiöse Bedürfnis fest. Meines Dafürhaltens sollten religiöse Gemüther auf diese Notwendigkeit der Entstehung der Religion einen höheren Werth legen, als auf ihren wenigstens empirisch unerweisbaren 'rein' jenseitigen Ursprung", *a. a. O.*, S. 166.

213 *Mitarbeit I*, S. 127.

214 A. Schäffle, *Das gesellschaftliche System der menschlichen Wirthschaft*, S. 29, s. *Mitarbeit I*, S. 127.

„aus ihrer transcendentalen Weltscheu gegen die Kunde der Volkswirthschaft heraus[zu]treten, um durch Aufgeben eines unpraktischen Supranaturalismus den überpraktischen Supramaterialismus der modernen Volkswirthschaft zu besiegen“[215]. Auch in diesem Fall wird signalisiert, daß der Gedanke der Notwendigkeit christlich-sozialen Engagements keineswegs nur aus dem kirchlichen Binnenraum erwachsen ist, sondern von den ‘Fachleuten’ artikuliert wurde. Diese Historische Schule selbst, so kann Nathusius’ Wahrnehmung der nationalökonomischen Wende interpretiert werden, ist sich ihres Zusammenhangs mit dem historisch manifesten Geist des Christentums wieder bewußt geworden.

Nathusius’ ausführliche Behandlung nationalökonomischer Grundprobleme und Einzelfragen reflektiert damit insgesamt in nuce auf seine Ausgangsthese, daß die soziale Frage nur unter Berücksichtigung der wirtschaftlichen *und* sittlich-religiösen gesellschaftsprägenden Aspekte geklärt werden kann. Fällt eine dieser beiden Perspektiven aus, werden sämtliche Lösungsansätze notwendigerweise defizitär bleiben müssen. Die soziale Frage wird von Nathusius dementsprechend nicht in den vergleichsweise begrenzten und engen Kontext der Probleme von Arbeits- und Arbeitszeitbedingungen, Lohnfragen, der Ausgestaltung des Versicherungswesens, der richtigen Betriebsverfassungen o. ä. eingezeichnet. Vielmehr ist für ihn die soziale Not seiner Zeit in erster Linie Ausdruck für den Notstand des sittlich-kulturellen Gemeinwesens und damit für die fundamentale Bedrohung der Definitionsmacht des Christentums: „Die soziale Frage ist die gesellschaftliche Frage, die Frage nach den Verhältnissen und Ordnungen der menschlichen Gesellschaft“[216]. Nationalökonomische Theoriebildung kann ohne das Bewußtsein des Eingebundenseins in den Kontext christlicher Kultur keine praxisrelevanten Antworten auf soziale Problemlagen geben[217].

---

215 A. Schäffle, *Mensch und Gut in der Volkswirthschaft*, S. 296, s. *Mitarbeit I*, S. 8.

216 *A. a. O.*, S. 35. Dabei steht ohne Zweifel H. v. Scheels Definitionsversuch im Hintergrund, wonach dieser, wie J. Kandel formuliert, mit der sozialen Frage „das Problem der Synchronisierung von liberalen Prinzipien (Freiheit und Gleichheit) und der wirtschaftlichen Entwicklung, die auf klassenspezifische Verengung universalistisch gemeinter liberaler Ideen hinausläuft“, angesprochen sah, *Sozialkonservatismus*, S. 132. E. Pankoke macht den Terminus „Soziale Frage“ als Problemformel namhaft, durch die soziale Not *prinzipiell* problematisiert worden sei, so daß diese Problemformel auf „die geschichtliche Dynamik ‘sozialer Bewegung’, deren Umsetzung in ‘soziale Politik’ und deren Aufklärung und Spiegelung in ‘sozialer Wissenschaft’“ verweise, *Soziale Frage*, Sp. 1129.

217 Diese These findet ihre weitere eindrückliche Manifestation darin, daß Nathusius im Rahmen eines historischen Abrisses nationalökonomischer Theoriebildung (*Mitarbeit I*, S. 76-194) die *ethische Ausrichtung der Nationalökonomie* von einer „spezifisch kirchliche[n] und christliche[n] Volkswirtschaftslehre“ unterscheidet, *a. a. O.*, S. 159-183. Dieser Abriß gehört allerdings sachlich in den Kontext der theologischen Explikation

Nathusius greift außerdem für historische Hintergründc und Einzelprobleme auf weitere grundlegende - ebenfalls der Historischen Schule verpflichtete - Lehrbücher sowie auf eine Vielzahl volkswirtschaftlicher Detailstudien zurück, insbesondere auf Gustav Schönbergs Sammelband mit Einzelarbeiten der führenden Nationalökonomen *Handbuch der politischen Oekonomie* (2. Auflage 1885/1886), Hugo Eisenharts *Geschichte der Nationalökonomik* (1881), Wilhelm Hasbachs *Die allgemeinen philosophischen Grundlagen der von Francois Quesnay und Adam Smith begründeten politischen Ökonomie* (1890) sowie dessen *Untersuchungen über Adam Smith und die Entwicklung der politischen Ökonomie* (1891) oder auch John Kells Ingrams *Geschichte der Volkswirtschaftslehre* (1890).

Selbst wenn Nathusius' systematische Beschäftigung mit der nationalökonomischen Theoriebildung, wie erwähnt, erst mit Beginn der neunziger Jahre zweifelsfrei nachgewiesen werden kann, ist doch davon auszugehen, daß spätestens ab Ende der achtziger Jahre die nationalökonomische Forschung unter den Herausgebern der *AKM* immer wieder Gegenstand der Diskussionen war[218]. Für seine sozialethische Konzeption wurde diese Forschung sehr bald und dann extensiv zur Grundlage aller weiteren Überlegungen. Von da-

---

und wird dementsprechend dort verhandelt werden, vgl. III. C. 3.2. Hingewiesen sei allerdings schon hier darauf, daß dieser Abriß *christlich-sozialer* Volkswirtschaftslehre *im Rahmen* der historischen Explikation der *nationalökonomischen* Fragestellung keineswegs ohne Stringenz ist. Vielmehr ist auch diese Vermischung in der Darstellung Beleg dafür, daß das *eigentliche* Fundament der *Mitarbeit* bereits *innerhalb* der vermeintlich rein ökonomischen Debatte auftaucht, so daß - wenn auch nicht auf den ersten Blick - schon früh erkennbar wird, worauf Nathusius im eigentlichen Sinn abzielt.

218 An dieser Stelle sei erwähnt, woraus seine Bekanntschaft und sein intensiveres Interesse für diese Fragen möglicherweise nicht unerheblich resultierte. Sowohl Wagners neue Grundlegung des ursprünglichen Rau'schen Lehrbuches sowie Eisenharts *Geschichte der Nationalökonomik* sind Nathusius wahrscheinlich bereits länger bekannt gewesen, da v. Oertzen beide Werke schon 1881 in der *AKM* durchaus wohlwollend rezensierte, vgl. *AKM* 1881/2, S. 507f. Auch zu Schäffles *Die Aussichtslosigkeit der Sozialdemokratie* legte v. Oertzen wenige Jahre später eine Rezension vor, hob dabei lobend dessen „Positivismus der praktischen Reform" hervor und bezeichnete dessen christlichen Konservatismus als eine in hohem Grade sympatische Grund- und Weltanschauung, *AKM* 1885, S. 550. Auch Schäffles *Quintessenz des Sozialismus* (*AKM* 1889, S. 210), Brentanos Vortrag *Ueber die Ursachen der heutigen sozialen Not* anläßlich seiner Leipziger Amtsnachfolge Roschers im Jahr 1889 (*AKM* 1889, S. 768f.) sowie Schmollers *Zur Social- und Gewerbepolitik der Gegenwart* (*AKM* 1891, S. 193-199) erfuhren teilweise ausführliche Besprechungen durch v. Oertzen. Allerdings bezweifelte v. Oertzen in letzterem Fall, ob Schmoller tatsächlich der richtige Wegweiser sein könne, da für ihn die Kirche - wenn er sie denn überhaupt erwähnt - nichts weiter als ein Nothelfer des Staates zu sein scheint. Schmollers Gedanke einer gemeinsamen christlich-jüdischen Überzeugung führt v. Oertzen schließlich zu dem Urteil: „er weiß nichts von göttlicher Heilsoffenbarung", *AKM* 1891, S. 195. Hier dürften durchaus Verbindungslinien zur späteren Nathusius'schen Bewertung bestehen. Nathusius selbst erwähnte 1890 erstmals lobend Brentanos *Die Stellung des Gebildeten zur socialen Frage*, *AKM* 1890, S. 1210.

her galten ihm diese nationalökonomischen Erkenntnisse angesichts des geplanten eigenen Entwurfs immer als mehr denn nur als gesammelte Fakten über wirtschaftliche Prozesse, nämlich als die wissenschaftlich begründeten Ergebnisse über den für die Sozialethik konstitutiven Bereich des gesamten wirtschaftlichen Lebens. Daraus erklärt sich seine Aufnahme des Begriffs der Volkswirtschaft unter die entscheidenden *Grundbegriffe* seines Programms.

Von den Erörterungen des sittlich-kulturellen Gemeinwesens, der gemeinschaftlich geprägten und geordneten Gesellschaft und des in ihr herrschenden Wirtschaftslebens aus tritt der dritte *Grundbegriff*, anhand dessen Nathusius die *organische* Betrachtungsweise vornimmt, auf den Plan: Damit die soziale Frage, auch in ihrer wirtschaftlichen Bedingtheit, als gesellschaftliche Frage expliziert werden kann, ist für ihn zu klären, wie die *gesellschaftlichen Bedingungen*, von denen jede Antwort auf die soziale Frage geleitet sein muß, konkret beschaffen sind.

2. 1. 3. Die Stände

2. 1. 3. 1. Die Entstehung der Stände

Die Vorstellung von einer gesellschaftlichen Gliederung in *Stände* stellt einen der entscheidenden Ausgangspunkte der *Mitarbeit* und des gesamten sozialethischen Programms von Nathusius dar. Eine produktive Einarbeitung des Ständegedankens in sein sozialethisches Programm bietet sich für ihn an, weil er im Ständebegriff einen entscheidenen Baustein zur Übertragung des *organischen* Gedankens auf das Bild einer integrativ-organologischen Gesellschafts- und Staatslehre sieht[219]. Nathusius bezieht sich in dieser Frage auf Problemstellungen der staatswissenschaftlichen Debatte seiner Zeit, indem er Gedanken der Rechts- und Staatslehre F. J. Stahls aufnimmt und zugleich die Unterscheidung zwischen *Klassen* und *Ständen*, wie er sie bei J. K. Bluntschli und R. v. Gneist angelegt sieht, zurückweist. Außerdem greift er auch in diesem Zusammenhang erneut auf Erkenntnisse der historischen Nationalökonomie zurück.

Durch Stahl sieht Nathusius eine *historisch ausgerichtete Betrachtungsweise* von Staat und Gesellschaft vorgenommen, in deren Rahmen dieser versucht habe, die natürlichen und positiven *Bedingungen* des politisch-gesellschaftlichen Lebens in ihrer Bedeutung für das *gegenwärtige* gemeinschaftliche Zusammenleben herauszustellen. Die Berücksichtigung natürli-

[219] Vgl. zur Debatte über den Ständebegriff M. Weber, *Wirtschaft und Gesellschaft*; O. Nell-Breuning, *Ständischer Gesellschaftsaufbau*; M. Greiffenhagen, *Dilemma des Konservatismus*, S. 204ff.; W. Conze u. a., *Stand, Klasse*; S. 155-284; O. Rammstedt, *Kaste*, S. 330; *Stand*, S. 641.

cher Bedingungen führt dabei nicht auf ein biologistisches Ständeverständnis, da bei einem solchen Verständnis jegliche dynamische Veränderungsmöglichkeit ausgeschlossen bleiben müsse. Die Stände werden im Rahmen von Stahls konservativem Gesellschafts- und Staatsbild daher nicht primär im Sinn naturwüchsiger, präkultureller Erscheinungen verstanden. Allerdings tritt der Aufweis der *gesellschaftsstabilisierenden, rechtlich verankerten Stellung der Stände* innerhalb des kulturellen Gesamtsystems gegenüber der Frage der *Genese* der Stände in den Vordergrund.

Eine Auftrennung von Ständen und Klassen verbietet sich nach Nathusius' Meinung, weil er durch das Bild einer 'Klassenstruktur' das wirtschaftliche Element zum bestimmenden oder alleinigen Kriterium für das Bestreben nach gesellschaftlicher Einheitlichkeit erhoben sieht. Stahls Charakterisierung der Stände hält Nathusius durch die Historische Schule der Nationalökonomie befördert, insofern diese für die Ständebildung Faktoren *nichtwirtschaftlicher Art* namhaft gemacht habe, die ihrerseits ebenfalls nicht primär biologistischer Natur sind. Zwar tauchen als Faktoren etwa die geschlechtliche Trennung oder Unterschiede des Alters auf, allerdings wird dann auch auf *traditionale* Faktoren wie Lebenserfahrung, die sittlichen Pflichten der Autorität und Pietät sowie die religiöse Anlage des Menschen abgehoben[220]. Im Anschluß daran habe die Nationalökonomie die Auswirkungen dieser Gruppenbildungen auf die *wirtschaftliche* Seite der Gesellschaft herausgearbeitet und so zur Erklärung der Ausdifferenzierung moderner Arbeitsteilungsprozesse beigetragen.

Nathusius entwickelt auf dem Boden dieser Erkenntnisse seine eigene Sichtweise der Gliederung und Bedeutung der Stände, wobei ihm ein phänomenologischer Blick auf das Wirtschaftsleben dazu dient, die modernen Wirtschaftsentwicklungen vom Gedanken einer geordneten Gesellschaft aus zu interpretieren und in dieses Bild zu integrieren. Er begibt sich, wenn man so will, auf theoretische Weise auf die Suche nach *Integrationsgründen* einer sich zunehmend ausdifferenzierenden Gesellschaft, wobei diese Integrationsgründe - wie insbesondere seine Ständekonzeption zeigt - dann ebenfalls überwiegend traditionalen Charakter tragen. Die Bedeutung dieser Konzeption liegt in dem Versuch, auch für das Wirtschaftsleben den autoritativen Charakter dieser traditionalen Elemente zu erweisen. Phänomenologisch läßt sich seiner Meinung nach zeigen, daß stetige Wirtschaftsprozesse auf längere Sicht immer neue wirtschaftliche Gliederungen zur Folge haben, welche ihrerseits zur Ausbildung von *Berufsständen* führen. Dies bewirke nicht nur Veränderungen der rechtlichen Verhältnisse, sondern habe zugleich eine je

---

[220] Vgl. *Mitarbeit I*, S. 65. Diese Auflistung erinnert an A. Gehlens Aufweis der „substantiellen Selbstverständlichkeiten des Gewachsenen“, *Über kulturelle Kristallisation*, S. 3.

neue *Gesamtlebenshaltung*[221] der jeweiligen ständischen Gliederung zur Konsequenz: „So entsteht der Berufs s t a n d - lediglich von wirtschaftlichen Motiven aus und bildet eine Fülle von Sitten, Gewohnheiten, Ansichten und Lebensordnungen aus, die sich alle wieder mit sittlichen Pflichten und Aufgaben verbinden“[222]. So stellen letztlich zwar *wirtschaftliche* Entwicklungen für ihn das Movens ständischer Entwicklungen dar, allerdings ist für Nathusius die sich verändernde *Lebenshaltung* innerhalb des einzelnen Standes mitsamt seiner rechtlichen Destabilisierung der eigentliche Grund jeder Veränderung. Für alle Stände sei es charakteristisch, sich durch ein je gemeinsames Recht zu befestigen, wobei er sie auf dem Weg ihrer Stabilisierung politisches Gewicht gewinnen sieht. Indem sie, wenn auch in unterschiedlichem Maß, durch die Wahrnehmung der je eigenen Standesinteressen Anteil am staatlichen Leben zu nehmen beginnen, erlangen sie schließlich den Charakter eines politischen Standes. Es ist folglich nicht die wirtschaftliche Lebensführung, sondern die Gesamtlebenshaltung, die den politischen Charakter des jeweiligen Standes ausmacht. Damit werden von Nathusius bereits implizit Forderungen nach einem grundlegenden Wandel des politischen Systems zurückgewiesen, die ihre Legitimation ausschließlich aus den *wirtschaftlichen* Verhältnissen ableiten. Damit deutet sich auch an, daß, anders als etwa bei M. Weber, Stände von Nathusius nicht wie Parteien oder Klassen als *Phänomen der Machtverteilung* innerhalb der Ordnung rezipiert werden. Als Integrationsfaktoren des organischen Gemeinwesens tragen sie für ihn *gesellschaftsversöhnenden Charakter*, was letztlich wiederum darauf zurückzuführen ist, daß Nathusius die Ideale der ständischen Lebenshaltung selbst vom Geist der Versöhnung geprägt und getragen sieht, von dem aus die Stabilisierung der einen „Gesammtgesinnung“[223] möglich wird.

Indem Nathusius die Bildung, Stabilisierung und Neubildung einzelner Stände auf die Wechselwirkung mit konkreten historischen Prozessen zurückführt, entwickelt er ein Gesellschaftsbild, das zwar die *Möglichkeit* dynamischer Entwicklung und Veränderung beinhaltet. Diese Stände sind, „wenn sie auch auf eine gewisse Dauer angelegt sind, doch nicht von absoluter Beständigkeit [...], sondern dem geschichtlichen Wechsel unterworfen“[224]. Allerdings zeichnet er ein Bild der ständischen Gliederung mit eher geringer vertikaler Mobilität bei gleichzeitig relativ stabilen Verhältnissen innerhalb des jeweiligen Standes[225].

In jedem Fall erlaubt der Aufweis der heuristischen Funktion, die diese Grundbegriffe *Gesellschaft*, *Volkswirtschaft* und *Stände* für die Konstruktion

---

221 *Mitarbeit I*, S. 66.

222 *Ebd.*

223 F. J. Stahl, *Philosophie des Rechts*. Bd. II,2, S. 323.

224 *Mitarbeit I*, S. 69.

225 Vgl. zur Terminologie auch M. G. Schmidt, *Stand*, S. 928.

des sozialethischen Programms besitzen, die Problemstellungen genauer in den Blick zu nehmen, die Nathusius für den Themenkomplex der sozialen Frage für relevant hält.

2. 1. 3. 2. Ständebegriff und soziale Frage

Diese charakteristische Fassung des Ständebegriffs als eines heuristischen Grundbegriffs zur Erklärung (und Stabilisierung!) des wirtschaftlich-kulturellen Systems führt Nathusius zu einer Näherbestimmung der sozialen Frage, insofern die von ihm konstatierten erbitterten Kämpfe zwischen den verschiedenen gesellschaftlichen Gruppierungen zwar auf ihre wirtschaftlichen Zusammenhänge hin befragt, aber nur mittelbar auf ökonomische Mißstände zurückgeführt werden. Als die eigentliche Ursache der sozialen Nöte dieser Zeit wird vielmehr das mangelhafte Gerüst rechtlicher Kompensationsmaßnahmen bzw. -mechanismen namhaft gemacht, das für eine stabile Konstruktion von Gesellschaft als notwendig erachtet wird. Die Feststellung sozialer Ungerechtigkeiten und Entfremdungsprozesse läuft daher auf die Frage nach den *rechtlichen Ursachen* dieser Phänomene zu. Sein Erweis des autoritativen Charakters traditionaler Elemente erfolgt auf dem Weg der Herausarbeitung des Normcharakters der Rechtssätze, also der institutionellen Absicherung des Rechts[226].

Eine „unnormale Rechtslage“[227] droht Nathusius zufolge, wenn trotz grundlegender Veränderungen der wirtschaftlichen Verhältnisse rechtliche Bestimmungen unverändert Bestand haben. Neue gesellschaftliche Gruppierungen, die infolge wirtschaftlicher Umwälzungen entstehen, haben aufgrund der dann inadäquaten rechtlichen Grundlagen nicht mehr die Möglichkeit, ihre Interessen rechtlich einzufordern. Die soziale Frage erhält ihre Brisanz aus der institutionell eingeschränkten Wahrnehmungsmöglichkeit partikularer Interessen *eines ganz bestimmten Standes* innerhalb des gesellschaftlichen Verbandes. Nathusius kann in diesem Sinn wiederum Wagner zitieren: „Die soziale Frage ist der zum Bewußtsein gekommene Widerspruch der volkswirtschaftlichen Entwicklung mit dem als Ideal vorschwebenden und im politischen Leben sich verwirklichenden gesellschaftlichen Entwicklungsprozeß der Freiheit und Gleichheit“[228]. Auf dem Boden dieser Analyse der Ursachen wirtschaftlicher Notlagen wird zugleich deutlich, daß die Mängelbeseitigung nicht durch wirtschaftsimmanente Strategien lösbar ist. Der Wirtschaft wer-

---

226 Vgl. zum konservativen Institutionenbegriff etwa M. Greiffenhagen, *Dilemma des Konservatismus*, S. 192ff.

227 *Mitarbeit I*, S. 70.

228 A. Wagner, *Lehrbuch der politischen Ökonomie*, S. 361, s. Mitarbeit, S. 71f.

den immanente Selbstheilungskräfte abgesprochen. Abhilfe soll von rechtlicher und damit - wie sich zeigen wird - von staatlicher Seite aus erfolgen.

Daß es sich bei der sozialen Frage um eine *gesellschaftliche* im Sinn einer *rechtlichen Frage* handelt, führt konkret zur Forderung nach „Schaffung eines neuen Ständerechtes, neuer Rechtsordnungen, die der gesellschaftlichen Entwicklung wirklich entsprechen, dem Berechtigten, das in ihr liegt, zu Schutz und Förderung dienen, das Unberechtigte abschneiden und sie in gesunde Bahnen leiten“[229].

Wenn Nathusius fordert, daß das „neue Ständerecht [...] unserem modernen wirtschaftlichen Leben und dem modernen politischen Bewußtsein“[230] entsprechen muß, läßt dies durchaus darauf schließen, daß die Entwicklungen der Moderne zumindest prinzipiell in ihrem Eigenrecht wahrgenommen werden. Die erwähnte notwendige Reformierbarkeit und Veränderbarkeit der ständischen Verhältnisse kann im Umkehrschluß sogar als Anerkennung gesellschaftlicher Modernisierungsprozesse interpretiert werden. Von daher wäre es kurzschlüssig, Nathusius' Beitrag zur Gesellschaftsgliederung als grundsätzlichen Abwehrversuch gegen jede Form neuer gesellschaftlicher Strukturen zu verstehen. Allerdings monierten nicht zu Unrecht bereits einige der Rezensenten der *Mitarbeit*, daß Nathusius trotz der expliziten Offenheit gegenüber den gesellschaftlichen Entwicklungen den Ständebegriff nicht aufgegeben habe, während die althergebrachte Gesellschaftsstruktur längst an ihr Ende gekommen und inzwischen zumindest von Klassen zu sprechen sei[231]. Damit verbindet sich die Kritik, daß Nathusius die Notwendigkeit politischer und wirtschaftlicher Gleichberechtigung sowie eines allgemeinen Wahlrechts nur undeutlich ausspreche und den *ehemals* herrschenden gesellschaftlichen Gruppen in elitärem Sinn nach wie vor die entscheidende Verantwortung angesichts der sozialen Veränderungen zuschreibe[232]. So aber führe sein Aufriß

---

229 *Ebd.*

230 So in einer Ankündigung der Konzeption der *Mitarbeit*, *AKM* 1893, S. 112f.

231 Vgl. etwa E. F. Wyneken, *Zur sittlich-religiösen Grundlegung, a. a. O.*, S. 1210. Von „Klassen“ im engeren Sinn spricht Nathusius in dieser Phase nur sehr gelegentlich, etwa wenn er die gesellschaftliche Dimension des sozialen Problems als „Frage nach dem Verhältnis der in der Menschheit vorhandenen G r u p p e n oder K l a s s e n“ (*Mitarbeit I*, S. 36) bezeichnet. Vom Klassenbegriff der Sozialdemokratie grenzt er sich dezidiert ab. An der Anerkennung der Arbeiterschaft als einer eigenen politisch-gesellschaftlichen Größe wird sich um die Jahrhundertwende eine der entscheidenden Differenzen zwischen Nathusius und dem Großteil der anderen Sozialreformer ergeben. Erst ab dieser Zeit wird sich bei ihm überhaupt ein eigenständiges Ernstnehmen des Klassenbegriffs in Ansätzen nachweisen lassen.

232 In der Tat war beispielsweise auf dem 4. ESK Hofprediger Max Braun in seinem Vortrag *Die Annäherung der Stände in der Gegenwart* schon viel weiter gegangen, als er feststellte, daß nur die rechtliche Gleichstellung, sei es in der Schule oder in der Gesellschaft, für eine echte Geistes- und Bildungsgemeinschaft sorgen und ein Bildungsproletariat verhindern kann, vgl. *Verhandlungen des ESK 1893*, S. 63.

der gesellschaftlichen Gliederung de facto zur Legitimationsstrategie gesellschaftlicher Ungleichheitsphänomene[233]. Seine harmonistische Gemeinschaftsvorstellung verhinderte in der Tat, daß Nathusius die faktisch vorherrschende Ungleichheit als ein strukturelles Problem wahr- bzw. in Angriff genommen hat.

Dennoch hält er daran fest, daß zur rechtlichen Kompensierung gesellschaftlicher Ungerechtigkeiten bestimmte *Strukturen* notwendig sind, wobei jedoch die Beachtung des *Gebietes*, auf dem die Lösungsversuche anzusiedeln sind, von wesentlicher Bedeutung ist: „Die soziale Frage ist nicht wesentlich eine wirtschaftliche oder eine sittliche, sondern sie ist wesentlich und in erster Linie eine politische Frage"[234]. Zugleich hält er fest, daß nur eine umfassende Betrachtung aller drei Dimensionen der Aufgabenstellung gerecht werden kann, da die Politik auf der „vorangehenden Moral und Ökonomik"[235] ruht.

Nathusius' Abhandlung über die Möglichkeiten kirchlichen Sozialengagements schließt folglich die *Betrachtung des Staates* konstitutiv ein. Hier rekurriert er nicht nur auf die durch die konservativen Staatstheoretiker A. Müller, L. v. Stein oder F. J. Stahl präsentierten Vorstellungen, sondern schließt sich auch den staatssozialistischen Gedanken Wagners und den theologischen Vermittlungsversuchen Todts an. Zugleich stellt er an diesem Punkt die Verbindung mit seiner eigenen Konzeption christlicher Obrigkeit her, wie sie erstmals im Zusammenhang der Kulturkampfdebatte zum Vorschein kam. Die Notwendigkeit staatlicher Rechtsstabilisierung eröffnet für Nathusius die Möglichkeit für ein konstruktives staatliches Handeln im christlichen Geist[236]. Forderungen nach gesellschaftlich-sozialen Veränderungen werden damit zwar an die verantwortlichen staatlichen Instanzen bzw. Repräsentanten gerichtet, allerdings soll sich damit auch deren Einsicht in die Notwendigkeit *kirchlicher* Mitarbeit verbinden.

Die mangelnde Einsichtsfähigkeit der bisherigen theologisch-ethischen Abhandlungen hinsichtlich der sozialen Problemlagen, von der Nathusius zu Beginn der *Mitarbeit* ausgegangen war, ist demzufolge auch bezüglich der Wahrnehmung politisch-staatlicher Strukturen und Prozesse zu überwinden. Nur durch eine solche Einsichtsfähigkeit könnten theologisch-ethische Über-

---

233 Vgl. E. F. Wyneken, *Zur sittlich-religiösen Grundlegung*, *AKM* 1893, S. 1213.

234 *Mitarbeit I*, S. 72.

235 *A. a. O.*, S. 74. Hier findet sich ausnahmsweise der Terminus der Ökonomik, wobei sich allerdings die Verwendung hier an Adam Müllers Einteilung der Staatswissenschaften in dessen Werk *Die Notwendigkeit einer theologischen Grundlage der gesamten Staatswissenschaften* (1819) anschließt.

236 Um eine explizit theologische Begründung staatlichen Handelns und die einzelnen Anforderungen an dieses Handeln wird sich Nathusius allerdings charakteristischerweise erst im zweiten Buch der *Mitarbeit* bemühen - im Zusammenhang der Aufgabe der *Kirche* ! - s. III. D. 4.

legungen für sich in Anspruch nehmen, sozialethisch orientiert und praxisrelevant zu sein. Eine umfassende Gültigkeit des eigenen Lösungsansatzes gilt nur dann als gewährleistet, wenn auch die *staatliche* Dimension als organischer Teil der gesellschaftlich-politischen Gesamtwirklichkeit verstanden wird und kirchlicherseits eine Mitgestaltung dieser Dimension erfolgt. Die theologisch-ethische Eruierung dieser Zusammenhänge stellt damit selbst eine *kulturwissenschaftliche* Aufgabe und Leistung dar.

Neben diese, unter Heranziehung der genannten *Grundbegriffe* erfolgten, *organischen* Betrachtung der sozialen Frage tritt innerhalb der *Mitarbeit* ein *historisch geleiteter* Verfahrensschritt. Dabei wird die Entwicklung der volkswirtschaftlichen Wissenschaft vom Merkantilismus bis zur Bildung der deutschen Historischen Schule der Nationalökonomie und den „spezifisch christlichen volkswirtschaftlichen Richtungen auf dem Gebiete der evangelischen Kirche in Deutschland“[237] nachgezeichnet. Mit dieser Entwicklungsgeschichte des *wachsenden Bewußtseins einer ethischen Bestimmtheit der volkswirtschaftlichen Wissenschaft* ist ein prägnantes Gegenwartsinteresse verbunden: Nathusius will die historisch eruierbaren nationalökonomischen Lehrmeinungen für die Auseinandersetzungen seiner Zeit, die geeigneten sozialpolitischen Reformvorschläge sowie eventuell notwendige, sozialstaatliche Interventionen fruchtbar machen. Kriterium für die *Leistungsfähigkeit* der jeweiligen Lehrmeinung ist dabei, ob diese in angemessenem Sinn die ethische Fragestellung miteinbezieht. Dies führt ihn konkret dazu, bestimmte Lehrmeinungen schon aus dem Grund für defizitär zu halten, weil diese - geschichtlich gesehen - „in unserem Jahrhundert [durch die] christlich-sittliche Reaktion“[238] bereits überwunden und überholt worden seien.

Neben die *organische* Betrachtung und die *historische* Darstellung tritt schließlich ein dritter Methodenschritt, mit dessen Hilfe die *Hauptprobleme*, wie sie sich durch die *gegenwärtige* nationalökonomische Wissenschaft ergeben, in *systematischer* Weise erörtert werden. Im Rahmen der systematischen Betrachtung wird dabei nicht nur der Zusammenhang dieser wissenschaftlichen Erkenntnisse mit der sittlich-ethischen Fragestellung deutlich gemacht, sondern zugleich die Frage nach den sozial relevanten Handlungsmöglichkeiten und Handlungsnotwendigkeiten des einzelnen Christen und der Kirche aufgeworfen.

---

[237] *Mitarbeit I*, S. 176.

[238] *A. a. O.*, S. 186.

2. 2. Die Hauptprobleme der Nationalökonomie

Innerhalb dieses systematischen Schrittes steht die wirtschaftsethische Konkretion der von der Nationalökonomie grundgelegten ethischen Prinzipien im Mittelpunkt. Unter *Wirtschaftsethik* wird zwar auch die Erörterung des konkreten sittlichen Verhaltens eines einzelnen Wirtschaftsteilnehmers subsumiert. Primär geht es allerdings um den Aufweis des ethischen *Charakters* einzelner nationalökonomischer Konkretionen. Man könnte formulieren: Unter *Wirtschaftsethik* als *Wissenschaftsdisziplin* versteht Nathusius einerseits die *organisch-historische* Erörterung der historisch-kulturellen *Prägungen* des wirtschaftlichen Lebens, andererseits die *systematische* Erörterung einzelner *Handlungsfelder* und *Handlungsmöglichkeiten* auf dem Boden dieser historisch-kulturellen Prägungen. Wirtschaftsethik ist somit primär *Kulturwissenschaft*, erst sekundär *Handlungswissenschaft*.

Dies beinhaltet konstitutiv, daß am Ende der wissenschaftlichen Überlegungen ein „praktisches Interesse"[239] steht: Wirtschaftsethik als wissenschaftliche Disziplin bedarf ihres praktischen Fluchtpunktes. Am Ende der systematischen Untersuchung stehen folglich Forderungen nach staatlicher Regelung aller wirtschaftlichen Kräfte und Abläufe: „Durch die wissenschaftliche Theorie soll die Praxis gefördert, durch die Ökonomik die Ökonomie gebessert werden"[240].

2. 2. 1. Die sittlich-religiöse Grundlage

Im Rahmen der Nationalökonomie als handlungsleitender Wissenschaft, die zugleich als *politische Ökonomie* zum Tragen kommen will, geht der Aufstellung von „Idealen für das soziale Leben"[241] und der Konzipierung eines sozialethischen Programms die Frage voraus, wie die realen Verhältnisse beschaffen sind, was von dort aus als wünschenswerter Zustand gelten kann und welche Bedürfnisse abgedeckt werden sollen: „Was sind Existenzbedürfnisse? - das muß die Grundfrage sein"[242]. Dieses Vorhaben wird von Nathusius nochmals differenziert, indem einerseits nach der „richtige[n] Anschauung vom Wesen des Menschen"[243] gefragt wird, andererseits nach den wirtschaftlichen Gütern als den „äußeren Dinge[n], [...] auf welche der Mensch bei der

---

[239] *A. a. O.*, S. 78.
[240] *Ebd.*
[241] *A. a. O.*, S. 197.
[242] *Ebd*
[243] *Ebd.*

Gestaltung seiner Umgebung und seiner Lebenshaltung angewiesen ist"[244]. Die wirtschaftlich-sozialen Hauptprobleme sind für Nathusius weder im ökonomisch-technischen noch gesellschaftlich-politischen Bereich verortet, sondern im wirtschaftsethischen Sinn steht die Bestimmung des Menschen im Zentrum der Frage nach der zukünftigen gerechten Gesellschaftskonzeption. Die *anthropologische* Annäherung an nationalökonomische Konkretionsfragen ist somit selbst Reflex auf die Bestimmung der Nationalökonomie als Kulturwissenschaft.

2. 2. 1. 1. Der „wirtschaftliche Mensch"

Die Pointe dieses anthropologischen Ausgangspunktes besteht darin, daß sich für Nathusius das Einteilungsprinzip der volkswirtschaftlichen Hauptprobleme aus dem Bild der *menschlichen Persönlichkeit* selbst ergibt. Nathusius wendet sich damit gegen eine primär *chrematistisch*[245] orientierte Gliederung des Stoffes. Bildet das menschliche Handeln das Einteilungsprinzip, prägt dies dezidiert die Untersuchungskategorien. Nämlich diejenige des *Bodens*, auf dem dieses Handeln steht, die Kategorie der *Ziele*, denen es zustrebt, sowie die Kategorie der *Mittel*, derer sich das menschliche Handeln bedient. Volkswirtschaftliche Wissenschaft ist menschliche Wissenschaft oder wie Roscher zitiert wird: „Ausgangspunkt, wie Zielpunkt unserer Wissenschaft ist der Mensch"[246]. So folgt aus der Charakterisierung der Nationalökonomie als Wissenschaft des Kulturlebens, daß die wissenschaftliche Untersuchung die 'Suche' nach dem sittlichen Menschen impliziert.

Die geistige und sittliche Anlage des Menschen wird erstmals dort angesprochen, wo von den wirtschaftlichen *Triebfedern* die Rede ist. Hervorgehoben wird dabei durchaus auch die Leistung der klassischen Nationalökonomie, den *Selbsterhaltungstrieb* als ethisch konnotierte Grundlage menschlichen Wirtschaftens aufgewiesen und legitimiert zu haben.

Bereits innerhalb des vermeintlich rein *ökonomisch-kulturellen* Untersuchungsbereichs tauchen Formulierungen auf, die deutlich machen, daß Nathusius schon hier einen christlich geprägten Einheitsgedanken auch auf diese Wissenschaft zur Anwendung bringen will, indem er den anthropologischen Ausgangspunkt dezidiert in den Horizont *christlicher* Anthropologie und *christlicher* Ethik einzeichnet. Hierbei bezieht er sich wiederum auf Roscher, der den Drang nach Selbsterhaltung ethisch konnotiert und „als die

---

[244] *Ebd.* Unter die wirtschaftlichen Güter subsumiert Nathusius auch „Wert und Preis". Inwiefern diese Begriffe ihrerseits selbst wiederum mehr als reine ökonomisch-technische Termini sind, wird im folgenden gezeigt werden.

[245] Vgl. *a. a. O.*, S. 198.

[246] W. Roscher, *System der Volkswirthschaft I* (1875), S. 1, s. *Mitarbeit I*, S. 125, S. 200.

durch das Christentum anerkannte und geheiligte Selbstliebe"[247] interpretiert habe. Im Anschluß an Roscher lehnt Nathusius den vermuteten Widerspruch zwischen Eigennutz und notwendigem Gemeinsinn entschieden ab. Um nicht zur Selbstsucht auszuarten, ist die Selbstliebe „einerseits durch den Sinn für das Gemeinnützige, die Mildthätigkeit, die Nächstenliebe, andererseits durch den Sinn für Gerechtigkeit in den richtigen Schranken"[248] zu halten.

Nathusius formuliert im Anschluß an seinen theologischen Lehrer Beck, der die Selbstliebe nicht nur als Substrat der allgemeinen und intensivsten Menschenliebe, sondern zugleich als Substrat des ewigen Lebenstriebes bezeichnet hatte: „Mit der Selbstliebe hat darum jede christliche Wirtschaftsethik zu rechnen"[249]. Von Bedeutung ist dieser Satz Nathusius' auch insofern, als hier der Terminus *Wirtschaftsethik* explizit genannt wird. Der Begriff selbst findet sich relativ selten, auch wenn Nathusius seine Darstellung in genau dem genannten Sinn verstanden wissen will. Einige weitere Verwendungen lassen sich dennoch nachweisen: Die Behandlung nationalökonomischer Einzelprobleme kann er als Darstellung „von rein wirtschafts-ethischem Standpunkt aus"[250] bezeichnen, an einer weiteren Stelle spricht er von der „Hauptaufgabe des Wirtschaftsethikers", dem Bedürfnisleben des Volkes die rechte Richtung zu geben[251].

Eine noch weitgreifendere christliche Interpretation des *Eigennutzes* wird unternommen, indem Nathusius hinsichtlich der Beweggründe wirtschaftlichen Handelns auf die christliche Rede von der Schöpfung rekurriert. Die sittliche Existenz ergibt sich daraus, daß der Mensch danach trachtet, die *materielle Naturgrundlage*[252], d. h. das eigene Leben und die dafür notwendigen Existenzmittel, zu *erhalten*: „Die Liebe zu Gott, dem Geber aller Gaben, [...], ist das treibende Motiv alles seines Handelns"[253]. Mit diesem Blick auf den Menschen und die Welt als Schöpfung Gottes wird der Gedanke der Welt als einer *organisch verfaßten Einheit* verbunden. Durch den Rückgriff auf die mit der Schöpfung gegebene Einheitlichkeit der Weltwirklichkeit läßt sich

---

247 *A. a. O.*, S. 206.

248 *Ebd.* Nathusius beruft sich hier auf Schleiermachers *Christliche Sittenlehre* sowie wiederum auf K. Knies' Untersuchungen, vgl. *Die politische Oekonomie*, S. 180ff. In diesem Zusammenhang wird ebenfalls R. Rothe zitiert: „Jeder Gegensatz zwischen der Erhaltung des Individuums und der Gemeinschaft ist von vornherein dadurch ausgeschlossen, daß beide als sich gegenseitig sittlich in Eins setzend und so ihre beiderseitigen sittlichen Interessen schlechthin verschmelzend gedacht worden sind", *Theologische Ethik*, § 891 IV, 3ff., s. *Mitarbeit I*, S. 210.

249 J. T. Beck, *Vorlesungen über christliche Ethik II*, S. 184ff., s. *Mitarbeit I*, S. 209.

250 *Mitarbeit II*, S. 240.

251 *Mitarbeit, 2. Aufl.*, S. 164; im übrigen gegenüber *Mitarbeit I*, S. 223, wo Nathusius noch von der „Hauptaufgabe der Ethiker" spricht.

252 Vgl. *Mitarbeit I*, S. 208.

253 *Ebd.*

der konstitutive Zusammenhang von Selbstinteresse und Gemeinsinn, von einzelnem Individuum und dem Ganzen der sittlichen Gemeinschaft theologisch aufzeigen. Daß sich Nathusius zufolge christliche Deutungsmuster wirtschaftlichen Handelns nicht nur auf die Praxis des wirtschaftenden Individuums, sondern auf Gestalt und Charakter ganzer Gemeinschaften auswirken, wird daran deutlich, daß als konkrete Grundlage jeglicher Volkswirtschaft „das eigenartige Wesen der verschiedenen Völker, der Einfluß der Geistesrichtung, der Sitte, der Zeit“[254] bezeichnet wird. Hier ist von Nathusius erstmals explizit der Zusammenhang zwischen sittlich-ethischem Charakter einer bestimmten soziologischen Gruppierung und der jeweils feststellbaren wirtschaftlichen Verfassung hergestellt, womit die unmittelbare Anlehnung an die durch die Historische Schule formulierten kulturgeschichtlichen Forschungsdesiderate erkennbar wird.

2. 2. 1. 2. Die wirtschaftlichen Güter

Indem Nathusius das Verhältnis des Menschen zu den wirtschaftlichen Gütern thematisiert, bringt er einen ethisch konnotierten Güterbegriff in die Debatte ein: Wirtschaftsethik ist nicht nur Individualethik, sondern auch Güterlehre: „Für denjenigen, der von der Ethik her in die Volkswirtschaftslehre eintritt, hat das Wort Gut einen viel zu weiten und geistigen Sinn, als daß er sich darin finden könnte, nun plötzlich dabei nur an Schafwolle, Indigo, Getreide u. drgl. zu denken“[255]. Ein erster sachlicher Zusammenhang der wirtschaftlichen Güter mit der ethischen Dimension wird dadurch hergestellt, daß *Arbeit* als sittliche Tätigkeit bezeichnet wird: „Arbeit ist es, worin der Mensch seinen Beruf erfüllt, ein Leben ohne Arbeit ist ein durchaus unsittliches Leben“[256]. Eine weitere Konnotation der wirtschaftlichen Güter mit der ethischen Fragestellung ergibt sich dort, wo das Augenmerk auf die *Brauchbarkeit* der erarbeiteten Güter gerichtet wird. Die Brauchbarkeit richtet sich danach, welche Bedürfnisse mit dem jeweiligen Gebrauch erfüllt werden sollen.

Da die Ausweitung der Bedürfnisse an die jeweils erreichte Phase des kulturellen Fortschritts gebunden ist, kann eine *endgültige* Abgrenzung notwendiger von nichtnotwendigen Bedürfnissen nicht vorgenommen werden. Die Bewertung wirtschaftlicher Güter bleibt damit auf die Beachtung der

---

254 *A. a. O.*, S. 201. In diesem Zusammenhang wird auf Schäffles Deutung der „physisch-geistig-sittlichen Vermögen der Völker als wirtschaftliche[r] Elementarkraft“ verwiesen, *Das gesellschaftliche System der menschlichen Wirthschaft*, § 7: Die Bevölkerung als Ausgangspunkt aller Wirtschaft, S. 23-30, hier S. 23, s. *Mitarbeit I*, S. 201.

255 *A. a. O.*, S. 211.

256 *A. a. O.*, S. 212.

kulturellen und gesellschaftlichen Gegebenheiten angewiesen. Auch eine christliche Wirtschaftsethik, die sich mit der Frage nach der Legitimität von Gütern sowie deren Gebrauch beschäftigt, hat also nach den äußeren Bedingungen sowie den jeweiligen Zielsetzungen zu fragen, unter denen einzelne Güter erarbeitet und verwendet werden: „Wenn es sittlich erlaubt ist, daß es soziale Stellungen giebt, welche zu ihrer Erhaltung einen gewissen Glanz verlangen, so ist die Entfaltung desselben ein menschliches Bedürfnis, und das was zu der Befriedigung desselben dient, ein wirtschaftliches Gut, das auch die Ethik zu acceptieren hat“[257].

In die Überlegungen zur Frage nach der Brauchbarkeit eines Gutes wird schließlich der Begriff des *Wertes* einbezogen. Die Ausrichtung der Historischen Schule der Nationalökonomie und ihr Gegensatz zur liberalen oder sozialistischen Theorie wird an der Definition deutlich, an der sich Nathusius auch in diesem Falle orientiert. Gegen einen Ansatz, Güterwerte ausschließlich unter Heranziehung des Angebot-Nachfrage-Paradigmas zu erläutern, wird die ethische Bestimmung des *Wertes* durch die Unterscheidung von Gebrauchs- und Tauschwert vorgenommen. Im Gebrauchswert wird dadurch, daß sich dieser Wert am *subjektiven* Bedürfnis des Nachfragenden orientiert, der oben angesprochene ethische Aspekt des *Selbstinteresses* wirksam. Im Tauschwert hingegen findet sich insofern ein *objektives* Element, als mit der jeweiligen Höhe des Tauschwertes die Mühe und Kosten der Herstellung und Herbeischaffung zum Ausdruck kommen, also letztlich das *Wohl der anderen Wirtschaftsteilnehmer* zur Bestimmungsgröße für die Werterhebung wird.

Die Möglichkeit, einen festen, ausschließlich monetär ausgerichteten Maßstab für die Beurteilung eines Wertes zu finden, verbietet sich demzufolge. Von *wahren Bedürfnissen*[258] kann vorläufig nur relativ unbestimmt die Rede sein. Wahr ist dasjenige Bedürfnis, was zur Erreichung der höchsten Lebensziele der Menschheit einen Wert hat. Unverrückbares Kriterium für die Bestimmung wahrer Bedürfnisse muß aber in jedem Fall sein, daß sowohl die subjektive als auch die objektive Seite innerhalb des Wirtschaftsprozesses, der einzelne sowie die Gesamtheit der Wirtschaftenden in ihren Interessen berücksichtigt werden.

Dadurch wird die Aufgabenstellung für die Ethik erweitert: „Nicht bloß darauf kommt es an, was die Menschen für Bedürfnisse thatsächlich empfinden, sondern darauf, welche sie empfinden s o l l t e n, und darüber entschei-

---

257 *A. a. O.*, S. 217.

258 So in Aufnahme einer Formulierung von W. Roscher, *System der Volkswirthschaft I* (1875), S. 1ff., s. *Mitarbeit I*, S. 215. Roscher ergänzt bei seiner Bestimmung wahrer Bedürfnisse aufschlußreich: „Der Zusatz ‘wahr’ scheidet nicht allein dasjenige, was nur unvernünftige und unsittliche Bedürfnisse befriedigen könnte, vom Reiche der Güter aus [...], sondern vindiciert auch gleich den Grundbegriff der ganzen Volkswirthschaftslehre als einen Gegenstand ebenso wohl ethischer, wie psychologischer Untersuchung“, *System der Volkswirthschaft I*, S. 3.

det die Ethik“[259]. Von der Ethik wird nicht nur eine Beschreibungsleistung, sondern zugleich die Beurteilung und Gewichtung der verschiedensten Bedürfnisse verlangt. Die Beurteilung kann nicht ohne die Bewertung der kulturell-gesellschaftlichen Gegebenheiten gedacht werden, so daß auch hier wieder das Profil der Ethik als eines kulturbildenden Faktors deutlich wird. Nathusius hat bei aller Betonung eigenständiger nationalökonomischer Begriffsbildung ein Bild von Ethik vor Augen, das die Ethik als Leitwissenschaft für alle anderen Wissenschaften zur Darstellung bringt. Dies gilt ihm als möglich, weil die Inhalte der Ethik disziplinübergreifende Gültigkeit haben, führt allerdings auch sehr bald zu der Frage, worin für ihn noch das Spezifikum der *Wirtschafts*ethik besteht. Immerhin wird der Anspruch deutlich: *Christlich* geprägte Ethik soll als maßgebliche Instanz für die Beurteilung und Ausgestaltung der wirtschaftlich-gesellschaftlichen Institutionen und Strukturen in den Mittelpunkt rücken. Es wird zu fragen sein, ob die Anwendung der Wertmaßstäbe christlicher Ethik - wenn diese überhaupt zweifelsfrei auszumachen sind - es erlaubt, nationalökonomische Probleme in ihren immanenten Problemstellungen in den Blick bekommen und bearbeiten zu können oder ob Nathusius den eigenen Anspruch auf Sachgemäßheit nicht bereits eingeholt und überholt hat. Diese kritische Anfrage ist auch dort aufzuwerfen, wo von den *Zielen* volkswirtschaftlichen Handelns die Rede ist. Bereits die grundsätzliche Zielbestimmung, Ideale für das soziale Leben aufstellen zu wollen, läßt aufgrund des Terminus des ‘Ideals’ die Interpretation zu, daß ökonomische Zielsetzungen überhaupt nur im Blick auf ihre ethische Relevanz für beachtenswert gehalten werden. Die Behandlung ökonomischer Teilziele im Sinn der Effektivierung oder Optimierung bestimmter wirtschaftlicher Abläufe und Tätigkeiten gerät nicht in den Blick, sondern wird von Nathusius unter dem Titel der rein technischen Fragen der nationalökonomischen Wissenschaft selbst überlassen. Wirtschaftsethik ist in diesem Sinn primär für die Ziele wirtschaftlichen Handelns, nur in den seltensten Fällen für die Frage nach *Weg und Weise* der Zielerfüllung in Anschlag zu bringen. Die Zielerfüllungsmechanismen und -instrumentarien bleiben letztendlich von der ethischen Betrachtung abgekoppelt.

2. 2. 2. Die Ziele

Für die Formulierung wirtschaftlicher Ziele, etwa hinsichtlich der Produktion und Verteilung der erwirtschafteten Güter, heißt dies konkret, daß auch hier als Zielpunkt die Gestaltung der sozialen und gesellschaftlichen Zustände und damit das Ideal eines sich stetig steigernden Kulturzustandes überhaupt zur Debatte steht.

---

[259] *Mitarbeit I*, S. 223.

2. 2. 2. 1. Bildung objektiver Maßstäbe

Den Ausgangspunkt für die Näherbestimmung dieses Ideals bildet die These, daß die ethische Wissenschaft *„objektive Maßstäbe“*[260] zur Beurteilung wirtschaftlicher Zielsetzungen liefern könne. Solche objektiven Maßstäbe werden für notwendig gehalten, da Begriffe wie Vermögen und Reichtum sowie der Wertbegriff im Rahmen nationalökonomischer Wissenschaft nur von formaler, relativer Art und somit für die Zielfindung unzureichend seien.

Zwei Maßstäbe sollen die Beurteilung nationalökonomischer Zielsetzungen erlauben: Das erste und oberste Kriterium für die Bewertung der jeweiligen Wirtschaftsordnung ergibt sich aus der Frage, ob diese Ordnung *geordnete Gemeinschaftlichkeit* zu gewährleisten vermag. Als zweites Kriterium wird genannt, daß dennoch eine „soziale Abstufung zu verlangen [ist], bei der die wirtschaftliche Lage auch der unteren Klassen doch dem allgemeinen Bedürfnisleben der Zeit entspricht“[261].

Indem Nathusius die Verteilung des Reichtums als „recht eigentlich die soziale Frage der Gegenwart“[262] bezeichnet, führt die Anwendung dieser beiden Maßstäbe auf das Problem der Verteilung zu einer doppelten Folgerung. Zum einen muß das Recht auf Privateigentum gewährleistet sein, da alle Wirtschaftsteilnehmer nur unter dieser Bedingung die Frage nach ihren jeweiligen Existenzbedürfnissen *selbstverantwortlich* zu klären vermögen. Die Bedeutung des Privateigentums werde dabei insbesondere durch das protestantische Freiheits- und Berufsideal zum Ausdruck und zu seiner Verwirklichung gebracht. Zum anderen gilt eben die ständisch gegliederte gesellschaftliche Ordnung als unverrückbares Faktum geordneter Gemeinschaftlichkeit, da Verteilung von Reichtum nur in einem solchen Rahmen auf gerechte, weil *harmonische* Weise erfolgen könne.

Mit dieser Bildung eines doppelten Maßstabes nimmt Nathusius eine dezidiert gegenläufige Position zu den sozialistischen bzw. kommunistischen und liberal-individualistischen Wirtschaftskonzeptionen seiner Zeit ein. Zwar wird das Bestreben der Ideengeber auf kommunistischer Seite nach wachsender Wohlfahrt und einer solidarisch orientierten Gesellschaft durchaus anerkannt. Als Hauptfehler dieser Richtung macht Nathusius aber deren Forderung nach rein arithmetischer Verteilung des Reichtums namhaft und kritisiert die Verkennung des individualistischen Leistungsprinzips sowie des legitimen Verfügungsrechtes über den erwirtschafteten Besitz: „An einer Klippe scheitert das ganze System, das ist das in jedem Menschen vorhandene [...] Bewußtsein der Freiheit. Die Gleichheit mag im Kommu-

---

[260] *A. a. O.*, S. 227.

[261] *A. a. O.*, S. 231.

[262] *A. a. O.*, S. 233.

nismus zur Geltung kommen, und die Brüderlichkeit auch - aber die Freiheit ist vernichtet“[263].

Das Wirtschaftsmodell des Liberalismus zeichnet sich für Nathusius dadurch aus, daß es zwar durchaus die Idee der freien und selbstverantwortlichen Persönlichkeit als konstitutiven Bestandteil für ein funktionierendes wirtschaftliches und gesellschaftliches Gefüge stark zu machen vermag. Auch berücksichtige die liberale Konzeption je individuelle Zielsetzungen und Bedürfnisse, insofern sie die Frage nach der Wohlfahrt aller vom Wohlergehen jedes einzelnen aus stellt: „So wenig wir bei der Zeichnung der durch die Volkswirtschaft [...] anzustrebenden Zustände die gleichen Menschenrechte außer Acht setzen und die Parole Wohlfahrt für Alle! vergessen dürfen, ebensowenig darf das Recht der menschlichen Individualität und der persönlichen Freiheit verkümmert werden. Das ist die Wahrheit, an welche uns die liberalen und individualistischen Systeme immer wieder mit Recht erinnern“[264]. Allerdings wird die Gefahr, die dieser Ansatz mit sich bringe, benannt. Obwohl eine ständische Gliederung der Gesellschaft als unvermeidliche Folge der Verschiedenheit menschlicher Anlagen und Fähigkeiten auch vom Liberalismus durchaus akzeptiert sei, werde der zweite der genannten *objektiven Maßstäbe*, derjenige einer geregelten sozialen Ordnung, durch dieses Modell nicht gewährleistet. Entstehende Ungerechtigkeit würde nämlich keineswegs durch die Gesamtheit ausgeglichen. Weder die Produktion noch die Konsumtion der Güter seien auf die Dimension des Interesses der Gesamtheit bezogen, so daß es zwangsläufig zur Zerklüftung der Gesellschaft kommen müsse, was sich bereits geschichtlich erwiesen habe. Nach Ablehnung dieser beiden extremen Modelle des Kommunismus und Individualismus werden im Rahmen des eigenen sozialethischen Programms die bekannten Maßstäbe erneut in die Diskussion gebracht, indem „die soziale Gliederung der Gesellschaft, dann die soziale Gestaltung der Eigentumsverwendung“[265] im Rahmen einer eigenen systematischen Konzeption unter der Überschrift „Sozialismus“ eingehend erörtert werden.

2. 2. 2. 2. Das Prinzip des Individualismus als Grundlage des Sozialismus

Nathusius ist sich darüber im klaren, daß die Kennzeichnung der eigenen Position als einer *sozialistischen* durchaus Mißverständnisse auslösen kann. Dennoch betont er: „Es wäre eine wissenschaftlich nicht zu rechtfertigende Rücksichtnahme auf augenblickliche politische Parteiverhältnisse, wenn wir

---

263 *A. a. O.*, S. 244.
264 *A. a. O.*, S. 245.
265 *A. a. O.*, S. 258.

den Namen Sozialismus jenen Radikalen preisgeben würden"[266]. Ein gesunder und besonnener Sozialismus[267] zeichne sich hingegen dadurch aus, daß er die positiven Momente des kommunistischen und des individualistischen Modells in sich zu integrieren vermag.

Ausgangspunkt der positiven Verwendung des Terminus „Sozialismus" ist, daß dieser nicht primär als Parteibezeichnung, sondern als Ausdruck für eine *Gesamtanschauung* des öffentlichen und politischen Lebens verstanden wird: eine Gesamtanschauung, die von der „allgemeine[n] Wohlfahrt, auch die der Armen und Schwachen" geprägt ist und die zur Favorisierung einer solchen *sozialen* Ordnung führt, die - gegen geschichtslosen Radikalismus und Doktrinarismus - Rücksicht auf das geschichtlich Gewordene nimmt und „möglicherweise auf Kosten der Bewegungsfreiheit der Einzelnen"[268] geht.

Hinsichtlich der sozialen Gliederung wird gefordert, daß trotz natürlich bedingter Ungleichheiten durch das Modell einer solidarisch und harmonisch strukturierten Gesellschaft ein Interessenausgleich möglich sein muß, damit „diese Gliederung wirklich eine Gliederung sei, d. h. daß Eins dem Andern helfe"[269]. Nathusius wäre insofern falsch verstanden, würde man sein Sozialkonzept als Modell einer unveränderbaren konservativen Ständeordnung begreifen, die die Interessen der einzelnen nur als Marginalie der politisch-gesellschaftlichen Ordnung berücksichtigt.

Allerdings muß „Sozialismus" dann wohlverstanden *christlicher Sozialismus* sein - als „diejenige Grundanschauung, welche bei der Ordnung des öffentlichen Lebens die Wohlfahrt aller Glieder, auch der untersten Klassen im Auge hat, aber im Glauben an die ewige Bestimmung des Menschen und der Menschheit, weder die irdische Wohlfahrt als das einzige und letzte Ziel der

---

266 *Ebd.* Ähnliche Aussagen auch in seiner wenige Jahre später erscheinenden Schrift *Was ist christlicher Sozialismus?*

267 Vgl. *Mitarbeit I*, S. 258.

268 *Was ist christlicher Sozialismus?*, S. 6. In dieser Schrift von 1896 nennt Nathusius darüber hinaus „verschiedenartigste Parteien der Gegenwart" und charakterisiert deren Anerkennung der allgemeinen Berechtigung des Sozialismus, ohne sich allerdings selbst sogleich auf eine dieser Positionen zu fixieren. Danach strebe die *Sozialdemokratie* allgemeine Wohlfahrt durch Herrschaft der unteren Stände sowie eine drakonische Einschnürung des freien Wirtschaftslebens an, während die *Staatssozialisten* „den zur allgemeinen Wohlfahrt nötigen Ausgleich der Macht unter den Ständen durch staatliche Gesetze und staatliche Beamte bewirken wollen". Die *Sozialkonservativen* erstreben „eine schützende Ordnung und Gliederung des Volkes in möglichster Anlehnung an das Geschichtliche" und die *Sozialliberalen* sehen „das Heil der Zukunft in den freiwilligen Associationen", *a. a. O.*, S. 7.

269 *Mitarbeit I*, S. 249. Unterschieden wird dabei zwischen dem *geschlossenen System des Individualismus*, wie es sich auf der volkswirtschaftlichen Ebene insbesondere in der an Adam Smith orientierten Manchesterschule zeige (vgl. *Mitarbeit I*, S. 246) und dem verfolgenswerten *Prinzip des Individualismus*, verstanden als „Betonung des Rechtes der Individualität des Menschen", *a. a. O.*, S. 246; vgl. auch S. 249.

Entwicklung ansehen, noch einem solchen Ziele die individuelle Freiheit des einzelnen aufopfern kann"[270].

Von diesem Punkt aus beantwortet Nathusius die Frage nach der wünschenswerten *Ausgestaltung* der Eigentumsverhältnisse. Die Bedeutung des Rechts auf Privateigentum wird von ihm in der Bedeutsamkeit für die Entfaltung der Persönlichkeit gesehen, so daß er im Anschluß an F. J. Stahl formulieren kann: „Das Eigentum ist der Stoff für die Offenbarung der Individualität"[271]. Dabei wird nun allerdings die Bedeutung des Privateigentums noch hervorgehoben, indem diese Form des Eigentums als Voraussetzung für die *wirklich freie Entfaltung* menschlicher Individualität bestimmt wird. Derjenige, der sich in besonderer Weise durch aufstrebenden Geist und geniale Anlage[272] auszeichnet, muß seine Machtsphäre durch die Möglichkeit, über ausreichendes Privateigentum zu verfügen, prinzipiell jederzeit erweitern können. So spiegelt sich in der- bei Nathusius ohne Zweifel hochgradig biographisch motivierten!- Betonung der Relevanz des Privateigentums folgendes wider: die Favorisierung einer den unterschiedlichen menschlichen Anlagen - die qua Geburt und Erziehung ihre Ausprägung erfahren - entsprechenden ständischen Gliederung.

Analog zur Frage der politischen Partizipation der freien Persönlichkeit gilt Privateigentum nur dann als legitim, wenn es im Dienst der Verwendung für das Ganze steht. Mit der zugestandenen Freiheit der Schaffung und Verwendung privaten Eigentums verbindet sich zugleich die Pflicht, die Verwendung sinnvoll zu gestalten. Der Reiche soll nie vergessen, daß die Gesellschaft, indem sie die Konzentration von Reichtum in seinen Händen gestattet, von ihm erwartet, er werde denselben besser verwenden, als die Masse, wenn dieser Reichtum auf sie gleichmäßig verteilt wäre.

Als konservativ kann dieses Ansinnen insofern bezeichnet werden, als es die vorhandenen gesellschaftlichen Formationen nicht aufzulösen trachtet, sondern unter *den gegebenen Voraussetzungen* Veränderungen befördern will. Die Reichweite, in der diese Veränderungen vor sich gehen sollen, er-

---

270 *Was ist christlicher Sozialismus?*, S. 8. Wie sich später insbesondere in der Auseinandersetzung mit Naumann zeigt, verbindet sich mit dieser Bestimmung eine christlich-soziale Tätigkeit *reformerischen* und damit *nichtrevolutionären* Charakters. Nathusius hebt hervor: „Wir wollen uns das gute Recht, unsere Anschauungen und Bestrebungen als christlich-soziale zu bezeichnen nicht nehmen lassen. Wir wollen aber nicht minder aller Schwarmgeisterei kräftigen Widerstand leisten, welche unter der Losung christlich-sozial ein neues Evangelium und eine neue Kirche einführen will", *a. a. O.*, S. 5. In der Tat ist diese Perzeption sozialdemokratischen Gedankenguts durch Nathusius beredter Ausdruck dafür, daß sich „trotz der unverkennbaren Ähnlichkeiten und Analogien zwischen den christlichen und sozialistischen Zukunftsvorstellungen" (L. Hölscher, *Weltgericht oder Revolution*, S. 168) keine theoretisch fundierte Brücke zwischen Sozialdemokratie und protestantischer Theologie schlagen ließ.

271 *Mitarbeit I*, S. 251.

272 *A. a. O.*, S. 254.

laubt es nicht, die Lösungsansätze uneingeschränkt als Beharren auf den althergebrachten Vorstellungen zu interpretieren und dementsprechend die vorliegenden sozialpolitischen Reformvorschläge ausschließlich als Legitimationsversuche der gegenwärtigen Zustände im Sinne von Scheinlösungen zu verstehen. Nathusius' Konzeption macht es sich zwar durchaus zur Aufgabe, einen gesellschaftsstabilisierenden Entwurf vorzulegen. Die Zustände innerhalb dieser Gesellschaft bleiben jedoch keineswegs unkritisiert. Dieses 'Schillern' in der Formulierung einzelner seiner Reformvorschläge ist mitzubedenken. Dementsprechend zeichnet sich auch seine Verwendung des Terminus „Sozialismus" durch retardierende und dynamische Momente aus. Einerseits dient diese, wie erwähnt, der Beschreibung des Bildes einer harmonischen und solidarischen Gemeinschaft, die ihre unterschiedlichen Interessen friedlich zum Ausgleich zu bringen vermag. Andererseits kann Nathusius ohne weiteres einen Katalog sozialistischer Forderungen präsentieren.

Im Rahmen dieses Kataloges mißt Nathusius in charakteristischer Weise dem *Mittelstand*, der sich entweder durch mittleren Kapitalbesitz oder einen mittleren Besitz an Grund und Boden auszeichnet, eine besondere Aufgabe zu: „In dem Stande der Bauern und kleinen Gutsbesitzer sieht eine gesunde Politik je und je den Halt des Staates. Ein Blühen derselben ist ein notwendiger Bestandteil der gesund-sozialistischen Ideale für die Volkswirtschaft"[273]. Dazu kommen Forderungen an die *öffentlich-staatliche* Seite, womit allerdings bereits über die Aufstellung bestimmter *Ziele* hinausgegangen wird. Mit der Behandlung des Staates gerät die Frage nach den Mitteln und Wegen in den Blick, mit Hilfe derer bzw. auf denen der so verstandene Sozialismus seine angemessene Gestalt zu erlangen vermag.

2. 2. 2. 3. Die Bedeutung des Staates - Zielsetzung und Aufgabenstellung hinsichtlich der Lösung der sozialen Frage

Den Ausgangspunkt dieses Aspektes bildet Nathusius' Beobachtung, daß die Verfügung über Privateigentum allein eine ausreichende Gestaltung sämtlicher Bereiche der Wirtschaft nicht gewährleisten könne. Die Frage nach dem Übergang von Produktionsmitteln in Gemeineigentum stelle sich insbesondere bei denjenigen Gütern, „bei denen der Stoff am unbeweglichsten und für individuell gestaltete Behandlung am unzugänglichsten ist"[274]. An diesem Punkt gewinnt die Tätigkeit staatlicher Instanzen ihre Bedeutung, wobei keineswegs nur an die Verstaatlichung wirtschaftlicher Betriebe gedacht ist. Auch die öffentliche Schule, die Akademien und Universitäten sowie das öf-

---

273 *A. a. O.*, S. 261.

274 *A. a. O.*, S. 254. Genannt wird in diesem Zusammenhang etwa der Bergbau und das Transportwesen.

fentliche Recht werden als Bereiche angesehen, in denen die Frage des Gemeineigentums virulent wird. Auch diese staatlich geleiteten Bereiche können, so Nathusius in Orientierung an Schäffle, als Produkte eines gesunden Sozialismus verstanden werden. Schäffle zufolge sind sie „socialistische Gebilde öffentlichrechtlichen, anstaltlichen Charakters, [...] sie sind schon längst mit Dienst und Besiz [sic!], dem Privateigenthum und dem Familienrecht entrückt !“[275].

Im Besitz des Staates liegt demzufolge der gemeinsame Besitz aller deutlich vor Augen. Diesem wird in der Verwendung des Gemeineigentums nicht nur die Funktion zugeschrieben, die gemeinsamen Interessen seiner Bürger zu vertreten, sondern zugleich die *Gemeinsamkeit aller Interessen* zu verkörpern, so daß Nathusius vom Staat auch als „der rechtlich organisierten Gesellschaft“[276] spricht. Als „sozialer Staat“[277] soll dieser zur permanenten Steigerung des Kulturzustandes beitragen bzw. die prinzipielle Steigerungsfähigkeit gewährleisten. Diese Sichtweise des *sozialen Staates* ist entscheidend durch L. v. Steins Konzept des „sozialen Königtums“ bestimmt. Nathusius bezieht sich auf dessen *Geschichte der sozialen Bewegung in Frankreich* (1850), wobei er diesen einerseits für die Darstellung des frühen sozialistischen Gedankenguts und der frühen christlich-sozialen Literatur rezipiert[278], andererseits dessen Gesellschaftsbegriff heranzieht. Auch wenn er v. Steins erste Definition des Sozialstaates nicht wiedergibt, konnte er sich diese zweifellos zu eigen machen, etwa wenn v. Stein in seiner Schrift *Gegenwart und Zukunft* formuliert: Der Staat müsse „die absolute Gleichheit des Rechts gegenüber allen jenen Unterschieden [der Klassen, Th. S.] für die einzelne selbstbestimmte Persönlichkeit durch seine Gewalt aufrecht halten, und in dem Sinne nennen wir ihn den *Rechtsstaat*. Er muß aber endlich mit seiner Macht wirthschaftlichen und gesellschaftlichen Fortschritt *aller* seiner Angehörigen fördern, weil zuletzt die Entwicklung des Einen stets die Bedingung und eben so sehr die Consequenz der Entwicklung des Andern ist; und in diesem Sinne sprechen wir von dem *gesellschaftlichen* oder dem *socialen* Staate“[279].

---

[275] A. Schäffle, *Bau und Leben des socialen Körpers*, Bd. III, S. 544, s. *Mitarbeit I*, S. 267. Interessanterweise findet sich diese Passage bei Schäffle im Zusammenhang seiner Betonung individueller Freiheit bei gleichzeitiger sozialistischer Organisation, *Bau und Leben des socialen Körpers*, S. 540-547.
Zur Frage nach der Verstaatlichung von Grund und Boden äußert Nathusius sich in Auseinandersetzung mit dem Bodenbesitzreformer Henry George an mehreren Stellen ausführlich.

[276] *Mitarbeit I*, S. 266.

[277] *A. a. O.*, S. 280.

[278] Vgl. *a. a. O.*, S. 5, 134.

[279] Zit. nach G. A. Ritter, *Sozialstaat*, S. 11. Allerdings ist differenzierend zu bemerken, daß Nathusius sich zwar v. Steins Konzeption der organischen Einheit anschließt, ihm

Nathusius' Rezeption der politisch-sozialstaatlichen Entwicklungen in den achtziger Jahren präsentiert sich in enger Anlehnung an v. Steins sozialintegratives Staatsbild. Dementsprechend zeigt sich im Rahmen seiner konkreten *Begleitung sozialstaatlicher Entwicklungsprozesse*, daß diese ihre Beurteilung durchgehend von der Frage her erfahren, ob sie die Herstellung organischer Einheit befördern oder verhindern. Bereits bei v. Stein findet sich die bei Nathusius ebenfalls konstatierbare antirevolutionäre Fassung des staatlichen Aufgabenkataloges: „His answer was not a program of social revolution, but the project of social reform by public administration combined with the organized interests of industrial relations“[280].

Nathusius führt dies dazu, sämtliche äußeren Entwicklungen und sozialstaatlichen Einzellösungen gegenüber dem 'tieferen' Sinn des *sozialen Staates* für sekundär zu halten. Er läuft allerdings dann auch Gefahr, daß seine Wahrnehmung oder Befürwortung einzelner Regelungen ausbleibt, wenn sich nicht sofort ein Zusammenhang zum größeren Ganzen herstellen läßt.

In der Frage des sozialpflichtigen Eigentums greift Nathusius Antworten Otto Gierkes auf, bei dem er den Zusammenhang zwischen gemeinwohlorientiertem Eigentumsverständnis und der spezifisch deutschen Rechtsgeschichte und -kultur vorbildhaft behandelt findet. Besonders von Gierke her sieht er die Forderung untermauert, daß notwendige soziale Reformen ihren Ausgangspunkt zwar in volkswirtschaftlichen Überlegungen und Theorien nehmen, die eigentliche Durchsetzung der Reformen im Sinne ihrer Institutionalisierung allerdings auf rechtlichen Grundlagen basiert[281]. Im Anschluß

---

gegenüber aber die materialistische Tendenz im Versuch der Gesellschaftserklärung in ihre Schranken weist. Vgl. weiter zu v. Steins Konzeption des Sozialstaates etwa S. Koslowski, *Geburt des Sozialstaats*, S. 125ff; *Sozialstaat*, Sp. 1245ff; E.-W. Böckenförde, *Lorenz von Stein*; zu den Einflüssen v. Steins auf die Entstehungszusammenhänge der Soziologie als Wissenschaft E. Pankoke, *Sociale Frage* sowie C. Quesel, *Soziologie und Soziale Frage*.

280 E. Pankoke, *Institutional Theory*, S. 40.

281 Vgl. *Mitarbeit I*, S. 273. Nathusius beruft sich hier insbesondere auf Gierkes Vortrag *Die soziale Aufgabe des Privatrechts* (1889) sowie dessen Werke *Der Entwurf eines bürgerlichen Gesetzbuches und das deutsche Recht* (1889) sowie *Das deutsche Genossenschaftsrecht* (1868ff.), vgl. etwa *Mitarbeit I*, S. 274. Außerdem greift Nathusius für seine Darstellung der historischen Entwicklung verschiedener Rechtsanschauungen sowie der reformatorisch bestimmten Ausprägung des neuzeitlichen Gesellschaftsbegriffs auf Gierkes *Johannes Althusius* (1880) zurück. Gierke hatte diese reformatorische Leistung auf die theologisch begründete Erkenntnis zurückgeführt, daß die Rechtsgemeinschaft keine selbstzweckliche Legitimation erfahren dürfe, sondern gerade die reformatorische Kirche Ausgangspunkt für alle Gesellschaftsformierungen sei. Denn in dieser kirchlichen Gestalt sei die erste Manifestation des Gedankens erfolgt, daß die jedem Menschen unveräußerlichen Interessen in sich verbindende und gesellende Kraft haben. Auf kirchlichem Gebiet habe erstmals überhaupt eine Form von „Gesellschaft“ entstehen können, die sich nicht mit der äußeren staatlichen Rechtsordnung deckte. Dies habe Althusius durch seine Lehre von der absoluten Unveräußerlichkeit der Majestätsrechte naturrechtlich untermauert und für den Gedanken der Volkssouveränität fruchtbar ge-

an Gierke wird der abstrakte, unbeschränkte Eigentumsbegriff des römischen Rechts, der nur unsittlichen Reichtum befördere, zugunsten eines dem deutschen Geiste entsprechenden nationalen Rechts abgelehnt. Demzufolge spricht er von Gierke als dem bedeutendsten wissenschaftlichen „Vorkämpfer der Bestrebungen, welche auf eine Ersetzung des für das soziale Leben hinderlichen römischen Rechts durch ein dem deutschen Geiste entsprechendes nationales Recht abzielen“[282]. Hinter dieser Unterscheidung leuchtet die Streitfrage der zeitgenössischen Staatsrechtstheoretiker „Kulturstaat oder Rechtsstaat?“ und damit das Problem der grundsätzlichen Beurteilung des Rechtes auf. Unter den juristischen und politischen Vertretern des deutschen Konservatismus wurde dies als eine Auseinandersetzung mit der, demokratische Strukturen legitimierenden und etablierenden, *westlichen Rechts- und Verfassungstheorie* verstanden. Gierke hatte sich im Zusammenhang des Entwurfes des bürgerlichen Gesetzbuches in die Auseinandersetzungen eingeschaltet. Im Neuentwurf hatte er die Gefahr gesehen, daß die Bedeutung des deutschen Rechts in Zukunft ausgeschaltet werde. Für ihn entstammte das innere Gerüst des Werkes „der Gedankenwerkstätte einer vom germanischen Rechtsgeiste in der Tiefe unberührten romanistischen Doktrin“[283]. Nicht zuletzt angesichts des sozialen Charakters des deutschen Privatrechts[284] gelte es, diese Durchsetzung des romanistischen Geistes zu verhindern. Gierkes Konzeption kann von L. Schorn-Schütte wie folgt charakterisiert werden: „wie F. Tönnies im Begriff der ‘Gemeinschaft’, suchte O. v. Gierke mit seinem Genossenschaftsbegriff das Recht der sozialen Kleingruppen und Verbände, der einzelnen Lebenskreise gegenüber dem Anspruch des Staates zu betonen“[285].

Nathusius appliziert die bereits im *WdW* angedeutete Auseinandersetzung zwischen der Historischen Schule des Rechts und den juristischen Vertretern der Naturrechtstheorie auf die Frage *gesellschaftlicher Gemeinschaft* und damit auf die eigentliche sozialstaatliche Frage. In Nathusius' Definition des Rechts sowie seiner Befürwortung eines eigenständigen Lösungsweges zur

macht, vgl. *a. a. O.*, S. 4. Im Anschluß an Gierkes *Genossenschaftsrecht* folgert Nathusius schließlich, „daß erst durch das Christentum die ganze geistige Anschauung so gehoben ist, daß nun über das Verhältnis der Einzelpersönlichkeit zum Ganzen der Gemeinschaft überhaupt erst philosophiert werden kann“, *Genossenschaftsrecht*, S. 3, s. *Mitarbeit II*, S. 157. Zu Gierkes Systematik des Genossenschaftsrechts, der Suche nach materialen Maßstäben für das Privatrecht sowie seiner „Theorie der realen Verbandspersönlichkeit“ K. Schmidt, *Verbandstheorie*, insbes. S. 10ff. Zur Rezeption des Gierkeschen organischen Entwicklungsprinzips auf dem Boden einer romantischen Volksgeistlehre und der damit verbundenen organischen Staatstheorie und Kapitalismuskritik exemplarisch L. Schorn-Schütte, *Lamprecht*, S. 59ff., 117ff. u. ö.

282 *Mitarbeit I*, S. 273.

283 O. Gierke, *Entwurf eines bürgerlichen Gesetzbuches*, S. 3.

284 Vgl. *a. a. O.*, S. 11, 21. Dazu jetzt auch R. Knieper, *Gesetz und Geschichte*, der über die Debatten im Zusammenhang der Entstehung des BGB referiert.

285 L. Schorn-Schütte, *Lamprecht*, S. 156.

Bewältigung der sozialen Problemlage spiegelt sich dieser Konflikt und Gierkes Antwort wider: „Es ist nicht eine falsche Auffassung vom Staat, die wir in der liberalen Idee des Rechtsstaates bekämpfen, sondern ein viel tiefer liegender Irrtum, nämlich eine falsche Auffassung vom R e c h t. In der Losung vom Rechtsstaat steckt eine rationalistische, bureaukratische, formalistische Auffassung des Rechts“[286]. Die Auseinandersetzung mit den gesellschaftlich-politischen Entwicklungen und Verwerfungen der Moderne wird damit in dezidiert nationalem Interesse und mit Hilfe eines *materialen* Verständnisses des Rechts geführt. Dies verlangt, „die Natur der Dinge aufzusuchen, welche der Schöpfer selbst in dieselben gelegt hat, und also das Rechtsleben des Volkes in Übereinstimmung zu setzen [zu] suchen mit den natürlichen Existenzbedingungen der wirtschaftlichen Gruppen, aus welchen sich das Volk zusammensetzt“[287]. Das durch materiales Recht konstituierte Staatsgefüge wird als *rechtlich organisierte Gesellschaft* bezeichnet, weil diesem nicht mehr die „Vorstellung des abstrakten Menschen oder des abstrakten Staatsbürgers“[288] zugrundeliegt, sondern in ihm eine den natürlichen Gegebenheiten und Interessen des Menschen entsprechende organische Gesellschaftsgliederung *rechtlich* verankert ist.

2. 2. 3. Konkrete wirtschaftliche Zielsetzungen

Anhand einer Übersicht über „die Hauptmasse des Stoffes in den nationalökonomischen Lehrbüchern“[289] erläutert Nathusius, auf welchen Feldern sich die genannten Zielsetzungen zu manifestieren haben. Hinsichtlich der Fragen von Bevölkerungslehre bzw. Bevölkerungsplanung sowie Produktion, Verteilung und Konsumtion von Gütern wird der Fachwissenschaft das Feld der Untersuchung überlassen. Allerdings liefert auch hier wieder die wirtschaftsethische Perspektive das entscheidende Wort zur Beurteilung der einzelnen konkreten Zielsetzungen. Bei der Frage nach der *Produktion von Gütern* etwa gilt die notwendige Arbeitskraft und Arbeitslust nur durch eine moralische

---

286 *Mitarbeit I*, S. 278.

287 *Ebd.* Offensichtlich steht im Hintergrund des Gedankens der *natürlichen Existenzbedingungen* ein *Natur*begriff, der von bestimmten anthropologischen und soziologischen Strukturen als fest umrissenen und unverrückbar feststehenden Größen ausgeht. Dann ist allerdings zu fragen, ob die Verwendung des *Naturbegriffs* hier nicht lediglich eine in konservativem Interesse erfolgende Legitimation des Bestehenden bzw. des als *natürlich und vernünftig* konstatierten Zustandes von Gesellschaft und von Welt überhaupt vorbereitet.

288 *A. a. O.*, S. 279. Für diesen Themenkomplex greift Nathusius außerdem des öfteren in positivem Sinn auf Adolf Lassons Schriften *Prinzip und Zukunft des Völkerrechts* sowie dessen *System der Rechtsphilosophie* zurück, vgl. etwa *Mitarbeit II*, S. 150, 172, 176.

289 *Mitarbeit I*, S. 284.

Beeinflussung des Volkes als gewährleistet: „Die höhere Stufe der Arbeitsmotive ist die Liebe zur Sache, die Pflichttreue, die Schätzung der Arbeit als eines göttlichen Berufes und darum einer menschlichen Ehre“[290]. Semantisch ergibt sich hier sogar eine Verbindung dieser Zielsetzung mit der Forderung nach kirchlichem Engagement, wenn als Aufgabe benannt wird, „die wahren christlichen und sozialen Arbeitsmotive zu predigen und an einen Erfolg dieser Predigt zu glauben“[291].

Hinsichtlich des *Kapitals* als eines entscheidenden *Produktionsmittels* gilt, daß die Wirtschaftlichkeit etwa von Maschinen nicht nur nach der Höhe ihrer Produktion und Produktivität bemessen werden muß, sondern danach, ob diese es erleichtern, „neben der harten körperlichen Arbeit auch die eigentlich menschlichen Interessen des Geistes und des Gemütes“[292] pflegen zu können. Die kapitalismuskritische Variante bei Nathusius gestaltet sich in der Weise, daß zwar die Errungenschaften monetärer und technischer Art akzeptiert werden, allerdings nur so lange, wie sie dezidiert bestimmte Ziele zu erreichen vermögen; Produktivität dient nicht nur zur Bezeichnung eines wirtschaftlichen Phänomens, sondern signiert die Folgewirkungen und Leistungen produktiver Vorgänge. An die Untersuchung von *Produktivität* kann und soll der sittliche Maßstab des allgemeinen Nutzens angelegt werden. Für nicht ausreichend hält Nathusius es im Einklang mit der Historischen Schule, die Frage nach Produktivität auf die Betrachtung einzelner Produktions- oder Wirtschaftsbereiche zu begrenzen, da hinter allen einzelnen wirtschaftlichen Aktivitäten der gesellschaftliche und kulturelle Zusammenhang, in dem diese Aktivitäten vor sich gehen, aufleuchte. Die Wohlfahrt des Ganzen ist schließlich auch hinsichtlich des internationalen *Güter- und Kapitalhandels* sowie der *Verteilung der Güter* zu beachten. Unter dem Aspekt der Güterverteilung wird auch die Frage nach der Ausgestaltung der Lohn- und Arbeitskontrakte verhandelt. Das sittliche Moment wird darin festgemacht, daß das Arbeitsverhältnis vom Motiv der Menschlichkeit aus beurteilt wird, was den Schutz des Arbeitnehmers gegenüber den Interessen des Arbeitgebers impliziert und konkret zu einem Plädoyer für gesetzliche Gewährleistung des gerechten *Arbeitskontraktes* einerseits, für eine *Arbeiterschutzgesetzgebung* andererseits führt. Gegen eine Ethik paternalistischer Abstraktionen wird auch hier eine *zeitgemäße ethische Beurteilung* gefordert: „Es ist unberechtigt, das Verhältnis der Autorität, welches zwischen dem im Hause Dienenden und seiner Herrschaft besteht, und das dem Verhältnis zwischen Obrigkeit und Unterthanen, Eltern und Kindern analog ist, - ohne weiteres auf den freien

290 *A. a. O.*, S. 292.
291 *Ebd.*
292 *A. a. O.*, S. 295.

Lohnarbeiter anzuwenden, wie es seitens der Kirche nur zu oft geschehen ist"[293].

Unter Berücksichtigung des „Grundsatz[es] der Moral, daß jedem sein Recht zu teil werde"[294], wird die legitime Bildung von *Arbeiterassoziationen*, die die Wahrnehmung der Lebensinteressen des ganzen Standes erlauben, eingeschlossen. Allerdings sollen bestimmte staatliche Maßregeln wiederum dazu dienen, die Ausformung dieser Kontrakte und Assoziationen in die gesamtgesellschaftliche Interessenlage zu integrieren, indem „der Arbeiter zu seinem eigenen Besten in seiner Freiheit beschränkt [wird], von der er - durch die Not getrieben, oder durch nahe liegenden Gewinn verführt - falschen Gebrauch machen würde"[295]. Diese gesetzlich gewährleisteten Maßregeln, zu denen schließlich auch der Schutz der Koalitionsfreiheit, die Errichtung von Gewerbeschiedsgerichten sowie die Kranken-, Invaliden- und Altersversicherung gehören, habe auch die staatliche Seite in denjenigen Fällen zu befolgen, in denen sie selbst als Unternehmer auftritt.

Ob die positive Weiterentwicklung der Volkswirtschaft stärker durch die *Vermehrung öffentlichen Eigentums* oder aber eine konsequent *soziale Färbung und Verwendung des Privateigentums* erreicht werden kann, wird prinzipiell offengelassen. Somit macht auch die vergleichsweise gelassene Bemerkung, daß die Prozesse der Verstaatlichung „von den Bedürfnissen der Zeit, dem Volksgeist, den in ihm vorwaltenden individualistischen oder sozialistischen Neigungen und von den Erfahrungen, die man zu sammeln begonnen hat"[296], abhängen, deutlich: Unter der Überschrift *Sozialismus* wird nicht auf klassenkämpferisch-revolutionäre Programmatik oder Praxis, sondern vielmehr auf die rechtliche, den Zeitumständen angemessene Verankerung sittlicher, im Interesse der Gemeinschaft stehender Prinzipien abgezielt.

Geht es dann aber tatsächlich wesentlich um eine ethische Abhandlung in sozialreformerischer Absicht, oder ist nicht das Programm, das Nathusius entwirft, ein wesentlich ambitionierteres im Sinne des Zukunftsentwurfes einer sittlich geprägten Kultur? Die Errungenschaften der Kulturgeschichte schildert er wie folgt: „Der Blick in die hinter uns liegenden Epochen zeigt uns in der That nicht nur den langsamen und stetigen Fortschritt der christlichen Gedanken von Menschenwürde und Menschentum, die zunehmende Verbreitung und Befestigung des Verständnisses für die Solidarität der Interessen, für die Thaten des Gemeinsinnes, für die friedliche Verständigung, sondern auch eine stete Hebung der unteren Klassen nach ihrer äußeren Lage,

---

293 *A. a. O.*, S. 304.

294 *A. a. O.*, S. 304f.

295 *A. a. O.*, S. 305. In sehr ähnlichem Sinn wird ab 1897 der Gesinnungsgenosse C. v. Massow in der *AKM* seine Beiträge unter der Rubrik „Sozialpolitik" ausführen, s. u. IV. B. 6.

296 *Mitarbeit I*, S. 273.

in allen Völkern, wo die christliche Kultur zur Herrschaft gekommen ist"[297]. Es ist zu bedenken, ob hinter diesem Programm nicht sogar der umfassende Erneuerungsversuch christlicher Einheitskultur, gar der Wunsch nach Konstituierung eines christlichen Staates aufscheint. Eine solche Absicht kann deshalb vermutet werden, weil die ethischen Aspekte letztlich explizit unter die geschichtlichen Leistungen und Auswirkungen der christlichen Idee subsumiert werden und damit auch *innerhalb* des fachwissenschaftlichen nationalökonomischen Bereichs deren unbestreitbare Gültigkeit suggeriert wird.

Diese Vermutung legt sich insbesondere dort nahe, wo hinsichtlich der volkswirtschaftlichen Zielsetzungen von der inneren Disposition, mit der die Ermittlung dieser Ziele zu geschehen habe, die Rede ist: „Der Glaube - nicht an die Menschheit, nicht an die Unfehlbarkeit der Wissenschaft, nicht an die Wirksamkeit unserer Mittel - sondern der Glaube an die Kraft des Evangeliums ist es, der uns auch bei unseren volkswirtschaftlichen Idealen belebt, daß wir nicht ablassen zu hoffen, daß sie einst noch m e h r nach christlichen Gedanken gestaltet werden als es zumeist der Fall gewesen ist"[298].

So mündet die Forderung nach christlicher Gestaltung des volkswirtschaftlichen Bereichs schließlich ein in den Blick auf diejenige Institution, die die Bedingung der Möglichkeit darstellt, diese Forderung erheben zu können - die Kirche: „Die christliche Kirche ist die Macht, welche die Grundlagen geliefert hat für diejenigen sittlichen Anschauungen, auf denen unser modernes Leben und unser modernes sittliches Bewußtsein - auch da noch, wo es sich von der Kirche getrennt hat - im Wesentlichen ruht. Die Kirche tritt mit dem Anspruch auf, die einzig wahren sittlichen Prinzipien und Gesetze zu besitzen, die allein dem Wesen und den Bedürfnissen der menschlichen Natur und Gesellschaft entsprechen"[299].

Exkurs: Reaktionen auf das I. Buch der *Mitarbeit*

Die Rezensenten des 1893 erschienenen ersten Buches der *Mitarbeit* waren sich zwar nicht in ihren einzelnen Beurteilungen, aber doch in der Einschätzung der epochemachenden Bedeutung des von Nathusius vorgelegten Werkes einig. Vielfach erfolgte die Einordnung des Werkes in die zeitgenössische christlich-soziale Literatur mit dem Tenor, daß durch Nathusius erstmals systematisch eingelöst worden sei, was zuvor allerhöchstens R. Todt in seinem Hauptwerk *Der radikale deutsche Socialismus und die christliche Gesellschaft* 1877 vorbereitet habe. Die grundsätzliche Beurteilung, die man dem vorgelegten sozialethischen Programm zukommen ließ, zeigt sich auch daran, daß

297 *A. a. O.*, S. 264f.
298 *A. a. O.*, S. 274.
299 *A. a. O.*, S. 309.

zugleich eine stringente Linie von Todts Werk über die einschlägige Denkschrift des CA für Innere Mission von 1884 bis zu Nathusius' *Mitarbeit* gezogen wurde[300]. Als erste systematische Entwicklung bzw. „erste umfassende principielle 'Grundlegung'"[301] bezeichnete der konservative Theologe E. F. Wyneken, selbst ein Verfasser christlich-sozialer Literatur, das Werk. Aber keineswegs nur auf seiten der konservativen Gesinnungsgenossen, sondern auch bei Naumann, J. Weiß oder J. Kögel wurde die *Mitarbeit* als Gesamtdarstellung einer neuen Sphäre der Wissenschaft[302], als „standard book auf diesem Gebiete"[303] und von Th. Schäfer im Rückblick als „Hauptwerk dieses Litteraturzweigs"[304] der sozialen und nationalökonomischen Orientierungshilfen für Theologen angesehen. Der Tenor unter den Theologen lautete: „Man wird wirklich heimisch auf dem so dunkeln Gebiete der Nationalökonomie"[305]. Auch von seiten der Volkswirtschaft erging Lob. Wilhelm Roscher beklagte zwar Nathusius' mangelhafte Darstellung der wahrhaft großen Theoretiker D. Ricardo und J. v. Thünen, kam dennoch zu dem Ergebnis: „Die Geschichte der Nationalökonomik ist für Laien, welche sich praktisch belehren wollen, gar nicht übel"[306]. Dennoch erwartete sich Roscher insbesondere vom angekündigten zweiten Teil nicht zuletzt deshalb sehr viel, weil Nathusius damit das Gebiet seines Hauptfaches betreten und dann auf seine unmittelbaren Erfahrungen zurückgreifen könne. Diese theoretische Inangriffnahme der volkswirtschaftlichen Probleme sowie der christlich-sozialen Stellung dazu galt als lobenswert, „weil diese Frage noch so sehr im Anfang und im Werden war, sich ja noch völlig im Fluß befand, so daß es deswegen schwer halten mochte, dieselbe zusammenzufassen und vor allem sie systematisch zu gestalten und zu gliedern"[307].

Die *Mitarbeit* wurde durchweg als mögliche Grundlage für die gemeinsame Verständigung unter den theologischen Richtungen in Hinblick auf die zukünftige christlich-soziale Tätigkeit anerkannt. Daß durch die *Mitarbeit*

300 So etwa E. F. Wyneken, *Die soziale Frage und die Kirche*, *AKM* 1895, S. 676 und auch P. Baltzer, *EKZ* 1893, Sp. 741ff.

301 So E. F. Wyneken in seiner Besprechung *Zur sittlich-religiösen Grundlegung*, *AKM* 1895, S. 1199 sowie im Rückblick auf dieses erste Buch, *Die soziale Frage und die Kirche, a. a. O.*, S. 673.

302 Vgl. F. Naumann, *ThLZ* 1893, Sp. 312.

303 J. Kögel, *Nathusius*, S. 194.

304 Th. Schäfer, *Martin v. Nathusius*, S. 535.

305 P. Baltzer, *EKZ* 1893, Sp. 796.

306 W. Roscher, *Literarisches Centralblatt 1893*, Sp. 821. Abgesehen davon ist m. W. auf seiten der nationalökonomischen Wissenschaft keine Rezeption vorhanden. Lediglich Th. Surányi-Unger erwähnt die *Mitarbeit* im Zusammenhang seiner Besprechung der „Ethischen Richtungen in der Volkswirtschaftspolitik" in seiner - Othmar Spann zugeeigneten - *Philosophie in der Volkswirtschaftslehre II*, S. 63f.

307 J. Kögel, *Nathusius*, S. 194.

ebenfalls die Möglichkeit gemeinsamer Verständigung über die konfessionellen Grenzen hinweg möglich werde, betonte der Rezensent der *Historisch-politischen Blätter*, wobei er nicht zuletzt auf Nathusius' positive Darstellung des katholischen Sozialengagements à la Ketteler und Hitze rekurrierte[308].

Naumann, im übrigen einer der wenigen Rezensenten, die explizit auf den Zusammenhang zwischen der Methodologie des *WdW* und der *Mitarbeit* zu sprechen kamen[309], erwartete sich vom angekündigten II. Teil aufschlußreiche Antworten hinsichtlich der theologischen Grundlegung bzw. des Zusammenhangs zwischen christlichem Glauben und den konkreten wirtschaftlichen und gesellschaftlichen Zielvorstellungen. Allerdings deutete er den grundlegenden Unterschied zwischen sich und Nathusius bereits an, wenngleich er Nathusius hier nicht angemessen wiedergab und monierte: Man kann nicht „ein volkswirthschaftliches Zukunftsideal entwickeln und sich dann nach den Hilfskräften des Evangeliums zu seiner Erreichung umsehen, sondern man muß sogleich mit dem innerweltlichen Ziele der Wege Gottes beginnen“[310]. Auch sah er insbesondere in den ausführlichen historischen Abschnitten die Gefahr lauern, „daß man mit geschichtlich gewonnenem Verständnis an Nothständen vorübergehen kann, als sei für den Arzt der Volksleiden eine sorgfältige Diagnose genügender Ersatz für etwa fehlende Heilmethode“[311].

---

[308] Vgl. E. Vogt, *Historisch-politische Blätter 1893*, S. 351. F. W. Graf hebt bezüglich der konfessionellen Verständigung insbesondere die einheitsstiftende Bedeutung der *Mitarbeit* innerhalb des konservativen Sozialprotestantismus hervor, wenn er schreibt, daß das Werk unter dessen Vertretern sowie in den Bildungseinrichtungen der Diakonie als das sozialethische Lehrbuch galt, „in dem die leitende Zielsetzung eines sozial aktiven Neuluthertums in intensivem Dialog mit der historischen Schule der Nationalökonomie und den sich formierenden Sozialwissenschaften theoretisch gerechtfertigt wurde“, *Nathusius*, Sp. 488. Allerdings trifft diese Einschränkung auf den konservativen Kontext m. E. erst im Blick auf beide Teile der Mitarbeit insgesamt sowie vor allem die 2. Auflage zu. Zumindest dieser erste Teilband ist unter praktisch sämtlichen christlich-sozial Aktiven und Interessierten und über die kirchenpolitisch gezogenen Grenzen hinaus in hohem Maße konsensfähig.

[309] F. Naumann, *ThLZ* 1893, Sp. 313. Daneben vgl. noch E. Vogt, *Historisch-politische Blätter 1893*, S. 348 sowie vor allem W. Roscher, *Literarisches Centralblatt 1893*, Sp. 822.

[310] F. Naumann, *ThLZ* 1893, Sp. 313. Naumann plante, wie er weiter schrieb, eine grundsätzliche Erörterung dieser Bemerkung im Anschluß an das Erscheinen des II. Teils der *Mitarbeit*. Allerdings kam es aus Gründen, von denen zu sprechen sein wird, nicht mehr zu einer Besprechung des zweiten Buches der *Mitarbeit* durch Naumann.

[311] *A. a. O.*, Sp. 314. Bezüglich konkreter Forderungen wirtschaftlicher Reformen weist Naumann darauf hin, daß insbesondere eine genauere Klärung des Kapitalbegriffs sowie des Mißstandes der Kapitalkonzentration noch ausstehe und ebenfalls die Frage des Privateigentums sowie der Zukunft des Mittelstandes bisher nur unzureichend in den Blick genommen sei, vgl. *a. a. O.*, Sp. 315f.

Insgesamt sah man, sowohl was die vorläufigen Antworten als auch die offenen Fragen der *Mitarbeit* anging, dem zweiten Bande „mit Spannung“[312] entgegen. An dieser Fortsetzung sollte sich zeigen, ob Nathusius einen Beitrag zum möglichen sozialprotestantischen Konsens liefern konnte oder ob die Wege der Christlich-Sozialen von nun ab unüberbrückbar auseinandergingen.

C. Das sozialethische Programm im Diskurs der theologischen Ethik

„Es ist kein Zwiespalt in der Schöpfung Gottes, so daß jene furchtbare Zerklüftung der Gesellschaft, mit ihren Folgen für den Wohlstand und die Sittlichkeit der großen Massen, als eine notwendige anzusehen sei“.[313]

Die Frage nach der sozialen Aufgabe der Kirche aufzuwerfen, erforderte für Nathusius unumgänglich die Erörterung derjenigen Voraussetzungen, die den Konstitutionsbedingungen und der Wirksamkeit von Kirche zugrunde liegen. Im Anschluß an seine nationalökonomisch ausgerichtete und wirtschaftsethisch konnotierte Problembeschreibung erfolgt die systematisch-theologische Bestimmung des Kirchenbegriffs mit dem Ziel, den fundamentalen Zusammenhang seines wirtschaftsethischen sowie des weitergreifenden sozialethischen Programms mit einer theologisch verantworteten Explikation des sozialen Problemhorizonts herauszustellen. Dieser Versuch läßt sich vor allem im Rahmen des II. Buches der *Mitarbeit* auffinden, das 1894 unter dem Titel *Die Aufgabe der Kirche* erscheint. Die hier von Nathusius vorgelegte theologische Explikation seines wirtschafts- und sozialethischen Programms führt zu der Erkenntnis: das im I. Buch - nicht immer leicht erkennbare - inhaltliche Schwergewicht zugunsten einer *christlich* motivierten und *kirchlich* verorteten Sozialethik mitsamt tiefgreifender Konsequenzen für die Gestalt wirtschaftlich-sozialer und politischer Einzelforderungen ist nun deutlich aufweisbar.

Zu Beginn seiner Abhandlung weist Nathusius auf die zu berücksichtigende Tatsache grundlegend sich voneinander unterscheidender Bestimmungsversuche des Begriffs von Kirche hin. Diese von Nathusius zu Beginn der neunziger Jahre erstmals ausführlicher vorgenommene theologische Explikation des sozialethischen Programms zeichnet sich in dieser Hinsicht einerseits durch die Offenlegung des eigenen theologischen Ansatzes aus, zugleich lebt

[312] So J. Weiß, *CW* 1893, Sp. 526; vgl. auch E. Vogt, *Historisch-politische Blätter 1893*, S. 360.

[313] M. v. Nathusius, *Henry George, der Bodenbesitzreformer*, *AKM* 1894, S. 313.

sie in hohem Maße von der Auseinandersetzung mit gegnerischen theologischen Positionen in der Frage des Begriffs von Kirche. Deutlich wird damit, daß Nathusius dieses zweite Buch nicht nur als Debattenbeitrag zur Begründung und Ausprägung christlich-sozialen Engagements verstanden wissen will, sondern im Zusammenhang einer grundsätzlichen theologischen Kontroverse verortet. Mit der theologischen Explikation des Programms wird ein über die sozial- und wirtschaftsethische Fragestellung weit hinausgehendes Interesse verfolgt.

Zu bedenken ist damit aber, ob die von Nathusius aufgeworfene Frage nach Bedingungen und Möglichkeiten gerechten wirtschaftlichen Handelns und notwendigen sozialen Engagements innerhalb des kirchlichen Kontextes tatsächlich den sachlichen Mittelpunkt seiner Darstellung bildet. Stellt er beispielsweise die eigenen *theologischen* Voraussetzungen dezidiert der Weltanschauung der liberalen oder kommunistischen Wirtschafts- und Sozialtheorie gegenüber, deutet sich als letztlicher Zielpunkt eine in apologetischer Haltung und Absicht stehende Darlegung der Anschauungen des Christentums als der entscheidenden Gestaltungsmacht von Gesellschaft und Kultur an.

1. Die theologische Entfaltung der Problemstellung

1. 1. Die Rede von christlicher Gewißheit

Unter Herausarbeitung des explizit christlichen Standpunktes findet eine neuerliche Diskussion über die Legitimität des christlich konnotierten Gewißheitsbegriffs statt, wie Nathusius sie bereits 1885 im *WdW* geführt hatte. Von diesem Ausgangspunkt aus werden - als Voraussetzungen für eine adäquate Darstellung des Kirchenbegriffs und der kirchlichen Aufgaben - Grundgedanken aus den Bereichen der Gottes- und Schöpfungslehre sowie der Hamartiologie und Eschatologie entfaltet.

Für den Wissenschaftsstatus der Untersuchung bedeutet dies, daß zwar eine Argumentationsstrategie ausgeschlossen bleibt, die den *Beweis* der Wahrheit christlicher Rede antreten zu können meint. Gleichwohl wird weiterhin von der Möglichkeit einer wissenschaftlichen *Rechtfertigung* der christlichen Weltanschauung ausgegangen, die sich als Beschreibung der Erfahrungen von Glaubensgewißheit konkretisiert. Die Erfahrungen der Glaubensgewißheit werden dabei erneut am Ort des seiner selbst bewußten sittlichen Subjekts festgemacht. Die selbst-bewußte Rechtfertigung der christlichen Weltanschauung gilt als möglich, wenn die inneren Erfahrungen von ihrer Beziehung auf die offenbarende Verkündigung Jesu Christi her verstanden werden. Als Bereich *göttlicher Offenbarungen* gilt die Welt schlechthin, in der Gott seinen Plan und „die inneren Zusammenhänge des Weltlebens [...] enthüllt"[314], so daß schließlich „das ahnende Suchen nach dem dunklen Rätsel im Hintergrund aller Dinge zur seligen Gewißheit"[315] werden kann.

1. 2. Gottes geordnete Schöpfung

Eine alles Seiende als Schöpfung Gottes anerkennende Weltanschauung führt in Nathusius' Durchführung hinsichtlich der Bestimmung des Verhältnisses Gottes zur Welt zu zwei Aspekten. Einerseits macht er den Gedanken der *Immanenz* Gottes in der Welt zum materialen Ausgangspunkt seiner theologischen Explikation, zum anderen wird dieser Aspekt der Gotteslehre mit schöpfungstheologischen Aussagen verbunden. An diesem zweiten Punkt versucht Nathusius, den Gedanken einer von Gott bewirkten *Gesetzmäßigkeit* alles Seienden für seine systematische Entfaltung der christlichen Weltanschauung fruchtbar zu machen. Die Rede von der Gesetzmäßigkeit der Natur als der ersten Offenbarung des Schöpfers in seinem Geschöpf führt ihn zur Integration von *Welt* in die theologisch gegründete *Anschauung* über den Bereich coram mundo. *Welt* erfährt damit ihre theologisch positive Setzung, so daß stringenterweise die Naturgesetze als *heilige Ordnungen Gottes* gelten. Diese Ordnungen beziehen sich als Manifestationen des göttlichen Ratschlusses im Sinn überweltlicher bewußter Leitung[316] nicht nur auf die äußeren Verhältnisse, in denen der Mensch existiert. In der Befähigung des Menschen, in diesen Verhältnissen naturgemäß zu leben und sich den Gesetzen der Natur entsprechend zu verhalten, kommt der ordnende Wille Gottes selbst zum Vorschein. Dies hat seine Bedeutung nicht nur hinsichtlich der *menschlichen Lebensführung* innerhalb der von Gott geschaffenen Ordnungen der Natur, sondern führt zugleich zum Gedanken der Einrichtung und Gewährleistung von *Institutionen*[317] als derjenigen Ordnungen, innerhalb derer dem Willen Gottes entsprochen werden kann. Diese Institutionen sind ihrer Begründung gemäß so auszugestalten, daß in ihnen der Zusammenhang alles

---

[314] *Mitarbeit II*, S. 22.

[315] *Ebd.*

[316] Vgl. *a. a. O.*, S. 32.

[317] Vgl. *a. a. O.*, S. 89. Ohne an dieser Stelle schon näher auf die einzelnen „Institutionen" einzugehen, sei darauf hingewiesen, daß unter die den Menschen unmittelbar betreffenden naturgemäßen Ordnungen sämtliche möglichen Beziehungsebenen der Menschen gezählt werden: „Es giebt für das Verhältnis der Geschlechter, der Eltern und Kinder, für die wirtschaftliche Thätigkeit und die Art derselben, das Verhältnis der Arbeit im Leben zur Ruhe, für die Behandlung der erarbeiteten Güter, für das Verhalten der Mitmenschen und die gesellschaftliche Gliederung - es giebt für dies Alles schöpferisch bestimmte Ordnungen, bei deren Innehaltung sie zum Heile des Ganzen gedeihen würden", *a. a. O.*, S. 60.

Seienden mit den „vom Schöpfer gesetzten Existenzbedingungen“[318] widergespiegelt ist. Werden die sozialen Verhältnisse in Entsprechung zum ordnenden göttlichen Willen gestaltet, trage dies sowohl in bezug auf die äußeren Verhältnisse als auch auf die innere Verfassung des Menschen zu einer heilvollen Existenz bei[319]. Menschliche Gestaltungskompetenz im Blick auf diese Verhältnisse setzt im Rahmen der vorliegenden theologischen Explikation den Rekurs auf eine manifeste göttliche Leitung voraus. Im Umkehrschluß bedeutet dies, daß die positive Bewertung einer konkreten Gesellschafts- und Sozialordnung ihre materialen Kriterien nicht von der Frage der Funktionsfähigkeit oder Partizipationsoffenheit dieser Ordnung erhält, sondern von der eindeutigen Übereinstimmung mit dem vermeintlich zweifelsfrei feststellbaren göttlichen Schöpfungs- und Erhaltungswillen. Der Versuch, diese konkrete Ordnung mit dem Gedanken göttlicher creatio und gubernatio zu verbinden, geriert tendenziell dann allerdings zur theologischen Überhöhung einer Legitimationsstrategie in Hinsicht auf die bestehenden Verhältnisse.

Im Zusammenhang dieses Legitimationsbestrebens traditioneller Institutionen stellt sich die Frage, ob Nathusius in *bestimmten* Institutionen einen konstruktiven Beitrag zur harmonischen Gesellschaftsordnung erblickt, weil er diese zweifelsfrei als Ausdruck des göttlichen Ordnungswillens verstehen kann. Oder ob umgekehrt bestimmte Institutionen, die er aus Gründen seiner politischen Haltung oder seines persönlichen Interesses favorisiert, nur mehr nachträglich legitimiert werden sollen. In diesem vermeintlich rein theologischen Diskussionskontext wird somit erneut das Problem der Wechselwirkung zwischen theologischer Grundposition und dezidiert praxisrelevant-politischer Überzeugung virulent.

Eine weitere Annäherung an dieses Problem ergibt sich dort, wo Nathusius seine Negativzeichnung abzulehnender Institutionalisierungen präsentiert. Am Anfang steht seine Ansicht, daß die Schaffung oder Beibehaltung von Institutionen, die nicht im Auftrag gemeinschaftlichen Zusammenlebens stehen, zu einer mehr als nur äußeren Störung der Ordnung führen müsse. Die

---

318 *A. a. O.*, S. 89. Im Zusammenhang der frühen Schriften war der Zusammenhang zwischen Schöpfergott und gesellschaftlicher Ordnung im Rahmen der naturwissenschaftlichen Debatten aufgezeigt worden. So konnte etwa in *Naturwissenschaft und Philosophie* gesagt werden, daß ohne den Gedanken der Einheit und Harmonie des Schöpfers von einer sittlich geordneten Volksgemeinschaft nicht gesprochen werden könne.

319 E. F. Wyneken beklagt bei aller generellen Zustimmung zum II. Buch der *Mitarbeit*, daß Nathusius nicht klar und bestimmt Schöpfungs- und Heilsordnung einander gegenüberstellt, vgl. *Die sociale Frage und die Kirche*, *AKM* 1895, S. 674. Nathusius hingegen hält in seiner Replik auf den Vorwurf Wynekens dessen Unterscheidung, die dieser aufgrund veralteter dogmatischer Schablonen treffe, lediglich für verwirrend, vgl. *a. a. O.*, S. 680. Zum historischen Aspekt des Terminus der Schöpfungsordnung und seiner neulutherischen Verwendung bei Th. F. D. Kliefoth, A. v. Harleß und F. H. R. Frank jetzt auch D. Lange, *Schöpfungslehre und Ethik*, S. 162ff.

Negation der in den göttlichen Gesetzen manifesten Forderungen führe zur Verkennung der Abhängigkeit von Gott als dem grundlegend Bedingenden aller individuellen Existenzen: „Was im Menschenleben sich entzieht den für das Menschenleben vom Schöpfer gesetzten Ordnungen und Bedingungen, trennt sich damit von Gott, vom Leben, und verfällt dem Tode“[320]. Der Legitimationsversuch einer harmonistischen Welt- und Lebensordnung steht in unmittelbarem Zusammenhang zu Nathusius' heuristischer Perspektive des 'Entweder-Oder'. In das sozialethische Programm wird damit die bereits bekannte Kampfmetaphorik eingezogen, auf die Nathusius signifikanterweise innerhalb des I. Buches noch weitgehend verzichtet hatte. Diese Kampfmetaphorik erlebt jetzt ihre theologisch grundierte Auferstehung.

1. 3. Gottes gestörte Schöpfung

In die Überlegungen zur Frage der Verwirklichung natur- und damit gottgemäßer Ordnungen wird zwar der Gedanke des der menschlichen Natur inhärenten freien Willens, damit prinzipiell die Möglichkeit des Sich-Lossagens von Gott, integriert. Da sich diese Fähigkeit zur freien Entscheidung aber durch das geschichtliche Ereignis des Sündenfalls als Entscheidung zum Ungehorsam und Unglauben erwiesen habe, gehe mit dem freien Willen seitdem die prinzipielle Sündhaftigkeit des Menschen einher. Für die Frage nach den Konstitutionsbedingungen und Wirkungsmöglichkeiten von Kirche muß Nathusius zufolge diese Grundgegebenheit der Sünde berücksichtigt werden.

Durch die theologische Argumentation bringt Nathusius Elemente der Hamartiologie unmittelbar für die Frage der Funktion von Institutionen in Anschlag, womit für ihn keineswegs sachfremde Bewertungsmaßstäbe in die Debatte eingezogen werden. Die kulturelle Tradition einzelner Institutionen gilt ihm als substantieller Nährboden dafür, die theologischen Elemente der kulturellen Tradition aktuell wieder fruchtbar zu machen. Auch hier fällt auf, daß die hamartiologische Grundierung keineswegs zur Produktion eines pessimistischen Institutionen- oder Weltbildes führt. Die Stabilisierung bestimmter Ordnungselemente soll nicht primär der 'Eindämmung der Sünde' dienen, sondern gerade die Zukunftshoffnung einer geordneten Welt veranschaulichen.

Da aufgrund menschlicher Erbsünde die Vollkommenheit in der gegenwärtigen Welt keinen Raum habe, sei zwar von der Tatsache auszugehen, „daß ausnahmslos jeder Mensch, ohne es erst besonders zu wollen, [...] auf die allernatürlichste Weise in Handlungen und innere Zustände gerät, die seinen eigenen Lebensbedingungen widersprechen“[321]. Angestrebte Lösungen

---

[320] *Mitarbeit II*, S. 31.

[321] *A. a. O.*, S. 39.

sozialer Probleme könnten unter der Gegebenheit menschlicher Sündhaftigkeit nur Annäherungen an gottgemäße und menschengerechte Zustände sein, so daß alles Bemühen um die Wiederherstellung der ursprünglichen Weltordnung immer wieder zum Scheitern führen müsse. Der Zwiespalt zwischen Ideal und Wirklichkeit bringe nicht nur mit sich, daß der göttliche Ratschluß nur noch der Anlage nach erkennbar sei, sondern auch, daß die „durch die Offenbarung uns bekannt gewordene persönliche Macht des Bösen untrennbar mit zum christlichen Glauben“[322] gehöre.

Die Betonung dieser Grundvoraussetzung der Sünde soll Nathusius zufolge nun aber nicht dazu verleiten, Gottes ursprünglichen Ratschluß als unwirksam für die gegenwärtige Weltordnung anzusehen. Vielmehr sei für die Frage nach der Zukunft alles menschlichen - und in diesem Zusammenhang alles kirchlichen - Handelns bedeutsam, daß Gott seine Schöpfung grundsätzlich zu bewahren und eine Herrschaft herzustellen trachte, „in der aller freie Wille, der existiert, seiner Lebensbedingung gemäß so will, wie Gott will“[323].

1. 4. Der Gedanke der Erlösung und Vollendung der Welt sowie die Bedeutung der Rede vom Reich Gottes

Über den Gedanken einer gestörten Schöpfung hinaus wird die göttliche Heilstat, die auf Wiederherstellung der Schöpfung abzielt, als fundamentale Voraussetzung für die Möglichkeit christlichen und kirchlichen Wirkens in Geltung gesetzt. Die Hoffnung auf einen grundsätzlich neuen Lebenszusammenhang für den einzelnen Menschen und einen neuen kosmischen Lebenszusammenhang wird an diese Vorstellung des positiven Ratschlusses Gottes gebunden. Als Kern des erwarteten Heils stellt Nathusius die Harmonie im sittlichen Bewußtsein und die Harmonie der gesamten Schöpfung mitsamt der Erfüllung aller auf das gesellschaftliche Leben der Menschen gerichteten Ideale heraus, so daß an diesem Punkt die Fäden seiner theologischen und weltanschaulichen Position zusammenlaufen.

Der göttliche Heilsratschluß, die Welt wiederherzustellen, kann jedoch niemals vollkommen auf den diesseitigen Zustand angewandt werden, so „daß eine Aufhebung der sozialen Übel und die Herbeiführung eines sozialen Paradieses unter den gegenwärtigen Weltbedingungen oder auf dieser Erde, unmöglich ist“[324]. Wird die Kirche unter das Signum kommender Heilsgemeinschaft gestellt, erhebt sich die Frage nach der heilsgeschichtlichen Bedeutung der *Zwischenzeit*, die im Rahmen des vorliegenden Programms unzweideutig als Zeit der Wirkmacht von Sünde und Übel zur Darstellung ge-

---

322 *A. a. O.*, S. 54.
323 *Ebd.*
324 *A. a. O.*, S. 41.

bracht wird. Für Nathusius erlaubt der Reich-Gottes-Begriff die Klärung der kirchlichen Weltaufgabe, indem dieser die vorangegangenen Darlegungen über den göttlichen Heilsplan in neuem Lichte erscheinen lasse. Dieser Begriff erhält bei Nathusius seine konstitutive Bedeutung nicht nur durch die enge Anbindung an Frömmigkeitspraxis und kirchlichen Auftrag, sondern er erlangt durch seinen individuell *und* gemeinschaftlich relevanten Sinngehalt Bedeutung für das sozialethische Programm.

Indem der Reich-Gottes-Begriff als konstitutiver Bestandteil des Kirchenbegriffs dargestellt wird, konzipiert und legitimiert Nathusius das von Gott erwartete zukünftige Gut als ein bereits gegenwärtig *sozial relevantes* Gut. Da „schon jetzt Kräfte wirksam [sind], welche aus dem Reiche Gottes stammen und in dasselbe führen“[325], ist Gewißheit über das Reich Gottes als eines transzendenten, zugleich aber real existierenden möglich. Für den kirchlichen Kontext wird diese Vorstellung des Zukünftigen und zugleich Gegenwärtigen als Fundament für das eigene soziale Handeln insofern bedeutsam, als dieses Handeln zwar niemals zur Wiederherstellung und Vollendung der diesseitigen Welt führen kann, jedoch die Hoffnung auf diese Vollendung veranschaulichen und die zukünftige Gottesherrschaft *anbahnen* kann. Ob die Wahrnehmung und Ausgestaltung der Möglichkeiten christlichen Handelns in der Welt Gottes Willen entspricht, hängt Nathusius zufolge davon ab, ob dieses Handeln so ausgerichtet ist, daß es zur Anbahnung des Reiches Gottes beiträgt.

Kritisch ist auch hier wieder zu bedenken, ob das von Nathusius angestrebte umfassende kirchlich-soziale Engagement nicht sogar gänzlich zugunsten dieses übergeordneten Gedankens der Anbahnung des zukünftigen Reiches eingezogen und die Auseinandersetzung mit den diesseitigen sozialen und gesellschaftlichen Problemen von vornherein *bestenfalls* in den Horizont reiner Apologetik eingezeichnet wird. Das theologisch begründete Sozialengagement wäre in diesem Fall in den Bann eines ausschließlich dogmatischen Begründungsmusters geraten. *Schlimmstenfalls* könnten in der Konsequenz das jeweilige ethische Feld, der jeweilige Sachverhalt gänzlich beliebig, austauschbar und jede Konkretion bedeutungslos werden. Diese Bedenken lassen sich hinsichtlich der Näherbestimmung der Kirche und der ihr zugemessenen Aufgaben näher überprüfen.

2. Die Aufgabe der Kirche

Anhand der Einschränkung, daß eine vollständige Herstellung der Gottesherrschaft innerhalb der diesseitigen Welt nicht möglich ist, wird als kirchliche Aufgabe formuliert, daß sie „kraft des neu geschenkten Geistes im stande sei,

325 *A. a. O.*, S. 50.

[...] die ursprünglichen Gottesordnungen für das menschliche Leben zu erkennen und dieselben zu verwirklichen"[326].

Im Sinne einer christologischen Fundierung des ekklesiologischen Entwurfes gilt die Einsicht in den göttlichen Willen als durch die Vermittlung Christi ermöglicht, da in diesem „die göttliche Weltordnung ohne Sünde und Tod zuerst wieder keimartig angelegt"[327] sei und es in dessen Absicht gestanden habe, der Menschheit die Nähe Gottes zu vermitteln, ihr neue sittliche Kraft zugänglich zu machen und so zur Neugestaltung der Gesellschaft „eine Gemeinde zu hinterlassen, die sein Werk auf Erden fortführt"[328].

Im Zusammenhang und als Fortsetzung des durch den Sohn Gottes bewirkten Erlösungswerkes führt dies zur Forderung einer Verkündigungsgestalt, die die Erweckung jedes einzelnen und die Sammlung und Kräftigung der Gemeinschaft zur sittlichen Tat zum Ziel hat - man denke an den von Nathusius hervorgehobenen Sendungscharakter kirchlichen Handelns. Nathusius bezieht durch diese Charakterisierung der Kirche als Mittel zur Fortsetzung des Erlösungswerkes Christi dezidiert Position innerhalb der protestantischen Diskussionen seiner Zeit über Begriff und Auftrag der Kirche. Unter Ablehnung von Schleiermachers Konzeption, in der kein teleologischer Kirchenbegriff gebildet, sondern die Kirche ausschließlich in ihrem Selbstzweck betrachtet worden sei und Schleiermacher die Tätigkeiten derselben lediglich als Mittel der Selbsterbauung verstanden habe[329], werden Begriffsbestimmungen R. Rothes, Th. Kliefoths und M. Kählers[330] positiv aufgenommen. Im Blick auf Kliefoth schließt Nathusius sich dem Verständnis von Kirche als Produkt und Mittel des Heilsprozesses an. Darüber hinaus hält er bei den drei genannten Autoren den Kirchenbegriff über den Rahmen der Dogmatik hinaus für die ethische Fragestellung und praktische Wirksamkeit fruchtbar gemacht. Für den Zusammenhang kirchlicher Verkündigung mit der Aufgabe eines sozial relevanten Handelns resultiert aus dieser Rezeption eine Charakterisierung von Kirche, derzufolge die soziale Wirksamkeit zwar nicht deren Bestimmungs- und Lebensgrund darstellt, die Bildung christlicher Lebensordnungen und Gesellschaftsverhältnisse innerhalb der Volksgemeinschaft aber dennoch ein wichtiges Ziel kirchlicher Tätigkeit darstellt.

---

326 *A. a. O.*, S. 67.

327 *A. a. O.*, S. 47.

328 *A. a. O.*, S. 57.

329 *A. a. O.*, S. 118. Nathusius bezieht sich auf § 157, 2 der 2. Auflage der *Glaubenslehre* und zitiert Schleiermacher: Eine „Lehre von der Vollendung der Kirche kann streng genommen auf unserem Standpunkt nicht entstehen, da unser christliches Selbstbewußtsein geradezu nichts über diesen uns ganz unbekannten Zustand aussagen kann. - Die Kirche erkennt die Gabe des Geistes an, eine Zukunft vorzubilden, auf welche unsere Thätigkeit gar keinen Einfluß üben kann", *Mitarbeit II*, S. 118f.

330 R. Rothe, *Dogmatik II, 2*; Th. Kliefoth, *Acht Bücher von der Kirche*; M. Kähler, *Wissenschaft von der christlichen Lehre* II, § 57, vgl. *Mitarbeit II*, S. 119f.

Führt Nathusius die kirchliche darstellende Tätigkeit unter der Überschrift „Predigt des Gesetzes“[331] in die Argumentation ein, so spielt er nicht auf ein buchstäblich ausgeführtes bzw. auszuführendes Gesetz an. Der göttliche Wille dient im Sinn des *tertius usus legis* dazu, „dem durch das Evangelium in die rechte Stellung zu Gott gerückten Menschen einen Halt zu geben, damit er in den Kämpfen des Lebens in der rechten Stellung b l e i b e“[332]. Die Immanenz Gottes in der Natur spiegle sich auf der Seite des Menschen in der Weise wider, daß dieser durch den Heiligen Geist in den Stand gesetzt werde, die göttlichen Lebensbedingungen der irdischen Verhältnisse zu erkennen und demgemäß zu regeln.

Diese Forderung wird dort näher erläutert, wo von denjenigen Bedingungen die Rede ist, die von menschlicher Seite aus zur Anbahnung des Reiches Gottes erforderlich sind. Trotz des Zwiespalts zwischen dem Ideal der Schöpfung und der Wirklichkeit der Sünde wird die Bedeutung sittlichen Handelns des Menschen unter Berufung auf die sittlichen Ermahnungen des Neuen Testaments betont. Dementsprechend ermahnt Nathusius dazu, den göttlichen Willen in das Bewußtsein aufzunehmen und in den eigenen Lebenszusammenhängen durchzuführen. Als Ziel des Menschen gilt die Verwirklichung des ihm „aufgeprägten Typus oder Ideals“[333], verstanden als *Wiedergeburt,* als Eintritt „transcendenter Lebenskräfte in das Gewissensleben“[334].

Mit der positiven Bewertung gewissenhaften sittlichen Tuns wendet er sich zugleich gegen einen theologischen Standpunkt, demzufolge Evangeliumsverkündigung schon von sich aus zu heilsamen sozialen Ordnungen führe: „Die Kirche habe nur das neue Leben anzubieten, die ‘christliche Gesinnung’ zu wecken, den ‘Geist des Christentums’, der dann von selbst sich auch wirtschaftliche Ordnungen schaffen werde. Aber solche Ordnungen vorher aufzustellen und sie zur Einführung zu empfehlen – das wird als ein gesetzliches Thun der Kirche untersagt. Hier steckt der theologische Grundirrtum, den wir zu bekämpfen haben“[335].

Im Zusammenhang dieser Selbstauskunft über die eigene theologische Position wird auch die Auseinandersetzung mit dem Pietismus geführt. Für Nathusius’ ‘positiven’ theologischen Ansatz ist die dezidierte Selbstunterscheidung von der pietistischen Frömmigkeitsrichtung charakteristisch. Wie besonders deutlich seine späteren Debattenbeiträge zur stark aufkommenden Gemeinschaftsbewegung zeigen, bringt er auch für deren Rezeption ein theologisch ausgeführtes ‘Entweder-Oder’ in Anschlag, wobei die wesentlichen Unterschiede zu seiner eigenen Position nicht im Bereich der Christo-

[331] Vgl. *a. a. O.*, S. 68ff.
[332] *A. a. O.*, S. 74.
[333] *A. a. O.*, S. 30.
[334] *A. a. O.*, S. 51.
[335] *A. a. O.*, S. 72.

logie oder Hamartiologie angesiedelt sind. Im Zielpunkt seiner Kritik steht vielmehr deren sektenhaft gezeichneter Kirchenbegriff jenseits aller Volkskirchlichkeit, der aus einem von falschem Heiligungs- und Erneuerungsgedanken geprägten Rechtfertigungsverständnis resultiere. Im Zusammenhang des eigenen sozialethischen Programms wirken sich seiner Ansicht nach die defizitären dogmatischen Anschauungen des Pietismus vornehmlich in quietistischem Sinn aus. Der Gedanke der strikten Entgegensetzung von Gottesherrschaft und jetzigem Weltlauf führe zu keinem konstruktiven Konzept kirchlichen Handelns, da ausschließlich die Heiligung der einzelnen Seele in den Blick genommen werde. Die Berücksichtigung der Volksgemeinde mitsamt ihrer Nöte werde nicht als konstitutiver Bestandteil kirchlichen Wirkens verstanden und somit die Notwendigkeit christlicher Durchdringung des öffentlichen Lebens und seiner Institutionen eindeutig verkannt: „Wir sind [...] darin nicht einverstanden, daß das menschliche Handeln in Bezug auf die Anbahnung des Reiches Gottes nur darin bestehe, daß die Christen erstlich ein Gebetsleben führen in Glaube und Hoffnung, zweitens sich selbst innerlich frei machen von der Welt und den weltlichen Lüsten und drittens ihre Lindigkeit kund werden lassen allen Menschen in Werken der Wohlthätigkeit und des Friedens“[336].

Das Hauptaugenmerk und der Hauptangriff gelten jedoch denjenigen theologischen Positionen, die Nathusius als die des Enthusiasmus und des Rationalismus bezeichnet[337]. Im Rahmen seiner Abhandlung über Wesen und Zielsetzung der Kirche manifestiert sich in dieser Auseinandersetzung erneut seine Stellung zu dieser theologischen Richtung. Die hier behandelten Positionen liefern dabei nicht nur den Kontrapunkt zu Nathusius' eigener Konzeption des *Kirchenbegriffs*, sondern bilden aufgrund ihrer Gesamtausrichtung die Front theologischer Gegnerschaft, der gegenüber er seine theologische Konzeption in grundsätzlicher Absicht stark zu machen sucht. Aus der dogmatisch konnotierten methodologischen Debatte des *WdW* wird nun die dogmatisch konnotierte sozialethische Debatte mit den Gegnern.

Die Diskussion mit diesen Positionen prägt, wie angedeutet, nicht nur die wissenschaftlichen Abhandlungen dieser Jahre, sondern bildet darüber hinaus einen der maßgeblichen Fixpunkte für die Auseinandersetzungen auf der praktischen sozial- und kirchenpolitischen Ebene, die - bereits früh aufweis-

---

336 *A. a. O.*, S. 94f. Als zeitgenössische Ausformungen dieses theologischen Ansatzes werden von Nathusius sowohl die Untersuchungen G. Uhlhorns *Die kirchliche Armenpflege* (1892), Th. Schäfers *Praktisches Christentum* (1892), R. Kübels *Zur ethischen Lehre vom Kosmos und von der Askese* (1890) als auch F. H. R. Franks *System der christlichen Sittlichkeit* (1884/87) namhaft gemacht. Selbst Kübels theologisch dezidiert 'positiver' Standpunkt, auf den dieser etwa in der 2. Aufl. seiner Schrift *Über den Unterschied zwischen der Positiven und der Liberalen Richtung* (1893), S. V u. ö., hinweist, schützt ihn nicht vor dieser Rezeption, vgl. *Mitarbeit II*, S. 75, S. 93 u. S. 96.

337 Vgl. *a. a. O.*, S. 97-117.

bar - mit Beginn der neunziger Jahre verstärkt stattfinden. Anhand dieses Disputes wird besonders augenfällig, daß Nathusius' sozialethisches Programm in ebenso starkem Maße als eigenständige systematische Konzeption wie als Streitschrift gegen diese theologischen Positionen und deren praktisch-politische Implikationen bewertet werden muß. So beruht die *Mitarbeit* in ebensolchem Maße auf der Erarbeitung des eigenen wie auf der Ablehnung der ihr widerstreitenden Ansätze, wobei sich wiederum fragen läßt, ob die Kennzeichnung der gegnerischen Positionen nicht überhaupt einen der heimlichen Schwerpunkte seiner sozialethischen Auseinandersetzung darstellt.

Die Hauptcharakteristika der enthusiastischen und rationalistischen Position werden an deren Verständnis der Reich-Gottes-Idee sowie der Fassung des Sünden- und Glaubensbegriffs festgemacht: „Je geringer die Sünde geschätzt wird, desto mehr werden die Erwartungen der antichristlichen Entwicklung zurücktreten und desto schwärmerischer werden die Hoffnungen werden, desto näher liegt die Verweltlichung der Reichgottesidee in irgend einer Form"[338]. Für den Fortgang der Untersuchung ist allerdings die Auseinandersetzung mit der rationalistischen Position von besonderer Bedeutung[339]. Hinsichtlich der Arbeiten Rothes[340] weist Nathusius darauf hin, daß er zwar mit dessen Forderung nach christlicher Durchdringung aller irdischen Verhältnisse übereinstimmt, allerdings - wie dann bei Ritschl und Weiß - hinsichtlich des Reich-Gottes-Begriffs eine philosophische Trübung der Begriffe konsta-

338 *A. a. O.*, S. 97. Mit der Rede der 'antichristlichen Entwicklung' wird darauf abgehoben, daß vor der endgültigen Beseitigung der Übel in der Welt diese zuvor noch in ihrer ganzen Macht zur Entfaltung kommen müßten, „daß schwere Gerichte der Menschheit nicht erspart werden können und daß schließlich ein neues schöpferisches Eingreifen Gottes, eine Wiedererscheinung Christi, eine Weltkatastrophe nötig wird", *a. a. O.*, S. 96f. Hier tauchen die eschatologischen Konnotationen, wie sie bereits im Zusammenhang seiner in der *AKM* aufscheinenden christlich-konservativen Weltanschauung angeklungen waren, wieder auf. Eine weitere Radikalisierung der Auseinandersetzung mit der rationalistischen Position findet sich in Nathusius' sozialreformerischen Spätschriften, worauf einzugehen sein wird.

339 Die inhaltliche Unterscheidung zwischen enthusiastischer und rationalistischer Position wird nicht explizit erläutert. Deutlich ist aber, daß die Bezeichnung „rationalistisch" hier eher auf eine bestimmte Art der methodischen Betrachtung und philosophischen Grundlegung Anwendung findet, während Nathusius unter „enthusiastisch" eine bestimmte Ausprägung inhaltlicher Konsequenzen aufgrund dieser Grundlegung versteht. Konkret gesprochen resultierten bestimmte schwärmerische oder chiliastische Hoffnungen letztlich aus unzulänglicher Kenntnis; einer Kenntnis, die nicht auf göttlicher Offenbarung, sondern primär auf eigener Vernunfterkenntnis beruhe und damit den Offenbarungsgrund verlasse, vgl. *a. a. O.*, S. 108. Umgekehrt müsse aber eine solche rationalistische Grundlegung nicht unbedingt zu einer chiliastischen Ausrichtung führen. Die Konsequenz könne vielmehr sein, daß von der Eschatologie im traditionellen Sinn gar nicht mehr die Rede ist, was Nathusius für die Entwürfe von R. Rothe, A. Ritschl und J. Weiß geltend zu machen versucht, vgl. *a. a. O.*, S. 110ff.

340 Nathusius bezieht sich dabei auf *Die Anfänge der christlichen Kirche und ihrer Verfassung* sowie die 2. Auflage der *Theologischen Ethik*, vgl. *Mitarbeit II*, S. 108.

tiert werden müsse, womit der „Faktor der Sünde in seinem Zukunftsbilde"[341] und das religiöse Element zugunsten der Konzentration auf eine bestimmte sittliche Haltung verlorenzugehen drohten. Ritschls Erörterungen *Rechtfertigung und Versöhnung* sowie dessen *Unterricht in der christlichen Religion*[342] zeichneten als Abhandlungen zum Reich-Gottes-Begriff ein Bild von Zukunftserwartung, das vollständig auf der Reflexion über die inneren Zustände basiere. Werde aber die Anerkennung objektiver Dogmen als religiöser Wahrheiten an eine Theorie subjektiven Erkennens gebunden, könne nicht nur göttliche Offenbarung, sondern auch die christliche Hoffnung „immer nur in der Form eines Postulates aus der gegenwärtigen inneren Erfahrung auftreten"[343]. Fatale Folgen für die soziale Praxis der Kirche ergäben sich erst recht dort, wo das Reich Gottes gänzlich zum Ausdruck für eine bestimmte sittliche Gemeinschaft werde. Im Blick auf den für diesen Ansatz namhaft gemachten Ritschl-Schüler Weiß führe dies zur Pflicht, „auf die Gefahren einer glaubenslosen Verflachung solches Handelns hinzuweisen, die mit unerbittlicher Logik da eintreten müssen, wo man die Früchte will, aber nicht den Baum, an dem sie gewachsen sind und allein wachsen können"[344].

Für diese unter sich durchaus unterscheidbaren rationalistischen Ansätze spiele es letztlich auch keine Rolle, auf welcher philosophischen Grundlage sie basierten, sei es Hegelsche Philosophie, materialistische Erkenntnislehre oder Neu-Kantianismus: Die Entleerung der christlichen Gedanken trete überall da hervor, „wo philosophischen Voraussetzungen ein normativer Einfluß auf die Darstellung des christlichen Glaubensgehaltes gegeben wird"[345]. So sieht Nathusius in der von Glaubensgewißheit gespeisten *Hoffnung auf Zukunft* den entscheidenden Unterschied zwischen der enthusiastischen bzw. rationalistischen und seiner eigenen Position: Nur wenn sich Hoffnung auf göttliche Offenbarung und damit auf die „transcendente Vollendung der Gottesherrschaft"[346] gründet, so sein Gegenansatz, kann die Forderung nach kirchlicher Mitarbeit im Horizont eschatologischer Erwartung beleuchtet und damit theologisch angemessen formuliert werden.

Diese grundsätzlich kritische Haltung gegenüber Methoden und theologischen Aussagen der liberalen Theologie wird in der Debatte über den Apostolikumstreit manifest. Diese vielfältig geführte Diskussion hat letztlich nicht nur den weiteren Weg des ESK bestimmt, sondern stellt auch einen der

---

341 *A. a. O.*, S. 109.

342 Vgl. *a. a. O.*, S. 18, 49.

343 *A. a. O.*, S. 18. Vgl. seine Konzeption subjektiver Gewißheit, wie er sie im *WdW* vorgelegt hatte.

344 *A. a. O.*, S. 112. Im Rahmen der Kritik an Weiß bezieht er sich auf dessen Werk *Die Predigt Jesu vom Reich Gottes*, vgl. *a. a. O.*, S. 111.

345 *A. a. O.*, S. 113.

346 *Ebd.*

manifesten Hintergründe für Nathusius' theologische Konzeption der *Mitarbeit* sowie für die später sich weiter verhärtenden sozialethischen Fronten dar. In der Frage der Wechselwirkung zwischen Dogmatik und Ethik wird dann bei Nathusius das Pendel wieder eindeutig auf die Seite der dogmatischen Debatte - die selbst wiederum eine Debatte über die Zukunftsgestalt von Kirche ist! - ausschlagen. Insofern gilt es an dieser Stelle, seine eigene Position und Beteiligung an dieser Debatte zu beleuchten. Es wird zu klären sein, ob auch auf Nathusius Kübels Definition der 'positiven' Theologen zutrifft, derzufolge es sich dabei um diejenigen Theologen handelt, „welche für ihre materialen Anschauungen die Position der biblischen und kirchlichen Autorität mit mehr oder weniger rückhaltloser Konsequenz vertreten. Sie halten, wenigstens faktisch und in alle dem [sic!], was die Bibel für die Zentralanschauung erklärt, das fest, was nach der Bibel und der Kirche darüber gelehrt werden muß und bringen höchstens solche Modifikationen an, welche nach ihrem Urteil die Glaubensposition der Kirche und der Bibel selbst intakt lassen"[347]. Eine Klärung dieser Frage wird vor allem dann möglich sein, wenn man im Auge hat, wodurch sich für Nathusius die Glaubens*position* von Kirche und Bibel auszeichnet und welche Gefährdungen er gerade an diesem Punkt ausmacht.

Exkurs: Der Apostolikumstreit (1892/93)

Das grundsätzliche Defizit des 1892 durch Harnack losgetretenen Streits sowie der Folgedebatten erblickt Nathusius in seiner Schrift *Die Kernfrage im Kampf für das Apostolikum gegen die Schule Ritschls* (1893) darin, daß jene Debatten entweder ausschließlich um die Frage der Historizität des Apostolikums kreisten oder sich auf den Zusammenhang zwischen Bekenntnisbindung und Glaubenslehre fokussierten, ohne dabei die Bedeutung und Konsequenzen des Bekenntnisses für *individuelle Glaubenspraxis* und *kirchliche Verkündigung* zu bedenken[348].

---

347 R. Kübel, *Über den Unterschied zwischen der Positiven und der Liberalen Richtung*, S. 17. Als Untergliederungen dieser Richtung und deren typische Vertreter nennt Kübel die „biblizistische Schule" und J. T. Beck, die „eigentlich kirchliche Theologie" mit Friedrich Adolf Philippi, Kähler und dem Erlanger Frank, schließlich mit stärkerer Betonung der Freiheit theologischer Lehre Kahnis, Luthardt und Thomasius, *a. a. O.*, S. 17ff.

348 Auf seiten der positiven Theologie hatten sich zuerst vor allem Cremer, Kähler und Zöckler mit Harnacks Plädoyer für den fakultativen Gebrauch des Glaubensbekenntnisses im Gottesdienst *Das apostolische Glaubensbekenntnis. Ein geschichtlicher Bericht* auseinandergesetzt. Für Cremer stand außer Frage, daß sich der Versuch der Beantwortung dieser dogmatischen Frage vom Boden historischer Forschung aus grundsätzlich verbiete. Das Symbol sei nicht historischer Bericht, sondern bringe die Verkündigung der Person Jesu im Sinne höchster Objektivität zum Ausdruck. Nicht der subjektive Forscherdrang, sondern die gläubige Annahme des *heilsgeschichtlichen Paradoxes* ist die

Harnack hatte bekanntlicherweise im Anschluß an den württembergischen Fall Schrempf sowie auf eine studentische Anfrage hin für ein fakultatives kürzeres Bekenntnis sowie das Ende liturgischen Zwanges votiert, wobei er den eigentlichen Schwerpunkt seiner Stellungnahme auf die Forderung gründlichen dogmengeschichtlichen Studiums und einer gewissenhaften theologischen Berufsausübung legte. An diesem Streit brach, was Harnack genau erkannte, zum einen die Frage nach dem Recht unvoreingenommener historisch-theologischer Forschung auf, zum anderen die Frage nach der Gestalt des persönlichen Erlebnisses und Bekenntnisses des gläubigen Christen. Die schnell und vehement einsetzende Debatte führte am 5. 10. 1892 zur überaus öffentlichkeitswirksamen Eisenacher Erklärung. Der Tenor der vor allem von liberalen Theologen unterzeichneten Erklärung ging dahin, daß die kirchliche Geltung des Apostolikums nicht mit der Anerkennung aller einzelnen Sätze durch Geistliche und Laien gleichgesetzt werden könne. Die kirchenregimentlichen Instanzen reagierten in den folgenden Jahren meist nicht anders als durch Sanktionsmechanismen oder Disziplinierungsverfahren, bis der Streit um einzelne Punkte - ungelöst - schließlich erst zwanzig Jahre später abflaute.

In Aufnahme der Grundbestimmungen des subjektiven Erkenntnisvermögens, wie sie im Rahmen des *WdW* vorgenommen wurden, stellt Nathusius die Frage nach dem Verhältnis von persönlichem subjektivem Glauben und gemeinschaftlich gesprochenem Glaubensbekenntnis in den Mittelpunkt seiner Erörterung des Apostolikumstreites: „Der Streit bewegt sich also nicht um die Ansicht über das Apostolikum, sein Alter, seine Entstehung und das Verständnis seiner einzelnen Worte, sondern er bewegt sich um den Begriff des Glaubens“[349]. Diesen Streit betrachtet Nathusius damit erneut

Grundvoraussetzung des wahren Apostolikumsverständnisses. Dabei spitzt Cremer in seiner Schrift *Der Kampf um das Apostolikum* zu: „Wir fordern nicht zuerst einen Glauben an Thatsachen als Voraussetzung und Bedingung des Glaubens an Christus, sondern der Glaube an Christus ist und setzt den Glauben an die Thatsachen, die Heilsthatsachen“ (S. 12). Von den vielen Streitschriften auf Harnacks Stellungnahme hin antwortete Harnack lediglich auf Cremers Entgegnungen, da er nur in diesen das von ihm gesetzte wissenschaftliche Niveau erreicht sah.

Zum theologiegeschichtlich bedeutsamen Apostolikumstreit liegt immer noch keine umfassende Darstellung vor. Zum Hintergrund wenigstens R. Stupperich, *Kampf um das Christentum*; H. M. Barth, *Apostolisches Glaubensbekenntnis II*, S. 560ff.; A. v. Zahn-Harnack, *Apostolikumstreit* sowie neuerdings H. Kasparick, *Apostolikumstreit*.

349 *Die Kernfrage*, S. 33. Dazu auch die Rezension von v. Oertzen, vgl. *AKM* 1893, S. 1028f. Nathusius hatte sich bereits im Lauf des Jahres 1892 in der *AKM* ausführlich und heftig in diese Streitfrage eingeschaltet. Im Rahmen seiner Besprechung von Kählers *Der sogenannte historische Jesus und der geschichtliche biblische Christus* verweist er auf die Bedeutung des Werkes für die Einschätzung des momentanen dogmatischen Streits und sieht in Kählers herausgearbeiteter persönlicher Verbindung des Christen mit dem *erhöhten* Christus eine der entscheidenden positiven Antworten auf die Infragestellung des Apostolikums, vgl. *AKM* 1892, S. 536. Nathusius bespricht ausführlich die

primär als Symptom für den falschen Ansatz einer ganzen theologischen Richtung. Dem Apostolikumstreit jedoch *einzigartigen* oder *epochalen* Charakter beizulegen, hieße allerdings, die bereits länger bestehenden innertheologischen Differenzen zwischen liberaler und konservativer Richtung bei weitem zu unterschätzen. Der Apostolikumstreit mag deshalb zwar eine besonders eindrückliche Manifestation dieser Differenzen darstellen, er löste jedoch Nathusius' spätere Infragestellung des christlich-sozialen Konsenses keineswegs aus, sondern bestätigte vielmehr seine theologisch begründete Skepsis gegenüber dieser Richtung. Um den dogmatischen Hintergrund zu klären, vor dem Nathusius sein sozialethisches Programm entwickelt, muß der Streit von dieser *bereits bestehenden Grunddifferenz* her beleuchtet werden.

Ein Beleg für diese latente Grunddifferenz läßt sich bereits für das Jahr 1889 nachweisen, als Nathusius in einen theologischen Disput mit W. Herrmann eingetreten war. Ausführlich hatte er in der von Cremer, Zöckler, Grau und anderen herausgegebenen Monatsschrift *Der Beweis des Glaubens* Herrmanns *Verkehr des Christen mit Gott* besprochen. Bereits damals bestand seine Hauptthese darin, daß Herrmann den Kern der evangelischen Theologie, die Lehre von der christlichen Erfahrung, rationalisiere und verflache, indem er für den Bereich der inneren Glaubenserfahrungen allein Nachwirkungen Christi aufweise, anstatt von den „direkten Wirkungen des erhöhten Christus"[350] zu sprechen. Der bei Herrmann im Hintergrund stehende Versuch einer Darstellung des logischen Prozesses innerer Erfahrungen trage hingegen dem „Moment des sündlichen Willens inner- und außerhalb des Subjekts" nicht ausreichend Rechnung. Der Hauptunterschied zwischen Nathusius und

durch Grau und Zöckler angeregte Antwort der Augustkonferenz auf Harnacks Äußerungen (vgl. *a. a. O.*, S. 1206ff.), behandelt die Eisenacher Erklärung und bespricht oder erwähnt zumindest im Lauf der Jahre 1892/93 praktisch alle größeren Schriften zum Apostolikumstreit, vgl. *AKM* 1893, S. 108f., S. 574 und S. 791ff. Außerdem geht er dort auf die besondere Bedeutung der Greifswalder Beteiligung am Streit sowie die einschlägigen Schriften der Kollegen Cremer und Zöckler sowie des Greifswalder Schlatternachfolgers Haussleiter ein. Ausführlichere inhaltliche Vorüberlegungen für seine eigene Studie finden sich in *AKM* 1892, S. 1207ff. und seinem Aufsatz *Die Verpflichtung der evangelischen Geistlichen auf das Bekenntnis*, *a. a. O.*, S. 1310-1318. Er unterscheidet bereits zu dieser Zeit die historische, kirchliche und dogmatische Seite des Streites (S. 1207ff.) und weist der dogmatischen Klärung des Auferstehungswirkens Christi die entscheidende Bedeutung zu. Im Zusammenhang der Frage nach der Verpflichtung der Geistlichen zeigt Nathusius innerhalb eines historischen Rückblickes bereits den grundsätzlichen Charakter anhand der Nitzsch-Dorner-Debatte der vierziger Jahre auf und betont, mit seinen eigenen Überlegungen kein juristisch-katholisches Bekenntnisverständnis vertreten zu wollen, vgl. *a. a. O.*, S. 1312.

350 *Darstellung der christlichen Erfahrung*, S. 7. Im Lauf des Jahres entspann sich in der genannten Zeitschrift ein reges Pro und contra zwischen Nathusius, Herrmann und R. Grau mit jeweils zwei ausführlichen Aufsätzen dieser drei Theologen.

Herrmann liegt in der Bedeutung, die der subjektiven Glaubensüberzeugung, der Persönlichkeit und der „Tiefe des selbsterlebten menschlichen Daseins“[351] zugeschrieben wird. Der eigentliche Differenzpunkt befindet sich nicht an einem fernen Punkt des jeweiligen dogmatischen Systems, sondern bereits am Einstiegsort in dieses System, oder wie Nathusius von Herrmann sagen kann: „So werden für ihn diejenigen Wahrheiten zu nachfolgenden Schatten seiner Erfahrungen, die für uns den Stützpunkt unseres Ausharrens bilden, weil sie Zusagen darstellen, denen wir - auf Grund gemachter Erfahrungen - glauben“[352]. Herrmanns ausführliche Replik unter demselben Titel mißt dem Nathusius'schen Einstieg einen grundsätzlich problematischen Charakter zu und moniert in entscheidender wissenschaftlicher Differenz zu Nathusius, daß dieser die Metaphysik wieder in die Theologie einführen wolle. Außerdem macht er eine grundsätzliche religiöse Differenz darin namhaft, daß Nathusius offensichtlich christliche Lehre und Praxis aus dem Glaubensleben herausheben wolle, indem er in scholastischem Sinn durchgängig eine Glaubenslehre ohne Bezug zur praktischen Verwirklichung, ohne Bezug auf den tatsächlichen Verkehr des Christen mit Gott und ohne den „Eindruck der Person Jesu“[353] präsentiere. Diese Grunddifferenz führt dazu, daß sich Nathusius und Herrmann gegenseitig absprechen, den Begriff *evangelischen Gewissens* angemessen zur Darstellung zu bringen. Formuliert Herrmann positiv: „Wir müssen leben wollen in dem Ewigen, das dem Menschen verständlich ist, im Sittlichguten“[354], so wird deutlich, daß der unterschiedliche Einstieg in das dogmatische System von unmittelbarer Auswirkung auf die jeweilige Bedeutungszuschreibung subjektiver Wirklichkeitsdeutung und damit theologischer Ethik ist. Man könnte Herrmanns Befürchtung dahingehend zusammenfassen, daß er Nathusius' vermeintliche Objektivität theologischer Rede für das Einfallstor einer scholastisch untermauerten praktischen Beliebigkeit und Willkür hält.

Anhand (nicht unbedingt *aufgrund*!) dieses grundsätzlich unterschiedlichen Einstiegs in die jeweilige theologische Argumentation sollten sich später unüberwindbare Meinungsverschiedenheiten in bezug auf die notwendigen kirchlichen Aufgaben auftun. Diese Auseinandersetzung zwischen Nathusius und Herrmann lieferte das argumentative Rüstzeug dafür, daß der spätere Streit über die Zukunft der Kirche nicht nur auf kirchenpolitische, politische oder ethisch-praktische Weise geführt werden, sondern seine religiöse Weihe durch den Rekurs auf die vermeintlich objektiven Gehalte der tradierten evangelischen Glaubenslehre erhalten sollte.

---

351 H. Timm, *Theorie und Praxis*, S. 105.

352 *Darstellung der christlichen Erfahrung*, S. 13.

353 W. Herrmann, *Darstellung der christlichen Erfahrung*, S. 181.

354 *A. a. O.*, S. 183.

Nathusius versuchte in einer neuerlichen Replik auf Herrmann zu antworten, indem er mit einer christologischen Fundierung der eigenen Thesen reagierte. Ohne darauf im einzelnen einzugehen, ist doch von Bedeutung, daß Nathusius durch die Herausarbeitung des *Wirken[s] des erhöhten Christus in seiner Gemeinde*, so der Titel, dem Weltbezug des Glaubens eine charakteristische Prägung gab. Der vermeintlich objektive Eingangsort in das theologische System wird auf der christologischen und pneumatologischen Argumentationsebene in einen Zusammenhang mit den vermeintlich objektiven welthaften Zuständen gebracht. Die christologischen Aussagen werden weniger auf die Frage zukünftigen Handelns als auf den Aspekt der bestehenden Weltverhältnisse appliziert, wenn Nathusius formuliert: „Es ist des erhöhten Christus Wirken, wenn harmonisch geistige und politische Bewegungen zusammenwirken, um auszuschlagen zur Erweckung christlichen Bewußtseins“[355].

Diese Grundentscheidungen werden im Zusammenhang des Apostolikumstreites erneut fruchtbar gemacht. Auch hier sind, wenngleich dies nicht unmittelbar aufscheint, von dogmatischen Formulierungen aus die späteren praktischen Implikationen erkennbar. Gegen einseitig verkürzende Konzeptionen religiöser Gewißheit in katholisch-objektivem oder rationalistisch-subjektivem Sinn gilt Nathusius nur dasjenige als Gewißheit des Glaubens, was aus der gehorsamen Tat gegenüber der aufleuchtenden Wahrheit des Evangeliums entspringt. Er verweist erneut auf sein Verständnis des Glaubens als *Urteil*, ein Urteil, „das auf eine mit sittlicher Gewißheit verbundene innere Erfahrung folgt, und zwar das Urteil, daß die Aussagen und Thatsachen, deren Verkündigung zu jener ersten inneren Erfahrung führte, Wahrheit seien“[356].

Im Anschluß an diesen Glaubensbegriff wird die Frage aufgeworfen, ob es auch in bezug auf *Lehrgehalte* als sinnvoll gelten kann, von *Tatsachen* und damit von der Möglichkeit ihrer subjektiven Aneignung mit der ‘Folge’ religiöser Gewißheit zu sprechen. Zur Beantwortung dieser Frage greift Nathusius dann allerdings doch auf den Aspekt der *Historizität* des Apostolikums zurück. Die Frage nach dem Wahrheitsanspruch des Bekenntnisses wird mit der Erörterung der *historischen* Dimension des Apostolikums verbunden, indem Nathusius jetzt auch hier von der unlöslichen Verbindung zwischen der Gewißheit über das geschichtliche Ereignis bzw. die Tatsache dieses altkirchlichen Bekenntnisses und der persönlichen Heilsgewißheit spricht.

Für die *Tatsache* der Bekenntnisüberlieferungen vollzieht Nathusius eine signifikante Unterscheidung zwischen den reformatorischen Bekenntnisschriften und dem Apostolikum der frühen Christenheit. Letzteres enthalte

355 *Wirken des erhöhten Christus*, S. 411.

356 *Die Kernfrage*, S. 38.

gegenüber den Bekenntnisformulierungen des 16. Jahrhunderts nicht eigentlich Lehrauffassungen, sondern „Heilsthatsachen, d. h. es werden darin nicht Versuche gemacht, göttliche Thaten in ihrer für uns geltenden Bedeutung zu bestimmen, [...], sondern sie werden einfach als wirklich behauptet“[357]. Das Apostolikum gilt hinsichtlich der *individuellen Glaubenspraxis* demnach als „Darlegung des Glaubens, auf den getauft und konfirmiert wird“ und in Hinsicht auf die *kirchliche Verkündigung* als „Zusammenfassung des zu predigenden Evangeliums“ sowie als „Ausdruck des Glaubens, der im Gottesdienst die Gemeinde zusammenschließt“[358]. Was die einzelnen Bekenntnisaussagen betrifft, kommt es Nathusius nicht auf die Anerkennung vereinzelter geschichtlicher Umstände an, die zur Ausformulierung dieses Bekenntnisses geführt haben, sondern wesentlich auf die Gesamtanschauung der Person Christi und damit auf die gewissenhafte Anerkennung des objektiven Gotteswortes. Daran hänge die Tatsächlichkeit und Wahrheit der Lehrüberlieferung und damit die Existenz von Kirche.

Harnack und seinen Anhängern wird zwar nicht die Ernsthaftigkeit des Glaubenslebens abgesprochen, allerdings verstünden diese den Glauben nicht als „Vertrauen auf gewisse Zusagen, - sondern er besteht ihnen wesentlich in gewissen inneren Bewegungen erhebender Art“[359] mitsamt freier, bindungsloser Reflexion über die Gottheit Jesu Christi. Eine Feststellung geschichtlicher Tatbestände, die jenseits religiöser Gewißheit vonstatten geht, hält Nathusius für notwendigerweise defizitär. Die Konzeption einer Verbindung zwischen geschichtlichen Erlösungstatsachen und persönlichem Heil gilt Nathusius als unklar. Somit bezweifelt Nathusius, daß die, geschichtliche Tatsachen verkennende, Glaubens*lehre* der Ritschlianer „auf die Dauer Vermittler und Träger des rechten Glaubens“[360] sein könne: der Glaube verlangt die „Hingabe an einen b e s t i m m t e n Christus“[361].

Nach dieser Argumentationskette zum Apostolikumstreit ist zu bezweifeln, ob Nathusius zu Recht für sich in Anspruch nimmt, seine Argumente noch immer von wissenschaftlich gesichertem Boden aus vorzubringen. Auch seine Versicherung, weder purem Biblizismus noch dem bloßen status quo kirchlicher Lehrbildung zu huldigen, überzeugen nicht. Man geht zwar in der Tat fehl, seine Selbstpositionierung als blinden Autoritätsglauben oder halsstarrige Unerschütterlichkeit zu interpretieren. Allerdings legt es seine Argu-

---

[357] *A. a. O.*, S. 22f.

[358] *A. a. O.*, S. 24.

[359] *A. a. O.*, S. 12.

[360] *A. a. O.*, S. 34.

[361] *Ebd.* Von dieser Kritik an ungebundener Reflexion eines theologischen Subjektivismus wird auch W. Herrmann nicht verschont, wenn Nathusius dessen Wort vom „Verkehr mit Gott“ vorwirft, daß dabei ein menschliches Gottesverhältnis unabhängig von aller Überlieferung konzipiert werde, vgl. *a. a. O.*, S. 46.

mentation in diesem Fall doch nahe, diese als Verteidigungsstrategie eines heiligen Bezirks kirchlicher Dogmenbildung zu verstehen.

Daran ändert auch die Tatsache nichts, daß er der verschriftlichten und gesprochenen Form des Bekenntnisses auch einen *funktionalen* Charakter im Sinn des Aufbaus und der Ordnung von Kirche zuschreibt. Durch diese Lehr-, nicht Glaubensnormen soll einerseits Rechenschaft darüber abgelegt werden können, wie sich die im Evangelium berichteten Tatsachen zu anderen geschichtlichen Tatsachen verhalten, andererseits soll durch diese Lehre auch der äußere Zusammenschluß der Gemeinde manifestiert sein. Mit dieser subjektivitätskritischen Konzeption droht Nathusius sich ein folgenschweres Problem einzuhandeln, das er dementsprechend auf charakteristische Weise umgeht. Indem letztlich doch nur die traditionelle Predigt über Leben und Sterben des Gottessohnes den inneren Zusammenhalt der Gemeinde zu gewährleisten vermöge, wird die Frage der rechten Glaubenspraxis mehr und mehr vom individuellen Vollzug auf die Seite der kirchenleitenden Instanzen transformiert, seien dies die Geistlichen, die kirchliche Lehre oder gar das Kirchenregiment. Nathusius ist trotz gegenteiliger Behauptung von einer katholisierenden ekklesiologischen Konzeption nicht weit entfernt, wenn er mitteilt: „Der einzelne Christ braucht die volle Erkenntnis Christi nicht zu haben, wenn er zum Glauben kommt, aber die Kirche muß sie haben, wenn sie zum Glauben führen soll“[362].

Hier schließt sich insofern der Kreis, als letztlich Verkündigung und *Sendung* der Kirche die Gemeinde konstituieren und zusammenschließen. Dem Apostolikum wird freiheitsbefördernde, kirchliche Kontinuität sichernde sowie missionarische Bedeutung zugewiesen. Kirche schützt die Bekenntnisse als „Lehrordnungen“ und diese Ordnungen „müssen die Freiheit schützen“[363]. Die Tatsachen dieses Bekenntnisses sollen auch coram mundo verkündigt werden und damit zum Heil der Welt beitragen. Am zwiespältigen Eindruck, den diese Aussagen hinsichtlich des Bildes von Kirche hervorrufen, ändert auch Nathusius' Beschwichtigungsversuch nichts, wonach Existenz und Bestand der Kirche nicht „in gewissen Ordnungen, Rechtssätzen oder Schriftstücken gewährleistet sind, sondern in der wirklichen Herrschaft des lebendigen Christus in seiner Gemeinde“[364].

Von daher stellt sich im Blick auf die *Mitarbeit* und dort im Rahmen der Bestimmung des Kirchenbegriffs die Frage, ob die soziale Bedeutung kirchlichen Handelns - trotz gegenteiliger Behauptung - nicht wiederum zugunsten einer beabsichtigten dogmatischen Begründungsleistung in den Hintergrund gerückt wird. Dies scheint sich nahezulegen, wenn die Rettung der Seelen nicht nur als *eigentlicher*, sondern sogar als *einziger* Zweck der Kirche - da

---

362 *A. a. O.*, S. 48.
363 *Die Verpflichtung der Geistlichen*, S. 1314.
364 *Die Kernfrage*, S. 23.

Gott am „Bestand der jetzigen Schöpfung [...] kein selbständiges Interesse“[365] habe - bezeichnet wird. Dasselbe gilt, wenn die äußeren Verhältnisse der menschlichen Gesellschaft vornehmlich mit der Begründung zum Teilaspekt des kirchlichen Heilsauftrages gemacht werden, daß diese Verhältnisse auf die Seele drückten und das Leben in der Gnade permanent gefährdeten. Christologisch gefaßt führt dies zur Formulierung: „Daß Jesus Christus gekommen ist in die Welt, [...], diese Botschaft an sich ist uns wichtiger als alle die etwa zu erhoffenden Heilswirkungen für das gesellschaftliche Leben der Menschen. Wir haben an diesen letzteren kein selbständiges oder ein von jener Botschaft abgelöstes Interesse“[366]. Seine inhaltliche Beteiligung am Apostolikumstreit läßt darauf schließen, daß es ihm letztlich nicht nur um die Frage der wahren Fassung christlichen *Glaubens* geht, sondern daß seiner festen Überzeugung nach die Position der Kirche - als verkündigende Deutungsgröße und als institutionelle Gestaltungsmacht! - auf dem Spiel steht. So erscheint es als konsequent, wenn er sein vorgelegtes Programm des gesellschaftsrelevanten Handelns der Kirche auch als „wirksamste Apologetik des Evangeliums“[367] bezeichnet. Ohne Zweifel lauern hier grundsätzliche Gefahren für die Formulierung kirchlicher Zielsetzungen, so daß auch für die folgenden Erörterungen mitzubedenken ist, ob diejenigen Bereiche, auf die sich dieses Handeln beziehen soll, tatsächlich in ihren eigenen Bedingungen und Fragestellungen ernst genommen werden.

Diese Bemerkungen zum möglicherweise *eigentlichen* Zielpunkt des sozialethischen Programms lassen sich auch hier von seiner Bestimmung des Verhältnisses von Dogmatik und Ethik her ins Auge fassen. Für fatal hält Nathusius die Spaltung von Dogmatik und Ethik, die er nicht nur im Apostolikumstreit manifestiert sieht, sondern auch in den neuerlichen Tendenzen eines „modernen Ethicismus“, „d. h. die Richtung, die die Religion in der Ethik aufgehen lassen will“[368]. Der Richtungssinn seiner Argumentationsstrategie zu diesem Punkt wird deutlich: Nicht von der Ethik aus gilt es, an den Bekenntnissen der Kirche festzuhalten, sondern die Bekenntnisse und dogmatischen Grundlagen sichern erst die Stabilität christlicher Lebensführung, oder wie er den Anhängern Ritschls zuruft: „Gebt ihnen [den religionskritischen Gebildeten der Zeit, Th. S.] nur von der Dogmatik erst heraus, was ihnen anstößig ist, so werdet ihr schon sehen, was für eine Ethik ihr mit ihnen vereinbaren könnt, allzu ‘pietistisch’ wird sie nicht werden“[369].

---

[365] *Mitarbeit II*, S. 121.

[366] *A. a. O.*, S. 117.

[367] *A. a. O.*, S. 89.

[368] *AKM* 1892, S. 536.

[369] *A. a. O.*, S. 537. Aus seinen Vorbehalten gegenüber der theologischen Richtung des Pietismus erklärt sich die Setzung in Anführungszeichen. Auch auf seiten des ESK sieht Nathusius die wachsende Tendenz, eine Verkürzung des Apostolikums zu befördern. Seine zunehmend kritischere Betrachtung der Kongreßverhandlungen, von der bereits

3. Die christliche Lehre der menschlichen Gesellschaft

Nathusius hatte den nationalökonomischen Einsatzpunkt seines wirtschafts- bzw. sozialethischen Programms mit der Absicht gewählt, eine gründliche Kenntnis der gegenwärtigen Verhältnisse des wirtschaftlichen Lebens zu vermitteln. Dabei zeichnete sich durch die Einbeziehung sittlich-religiöser Grundfragen bereits ein erstes Bild der anzustrebenden wirtschaftlichen Verhältnisse ab. Es stellt sich die Frage, mit welchen *konkreten Näherbestimmungen* er die explizit theologische Fundierung seines Programms verbindet. Anders gefragt: wie Nathusius die Vermittlung der gewünschten wirtschaftlichen Verhältnisse mit der von ihm präsentierten christlichen Lehre der *menschlichen* Gesellschaft leistet.

Nachdem von Nathusius, wie erwähnt, zunächst wirtschaftliche Faktoren für die Entstehung gesellschaftlicher Gruppierungen namhaft gemacht wurden, erfolgt unter Heranziehung des christlichen Offenbarungsbegriffs eine theologische Begründungsleistung für die Ausprägung und Gestaltung von Gesellschaft im Sinn der „sittliche[n] Beleuchtung der Grundidee des sozialen Prozesses“[370]. Der systematischen theologischen Aufschlüsselung dieses Prozesses liegt die Anschauung zugrunde, daß dieser Prozeß seinerseits auf der Entfaltung der *christlichen* Idee innerhalb von Welt und Geschichte basiert: Nicht nur in der bekannten Vielheit der Wissenschaftsdisziplinen, sondern auch in der *Entwicklung* der Vielheit sozialer Prozesse manifestiert sich das welthafte Wirken des göttlichen Geistes. Die gesellschaftlichen und wirtschaftlichen Verhältnisse „in den Dienst des großen Organisationsprozesses des Christentums“[371] zu stellen, bildet nicht nur den *sachlichen Mittelpunkt*[372] der *Mitarbeit*, sondern den Brennpunkt des vorliegenden sozialethischen Programms.

---

die Rede war, ist nicht unwesentlich auf die uneindeutige Haltung des ESK in dieser Frage zurückzuführen. Angesichts der 3. Tagung des ESK im Jahr 1892, auf der Nathusius selbst nicht anwesend war, konstatiert er im Zusammenhang der einschlägigen Debatte: „Ohne Stöcker und das Gros seiner positiven und konfessionellen Freunde würde derselbe nicht wieder zusammenberufen werden können“, *a. a. O.*, S. 652. Hieran wird deutlich, daß man erneut entschieden zu kurz greift, die spätere Trennung des ESK primär auf politische oder sozialpolitische Motive zurückzuführen.

370 *Mitarbeit II*, S. 141.

371 *A. a. O.*, S. 266.

372 Vgl. *a. a. O.*, S. 140. Im einleitenden Kapitel der *2. Auflage* der *Mitarbeit* bestätigt er im nachhinein, daß er innerhalb der 1. Auflage auf diesen Abschnitt den „Hauptton“ gelegt hat. Zugleich sieht er dort den wichtigsten Beitrag für die Diskussion, weil er dort die Defizite für am größten hält: „Hier mußte am meisten geschehen zur Ergänzung der bisherigen theologischen Hilfsmittel für unser Gebiet, weil grade die theologische Ethik uns bisher am empfindlichsten im Stich ließ“, *Mitarbeit, 2. Aufl.*, S. 24.

3. 1. Der christliche Geist und die Wirtschaftsordnung

Die theologische Begründungsleistung für ein christliches Verständnis menschlicher Gesellschaft erfolgt bei Nathusius näherhin in der Form einer biblischen Begründungsleistung. Wenngleich er darauf insistiert, daß unmittelbare Bezüge des Alten und Neuen Testaments etwa auf Prozesse und Formen der Arbeitsteilung oder auf die Gestaltungsweise berufsständischer Gliederung nicht hergestellt werden können, so ist seiner Meinung nach doch jede Ausprägung von Gesellschaft und Gesellschaftslehre nach den Grundsätzen der Heiligen Schrift zu beurteilen[373]. Diese Beurteilung erfolgt im ersten Schritt anhand einer historisch geleiteten und analytisch verfahrenden Betrachtung der sittlichen *Grundlagen und Auswirkungen* gesellschaftlicher Verhältnisse. Ausgangspunkt des Welterkennens ist nicht der Rekurs auf die Gehalte der christlichen Offenbarung, sondern die Evidenz der konkreten Gegebenheiten, der bereits im *WdW* hinlänglich genannten „Thatsachen" und die daraus sich ergebenden Konsequenzen für die Prozesse des Zusammenlebens: „Hier hat der christliche Ethiker, der Einzelfragen aus dem wirtschaftlichen Leben entscheiden soll, einerseits die Kulturgeschichte zu fragen, andererseits die Wirtschaftswissenschaft, um über die sittliche Wirkung einer Maßregel entscheiden zu können. Und nur um diese Wirkung handelt es sich, wenn die sittliche Berechtigung oder Verwerflichkeit wirtschaftlicher Einrichtungen bestimmt werden soll, denn andere Offenbarungen haben wir darüber nicht"[374].

Daß diese konkreten und evidenten Wirkungen aber ihrerseits der biblischen Beurteilung unterliegen sollen und können, ergibt sich aus der Annahme, daß das biblische Zeugnis auf den *sozialen Geist* als die „associierende Macht des Christentums"[375] hinweist und verdeutlicht, daß den natürlichen Faktoren der Vergesellschaftung ihrerseits „göttliche Grundnormen"[376] zugrundeliegen.

Die generelle Bedeutung, die Nathusius dem Einfluß dieser Grundnormen zumißt, läßt sich exemplarisch an seinem Aufriß der geschichtlichen Entwicklung der Humanitätsidee zeigen. Demzufolge kommt bereits in den geschichtlichen Führungen des Volkes Israel - über die *natürlichen Entwicklungsprozesse der anderen Völker* hinaus - der Anspruch Gottes auf sein Volk sowie der Geist der edelsten Humanität zum Vorschein. Im Sinn einer teleologischen Geschichtsschau gelten Nathusius die göttlichen Geschichts- und Seelenführungen als Beleg dafür, daß durch den Gehorsam des Gottesvolkes und dessen „Sonderberuf" gegenüber den anderen Völkern der Ge-

---

373 Vgl. *Mitarbeit II*, S. 140.

374 *A. a. O.*, S. 286.

375 *A. a. O.*, S. 142.

376 *A. a. O.*, S. 141.

danke der Einheit des Menschengeschlechts aufbewahrt bleiben soll[377]. Der von ihm bereits des öfteren ausgebreitete Gedanke, daß sich die Einheitlichkeit der bestehenden Kultur durch den gemeinsamen Gehalt einer einheitlichen Idee ergibt, wird von Nathusius durch eine Geschichtsschau der Manifestationen dieser Idee historisch zu untermauern versucht. Die favorisierte historische Betrachtungsweise kultureller Phänomene wird auf die Frage der Religionsgeschichte appliziert. Die christliche Lehre der menschlichen Gesellschaft ist somit - jenseits spekulativer Bemühungen - von durchaus geschichtsphilosophischer Art.

Mit Hilfe des alttestamentlich gezeichneten religiösen Charakters des gesamten menschlichen Lebens sowie der Gleichheit aller Volksgenossen habe der *Geist des Alten Testaments* als Geist der edelsten Humanität - von der abstrakten römischen Rechtsidee unterschieden - die Entwicklung und Erhaltung der Humanitätsidee im Gesellschaftsleben bewirkt.

Wirtschaftlich bedeutsame Konsequenzen habe diese Humanitätsidee insofern gezeitigt, als durch das göttliche Arbeitsgebot und den Segen der Arbeit das wirtschaftliche Leben auf eine religiös-sittliche Grundlage gestellt worden sei und somit als „Triebfeder“[378] wirtschaftlichen Handelns nicht der Egoismus, sondern der Gehorsam gegenüber Gottes Gebot, als Ziel nicht Reichtum, sondern die Ehre Gottes geltend gemacht wurde.

Der teleologische Charakter von Nathusius’ Konzeption wird darin wirksam, daß die universale Ausprägung der Humanitätsidee der Selbstoffenbarung und dem Wirken des *neutestamentlichen Geistes* vorbehalten bleibt: Durch das Prinzip der αγαπη zeige sich der universale Charakter des Christentums, insofern dieses durch seinen theologisch fundierten Liebes- und Humanitätsgedanken auf eine grundsätzlich neue Organisation aller menschlichen Gemeinschaft, auf ein grundsätzlich neues Gemeinschaftsprinzip für die alte Welt, abziele. Das christliche Liebesprinzip bringe sowohl eine neue Grundlegung des Völkerverkehrs als auch des mitmenschlichen Verhaltens: „Aus dem Glauben an den himmlischen Vater entsteht das Bewußtsein der Menschenrechte“[379].

Zwar ist die assoziierende Macht des Christentums insbesondere auf ihren *transzendenten Zweck* zu betrachten, „die Seligkeit zu schaffen, das sittliche Leben zu stärken und zu gestalten, die Erkenntnis Gottes zu fördern“[380]. Dennoch darf die Bedeutsamkeit der in Welt und Geschichte *manifesten Folgen des sozialen Geistes* nicht verkannt werden. In Abgrenzung gegen ethische Entwürfe, die die christliche Botschaft *primär* als Aufforderung zur Beseiti-

---

[377] Vgl. *a. a. O.*, S. 126.
[378] *A. a. O.*, S. 130.
[379] *A. a. O.*, S. 152.
[380] *A. a. O.*, S. 153.

gung sozialer Übel in Anwendung bringen[381], will Nathusius eine solche Aufgabenbeschreibung aber nicht als selbständigen Zweck, sondern als Folge des sozialen Geistes des Christentums verstanden wissen[382].

Die Transposition der christlich gegründeten Humanitätsidee auf das Feld wirtschaftlicher Prozesse - im Sinn der theologischen Explikation wirtschaftsethischer Grundsätze - gilt als möglich, da sowohl die wirtschaftlichen Verhältnisse als auch die christliche Botschaft *assoziierende Kräfte* zu entfalten vermögen. Wird als Aufgabe der christlichen Gesellschaftslehre formuliert, alle wirtschaftlichen Verhältnisse als unter dem Einfluß des sozial relevanten christlichen Geistes stehend pneumatologisch zu beleuchten, „dem höchsten und letzten Lebenszweck des Menschen unterzuordnen und ihm dienstbar [zu] machen"[383], so stellt jene sozialethische Fruchtbarmachung die Konsequenz dieser transzendenten Zweckbestimmung sowie die ultimative Bestimmung der nationalökonomisch explizierten Wirtschaftsethik dar.

Wie Nathusius bereits durch die Betonung des αγαπη-Gedankens zeigt, werden - unter Vernachlässigung der assoziierenden Kräfte wirtschaftlicher Verhältnisse - insbesondere die Wirkungen des sozialen Geistes *des Christentums* für den sittlichen Charakter allen Gemeinschaftslebens hervorgehoben. Es läßt sich geradezu von der *Wende zu einer christlichen Exklusivinterpretation* sprechen, wenn Nathusius davon ausgeht, daß die Grundidee des sozialen Prozesses nur im Geist des Christentums zu erfassen ist.

Daß der soziale Geist - gleichsam als Erkenntnisprinzip der christlichen Kirche - dazu ermächtigt, alle wirtschaftliche Tätigkeit „im Namen Jesu und zu Gottes Ehre"[384] auszuführen, wird dahingehend interpretiert, daß der gesellschaftlichen und sozialen Zerklüftung nur infolge der Einsicht in diesen *pneumatologisch* gefaßten Grundsachverhalt gewehrt werden kann und somit für jede Theorie über die Entwicklung von Gesellschaft und Wirtschaft ein *extra ecclesiam nulla salus*[385] gilt. Jegliche soziologische Beschreibungsleistung, die ausschließlich auf einer Betrachtung der assoziierenden Macht wirtschaftlicher Verhältnisse und der natürlichen Beziehungen und Bedürfnisse der Menschen untereinander beruht, mißachte die christlichen Grundsätze, „für diejenigen natürlichen Faktoren, welche von selbst schon auf eine

---

381 Dies wird insbesondere an den Entwürfen Todts und des 'späten' Naumann vehement kritisiert.

382 Nathusius stimmt hier noch mit dem 'frühen' Naumann des *Sozialen Programms der Evangelischen Kirche* überein: „Wenn wir mit dem Begriff 'Zweck' oder 'Aufgabe' des Christentums irgend etwas anderes verbinden als die Seligkeit, wie das Naumann [...] so schön ausführt, - so beeinträchtigen wir die grundsätzliche Klarheit unserer Stellung", *Mitarbeit II*, S. 156. Auf die Konsensmomente beider Entwürfe wird noch ausführlicher eingegangen werden.

383 *A. a. O.*, S. 159.

384 *A. a. O.*, S. 153.

385 Vgl. *a. a. O.*, S. 143f.

Vergesellschaftung hinwirken"[386], verkenne ihren existentiellen Bezugspunkt und bleibe defizitär. So wird als Grund für die Mängel des gesellschaftlichen Lebens diagnostiziert, daß entweder die *Grundidee des sozialen Prozesses* nicht im Geiste des Christentums erfaßt ist oder die dabei mitwirkenden einzelnen sozialen Faktoren nicht nach den Geboten des Christentums geregelt sind, während doch „das Christentum alle wirtschaftlichen Verbindungen und Einrichtungen unter seinen Einfluß zu bringen suchen"[387] muß.

Im Zusammenhang mit der Bemerkung, daß Nathusius nicht nur explizit systematisch-theologisch argumentiert, sondern sein Plädoyer für die Gestaltungskraft des Christentums auch *historisch* untermauert, ist ein weiterer Punkt herauszustellen. In diese historische Argumentation gehört nicht nur der Rekurs auf die biblischen Überlieferungsgehalte, sondern auch sein Rückgriff auf die *historisch-literarischen Untersuchungen* zum Thema. Wie bereits deutlich gemacht wurde, präsentiert Nathusius schon die von ihm im I. Buch der *Mitarbeit* rezipierte Literatur unter dem Signum der „spezifisch kirchliche[n] und christliche[n] Volkswirtschaftslehre"[388]. Bereits die Behandlung der *Entwicklung der Humanitätsidee* auf dem Boden des Christentums ist für seine Absicht signifikant, die Gestaltungskraft des Christentums historisch-literarisch zu veranschaulichen.

Exkurs: Christentum und Humanität

Diese *historisch-literarische* Behandlung dient im Zusammenhang des präsentierten sozialethischen Programms dazu, die Gestaltungskraft des Christentums *systematisch* zu entfalten. Bereits der Blick auf die von Nathusius genannte Literatur ermöglicht es, den paradigmatischen Charakter zu erkennen, den Nathusius der Entwicklung der Humanitätsidee hinsichtlich der Herausstellung der Kulturbedeutung des Christentums angesichts neuzeitlicher Säkularisierungsprozesse zukommen läßt[389]. Zugleich ermöglicht der Blick auf die in diesem Zusammenhang erwähnte Literatur die genauere Standortbestimmung seines vorliegenden sozialethischen Programms: Durch diese literarische Rezeption wird seine eigene Theoriebildung über den Einfluß des Christentums auf das gesellschaftliche und wirtschaftliche Leben signifikant.

---

386 *A. a. O.*, S. 141.

387 *A. a. O.*, S. 159.

388 *Mitarbeit I*, S. 159.

389 Die Ideen der *Humanität*, *Gewißheit* und *Entwicklung* gelten Nathusius als die drei entscheidenden Aspekte und Entstehungsgrößen neuzeitlicher wissenschaftlicher Forschung, die allesamt ursprünglich christliche Ideen gewesen seien und daher nun auch von der Theologie erneut im eigenen Interesse zu „verwerten" sind, vgl. *Die Inspiration der Hl. Schrift*, S. 11ff.

Nathusius bezieht sich schwerpunktmäßig auf eine Reihe von theologischen Abhandlungen, die auf diesen Fragenkomplex eingehen. Die Bedeutung des Christentums für die Entwicklung und Ausprägung der Humanitätsidee wird an seinem Bezug auf Karl Bernhard Hundeshagens *Ueber die Natur und die geschichtliche Entwicklung der Humanitätsidee in ihrem Verhältnis zu Kirche und Staat* (1853), Heinrich Kritzlers *Humanität und Christenthum* (1866/67) sowie Henrik Scharlings *Humanität und Christenthum in ihrer geschichtlichen Entwicklung* (1874) deutlich[390]. Daneben zieht Nathusius für seine Behandlung dieses Themas Wilhelm Wundts *Ethik. Eine Untersuchung der Thatsachen und Gesetze des sittlichen Lebens* (1886) heran. Zwar sind seine expliziten Verweise auf diese einschlägigen Untersuchungen mit Ausnahme der *Ethik* Wilhelm Wundts von eher marginaler Art. Die weitgehend *einheitliche Intention* sämtlicher der genannten Werke läßt darauf schließen, daß deren Erwähnung durch Nathusius programmatischen Charakter trägt, was ein Blick auf diese Werke über Nathusius' unmittelbare Rezeption hinaus zu verdeutlichen vermag.

Den Abhandlungen ist die Ausgangsthese gemeinsam, daß das Christentum spätestens mit den Entwicklungen des 19. Jahrhunderts einen grundsätzlichen Geltungsverlust zu gewärtigen gehabt habe: „Von vielen Seiten her lassen sich Stimmen vernehmen, welche das Christenthum, weil es alt ist, für veraltet und abgestorben erklären"[391].

---

[390] Nathusius nennt diese Werke im Zusammenhang der angeführten Klage H. Contzens über „die Dürftigkeit der seitherigen Hülfsmittel in Hinsicht auf den Einfluß des Christenthums, auf die Gestaltung der ökonomischen Ideen und in Beziehung auf das ganze Mittelalter", *Geschichte der Volkswirthschaftlichen Literatur* (1872), S. 8, s. *Mitarbeit II*, S. 146-149, hier S. 149.

[391] H. Scharling, *Humanität und Christenthum I*, Vorwort des Übersetzers, o. S.
Allerdings kann bei Wundts Untersuchung nicht unmittelbar von derselben Zielsetzung gesprochen werden, da es diesem im Rahmen seines empirischen Begründungsversuchs der Ethik primär darum geht, die Probleme der Ethik „in unmittelbarer Anlehnung an die Betrachtung der Thatsachen des sittlichen Lebens" (*Ethik*, Vorwort, S. III) zu untersuchen, womit der „culturgeschichtliche[ ] Stoff" nur so weit vorgeführt werden soll, wie es „zur Gewinnung bestimmter ethischer Schlußfolgerungen" (*a. a. O.*, Vorwort, S. IV) als notwendig erscheint. Nathusius erlaubt es sich dennoch, auf eben diesen Stoff zurückzugreifen und ihn weitgehend unabhängig von den Begründungsproblemen der Ethik zu präsentieren. Wundts ausgreifende Systematik, die diesen schließlich - über die Frage der Kulturbedeutung des Christentums hinaus - zu der Beobachtung führt: „Es gibt nur ein Gebiet, welches in dieser Beziehung mit den religiösen Beweggründen des sittlichen Lebens sich messen kann: es sind dies diejenigen Erscheinungen der Sitte, welche in den socialen Bedingungen des menschlichen Lebens ihren Grund haben" (S. 88), wird von Nathusius nicht mehr explizit rezipiert. Damit bricht Nathusius, wie schon im Zusammenhang der soziologischen Begriffsbildung A. Schäffles, dort die Rezeption ab, wo er das Anliegen ausmacht, Ethik von anderen Bestimmungsgründen als seinen eigenen her zu fassen.

Zugleich soll in konstruktiver Absicht im Rahmen einer *umfassenden Geschichtsschau* die Überzeugung befestigt werden, „daß alle echte Kultur und zugleich die Wohlfahrt der Völker einzig bedingt ist durch die Aneignung des einfachen, ursprünglichen Christenthums", um so die Menschheitsentwicklung als Zeugnis „der centralen Bedeutung des Christenthums für das gesammte Völkerleben und seine allseitige Entwicklung"[392] herauszuarbeiten und schließlich die „Absolutheit und Universalität des Christenthums", dessen Geist „das Lebensblut im Culturleben"[393] ist, zu veranschaulichen. Dafür wird eine teleologische Entwicklungslinie von der antiken Humanitätsidee über die Stufe des „urkundliche[n] Christenthums"[394] bis zur reformatorischen Begründungsleistung der Humanitätsidee gezogen, was durch die Herausstellung des Persönlichkeitsgedankens und des Begriffs von Kirche als der entscheidenden Trägerin der religiös-sittlichen Weltanschauung[395] geschieht.

Demzufolge sei der Begriff der Humanität „im sittlichen Bewußtsein der alten Culturvölker"[396] noch unentwickelt gewesen, und habe sich beispielsweise der römischen Tradition nach die Betätigung der Humanität lediglich auf gelegentliche Äußerungen des Mitleids erschöpft. Erst mit der Humanitätsidee des Christentums sei der im Naturleben gefesselte Mensch befreit und der Partikularismus der Völker überwunden worden[397]: „während die so entstandene Idee einer allgemeinen Humanität in der antiken Welt immer nur das Eigenthum Einzelner blieb und im Volksbewusstsein sich gegenüber den nationalen Vorurtheilen und egoistischen Interessen niemals Geltung zu verschaffen vermochte, ist es das unleugbare Verdienst des Christentums, diese Idee in der Form einer sittlich-religiösen Forderung zum Gemeingut seiner Bekenner gemacht zu haben"[398].

Diese kulturbedeutsame Leistung des Christentums wird in entscheidendem Maß christologisch auf den Gottessohn als „Central Individuum"[399] zurückgeführt, der alle früheren Formen der Humanität „vereint, und dadurch ihnen eine neue und besondere Bedeutung gegeben"[400] habe. Diese teleologische Sichtweise geht soweit, daß man etwa zu der Annahme kommt, erst durch das Christentum sei die volle Form der Humanität erreicht, so daß erst aufgrund dieser kulturgeschichtlichen Epoche „von einer fortschreitenden

[392] H. Scharling, *Humanität und Christenthum I*, Vorwort des Übersetzers, o. S.
[393] H. Kritzler, *Humanität und Christenthum II*, S. 419.
[394] K. B. Hundeshagen, *Ueber die Natur und die geschichtliche Entwicklung*, S. 14.
[395] Vgl. *a. a. O.*, S. 20.
[396] W. Wundt, *Ethik*, S. 195.
[397] Vgl. K. B. Hundeshagen, *Ueber die Natur und die geschichtliche Entwicklung*, S. 8 und 10.
[398] W. Wundt, *Ethik*, S. 200, s. *Mitarbeit II*, S. 146.
[399] H. Scharling, *Humanität und Christenthum I*, S. 375.
[400] *A. a. O.*, S. 419.

Entwicklung eines Princips“[401] die Rede sein könne. Die „unermessliche Culturbedeutung der christlichen Lehre von der Dreieinigkeit in Gott“[402] habe sich insbesondere in der durch diese Lehre bewirkten „organischen Einheit“[403] des ganzen Leibes der Menschheit manifestiert. Auch die ekklesiologische Dimension fällt in diesen Entwürfen keineswegs unter den Tisch. Diese organische Einheit werde, worauf sämtliche Autoren entscheidendes Gewicht legen, durch die Kirche repräsentiert und gewährleistet. In ihr wird alles Leben mit höherem pneumatischen Inhalt durchdrungen und verklärt[404], so daß die Kirche selbst das „einigende, vertiefende, höchste Gesetz des organischen Geisteslebens“[405] zur Darstellung bringt.

Im Anschluß an die menschheitseinende Humanität des Gottessohnes und die kirchliche Reich-Gottes-Verkündigung zeichnen die genannten Autoren das Christentum überhaupt für die Möglichkeit der Einheit des Menschengeschlechts verantwortlich. Die Kulturbedeutung des Christentums bemißt sich demzufolge nicht nur an dessen *Prägekraft* für individuelle Lebensführungen, sondern erweist sich durch ihren gemeinschafts- und einheitsstiftenden Charakter. Die rechte Anschauung der christlichen Konnotation der Humanität sei nicht nur Kraftkern für „unsere eigene Lebenslage und Lebensführung“[406], sondern zugleich als gewissenhafte Gesinnung Gott gegenüber Lebensfundament für den Organismus der Gemeinschaft: „Wo das mit gläubigem Ernste angeeignete Christenthum lebendig ist, da wird das Geschlecht auch im Fortschreiten begriffen sein, indem es sich alsdann in immer höherem Grade die Resultate der Bildung aller voraufgegangenen Generationen assimilirt [sic!], und dadurch in immer reicherem Maße die Bedingungen erwirbt für ein nach jeder Seite glückliches Gemeinschaftsleben“[407]. Insbesondere von diesem Punkt aus wurde es Nathusius zweifellos möglich, auf die sozialethische Bedeutung der vorliegenden kulturgeschichtlichen Studien zu schließen und deren Ergebnisse auf seine Erörterung kirchlich-sozialer Mitarbeit zu applizieren, etwa wenn Hundeshagen bilanziert, „dass die literarisch-künstlerische Humanitätsidee in Deutschland eine lange, wechselvolle Geschichte hat, die noch nicht zu Ende ist, die sich fortspinnt und fortspinnen wird bis zur klaren Verständigung über das was man nennt: die s o c i a l e F r a g e“[408].

---

401 H. Scharling, *Humanität und Christenthum II*, Vorwort, S. VI.

402 K. B. Hundeshagen, *Ueber die Natur und die geschichtliche Entwicklung*, S. 18.

403 *A. a. O.*, S. 19.

404 Vgl. H. Kritzler, *Humanität und Christenthum II*, S. 78.

405 *A. a. O.*, S. 71.

406 H. Kritzler, *Humanität und Christenthum I*, S. 5. Aufmerksam sei auch hier wieder auf den Begriff der *Lebensführung* gemacht, der ja bereits bei Nathusius aufgewiesen wurde.

407 H. Scharling, *Humanität und Christenthum II*, S. 533.

408 K. B. Hundeshagen, *Ueber die Natur und die geschichtliche Entwicklung*, S. 30.

3. 2. Die christlich-soziale Literatur der Zeit

Die *historisch-literarischen* Abhandlungen zur Entwicklung der Humanitätsidee bilden für Nathusius die Brücke zur genaueren Klärung des christlichen Ursprungs sittlicher Gehalte des sozialen Lebens. Angesprochen werden nicht mehr lediglich die sittlichen Gehalte, die die Vertreter der Historischen Schule der Nationalökonomie als Grundlage des Wirtschaftslebens herausgearbeitet haben. Es bleibt aber auch nicht bei der Frage der christlich-sittlichen Prägung der Humanitätsidee, sondern betont wird das *religiöse Moment* und damit der *christliche Ursprung* der christlich-sittlichen Gehalte des Wirtschaftslebens. Im Anschluß an H. v. Scheel, der die gegen den Smithianismus stehende „reformatorische Gruppe" der Nationalökonomen in die beiden Hauptrichtungen *sittlich-staatlich* und *religiös-kirchlich* unterteilt[409], kommt Nathusius zu einer dezidiert *historisch-literarischen* Charakterisierung der genannten zweiten Richtung. Der heuristische Wert dieser von Nathusius unternommenen historisch-literarischen Rückschau besteht in entscheidendem Maß darin, daß die kritische Darstellung der unterschiedlichen Positionen zugleich Rückschlüsse auf seine eigene Verortung im Konzert der literarischen Sozialreformer erlaubt. Von dort aus werden im übrigen die entscheidenden Fortschritte, die Nathusius in diese Debatte einbringt, transparent.

Erwähnt werden von ihm die katholischen Repräsentanten dieser religiös-kirchlichen Richtung, wie etwa Adam Müller, danach die für die christlich-soziale Bewegung wirkmächtigen Franzosen Hugues F. R. Lamennais und Charles Périn, demzufolge „für den, der Gott kennt, die materielle Ordnung nur als um der sittlichen willen vorhanden erscheint"[410]. In Deutschland seien diese französischen Autoren etwa durch die Schriften Kettelers, Hitzes und vor allem durch G. Ratzingers ethisch soziale Studien über christliche Kultur und Zivilisation auf katholischer Seite erneut ins Gespräch gebracht

---

Für diesen Zusammenhang christlicher Wurzeln mit der gesellschaftlichen Gegenwart ist außerdem Nathusius' Rezeption von Ludwig Felix' *Entwicklungsgeschichte des Eigentums* von aufschlußreicher Bedeutung, vgl. *Mitarbeit I*, S. 161; *Mitarbeit II*, S. 270, 286 u. ö. Der Kulturhistoriker und Ökonom Felix hatte in mehreren umfangreichen Bänden den Versuch unternommen, den Einfluß von Natur, Sitte, Religion und Staatsgewalt auf die Ausprägung des Eigentumsbegriffs herauszuarbeiten. V. Oertzen hatte das erste Buch dieses Werkes in der *AKM* rezensiert, vgl. *AKM* 1885, S. 725f.

409 H. v. Scheel, *Die politische Oekonomie als Wissenschaft*, S. 105. Erläuternd schreibt v. Scheel: „Der religiösen Richtung überhaupt, die besonders in Frankreich schon frühe Wurzeln geschlagen hat, ist gemeinsam, daß sie durch die materialistische Weltanschauung, welche dem Smithianismus zu Grunde liegt, vorzüglich zur Opposition gegen ihn bewogen wird; während aber die Einen [...] nur allgemein religiöse Grundsätze in die politische Oekonomie einzuführen suchen, weisen Andere auf die Kirche insbesondere auf die römisch-katholische Kirche [...] als das mächtigste Hilfsmittel für die befriedigende Gestaltung der socialen Ordnung hin", *ebd.*, s. *Mitarbeit I*, S. 159f.

410 So ein von Nathusius nicht genau belegtes Zitat Périns, *Mitarbeit I*, S. 165.

worden. Allerdings bemängelt Nathusius zugleich die dort erfolgte Aufgabenbeschreibung, die unbestreitbar unter dem Banner der katholischen Kirche und ihren absoluten Geltungsansprüchen geführt worden sei und dementsprechend die Selbständigkeit des Wirtschaftslebens von Beginn an nicht angemessen berücksichtigt habe: „Wir bestreiten, daß mit der 'Bekehrung' aller Arbeiter und aller Arbeitgeber die soziale Frage gelöst sei“[411].

Demgegenüber macht Nathusius deutlich, daß seine eigenen Grundsätze insbesondere denjenigen der protestantischen Vertreter auf englischem und deutschem Boden sowie dem belgischen Nationalökonom Emile de Laveleye „sehr nahe stehen“[412] und er von diesen entscheidende Erkenntnisse gewonnen habe. Nicht zu übersehen ist wiederum seine entschiedene Verortung innerhalb der *deutschen* Diskussionslandschaft, nun aber um die *konfessionelle Positionalität* erweitert. Dafür spricht, daß er zwar auf die englischen Christlich-Sozialen wie Frederick Denison Maurice oder Charles Kingsley verweist, allerdings sogleich den grundsätzlichen Fortschritt der deutschen Vertreter hervorhebt, insofern es erstgenannten zwar um die antiliberale sittliche Überwindung der Selbstsucht gegangen, die Hilfe des Staates aber entschieden abgelehnt worden sei - Nathusius' Meinung nach zu Unrecht.

Für den deutschen protestantischen Kontext gilt der „ehrwürdige“ Vorkämpfer V. A. Huber als derjenige, in dem sich das neu erwachte evangelische Glaubensleben zuerst „mit ernstem Interesse und tiefem Verständnis für die wirtschaftlichen Fragen verband“[413] und der fortwährend durch sein Bemühen um Gründung von Arbeiter-Assoziationen auf die Brisanz der sozialen Frage hingewiesen habe, wenngleich auch er noch die Forderung nach staatlich unterstützten Reformen ablehnte.

Für die Wortschöpfung „Christlich-sozial“ macht Nathusius J. H. Wichern namhaft. Durch Wichern sieht er auf protestantischem Boden nicht nur den „engen Zusammenhang zwischen religiösen und sozialen Fragen“[414] erkannt, sondern das christlich-soziale Handeln als Teil des gesellschaftlichen Erneuerungsprozesses herausgestellt. Dazu habe Wichern Wesentliches geleistet, indem er kirchlich- und christlich-soziales Handeln untrennbar mit dem Ge-

---

411 *A. a. O.*, S. 169.

412 *A. a. O.*, S. 161.

413 *A. a. O.*, S. 177. Vgl. *Mitarbeit I*, dort die Gliederung: „Kirchlich-soziale Literatur und ihre Mängel“, S. 5ff, 12ff. An anderer Stelle macht er die paradigmatische Bedeutung von Hubers christlich-sozialer Tätigkeit deutlich: „Daß Hubers Schriften jetzt gelesen werden, ist darum so wichtig, weil unsere gegenwärtige Entwicklung durch seine Prophezeiungen und seine Beobachtungen über das allmähliche Entstehen der heutigen Lage in das hellste Licht gesetzt wird“, *AKM* 1895, S. 424. Im Blick auf Nathusius' Wernigeroder Bekanntschaft mit Huber sei darauf aufmerksam gemacht, daß sich auch hier wieder das Phänomen der biographisch konnotierten Rezeption eines Vorbildes christlich-sozialer Anschauung findet.

414 Vgl. etwa Nathusius' Aufsatz *Christliche Liebe und soziale Hilfe*, S. 14.

danken innerer Mission verbunden habe. Er zitiert Wichern mit dem Ansinnen, „die Masse in der Christenheit innerlich und äußerlich [zu] erneuern, die dem inneren und äußeren Verderben anheimgefallen sind, das aus der Sünde direkt oder indirekt entspringt“[415]. Allerdings sieht er Wicherns institutionelle Konkretionen dieser Weltanschauung *aufgrund* eben jener Anschauung limitiert, womit er inhaltlich auf der Linie des von Th. Nipperdey gefällten Urteils über Wichern liegt, demzufolge dieser zwar konkret von sozialen Übeln gesprochen habe, „aber die institutionellen Lösungen [...] zu schnell unter die personalistische Entscheidung gegen die Sünde und für das Reich Gottes gebracht“[416] habe.

In bezug auf die Darstellung der christlich-sozialen Literatur der Epoche ist bereits bei Nathusius' Erwähnung Wicherns eine offensichtliche Unschärfe des Begriffspaares der „spezifisch kirchlichen *und* christlichen Volkswirtschaftslehre“[417] zu konstatieren. Allerdings wird diese durch einen Verweis innerhalb des historisch-literarischen Rekurses erklärt, indem er auf R. Todts Werk *Der radikale deutsche Socialismus und die christliche Gesellschaft* eingeht und diesen in *positivem Sinn* für das zweifache Attribut verantwortlich macht. Bereits innerhalb seiner Präsentation des Forschungsstandes der einschlägigen christlich-sozialen Literatur zu Beginn der *Mitarbeit* gilt Todt aufgrund dieses umfangreichen Werkes, des ebenfalls 1877 von ihm gegründeten akademisch orientierten „Centralvereins für Sozialreform“ sowie durch das vornehmlich konservative Leser ansprechende Organ *Der Staats-Socialist* als derjenige, der eine neue Epoche für die soziale Bedeutung des Christentums eingeläutet habe[418].

---

415 *Ebd.* Dieser mehrere Jahre später (1902) verfaßte Aufsatz wird über seine historischen Passagen hinaus im Zusammenhang der 2. Auflage der *Mitarbeit* zum Aspekt des „Sozialen“ (IV. B.1) nochmals Verwendung finden.

416 Th. Nipperdey, *Religion im Umbruch*, S. 106f.

417 Vgl. erneut *Mitarbeit I*, S. 159.

418 *A. a. O.*, S. 10, vgl. zur grundsätzlichen Bedeutung Todts auch *Mitarbeit II*, S. 414f. Die Redaktion des *VB* bzw. der *AKM* verfolgte von Beginn an die Aktivitäten dieser Bewegung mit Aufmerksamkeit. Schon 1872 hatte Nathusius mit Freuden die Anfangsjahrgänge eines der 'Vorläufer', der seit 1870 erschienenen *Concordia. Zeitschrift für die Arbeiterfrage* registriert, die bisher „einzige christliche rein sociale Zeitschrift“, mit der man, so sein Urteil, erstmals von christlicher Seite aus auf der Höhe der Zeit stehe, *VB* 1872, Sp. 78.
Im Jahr 1879 wurde Todts Zeitschrift mit dem genauen Titel *Der Staats-Socialist. Wochenschrift für Socialreform. Organ des Central-Vereins für Socialreform auf religiöser und constitutionell-monarchischer Grundlage* dort von einem nicht näher genannten Mitarbeiter („B.“) besprochen. Hervorgehoben wurde, daß aufgrund des Todtschen Engagements nun auch die „conservativen Socialisten“ über ein soziales Programm verfügten, das den Anforderungen der Zeit zu entsprechen vermag. Man begrüßte die durch entschieden christliche Bruderliebe gekennzeichnete Haltung des Blattes sowie dessen „sociale Schonungslosigkeit“ und empfohl all denjenigen den „Staats-Socialisten“ zur

Todt steht für Nathusius am Beginn einer Zeitenwende, da dieser christlich-soziales Engagement nicht mehr nur mit der Arbeit von Innerer Mission und Kirche identifiziert habe, sondern in umfassenderem Sinn um die Frage des Einflusses bzw. Eindringens „der christlichen Lebenskräfte und -Säfte [sic!] in den Staat und seine verschiedenen Rechts- und Verwaltungsgebiete, in die Wissenschaft, vor Allem die der Nationalökonomie“[419] bemüht gewesen sei. Dementsprechend erlauben sich für Nathusius sowohl die Attribute *kirchlich* als auch *christlich* für die theologische Auseinandersetzung mit der Nationalökonomie, da in jedem Fall beide Dimensionen des Christentums im Bereich des gesamten Lebens immer präsent sind.

Kirchliche *und* christliche Volkswirtschaftslehre ist demzufolge einerseits Kennzeichnung einer vom *individuellen christlichen Wirklichkeitsverständnis* aus betriebenen Untersuchung des gesamten ökonomischen Lebensbereichs. Sie ist andererseits der Versuch der wissenschaftlichen Verortung nationalökonomischer Erkenntnis im Kontext von Kirche und Christentum. Als *christlich-sozial* ist zum einen das christlich-motivierte und sozial relevante kirchliche Handeln, zum anderen die theoretische Reflexionsebene, von der aus dieses Handeln im Kontext der Christentumskultur interpretiert wird, zu bezeichnen. Durch diese Näherbestimmung wird deutlich, daß schon Todts Untersuchung christlich-sozialer Tätigkeit die Ausweitung von einer Individualethik zur Sozialethik inhärent ist, da für ihn nur infolge dieser Kontextklärung die vielfältigen überindividuellen Bedingungen und Konnotationen christlich-kirchlicher Sozialtätigkeit adäquat erfaßbar sind.

Mit Todt als charakteristischem Vertreter eines christlich-monarchischen Staatssozialismus[420] tritt zugleich eine neue Form der Ursachenforschung

---

Lektüre, „die sich für ernste Liebesthätigkeit wollen anregen lassen“, *AKM* 1879, S. 623f.

Nathusius nannte es im folgenden Jahr - also mehr als zwölf Jahre vor Abfassung der *Mitarbeit*! - ein unbestreitbares Verdienst dieses Organs und seiner Vertreter, „daß sie die Aufgabe des Geistlichen an der socialen Frage immer und immer wieder betonen“, *AKM* 1880/2, S. 202. Vice versa empfahl der Staats-Socialist in seiner letzten Nummer vom 23. 3. 1882 seinen Lesern nun die Lektüre der *AKM*, da man sich mit dieser in der konservativen Grundeinstellung sowie den christlich-sozialen Auffassungen einig wisse.

419 So Todt in seinem Werk *Der radikale deutsche Socialismus*, S. 8 (s. *Mitarbeit I*, S. 179), das den aufschlußreichen Untertitel trägt: „Versuch einer Darstellung des socialen Gehaltes des Christenthums und der socialen Aufgabe der christlichen Gesellschaft auf Grund einer Untersuchung des Neuen Testamentes“ und von Nathusius in 2. Auflage von 1878 rezipiert wird.

V. Oertzen mißt Todt entscheidende Bedeutung für die Anfänge evangelischer Sozialethik zu: „Hatte man bisher neben der Dogmatik die Ethik fast ausschließlich nach der Einzelperson behandelt - Todt gab und forderte eine Sozial-Ethik“, *Von Wichern bis Posadowsky*, S. 22.

420 Vgl. R. v. Bruch, *Weder Kommunismus noch Kapitalismus*, S. 105. Zu R. Todt v. a. G. Brakelmann, *Kirche und Sozialismus im 19. Jahrhundert*, S. 111ff. und jetzt J. Kandel, *Sozialkonservatismus*. Interessanterweise war Todt nur wenige Semester vor Nathusius

wirtschaftlicher Nöte auf den Plan. Die von theologischer Seite aus erstmals erfolgende ernsthafte Auseinandersetzung mit nationalökonomischer Forschung einerseits, sozialdemokratischer Theorie andererseits führt Todt dazu, die sozialen und gesellschaftlichen Krisenerscheinungen nicht mehr unter dem Paradigma des sittlichen Verfalls zu deuten, sondern ökonomischen Kausalitäten zuzurechnen. Mit Hilfe des Rekurses auf eine realistisch-empirische Begrifflichkeit geriert die soziale Frage bei Todt in elementarem Sinn zur Strukturfrage, wodurch auch der Weg zum sozialethischen Programm von Nathusius vorgezeichnet ist. Diese frühen sozialethisch orientierten Ansichten Todts sind ihrerseits entscheidend vom staatssozialistischen Gedankengut Wagners und Rudolf Meyers geprägt.

Wagner, ebenfalls Mitarbeiter des *Staats-Socialisten*, wird für Todt, wie später für Nathusius, über die Vermittlung nationalökonomischer Einzelerkenntnisse hinaus vor allem durch seine ethische Grundlegung der Nationalökonomie sowie das entschiedene Plädoyer für staatliche Sozialreformen bedeutsam. Beim Rekurs auf Meyer bezieht sich Todt vor allem auf dessen Werk *Der Emancipationskampf des vierten Standes* (1874/75), das später auch Nathusius in seiner *Mitarbeit* zur Sprache bringen wird. Allerdings übernimmt Nathusius nicht Todts weitgehend positive Rezeption des sozialkonservativen Agrartheoretikers und Betriebswirtes Meyer, für den Jesus der „erste internationale Socialist und bis heute auch der grösseste“[421] darstellt und der seine Leitvorstellungen dahingehend zusammenfaßt: „Die Emancipation des vierten Standes von der Herrschaft des Capitals halte ich für unvermeidlich und erstrebenswerth. Ich halte sie für herstellbar durch conservative Reformen und wünsche sie so, nicht durch Revolution herbeigeführt“[422]. Von Bedeutung für Todts eigenes staatssozialistisches Programm wie für seine späteren Einflüsse auf Nathusius ist dabei, daß Todt über Wagner und Meyer auf das Gedankengut des antiliberalen Vaters des Staatssozialismus Carl Rodbertus stieß[423]. Daneben bestanden Kontakte zwischen Todt und weiteren Nationalökonomen: beispielsweise veröffentlichten A. Schäffle, H. v. Scheel, G. Schönberg und weitere Mitglieder des Vereins für Socialpolitik häufiger im *Staats-Socialisten*.

Im Unterschied zu Nathusius bezieht sich Todt allerdings nur eklektisch auf die Positionen der Historischen Schule der Nationalökonomie. Deren Rezeption durch Todt ist deutlich geringer und weit weniger systematisch ange-

---

ebenfalls eifriger und beeindruckter Hörer Tholucks in Halle gewesen, vgl. J. Kandel, *Sozialkonservatismus*, S. 23f., S. 98f.

421 R. Meyer, *Emancipationskampf I*, S. 14. Bereits 1876 hob im *VB* ein ungenannter Rezensent Meyers Werk als gründliche Belehrung über die Socialisten hervor und wies in diesem Zusammenhang auch auf die noch zu erwähnenden Schriften H. L. Martensens hin, vgl. *VB* 1876, Sp. 126.

422 R. Meyer, *Emancipationskampf I*, S. 12.

423 Vgl. G. Brakelmann, *Kirche und Sozialismus*, S. 124.

legt als diejenige von Nathusius. Diese etwas vage Rezeption zeigt sich daran, daß selbst J. Kandel in der neuesten Darstellung zu Todt lediglich annimmt, daß Todt von den „volkswirtschaftlichen Erkenntnissen und sozialpolitischen Konzeptionen der 'jüngeren Schule der Nationalökonomie'" wußte und sich damit auseinandergesetzt hat" und etwas vorsichtig davon spricht, daß „sicherlich die vorzugsweise von Schmoller formulierte *ethische* Sichtweise der Volkswirtschaft"[424] auf Todt Eindruck gemacht hat.

Sein eigenes Programm leitet Todt mit den Worten ein: „Wer die sociale Frage verstehen und zu ihrer Lösung beitragen will, muß in der Rechten die Nationalökonomie, in der Linken die wissenschaftliche Literatur der Socialisten und vor sich aufgeschlagen das Neue Testament haben"[425]. In theologischer Hinsicht geht es Todt um die Erkenntnis und Herausarbeitung des sozialen Prinzips des Evangeliums sowie darum, dieses Prinzip sozialpolitisch fruchtbar zu machen. Die grundsätzliche Verhältnisbestimmung zwischen evangelischer Botschaft und politischer wie nationalökonomischer Theoriebildung erfolgt dabei mit Hilfe eines interdisziplinär fruchtbar zu machenden Analogieprinzips[426].

Vom neutestamentlichen Liebesgebot aus, für Todt die Zentralaussage und Mitte der biblischen Botschaft, soll ein gemeinschaftsdienlicher Arbeits-, Eigentums- und Gesellschaftsbegriff gebildet werden. Todt geht insofern über Wichern und Huber hinaus, als er dieses Analogieprinzip in positivem Sinn für die Verständigung zwischen christlicher und sozialistischer Weltanschauung in Anschlag bringen will. Zwar fußen seine Leitvorstellungen nach wie vor auf dem konservativen Boden einer monarchischen, ständisch ausgerichteten und paternalistisch strukturierten Gesellschafts- und Staatskonzeption, allerdings erscheint ihm im Gegensatz zu den christlich-sozialen Vorgängern ein christlich geläuterter Sozialismusbegriff als möglich. Unter „Sozialismus" versteht er weniger eine revolutionär-atheistische Massenbewegung als vielmehr eine historisch-dynamische Emanzipationsbewegung, deren berechtigte Forderungen Staat und Kirche - im Interesse neuer Gemeinschaftlichkeit - unterstützen müßten.

---

424 J. Kandel, *Sozialkonservatismus*, S. 106ff.

425 R. Todt, *Der radikale deutsche Socialismus*, S. 1.

426 In seiner Schrift *Der innere Zusammenhang und die nothwendige Verbindung zwischen dem Studium der Theologie und dem Studium der Sozialwissenschaften* (1877) fordert Todt von den Theologen die Ausweitung ihrer Studien auf die Felder der Ökonomie und des Rechts, um „die wirthschaftliche, rechtliche und politische Gestaltung eines Volkslebens nach ihrer Wirklichkeit zu verstehen", *a. a. O.*, S. 14. Es ist demzufolge schon hier die Auffassung von Staat, Recht und Ökonomie als gestaltender Lebensmächte, die zur sozialwissenschaftlichen Ausweitung der theologischen Wissenschaft führen muß. Todt vertritt dieses Anliegen allerdings noch ohne eine systematische, soziologisch konnotierte Grundlegung dieser wissenschaftlichen Aufgabenbestimmung.

Neben dem Rekurs auf nationalökonomische Lehrbildung basieren Todts Ansichten auf einer Konzeption theologischer Anthropologie, derzufolge die gesellschaftlichen Ideale Freiheit, Gleichheit und Brüderlichkeit ihren entscheidenden ethischen Impuls nur erhalten, wenn sie als offenbarte, ewig göttliche Ideen verstanden werden: Wenn das Neue Testament nicht nur als Botschaft der religiösen, sondern auch der physischen und moralischen Gleichheit aller Menschen, als „Gleichheit in der Sünde und vor der Gnade“[427] verstanden wird: „Erst das Christenthum hat diese drei Begriffe in ihrer vollen Wahrheit und Tiefe aufgestellt“[428].

Zwar stellt sich Nathusius dort in eine Linie mit Todt, wo dieser gegen den wirklichkeitsfremden Sektengeist der theologischen Wissenschaft angehe, das positive Prinzip der *Solidarität* der Interessen[429] mit Hilfe des Gedankens der *Brüderlichkeit* vertrete und so die Ethik des Neuen Testaments für die Einführung der „von christlichem Geist erfüllte[n] Lebensordnungen“[430] virulent mache - in durchaus scharfem Gegensatz zum Atheismus und Materialismus des *radikalen deutschen* Sozialismus, der nichts von biblischer Eschatologie wisse.

Für problematisch an Todts Vorgehen hält er allerdings, daß dieser nicht die Frage nach dem *Geist des Neuen Testaments* ins Zentrum gestellt habe, sondern die neutestamentliche Botschaft umgekehrt vom *Ausgangspunkt* sozialdemokratischer Forderungen aus in Anschlag bringe. Nathusius hat hier offensichtlich vor allem vor Augen, daß Todt das Neue Testament von der Aufforderung durchzogen sieht, den „Gegensatz zwischen dem göttlichen Ebenbilde, zu dem wir erschaffen, und dem sündigen Zerrbilde, in das wir uns verwandelt haben, auszugleichen“[431] und zugleich Jesus Christus im Anschluß an das erwähnte Wort Meyers als „der letzte und vollkommenste Socialist“[432] präsentiert wird. Durch solche Aussagen sieht er bei Todt die Sündhaftigkeit der Welt in theologisch unsachgemäßer Weise zur Belanglosigkeit degradiert. Nathusius kritisiert damit Todts unsachgemäße Applikation christlicher Überlieferung auf einen sozialen Forderungskatalog, der sich von den sozialdemokratischen, weltanschaulich fundierten und parteipolitisch motivierten Sozialreformen revolutionären Charakters oft nur unscharf abgrenze, etwa wenn davon gesprochen werde, daß die Grundprinzipien der

---

427 R. Todt, *Der radikale deutsche Socialismus*, S. 112.

428 *A. a. O.*, S. 110. G. Brakelmann unterscheidet in diesem Zusammenhang zwischen der *naturalistischen, sozialistischen Trias* und der *evangelisch-christlichen Trias*, anhand deren herausgearbeitetem Entsprechungscharakter Todt „das sichtbare Leibwerden des Heilshandelns Gottes an Mensch und Welt“ herausstellen will, *Kirche und Sozialismus im 19. Jahrhundert*, S. 174.

429 Vgl. R. Todt, *Der radikale deutsche Socialismus*, S. 63.

430 *Mitarbeit I*, S. 180.

431 R. Todt, *Der radikale deutsche Socialismus*, S. 43.

432 *Ebd.*

sozialistischen Theorie „geradezu evangelische, göttliche Wahrheiten“[433] enthielten. Sicherlich fehlt ihm auch dort die entscheidende Abgrenzung Todts gegenüber Meyer, wo dieser weder den Atheismus und Materialismus der Sozialdemokratie noch Lassalles Konzeption einer Verbindung von sozialem Königtum und viertem Stand entschieden abgelehnt habe.

Am bedeutsamsten ist allerdings neben dem gemeinsamen Streben nach interdisziplinärer Verständigung die Übereinstimmung von Todt und Nathusius hinsichtlich des politischen und ekklesiologischen Gemeinschaftsbegriffs, der sich zugleich in der gemeinsamen positiven Bewertung des christlichen Sozialismus manifestiert. Dabei verbindet sich Todts Forderung einer überindividuellen „Bekehrung der Institutionen“[434] mit der Suche nach der wahren Volkskirche. Todt macht damit nicht nur eine individuell konnotierte, sondern jetzt auch eine *institutionelle* Analogie zwischen kirchlicher Gemeinde und staatlichem Gemeinwesen namhaft, mit dem Endziel einer Wiedergeburt des gesamten Volkslebens im Geist des Christentums. Aufgabe der Kirche ist einerseits in *direktem* Sinn die Pflege einer solchen Vereinstätigkeit, die „das materielle Wohl der arbeitenden Klassen dauernd zu verbessern sucht“[435]; andererseits in *indirektem* Sinn, daß sie als Mahnerin gegenüber den Besitzenden und dem Staat auftritt. Die apostolisch gegründete und legitimierte *Gemeindeintervention* zugunsten der Armen wird in Analogie zur notwendigen *Staatsintervention* gedacht. Dies hält Todt deshalb für möglich, weil sich letztlich innerhalb von Kirche *und Staat* dasselbe Bedürfnis nach Gemeinschaftlichkeit, positiv gesprochen: dasselbe Wirken des gemeinschaftsstiftenden, sozialen und heiligen Geistes manifestiert. An diese Bestimmung kirchlicher Aufgaben knüpft Nathusius an, wenngleich er erstens gegenüber Todts theologischer Anthropologie ein anderes dogmatisches Begründungsmuster einzieht und zweitens auch die Bedeutung kirchlicher Mitarbeit an staatlich-rechtlichen Fragen auf ein höheres Theorieniveau hebt. Wie sich zeigen wird, führt diese Unterscheidung dazu, daß Nathusius den dezidiert staatssozialistischen Weg Todts nicht mitbeschreiten wird.

In diesem Zusammenhang der Rezeption Todts durch Nathusius ist von Bedeutung, daß das von Stoecker und Wagner 1878 vorgelegte Programm der christlich-sozialen Arbeiterpartei (CSAP) bei Nathusius seine Anerkennung

---

433 *A. a. O.*, S. 380. Schließlich gelangt Nathusius von Todt aus auch deshalb zu einer weiterführenden Konzeption der Sozialethik, weil durch Todts anthropologische Begrifflichkeit die Frage nach der zukünftigen Gemeinschaftsordnung vergessen zu werden drohe und dadurch dem Staat alle Verantwortung übertragen werde: „Solange Christlichkeit ausschließlich auf individuelle Wiedergeburt fixiert bleibt, knüpfen sich alle sozialpolitischen Hoffnungen an das staatsinterventionistische Modell des progressiven Staatssozialismus“, so W. Göggelmann in seiner Kritik an Todts Entwurf, *Christliche Weltverantwortung*, S. 58.

434 So zur Charakterisierung Todts J. Kandel, *Sozialkonservatismus*, S. 175.

435 R. Todt, *Der radikale deutsche Socialismus*, S. 463.

erfährt: Das Gedankengut der *Staatssozialisten* Wagner und Stoecker ist Nathusius aus dem Grund bedeutsam, da hier der Staat nicht aus seiner Pflicht entlassen, sondern diesem sogar die soziale *Haupt*aufgabe auferlegt werde. Den entscheidenden Beitrag des Programms erblickt Nathusius allerdings darin, daß unter der Prämisse des praxisrelevanten sittlich-religiösen Geistes die Öffentlichkeitsrelevanz von Christentum und Kirche herausgestellt wird[436]. Er hält es angesichts dieser Ausrichtung für gerechtfertigt, auch dieses Programm in den Kontext einer *kirchlich und christlich* orientierten Volkswirtschaftslehre einzuzeichnen. Innerhalb der 2. Auflage der *Mitarbeit* werden Stoeckers Aktivitäten in der Inneren Mission sowie sein politisches Engagement ausführlich erwähnt und dieser von Nathusius als Hauptvertreter der christlich-sozialen Ideen in der evangelischen Kirche Deutschlands bezeichnet[437]. Damit schließt sich der Kreis mit der oben herausgearbeiteten engen persönlichen Verbindung zwischen Nathusius und Stoecker.

Allerdings bleibt festzuhalten, daß er erst durch seine eigenen wirtschafts- und sozialethischen Abhandlungen das systematische Interpretament für das Stoecker-Wagnersche Programm gewinnen konnte. Außerdem stellt sich angesichts seiner Interpretation die Frage, ob Nathusius gegenüber diesem staatssozialistischen Programm die *Haupt*aufgabe sozialer Veränderungen tatsächlich staatlichen Instanzen beilegen wollte oder nicht doch eher eine doppelpolige bzw. sogar tripolige Verantwortungsstruktur Individuum - Kirche - Staat konzipierte.

Für Nathusius' historisch-literarische Rezeption ist auf weitere Schriften und deren Ansätze zu verweisen. Die Konzeption der *Mitarbeit* ist nicht ohne den Einfluß zweier sozialprotestantischer unmittelbarer Vorläufertexte zu denken: der Denkschrift der Inneren Mission *Die Aufgabe der Kirche und ihrer inneren Mission gegenüber den wirtschaftlichen und gesellschaftlichen Kämpfen der Gegenwart*[438] von 1884 und Naumanns *Das soziale Programm der evangelischen Kirche*, mit dem dieser 1890 auf eben jene Denkschrift reagierte. Im Vergleich der *Mitarbeit* mit beiden Schriften ist von einem, zu Beginn der neunziger Jahre noch deutlich nachweisbaren, sozialprotestantischen Konsens zu sprechen. Nathusius konnte an mehrere Aussagen dieser Veröffentlichungen inhaltlich anknüpfen. Generell galt Nathusius die Denkschrift als sozialprotestantischer Ausdruck für die Einsicht in die Notwendigkeit kirchlicher Verantwortlichkeit gegenüber den sich verschärfenden politischen und wirtschaftlichen Kämpfen, die sich vor allem im individualisti-

---

436 Das Programm mit seinen Forderungen an die Staatshilfe, die Geistlichkeit, die besitzenden Klassen sowie die Selbsthilfe ist jetzt wiederveröffentlicht in G. Brakelmann/T. Jähnichen, *Die protestantischen Wurzeln*, S. 114ff.

437 Vgl. *Mitarbeit, 2. Aufl.*, S. 135f.

438 Jetzt wieder abgedruckt in G. Brakelmann/T. Jähnichen (Hg.), *Die protestantischen Wurzeln*, S. 124-139.

schen Wirtschaftsliberalismus und der materialistischen sozialdemokratischen Bewegung manifestierten. Nathusius' eigener Entwurf kann als die vielfältig ausgebreitete und theoretisch untermauerte Fortsetzung der 1884 erhobenen Forderung gelten, „die religiös-sittlichen Grundsätze des Christenthums in ihrer besonderen Anwendung auf die heutige Gestalt des wirthschaftlichen und gesellschaftlichen Lebens“[439] zu bezeugen und in Geltung zu setzen. Damit schloß er sich der von Naumann herausgestellten Bedeutung dieser Denkschrift an und betonte wie dieser, daß angesichts der sozialen Herausforderungen tatsächlich ein *soziales Programm* der Kirche notwendig sei.

Indem die Denkschrift allerdings letztlich vor allem auf die Durchdringung des gesellschaftlichen Lebens „mit dem Sauerteige des Evangeliums“[440] und damit auf die Restitution christlich-sittlicher Lebensordnungen abzielte, drohte Nathusius' Ansicht nach die Beachtung der wirtschaftlichen und gesellschaftlichen Strukturen und Bedingungen verlorenzugehen. Hier war für ihn Naumann tatsächlich schon einen Schritt weiter gelangt. Durch das in der Denkschrift formulierte Ansinnen einer „Erreichung der höheren und ewigen Bestimmung des Menschen“[441] gerate der eigengesetzliche Bereich des wirtschaftlichen Lebens aus dem Blick und werde der kirchliche Zweck zum Selbstzweck, was auch Naumann monierte[442]. Die Forderungen der Denkschrift an die rechtliche Ausgestaltung und staatliche Gewährleistung bzw. Beteiligung an einer versöhnlichen Ordnung blieben vage. Dieser Eindruck bestätigt sich, wenn als Mittel kirchlicher Sozialpraxis die Verkündigung des göttlichen Wortes und die dienende Liebe genannt werden[443]. Statt konstruktiver Beteiligungsstrategien an strukturellen Verbesserungen herrscht durch die Denkschrift hindurch der Gewissensappell mit dem primären Ziel des Eingangs in die Gemüter vor. Statt nach neuen institutionellen Absicherungen und Gewährleistungen zu fragen, sucht man die sittlich vorbildhafte Unternehmerpersönlichkeit und den opferbereiten Arbeitnehmer, die gemeinsam das jeweilige Unternehmen „auf seiner wirthschaftlichen Grundlage zu einer

---

439 *Die Aufgabe der Kirche*, S. 124. Zu den Hintergründen der Denkschrift und zu dem protestantischen Sozialreformer bzw. Vertreter der preußischen Sozialbürokratie Th. Lohmann als deren Hauptverfasser vgl. neben der Monographie von H. Rothfels, *Lohmann*, jetzt F. Tennstedt, *Sozialreform als Mission* sowie R. Zitt, *Lohmanns Bedeutung*. Tennstedt weist auf die Verbindung Lohmanns zu seinem Vetter E. F. Wyneken hin, den Nathusius später als engen Freund bezeichnen sollte, macht die Verflechtung Lohmanns mit den konfessionellen Lutheranern wie dem Wernigeroder Superintendenten Arndt, der Nathusius als Hilfsprediger nach Wernigerode geholt hatte, deutlich und führt außerdem Lohmanns Patron O. Graf zu Stolberg-Wernigerode auf, einen engen Freund der Familie Nathusius, vgl. F. Tennstedt, *Sozialreform als Mission*, S. 544.

440 *Die Aufgabe der Kirche*, S. 124.

441 *A. a. O.*, S. 126.

442 Vgl. F. Naumann, *Das Soziale Programm*, etwa S. 263ff.

443 Vgl. *Die Aufgabe der Kirche*, S. 128.

sittlichen Gemeinschaft“[444] umzugestalten helfen. Selbst die Betrachtung aller detaillierten wirtschaftlichen Einzelforderungen entkräftet nicht den Verdacht, daß innerhalb der Denkschrift der irdische Kontext sozialer Härten weit eher als ideales Missionsfeld denn als ein ernsthaft zu beackerndes eigenständiges Gebiet gesellschaftlicher Öffentlichkeit angesehen wird. Dies wird für Naumann daran deutlich, daß die Denkschrift weder die gegenwärtigen Unterlassungssünden des Staates benennt[445] noch auf tiefergehende Erwägungen über die positiven Aspekte des Sozialismus ausgreift[446]. Vielleicht nicht ohne Grund - und wohl nicht ohne Anhalt an Naumanns Kritikpunkten - wird bei Nathusius späterhin aus der hier erörterten *Aufgabe* der Kirche die *Mitarbeit* der Kirche[447] und damit eben die positive Konzeption eines christlichen Sozialismus. Dies ist zwar nur eine nuancierte Veränderung, mit der Nathusius die Basis des sozialprotestantischen Konsenses nicht verläßt. Sie ermöglicht es ihm aber, das Objekt der Untersuchung in seiner Eigenbedeutung detaillierter in Augenschein zu nehmen als die Denkschrift dies vermocht hatte. In jedem Fall herrscht zu dieser Zeit bezüglich der Rezeption der Denkschrift ein unzweideutiger Konsens zwischen Nathusius und Naumann vor, wenn letzterer formuliert: „Jesus Christus ist selber kein christlichsoziales Programm. Es [sic!] ist die ewige Grundwahrheit, aus der alle Programme fließen sollen, so fließen, wie jede Zeit sie braucht“[448]. Die Frage, was die jeweilige Zeit tatsächlich brauchte, sollten diese beiden christlichen Sozialreformer jedoch nur wenige Jahre später bereits sehr unterschiedlich beantworten.

Unter die von Nathusius behandelte christlich-soziale Literatur sind die Schriften Gerhard Uhlhorns einzureihen. Nach Naumann und neben L. Weber ist Uhlhorn derjenige Theologe, auf dessen Schriften Nathusius innerhalb der beiden Bände seiner *Mitarbeit* am häufigsten verweist. Zwar findet sich in der *AKM* Uhlhorns literarische Tätigkeit durchweg mit großer Aufmerksamkeit und stets wohlwollend verfolgt, indem etwa ein ungenannter Rezensent in einer umfangreichen Besprechung Uhlhorns *Die christliche Liebesthätigkeit* epochale Bedeutung beimaß[449]. Hingegen war Nathusius im Zusammenhang eines Berichtes über den 4. ESK 1893 sogar so weit gegangen, Uhlhorn neben J. Kaftan und W. Beyschlag unter diejenigen einzureihen, die die

---

444 *A. a. O.*, S. 133.

445 Vgl. F. Naumann, *Das Soziale Programm*, S. 178.

446 Vgl. *a. a. O.*, S. 173. Zur Kritik Naumanns an der Denkschrift s. auch T. Jähnichen, *Vom Industrieuntertan zum Industriebürger*, S. 100f., außerdem H. Timm, *Naumanns theologischer Widerruf*, S. 20ff.

447 Vgl. zur Aufgabe der Predigt etwa *Mitarbeit II*, S. 392 in Aufnahme v. Naumanns *Sozialem Programm*, S. 147ff.

448 *A. a. O.*, S. 187.

449 Vgl. *AKM* 1890, S. 436-438.

christlich-soziale Arbeit „bisher immer bekämpft haben“[450], was er in einer Besprechung von Uhlhorns *Kirchlicher Armenpflege* vor allem an dessen abstraktem Kirchenbegriff festmachte[451]. Von dort aus komme Uhlhorn fälschlicherweise zu einer Verlagerung der Armenpflege in den Bereich privater Nächstenliebe, anstatt die christlich-soziale Tätigkeit aus dem Wesen der Kirche abzuleiten. Die falsche Verhältnisbestimmung von freiem Verein und kirchlicher Gemeinde inklusive Uhlhorns kirchlicher Aufgabenbestimmung als einer rein geistlichen wird von Nathusius als klerikaler Quietismus auf lutherischem Boden interpretiert. Von diesem Interpretationsmuster aus rezipiert er Uhlhorns Ansatz auch innerhalb der *Mitarbeit*, wenngleich er bezüglich historischer Hintergründe und Quellen zur christlich-sozialen Bewegung oder zum Armenwesen durchaus auch positiv auf Uhlhorn zurückgreift.

So stellt Nathusius zwar nach Abfassung der 1. Auflage der *Mitarbeit* fest, daß der Abt von Loccum den christlich-sozialen Bestrebungen zwar mehr als früher entgegenkommt[452], er reiht ihn jedoch nach wie vor in die Phalanx derjenigen ein, die letztlich eine grundlegende Beziehung kirchlicher Arbeit zur sozialen Frage leugnen und über die „abstrakte[ ] Auffassung des Wortes ‘wirtschaftlich’“ nicht hinauskommen. Als Beleg für diesen Vorwurf rekurriert Nathusius immer wieder auf Uhlhorns 5. These in der genannten Schrift *Die Stellung der Kirche*: „Die Kirche steht der [sozialen, Th. S.] Frage als einer wirtschaftlichen völlig neutral gegenüber, hat aber das größeste Interesse an ihrer richtigen Lösung“[453]. Der paradoxe Gehalt dieser Aussage erlaubt es Nathusius’ Ansicht nach weder, Theologie und Nationalökonomie in ein gedeihliches Verhältnis zueinander zu setzen, noch - in Konsequenz dessen - die Etablierung kirchlicher Deutungs- und Gestaltungsmacht innerhalb der modernen wirtschaftlichen und gesellschaftlichen Entwicklungsprozesse zu befördern. Aus grundsätzlichen theologischen und praktischen Erwägungen heraus wird Uhlhorns Beitrag zur Lösung anstehender Probleme als begrenzt angesehen.

Folgerichtig wird nach dieser historisch ausgerichteten Charakterisierung der kirchlichen und christlichen Volkswirtschaftslehre nun von Nathusius in konstruktiver Absicht deren zukünftige konkrete Aufgabenstellung bestimmt. Zugleich manifestiert sich die vermutete exklusive Funktion, die Nathusius der nun dezidiert *christlichen* Wirtschaftsethik beilegt, wenn diese erstens die

---

450 *AKM* 1893, S. 794.

451 Vgl. *AKM* 1894, S. 213ff., 1094f.

452 Vgl. *AKM* 1895, S. 426, anläßlich einer Besprechung der 1895 erschienenen Schrift Uhlhorns *Die Stellung der evangelisch-lutherischen Kirche zur socialen Frage der Gegenwart*. In diese Kerbe hauen auch neuere Darstellungen zu Uhlhorn wie etwa H. J. Schliep, *Die soziale Verantwortung der Kirche*; R. Turre, *Es gibt immer eine sociale Frage*; H. Otte, *Liebestätigkeit - Christlich oder kirchlich?* sowie M. Cordes/H. Ottes Einleitung in G. Uhlhorns *Schriften zur Sozialethik und Diakonie*, S. 11ff.

453 *AKM* 1895, S. 426.

maßgeblichen Grundsätze der Volkswirtschaft *aus der christlichen Offenbarung ableiten* und „zweitens der Thätigkeit der kirchlichen Organe nicht nur eine sekundäre Hilfsarbeit, sondern die eigentliche Hauptarbeit in der Leitung der sozialen und wirtschaftlichen Angelegenheiten überweisen“[454] soll.

3. 3. Die christliche Soziologie[455]

Unternimmt man nun den Versuch, den Stellenwert der christlich-kirchlichen Volkswirtschaftslehre methodisch einzuordnen, läßt sich hinsichtlich der Grundlage des sozialethischen Programms bei Nathusius durchaus von einer *christlichen Soziologie* sprechen. Seine bisher weitgehend nur historisch veranschaulichte und nicht selten affirmative „christliche Lehre von der Gesellschaft“ scheint für ihn beinahe zwangsläufig auf eine eigenständige Teildisziplin „christliche Soziologie“ zuzulaufen. Dieser Teildisziplin wird eine doppelte Aufgabenstellung zugemessen: Einerseits die biblische Überlieferung auf den gemeinschaftsstiftenden Charakter ihrer Botschaft hin in dem Sinn zu befragen, daß damit *der soziale Geist des Christentums in seiner Eigentümlichkeit und seinen Wirkungen* systematisch erfaßt werden kann. Die *Eigentümlichkeit* des sozialen Geistes wird dabei von Nathusius dahingehend näher charakterisiert, daß er diese assoziierende Macht als „völlig unabhängig von jenen wirtschaftlichen Motiven“[456] ansieht und damit Prozesse der Gemeinschaftsbildung für denkbar hält, die ohne Berücksichtigung äußerer sozialer Bedingungen bzw. deren Einwirkung auf diese Prozesse vonstatten ge-

---

454 *Mitarbeit I*, S. 161.

455 Der Terminus der „christlichen Sociologie“ findet sich explizit in einer der Besprechungen des 2. Buches der Mitarbeit durch einen ungenannten Rezensenten, der sich allerdings als ein „nicht theologischer Fachgelehrter“ ausweist, vgl. *Literarisches Centralblatt* 1895, Sp. 1793. W. R. Ward charakterisiert die spätere 3. Auflage der Mitarbeit als Werk, „which, in the confessional manner, had sought to derive from christianity the principles of a natural social order, of a christian sociology with the virtual status of revelation“, *Theology, Sociology and Politics*, S. 85.
In der Tat tritt Nathusius der Soziologie als *eigenständiger* Wissenschaft konsequenterweise mit großer Reserviertheit gegenüber. Anläßlich einer Besprechung von F. v. Schmidt-Warnecks *Volkswohl und Staat* bilanziert er: „ich kann die Hoffnungen, die man für die Erneuerung des socialen Lebens auf diese Wissenschaft setzt, nicht teilen, - so richtig der Grundgedanke ist, daß alle socialen Gliederungen dem Wesen des Menschen und der menschlichen Gesellschaft entsprechen müssen“, *AKM* 1893, S. 580.
Eines der Defizite der Nathusius'schen soziologischen Zeichnung der Gesellschaft führt schlüssig von katholischer Seite E. Vogt innerhalb seiner Besprechung des I. Teils der *Mitarbeit* vor Augen. Nathusius falle infolge seiner primär durch wirtschaftliche Faktoren bestimmten Sicht der Gesellschaft à la Stein beispielsweise hinter Riehls kulturgeschichtliche Ausarbeitung und Rümelins anthropologische Konnotierung des Gesellschaftsbegriffs zurück, vgl. *Historisch-politische Blätter*, S. 356f.

456 *Mitarbeit II*, S. 141.

hen. So deutet sich an, daß er den Erweis der Gestaltungskraft des Christentums von der Abhängigkeit historischer *Anschaulichkeit* befreien und diesem Erweis gleichwohl methodische *Sicherheit* zukommen lassen will.

Andererseits sind - im Sinne einer Integrierung schöpfungstheologischer Vorstellungen in die soziologische Fragestellung - *für jeden einzelnen Aspekt* der natürlichen Verhältnisse *im Anschluß an* die göttlichen Grundbestimmungen die christlichen Grundordnungen aufzuzeigen. Denn die durch den Schöpfergott gesetzten Bedingungen - gleichsam als „Existenzbedingungen für alles menschliche Gemeinschaftsleben"[457] - implizieren notwendigerweise *bestimmte* Ordnungsformen. Der *soziologische Aufweis* dieser Grundordnungen erfolgt als Konkretisierung des Gedankens der alle Lebenszusammenhänge prästabilierten göttlichen, sich in der Welt offenbarenden Harmonie. Vom *exemplarischen Erweis* christlich geprägter Lebensverhältnisse soll der *paradigmatische* Charakter der Prägekraft göttlicher Grundbestimmungen für *alle* Lebensverhältnisse erwiesen werden.

Für die Prüfung der Frage, ob der christliche soziale Geist im Kontext der gesellschaftlichen Verhältnisse zu seiner Verwirklichung kommt, ist zu klären, welche Ordnungen durch diesen initiiert werden und von welcher Wirkung diese Ordnungen auf das Wohlergehen des *Individuums* und dessen Verhältnis zur *Gemeinschaft* sind. Von einer Verwirklichung des sozialen Geistes kann somit nur die Rede sein, wenn innerhalb der Gesellschaft die selbständige Bedeutung und der selbständige Wert der Einzelpersönlichkeit und zugleich ihr Zusammenhang mit dem Ganzen der Gemeinschaft zur Geltung gebracht werden. Die Erfüllung dieser zweiten Bedingung ist notwendig, um von einer *wahren Entsprechung* der gesellschaftlichen Verhältnisse mit der christlichen Lehre der menschlichen Gesellschaft sprechen zu können und in dieser Hinsicht jedem Menschen die Möglichkeit zu eröffnen, im Kontext der Welt seinen „Ewigkeitsberuf"[458] nicht nur für sich allein, sondern im Zusammenhang und Zusammenhalt mit anderen zum Ausdruck bringen zu können[459].

Auf die konkrete Aufgabenstellung übertragen bedeutet dies: „Der Segen im sozialen Leben ist nicht blos [sic!] abhängig von der subjektiven Ausübung christlicher Tugenden, [...], sondern auch von der gläubigen Erkennt-

---

457 *Ebd.*

458 *A. a. O.*, S. 159.

459 Vgl. *a. a. O.*, S. 149.
Hier deutet sich bereits die spätere Webersche Fragestellung seiner *Protestantischen Ethik* an, ohne daß bei Nathusius allerdings eine analytische Kraft für die Behandlung der Einflüsse bestimmter konfessioneller Ausrichtungen oder Prägungen spürbar wäre. Auch wenn Nathusius von der gesellschaftsgestaltenden Macht des Christentums spricht, ist dabei eher an eine umfassende Weltanschauung gedacht als daß etwa soziologisch bestimmbare religiöse Gruppierungen bzw. religiöse Triebfedern für ein bestimmtes wirtschaftlichen Handeln en détail in den Blick geraten.

nis der göttlichen Lebensbedingungen derjenigen Verhältnisse, in denen sich jene sozialen Tugenden bewähren"[460]. Wer in diesem Gedanken der „gläubigen Erkenntnis" nun - analog zum Bild des gläubigen Naturwissenschaftlers, Rechtswissenschaftlers oder Historikers! - Nathusius' Forderung nach dem gläubigen Soziologen erkennt, liegt keineswegs falsch. Hier schließen sich seine Charakterisierungen der mehr oder weniger 'traditionellen' Wissenschaftsdisziplinen, wie sie im *WdW* vorgenommen wurden, mit der Charakterisierung der möglicherweise neuen Kulturwissenschaft der Soziologie zusammen. Daß E. Troeltsch in seiner späteren negativen Rezeption der 3. unveränderten Auflage der *Mitarbeit* möglicherweise nicht nur Nathusius' exklusiv christliche Interpretation des *Sozialen* im Visier hatte, sondern wohl auch die Verchristlichung der gesamten Disziplin samt ihrer Forscher befürchtet hat, liegt aufgrund von Nathusius' Forderung nach christlichen Soziologen, die ebenfalls auf ihre Weise ihren Ewigkeitsberuf erfüllen sollen, nahe.

Schließlich stellt sich die Frage nach der Verwirklichungsmöglichkeit des überindividuell konnotierten Ewigkeitsberufes. Ausgangspunkt der Argumentation ist, daß die Forderung nach einer sozial adäquaten, christlich geprägten Rechtsstaatlichkeit unter dem Blickwinkel der christlichen Soziologie erfolgt. Die gemeinschaftlich orientierte Ausprägung des *Ewigkeitsberufes* sieht Nathusius in entscheidendem Maß durch die moderne Rechtsentwicklung ermöglicht. Im Verlauf dieser Entwicklung sei die Konstituierung einer christlichen Gesellschaftsordnung nicht mehr vornehmlich der staatlichen Obrigkeit überlassen worden, wie dies etwa für die Zeit des Absolutismus zu gelten habe. Vielmehr erhalten die *Gesetze* nur dadurch ihren vollen Sinn, daß jeder einzelne formell rechtlich dazu berufen ist, an der Herstellung derjenigen Ordnungen mitzuwirken, welche dem sozialen Geiste des Christentums konform sind. Da die Ausprägung der christlichen Gesellschaft als dem „Subjekt der Sozialethik"[461] von der rechtlich gesicherten Stellung jedes einzelnen abhängt, verbinden sich bei Nathusius alle Einzeluntersuchungen der diversen sozialen Aspekte mit der konkreten Forderung an die rechtliche Gewährleistung und Ausgestaltung der jeweiligen Ordnungsform.

Diese Forderung impliziert, daß kirchliche Mitarbeit über eine unter dem Signum der Barmherzigkeit stehende Tätigkeit weit hinauszugehen hat. Nicht mehr kompensatorische Maßnahmen im Sinne der karitativen Mithilfe an der Verbesserung gewisser sozialer Umstände stehen im Mittelpunkt der Aufgabenstellung, sondern der Versuch der Legitimation einer solchen politisch-gesellschaftlichen Partizipation, die sich im Kontext der verankerten Institutionen abspielt. Es wird über eine Konzeption christlicher Liebestätigkeit Uhlhornscher Prägung hinausgeschritten, indem die Aufgabe einer theo-

---

[460] *Mitarbeit II*, S. 143.

[461] *A. a. O.*, S. 229.

logisch fundierten und kirchlich verorteten Integrationsstrategie möglichst aller gesellschaftlichen Gruppen grundsätzlich ausgeweitet wird. Die Tradition christlicher Liebestätigkeit wird damit im Sinn eines integrativen sozialstaatlichen Handelns institutionalisiert.

Am Beispiel der rechtlichen Ausgestaltung der Arbeitsbedingungen insistiert Nathusius etwa darauf, „daß es sich keineswegs um Forderungen der Armenpflege oder der christlichen Barmherzigkeit handelt, sondern um einfache Gerechtigkeit“[462]. Wenn er in bezug auf die Eigentumsfrage als Aufgabe der Christen formuliert, „die Mittel und Wege zu finden, um innerhalb des gegenwärtigen Betriebes die Grundsätze der Liebe und Gerechtigkeit nicht zu verletzen“[463], wird die Ausweitung des Begriffs der Nächstenliebe auf den rechtlichen Bereich vollzogen. Ebenso wird die materiale Füllung und Bestimmung des Rechtes deutlich im Zusammenhang der Frage nach der rechtlichen Legitimation der *Stände* innerhalb der Gesellschaft: „Der Geist christlicher Sittlichkeit überbrückt nicht nur die vorhandenen Unterschiede, sondern sorgt auch für Rechtsformen, die künftigen Geschlechtern o h n e jene innere Garantie noch einen gewissen christlichen Halt gewähren“[464]. Die Aufforderung an die kirchliche Seite, an den Diskussionen über Rechtsgestaltung zu partizipieren, hat demzufolge als Konsequenz einer Sichtweise zu gelten, in der nochmals der Versuch unternommen wird, der Kirche eine bzw. *die* entscheidende, sowohl *gesellschaftsrelevante* als auch *gesellschaftsgestaltende*, Kompetenz beizulegen.

Durch die Hervorhebung dieses sozialethischen Kriteriums der *Partizipation* für die Frage nach der Verwirklichung des christlichen sozialen Geistes wird am deutlichsten erkennbar, inwieweit Nathusius über eine rein individuell orientierte Fragestellung theologischer Ethik hinauszugehen bestrebt ist und wie er mit seinem eigenen Entwurf tatsächlich auf eine inhaltliche *Ausweitung der Individualethik zu einer Sozialethik*[465] abzielt.

Die Zwiespältigkeit dieser einerseits um Offenheit gegenüber den natürlichen Verhältnissen ringenden, andererseits zum Exklusivitätsanspruch neigenden christlichen Soziologie zeigt sich beispielhaft an der Handlungsan-

---

462 *Ebd.* Zu erinnern ist hierbei an die durch Wicherns Tätigkeit aufgeworfene Unterscheidung zwischen „helfender“ und „gestaltender“ Liebe. Nathusius geht an dieser Stelle durch den Rekurs auf christliche geprägte Rechtstraditionen eindeutig über das Plädoyer für primär helfende Liebe hinaus.

463 *A. a. O.*, S. 303.

464 *A. a. O.*, S. 333.

465 Insofern kann die *Mitarbeit* mit Fug und Recht als einer der entscheidenden Einschnitte für die Entwicklung protestantischer Sozialethik angesehen werden; dies verkennt beispielsweise H.-H. Schrey, *Entwicklung der deutsch-protestantischen Sozialethik.* Zu einem weiteren Vergleich des Nathusius'schen Entwurfs mit dezidiert sozialethischen Entwürfen des Protestantismus, dort mit A. v. Oettingen, H. L. Martensen und F. H. R. Frank, wird es im Zusammenhang der 2. Auflage der Mitarbeit kommen.

weisung für die Erörterung einzelner gesellschaftlicher und sozialer Probleme: „Der soziale Geist des Christentums will die natürlichen sozialen Faktoren im Menschenleben nicht aufheben, sondern er will den associierenden Zug in ihnen noch verstärken, aber ihn zugleich in solcher Weise ordnen und gestalten, wie es für die Gesamtheit am dienlichsten ist"[466]. Der Gedanke einer vorrangig christlichen Prägung aller Verhältnisse wird an der Forderung ersichtlich, daß diese „durch den Geist des Christentums geheiligt und so für die sozialen Gedanken des Christentums verwertet"[467] werden sollen. M. Schick erblickt im Versuch, den Realismus der Heilstatsachen dem realistisch-empirischen Charakter der Zeit schmackhaft zu machen, zu Recht sogar einen kulturprotestantischen Zug der konservativen Theologie, der es auch kirchentreuen Nichttheologen leicht machte, kirchliche Überlieferung - in undogmatischem Sinn! - zu rezipieren[468].

Anhand der aufgezeigten Bestimmungen und Kriterien erörtert Nathusius verschiedene Problemfelder des wirtschaftlichen und sozialen Bereiches. Dabei gilt unter der übergeordneten Themenstellung der Bedeutung der kirchlichen Mitarbeit an der Lösung der sozialen Frage, daß konkrete, 'technisch' ausgerichtete Forderungen nicht das unmittelbare Ziel darstellen: „Wir zeichnen nur die auf der göttlichen Ordnung beruhenden Grundlinien gesunden Gesellschaftslebens"[469].

Die zu Beginn der *Mitarbeit* formulierte Absicht, eine tragfähige Basis sozialethischer Argumentation als Voraussetzung für die theologische Behandlung der sozialen Frage zu formulieren und bereitzustellen, wird bei der Untersuchung der einzelnen, das soziale Feld betreffenden Aspekte deutlich. Zugleich ist erkennbar, daß für Nathusius mit der Behandlung dieser diversen Aspekte weder die grundsätzliche ethische Erörterung noch die praktische Ausformung der Gestaltung gesellschaftlicher Verhältnisse als abgeschlossen gelten kann, was er durch die Nachzeichnung von *Grundlinien* veranschaulichen will. Es bleibt also für die Behandlung der einzelnen gesellschaftlichen Aspekte festzuhalten, daß die jeweils erhobenen Forderungen - zumindest der Sache nach - durchaus in einer Form der *Offenheit* formuliert sind, sowohl was ihre konkrete Ausgestaltung als auch mögliche zukünftige Entwicklungen und Veränderungen anbetrifft. An einigen der von Nathusius behandelten Bereichen soll diese ethische Argumentationsstrategie exemplarisch beleuchtet werden. Da diese Strategie der Konkretisierung des eigenen Programms aber ihrerseits auf dezidiert hermeneutischen Voraussetzungen bezüglich der

---

466 *Mitarbeit II*, S. 177.
467 *A. a. O.*, S. 208.
468 Vgl. M. Schick, *Kulturprotestantismus*, S. 48.
469 *Mitarbeit II*, S. 207.

Schriftauslegung beruht, gilt es zuvor, seine exegetischen Grundentscheidungen und Verfahrensweisen zu klären[470].

3. 4. Konkretionen der christlichen Soziologie

3. 4. 1. Inspiration und Erklärung - Nathusius' Schriftverständnis

Nach der ausführlichen wissenschaftlichen Erörterung nationalökonomischer Sachverhalte und theologisch-ethischer Problemstellungen ergibt sich die Folgefrage nach dem Zusammenhang und Zusammenklang dieser Ergebnisse mit der biblischen Überlieferung. Auch auf der Ebene der historisch-literarischen Rezeption biblischer Überlieferung stellt sich das Problem der Konkretion. Dabei greift Nathusius erneut auf die im *WdW* und zu Beginn der dogmatischen Grundlegung getroffenen Entscheidungen zurück. Insbesondere seine Bestimmung des Gewißheitsbegriffs wird jetzt für die Frage nach dem Charakter und der individuellen 'Eingebung' bzw. 'Aneignung' der biblischen Botschaft fruchtbar gemacht.

Als für die neunziger Jahre signifikantes Merkmal seiner apologetischen Bemühungen kann gelten, daß er die Hauptgegner christlichen Glaubens nicht mehr von einer *deterministisch-materialistischen Naturlehre à la Darwin* infiltriert sieht, sondern vor allem die neuere Geschichtswissenschaft, genauer: die sich permanent ausweitende *historische Schriftforschung und Kritik*, als Adressat der eigenen hermeneutischen Grundentscheidungen vor Augen hat. Die Geschichtswissenschaft seiner Zeit droht ihm zufolge über ihre positiven Methoden- und Erkenntnisfortschritte, von denen er noch im *WdW* gesprochen hatte, hinauszuschießen, weil sie das ureigene Ziel allen wissenschaftlichen Bemühens aus dem Blick verloren habe: die eigenen Ergebnisse zugunsten des Christentums, d. h. zugunsten der Anbahnung des Reiches Gottes zu *verwerten*. Bejaht werden von ihm zwar wie schon innerhalb des *WdW* die methodischen Fortschritte moderner Geschichtswissenschaft, die historische Schriftforschung gilt ihm allerdings nur dann als Gewinn, wenn sie „die Herrlichkeit des göttlichen Wortes in neues Licht zu setzen“[471] vermag.

---

[470] Zwar erläutert Nathusius seine hermeneutischen Prinzipien nicht innerhalb der *Mitarbeit*, zur Klärung kann aber auf seine Abhandlung *Die Inspiration der Hl. Schrift und die historische Kritik* zurückgegriffen werden. Diese wird zwar erst im Jahr 1895 veröffentlicht und fällt damit in die Phase der zunehmend unversöhnlicheren Auseinandersetzungen zwischen Liberalen und Positiven, die Darstellung wird allerdings mit dem Anspruch zeitunabhängiger Gültigkeit - eine erste Vorentscheidung! - präsentiert und kann deshalb schon für diesen Zusammenhang herangezogen werden.

[471] *Die Inspiration der Hl. Schrift*, S. 11.

Das entscheidende Moment des Verstehens biblischer Texte besteht für ihn in der Überzeugung, die Wahrheit dieser Texte nicht mit Hilfe historischer Forschung, sondern nur durch die je eigene Gewissenserfahrung erlangen zu können. Daß es sich bei der biblischen Überlieferung tatsächlich um Offenbarungswahrheiten handelt, will Nathusius am Spezifikum der biblischen Autorschaft deutlich machen. Von der Inspiration göttlichen Wortes müsse und könne gesprochen werden, da die Überlieferung, etwa durch Apostel oder Propheten, einerseits unter Ausschluß des menschlichen Willens, andererseits im Bewußtsein der Abhängigkeit von einer absoluten Gehorsam fordernden Macht zustandegekommen sei.

Abgelehnt wird von ihm damit einerseits das Ansinnen der historischen Schriftforschung, auf wissenschaftlichem Weg den Wahrheitsgehalt biblischer Überlieferung zweifelsfrei klären zu wollen, andererseits verwahrt er sich gegen ein Verständnis von „Inspiration", wonach alle biblischen Texte gleichen autoritativen Charakter für sich beanspruchen dürften und demzufolge historische Kritik generell eine unsachgemäße Zugangsweise zu diesen Texten sei. Er unterscheidet das textbeeinflussende „natürliche Seelen- und Geistesleben der Schreiber"[472] und das eigentliche Geschehen der Inspiration der Schreiber, die sich darauf erstreckt, was der Mensch nicht auf natürlichem Weg erfahren kann. Der Inspirations- und Freiheitsgedanke werden zusammengebracht, indem Nathusius zufolge Schreiber *und* Leser des biblischen Textes ihre Freiheit dort fühlen und betätigen, „wo sie durch den Geist Gottes innerlich über sich hinausgehoben sind"[473].

Ist für Nathusius Schrifterklärung nur dann freie Tat, wenn sie sich der von Gott zugesagten Freiheit verpflichtet weiß, zeigt sich der Geltungsanspruch biblischer Überlieferung. Zwar können Widersprüche hinsichtlich geographischer, zeitlicher und familiärer Verhältnisse durchaus auftreten, allerdings gelten die überlieferten sittlichen und religiösen Anschauungen (zumindest innerhalb des Neuen Testaments) als widerspruchsfreie und verbindliche Gehalte für das Glaubensleben.

Von Bedeutung ist, mit welchem Nachdruck Nathusius auch hier auf die *kirchliche* Aufgabe hinsichtlich der Schrifterklärung hinweist. Im Falle der Anzweiflung der biblischen Überlieferung ist diese in der Weise institutionell abzusichern, daß die *Traditionen* der kirchlichen Auslegungspraxis gegenüber den individuellen *aktuellen* Erklärungsversuchen Vorrang gewinnen. Für Nathusius ist Auslegungs- und Erklärungspraxis der Schrift elementarer Bestandteil einer gemeinschaftlichen Gesamterfahrung, hinter der ein eklektischer Subjektivismus zurückzustehen hat. Indem die frühe Kirche durch die Sammlung des Kanons ihre geistliche Kompetenz bewiesen habe, sei auch für die Gegenwart und Zukunft die herausragende Bedeutung *kirchlicher*

472 *A. a. O.*, S. 28.
473 *A. a. O.*, S. 34.

Schriftauslegung klargestellt. In welchem Sinn diese Betonung überindividueller Schriftauslegung für die Mitarbeit der Kirche angesichts der wirtschaftlich-gesellschaftlichen Problemlagen fruchtbar gemacht wird, verdeutlichen die Konkretionen christlicher Soziologie.

3. 4. 2. Die Familie

Die Erörterung der *Gemeinschaftsbildung Familie* im Rahmen einer christlichen Lehre von der menschlichen Gesellschaft setzt mit der Bemerkung ein, daß jegliches Verständnis von Familie durch die Zeiten hindurch auf die jeweiligen Verhältnisse des nationalen und wirtschaftlichen Lebens zurückzuführen sei[474]. Für die Relevanz des Neuen Testaments als Interpretament der bestehenden Verhältnisse bedeutet dies hinsichtlich seines sittlichen Gehalts, daß jede Zeit in je eigener Weise diese christlichen Forderungen, die den Begriff und das Bild von Familie betreffen, individualisieren soll und wird, um so das Wort Gottes als Norm und Ideal des Familienlebens anzuerkennen.

Die *Eigentümlichkeit* des christlichen Verständnisses der Familie besteht Nathusius zufolge im Gedanken der Monogamie, des Verbotes der Ehescheidung, der Forderung der ehelichen Liebe und Treue, der „Unterordnung des Weibes"[475], dem Verhältnis der Kinder zu ihren Eltern sowie schließlich in einem Verständnis der geschlechtlichen Gemeinschaft als des sinnlichen Ausdrucks für die geistige Gemeinschaft[476]. Jede Individualisierung, die diesen Forderungen wahrhaft entspricht, trägt nicht nur zur Erhaltung des bestehenden christlichen Familienbildes bei, sondern vor allem zur „siegreiche[n]

---

474 Vgl. *Mitarbeit II*, S. 189. Auf die besondere Bedeutung, die Nathusius dem nationalen Faktor zukommen läßt, wird gesondert eingegangen werden. Es sei allerdings schon an dieser Stelle vermerkt, daß die oben erwähnte Rolle der *Völkerindividualitäten* schließlich auch für die unterschiedliche Ausprägung sozialer Gestaltungen und die je nach Nation verschiedene Möglichkeit, diese Gestaltungen zu verändern, in Anschlag gebracht wird. Es wird dann bei Nathusius auch von einem *spezifisch deutschen Lösungsansatz* der sozialen Frage die Rede sein. Charakteristisches Zitat für diesen Sachverhalt: „Die Bibelstellen, welche betonen, daß der alte Unterschied zwischen den Nationen gefallen sei (Röm. 10,12; 1.Kor. 12,13; Gal. 3,28), wollen nicht den natürlichen Unterschied überhaupt verwischen", *Mitarbeit II*, S. 177. Auf der anderen Seite wird sich allerdings auch zeigen, daß er vehement Opposition gegen Naumanns Gründung des National-Sozialen Vereins (NSV) bezieht, nicht nur aus politischen Erwägungen heraus, sondern vor allem aus theologischen Gründen. Das Bekenntnis zum 'nationalen Element' steht und fällt demzufolge mit seiner Beurteilung, ob darin das christliche Moment auf sachgemäße Weise enthalten ist.

475 *A. a. O.*, S. 186.

476 Auf Nathusius' Ansichten zur Frauenfrage und Emanzipationsbewegung wird eigens eingegangen werden, da seine Meinung in dieser Sache für die kirchenpolitischen Auseinandersetzungen von erheblicher Bedeutung ist und somit einer eigenen Erörterung bedarf.

Entfaltung der christlichen Idee der Familie auch unter den neuen gesellschaftlichen Formen, in die sie hineingestellt ist, damit sie [...] das Mittel der Reorganisation der Gesellschaft werde“[477]. Hinsichtlich der soziologischen Sichtweise bedeutet dies, daß letztlich nicht die Erörterung des *Werdens* familialer Strukturen im Modus einer kulturgeschichtlichen Abhandlung, sondern die unter dem Signum christlicher Anschauung firmierende Betrachtung des *Wesens*[478] von Familie das vorrangige Ziel darstellt.

Als sittliche und soziale Störfaktoren dieses idealen Familienbildes macht Nathusius einerseits die wachsende Unsittlichkeit, andererseits in grundsätzlicher Weise die sozialen Verhältnisse mit den Phänomenen stetig wachsender Arbeitsteilung und der Aufsprengung althergebrachter Familienstrukturen namhaft[479]. Ausdrücklich verzichtet er aber auf die Forderung, den beklagenswerten Zuständen etwa durch die Rückkehr zu traditionellen Wirtschafts- und Arbeitsformen im Sinn eines sozialromantisch-mittelalterlichen Ständeideals Abhilfe zu verschaffen.

Im Anschluß an die für die Verwirklichung des sozialen Geistes formulierten Bedingungen, sowohl den Wert der Einzelpersönlichkeit als auch deren Zusammenhang mit dem Ganzen der Gemeinschaft zu berücksichtigen, fragt Nathusius mit Stoecker: „Wie muß die Industrie organisiert sein, um die Familie, die Persönlichkeit, das christliche Leben zu schützen und zu fördern?“[480]. Und an dieser Stelle werden schließlich in dieser Richtung konkrete, auf die Gesetzgebung bezogene Forderungen erhoben, etwa im Blick auf die Gestaltung der Frauenarbeit, die Behandlung der Wohnungsfrage als auch die öffentlichen Unterrichtsanstalten zur Gewährleistung von Erziehung und Hebung der Bildung, in denen sich einerseits die individuelle, andererseits die gemeinschaftliche Seite der sozialen Forderungen manifestiert.

3. 4. 3. Die Arbeit

Der Aspekt der *Arbeit* wird von vornherein - im prinzipiellen Anschluß an die Historische Schule - nicht primär im Sinn einer ökonomisch relevanten Grösse, sondern als „sittliche That“[481] behandelt und vom christlichen Interpretationshorizont aus in den Zusammenhang mit einem Katalog sittlicher Forderungen gestellt. Damit verdeutlicht sich an seinem Arbeitsbegriff exempla-

[477] *A. a. O.*, S. 193.

[478] Vgl. *a. a. O.*, S. 179f.

[479] Für die Analyse der sozialen Verhältnisse und ihrer Auswirkungen auf die konkreten Bedingungen, speziell des Arbeiterstandes, beruft sich Nathusius des öfteren auf P. Göhres *Drei Monate Fabrikarbeiter* (1891), dort etwa S. 195, 201.

[480] *Mitarbeit II*, S. 202, in Aufnahme eines Zitats Stoeckers aus einer Reichstagsrede vom 25. 11. 1889.

[481] *A. a. O.*, S. 223.

risch, wie Nathusius mit Hilfe einer *schriftbegründeten christlichen Soziologie* von der *wirtschaftsethischen Debatte* zum *christlich konnotierten sozialethischen Programm* weiterschreitet.

Die Arbeitstätigkeit bringt zum Ausdruck, daß der Mensch sich von der Natur unterscheidet, „daß er zum Herrn über sie gemacht ist, und sich selbst dazu macht, indem er die Natur beherrscht, benutzt, genießt“[482]. Er läßt seine *Gottebenbildlichkeit* wirksam werden und wird seiner *Verantwortung* gerecht, indem er sich in seiner „Ausübung des höchsten menschlichen Berufes“[483] der Natur gegenüber als *geistiges* Wesen behauptet. Damit anerkennt der Mensch, daß seine Bestimmung zur Arbeit Teil der göttlichen *Erlösungsordnung*[484] ist. Für die Art seiner Schriftauslegung macht Nathusius darauf aufmerksam, daß „die göttlichen Arbeitsbedingungen“ nicht in Form von Paragraphen aus dem Neuen Testamentes eruiert werden können, sondern als Methode der Auslegung vielmehr eine Erschließung durch *Analogie* und *Kombination*[485] zu gelten hat.

Die Namhaftmachung des sozialen Geistes für den sozialen Aspekt *Arbeit* führt wiederum auf die Betrachtung einer individualethischen und einer sozialethischen Dimension. Hinsichtlich der subjektiven Stellung des einzelnen Christen im Arbeitsleben erfolgt die Mahnung davor, „daß jemand nach Gewinn jagt nur um sich über seine jetzige Daseinsstufe zu erheben zu einem bequemeren, glänzenderen, genußreicheren Leben“[486]. Diese Mahnung beinhaltet nicht nur die Forderung nach Rücksicht auf die eigene Gesundheit und die Bedürfnisse der Mitmenschen, sondern auch die Rücksicht „auf die Stoffe der Arbeit in der Natur“[487].

Die sozialethische Dimension findet sich dort, wo *Arbeit* nicht mehr nur als konstitutiv für den Lebensvollzug jedes einzelnen verstanden wird, sondern wo die *Arbeit aller* als unhintergehbare Lebensbedingung der Gesellschaft formuliert wird. Parallel zum Gedanken der sittlich veredelnden Wir-

---

482 *A. a. O.*, S. 130.

483 *A. a. O.*, S. 209. Es waren also nicht erst Harnacks Referate auf den Versammlungen des ESK, in denen im gesellschaftsversöhnenden Sinn gefordert wurde, daß „die Arbeitsgestaltung im Interesse der ‘personenbildenden Kräfte’ des Menschen zu geschehen“ habe, wie K. Nowak, *Sozialpolitik als Kulturauftrag*, S. 92, notiert.

484 Vgl. *Mitarbeit II*, S. 209. Mehrere Rezensenten der *Mitarbeit* beklagen allerdings Nathusius’ unzureichende Unterscheidung zwischen Erhaltungsordnung und Erlösungsordnung.

485 Vgl. *a. a. O.*, S. 218.

486 *A. a. O.*, S. 227.

487 *Ebd.* Nathusius macht einen bereits durchaus modernen Unterschied zwischen der Beherrschung der Natur und ihrer Ausbeutung, der sich allerdings etwa auch schon bei J. Locke finden läßt, wenn er argumentiert: „So verbietet auch das feinere christliche Gefühl jedes verschwenderische Umgehen mit den fruchtbringenden und ernährenden Naturdingen, wie solches bei der Jagd nach Gewinn nur gar zu nahe liegt und in dem modernen Wirtschaftsleben vielfach vorkommt“, *ebd.*

kung der Arbeit auf den einzelnen soll ein sozialethisches Verständnis von *Arbeit* „die Gesellschaft nicht zertrennen, sondern zum Ausbau des Gemeinschaftslebens und zum gegenseitigen Verstehen und Fördern dienlich sein"[488].

In dieser letzten Äußerung zeigt sich auch die für Nathusius charakteristische Verwendung der beiden Begriffe *Gesellschaft* und *Gemeinschaft*: Von *Gesellschaft* ist bei ihm meist dann die Rede, wenn die äußeren Strukturen des menschlichen Zusammenlebens mitsamt ihrer Verschiedenheiten menschlicher Gruppierungen sowie Lebens- und Aufgabenbereiche im Blick sind. Von *Gemeinschaft* spricht er, wenn auf das über alle Unterschiede hinaus einheitsstiftende sittliche oder religiöse Fundament mit dem Ziel einer Einheit des ganzen Menschengeschlechts abgehoben werden soll. In diesem Sinne kann dann an verschiedenen Stellen von einer Gliederung, Trennung oder „*Zerklüftung*"[489] der Gesellschaft die Rede sein, die letztlich immer aus einer Verkennung oder noch nicht vollzogenen Durchführung der christlichen Gemeinschaftsidee hergeleitet wird. Die *christliche Gesellschaft* ist dagegen die gemeinschaftsstiftende Manifestation der wahren Erfüllung dieser christlichen Idee.

Im Zusammenhang der sozialethischen Dimension verbindet sich mit dieser Anschauung die konkrete Forderung nach Gewährleistung bzw. Schaffung einer rechtlichen Ordnung, die es erlaubt, den wahren Sinn der Arbeit zu erfüllen. Im Rahmen einer solchen Ordnung ist auf die Gewährleistung ausreichender und gerechter Löhne, die Beschränkung der „Möglichkeit des arbeitslosen Reichwerdens"[490] in Form von Börsengeschäften sowie eine Regelung der Arbeitsbedingungen und Arbeitszeiten abzuzielen. Schließlich wird - eine geraume Zeit vor der historisch tatsächlichen Einführung !- die Möglichkeit der Versicherung für den Fall von Arbeitslosigkeit gefordert.

Allerdings macht Nathusius für sämtliche dieser Forderungen geltend, daß die im eigentlichen Sinn konkreten Ausgestaltungen von volkswirtschaftlicher Seite aus zu erfolgen haben. Mit dem Hinweis, „die technische Ausführung müssen wir den nationalökonomischen Fachleuten überlassen"[491], bindet er die Ausgangsthese, wonach auf die Selbständigkeit des volkswirtschaftlichen Bereichs Rücksicht zu nehmen ist, mit der These von den aus christlicher Sicht zu erhebenden Forderungen zusammen. Bis zu diesem Punkt geht seine Beschäftigung mit einzelnen sozialstaatlichen Fragen und Entwicklungen. Da er sich selbst nicht weiter an den technischen Fragen der Verwirklichung dieser Entwicklungen beteiligt, erlaubt es sich auch von hier aus, seine Rezeption des Sozialstaates eher im Begriff der *Begleitung* als in dem der *Beteiligung* zu fassen. Allerdings ist kritisch zu fragen, ob diese Rückbindung

488 *A. a. O.*, S. 241.
489 *Mitarbeit I*, S. 114; *II*, S. 219.
490 *A. a. O.*, S. 236.
491 *A. a. O.*, S. 234.

des volkswirtschaftlichen Bereichs an den christlichen Forderungskatalog de facto nicht der Reduktion der Volkswirtschaft auf ein bloßes Vollzugsorgan christlich geprägter Handlungsanweisungen gleichkommt.

Auffällig bleibt in diesem Zusammenhang, daß von einem *Recht* auf Arbeit nicht die Rede ist, obwohl es sich im Anschluß an Nathusius' Argumentation ja nahelegen könnte und von einigen der Rezensenten der *Mitarbeit* auch eingeklagt wird[492]. Allerdings könnte hierfür seine Bestimmung des Eigentumsbegriffs verantwortlich sein, denn für ihn steht fest: Eine Verwirklichung des Rechts auf Arbeit wirft die grundsätzliche Frage nach der Eigentumsgarantie sowie nach staatlichem Eigentum bzw. einer Verstaatlichung der Produktionsmittel auf. Von dort aus würden sich aber, wie seine Fassung des Eigentumsbegriffs zeigen wird, unüberwindbare Schwierigkeiten ergeben.

3. 4. 4. Das Eigentum

Nachdem Nathusius die Bedeutung des Aspektes *Eigentum* bereits im Zusammenhang „Prinzip des Individualismus als Grundlage des Sozialismus" auf die Weise verhandelt hatte, daß er die Entfaltungsmöglichkeiten menschlicher Individualität als von der jeweiligen Eigentumsform abhängig bezeichnete, wird der Begriff nun noch einmal aus der spezifischen Sicht der *christlichen Gesellschaftslehre* betrachtet. Den Ausgangspunkt bildet dabei die Bemerkung, daß der Gedanke von der Zweckmäßigkeit des Eigentums sowohl für die freie Entfaltung der *Persönlichkeit* als auch zugunsten des *Gesamtwohles* als Bestimmung nicht genügt. Dementsprechend ist eine rechtliche Legitimation des Eigentums, die sich etwa aus der selbständigen Produktion und Bearbeitung verschiedener Güter herleitet, für den Kontext einer christlichen Gesellschaft, die unter dem Prinzip der unbedingten Nächstenliebe steht, als unzureichend anzusehen.

Daraus folgt für Nathusius die Notwendigkeit einer Theorie des von der theologischen Ethik „selbst vertretenen Rechts auf Privatbesitz"[493], wobei er allerdings sogleich einschränkend hinzufügt, daß dabei nicht die Frage der *Legalität* des Privateigentums, sondern diejenige der *Moralität* im Vordergrund steht. Im Rekurs auf die biblische Überlieferung wird herausgestellt, daß nicht das *Recht auf* Eigentum, sondern die *Verpflichtung zur angemessenen Verwendung* des Eigentums als sachlicher Mittelpunkt der Botschaft herausgestellt werden muß. Besitz wird „im Alten Testament als ein Amt aufgefaßt, als eins der Ämter, durch die Gott sein Volk - das ganze Volk - segnen will. [...] Auch im Neuen Testament erscheint der Christ nur als Verwalter

---

[492] Vgl. etwa E. F. Wyneken, *Zur sittlich-religiösen Grundlegung*, *AKM* 1893, S. 1214.

[493] *Mitarbeit II*, S. 273.

von ihm durch Gott anvertrauten Gütern"[494]. Dies wird weiterhin damit begründet, daß die besondere Eigentumsauffassung der ersten apostolischen Gemeinde nicht in einer rechtlich festgesetzten Gütergemeinschaft, sondern in der *gemeinschaftlichen Gesinnung* innerhalb dieser Gemeinde bestanden habe.

Mit der Verpflichtung zu einer der Nächstenliebe entsprechenden Eigentumsverwendung verbindet sich zugleich die Ablehnung egoistisch-autonomer Eigentumsverwendung, die durch ein *absolutes Recht*[495] ihre Legitimation erfahre. Hinsichtlich der Verwendung als auch der Beschränkung der Verwendungsmöglichkeiten des Eigentums argumentiert Nathusius erneut in individualethischem und sozialethischem Sinn. Anzustreben sei eine solche gesellschaftliche Organisation, „welche jedem ihrer Mitglieder ein Eigentum zu erwerben gestattet, das ihm einerseits Schutz gewährt gegen die laufenden wirtschaftlichen Notfälle und ihn andererseits in den Stand setzt, seinen Beruf als Glied des großen Ganzen zu erfüllen"[496].

Als Felder konkreter Ausgestaltung dieses Eigentumsbegriffs werden etwa die, von sozialdemokratischer Seite aus aufgeworfenen, Forderungen nach Bodenbesitzreform und umfassender Einführung von Kollektiveigentum genannt, wobei sich Nathusius gegen diese Forderungen mit dem Argument wendet, damit werde nicht nur die persönliche Betätigung und Verantwortlichkeit jedes einzelnen erschwert, sondern ganz grundsätzlich die sündhafte menschliche Natur negiert.

In der Frage nach der mit großem Geldvermögen verbundenen Praxis des Zinsgebens unterscheidet Nathusius in durchaus bekannter Linie zwischen Zins und Wucher, indem er einerseits die Berechtigung des Zinses im Charakter des Geldes als eines Tauschmittels für produktive Kapitalien und damit in seiner Bedeutung als Mittel für die Wirksamkeit der ganzen menschlichen Persönlichkeit erblickt, andererseits den Wucher - unter Beachtung des Gebotes der Nächstenliebe - als von gewinnsüchtiger Absicht geleiteten Weise des Verleihens abweist.

3. 4. 5. Die Stände und die Frage nach gesellschaftlicher Gleichheit

Nachdem im Rahmen des I. Buches die Ständeverfassung bereits als diejenige Form gesellschaftlicher Gruppierung charakterisiert wurde, die es ermögliche, Klassenspaltungen zu überwinden und die Verwirklichung individueller

[494] *A. a. O.*, S. 274.

[495] Vgl. *a. a. O.*, S. 279. Gedacht ist hier insbesondere an die abstrakte, naturrechtliche Begründung der durch das Eigentum ermöglichten Entfaltung der freien Persönlichkeit (vgl. *a. a. O.*, S. 271f.).

[496] *A. a. O.*, S. 288.

Freiheit zu befördern, stellt sich die Frage, welchen Beitrag die theologische Ethik zum Verständnis dieses gesellschaftlichen Aspekts liefern kann. Wenngleich Nathusius bei der Erörterung dieses Aspekts von vornherein betont, daß weder die Stände selbst noch die Standesunterschiede direkt aus göttlichem Gebot ableitbar sind, will er doch von einem *christlichen Ideal* für die Ständebildung sprechen[497].

Insbesondere bei der Behandlung dieses gesellschaftlichen Aspekts unter theologischen Vorzeichen wird jetzt allerdings deutlich, daß zentraler Gedanke dieses Ideals nicht die umfassende Reform der bestehenden sozialen Ordnung ist, sondern die *Legitimation des Bestehenden.* Indem Nathusius eine biblische Beweisführung zur Legitimation ständischer Unterschiede zwar ablehnt, zugleich aber von der Notwendigkeit der christlichen Gestaltung der Stände als *geschichtlich gegebener*[498] bzw. *historischer Produkte*[499] spricht, erschließt sich dieses Anliegen. Im Hintergrund der Forderung, daß der christliche Geist die Abhängigkeitsverhältnisse unter den Mitgliedern der gesellschaftlichen Gruppierungen durchdringen müsse, scheint auf, daß die Tatsache dieser gesellschaftlichen Form grundsätzlich nicht hinterfragt wird. Forderungen nach grundsätzlichen oder gar umstürzenden Veränderungen des Gesellschaftssystems werden de facto als Ignorierung der faktischen Voraussetzungen, die dem jeweiligen System zugrundeliegen, bewertet. Ein Zirkelschluß liegt hier insofern vor, als dasjenige zur Grundlage der Argumentation gemacht wird - die *Tatsächlichkeit* gesellschaftlicher Abhängigkeiten -, was begründet werden soll - nämlich die ständische Verfassung selbst. Es steht zu vermuten, daß die vermeintlich objektive Analyse der kulturellen Gegebenheiten letztlich nichts anderes als die Formulierung eines ‘frommen’ Wunschbildes gesellschaftlicher Kultur darstellt.

Von einer grundlegenden christlichen Neuinterpretation der gesellschaftlichen Verhältnisse ist an keiner Stelle die Rede, auch wenn Nathusius gegen zwei dezidiert unterschiedlich ausgerichtete, aus kirchlichen Kreisen hervorgehende Beurteilungen der gegenwärtigen Lage Einwände erhebt: einerseits gegen eine Auffassung, die die „alten patriarchalischen Verhältnisse der Vorzeit“[500] zum Ideal erhebt und unbedingten Gehorsam gegen jegliche mensch-

---

497 Vgl. *a. a. O.*, S. 309.

498 Vgl. *ebd.*

499 Vgl. *a. a. O.*, S. 321.

500 *A. a. O.*, S. 312. In der Warnung vor einer solchen Sichtweise kann wiederum entdeckt werden, daß man Nathusius’ Ansatz nicht gerecht wird, wenn man ihn als bloße Reformulierung eines sozialkonservativen Patriarchalismus ansieht. Der Unterschied zu einer solchen Auffassung besteht darin, daß Nathusius eine Analogie des Arbeitgeber/Arbeitnehmer-Verhältnisses mit dem Obrigkeit/Untertan-Verhältnis ablehnt. Eine solche Sichtweise würde weder der gegenwärtigen Entwicklung der gesellschaftlichen Stände untereinander noch den *modernen* Arbeits- und Produktionsbedingungen, etwa der „Herrschaft des freien Lohnkontraktes“ (*a. a. O.*, S. 335), entsprechen: „Die patriar-

liche Ordnung predigt, andererseits gegen eine Richtung, die unter dem Signum der Brüderlichkeit für eine gänzliche „Aufhebung der Standesunterschiede“[501] plädiert.

Eine Annäherung an die Frage, in welcher Weise eine christliche Idealvorstellung auf die Beurteilung von Ständebildungen zu applizieren ist, nimmt Nathusius vor, indem er anhand der Sklavenfrage deutlich zu machen versucht, wie die angemessene christliche Reaktion auf die damaligen historischen Verhältnisse in diesem konkreten Fall ausgesehen habe. Seiner Auffassung zufolge ist es dem frühen Christentum keineswegs darum gegangen, die Sklaverei überhaupt abzuschaffen. Vielmehr habe die tiefere Bedeutung des damaligen Problems in der *Klärung der Gesinnung* bestanden, in der sowohl die Beurteilung dieses spezifischen Standes als auch das Leben in diesem Stand selbst erfolgt seien[502]. Unter dem Grundsatz der Gleichheit der Menschen vor Gott und dem allgemeinen Gesetz der Nächstenliebe habe dies zu einer Neubewertung des Gegebenen geführt, daß nämlich, „wenn auch das Rechtsverhältnis bestehen blieb, das thatsächliche Sklavenlos ein ganz anderes geworden war“[503].

In Übertragung auf das gegenwärtige Problem einer gerechten sozialen Ordnung betont Nathusius zwar, daß weder die Absicht, die Verhältnisse human und christlich umzugestalten, noch das Vorhaben, Einfluß auf die öffentliche Meinung und Gesetzgebung zu nehmen, geleugnet werden soll - allerdings immer unter der Voraussetzung und prinzipiellen Nichthintergehbarkeit der *bestehenden* Ordnung.

Konkret bedeutet dies etwa, wie Nathusius insbesondere an der Frage der christlichen Gewerkschaften deutlich macht, daß die Forderung nach gleichberechtigter Partizipation des vierten Standes an politischen Vorgängen und Entscheidungen nicht ausgeschlossen werden soll: „Wir haben jetzt allgemei-

---

chalischen Verhältnisse, wo sie noch existieren, sind nicht als Muster hinzustellen, nach welchem die Arbeiterverhältnisse überhaupt neu zu organisieren seien“, *a. a. O.*, S. 338. Nathusius akzeptiert demzufolge zumindest die *Berechtigung* des Arbeiterstandes als einer eigenen gesellschaftlichen Gruppierung, indem er mehrfach von dem sogenannten „vierten Stand“ spricht. Unbeschadet dessen bleibt allerdings als Kritik an Nathusius zu formulieren, daß er die Aufhebung der ständisch organisierten sozialen Ordnung nicht für notwendig erachtet, was sich insbesondere im Streit über die Lage der Landarbeiter und Beschäftigten mittelständischer und kleiner Familienbetriebe manifestierte, in dessen Verlauf sich Nathusius explizit gegen M. Webers und P. Göhres Reformvorschläge auf dem 5. Evangelisch-Sozialen Kongreß wandte, vgl. *ebd.*

501 *A. a. O.*, S. 312.

502 Von Paulus' Haltung wird - im Sinn einer dezidiert a-politischen Fassung des Freiheitsbegriffs! - zur Sklavenfrage ausgesagt: „Er legt wiederholt und nachdrücklich den christlichen Sklaven die Zufriedenheit mit ihrem Stande ans Herz; der Sklav [sic!] soll sich keine Sorge machen um seinen Stand, in dem er Christo gerade so gut dienen und gerade so gut selig werden könne als im Stande der Freiheit (1.Kor. 7,21)“, *a. a. O.*, S. 314.

503 *A. a. O.*, S. 317.

ne politische Gleichberechtigung. Wir haben das allgemeine Wahlrecht und eine weitgehende Beteiligung Aller an der Leitung der politischen Gemeinde. [...] Darum kann von einer gesellschaftlichen Organisation dieser Massen durch Schaffung einer Art von Hörigkeitsverhältnissen nicht die Rede sein"[504]. Erstmals deutet sich für den *unmittelbaren wirtschaftlichen Bereich* an, daß dem Arbeiterstand ebenfalls die - durch die Erstarkung des christlich-sozialen Geistes zu fördernde - gleichberechtigte Wahrnehmung seiner Interessen zugestanden wird: „Die Bewegung, welche zur Bildung von Gewerkschaften und Arbeiterkorporationen führt, ist eine durchaus gesunde und kann auch vom Standpunkt der christlichen Ethik aus nur gebilligt und gefördert werden. Auch die Anwendung der Waffe der Arbeitsverweigerung [gemeint ist hier die Frage des Streikes, Th. S.] kann unmöglich sittlich verurteilt werden"[505].

Da allerdings für die hier vorliegende positive Wertung politischer Gleichberechtigung letztlich ein Verständnis von Gleichheit als *transcendenter Idee*[506] bzw. *transcendentem Begriff*[507] vorausgesetzt und von einer wesenhaften Verwirklichung der Gleichheit erst in der Ewigkeit[508] gesprochen werden könne, ist im Ergebnis festzustellen, daß der politischen Dimension der Gleichberechtigung schwerlich ihr Eigenrecht zugestanden wird.

3. 5. Zur „Judenfrage"

Im Rahmen der Darstellung der gesellschaftlichen Aspekte, mit denen sich die christliche Gesellschaftslehre zu beschäftigen habe, findet sich immer wieder die Erwähnung des angeblich in spezifischer Weise wirkmächtigen jüdischen Einflusses auf wirtschaftliche Strukturen und Prozesse. Wenngleich die Behandlung dieses Themas insbesondere im zweiten Teil des II. Buches der *Mitarbeit* auftaucht, ist festzustellen, daß sie nicht nur das gesamte Hauptwerk von Nathusius durchzieht, sondern darüber hinaus vor allem in den späteren Aufsätzen und Reden sowie in den Mitteilungen der *AKM* eine prominente Stellung einnimmt[509]. Dieses Thema scheint nicht erst durch die

---

504 *A. a. O.*, S. 338.

505 *A. a. O.*, S. 339.

506 Vgl. *a. a. O.*, S. 152 und *Mitarbeit I*, S. 185.

507 Vgl. *Mitarbeit II*, S. 177.

508 Vgl. *a. a. O.*, S. 152.

509 Anläßlich der Bekanntgabe des Tagungsprogramms des 4. ESK im Frühjahr 1893 hält Nathusius die fehlende Behandlung dieser Frage für ein charakteristisches Zeichen der Zeit. Der ESK habe ohnehin von Beginn an fälschlicherweise auf Erörterungen zu diesem Thema verzichtet, wie bereits der 1. ESK mit Harnacks Intervention auf Stoeckers Erwähnung der Judenfrage gezeigt habe. Gerade ein Forum von so großem öffentlichen Interesse wie der ESK komme um diese „eminent sociale Frage" keinesfalls herum,

Betrachtung wirtschaftlicher Problemfelder auf den Plan gerufen worden zu sein, sondern stellt ein permanentes Anliegen des Verfassers dar.

Die Behandlung dieser Frage im Rahmen des sozialethischen Programms trägt insofern exemplarischen Charakter, weil sich hier in besonderer Weise Nathusius' keineswegs nur latenter, sondern offen-aggressiver Antisemitismus zeigt. Aus seinen Worten wird erkennbar, daß er sich über die besondere Brisanz des Themas durchaus im klaren ist: „Ich weiß, daß, sobald nur dieser Name [die Juden, Th. S.] genannt wird, eine ganze Reihe von solchen auch, die sich mit der sozialen Frage berufsmäßig beschäftigen, sofort mit einer gewissen Empfindlichkeit oder gar Gereiztheit sich innerlich zur Wehre [sic!] setzen und auf diesem Punkte gar nicht mit sich reden lassen wollen. Es gilt in manchen Kreisen geradezu für ungebildet, von den Juden als besonderen Menschen und von einer Judenfrage überhaupt zu reden. Der Gegenstand wird als ein Tabu behandelt, mit dem schon sich nur geistig zu beschäftigen sittlich verwerflich sei. Es kommt mir ganz besonders darauf an, nicht nur die Thorheit, sondern die Verwerflichkeit und Gefährlichkeit solchen Verfahrens in das Licht zu stellen"[510].

Ausführlich geht Nathusius auf jüdische Einflüsse im Rahmen der Unterscheidung zwischen Zins- und Wuchergeschäften sowie der Beurteilung der Banken- und Geldgeschäfte ein. Die „eigentlich treibende Kraft für die Zerklüftung des Volkes"[511] wird darin erblickt, daß die Kapitalkonzentration in den Händen weniger privater Bankhäuser, „durch jüdische Namen repräsentiert"[512], zur Verhinderung gesamtwohlorientierter Kapitalverwendung führe: „Das Interesse weniger Einzelner tritt hier in den schärfsten Konflikt mit dem Interesse der Gesamtheit"[513], was sich daran zeige, daß durch den jüdischen Wucher systematisch die Zersetzung des Mittelstandes betrieben werde. Da blanker Egoismus und reine Gewinnsucht jüdischer Geldmacht bewußt die Interessen des Volkes ignoriere, gilt der jüdische Einfluß auf das Wirtschaftsleben als ein entscheidender, wenn nicht als *der* entscheidende Faktor für die sozialen Mißstände.

Diese Schuldzuschreibung verbindet sich bei Nathusius darüber hinaus mit einer weltanschaulich verankerten Verschwörungstheorie, wonach sich das jüdische, egoistische Machtstreben im „innersten Wesen mit jener naturrechtlichen Philosophie berührt, die wir als die Wurzel des falschen Libera-

---

nicht zuletzt, weil „das gewaltige Grollen der Volksseele über die Judenherrschaft immer lauter geworden" sei, *AKM* 1893, S. 216.

K. Müller-Salget zeigt auf, daß antisemitische Stimmen bereits innerhalb des *VB* unwidersprochen breiten Raum einnehmen konnten, *Erzählungen für das Volk*, S. 56ff.

510 *Mitarbeit II*, S. 351.

511 *A. a. O.*, S. 348.

512 *A. a. O.*, S. 353.

513 *A. a. O.*, S. 347.

lismus und des radikalen Sozialismus erkannt haben"[514]. So müßten nicht nur die privaten Geldmächte, sondern auch die Theorien von Marx und Lassalle sowie die gesamte Richtung der Sozialdemokratie von ihrem Zusammenhang mit dem Judentum her sowie hinsichtlich ihres antichristlichen, antikirchlichen und antireligiösen Moments beurteilt werden. Der *deutsche christliche Sozialismus* habe somit den Kampf gegen den materialistischen Sozialismus zwangsläufig mit dem Kampf gegen die jüdischen Elemente verbinden müssen, so daß auch „eine christliche Reformpartei hier etwas Antisemitisches bekam"[515]. Schließlich wird immer wieder an die starke Beteiligung jüdischer Federn an der liberalen und fortschrittlichen Presse erinnert.

Erhebt Nathusius schließlich sogar die Behauptung, daß die Juden „unmöglich in ihrem unbekehrten Zustande gleichberechtigte Glieder unseres Staatswesens sein können"[516], ihre politische Emanzipation rückgängig zu machen ist und diese auf keinem Gebiet Vertreter der Obrigkeit sein dürften[517], wirkt folgende Formulierung wie Hohn: „Eine Folge jener falschen Zartheit gegenüber der Judenfrage auf der Seite der Gebildeten ist es, daß sich die Massen der Sache bemächtigt haben und daß so jener Antisemitismus entstanden ist, der in der Feindschaft gegen die jüdische Rasse und gegen alle ihre geistigen Produkte so maßlos ist, daß er auch das Alte Testament und jede Erinnerung an dasselbe innerhalb des Christentums vernichten will"[518].

Bildet die Verheißungsbotschaft des Alten Testaments für Nathusius letztendlich das einzige Kriterium für die Distanzierung von einem noch schärferen Antisemitismus, führt dies im *besten* Falle zur unscharfen Abgrenzung, keinesfalls zur klaren Distanzierung gegenüber dieser Richtung, „die nur in ihrem Entstehen und ihrer ersten Entwicklung das Kennzeichen der Flegeljahre an sich trägt"[519]. Die Behandlung jüdischer 'Einflußfaktoren' auf das religiöse, politische und wirtschaftliche Leben im Sinne einer Subsumierung aller für die sozialen Mißstände verantwortlich gemachten Faktoren unter das Banner des Judentums gehört ohne Zweifel zu den dunkelsten Seiten der *Mitarbeit* und des Wirkens von Nathusius.

---

514 *A. a. O.*, S. 355.

515 *Mitarbeit I*, S. 182.

516 *Mitarbeit II*, S. 360.

517 Vgl. *ebd.* Hinter der Rede vom unbekehrten Zustand der Juden verbirgt sich die an vielen Stellen, auch über die *Mitarbeit* hinaus, von Nathusius geäußerte Forderung, die Juden zum Evangelisationsobjekt im Rahmen christlicher Mission zu machen: Dialog mit der jüdischen Religion soll demzufolge immer den Charakter des missionierenden Gesprächs tragen.

518 *A. a. O.*, S. 351.

519 *A. a. O.*, S. 351f.

D. Institutionen sozialer Wirksamkeit

1. Die einheitliche Wirksamkeit der Kirche

Behandelt Nathusius die „Organisation der kirchlichen Arbeit“, dann wird damit auf weit mehr als ein ekklesiologisches ‘intra muros’ abgezielt. Neben den sozialen Aufgaben der *kirchlichen Organe* und der *freien kirchlichen Kräfte* werden die *sozialen Aufgaben der christlichen Obrigkeit* unter diese Aufgabenstellung subsumiert. Damit werden sie in der Konsequenz unter dem Blickwinkel der spezifisch kirchlichen Aufgaben betrachtet, teilweise sogar unmittelbar in den Bereich der *Organisationsformen kirchlicher Arbeit* integriert. Im Sinn einer modifizierten Drei-Stände-Lehre kommt Nathusius zu dieser Subsumierung, indem er zweierlei Tätigkeiten nennt, mit denen die Gemeinde Jesu Christi den göttlichen Willen durch „verschiedene Organe für die verschiedenen Aufträge“[520] erfüllen soll: „erstlich die allgemein christliche und zweitens diejenige, welche man sich gewöhnt hat in spezifischem Sinne als kirchliche zu bezeichnen“[521]. Diese Tätigkeiten setzen in jedem Fall die Organisation des kirchlichen Lehrstandes voraus, in dessen Aufgabengebiet die Verbreitung, Erhaltung und Vertiefung christlicher Erkenntnis fällt. Die Aufgabe des kirchlichen Lehrstandes und dessen Tätigkeitsfeld *im engeren Sinne* ist aber nicht unmittelbar auf die traditionelle Unterscheidung zwischen *ecclesia stricte dicta* und *ecclesia late dicta* zu beziehen. Die Rede vom engeren Sinn der Tätigkeit bezieht sich vielmehr auf den *Charakter* der Tätigkeiten in dem Sinn, daß dort der einzelne als Vertreter der Gemeinde, hier als Christ handelt[522].

Zu denken ist hier an die im I. Buch vorliegende Differenzierung zwischen der *Ethik* als der *Theorie christlichen Handelns* und der *praktischen Theologie* als der *Theorie kirchlichen Handelns*, wobei, wie erwähnt, für letztere wiederum die theologische Ethik die Voraussetzung darstellt. Unter Berücksichtigung ihrer theologisch-ethischen Grundlegung ist *kirchliche Tätigkeit* als Inbegriff sowohl des christlichen *als auch* des spezifisch kirchlichen Handelns zu begreifen. Sie vertritt nicht nur die gesamte Heilswahrheit, sondern auch den Wahrheitscharakter der christlichen Gesellschaftsordnung.

Von dort aus erklärt sich, neben der Heranziehung des Drei-Stände-Modells, die Subsumierung des Bereiches der Aufgaben christlicher Obrigkeit - als eigentümliche Form christlich-sittlichen Handelns - unter die Überschrift *Organisation der kirchlichen Tätigkeit*. Vom Ausgangspunkt dieses Begriffs der Kirche im engeren Sinne wird der Begriff kirchlicher Tätigkeit im weiteren Sinne umgriffen, so daß diese Überschrift sowohl den enge-

[520] *A. a. O.*, S. 362.
[521] *Ebd.*
[522] Vgl. *a. a. O.*, S. 365.

ren als auch den weiteren Begriff einschließt: „Der eigentliche Inhalt der Amtsthätigkeit ist nicht wesentlich verschieden von der allgemeinen Christenpflicht. [...] Aber der spezifische Unterschied der Verpflichtungen ist dieser, daß erstere [die Pflicht des christlichen Zeugnisses, Th. S.] sich nur auf die sich darbietenden Gelegenheiten erstreckt; der Christ ist verantwortlich dafür, daß er [...] von Christus und seiner Sache zeugt - aber die Amtspflicht legt die Verantwortlichkeit auch für alle erst noch zu schaffenden Gelegenheiten innerhalb eines bestimmten Kreises auf“[523]. Von der Bedeutsamkeit dieser Aufgabenstellung her verurteilt Nathusius die von ihm konstatierte Zerspaltenheit der Kirche, die er in Teilen bereits bis zur innerkirchlichen Sektenbildung fortgeschritten sieht und fordert, den ursprünglichen Gedanken *einer* Kirche wieder zum Ausdruck zu bringen und die innerlich vorhandene Gemeinschaft auch äußerlich wieder erkennbar werden zu lassen.

Den Zielpunkt bildet jedoch nicht die Forderung nach mehr oder weniger verbindlichen gemeinsamen Erklärungen, sondern die Ablehnung der in dieser Zeit erneut im Raum stehenden Vorschläge zur Schaffung einer einheitlichen Reichskirche. Nathusius zufolge muß aus den unterschiedlichen „Bekenntnis- und Verwaltungsabteilungen“[524] keineswegs auf eine Störung der Einheit der Kirche oder ihrer Fähigkeit zu einmütigem Handeln geschlossen werden. Vielmehr erblickt er in den Versuchen der Aufhebung von Landes- und Bekenntniskirchen, etwa im Sinn „einer ‘Beseitigung der kirchlichen Schlagbäume’, einer ‘Union’, der Aufrichtung einer deutschen Reichskirche und all dergleichen modernen schwindelhaften Plänen mehr, ein H a u p t h i n d e r n i s d e r k i r c h l i c h e n E i n h e i t“[525].

Für die Gewährleistung der Einheitlichkeit werden Vorschläge gemacht, die in sachlicher Nähe zu E. Sulzes Vorstellungen stehen. Nathusius will für die Organisation der Gemeinde zum einen das „Prinzip der Gemeinschaftlichkeit“[526] zugrundegelegt wissen, zum anderen insistiert er auf einer übersichtlich strukturierten Gemeindeorganisation und fordert die gleichberechtigte Beteiligung auch der ärmeren Mitglieder an den Gemeindeangelegenheiten. Hier zeigt sich also durchaus auch Offenheit gegenüber innerkirchlichen Reformbestrebungen.

Wird nun auch innerhalb des sozialethischen Programms das Thema der Einheit und Selbständigkeit der Kirche und dies auch noch zu *Beginn* der Be-

---

[523] *A. a. O.*, S. 367.

[524] *A. a. O.*, S. 374.

[525] *A. a. O.*, S. 376.

[526] *A. a. O.*, S. 382. Von Sulze wird *Die evangelische Gemeinde* (1891) aufgeführt, wobei Nathusius allerdings auch auf die Kritik O. Baumgartens an diesem Entwurf in der *Zeitschrift für praktische Theologie* (1892), S. 256ff., hinweist. Positiv erwähnt er insbesondere von Sodens Beiträge *Die Kirchengemeinde in ihrer sozialen Bedeutung*, gehalten auf dem 1. ESK 1890, sowie *Und was thut die evangelische Kirche?* (3. Aufl. 1890), vgl. *Mitarbeit II*, S. 382.

handlung kirchlicher sozialer Aufgaben aufgeworfen, läßt sich erneut fragen, in welchem übergeordneten Interesse die theologische Fundierung des sozialethischen Programms steht. Soll wiederum nur der Beweis für die ungebrochene - und momentan nur verkannte - kirchliche Interpretations- und Gestaltungsmacht aller politischen und wirtschaftlichen Verhältnisse angetreten werden und ist somit die *eigentliche* Zielsetzung der *Mitarbeit* eine ganz andere?

2. Die sozialen Aufgaben der Kirche

Dem einzelnen Christen soll es allein nicht überlassen bleiben, „die ihm gebührende sittlich-soziale Aufgabe aus seinem persönlichen christlichen Bewußtsein heraus selbständig zu finden“[527], sondern die christliche Erkenntnis jedes einzelnen gilt es im Modus expliziter Theologie durch den theologischen Lehrstand zu befördern. Von dort aus ergibt sich die Frage nach den organisatorischen Formen dieses Lehrstandes, nach den *kirchlichen Organen* und ihrer sozialen Verantwortung. Mit der Erörterung der Aufgaben, die dem Seelsorger, den Gemeinde- und Kirchenleitungen, den Synoden sowie den theologischen Fakultäten beizumessen sind, erreicht Nathusius das eigentliche Feld der praktischen Theologie.

Im Rahmen der pastoraltheologischen Ausführungen wird unter gleichzeitiger Ablehnung eines mit falscher Überschätzung der theologischen Wissenschaft einhergehenden *Intellektualismus* betont: „Es ist die einseitig oder vorherrschend theologische Auffassung der Amtsführung, die wir bekämpfen, und zwar zu Gunsten einer mehr volkstümlichen“[528], wobei für den Seelsorger allerdings zugleich zu gelten habe, daß er es in keinem Moment zu einer populistischen Vertrautheit mit seiner Gemeinde kommen lassen soll. Für den Bereich des öffentlichen Lebens erfordere dies, die Auseinandersetzung mit politischen Fragen und das politische Verhalten an der eigenen Glaubensstellung sowie der „sittlich-religiösen Entwicklung des Volkslebens“[529] auszurichten. Gegen eine ausschließlich auf die äußeren Verhältnisse gerichtete Praxis von Predigt, Unterricht und Seelsorge erhebt Nathusius Widerspruch und betont, daß der Geistliche bereits durch die innere Erfassung seines Am-

---

[527] *A. a. O.*, S. 362.

[528] *A. a. O.*, S. 386.

[529] *A. a. O.*, S. 412. Für diesen Hinweis ist seine Kritik an der Affinität mancher Geistlicher zur Sozialdemokratie mitzubedenken. Insbesondere der von ihm zitierte Satz Göhres „Es muß der Grundsatz durch uns zur Thatsache gemacht werden, daß auch ein Sozialdemokrat Christ und ein Christ Sozialdemokrat sein kann“, den dieser in seinem Bericht *Drei Monate Fabrikarbeiter* von 1891 geäußert hatte, wird von ihm als einseitig ausgerichtete Solidarität mit den Benachteiligten dieser Zeit gedeutet, vgl. *Mitarbeit II*, S. 412f.

tes an der Lösung der sozialen Frage teilhat[530]. Wenn für die Predigt verlangt wird, daß „nur Gottes Wort"[531] gepredigt werden darf, andererseits „aber auch das ganze Gotteswort von allen Seiten und in allen seinen Wahrheiten"[532] zu verkündigen ist, kommt zum Ausdruck, daß falsche Alternativen - entweder bloßer Quietismus oder exklusive Indienstnahme für politische Belange - vermieden werden sollen. In der Frage des sozialen Stellenwertes der Predigt ist aufschlußreich, daß Nathusius die Stellungnahmen Cremers auf dem 5. ESK, dessen Werk *Die Aufgabe und Bedeutung der Predigt* sowie die damit zusammenhängende Diskussion Cremers mit dem Greifswalder Juristen E. Bierling[533] anführt. Bierling hatte Cremers vehemente Ablehnung von Paul Göhres Fabrikarbeiter-Erfahrungsbericht kritisiert und eine ernsthaftere Beschäftigung mit der sozialdemokratisch geprägten Massenbewegung der Zeit eingefordert. Cremer blieb dabei, daß nicht die Wissenschaft, sondern das Evangelium allein die entscheidende Antwort auf die Nöte des Arbeiterstandes geben könne.

Bereits 1877 hatte Cremer angesichts der anhebenden sozialdemokratischen Massenbewegung in der 1. Auflage der *Aufgabe und Bedeutung der Predigt in der gegenwärtigen Krisis* die Frage gestellt, ob die Kirche den religiösen Entfremdungstendenzen wirklich gewehrt habe: „Den Glauben haben wir gepredigt, aber auch das Glauben? Was war der Grundton? Du mußt glauben, oder du darfst glauben?". Für die Bewertung seiner Position in Fragen sozialer Reformen sind neben den genannten Beiträgen vor allem seine Schrift *Über den Einfluß des christlichen Prinzips der Liebe auf die Rechtsbildung und Gesetzgebung* von 1889 sowie die Vorlesungsreihe *Über Arbeit und Eigentum nach christlicher Anschauung* von 1907 von Bedeutung.

Als Hintergrund der Nathusius'schen Rezeption Cremers ist mitzubedenken, daß sozialethische Debatten natürlich konkret innerhalb der Greifswalder

---

530 Vgl. *a. a. O.*, S. 391, in Aufnahme eines Zitates von Kögel aus dessen Schrift *Die Aufgabe des evangelischen Geistlichen an der sozialen Frage* (1878). Dort ist wörtlich von der „Lösung der sozialen Frage" die Rede, so daß vermutet werden kann, daß Nathusius sich hinsichtlich der Titelgebung seines Werkes nicht nur der Nähe zu Wicherns *Mitarbeit der Kirche an den sozialen Aufgaben der Gegenwart* (1871), sondern auch der Nähe zu dieser Schrift bewußt war. Von großer Bedeutung ist in inhaltlicher Hinsicht die Berufung auf E. F. Wyneken, dessen Werk *Der evangelische Pfarrer und die soziale Frage* (1891) er nicht nur erwähnt, sondern von dem er auch schreibt: „Sein Standpunkt, den er in den Vorträgen aus d. J. 1876 und 1878: die weltgeschichtliche Bedeutung des modernen Sozialismus und Konservative Ziele für die Gegenwart, sowie in seinen Artikeln in der Hannov. Pastoralkorrespondenz und bei seinem Auftreten auf dem Kongreß für I. M. in Kassel (1888) eingenommen hat, entspricht mehr als ein anderer demjenigen, von dem die vorliegende Schrift ausgeht", *Mitarbeit II*, S. 415.

531 *A. a. O.*, S. 393.

532 *Ebd.*

533 Vgl. *CW* von 1892 (Nr. 11.45-47)/1893, vgl. *Mitarbeit II*, S. 392

Verhältnisse ihre Rolle spielten. In Fragen sozialer Praxis ist nun zwar grundsätzlich große positionelle Gemeinsamkeit zwischen Cremer und Nathusius zu konstatieren. Allerdings mußte in diesem Punkt unter den Greifswaldern am längsten und immer wieder neu um eine gemeinsame Linie gerungen werden. Wie Cremers Gründungsmitgliedschaft im ESK und seine Beteiligung an der Kirchlich-Sozialen Konferenz (KSK) zeigten, richtete er sein Bemühen einerseits auf die Bündelung christlich-sozialer Kräfte, andererseits auf die Ablehnung der kapitalistischen Wirtschaftsform sowie der sozialdemokratischen Gegenwarts- und Zukunftsvorstellungen. Im Anschluß an die Kaiserliche Botschaft von 1890 hatte eine Kommission der Pommerschen Synode unter Cremer zwanzig Thesen zur sozialen Arbeit der Geistlichen erarbeitet, in denen es unter anderem hieß: „Sozialdemokratie und Kapitalismus sind Brüder, auf einem Stamm gewachsen und durch ein unzerreißbares Band verbunden zu gemeinsamem Verderben. Der Stamm ist der Materialismus, das Band der Mammon“[534].

Wenngleich diese Aussagen Cremers Nathusius' Unterstützung fanden, kam es doch anfangs zu durchaus unterschiedlichen Konzeptionen sozialer Praxis. Denn diese Thesen waren zwar von Anklagen gegen Kapitalismus und atheistische Sozialdemokratie geprägt, riefen aber praktisch ausschließlich zur kirchlichen Neubesinnung, kaum zu Reformen an der Gesellschaftsordnung auf. Cremer und Generalsuperintendent H. Poetter waren sich einig: „Pfarrhaus und Gemeinde, ja die Kirche selbst 'sei der beste Verein'“[535]. Für die frühen Schriften sowie die 1890 auf der Pommerschen Provinzialsynode vorgestellten Thesen gilt somit, daß Cremer weder in ausreichendem Maß strukturelle Ursachen darlegte noch eine umfassende theologische Grundlegung christlich-sozialen Wirkens präsentierte. Die Aufgabe der Kirche hat sich seiner Anschauung nach im wesentlichen auf die Warnung vor materialistischem Unglauben und die Hoffnung auf Schaffung eines neuen Geistes zu beschränken. Die Predigt hat dabei die Aufgabe, dem Arbeiter Ruhe für die Seele zu verschaffen, zurückgewiesen wird die Forderung: „weniger Dogmatik, mehr Ethik!“[536].

Mit diesen Aussagen erklärte sich Nathusius in keiner Weise einverstanden, so daß es in der Folge unter den Fakultätskollegen zwar nicht zu Streitigkeiten, aber doch zu einer ausgeprägten Debatte kam. Die ersten sozialethischen Studien von Nathusius haben dann nicht unerheblich dazu beigetragen, daß Cremer in seiner 2. Auflage über die *Aufgabe und Bedeutung der Predigt* von 1892 eine deutlich konstruktivere Haltung gegenüber den sozialen Erfordernissen einnahm und sich auch die Pommersche Provinzialsynode auf den christlich-sozialen Kurs begab. Allerdings blieb in diesem Punkt das

---

534 Zit. nach E. Cremer, *Cremer*, S. 187f.

535 H. G. Bloth, *Kirche in Pommern*, S. 207.

536 E. Cremer, *Cremer*, S. 191f.

Fahrwasser nicht ruhig. Erneute Differenzen zwischen Landeskirche und den Greifswalder Professoren sollten später auch auf der Preußischen Generalsynode von 1897 zutage treten, als Poetter im Zusammenhang der Debatte über den repressiven EOK-Erlaß von 1895 seiner Hoffnung Ausdruck gab, in der Exmatrikel eines Theologie-Studierenden nie wieder ein nationalökonomisches Kolleg testiert zu finden. Zu diesem Zeitpunkt scheint die Kirchenleitung von den Forderungen und Veranstaltungen der Greifswalder Theologen unbeeindruckt geblieben zu sein. Potters Votum führte im übrigen zu einem massiven, von Nathusius selbst initiierten und angeführten Widerspruch[537]. Sein Gegenantrag wurde von der Synode allerdings abgelehnt.

Weitere Meinungsverschiedenheiten zwischen Fakultät und Kirchenleitung ergaben sich außerdem auf den Synoden von 1899 und 1902 hinsichtlich der Frage der Sonntagsheiligung sowie einer von Poetter geplanten und kirchlicherseits durchzuführenden Evangelisationsinitiative. Immerhin konnte sich die Synode dazu durchringen, auch gegen den Widerstand der pommerschen Großgrundbesitzer die wirtschaftliche und soziale Lage der Landarbeiterschaft wenigstens zum Thema zu machen[538].

In Fragen der sozialen Aufgaben der Kirche hielt Nathusius es auch angesichts der pommerschen Erfahrungen für unumgänglich, daß der Geistliche im Rahmen seiner seelsorgerlichen Tätigkeit ebenso Anwalt der Armen wie Vertrauter der Arbeitgeber zu sein hat[539]. Dies führte ihn an anderer Stelle zum Rekurs auf die eigenen Erfahrungen in den damaligen Wuppertaler Verhältnissen: „Ich hielt es [...] für meine christliche Pflicht, die Fabrikanten zu bitten und zu mahnen, daß sie kürzere Arbeitszeit gewährten, und ich habe

537 Vgl. dazu D. v. Oertzen, *Stoecker*, S. 447.

538 Vgl. *Verhandlungen der Pommerschen Provinzial-Synode* 1899, S. 47, 151ff. I. Garbe berichtet darüber, daß die Greifswalder „Sozialwissenschaftliche studentische Vereinigung" 1895 vergeblich versuchte, P. Göhre zu einem Vortrag einzuladen. Das Fakultätsmitglied Schultze, zu der Zeit Rektor der Universität, lehnte dieses Ansinnen nicht nur ab, sondern dehnte es auch noch auf eine mögliche Einladung Naumanns aus. Schließlich löste sich zur Befriedigung der Fakultät diese Vereinigung noch im selben Jahr auf, vgl. *Geschichte*, S. 7f.

539 Der von M. Nobbe auf dem 2. ESK 1891 zur ländlichen Arbeiterfrage sowie zur sozialen Bedeutung der Seelsorge formulierten und von Nathusius zitierten Quintessenz stimmte letzterer mit „Vollkommen richtig!" zu. Das Zitat Nobbes lautete: „Es ist nicht Aufgabe und Beruf des Geistlichen, direkt in die bestehenden Gegensätze und Streitfragen zwischen Gutsbesitzern und Arbeitern einzugreifen und Partei zu nehmen. [...] Es wird [aber] Ihre Aufgabe sein müssen, seelsorgerlich dahin zu wirken, daß die wirtschaftlichen Betriebe die ländlichen Arbeiter nicht an der Erfüllung ihrer religiösen und sittlichen Aufgaben und Pflichten hindern. Das ist einfach Ihres Amtes; wenn Sie das nicht thun wollen, so geben sie die soziale Reformarbeit überhaupt auf", *Mitarbeit II*, S. 403. Richtigerweise vermerkte J. Werner als Rezensent des II. Buches der *Mitarbeit* in diesem Zusammenhang, daß das geistliche Amt „nicht der ausschließliche Träger, sondern der berufene Organisator und Regulator der christlichen Thätigkeit" ist, *Fliegende Blätter*, S. 194.

das gethan als Seelsorger. Ich kann aber nicht leugnen, daß ich mich dabei mitten in der Arbeiterbewegung befand"[540].

Von den theologischen Fakultäten und der theologischen Wissenschaft forderte Nathusius, für die Entwicklung einer „systematische[n] Anschauung von unserem öffentlichen Leben unter christlichem Gesichtspunkt"[541] zu sorgen sowie Raum und Zeit für außertheologische, volkswirtschaftliche, historische oder literarische Studien zu gewähren[542]. Allerdings ergibt sich auch bei diesen Bemerkungen wieder Anlaß zur Rückfrage, ob die Beschäftigung mit diesen Gebieten tatsächlich in angemessenem Sinn deren Eigenrecht berücksichtigt, wenn es etwa heißt: „Der junge Theologe würde sich gar nicht mit volkswirtschaftlicher Litteratur zu beschäftigen brauchen, wenn ihm die Ethik dasjenige gäbe, was er zur Beurteilung der unser heutiges öffentliches Leben beherrschenden Mächte zu wissen nötig hat. [...] So lange aber die theologische Ethik dies Material nicht giebt, muß der künftige Pfarrer sich dasselbe in der volkswirtschaftlichen Litteratur aufsuchen"[543].

3. Die sozialen Aufgaben der freien kirchlichen Kräfte

Wenn Nathusius hinsichtlich der kirchlichen Aufgaben fordert, die Felder sozialer Tätigkeit durch die Praxis von Predigt, Unterricht und Seelsorge nicht zu *absorbieren*, sondern diese vielmehr zu *organisieren*, wird zugleich die Ausweitung der Aufgabenstellung über den unmittelbaren kirchlichen Kontext hinaus auf die evangelische Bewegung der *Laientätigkeit* erkennbar - zusammengefaßt unter dem Namen der *Inneren Mission*. Unter Innerer Mission soll allerdings nicht mehr nur die organisierte Bewegung freier kirchlicher Tätigkeit rein um der Barmherzigkeit willen verstanden werden, sondern „alles kirchliche und christliche Handeln [...] zur Belebung des christlichen Gemeindelebens"[544]. Indem Nathusius darauf insistiert, „das gesamte christliche Handeln einerseits als Innere Mission zu erkennen und zu erfassen und andererseits seine sozialen Beziehungen überall aufzuweisen"[545], wird seine Forderung deutlich, die Innere Mission nicht nur als reine Armen- und Krankenpflege, sondern als umfassende christliche Volksbewegung mit der Ab-

540 *Die kirchliche Aufgabe*, S. 115.

541 *Mitarbeit II*, S. 418.

542 Nathusius hielt in Greifswald von seinem ersten Semester an regelmäßig Vorlesungen zur sozialen Frage und zu Grundfragen der Volkswirtschaft für Hörer aller Fakultäten unter dem Titel *Über das Verhältnis der Kirche zu den socialen Bewegungen* (SS 1889; SS 1894; WS 1897/98; SS 1899); vgl. etwa *Acta der Th. F.* 74 [69] (1888/89) und *Chronik der Königlichen Universität*, Jg. 1888-1904.

543 *Mitarbeit II*, S. 418.

544 *A. a. O.*, S. 424.

545 *A. a. O.*, S. 423.

sicht der „geistliche[n] Erneuerung des gesamten Volkslebens"[546] zu verstehen. Für das Verhältnis dieser Bewegung zur amtskirchlichen sozialen Tätigkeit gilt: „Die Laienthätigkeit macht dem geistlichen Amte keine Konkurrenz, sondern geht mit ihm Hand in Hand"[547].

In ihrer selbständigen Mitarbeit an der Lösung sozialer Aufgaben ist die Innere Mission Ausdruck für eine *kirchengeschichtliche* Bewegung, so daß für die Leitung aller dieser freien Aktivitäten zweierlei gilt: Sie muß „eine kirchliche sein, als sie überall die engsten Beziehungen mit den kirchlichen Ämtern aufsucht, aber insofern eine freie, als sie den mannigfach gebundenen landeskirchlichen Behörden gegenüber selbständig bleibt"[548]. Letztlich wird die Innere Mission als Ausdruck der von kirchlicher Seite aus unterstützten und getragenen Möglichkeit für jeden verstanden, im jeweiligen Stand und Beruf „seine Umgebungen und die Verhältnisse seiner Mitmenschen dem christlich-sozialen Geiste gemäß"[549] zu gestalten.

Diese umfassende freie Laienbewegung wird nicht nur im Zusammenhang mit einer amtlichen kirchlichen Tätigkeit, sondern in Verbindung mit denjenigen Institutionen betrachtet, die für die rechtliche und gesetzliche Ausgestaltung von Problemlösungen verantwortlich zeichnen. Ihre Aufgabenerfüllung ist zwar in gewissem Sinn eine *kompensatorische*, aber ausschließlich in der Perspektive, daß bestimmte gesetzlich erforderliche Maßnahmen *noch* erfüllt werden müssen, nicht in dem Sinn, daß sie sich nur für eine soziale Abfederung der Konsequenzen *prinzipiell unveränderlicher gesetzlicher* Verhältnisse zuständig fühlt. Die tatsächliche Lage entbindet keineswegs von der Notwendigkeit des konstruktiven Umgangs mit den Gegebenheiten, wodurch im subsidiären Sinn zugleich auf erforderliche Änderungen hingewirkt und dennoch die freie Betätigung christlicher Liebe nicht versäumt werden soll. Werden die Härten mangelhafter gesetzlicher Ausgestaltung durch eigene Initiative zu überbrücken gesucht, kann beispielsweise selbst der christlich orientierte Unternehmer als Akteur freier kirchlicher Tätigkeit gelten: „So lange die Gesetzgebung ihre Pflichten auf diesem Gebiete noch nicht vollständig erfüllt, muß die private Hilfe eintreten. Und sie thut es, teils durch Schaffung von geeigneten Ordnungen, in den Fabriken und Geschäften, teils durch Gründung von Lehrlings-, Gesellen- oder Jünglingsvereinen, in denen ihnen Gemeinschaft, Geselligkeit, Erholung, Bildung, Zucht und Förderung

---

546 *A. a. O.*, S. 420. Diese ausgeweitete Bedeutung der Inneren Mission wird durch folgende Bemerkung Nathusius' erhellt: „Daß man in der Praktischen Theologie, wo das kirchliche Handeln systematisch entwickelt werden soll, einen besonderen Abschnitt bildet für die Innere Mission, wie Neuere thun z. B. Achelis, ist so, wie wenn man vor zweihundert Jahren als einen 'Zweig der kirchlichen Thätigkeit' den Pietismus behandelt hätte", *a. a. O.*, S. 421.

547 *A. a. O.*, S. 425.

548 *A. a. O.*, S. 424f.

549 *A. a. O.*, S 429.

des inneren sittlich-religiösen Lebens geboten wird"[550]. Diese subsidiäre Komponente weist aber vice versa auch auf die notwendige Gesetzgebung und die dafür maßgeblichen Institutionen hin.

4. Die sozialen Aufgaben der christlichen Obrigkeit

Als eine der entscheidenden Aufgaben der Obrigkeit im Kontext der sozialen Frage wird die Gestaltung des Rechts benannt. Unter dieser Voraussetzung lautet eine der Hauptfragen von Nathusius, ob die christliche Ethik vom Recht verlangen könne, sich christlicher Sittlichkeit gemäß zu gestalten, oder anders formuliert: „Haben Staatsgesetze irgend etwas mit dem Reiche Gottes zu thun?"[551] und kann es Aufgabe der Kirche sein, „christliche Staatsgesetze herbeizuführen?"[552] Diese Thematik wird nicht nur innerhalb der Mitarbeit verhandelt, sondern führt - weit über den innertheologischen Kontext hinaus - im Jahr 1895 zu einer Debatte zwischen Nathusius und dem bereits genannten Leipziger Rechtsgelehrten R. Sohm. Sohm hatte auf der Konferenz der Inneren Mission in Posen Thesen unter dem Tenor „Weg mit dem christlichen Staate!" vorgelegt und auf der bekannten ablehnenden Linie eine Vermischung zwischen christlicher vera iustitita und staatlichem ius entschieden abgelehnt. Nathusius sieht damit die Einsicht bestritten, daß nur der elementare Zusammenhang zwischen christlicher Moral und staatlichem Recht die sittliche Zukunft des Volkslebens sichern kann[553]. In Aufnahme der bereits rezipierten Thesen Stahls ist für Nathusius die Annäherung und Beeinflus-

---

550 *A. a. O.*, S. 446.

551 *A. a. O.*, S. 450.

552 *Ebd.* Für das Verhältnis von staatlichen Gesetzesaufgaben und christlicher Sittlichkeit verweist Nathusius insbesondere auf die bereits genannten Arbeiten E. F. Wynekens und auf Cremers *Über den Einfluß des christlichen Prinzips der Liebe auf die Rechtsbildung und Gesetzgebung* (1890), vgl. *Mitarbeit II*, S. 465.
In der Tat rekurriert Wyneken selbst auf Nathusius' Verwendung seiner Schriften und bezeichnet das Kapitel über die Organisation der kirchlichen Arbeit als das wichtigste innerhalb der *Mitarbeit*. Allerdings geht Wyneken die *Gestaltungsaufgabe*, die Nathusius der Kirche zumißt, zu weit.

553 Vgl. *Der Christ im öffentlichen Leben*, *Kreuz-Zeitung*, vom 17. 10. 1895. Die nun erfolgende Kontroverse hatte sich bereits fünfzehn Jahre zuvor angedeutet, als Nathusius 1879 in Reaktion auf Sohms Schrift *Zur Trauungsfrage* zwar mit Sohms Ansicht übereingestimmt hatte, die Notwendigkeit der kirchlichen Trauung nach dem Zivilakt festzuhalten. Allerdings lehnte er Sohms These ab, daß mit der bürgerlichen Rechtsgültigkeit bereits das *gesamte Rechts*verhältnis erschöpft sei, vgl. AKM 1879, S. 700f. Zu Sohm immer noch die Monographie von A. Bühler, *Kirche und Staat*; zu den staatskirchenrechtlichen Enfaltungen Sohms auch P. Landau, *Entstehung des neueren Staatskirchenrechts*, insbes. S. 47ff., zu Sohms charakteristischer Unterscheidung der Begriffe „christlich" und „sozial" vgl. jetzt auch J.-Chr. Kaiser, *Protestantismus und Sozialpolitik*, S. 104.

sung von Recht und Moral unumgänglich. Allerdings schillert sowohl in der Auseinandersetzung mit Sohm als auch innerhalb der *Mitarbeit* seine Problembeschreibung zur Frage der *sachgemäßen* Fassung des Rechts. Einerseits wehrt er sich gegen das Mißverständnis einer kategorialen Grenzverwischung, andererseits trägt die christliche „Beeinflussung" deutlich den Charakter einer exklusiven Prägekraft äußerer Verhältnisse.

Generell betont Nathusius, daß die Verkündigung des Evangeliums *konstitutiv* darauf abziele, Staat und Gesellschaft zu durchdringen. Allerdings erfolge diese keinesfalls in der Absicht einer äußerlichen Verchristlichung der staatlichen Institutionen, so daß sich die Rede vom *christlichen Charakter des Staates* nur auf den christlichen Lebenswandel seiner Bürger und eine dem christlich-sozialen Geist entsprechende Wirksamkeit seiner Institutionen beziehen könne, nicht aber auf eine dezidiert christlich gestaltete Verfassung[554]. Hinsichtlich des Verhältnisses von Recht und Sittlichkeit kommt es zu einem Plädoyer für die Ausrichtung des Rechts an den sittlich vorhandenen Verhältnissen. Die Gesetze sind geeignet, diesem *Geist* Raum zu gewähren, wenn „der Inhalt des Rechts dem sittlichen Bewußtsein der Gesamtheit, oder dem durchschnittlichen sittlichen Standpunkt aller Volksgenossen verständlich"[555] ist. Nathusius benennt diesen anzustrebenden Zustand an anderen Stellen mehrfach mit dem Begriff des „Gemeinwohls"[556].

Durch den Rückgriff auf den Gedanken volks- und geschichtsspezifischer Rechtsgestaltungen handelt er sich allerdings durch die Hintertür in der Tat den Vorwurf eines neuerlichen christlichen Absolutheitsanspruchs ein. Konkret zeigt sich dies in der Forderung an die Obrigkeit, nicht nur die sittlichen Einflüsse auf das Volksleben zu beachten, sondern zugleich Kirche und Schule als die „moralischen Faktoren des Volkslebens"[557] zu fördern. Indem er die Obrigkeit als kulturgestaltenden Faktor des Erziehungsprozesses zur Freiheit und zur Anbahnung des Reiches Gottes auf Erden herausstellt, droht die äußere Rechtsordnung ihre funktionale Bestimmung endgültig einzubüßen. J. H. Wilhelmis Interpretation des Titels *Mitarbeit*, wonach Nathusius die Hauptarbeit nicht der Kirche, sondern dem Staat und seinen Institutionen

---

554 Damit wendet er sich wiederum ausdrücklich gegen Rothes Verkennung der Sündenvorstellung und das daraus resultierende Bild eines christlichen Staates: „Das Recht existiert eben darum, weil durch Machtmittel die Haltung erzwungen werden muß, welche die Sittlichkeit verlangt aber nicht erreicht. Und warum erreicht sie sie nicht? Wegen der immer anklebenden Sünde. Da nach Rothe diese überwunden werden kann, [...], so fällt damit für ihn die Existenz des Rechtes, an dessen Stelle lediglich die freie Sittlichkeit tritt", *Mitarbeit II*, S. 458.

555 *A. a. O.*, S. 456.

556 Etwa anläßlich mehrerer Referate auf der KSK zur Fassung des Bürgerlichen Gesetzbuches, vgl. *MSL* 1901, S. 658.

557 *Mitarbeit II*, S. 461.

zukommen lassen will[558], trifft dann nur in cincm Sinn zu: Die staatlichen Ordnungen sind der wirkmächtigste Ausdruck für den göttlichen Schöpfungs- und Ordnungswillen, den sie gerade deshalb permanent zu (re)präsentieren haben.

Für die kirchlichen Organe und alle freie kirchliche Tätigkeit bleibt die - allerdings entscheidende! - Aufgabe, den Staat an die göttlichen Existenzbedingungen der Gesellschaft zu erinnern und auf eine solche soziale Gesetzgebung hinzuwirken, die den im Volk herrschenden Überzeugungen entspricht und zugleich die sittliche Entfaltung aller Persönlichkeiten erlaubt. In diesem Sinn bringt Kirche ihren Gestaltungsauftrag zur Sprache: eine Kirche, die sich letztlich - zwar gegen alle sozialen Utopien, aber im Zeichen der Hoffnung - der prinzipiellen Begrenztheit ihres eigenen Handelns bewußt ist: „Ohne diese Hoffnung mag es allerlei soziale Arbeit geben, aber keine Mitarbeit der c h r i s t l i c h e n Kirche an der sozialen Aufgabe“[559].

Exkurs: Reaktionen auf das II. Buch der *Mitarbeit*

Gegenüber den vielfältigen und dabei meist durchgängig positiven Reaktionen auf das erste Buch der *Mitarbeit* unterscheidet sich das Echo auf das theologische Herzstück der *Mitarbeit* durchaus. Vornehmlich die jetzt klarer gewordene systematisch-theologische Intention mit dem Schwergewicht auf der *exklusiven kulturellen Gestaltungsmacht Kirche* scheint auf seiten der Rezensenten deutlich gespaltene Bewertungen hervorgerufen zu haben.

Zwar wurden auf der einen Seite erneut beinahe euphorische Töne laut. Die prinzipielle theologische Klärung kirchlicher Tätigkeit im 1. Teil dieses II. Buches galt als „das umfassendste und wohl auch bedeutendste, was in dieser Hinsicht bisher erschienen“[560] ist. O. Holtzheuer bezeichnet in Stoekkers *Deutsch-Evangelischer Kirchen-Zeitung* gerade dieses zweite Buch als „besonders werthvoll“ und als ein „großes Zeugnis echt evangelischer Art zur sozialen Frage“[561] und schließt sich vor allem der Entfaltung der Eigentumsverpflichtung sowie der Konzeption der Standesunterschiede an. Die von Nathusius vom Boden der christlichen Weltanschauung aus konzipierte und präsentierte Soziologie wurde für die „Beleuchtung tiefgreifender geschichtsphilosophischer Wahrheiten“[562] als sehr dienlich eingeschätzt, was sogar zur Einreihung der *Mitarbeit* unter die bedeutsame geschichtsphilosophische Literatur der Zeit führte. P. Baltzer teilte in der *Evangelischen Kirchenzeitung*

---

558 Vgl. J. H. Wilhelmi, *Die erste evangelische Sozialethik*, *AKM* 1897, S. 1263.

559 *Mitarbeit II*, S. 470.

560 J. Werner, *Fliegende Blätter*, S. 135.

561 O. Holtzheuer, *DEKZ*, Nr. 51, vom 16. 12. 1894, S. 799.

562 Th. S. [möglicherweise Theodor Schäfer], *Literarisches Centralblatt* 1895, Sp. 1794.

mit: „Es ist unmöglich, den Reichtum, die Gedanken und Resultate dieses Buches kurz darzulegen, es würde auch nichts nützen, man muß sich selbst durcharbeiten, um des Segens theilhaftig zu werden“[563].

Beide Teile der Mitarbeit wurden außerdem zum Verhandlungsgegenstand der Sitzung des CA für Innere Mission am 5. 3. 1895. Der Referent H. Rahlenbeck erblickte im vorliegenden „hochbedeutsame[n] Werk“ eine wesentliche und zeitgemäße Ergänzung zur christlichen Ethik, praktischen Theologie und politischen Ökonomie. Allerdings übersah der Referent offensichtlich den eigentlichen Zielpunkt des Werkes, wenn er mitteilte, sich eine noch prinzipiellere Durchführung des maßgeblichen Einflusses der „religiös-sittlichen Grundrichtung“ und deutlichere Darstellung der praktischen Einwirkungsmöglichkeiten der Kirche gewünscht zu haben. Zwar bedauerte er schließlich, daß Nathusius die Denkschrift des CA von 1885 nicht ausdrücklich berücksichtigt habe, empfiehlt allerdings dem CA anhand des vorliegenden Werkes und dessen Ausrichtung eine „Durchsicht und Erweiterung“ der eigenen Denkschrift[564]. Eine Diskussion im Anschluß an diese Vorstellung scheint sich im CA allerdings nicht angeschlossen zu haben.

Allerdings ist es wohl kein zufälliges Versehen, daß in einem Periodikum wie der *Christlichen Welt* auf die Besprechung dieses zweiten Buches sogar gänzlich verzichtet wurde. Weder Naumann noch Harnack äußerten sich unmittelbar zum II. Buch[565]. Ohnehin scheint die „erkennbare Wirkung auf die interessierten Kreise auffallend gering“[566] gewesen zu sein, wobei allerdings J. H. Wilhelmi dies einige Jahre später weniger auf dessen Inhalt als auf die zunehmende christlich-soziale Zersplitterung sowie die stürmischer gewordenen sozialpolitischen Zeiten zurückführte, in denen eine umfassende theoretische Grundlegung nur geringe Beachtung hätte finden können. Grundsätzlich skeptisch wurde allerdings der von Nathusius formulierte Anspruch aufgenommen, mit dieser Untersuchung die, seiner Meinung nach, weniger fundierte christlich-soziale Literatur endgültig überflüssig gemacht zu haben. Denn trotz des Erscheinens der *Mitarbeit* galt den Rezensenten die kirchlich-soziale Sache noch keineswegs als endgültig abgemacht.

Auch von katholischer Seite, wiederum durch E. Vogt, wurde Einspruch erhoben: Die noch knapp zwei Jahre zuvor von ihm geäußerte Hoffnung auf

---

563 P. Baltzer, *EKZ* 1896, S. 204.

564 Das einschlägige Protokoll der Sitzung des CA der Inneren Mission vom 5. 3. 1895 wurde mir dankenswerterweise von Helmut Talazko, Archiv des Diakonischen Werkes, Berlin zur Verfügung gestellt.

565 Allerdings nahm Harnack im Jahr 1908 zur *Mitarbeit* im Zusammenhang seiner Rezension der *Soziallehren* E. Troeltschs unter dem Titel *Das Urchristentum und die sozialen Fragen* Stellung und setzte sich außerdem bereits 1896 in Naumanns *Hilfe* im Zusammenhang von Nathusius' *Christlich-sozialen Ideen der Reformationszeit* mit dessen Ansatz grundsätzlich auseinander.

566 J. H. Wilhelmi, *Die erste evangelische Sozialethik*, *AKM* 1897, S. 1261.

eine umfassende soziale Verständigung drohe jetzt unter dem Gewicht der von Nathusius erfolgenden antikatholischen Vorwürfe wegzubrechen. Dessen nun als schroff lutherisch bezeichneter Standpunkt „sammt dem unvermeidlichen odium papae“[567] führte Vogt trotz der generellen Empfehlung auch dieses zweiten Buches zu dem Fazit: „Das Werk wird also vor allem in den Kreisen der gläubigen Protestanten seinen Weg sich suchen müssen“[568]. Bezüglich der Rezeption von katholischer Seite aus ist allerdings auch auf F. Walters umfangreiche Schrift *Socialpolitik und Moral* (1899) zu verweisen. Walter hatte es sich zum Ziel gesetzt, mit Hilfe einer nationalökonomisch-theologischen Untersuchung insbesondere W. Sombarts ökonomische Anschauungen und dessen ausgeführte These der „Unabhängigkeit der Socialpolitik von der Moral“ vom dezidierten Standpunkt katholischer Soziallehre aus zu widerlegen. Zwar ist Walter insgesamt auf die protestantische Theologie keineswegs gut zu sprechen, wie ein unbekannter Rezensent in der *AKM* festhält, allerdings zeigte er sich, wie seine Schrift deutlich erkennen läßt, in der Frage des Verhältnisses von Nationalökonomie und christlicher Ethik sachlich als wesentlich von Nathusius abhängig[569].

An dem in der 1. Auflage der *Mitarbeit* präsentierten Forderungskatalog wird ersichtlich, daß Nathusius *modernen* politischen und wirtschaftlichen Veränderungen durchaus Legitimität zuerkennt sowie die Weiterentwicklung sozialer Ordnungen in konstruktiver Absicht zu rezipieren und in seine eigene dogmatisch fundierte Sozialethik zu integrieren sucht. Indem er die Berücksichtigung der *tatsächlichen Verhältnisse* als notwendigen Bestandteil jeglicher Reformarbeit herausstellt, nimmt er für sich in Anspruch, *tatsächlich moderne* Antworten und Lösungsvorschläge hinsichtlich dieser Veränderungen zu unterbreiten. Die, wenn man so will, konservative Beharrlichkeit kann schwerlich als ein ausschließlich starres unverrückbares Festhalten am Vorhandenen interpretiert werden, sondern ist auf dem Hintergrund der Forderung zu sehen, die Leitvorstellungen einer christlichen Gesellschaftslehre für prinzipiell jede Gesellschaftsordnung geltend zu machen. Das Problem dieser Vorgehensweise besteht allerdings darin, daß die Adäquanz der Beschreibungsleistung der tatsächlich bestehenden Verhältnisse selbst nicht mehr weiter hinterfragt wird. Daraus erwächst die Schwierigkeit, daß die der Gesellschaftsanalyse zugrundegelegten Voraussetzungen nicht mehr auf ihre Richtigkeit hin überprüft werden. Aufgrund dieses Sachverhaltes ergibt sich vielfach die Konsequenz, daß die von Nathusius vorgenommene Charakterisierung der Moderne die faktischen Modernitätsfortschritte nicht mehr adäquat zur Sprache zu bringen vermag. Dementsprechend erweisen sich die

567 E. Vogt, *Historisch-politische Blätter* 1895, S. 78.
568 *A. a. O.*, S. 80.
569 Vgl. Rez. v. „Wi.“, *AKM* 1899, S. 545.

jeweiligen Lösungsvorschläge aufgrund der defizitären Analyse fortschreitender Entwicklungen meist als bereits grundlegend überholt.

Diese Kritik ist nicht nur im Blick auf das präsentierte wirtschaftsethische Programm zu formulieren, sondern auch im Zusammenhang von Nathusius' theologischer Grundlegung seines sozialethischen Programms. Aus der ursprünglich geplanten Präsentation des nationalökonomisch relevanten Beitrages christlich-sozialer Literatur wird im Lauf dieser Grundlegung sehr bald eine Apologie kirchlich-sozialer Gestaltungsmacht angesichts der modernen Gesellschaftsentwicklungen.

Sieht man den Ansatz Nathusius' als einen für den konservativen Sozialprotestantismus dieser Zeit charakteristischen Versuch der Zeitdiagnose an, führt dies zu der vorläufigen Feststellung, daß dieser Richtung zwar keineswegs vorgeworfen werden kann, sich mit - aus ihrer Sicht - modernen Phänomenen und Entwicklungen nicht auseinandergesetzt oder diese womöglich gänzlich ignoriert zu haben. Jedoch ist augenfällig, daß die Moderne in ihren tatsächlichen Ausprägungen und aktuellen Entwicklungen nicht angemessen in den Blick gerät. Ob es sich bei diesem abwehrhaften Abblendungsversuch moderner Gesellschaftsentwicklungen um einen bewußten oder unbewußten Versuch der Wiederbelebung kirchlicher Einheitskultur handelte, wird sich endgültig durch die Beantwortung der Frage klären lassen, inwiefern Nathusius' *christlich-soziales* Interesse in den folgenden Jahren eine Schwerpunktverlagerung bezüglich der materialen Fokussierung erfuhr, insofern das *kirchlich-soziale* Moment alsbald eine neue konzeptionelle Bedeutung erlangte. Bis dato eine überwiegend unausgesprochene Voraussetzung aller theologischen Rede, wurde die ekklesiologische Fundierung seiner sozialethischen Grundentscheidungen nun nämlich noch einmal in anderer Weise zum dezidierten und expliziten Fixpunkt seiner späteren Schriften und Aktivitäten.

IV. Kirchlich-sozial: Ausführungen im sozialprotestantischen Dissens (1894 - 1906)

„So [...] spielen in der speziellen Richtung der e i n z e l n e n Männer der Wissenschaft stets die verschiedenen individuellen Neigungen und die ihnen meist mit zu Grunde liegenden verschiedenen individuellen Begabungen wie auch endlich mehr oder weniger zufällige persönliche 'Bildungsschicksale' oder 'Lebensführungen' der einzelnen Forscher mit. Sie tragen nicht wenig dazu bei, wieder die schärfere Einseitigkeit jeder 'Richtung' sich entwickeln zu lassen"[1].

A. Biographische Kontexte

Die Fertigstellung der *Mitarbeit* koinzidierte mit der gleichzeitigen Verschlechterung des Klimas unter den Christlich-Sozialen sowie einer Verschärfung der öffentlichen sozialpolitischen Debatten. Wie der ESK in gewissem Sinn eine Vorreiterrolle gemeinsamer kirchlicher Aktion dargestellt hatte, so wurde nun dort auch zuerst diese veränderte Lage spürbar.

1. Der Austritt aus dem ESK

Wie dargestellt wurde, hatten sich die nun einsetzenden grundsätzlichen Auseinandersetzungen auf dem ESK längst angebahnt. Der erste ernsthafte Konflikt bzw. Nathusius' erstmalige Drohung seines Austritts aus dem ESK fiel in den Zeitraum der 5. Tagung im Frühjahr 1894. Dabei ging es um ein scheinbar fernab der sozialreformerischen Debatten liegendes Thema: die Frage nach der aktiven Beteiligung von Frauen an der Arbeit des ESK. Für den Hintergrund dieses Konfliktes ist darauf hinzuweisen, daß der ESK es sich bereits früh zur Aufgabe gemacht hatte, „die Frauenfrage auf dem Hintergrunde der modernen sozialen Gestaltungen von einem echt evangelischen Gesichtspunkt aus"[2] zu interpretieren. Dies führte alsbald zu der Überlegung, Frauen ebenfalls Rederecht auf den Versammlungen des ESK zu gewähren. Allerdings überwogen innerhalb des ESK selbst unter den progressiv Gesinnten diejenigen Stimmen, die dieses Thema mehr als Mittel zum Zweck denn

---

1 A. Wagner in Aufnahme G. Cohns, *Systematische Nationalökonomie*, S. 202.

2 *Mitteilungen des ESK*, Nr. 7, 1893, S. 3.

als wesentlichen Bestandteil emanzipatorischer Bestrebungen ansehen wollten. Die Frauenfrage wurde vielmehr als Teilbereich der sozialen Frage verstanden und in die Diagnose genereller kirchlicher Entfremdung eingezeichnet, wobei sich die Konservativen und Liberalen in diesem Punkt kaum voneinander unterscheiden ließen, wie U. Baumann feststellt : „Offensichtlich hofften viele im Umkreis der Kirche auf die sanfte Macht der Frauen, denen es vielleicht noch gelingen könnte, die Entfremdung immer größerer Bevölkerungsgruppen von der Kirche rückgängig zu machen und einen veredelnden Einfluß auf die Unterschichten auszuüben"[3].

In diesem Zusammenhang entwickelte sich ein vehementer Streit zwischen Nathusius und der Pädagogin und Sozialwissenschaftlerin Elisabeth Gnauck-Kühne (1850-1917), der eigentlichen Begründerin der konfessionellen Frauenbewegung in Deutschland, die ursprünglich entscheidend durch G. Schmoller zur Mitarbeit im ESK angeregt worden war. Gemeinsam mit anderen Frauen hatte Gnauck-Kühne zu Beginn des Jahres 1894 beim Generalsekretär des ESK P. Göhre beantragt, Frauen als gleichberechtigte Mitglieder aufzunehmen und die Frauenfrage zu einem Thema des ESK zu machen. Zwar war man sich unter den Initiatorinnen einer evangelisch-sozialen Frauengruppe über die Ausrichtung der eigenen Arbeit keineswegs einig. Dennoch sind die alsbald aufkommenden Hindernisse der Gründung und Schwierigkeiten hinsichtlich der Anerkennung des Rederechts nicht auf diese Uneinigkeit, sondern vor allem auf die männlichen Kongreßmitglieder zurückzuführen.

Die zu Beginn des Frankfurter Kongresses im Mai 1894 vom Ausschuß des ESK getroffene Entscheidung, dem Antrag auf Rederecht stattzugeben, stieß auf heftigsten Widerstand. Nathusius intervenierte auf der Eröffnungsveranstaltung gegen diese Entscheidung mit der Begründung, daß dadurch „die zarte Weiblichkeit der Frau"[4] schweren Schaden erleide, der nicht wiedergutzumachen sei. Obgleich Nathusius bereits zu diesem Zeitpunkt nur noch als Vertreter einer Minderheitsmeinung im ESK angesehen werden kann, bewirkte seine Drohung, im Falle der Annahme des Antrages durch die Versammlung aus dem ESK auszutreten, daß sich die Frauen für dieses Mal noch mit der schweigenden Teilnahme begnügten. Die liberalen Teilnehmer des Kongresses waren zu der Entscheidung gekommen, gegenüber der Gefahr einer Abspaltung der konservativen Richtung die Interessen der Frauen einstweilen noch zurückzustellen. Nathusius sah durch diese Debatte aller-

---

3 U. Baumann, *Frauenemanzipation*, S. 82. Dazu J.-Chr. Kaiser, *Politisierung des Verbandsprotestantismus*, der diese Frage vor allem als Feld, auf dem der evangelische Öffentlichkeitsanspruch politisch geltend gemacht werden sollte, interpretiert (v. a. S. 269ff.) sowie jetzt auch G. Schneider-Ludorff, *Die Frauenfrage auf dem Evangelisch-Sozialen Kongreß*.

4 *Mitteilungen des ESK*, Nr. 6, 1894, S. 1.

dings die Möglichkeit grundsätzlicher theologischer Verständigung in noch weitere Ferne gerückt. Zwar konnte seiner Meinung nach die Gründung einer „Frauenabteilung" durchaus gebilligt werden, problematisch erschien ihm allerdings die Berufung von Frauen ohne vorherige Prüfung ihrer Auffassung des Evangeliums[5]. Neben den durch die Vorträge Harnacks, M. Webers und Göhres ans Tageslicht getretenen grundsätzlichen Differenzen sah er durch die Debatte über das Frauenrederecht seine Vermutung bestätigt, daß von jetzt ab „ein friedliches Zusammengehen der verschiedenen Richtungen ohne erhebliche Verschiebungen in den leitenden Organen"[6] nicht mehr möglich sein konnte. Gnauck-Kühne ließ es ihrerseits nicht an einer Reaktion auf Nathusius' Verhalten auf dem ESK fehlen, indem sie ihm im Juli 1894 in einem öffentlichen Brief vorwarf, in unsozialem Sinn und unevangelischem Geist gehandelt zu haben. Nathusius verwahrte sich gegen diese Vorwürfe und wiederholte bei dieser Gelegenheit seine vorgebrachten Argumente[7].

Schließlich erneuerte der Kongreßausschuß im Herbst desselben Jahres, insbesondere durch die Initiative Göhres, den ursprünglich positiven Beschluß zum Antrag auf Rederecht und lud sogleich Gnauck-Kühne dazu ein, auf dem sechsten Kongreß 1895 in Erfurt das Hauptreferat *Die soziale Lage der Frau*[8] zu halten. Zugleich erfolgte die offizielle Gründung der Frauengruppe des ESK.

Selbst die Tatsache, daß Stoecker das Korreferat zu dem geplanten Vortrag Gnauck-Kühnes übertragen wurde, konnte Nathusius nicht davon abhalten, aufgrund dieser, wie er es empfand, „direkten Provokation"[9] unmittelbar vor der Jahrestagung seinen Austritt aus dem Kongreß zu erklären. Dem Engagement dieser „Dame, die [...] den Wagen des evangelisch-socialen Kongresses aus den Geleisen gehoben hat, so daß er am Umwerfen ist"[10], war es seiner Meinung nach zu verdanken, daß nun der *Auslöser* für die lange bestehenden Differenzen der Kongreßrichtungen gefunden war. In einer sogleich nach seinem Austritt aus dem ESK Ende Mai 1895 verfaßten grundsätzlichen Stellungnahme zeigte er rückblickend auf, daß gegenüber seiner anfänglichen Sympathie für die Kongreßgründung im Lauf der folgenden Jahre die Notwendigkeit, gegenseitige Rücksichtnahme einzufordern, immer stärker und zugleich immer schwieriger geworden sei.

Für die Eskalation des Konfliktes machte er jetzt überraschenderweise die grundsätzlichen theologischen Differenzen nur mittelbar verantwortlich, da

5 *AKM* 1894, S. 763.

6 *A. a. O.*, S. 762.

7 Vgl. *Mitteilungen des ESK 1894*, S. 5f. (Gnauck-Kühne) und S. 6ff. (Nathusius' Entgegnung).

8 *Verhandlungen des ESK 1895*, S. 82-100.

9 *Der evangelisch-sociale Kongreß. Eine Absage*, *AKM* 1895, S. 564.

10 *AKM* 1895, S. 427.

man das Ziel einer Annäherung dieser Positionen von vornherein nicht anzustreben gedacht hatte. Vielmehr nannte er als tiefe Gründe für seine Austrittsentscheidung die *praktischen Konsequenzen bzw. Verhaltensweisen*, die *aus der theologischen Einstellung* der Ritschlianer heraus erfolgt seien, deren *falschen* Optimismus hinsichtlich gesellschaftlich-sozialer Veränderungen, ihre Verkennung des eigentlichen „Ideals der sittlichen Freiheit"[11] und - interessanterweise - deren zunehmenden *Geist des Nationalismus*[12]. Seine Einschätzung des Erfurter Kongresses als „Sitz der Schwarmgeisterei" schien ihm durch den Vortrag des Schweizer Theologen K. Furrer *Die moderne Naturwissenschaft und die soziale Bewegung der Gegenwart* und dessen Präsentation einer rein idealistischen Weltanschauung noch weiter bestätigt zu sein[13].

Doch selbst diese „Schwarmgeisterei", die Nathusius in den folgenden Jahren noch en détail erörtern sollte, führte er jetzt nicht als den entscheidenden Grund für seine Absage ins Feld. Sondern letztlich bündelte er seine Austrittsgründe in der Überzeugung, daß *bereits* die „Bedingungen der Gemeinschaftlichkeit"[14] infolge der einseitigen Zusammensetzung der leitenden Gremien des ESK nicht mehr gewährleistet seien. Es waren damit auf den ersten Blick vornehmlich *institutionelle* Gründe im Sinne der Unterrepräsentation positiver Theologen in den Leitungsgremien des ESK, die Nathusius dazu führten, seine Mitarbeit aufzukündigen. Angesichts der von ihm durch diese Jahre hindurch immer wieder namhaft gemachten *grundsätzlichen* theologischen Differenzen steht jedoch zu vermuten, daß für diese Entschei-

---

11 *Der evangelisch-sociale Kongreß. Eine Absage*, *AKM* 1895, S. 563.
Innerhalb der *AKM* schloß man sich insgesamt dieser Kritik an, indem 1896 Göhres neues Werk *Die evangelisch-soziale Bewegung* im Rahmen des politischen Monatsberichts, wohl durch Nathusius oder v. Hassell, rezensiert wurde. Man erhob dabei Widerspruch gegenüber denjenigen praktisch-politischen Konsequenzen, die Göhre aus seiner geschichtlichen Darstellung gezogen hatte: Dessen „Parole 'christlich, nicht kirchlich', lehnen wir in dem Sinne, wie Göhre sie ausgiebt, ab. Von dem Christenthum, welches sich auf sozialem Gebiet in der Liebe zu den Brüdern bethätigen soll, verlangen wir zunächst, daß es positiv sei, d. h. daß seine Bekenner zum Mindesten auf dem Boden der ersten apostolischen Gemeinde stehen. [...] Denn nur dieses positive Christenthum hat sich in den 1900 Lebensjahren der christlichen Kirche als leistungsfähig in Thaten erwiesen; der Arianismus dagegen, der offene der Protestantenvereinler und der verhüllte der ritschlianischen Mittelparteien hat noch nie das geringste auf kirchlichem Gebiet zustande gebracht; über Worte ist er nirgends hinausgekommen", *AKM* 1896, S. 748.
So konnte der Rezensent den Autoren Göhre sogar mit dem erzreaktionären Freiherrn C. F. v. Stumm-Halberg in einen Topf werfen, da beide letztlich die gesellschaftlichen Interessengegensätze auf die Spitze trieben: „Herr von Stumm will das Kartell aller Besitzenden, Herr Göhre das Kartell aller Nichtbesitzenden", *ebd.*

12 *AKM* 1895, S. 764.

13 *A. a. O.*, S. 765.

14 *Der evangelisch-sociale Kongreß. Eine Absage*, S. 563.

dung die letztgenannten Differenzen eine größere Rolle spielten als die von ihm beinahe ad hoc herangezogenen institutionellen Gründe[15].

Daß er sich nun in jedem Fall in eine Außenseiterposition innerhalb der kirchenpolitischen Landschaft begeben hatte, wurde erst recht deutlich, als der Hauptvortrag Gnauck-Kühnes von allen Seiten des Kongresses mit großem Beifall aufgenommen wurde und Stoecker seine wahrhafte Freude und tiefe Bewegtheit über das Referat zum Ausdruck brachte. Es nützte dann auch nichts mehr, daß Nathusius zwar anerkannte, Gnauck-Kühne habe viel Gutes und Treffliches gesagt, aber im gleichen Atemzug auf seiner Überzeugung beharrte, daß das Hineinziehen von Frauen in die öffentlichen Kämpfe „weder dem Geiste des Evangeliums noch der Art und Natur der Frauen entspricht“[16].

Wie Nathusius angesichts des 6. ESK in Erfurt konstatierte, war durch das „vollständige Fallen desselben in die Hände der liberalen Theologie und des christlichen Sozialismus der Jungen“[17], das sich in Stoeckers Austritt aus dem ESK manifestierte, das Tischtuch zwischen den konservativen Christlich-Sozialen und den Theologen um Göhre und Naumann endgültig zerschnitten[18]. Daß ihm die Austrittsentscheidung nicht leicht gefallen war, macht ein Brief aus dieser Zeit an den Sohn Wicherns, inzwischen Direktor des Rauhen Hauses, deutlich: „Mir liegt es sehr schwer auf, daß ich mein Verhältnis zum Ev. sozialen Congreß ordnen mußte; ich kann nachdem ich 5 Jahre so entschieden eingetreten bin, nicht einfach schweigend fortbleiben. Nur hingehen kann ich auch nicht wieder“[19].

In diesem Sinn interpretierte beispielsweise auch Naumann dessen „Absagebrief“ aus dem Jahr 1895, indem er es für ein volles Mißverständnis von Nathusius hielt, wenn durch diesen „der alte, in absehbarer Zeit nicht zu erledigende Gegensatz von orthodoxer und liberaler Theologie in diese Sache hineingetragen wird“[20]. Naumann warf im Anschluß an diese Beobachtung als eigentlichen Gegensatz den Unterschied zwischen *konservativem* und *sozialem* Christentum auf. Im Rahmen der *Hilfe* sah er den Grund für Nathusi-

---

15 Nathusius bestätigte dies mehrere Jahre später in einem Rückblick auf diese Auseinandersetzung, vgl. *AKM* 1899, S. 645. Cremer konstatierte bereits in einem Brief vom 12. 6. 95 an Stoecker - in dem er dessen Anfrage auf Mitgliedschaft im Vorstand des ESK zurückwies - die vergleichsweise geringe Relevanz des Streites über die Frauenfrage und machte ebenfalls grundsätzliche theologische Differenzen über die Auslegung des Wortes „evangelisch-sozial“ für die aktuellen Konflikte verantwortlich, vgl. E. Cremer, *Cremer*, S. 197ff.

16 *AKM* 1895, S. 765.

17 *AKM* 1896, vom 26. 5., S. 648.

18 Auch die evangelischen Arbeitervereine faßten zur Zeit des 6. ESK den Beschluß, die grundsätzliche Gemeinschaft mit dem ESK aufzugeben, vgl. *AKM* 1896, S. 761.

19 Archiv des Rauhen Hauses, Bestand 81 B [Briefe M. v. Nathusius].

20 F. Naumann, *Konservatives Christentum*, S. 471.

us' vehemente Kritik vornehmlich darin, daß diesem eben die ganze politische und soziale Richtung der 'Jungen' nicht passe, er sich als Theologe aber nicht auf unmittelbar politische Argumente habe beziehen können, um für seinen Schritt Verständnis zu finden[21].

Interessanterweise wurden auch für Stoecker, allerdings von ganz anderer Seite her, nur wenig später *christlich-sozial* und *konservativ* ebenfalls zu unvereinbaren Alternativen. Noch im Eisenacher Programm von 1895, der Neuformulierung des Programms der 1878 gegründeten CSAP, hatte er eine klare Entscheidung zwischen Naumanns sozialreformerischem Engagement und einer konservativen, christlich-sozialen Haltung vermieden. Nicht zuletzt durch die reaktionären sozialpolitischen Ansichten C. F. v. Stumm-Halbergs und seines Einflusses auf den Kaiser, der mit dem berühmten „Christlich-sozial ist Unsinn!" reagierte, kam es dann aber in den Jahren 1895 und 1896 zu mehreren entscheidenden Rückzugsgefechten Stoeckers. Infolge unterschiedlicher Verwicklungen, die ihn auf politischer Ebene kaum noch als glaubwürdig erscheinen ließen, erfolgte am 1. 2. 1896 sein Austritt aus Fraktion und Vorstand der Deutsch-Konservativen Partei. Nathusius sprach im selben Monat sein Bedauern und seine Verwunderung darüber aus, daß offensichtlich „das Wort Christlich-sozial plötzlich in einen Gegensatz gegen die Parteibezeichnung Konservativ geraten ist"[22]. Gleichwohl sah Nathusius Stoeckers Austritt nicht in wirklich trennenden Differenzen zwischen Konservativen und Christlich-Sozialen hinsichtlich der sozialen Frage begründet, sondern höchstens im Mangel an gegenseitigem Verständnis über die Bedeutung des Arbeiterstandes als des vierten Standes. Daß es sich dabei aber um mehr als nur einen marginalen Unterschied handelte, sollte sich bereits bald zeigen. In jedem Fall stand schon jetzt fest: Der politisch desavouierte Stoekker sollte nach dem Willen der anderen führenden ESK'ler nun auch nicht länger an der Spitze des ESK stehen, weshalb er sich dort ebenfalls zum Austritt veranlaßt sah. So sind in *Stoeckers* Fall in der Tat nicht nur dogmatische, sondern in hohem Maß auch politische Gründe für das Schisma des Kongresses namhaft zu machen.

Bei Nathusius liegt der Fall anders. Denn wie seine Rezeption der ESK-Entwicklung deutlich gemacht hat, kann der nun endgültig offenbar werdende, aber de facto von Beginn an aus *theologischen Gründen* drohende,

---

21 Vgl. dazu und zu Naumanns Entwicklung im Jahr 1895, W. Göggelmann, *Christliche Weltverantwortung*, S. 173ff.

22 *Die Krisis in der konservativen Partei*, S. 299. Fast in einer Art 'Brandbrief' forderte er Stoecker am 12. 2. 1896 dazu auf, kein Mißverständnis in bezug auf seine Haltung gegenüber Naumann aufkommen zu lassen. Dabei sah er die Hoffnung auf eine gemeinsame Zukunft der Konservativen und der Stoeckerschen Christlich-Sozialen „sehr abnehmen, wenn Sie mit Naumann und den Jüngeren ein noch regeres politisches Bündnis eingingen", *Nachlaß Stoecker*, Rep. 92, I. Zu den Hintergründen der Stummschen Reaktion vgl. etwa K. M. Hofmann, *Evangelische Arbeitervereinsbewegung*, S. 81ff.

„Verlust an Ökumenizität"[23] beider Richtungen nicht als *Folge*, sondern muß als *Grund* der Spaltung angesehen werden. Im Blick auf die Notwendigkeit christlich-sozialer Tätigkeit war zwar im Lauf der ersten Jahre ein protestantischer Konsens gefunden worden, der theologische Dissens hatte gleichwohl latent immer bestanden und kam nun durch die „katalysatorische Wirkung des Schismas"[24] neu ans Tageslicht. Die eigentlichen Gründe für die Trennung sind folglich bei Nathusius besser eruierbar als bei Stoecker: wohl nicht zuletzt, weil Nathusius eben der Systematiker, Stoecker der Praktiker war[25].

Nathusius' Absage an den ESK schloß gleichwohl nicht aus, daß er die Entwicklung des Kongresses auch während der nächsten Jahre mit Aufmerksamkeit verfolgte, wobei er durchaus immer wieder auf Übereinstimmungen der Debattenbeiträge mit seiner eigenen Position hinwies. Vor allem aber wurde er nicht müde, immer wieder den überwiegend 'liberalen Geist' der Versammlungen herauszustellen und zu beklagen. Die Schriftleitung der *AKM* verzichtete beispielsweise nicht auf den Hinweis, daß dort „für christlich-konservativ gesinnte Männer" keine ersprießliche Mitarbeit mehr möglich sei[26] und man über den ESK nur noch berichten wollte, um die Leserschaft zu *orientieren.*

Dennoch schienen sich Nathusius' Berührungsängste gegenüber dem ESK in den folgenden Jahren insgesamt in Grenzen zu halten, was sich etwa an der Person C. v. Massows zeigt, der als konservativer Jurist gleichzeitig Ausschußmitglied des ESK und Mitarbeiter der *AKM* war. Massow, von dem noch zu sprechen sein wird, kann als eine der in dieser Zeit grenzüberschreitenden Figuren zwischen ESK und den Konservativen gelten. Zur 6. Tagung des ESK in Erfurt wurde er von Stoecker zu dem Referat *Die soziale Aufgabe des Staates als Arbeitgeber* aufgefordert und verblieb selbst dann noch im Ausschuß des ESK, als mit Stoecker das prominenteste Mitglied der älteren Christlich-Sozialen ausgetreten war[27]. Dies hinderte Massow dennoch nicht daran, von konservativer Warte aus vehement etwa gegen M. Webers Debattenbeiträge auf dem 8. ESK 1897 in Leipzig anzugehen und diesem eine völlige Unkenntnis der ostelbischen Verhältnisse vorzuwerfen[28].

Letztlich bewirkten die Vorgänge der Jahre 1895/96, die Klage des preußischen EOK im Jahr 1895 über einen grassierenden „Pastorensozialismus" sowie seine nachfolgende strikte Anweisung christlich-sozialer Enthaltsamkeit an die Geistlichen nur eines: die „trotzige Reaktion von kirch-

---

23 M. Schick, *Kulturprotestantismus*, S. 95.

24 *Ebd.*

25 So in Abwandlung einer Formulierung P. Göhres, *Die evangelisch-soziale Bewegung*, der allerdings dem Praktiker Stoecker den Systematiker *Todt* gegenübergestellt hatte.

26 Vgl. *AKM* 1897, S. 764.

27 Vgl. dazu C. v. Massow, *a. a. O.*, S. 653f.

28 vgl. *a. a. O.*, S. 765ff.

lich-positiven Kreisen auf die Diskreditierung des christlich-sozialen Gedankens durch die Spitzen von Staat und Kirche in Preußen"[29].

2. Die freie Kirchlich-Soziale Konferenz (KSK)

2. 1. Zur Gründung der KSK

Für die Gründung der KSK, an der Nathusius entscheidend mitbeteiligt war, ist eine Vielzahl von Faktoren namhaft zu machen. Nicht nur die 1895 bereits drohende endgültige Spaltung der Christlich-Sozialen gehörte zu diesen Faktoren, die hinsichtlich der weitreichenden Vertretung christlich-sozialer Ideen erstmals an ein anderes Forum als den ESK denken ließ. Wenngleich die Konservativen Wagner und Nobbe weiterhin dem ESK erhalten blieben, kann doch diese jetzt offenbar gewordene Spaltung in ihrer epochalen Bedeutung kaum überschätzt werden. Das Fazit Pollmanns hinsichtlich dieser Ereignisse gibt die in dieser Spaltung enthaltende Dramatik nicht wider, wenn er konstatiert: „Die kurze Phase der spannungsreichen, aber nicht unfruchtbaren Zusammenarbeit von Positiven und Liberalen war beendet"[30].

In der Tat konnte es erst aufgrund von Stoeckers Rückzug aus den bisherigen Gremien zu einer tatsächlichen Alternativgründung gegenüber dem ESK kommen. Jetzt standen mit Stoecker und L. Weber[31] neben Nathusius die führenden Häupter des konservativen Protestantismus für eine institutionelle Neuschöpfung christlich-sozialer Tätigkeit zur Verfügung. Die alsbald eingeleitete Neuschöpfung sollte ohne Abstriche *kirchlich-soziale* Tätigkeit befördern[32]. Dies kann zugleich als Ausdruck für den Beginn einer neuen kirchenpolitischen Phase betrachtet werden, deren Ursprungsgedanke Nathusius zu-

---

[29] K. E. Pollmann, *KSK*, S. 1. Außerdem ging mit dieser reaktionären sozialpolitischen Wende eine Vertrauenskrise zwischen Stoecker und der Positiven Union als der größten Kirchenpartei in der altpreußischen Landeskirche einher, die an ein gemeinsames Fundament für weitere Zusammenarbeit ebenfalls nicht mehr denken ließ.

[30] *A. a. O.*, S. 3.

[31] In diesem Zusammenhang verwundert es nicht, daß schließlich auch L. Weber zu Beginn des Jahres 1905 von der theologischen Fakultät Greifswald zum Ehrendoktor promoviert werden sollte, vgl. *Acta der Th. F.* 89 [86-90] (1904/05).

[32] J. Kögel hält es nicht nur wegen Nathusius' *Mitarbeit*, sondern insbesondere aufgrund dessen Beteiligung an der Gründung der KSK für gerechtfertigt, diesen als einen der geistigen Führer der christlich-sozialen Bewegung zu bezeichnen, vgl. *M. v. Nathusius*, S. 194. F. W. Graf spricht aufgrund mehrerer Hauptvorträge, die Nathusius im Lauf der nächsten Jahre auf der KSK halten wird, zumindest von seinem „prägenden Einfluß auf die Arbeit der KSK", *M. v. Nathusius*, Sp. 490. Zu den Gründungsvorgängen auch D. v. Oertzen, *Stoecker*, S. 208ff. und zuletzt G. Koch, *Stoecker*, S. 158.

folge lautet: „die größte Schwäche der evangelischen Christen in Deutschland ist gegenwärtig der Mangel an Einheit“[33].

Ein erster Anlauf zur Gründung eines neuen Forums fällt bereits in den Herbst des Jahres 1895: Nathusius hatte zur Planung eingeladen, zum 1. 10. 95 eine *christlich-soziale* Konferenz einzuberufen[34]. Allerdings blieb es vorläufig nur beim Plan, bis im Juli 1896 tatsächlich die Voraussetzungen für eine Neugründung geschaffen zu sein schienen. Am 20. und 21. des Monats wurde in den wichtigsten konservativen und christlich-sozialen Tageszeitungen ein von Stoecker, Nathusius und L. Weber verfaßtes *kirchlich-soziales Manifest* veröffentlicht. Um nicht dem Vorwurf agitatorischen Treibens ausgesetzt zu sein, erläuterten diese „kirchlich-sozial gerichteten“ Männer ihre „kirchlich-sozialen Ueberzeugungen“[35] dahingehend, daß man keine neue kirchliche Parteistellung intendiere, sondern ausschließlich vom Boden des Evangeliums aus und angesichts des „gottgewiesenen Berufe[s]“[36] der Kirche argumentiere. Diesen einheitsstiftenden Aspekt bringt insbesondere der VII. Abschnitt zum Ausdruck. Stoecker charakterisierte den Aufruf am 25. 6. 1896 in folgender Weise: „Er ist rein kirchlicher Natur und hat mit der christlich-sozialen Politik nichts zu thun“[37]. Zumindest wird aber deutlich, daß man sich der Stummschen Gegenreaktion auch innerhalb des konservativen Lagers entschieden widersetzen wollte. W. R. Ward bezeichnet Nathusius als „the leading figure in a considerable christian-social reaction of disappointment with the conservative party“ und nennt dessen Motivation und Bedeutung für die Institutionalisierung dieser Gegenreaktion: „Nathusius had been deeply offended both with what he took to be the complete one sidedness of the EOK decree of 1895, and with the conservatives' ill-treatment of Stöcker“[38].

Diese Gegenreaktion kann damit nicht primär als Signal zum politischen Aufbruch interpretiert werden, sondern ist als Proklamation eines überpolitischen Wahrheitsanspruchs zu verstehen. Im übrigen ist fraglich, ob Nathusius bei einer deutlichen Ausrichtung auf ein politisches Parteiprogramm für die

---

33 *AKM* 1897, S. 424.

34 Vgl. *DEKZ*, Nr. 30, vom 25. 7. 1895 und Nr. 12, vom 21. 3. 1896.

35 So die einleitenden Worte des *Manifestes*, zit. nach ADW, KSB 1.

36 Am 2. 7. 1896 wurden die kämpferische Motivation und das Ende der konsensoffenen konzilianten Haltung erneut deutlich, indem Nathusius mitteilte: „Cremer sagte mir heute, daß ihm ein Satz unseres Manifestes nicht gefiehle, nämlich der, nach welchem es so aussähe, als ob wir nur aus Conkurrenz-Gelüsten gegen die mod. Theologie angingen. [...] wenn es eine lediglich redactionelle Änderung [wäre], würde es sich vielleicht bei der Veröffentlichung noch nachholen lassen“, Archiv des Diakonischen Werks, KSB 1, Bl. 22. Nicht unerheblich dürfte außerdem die Tatsache sein, daß auch Kähler an den Vorarbeiten zu diesem *Manifest* beteiligt war, wie vor allem Nathusius' Briefe an Stoecker vom 7. 6. und 19. 6. 1896 deutlich machen, vgl. *Nachlaß Stoecker*, Rep. 92, I.

37 Zit. nach G. Koch, *Stoecker*, S. 159.

38 W. R. Ward, *Theology, Sociology and Politics*, S. 72.

Mitverfassung und Unterzeichnung dieses *Manifestes* überhaupt hätte geworben werden können. Allerdings wurde ebenfalls unmißverständlich klargemacht, daß sich die Unterzeichner der „rechten Seite des kirchlichen und politischen Lebens" zugehörig fühlten, wie ebenfalls die Einleitung des *Manifestes* betont. Dies beinhaltete nun zumindest in diesem Rahmen eine entschiedene Distanz gegenüber dem ESK und allen anderen parteigebundenen Christlich-Sozialen. Im Vorfeld der offiziellen Veröffentlichung wurde diese Motivation in mehreren Briefen von Nathusius an Stoecker deutlich. Am 7. 6. 1896 teilte er mit, daß selbst der Verdacht der institutionellen Verflechtung einzelner Unterzeichner mit dem ESK seine Unterschrift - konkret ging es um den Redakteur des *Volkes* H. von Gerlach - verhindern werde: „Ich werde keine Erklärung unterschreiben, welche nicht eine Verurteilung des christl. sozialen Radikalismus enthält"[39].

Ganz bewußt wandte man sich mit dieser *Kundgebung* anfangs noch gegen die Gründung einer Gegenkonferenz, da eine solche den Spaltungsprozeß unter den Christlich-Sozialen endgültig befestigen würde, die man doch nach wie vor unter beinahe allen Umständen zu vermeiden suchte. Auch befürchtete etwa Nathusius bei einem solchen alternativen Konferenzversuch mitsamt der Überschreitung landeskirchlicher Grenzen erneute Schwierigkeiten infolge einer fehlenden gemeinsamen Bekenntnisgrundlage[40]. Das *Manifest* sollte den letzten Versuch einleiten, das als prästabiliert und harmonisch gedachte kirchlich-reformatorische Gefüge sozial fruchtbar zu machen.

Die Bezeichnung „kirchlich-sozial" erklärte Nathusius somit folgerichtig in der Weise, daß „christlich-sozial" inzwischen zur Bezeichnung einer politischen Partei geworden sei, man selbst aber darauf insistiere, daß auch weiterhin ein soziales Handeln der Kirche und ihrer Diener „ganz abgesehen von der Politik"[41] vonnöten sei.

Dennoch blieb es nicht aus, daß ex negativo im Mittelpunkt dieser Kundgebung die aktuelle Entwicklung des ESK[42] stand und damit die Herausstellung des Zusammenhangs „zwischen der 'Prinzipienlosigkeit' der modernen

---

39 *Nachlaß Stoecker*, Rep. 92, I.

40 Das Bild, das Nathusius hinsichtlich der gewünschten kirchlichen Einheit entwirft, wird beispielhaft durch seinen Vorschlag deutlich, die bereits bestehenden landeskirchlichen Instanzen mit bekenntnismäßiger Grundlage, so etwa den ständigen Ausschuß der preußischen landeskirchlichen Konferenz, zu einer Tagung zusammenzuführen, nach Möglichkeit unter Einschluß der Generalversammlung des Pfarrvereins, des Kongresses für Innere Mission etc., vgl. *AKM* 1896, S. 1102. Die Pointe dieser Forderung liegt offensichtlich darin, daß die kirchlich-soziale Tätigkeit den Makel einer neuerlichen Privatveranstaltung von vornherein vermeiden sollte, indem sie zweifelsfrei ihren Standort innerhalb institutionalisierter kirchlicher Strukturen signalisierte.

41 *A. a. O.*, S. 1101.

42 Vgl. Einleitung des *Manifestes*.

Theologie und der Radikalisierung der Jungen“[43] breiten Raum einnahm. In einem offenen Brief an Naumann erkannte Wagner bereits im August 1896 sehr genau die Konsequenzen dieses Kurses: Naumann gegenüber zeigte er sich von der geplanten Neugründung der KSK insofern enttäuscht, als nun der Weg der Verständigung zwischen beiden Richtungen endgültig verbaut werde. Er teilte mit, daß sich damit die vielseitig gehegten Hoffnungen auf ein Ende des Prinzipienstreites nicht erfüllt hätten. Jene Kundgebung zeige, „daß nun doch wieder der alte Krebsschaden hervortritt, die dogmatischen und kirchenpolitischen Differenzen eben nicht überwunden sind!“[44].

‘Positiv’ gewendet bedeutete dies für die KSK das ausgesprochene Bekenntnis zu einem unverfälschten biblischen Evangelium und zu einer kirchlichen Tätigkeit, die nur dann dem Volksleben die notwendigen heiligenden Kräfte zuführen könne, wenn sie uneingeschränkt auf dem Heilsglauben beruhe. Als Desiderat bisheriger kirchlich-sozialer Tätigkeit nannte Nathusius zugleich die weitgehend mangelhafte Betonung des Unterschieds „zwischen dem seelsorgerlichen und dem politischen Interesse, welches die Kirche an den sozialen Erscheinungen nehmen kann“[45]. Soziale Tätigkeit des Geistlichen, so der Tenor, ist nicht gleichzusetzen mit der befürchteten sozial*politischen* Tätigkeit desselben. Zwar wurde festgestellt, daß die „christlichen Begriffe evangelischer Freiheit und Gleichheit vor Gott nicht unmittelbar auf irdische Verhältnisse angewendet werden“[46] dürften - angesichts der *Mitarbeit* nichts Überraschendes. Zugleich verwarf das Triumvirat aber ebenfalls - wohl im Blick auf den Erlaß des EOK - die Anschauung, als ob „die wirtschaftliche Lage das Christenthum nichts angehe“[47]. Ausdrücklich wandte man sich auch in dem Sinn gegen den neuerlichen kirchlichen Erlaß, daß man nicht nur die Kirche, sondern den *einzelnen Geistlichen* zur konkreten Mitwirkung aufforderte: Vom tatkräftigen kirchlichen Zeugnis aus soll dieser sowohl Gleichgesinnte sammeln als auch zur Pflege der evangelischen Arbeitervereine und der Werke der Inneren Mission beitragen.

Trotz der bewußten parteipolitischen Abstinenz kann als Stoßrichtung dieses *Manifestes* eruiert werden, daß nach wie vor auf umfassende soziale Aktion, sowohl bei den kirchlichen als auch bei den staatlichen Trägern, abgezielt wurde. Sozialpolitik verstand man nicht als temporäres Krisenmanagement, sondern als sittlich fundierte und kirchlich unterstützte staatliche Aufgabe. Die Einflüsse der Nathusius'schen sozialethischen Konzeption sind auch dort unverkennbar, wo das *Manifest* darauf insistiert, daß alles soziale Wirken zur Versöhnung der Klassen nur beitragen könne, insofern es an das

---

43 K. E. Pollmann, *KSK*, S. 7.

44 *Die Hilfe* 32, 1896, S. 2.

45 *AKM* 1896, S. 1101.

46 *Manifest*, IV. Abschnitt.

47 *A. a. O.*, I. Abschnitt.

geschichtlich Gewordene anknüpfe und die göttlichen Grundordnungen anerkenne[48]. Letztlich gehe es, sollten diese Forderungen nicht erfüllt werden, um die Möglichkeit christlicher Sittlichkeit und damit „um Bewahrung der Volkskirche gegenüber auflösenden Sekten und schwärmerischen Richtungen"[49].

Einen Beleg für diese nun deutlichere Gewichtung zugunsten der kirchlichen Fragestellung bildet Nathusius' vor der Berliner Pastoralkonferenz 1895 gehaltener Vortrag *Versäumnisse und Aufgaben der Kirchenzucht an dem sittlichen Leben des Volkes*. Seine Hauptthese besteht darin, der Kirchenzucht im Sinn der „Entziehung der Gnadenmittel"[50] zwar keine unmittelbar sittliche oder bekehrende Aufgabe zuzumessen und diese Zucht nicht als Strafe zu verstehen. Dennoch gehört für Nathusius zur Kirche, daß ihre Glieder „ein Leben in der Heiligung führen müssen"[51]. Die Gnadenverkündigung der Kirche beinhaltet die Möglichkeit eines ausscheidenden Verfahrens gegenüber denjenigen, die „die sittlichen Forderungen der Gnadenpredigt"[52] nicht erfüllen, durchaus im Sinn des bereits bekannten 'Entweder-Oder'! Unter der vorausgesetzten Eindeutigkeit der Inhalte der Gnadenpredigt soll eine abweichende Lebenspraxis des einzelnen und der Gemeinschaft nicht nur theologisch festgestellt, sondern auch kirchlich sanktioniert werden können. Dies bedeutet, daß nur die - vermeintlich eindeutige - Verkündigung von ihm als einheitsstiftendes Moment kirchlichen Lebens akzeptiert wird. Den theologischen Gedanken der einheitsstiftenden communio sanctorum qua Taufe überführt er in den Aufgabenbereich der überindividuellen Gewißheitsinstanz Kirche. Aus der zweifelsfreien Glaubenszueignung wird die unbezweifelbare, unantastbare Lehrgehalte verwaltende Kontrollinstitution Kirche.

Das nun deutlich formulierte Ansinnen, die Kirche als exklusive kulturelle Gestaltungsmacht zu reetablieren, führt Nathusius dazu, der „Verdiesseitigung der ganzen Lebensauffassung"[53] das Bild einer paradigmatisch gereinigten Gemeinde entgegenzustellen, um so der Gesellschaft seine ekklesiologische Analogie gelingender Gemeinschaft unter dem Leitgedanken des tertius usus legis präsentieren zu können. Damit ist der theologische Boden für die äußere Institutionalisierung der KSK bereitet.

Daß für die geplante Neugründung die Signierung *kirchlich-sozial* Anwendung findet, erklärt sich so auf dem Hintergrund dieses im Jahr der ESK-Trennung gehaltenen Vortrags. Der Grund für diese Signierung ist keineswegs, daß die Begriffe *christlich-sozial* bzw. *evangelisch-sozial* bereits

---

48 Vgl. auch *DEKZ*, Nr. 30, vom 25. 7. 95.

49 *Manifest*, VII. Abschnitt.

50 *EKZ* 1895, Sp. 469.

51 *A. a. O.*, Sp. 481.

52 *A. a. O.*, Sp. 483.

53 *A. a. O.*, Sp. 500.

„besetzt“ gewesen seien[54]. Sondern die Hauptaufgabe sozialer Tätigkeit soll unzweideutig unter dem Dach der Kirche, und zwar im Sinn der *Volkskirche* - bestehend aus ihren geheiligten Mitgliedern! -, vonstatten gehen. Sämtliche freie soziale Tätigkeit sowie alle staatliche Aktivität ist unter das Banner und die Obhut der reformatorischen Kirche zu stellen und in diese zu integrieren. So setzt das *Manifest*, wie der Vortrag, mit dem Rekurs auf den einheitsstiftenden Gedanken christlicher Sittlichkeit ein und endet mit dem Gedanken der kirchlich vermittelten „Grundgedanken des alten Väterglaubens“[55].

Die Benennung der Konferenz als einer *freien* Kirchlich-Sozialen Konferenz steht keineswegs im Widerspruch zu dieser Intention. Unter dem Signum *frei* wollte das Gründungstriumvirat die Unabhängigkeit von schwärmerisch-agitatorischer Theologie sowie den diversen parteipolitischen Richtungen erweisen. Stoecker untermauerte die Ausrichtung der *freien* KSK in der Eröffnungsnummer des eigenen Informationsorgans, indem er eine freie und ihrer selbst mächtige Kirche als „religiös-sittlich soziale Großmacht“[56] forderte. Mehrfach wies Stoecker darauf hin, daß ihm keineswegs an einer ecclesiola in ecclesia gelegen sei, da dies aus theologischen Gründen dem Wesen der Kirche nicht entspreche und die Schlagkraft der Kirche im öffentlich-gesellschaftlichen Leben untergrabe[57].

Ganz richtig stellt Pollmann fest, daß die KSK „zur Wiederbelebung der kraftlos gewordenen Bewegung der Freunde der kirchlichen Freiheit“ dienen wollte[58]. Zur Voranstellung des *„frei“* erklärte hingegen zur damaligen Zeit v. Oertzen, daß man damit das Mißverständnis einer etwaigen „hochkirchlichen“ Versammlung bzw. Ausprägung habe verhindern wollen[59]. Dieses Motiv erklärt auch, weshalb die Themen „Kirche der Zukunft“, „Volkskirche“ und „Reform der kirchlichen Verfassung“ in den folgenden Jahren immer wieder zum Hauptgegenstand der Arbeit der KSK werden sollten. Es kann vermutet werden, daß man mit diesem Integrationsbestreben zugleich den 1895 wieder auf den Plan getretenen staatlichen und kirchlichen Kritikern christlich-sozialen Engagements das Wasser abgraben und Kirche nun auch in *praktisch missionarischem* Sinn als erste gesellschaftsgestaltende *und erste* staatstragende Macht beglaubigt werden sollte.

---

54 So etwas kurzschlüssig bilanzierend G. Koch, *Stöcker*, S. 158ff.

55 *Manifest*, VII. Abschnitt.

56 A. Stoecker, *Die kirchliche Selbständigkeit*, S. 7.

57 Vgl. etwa *DEKZ* 1897, Nr. 19, vom 8. 5.; Nr. 20 vom 15. 5.

58 K. E. Pollmann, *KSK*, S. 13

59 Vgl. D. v. Oertzen, *Stoecker*, S. 430. Der Terminus „frei“ hat damit als Bezeichnung eines vom Kirchenregiment unabhängigen Zusammenschlusses zwar einerseits seine sozialgeschichtliche und kirchenrechtliche Konnotation, signiert aber zugleich auch die theologisch-inhaltliche Dimension und Motivation dieses Zusammenschlusses, selbstverständlich in bewußter Absetzung zum liberalen Freiheitsbegriff, vgl. dazu J.-Chr. Kaiser, *Protestantismus und Sozialpolitik*, S. 96.

Daß es den Verfassern offensichtlich gelang, genau diese Intention zu vermitteln, machen die Reaktionen deutlich. Zwar wurde das *Manifest* von etwa 600 Geistlichen unterschrieben, allerdings fällt auf, daß die Mehrheit der Unterzeichner bis dato offensichtlich nicht zu den 'Leistungsträgern' christlich-sozialer Tätigkeit gezählt hatte[60] bzw. in diesem Kontext zuvor zumindest nicht hervorgetreten war. Diese breite Unterstützung des *Manifestes* läßt darauf schließen, daß von Anbeginn an die Ausrichtung der KSK folgendermaßen eingeschätzt wurde: etwaige Interventionen, die gegen den neuesten Erlaß des EOK bzw. die grundsätzlichen staatlichen Belange verstoßen könnten, waren von dieser Gründung nicht zu erwarten. Allerdings stand die Beantwortung der Frage, was aus dieser „Gewinnung eines sturmfreien Terrains für die christlich/kirchlich-soziale Sache!“[61] gemacht werden sollte, noch aus.

So verwundert es kaum, daß bis zur eigentlichen Einberufung einer kirchlich-sozialen Versammlung ein weiteres halbes Jahr verging. Im Frühjahr 1897 luden 134 Unterzeichner angesichts „der vielen Gefahren, welche unsere evangelische Kirche von allen Seiten bedrohen, und angesichts der dadurch gegebenen Nothwendigkeit eines Zusammenschlusses aller positiven Elemente“[62] zu freien Kirchlich-Sozialen Konferenz nach Kassel ein. Mit diesem im Frühjahr 1897 erscheinenden Gründungsaufruf wurde vor allem von Stoecker der Nachfolgeanspruch gegenüber dem ESK deutlicher als zuvor artikuliert. Dies wurde nicht zuletzt dadurch erreicht, daß man eine große Übereinstimmung der eigenen Intentionen mit den ursprünglichen Absichten des ESK konstatierte. Dies erfolgte deutlich vom Boden des *kirchlich*-sozialen Gedankens aus, indem Stoecker formulierte: „Ob christlich-sozial, ob evangelisch-sozial, ob kirchlich-sozial: der Unterschied in diesen drei Bezeichnungen ist nicht sehr groß. Alle drei bedeuten, daß die Kirche für uns Evangelische eine soziale Aufgabe, daß die soziale Welt ein Bedürfnis nach den Lebenskräften des evangelischen Christentums und der Kirche hat“[63]. Nathusius selbst gehörte nicht zu den Unterzeichnern, was offensichtlich darauf zurückzuführen ist, daß er die Grenze der KSK zu parteipolitischer Agitation für nicht deutlich genug gezogen hielt. Trotz des Bemühens um die Herstellung einer kirchlichen schlagkräftigen Einheit sah er sich nicht in der Lage, diese Konferenzgründung aktiv zu unterstützen, falls diese einen mehr als nur provisorischen Charakter beanspruchen sollte. Durch neue Konferenzen und Parteibildungen würden generell nur noch weitere Glieder abgesprengt, so daß somit eine „Einmütigkeit der positiv gerichteten evangelischen Chri-

60 Vgl. K. E. Pollmann, *KSK*, S. 8.

61 *A. a. O.*, S. 9.

62 *EKZ* 1897, Nr. 15, vom 10. 4., Sp. 238.

63 *DEKZ* 1897, Nr. 11, vom 13. 3. 97.

sten"[64] gerade verhindert werde: „Die Form des Aufrufs gefällt mir nicht. Sie klingt so, als ob das Ganze geschähe aus Furcht vor der Sozialdemokratie und aus Konkurrenzverlangen mit den Katholiken"[65]. Nathusius sah den einzig gangbaren Weg darin, sich tatsächlich nun auch innerhalb der kirchenpolitischen Landschaft einen Standort jenseits des Parteiengetriebes zu bewahren. Hier schien sich zu bewahrheiten, was Stoecker bereits im Jahr zuvor monierte: „Nathusius [ist] zu konservativ und zu feindlich gegenüber den Jungen"[66]. Damit sollte Stoecker jedoch auf Dauer nicht recht behalten, da Nathusius sehr bald seine eigene Position änderte. Auf diese Positionsänderung hin ist auch K. E. Pollmanns Fazit zu relativieren, der auf die ausbleibende Unterschrift hin zu dem Schluß kommt: „Mit Nathusius hatten sich die Anhänger der konservativ-christlichen Sozialreform zurückgezogen"[67].

Denn bereits nach der Kasseler Tagung im Frühjahr 1897 sah Nathusius für die nächste am 28./29. 5. 1898 anstehende Tagung in Berlin die Chance zur eigenen Mitarbeit gekommen. Er hielt seine Befürchtung für nicht bestätigt, daß sich dort lediglich ein neues propagandistisches Organ zugunsten bestimmter Parteiinteressen konstituiert habe, sondern hob in positivem Sinn die Einrichtung von Arbeitskommissionen und die damit geschaffene Möglichkeit zur „freien Besprechung unter Geistlichen und angeregten Laien"[68] hervor. Auch wurde seine eindeutige Parteinahme für die KSK erstaunlicherweise entscheidend durch die zögerliche Haltung der Preußischen Generalsynode 1897 hinsichtlich der sozialen Tätigkeit der Geistlichen hervorgerufen. Die dortige Reserviertheit gegenüber der von Stoecker geforderten sozialen Aktion sowie die Befürchtung der Synodalen, im Fall eines Widerspruchs gegen den neuesten sozialen Erlaß des EOK in die Nähe Naumannscher Vorstellungen gerückt zu werden, führten Nathusius zur Intervention. Nachdem sein Antrag auf eine deutliche synodale Reaktion auf den Erlaß des EOK ab-

---

64 M. v. Nathusius am 20. 3. 97, *AKM* 1897, S. 424.

65 Brief an A. Stoecker, zit. nach D. v. Oertzen, *Stoecker*, S. 308. Nathusius machte sich für seine Abstinenz von der 1. KSK in Kassel sogar ein von ihm befürchtetes Mißverständnis zu eigen, wonach ein Teil der Positiven in der Aufforderung zur kirchlich-sozialen Arbeit eine unselige Verquickung von *sozialer* und *sozialpolitischer* Tätigkeit der Kirche erblicken könnte, vgl. *a. a. O.*, 26. 4. 97, S. 537.
Interessanterweise blieb C. v. Massow, der erwähnte Monatsberichterstatter der *AKM*-Rubrik „Sozialpolitik", Mitglied im Ausschuß des *ESK*, weil er durch dieses bewährte Forum Überparteilichkeit gewahrt sah, die KSK hingegen für ein deutlich einseitig ausgerichtetes und interessengeleitetes Forum zugunsten der „christlich-sozialen Parteisache" (*a. a. O.*, S. 654) hielt.

66 In einem Brief an v. Oertzen vom 15. 8. 1896, zit. nach G. Koch, *Stoecker*, S. 162.

67 K. E. Pollmann, *KSK*, S. 10. Allerdings wird das Fehlen von Unterschriften höherer Beamter aus Verwaltung und Justiz m. E. von Pollmann richtig gedeutet, wenn er dies als deutlichen Beleg „für die offizielle Ächtung von christlich-sozial und kirchlich-sozial" in der frühen Phase der KSK ansieht, *a. a. O.*, S. 24.

68 *AKM* 1897, 24. 5., S. 651.

gelehnt wurde - wohl auch aufgrund der kritischen Haltung Stoecker gegenüber -, erschien Nathusius die KSK um so mehr das geeignete Forum zu sein, „um in der allgemeinen Verwirrung ein deutliches und helles, versöhnendes und abwehrendes Zeugnis abzulegen“[69] und so ein kirchliches Abgedrängtwerden aus der Öffentlichkeit zu verhindern.

Nur wenige Monate später bestätigte er in einer eigens veröffentlichten Erklärung das Ende seiner Hoffnung, daß sich im ESK nochmals alle kirchlich-sozialen Kräfte versammeln könnten. Nun erging auch von ihm der Aufruf zur KSK als neuem Sammelpunkt, wobei die Konferenz sich eben - auf *kirchliche*, nicht *politische* Weise! - in den Dienst der kirchlichen Selbständigkeitsbewegung stellen sollte[70]. Schließlich wird in einer weiteren positiven Stellungnahme deutlich, daß Nathusius durch die KSK die Chance gekommen sah, wieder in ruhigeres christlich-soziales Fahrwasser gelangen zu können. Nachdem auf der grundsätzlich theologischen Ebene keine Verständigungsmöglichkeiten mehr bestanden, galt für ihn, daß der kirchlich-soziale Weg von nun an nur noch gemeinsam mit den unmittelbaren Gesinnungsgenossen fortgesetzt werden konnte.

Diese Entscheidung spiegelt letztlich nur wider, daß spätestens mit Gründung der KSK die evangelisch-soziale Arbeit die letzte Chance auf eine gemeinsame Basis verloren hatte. Die KSK galt auf konservativer Seite nun als Forum für die „besonnene Art, in der wir die kirchlich-soziale Arbeit zu vertreten bemüht sind, im Gegensatz zu der Sturm- und Drangperiode, in der es galt, die radikalen, unevangelischen Elemente von uns abzuschütteln“[71]. Nathusius sah es bereits als Gewinn an, daß die kirchlich-soziale Arbeit nicht mehr mit „Naumann und seinen Tendenzen verwechselt werden kann“[72]. Zugleich wurde er jetzt zweifelsfrei als einer der führenden Köpfe der KSK identifiziert. Vielfach fragte man ihn als Berichterstatter für deren Aktivitäten an und lud ihn als Werber für die Sache der KSK ein.

Auch hinsichtlich der Mitgliedschaftsfrage zeigt sich Nathusius' Einfluß auf das frühe Profil der KSK, selbst wenn er anfänglich nicht als aktiv Unterstützender firmiert hatte. In der ersten Nummer des seit 1898 monatlich erscheinenden Mitteilungsblattes tauchte der Titel seines sozialethischen Programms auf, indem als *Zielgruppen* der KSK alle evangelischen Männer und Frauen ins Auge gefaßt wurden, die „die Mitarbeit der Kirche an der Lösung der sozialen Frage für unerläßlich halten“[73]. Darin kommt der Anspruch auf eine breite Streuung der Mitgliederstruktur und deren möglichst umfassende Repräsentation im Vorstand der KSK zum Ausdruck. Dennoch ist das Über-

---

69 *AKM* 1898, 25. 1., S. 209.

70 Vgl. *a. a. O.*, 23. 3., S. 432.

71 *A. a. O.*, 25. 4., S. 540.

72 *A. a. O.*, 24. 10., S. 1213.

73 *Aus der Arbeit der KSK*, Nr. 1/1898.

gewicht an Theologen nicht zu verkennen; auch Nathusius war Mitglied dieses Vorstandes[74]. Im Lauf der Jahre nimmt aber auch die Mitgliedschaft professionell tätiger kirchlicher Sozialarbeiter und Arbeitersekretäre in der KSK stetig zu, was ohne Zweifel auf die „fortschreitende Professionalisierung des Verbandsprotestantismus“[75] insgesamt schließen läßt.

Die innere Führungsstruktur der von Berlin aus operierenden KSK ähnelte der des ESK: Neben einem meist monatlich tagenden geschäftsführenden Ausschuß bestand ein engerer Vorstand mit einem Präsidenten - bis 1900 der Gründungsvorsitzende Fr. Graf zu Solms-Laubach -, einem Vizepräsidenten, Schatzmeister und Generalsekretär. Nach Solms-Laubach und der Präsidentschaft des Juristen und Konsistorialrates H. Duncker wurde 1904 Stoecker Präsident der KSK[76]; nach dessen Tod im Jahr 1909 R. Seeberg, der zugleich nach Wegen für ein diskussionsfreudigeres und modernitätsoffeneres Profil der KSK-Richtung suchte.

Die personelle Verflochtenheit der führenden Köpfe des konservativen Sozialprotestantismus zeigt sich auch darin, daß der frühere Herausgeber der *AKM,* v. Oertzen, 1908 Vizepräsident der KSK wurde und in dieser Funktion ebenfalls „den Kampf gegen Staatskirchentum und mittelparteiliches Kirchenregiment fortsetzte“[77].

Unter den ersten Generalsekretären der KSK ragte R. Mumm heraus. Er war der Initiator vieler Aktivitäten der KSK und sorgte dafür, daß diese vor allem seit der Jahrhundertwende weit über die konservativen Kreise hinaus Anerkennung erfuhr und sich „im Zentrum der kirchlich-sozialpolitischen Aktivitäten plazieren“[78] konnte. Denn Mumms Engagement führte über den teilweise eng umgrenzten Themenkatalog der KSK hinaus und sorgte dafür, daß die Behandlung gesellschaftlicher Modernisierungsprozesse und der damit einhergehenden Organisationsmethoden kirchlich-sozialer Tätigkeit als *eigenständige* Fragenkomplexe wahrgenommen und anerkannt wurden[79]. Dennoch darf das von Beginn an konstatierbare Bemühen der KSK, zumindest innerhalb des selbst gesetzten Rahmens Antwortstrategien auf die soziale Frage zu präsentieren, nicht unterbewertet werden.

Im Rahmen der *Zielvorstellung*, „Übereinstimmung über Grundaussagen zu erzielen und verschiedenartige Milieus innerhalb des kirchlich-positiv orientierten Sozialprotestantismus zusammenzuführen“[80], wurde bereits beim

[74] Beleg etwa in *MSL* 1901, S. 96.
[75] K. E. Pollmann, *KSK*, S. 26.
[76] G. Koch erwähnt dies nicht, spricht vielmehr davon, daß Stoecker seinen letzten großen Auftritt auf der KSK im Jahr 1901 (!) gehabt habe, S. 163.
[77] K. E. Pollmann, *KSK*, S. 23.
[78] *A. a. O.*, S. 39.
[79] Vgl. dazu vor allem die Selbstbeschreibung R. Mumms *Der christlich-soziale Gedanke* und jetzt N. Friedrich: *Reinhard Mumm und die christlich-soziale Bewegung*.
[80] K. E. Pollmann, *KSK*, S. 31.

ersten Zusammentreffen in Kassel durch L. Webers Referat *Die Bildung kirchlicher Arbeitskommissionen zur Anregung kirchlicher Arbeit* die Einrichtung ebensolcher Kommissionen angeregt.

2. 2. Die Arbeitskommissionen der KSK

Etabliert wurden insgesamt sieben Arbeitskommissionen (AKs), an deren Aufgabenfeldern die grundsätzlichen Schwerpunkte der Arbeit der KSK ersichtlich werden. Die 1. AK war unter der Leitung Stoeckers für Fragen des Bekenntnisses, des Kirchenrechts und der Kirchenpolitik zuständig und betrachtete es als eine ihrer primären Aufgaben, unter dem Signum volkskirchlicher Ausrichtung die Freiheit und Unabhängigkeit der Kirche und Gemeinden sowie die sachgemäße Regelung der akademischen Lehrfreiheit zu befördern. Damit sollte zugleich die Grundlage für alle weiteren praktischen Maßnahmen zur Erneuerung des kirchlichen Einflusses auf Gesellschaft und Staat geliefert werden. Diese kirchliche Pointierung zeigt sich bereits in diversen Hauptreferaten zu diesem Thema, beispielsweise unter den Überschriften *Die gefährdete Lage der Reformationskirche* oder *Die Berechtigung und die Schranken der sozialen Arbeit der Kirche*.

Im Zusammenhang dieser Zielsetzung steht die Einrichtung der 2. AK zur „Evangelisation und Gemeinschaftspflege“, der von L. Weber geleiteten 4. AK „Presse, Kunst und Literatur“ sowie der 6. AK „Erziehung und Schule“, in deren Rahmen später die virulente Reform der Konfirmationspraxis behandelt wurde. Daneben wurde eine weitere AK „Apologetik“ zur Auseinandersetzung mit den wissenschaftlich und politisch einflußreichen Theorien des Marxismus und Darwinismus sowie Nietzsches Gedankengut ins Leben gerufen. Dadurch sollte auch die Kampfesentschlossenheit gegenüber der Sozialdemokratie als der politischen Manifestation des Materialismus vor Augen geführt werden. Schließlich ist neben einer weiteren AK zur Frauenfrage insbesondere die 3. AK „Die soziale Aufgabe“ für das Tätigkeitsprofil der KSK signifikant. Diese von Duncker geleitete AK befaßte sich schwerpunktmäßig mit der Frage des Ineinanders von Innerer Mission und sozialer Arbeit und trug maßgeblich dazu bei, daß sich die KSK nach der Jahrhundertwende „in Richtung auf die interkonfessionellen christlichen Gewerkschaften“[81] zubewegte.

---

81 *A. a. O.*, S. 40. In besonderem Maß engagierte man sich für den sogenannten „Gesamtverband der christlichen Gewerkschaften Deutschlands“, nicht zuletzt, um auf diesem Weg dem überragenden katholischen Einfluß auf die christlich-soziale Arbeiterbewegung keinen unbeschränkten Lauf zu lassen. Unter tätiger Mithilfe der KSK kam es schließlich 1903 in Frankfurt zum ersten Deutschen Arbeiterkongreß, dessen Aufgabe darin gesehen wurde, „mit der marxistischen Bewegung um die deutsche Volksseele zu ringen“, so R. Mumm, zit. nach G. Müller, *FKSK*, S. 660.

Speziell die Wirkung dieser AK kann kaum überschätzt werden, denn aus dieser Arbeit resultierte auf Anregung L. Webers schließlich im Jahr 1904 die Gründung der „Sozialen Geschäftsstelle für das evangelische Deutschland“, die sich das Ziel setzte, alle auf dem evangelisch-sozialen Gebiet tätigen Vereine zusammenzuschließen, wodurch den „Hoffnungen auf die Integration des gesamten sozial aufgeschlossenen Vereinsprotestantismus“[82] neue institutionelle Nahrung gegeben wurde. Bis dahin war es allerdings ein langer Weg, denn das sozialpolitische Blatt mußte sich erst erneut wenden. Im sozialpolitischen Klima der „Ära Posadowsky“ sollte schließlich ein Aufruf zur Unterstützung der Geschäftsstelle immerhin von 160 der 199 altpreußischen Generalsynodalen unterzeichnet werden. Im Zusammenhang der Einrichtung dieser „Sozialen Geschäftsstelle“ wurde 1904 ein erster sozialer Ausbildungskursus eingerichtet. Einer der Teilnehmer dieses Kurses berichtete in der *MSL* von 1904 über die Zielsetzung dieses Kursus, wodurch deutlich wird, daß im Rahmen kirchlich-sozialer Arbeit das Laienelement inzwischen größere Bedeutung erlangt hatte. Die Teilnehmer sollten zu tüchtigen Führern in ihren Kreisen ausgebildet werden, sei es in Arbeitervertretungen oder als Arbeitersekretäre und in diesem Rahmen ihre christlich-nationale Gesinnung dem Volksganzen zum Segen machen[83]. Ein signifikanter Zusammenhang zwischen Nathusius' sozialethischer Grundlegung und der Arbeit dieses ersten Kursus offenbart sich darin, daß der Berichterstatter als Themen ausdrücklich die „soziale Gesetzgebung des Alten Testaments“ und den „sozialen Geist des Neuen Testaments“ nennt. Diese Themen stimmen wortwörtlich mit den Überschriften zweier Kapitel des zweiten Buches der *Mitarbeit* überein.

Zugleich führte diese Initiative bei den staatlichen Instanzen zu einer positiven Reaktion, was sich etwa daran zeigte, daß zur Eröffnungsfeier des Kursus neben L. Weber, Harnack und Bodelschwingh Vertreter fast aller preußischen Ministerien anwesend waren und die Teilnehmer außerdem eine Einladung zu A. Graf Posadowsky-Wehner, Staatsminister des Inneren von 1899 bis 1907, erhielten. Da sich dieser Kursus explizit zu den Leitidealen Christentum und Patriotismus bekannte, führte dies dazu, daß Reichsleitung und die preußische Regierung auch die KSK „merklich unbefangener und mit höherer Einschätzung ihrer 'christlich-national gehaltenen Wirksamkeit'“[84] beurteilten.

Schließlich führte die spätere staatliche Akzeptanz in der KSK zu einer Mitgliederzahl, die der ESK nie erreicht hatte. Sie stieg von 800 im Jahr 1899 bis auf 4657 im Jahr 1914[85]. Zwar sind regional große Unterschiede im Mit-

---

82 K. E. Pollmann, *KSK*, S. 42.

83 Vgl. *MSL* 1904, S. 790f.

84 K. E. Pollmann, *KSK*, S. 50f.

85 Vgl. *a. a. O.*, S. 34, laut den Geschäftsberichten der KSK.

gliederprofil zu verzeichnen, letztlich aber war fast jede gesellschaftliche Gruppe im KSK vertreten.

Die AKs zeichneten sich generell dadurch aus, daß sie auf ihrem je spezifischen Gebiet Integrationsstrategien zur Wiedergewinnung 'entkirchlichter Massen' bereitstellten und - zumindest in den Anfangsjahren - weniger den gleichberechtigten Dialog zu differierenden kirchlichen und politischen Auffassungen anstrebten als vielmehr die Proklamation der eigenen Weltanschauung mitsamt der gleichzeitigen Brandmarkung all desjenigen, was dem christlichen Geist vermeintlich entgegenstand. Die thematischen Bezeichnungen der einzelnen AKs können deshalb auch als Signaturen für diejenigen kulturellen Faktoren angesehen werden, die für die Erreichung einer zukunftsfähigen christlich geprägten Gesellschaft als unabdingbar erachtet wurden. Man muß zwar dem berühmt-berüchtigten *Lexikon zur Parteiengeschichte* nicht zustimmen, wenn dieses die KSK durch die Absicht charakterisiert, „die Sozialdemokratie mit Hilfe einer an ständischen Vorstellungen orientierten 'christlich-nationalen Arbeiterbewegung' zu überwinden und die Arbeiterklasse mit der Staats- und Gesellschaftsordnung des imperialistischen deutschen Kaiserreiches auszusöhnen“[86]. Allerdings überwiegt doch deutlich dieses antipluralistische Bemühen um Sozialintegration gegenüber dem Ansinnen eines demokratischen und gleichberechtigten Diskurses.

Als weiterer Unterschied gegenüber dem ESK ist die völlig andere Gewichtung der praktischen Zielsetzungen namhaft zu machen, die aus der Arbeit der Kommissionen heraus Gestalt gewinnen sollten: Ziel der Arbeit der einzelnen Kommission war keineswegs primär die theoretische Klärung bestimmter Sachfragen, sondern vornehmlich deren praktische Bewältigung. Die Kommissionen legten keine Thesenreihen, sondern „Arbeitspläne“ vor. Die Bandbreite der praktischen Umsetzungsstrategien reichte von der Veröffentlichung von Flugblättern und „Gelegenheitsschriften“ über die Abhaltung von sozialen Ausbildungskursen und Vortragsabenden, einer Heimarbeiterinnenfürsorge, die Betreuung weiblicher Gefangener und Resozialisierungsmaßnahmen, die Einrichtung regionaler Netzwerke der KSK, die Finanzierung von Arbeitersekretären, das Angebot von Rechtsauskunft bzw. Rechtsschutz bis hin zur Einreichung von Petitionen an die verschiedensten staatlichen Behörden. Die erste öffentlichkeitswirksame Petition wurde im Dezember 1899 an den Berliner Magistrat, Reichstag und Bundesrat dahingehend gerichtet, die Kranken-, Invaliden- und Unfallversicherung auch auf die Hausindustrie auszudehnen[87].

---

[86] Zit. nach G. Müller, *FKSK*, S. 658.

[87] Vgl. auch *Aus dem Bericht über die 5jährige Tätigkeit der Berliner Frauengruppe der Freien Kirchlich-Sozialen Konferenz für 1904*, *MSL* 1904, S. 489f.

In diesem Zusammenhang liegen die Unterschiede zum Arbeits- und Informationsstil des ESK auf der Hand. Schon die Hauptvorträge auf den jährlichen Versammlungen wurden nicht von ausgewiesenen Spezialisten gehalten, sondern man griff ungeachtet der Themenstellung eher in den Pool der Gesinnungsgenossen, als sich unter Umständen von der eigenen grundsätzlichen Anschauung entfernen zu müssen. Im Zeitraum zwischen 1897 und 1914 waren Stoecker mit sieben Referaten, L. Weber mit vier sowie Nathusius und Seeberg mit jeweils drei Referaten die meist bemühten Referenten, wobei Nathusius ein weiteres für die 5. KSK in Erfurt bereits geplantes Korreferat zur Konfirmationspraxis nicht hielt.

Dieser Kreis von Vortragenden muß zwar nicht gleich auf eine „geistige Enge und eine Befangenheit in den engen kirchlich-sozialen Zirkeln, die im ESK ganz undenkbar war"[88], schließen lassen, deutet aber doch darauf hin, daß hier nicht an ein pluralistisches Debattenforum gedacht war und es der KSK über weite Strecken eher um Selbstvergewisserung der eigenen Position als um ernsthafte Herausforderung mit den neuen Gegebenheiten zu tun war. Daran ändert auch die Zielvorstellung nichts, derzufolge die verschiedenen Milieus des sozialen Protestantismus zusammengeführt werden sollten. Zusammenführen konnte hier nur heißen: unter Meinungsführerschaft der KSK. Dies zeigen auch die Referate, die sich die Frage kirchlich-sozialer Tätigkeit zum Thema machten.

Signifikant wurde die Ausrichtung der KSK bereits auf dem zweiten Treffen im November 1897 in Barmen, zu dem v. Oertzen einen Vortrag sowie eine Thesenreihe zur Zukunft kirchlich-sozialer Arbeit vorlegte. Die akute Arbeiterfrage wird nur in der ersten These tangiert, dann allerdings sogleich mit einer kirchlich-konfessionellen Fragestellung verbunden. V. Oertzen bestätigt zwar die Beobachtung, daß sich die protestantischen gegenüber den katholischen „Arbeitermassen"[89] eindeutig stärker der sozialdemokratischen Bewegung anschließen, verneint aber im selben Atemzug, daß deshalb der soziale Katholizismus eine prinzipielle Überlegenheit für sich beanspruchen dürfe. Die von ihm vorgelegte Thesenreihe lebt von dem aus der *Mitarbeit* nicht unbekannten Argumentationsgang, daß sich die *Überlegenheit protestantischer kirchlich-sozialer Tätigkeit* in neuer kirchlicher Initiative, neuer kirchlicher Zucht und einer grundsätzlich geänderten Predigttätigkeit manifestieren müsse. Dies mache, wie v. Oertzen feststellt, nicht nur eine eindeutige kirchenregimentliche Erlaubnis sozialer Tätigkeit der Geistlichen erforderlich, sondern verlange außerdem nach einer schrittweisen Umwandlung der protestantischen Kirche von einer Staatskirche mit schwerfälligem Büro-

---

[88] So K. E. Pollmann, *KSK*, S. 54.

[89] Die Thesenreihe wurde von Nathusius zitiert und rezipiert, *AKM* 1897, 23. 11. 1897, S. 1329.

kratismus „in einen weit freieren Organismus“[90]. In diese Forderung schließt v. Oertzen erneut die Frage nach der rechtmäßigen kirchlichen Lehre ein. Obwohl von einer „Elastizität“[91] reformatorischer Kirchen in bezug auf ihre dogmatischen Anschauungen, Kirchenverfassungen und Verkündigungsformen auszugehen sei, bleibe die Notwendigkeit, die gesunde von der kranken Lehre zu unterscheiden. Der Thesenreihe liegt insgesamt der Versuch zugrunde, gegen alle mißgünstigen Interpretationen einen Wesensbegriff des Protestantismus zu formulieren, für den innerkirchliche Integrität und kirchlich-soziale Tätigkeit existenznotwendige Bestandteile sind und die Verbindung von kirchlich-normativer Lehre und gesellschaftlich-sozialer Tat von wesentlicher Bedeutung ist.

Auf der 2. Tagung der KSK am 19./20. 4. 1898 in Berlin stellte Nathusius seinem Vortrag *Die soziale Arbeit als Seelsorge am Volk* eine Thesenreihe zur Seite, die die dezidiert kirchlich-soziale Ausrichtung verdeutlicht und zugleich erkennen läßt, daß unter Kirche zu allererst Bekenntnisgemeinschaft und nicht Gesinnungsverein verstanden werden sollte. In diesen Thesen, die die KSK im übrigen ohne Widerspruch annahm, macht er wiederum explizit, daß alles kirchliche Handeln *allein* dem Zweck dienen kann, „Menschenseelen in Verbindung mit Christus zu bringen“ (1. These)[92]. Soziale kirchliche Tätigkeit ist immer zuerst seelsorgerliche Tätigkeit, so daß alles kirchlich-soziale Engagement letztlich immer die christlich-sittliche Entwicklung des einzelnen zum eigentlichen Ziel hat (4. These). Dabei bekommt nun seine Zeichnung kirchlich-sozialer Tätigkeit einen unverkennbar deutlicheren theologieimmanenten Charakter, indem er von dieser die „Reinerhaltung des Evangeliums in seinem überweltlichen Charakter“, die „Verinnerlichung des ganzen Lebens durch Vertiefung in die Geheimnisses des Lebens Christi“ sowie das „glaubensvolle[ ] Absehen[ ] von dem Erfolge menschlicher Mittel und Unternehmungen“ fordert (7. These)[93]. Die freie Einzelpersönlichkeit droht auch hier allerdings aufgrund der Betonung kirchlicher Bindungskräfte ihrer selbständigen Frömmigkeitspraxis verlustig zu gehen. Seelsorge bekommt weitgehend appellativen Charakter und verliert zugleich ihre begleitend-tröstende Perspektive.

Die öffentlichen Reaktionen auf die ersten Konferenzen waren von durchaus unterschiedlicher Art. Auf seiten der *Kirchlichen Monatsschrift*, des Organs der PU, wurde die KSK-Versammlung des Frühjahrs 1898 aufgrund ihrer eindeutigen Ausrichtung als Versammlung einer kirchlich-sozialen Partei interpretiert, was Nathusius gleichwohl entschieden bestritt[94]. Auf der ande-

---

90 7. These, *ebd.*

91 4. These, *ebd.*

92 Zit. nach *AKM* 1898, 25. 4., S. 540.

93 Zit. nach *a. a. O.*, S. 541.

94 Vgl. *a. a. O.*, 21. 5., S. 651.

ren Seite konnte etwa die *Christliche Welt* in Nathusius' Vortrag sowie der Versammlung durchaus den Willen der KSK zur evangelischen Verständigung und Vereinigung konstatieren[95]. Generell läßt der Tenor der Reaktionen auf die Anfangszeit der KSK darauf schließen, daß man sich über die eigentlichen Ziele von deren Arbeit noch kein eindeutiges Bild zu machen vermochte.

Mit seinem 1902 in Düsseldorf gehaltenen Vortrag *Christliche Liebe und soziale Hilfe* verdeutlicht Nathusius erneut sein Anliegen, im Bereich kirchlich-sozialer Praxis die Meinungsführerschaft zu erlangen. Anhand der zweipoligen These „Keine soziale Hilfe ohne christliche Liebe - keine christliche Liebe ohne soziale Hilfe" versucht er, die karitative Liebestätigkeit der Inneren Mission in einen schlüssigen Zusammenhang zur kirchlich-sozialen und sozialpolitischen Tätigkeit zu bringen, um so vom Boden christlicher Gewißheit aus sowohl die Notwendigkeit von *Staatshilfe* als auch von *Selbsthilfe* zu erweisen. Wenngleich somit „die Tropfen heilenden Wassers [...] inzwischen zum Strom der staatlichen Fürsorgegesetzgebung geworden sind"[96], wie er 1902 formuliert, gilt es nach wie vor, alle Manifestationen sozialer Hilfe vom Gedanken der christlichen Liebe her zu beleuchten. Die Eigendynamik der sozialen Gesetzgebung wird folglich zwar konstatiert, zugleich aber auf den Zusammenhang mit den Traditionen der christlichen Liebestätigkeit restringiert.

Mit einer anderen gesellschaftlichen Veränderung tat man sich in dieser Zeit ebenfalls schwer. Bereits die Vorgänge um Nathusius' Austritt aus dem ESK hatten gezeigt, daß eine weiterführende Antwort auf die Frauenfrage unumgänglich geworden war. Stoecker trat im Herbst 1898 für eine eigene Arbeitskommission zur Behandlung dieses Themas ein[97]. In diesem Zusammenhang ist darauf zu verweisen, daß 1899 nicht nur eine Vielzahl von Frauenorganisationen entstand, sondern im Frühjahr des Jahres der CA der Inneren Mission unter der Urheberschaft Stoeckers Leitsätze zur Frauenbewegung vorlegte, in denen ein öffentliches Auftreten der Frauen für vereinbar mit der biblischen Botschaft gehalten und gegen die enge Grenzziehung weiblicher Berufsausübung Stellung genommen wurde. Stoeckers Aktivitäten in dieser Sache fielen damit durchaus aus dem Rahmen dessen, was zu diesem Thema sonst im konservativen Protestantismus üblich war.

Mit der Gründung der Berliner Frauengruppe der KSK wurde auch insofern ein wichtiger Beitrag zur Konsolidierung der KSK und zur Verbreiterung ihrer Basis geliefert[98], als 'kirchentreue' Frauen gegen die liberale Frauenbe-

---

95 Vgl. *ebd.*

96 *Christliche Liebe und soziale Hilfe*, S. 6.

97 Die Mitteilung über die Konstituierung der Frauengruppe findet sich im März 1899 im Mitteilungsblatt der KSK.

98 Vgl. K. E. Pollmann, *KSK*, S. 37.

wegung des ebenfalls 1899 konstituierten „Verbandes fortschrittlicher Frauenvereine“ mobilisiert wurden.

Auf diesem Hintergrund ist jene Entscheidung, die Frauenfrage zum zentralen Tagesordnungspunkt der 4. Hauptversammlung der KSK im April 1899 zu machen, zu beurteilen. Im Gegensatz zum ESK wurde dabei allerdings das zentrale Referat nicht einer Frau, sondern dem „ultrakonservativen“ und „engstirnige[n] Vertreter[ ] des ‘mulier taceat’“[99] Nathusius, das Korreferat an Stoecker übertragen: „Eine reaktionäre Position [...] begegnete hier einer pragmatisch konservativen Variante“[100], was zu einer der wenigen kontroversen Diskussionen auf den Hauptversammlungen der KSK führte.

Nathusius’ erste These ging dahin, daß die Frauenfrage nicht primär mit den sozialen Notständen der Zeit in Verbindung zu bringen sei, sondern auf dem Hintergrund des Gedankens der vernünftigen „geschichtlich gewordenen Beschränkung der Freiheit des Einzelnen“[101] innerhalb der von Gott gesetzten gesellschaftlichen und familialen Ordnung (1. und 2. These) beleuchtet werden müsse. Von *kirchlichem* Interesse ist die Frauenfrage deshalb, weil auch hier die „Kirche als Hüterin der göttlichen Ordnungen“[102] gefragt ist. Nathusius wiederholte dabei im wesentlichen seine schon in der *Mitarbeit* geäußerten Ansichten, indem er das biblische Lob der tugendsamen Hausfrau mit dem Verweis auf das paulinische Schweigegebot verknüpfte und sich auf dem Hintergrund seines Familienideals gegen praktisch jegliches außerhäusliche Wirken von Frauen im Sinn der „Fernhaltung von dem Parteitreiben des öffentlichen Lebens“ (6. These) aussprach. Zwar sollten insbesondere für Frauen höherer Stände (!) Berufe wie der der Lehrerin oder Ärztin möglich sein. Abgelehnt wurde von ihm aber ein genereller Rechtsanspruch von Frauen auf Durchführung eines Hochschulstudiums: „Wir wollen den kalten Intellekt nicht überschätzen [...] wir wollen die Frauen nicht versuchen, sich mit Verkennung ihrer geistigen Anlagen künstlich hochzuschrauben, daß sie auch so reflektierend intellektuell denken müssen wie die Männer“[103].

Nachdem Stoecker in seinem Korreferat vergleichsweise moderat durchaus die Möglichkeit der Ausweitung weiblicher Arbeitsfelder angedeutet

---

99 U. Baumann, *Frauenemanzipation*, S. 121.

100 K. E. Pollmann, *KSK*, S. 60. Nathusius berichtete über diese Versammlung in *AKM* 1899, 22. 4. 1899, S. 530-532.

101 *Die Frauenfrage*, S. 4ff.

102 *AKM* 1899, S. 531.

103 *Die Frauenfrage*, S. 17f. Diese Betrachtungen gelangten nicht über das hinaus, was der Vater Philipp bereits im Jahr 1872 zur Frauenfrage bemerkt hatte. U. Baumann spricht in diesem Zusammenhang von einer „konservative[n] Verklärung der weiblichen Naivität“ bei Vater und Sohn Nathusius und einem eindringlichen „Beispiel patriarchaler Tradition“, *Frauenemanzipation*, S. 122f. Stoecker hatte bereits damals die Schrift des Vaters, die seiner Meinung nach „ja auch in die soziale Frage einschlägt“, in der *NEKZ* kritisch besprochen, zit. nach G. Koch, *Stoecker*, S. 37.

hatte, trug Nathusius bereits am folgenden Tag unter dem Titel *Bibel und Frauenbewegung* ein weiteres Referat vor, in dem er wiederum, biblisch untermauert, Enthaltsamkeit der Frauen auf politischem Gebiet einfordert. Die schweigende Ablehnung von Nathusius' Vorträgen seitens eines nicht geringen Teils des Publikums machte jedoch deutlich, daß in dieser Frage „Nathusius' Position selbst im konservativen Protestantismus nicht mehr konsensfähig war“[104].

So waren es vor allem Stoecker und L. Weber, die den Kurs der Konferenz in dieser Frage bestimmten. Ohne die Autorität der Bibel in Frage zu stellen, wurde die kirchlich-soziale Tätigkeit der Frauen legitimiert und die Beteiligung am öffentlichen Leben für notwendig erachtet. Die KSK trug demzufolge nicht unwesentlich zur Integration der beginnenden Frauenbewegung in den Kontext kirchlicher Öffentlichkeitsarbeit bei. Immerhin waren von den zeitweise über 4000 Mitgliedern etwa 25% Frauen. Dabei bleibt jedoch festzuhalten, daß sich die regionalen kirchlich-sozialen Frauengruppen „in erster Linie als soziale und karitative Organisation und nicht als Teil der allgemeinen Frauenbewegung“[105] verstanden, so daß für die Folgezeit nur von einer eingeschränkten Selbständigkeit der Frauengruppe in der KSK die Rede sein kann. Zwar waren die Frauen im Vorstand der KSK repräsentiert, die programmatische Ausrichtung dieser Arbeit erfolgte jedoch nach wie vor durch die männlich geleiteten und besetzten Arbeitskommissionen.

2. 3. ESK und KSK - Die endgültige Scheidung der Geister

Innerhalb einer Sammelrezension sozialpolitischer Kongreß- bzw. Konferenzbeiträge findet sich 1899 in der *AKM* eine aufschlußreiche aktuelle Charakterisierung beider protestantischer Foren. Angesichts der neueren Entwicklung sowie der zwischenzeitlichen Etablierung der KSK hielt der ungenannte Rezensent die soziale Bewegung endgültig für gespalten - sowohl in bezug auf die Themen als auch die jeweiligen Bezugsgruppen: Der Kongreß - „mehr theoretisch, mehr nationalökonomisch, mehr latudinarisch“ wirbt um die Gebildeten, denen das Verständnis für soziale und religiöse Fragen und deren Zusammenhang abhanden gekommen ist; die Konferenz - „mehr kirchlich und kirchlich praktisch“ wirbt hingegen unter den „kirchlich und christlich Interessierten, die sich in der sozialen Frage noch nicht haben zurecht finden können“[106].

Zwar ergaben sich, wie die beiderseitige finanzielle Unterstützung der Sozialen Geschäftsstelle zeigte, immer wieder gemeinsame Zielpunkte des

---

104 U. Baumann, *Frauenemanzipation*, S. 123.

105 *A. a. O.*, S. 125.

106 *AKM* 1899, S. 991.

protestantischen Sozialengagements, letztlich schritt die Auseinanderentwicklung in „zwei getrennte, wenn auch nicht feindliche Lager"[107] aber doch mit Macht voran. Angesichts der Versammlungen im Jahr 1906 konnte der kirchliche Berichterstatter der *MSL*, jetzt Richard Grützmacher, durchaus charakteristisch bilanzieren: „Der Evangelisch-Soziale Kongreß in Jena hat, unter kirchlichem Gesichtspunkt angesehen, nichts Belangreiches gebracht, auf der Kirchlich-Sozialen Konferenz in Cassel stand die Forderung einer aktionsfähigeren und freieren Kirche, eines organisierten Zusammenschlusses des gläubigen Protestantismus, der eine Revision des Verhältnisses von Staat und Kirche bedingt, an erster Stelle"[108]. In dieser Bilanz wird nicht nur die inzwischen profilierte Charakteristik der KSK deutlich, sondern wird auch dasjenige Thema präsentiert, zu dem Nathusius nach 1894 seine ausführlichsten theoretischen Abhandlungen vorlegte: um eine freiere, aktionsfähigere, einheitlichere Kirche sollte es jetzt vornehmlich gehen. Es ist demzufolge zu fragen, wie sich die zeitgenössischen kirchen- und sozialpolitischen Debatten um die Mitte des Jahrzehnts auf die Neugestaltung von Nathusius' wirtschafts- und sozialethischem Programm auswirkten und in welchem Sinn zwar nicht unbedingt von einer grundstürzenden, aber doch von einer signifikanten Veränderung dieses Programms gesprochen werden muß.

B. Die Verschärfung der sozialethischen Debatten

„An der Person Christi scheiden sich die Wege. Und es wird die kirchliche Aufgabe auch des kommenden Jahres sein, zu immer deutlicherer Scheidung der Gegensätze zu verhelfen"[109].

Nach den dogmatischen Kontroversen mit den Ritschlianern sowie dem Erlaß des EOK über die sozialpolitische Betätigung der Geistlichen sah Nathusius die Notwendigkeit gekommen, erneut und jetzt noch deutlicher Farbe zu bekennen. Zwischen den Radikalismen auf der Linken und der quietistischen Ignoranz auf der Rechten sollte die Bedeutung eines wahrhaften Protestantismus angesichts der sozialen Herausforderungen der Moderne herausgestellt werden, um so kirchlich-sozialer Tätigkeit den richtigen Weg zu weisen. Angesichts der zunehmend unversöhnlicher werdenden Streitparteien verfolgte Nathusius mit seinen Debattenbeiträgen in dieser Zeit das Ziel, einen Weg der Vermeidung solcher Radikalismen zu beschreiten. Dennoch trug er, wie sich

---

107 Th. Nipperdey, *Religion im Umbruch*, S. 115.

108 *MSL* 1906, S. 1090.

109 M. v. Nathusius am 24. 12. 1896, *AKM* 1897, S. 91.

zeigen wird, nicht nur praktisch, sondern auch durch seine Veröffentlichungen nach 1895 erheblich zur Verschärfung der einschlägigen Debatten bei. Der vermeintlich den Ausgleich der Gegensätze anstrebende Weg entpuppt sich, zumindest was die Wahrnehmung der christlich-sozialen Linken angeht, als weitere Einseitigkeit innerhalb der Diskussionslandschaft, insofern dieser Weg nach dem Muster einer konfrontativen Argumentationsstrategie gezeichnet wurde.

Schon in seiner Abhandlung *Was ist christlicher Sozialismus? Leitende Gesichtspunkte für evangelische Pfarrer und solche, die es werden wollen* aus dem Jahr 1896 zeigte sich diese Strategie. Unter Hinweis auf den Rückschlag, den die evangelische Kirche durch den neuerlichen Erlaß des EOK erlitten habe, sollen „die augenblickliche kirchenpolitische Lage und die kirchlich-sozialen und antisozialen Parteiungen"[110] beleuchtet werden. Dabei präsentierte er eine durchaus überraschende Erklärung für die sozialpolitische 'Wende' der Kirchenleitung. Diese sei nicht auf einen restriktiv-reaktionären Charakter der Kirchenleitung zurückzuführen, sondern vor allem auf Naumanns Mißbrauch des Wortes *christlich*-sozial und seine Interpretation des Evangeliums im Licht des Klassenkampfes[111]. Die kirchliche Reaktion des EOK wurde von ihm vornehmlich als Überreaktion aufgrund falscher Informationslage bzw. aufgrund eines mißverständlichen christlich-sozialen Engagements angesehen! Gegenüber dem Erlaß kam es ihm für diese Phase darauf an, 'Mißverständnisse' aus dem Weg zu räumen und den Geistlichen ihren berechtigten und notwendigen Ort im Rahmen der sozialpolitischen Aktivitäten zuzuweisen. So überrascht nicht, daß Nathusius im Verlauf des Jahres 1896 immer wieder dankbar Hinweise auf die Abschwächung dieses Erlasses aufnahm. Im Juni erwähnte er freudig die Auslegung des Erlasses durch den Präsidenten des OKR, wonach eine *gesegnete* Tätigkeit der Geistlichen in den evangelischen Arbeitervereinen keineswegs beendet werden müsse[112]. Damit schwächen sich für Nathusius selbstverständlich auch mögliche Differenzen der Arbeit der KSK zu staatlichen und kirchenregimentlichen Erlässen grundsätzlich ab. Diese fast als Schuldzuweisung an die Christlich-Sozialen zu interpretierende Argumentation ist allerdings auch auf die durch Stoecker her-

---

[110] *Was ist christlicher Sozialismus?*, S. 5. Vorausgesetzt wird dabei, wie er formuliert, der in seiner *Mitarbeit* eingenommene und allseitig begründete Standpunkt. Die dortigen Ergebnisse sollen demzufolge nun auf die aktuelle Debatte appliziert werden, wobei er allerdings in seiner Bewertung der christlich-sozialen Linken deutlich über das bisher Gesagte hinausgeht, vgl. dazu auch die Rezension P. Baltzers, *Sozial-Literarisches*, *EKZ* 1896, Sp. 537f.

[111] Vgl. *Was ist christlicher Sozialismus?*, S. 4f.

[112] Vgl. *AKM* 1896, S. 760.

aufbeschworene unklare Situation unter den Konservativen zurückzuführen[113].

Nathusius' Aufmerksamkeit mußte zu dieser Zeit der Zukunft der eigenen Zeitschrift gelten. Der Leserkreis drohte sich erneut zu verkleinern, da ein nicht unerheblicher Teil der Abonnenten durchaus den Rückzug der Geistlichen aus der sozialen Arbeit favorisierte, was die erwähnte Spaltung der Konservativen von den konservativen Christlich-Sozialen zur Folge hatte. Der Versuch konservativer Stabilisierung ist als unmittelbarer Hintergrund der 2. Auflage seiner sozialethischen Hauptschrift mitzubedenken.

Diese 1897 erscheinende, einbändige Überarbeitung und Neufassung der *Mitarbeit* trägt jetzt den erweiterten Titel *Die Mitarbeit der Kirche an der Lösung der sozialen Frage. Auf Grund einer kurz gefaßten Volkswirtschaftslehre und eines Systems der christlichen Gesellschaftslehre (Sozialethik)*. Wie Nathusius im Vorwort zur neuen Auflage vermerkt, liegen deren Erscheinen allerdings noch weitere Faktoren zugrunde. In äußerer Hinsicht empfahl sich einerseits durch den Verkaufsabsatz der beiden Teile der 1. Auflage schon aus verlegerischen Erwägungen heraus eine Neuauflage. Andererseits hatte sich die Herausgabe in zwei umfangreichen Teilen offensichtlich als wenig förderlich für die Rezeption durch einen größeren Leserkreis erwiesen[114]. Die 2. Auflage erscheint aus diesem Grund jetzt in einem Band und zugleich um etwa 25% auf 563 Seiten gekürzt.

---

113 In der Folge der konservativen Spaltung zog sich auch v. Oertzen aus der Mitarbeit an der *AKM* zurück, worüber Nathusius am 10. 9. 96 berichtete: „Da ich die neue Parteibildung [CSP, Th. S.], bei aller persönlichen Hochachtung und freundschaftlichen Gesinnung gegen ihren Gründer und viele ihrer Mitglieder, für ein Unglück halte, konnte ich mich, falls mein Freund die Monatsschrift als Redakteur des Parteiorgans 'Das Volk' behielt, nicht mehr an derselben beteiligen", *a. a.* O. S. 898. Auf Intervention des Verlegers kam es schließlich zu v. Oertzens Rücktritt von der Herausgeberschaft der *AKM*. Zugleich betonte Nathusius, mit der *AKM* auf politischem Gebiet fest auf dem konservativen Programm stehen bleiben und dieses mit christlichem Geist durchdringen zu wollen, vgl. *ebd.*

Stoecker versprach sich im übrigen von dem jungen, kirchlich positiv gesonnenen v. Oertzen eine feste und eindeutige Haltung. Für die redaktionelle Arbeit gab er ihm auf den Weg: „Schreiben sie konservativer als konservativ und rechter als rechts. Aber kirchenpolitisch frei, sozialreformerisch in scharfer Opposition zur konservativen Parteileitung", zit. nach G. Koch, *Stoecker*, S. 161. Wahrscheinlich waren es diese Ereignisse, die v. Oertzen dazu veranlaßte, Nathusius als „keineswegs unbedingten Verehrers Stökkers" (vgl. III. A. 1.3) zu bezeichnen. Allerdings verkennt hier v. Oertzen die Bedeutung der gemeinsamen Arbeit in der KSK, die letztlich nie zur völligen Auseinanderentwicklung beider führte.

114 In einem Brief an Stoecker vom 26. 1. 1895 berichtete Nathusius auch über Differenzen zwischen ihm und seinem Verleger hinsichtlich der Werbung für die *Mitarbeit*. Dabei erwähnte er, daß vom I. Band der 1. Auflage trotz der ungewöhnlich günstigen Besprechungen über alle Richtungen hinweg in den ersten eineinhalb Jahren nur 405 Exemplare verkauft worden seien.

Entscheidend für den auch *inhaltlich* veränderten Charakter sind allerdings Faktoren, die angesichts der aufgezeigten sozialpolitischen und christlich-sozialen Debatten überhaupt erst an das Tageslicht gekommen waren. Zwar will Nathusius an der programmatischen Grundausrichtung der ersten Auflage festhalten, dennoch sieht er sich durch die Kämpfe und die vollzogene Spaltung innerhalb der christlich-sozialen Bewegung dazu veranlaßt, „den Zusammenhang der praktischen sozialen Bestrebungen mit theologischen Grundanschauungen“[115] erneut und noch deutlicher herauszustellen. So wird von Beginn an die Folie deutlich, auf der Nathusius die inhaltlichen Veränderungen abbildet. Obwohl er bewußt darauf verzichtet, seinen eigentlich „viel schärfere[n] Gegensatz gegen die Zeitrichtung“[116] an diesem Ort zu artikulieren und somit gegenüber einer Streitschrift den wissenschaftlich-systematischen Charakter und Anspruch der *Mitarbeit* erhalten wissen will, finden sich immer wieder Hinweise und Anspielungen auf die „tieffsten Gegensätze[ ], welche in der Gegenwart die theologischen und kirchlichen Richtungen von einander scheiden“[117]. Noch schärfer als in seinen früheren Schriften formuliert Nathusius zudem die Klage, daß die theologische Ethik noch keineswegs ihre adäquate Stellung eingenommen oder angemessene Antworten auf die soziale Frage gefunden habe, so daß er es für gerechtfertigt hält, seine neue *Mitarbeit* nach wie vor für prinzipiell dieselbe Zielvorstellung in Anschlag zu bringen. Diese Mängel scheinen Nathusius zugleich dazu veranlaßt zu haben, die innerhalb der 1. Auflage - insbesondere des I. Buches - oft nicht leicht erkennbaren *eigentlichen Schwerpunkte und Absichten* der *Mitarbeit* jetzt klarer zu konturieren und in diesem Sinn gegenüber der 1. Auflage bereits das Begriffsfeld des „Sozialen“ hinsichtlich seiner Intention stringenter zu bearbeiten.

1. Das „Soziale“ und die Sozialethik

Von aufschlußreicher Bedeutung ist in diesem Zusammenhang bereits der für die 2. Auflage gewählte Untertitel *Auf Grund einer kurzgefaßten Volkswirtschaftslehre und eines Systems der christlichen Gesellschaftslehre (Sozialethik)*[118]. Im Unterschied zur prominenten Definition A. v. Oettingens, die er

[115] *Mitarbeit, 2. Aufl.*, Vorwort vom 17. 9. 1897, S. III. Es werden im folgenden - im Sinn einer inhaltlich bestimmten synoptischen Schau - nur Zitate und Passagen aus der 2. Auflage herangezogen, die nicht bereits innerhalb der beiden Teilbände der 1. Auflage zu finden sind.

[116] *A. a. O.*, S. IV.

[117] *A. a. O.*, S. 1.

[118] Für die 1. Auflage der *Mitarbeit* nennt Nathusius in einer Ankündigung des Werkes als Titel der beiden Bände: *Eine ethische und praktisch-theologische Untersuchung, zugleich ein Handbuch der socialen Frage für Theologen* (I) und *Die Aufgabe der Kirche*

ebenfalls zur Sprache kommen läßt, macht Nathusius jetzt pointierter deutlich, daß er unter Sozialethik nicht primär die wissenschaftliche Klärung des durch die Gesellschaft beeinflußten *individuellen* sittlichen Verhaltens versteht. V. Oettingen hatte vor allem in seiner *Moralstatistik* (1868) das doppelte Interesse verfolgt, einerseits die Regelmäßigkeit menschlicher Handlungen als von der Einheit des Gemeinschaftslebens *bedingt* aufzuzeigen, andererseits die subjektive Handlungs*freiheit* - trotz aller moralstatistischen Erkenntnisse - zu erweisen. Durch die Betonung des Gemeinschaftsfaktors und einer damit einhergehenden Umwandlung der bisherigen Ethik in *Sozialethik* sollte jedoch zugleich eine rein individualistische Deutung freien menschlichen Handelns vermieden werden[119].

Nathusius steuert gegenüber v. Oettingens Frage nach individuellen Verhaltensabsichten noch tiefer auf die *Einbindung des Individuums in die bestehenden sozialen Verhältnisse* zu. Sozialethik ist demzufolge die wissenschaftliche Darstellung derjenigen sittlichen Gesetze, „welche nicht dem Einzelnen als solchem gelten, sondern [diesem] als dem Gliede einer Gesellschaft, welche ihre gegenseitigen Beziehungen sittlich und rechtlich zu ordnen hat“[120]. V. Oettingen verkenne durch seine Gewichtung die, der sozialethischen Fragestellung immer schon zugrundeliegenden, christentumsgeschichtlich fixierten Ordnungen und Regelungen des gemeinschaftlichen Ganzen. Der Zusammenhang dieser Ordnungen mit der Frage staatlicher rechtlicher Regelungen bleibe bei v. Oettingen deshalb ebenso unterbelichtet wie der Zusammenhang christlich begründeter *sozialer Tätigkeit* und deren rechtliche Gestaltung und Verwirklichung.

In die letzten Jahrzehnte des 19. Jahrhunderts fällt eine Reihe umfangreicher protestantischer Ethiken und damit zugleich auf breiter Front Nathusius' ausführliche und gelehrte Debatte mit den unmittelbaren Vorläufern einer

---

(II), *AKM* 1893, S. 112f. Zumindest ersterer taucht jedoch in der offiziellen Veröffentlichung des Werkes dann nicht mehr auf. Die nuanciert veränderte Gestalt und Themengewichtung der beiden Auflagen wird schon anhand dieser unterschiedlichen Untertitel der 1. und 2. Auflage augenfällig.

Allerdings ist auch darauf hinzuweisen, daß in der nun überarbeiteten Auflage überraschenderweise mehrere der aufschlußreichen Bestimmungen zum Bedeutungsgehalt von *Sozialethik* wegfallen oder zumindest stark verkürzt wiedergegeben werden, vgl. *Mitarbeit II*, S. 123, 228f., 241, 279f., 286, 308.

119 Vgl. seine Arbeiten *Moralstatistik* (1868) und die *Christliche Sittenlehre* (1873). F. W. Graf weist auf die ursprüngliche Verwendung des Begriffs Sozialethik bei v. Oettingen hin, vgl. *Sozialethik*, Sp. 1134. Ferner die ausführliche Untersuchung zu v. Oettingen von A. Pawlas, *Statistik und Ethik*. Bereits R. Seeberg beklagte allerdings, daß v. Oettingen in der begrifflichen Fassung von „Social-Ethik“ letztlich dann doch nicht über eine individualethische Konzeption hinausgelangt sei und den Gemeinschaftsfaktor im Grunde nur als ein „Korrektivmittel gegen individualistische Auswüchse“ verstanden habe, *Oettingen*, *MSL* 1906, S. 587.

120 *Mitarbeit, 2. Aufl.*, S. 14.

explizit wissenschaftlichen Teildisziplin Sozialethik. Hinter dieser Renaissance der Ethik im allgemeinen und der 'neuen' Sozialethik im besonderen wird generell das dezidierte Bemühen der protestantischen Theologie im letzten Drittel des 19. Jahrhunderts deutlich. Es wird nicht mehr als ausreichend angesehen, die eigene Verkündigungsleistung nur für die individuelle Lebenspraxis in Geltung setzen, sondern man will die handlungsleitende Kraft der eigenen Theorie christlichen Handelns für die verschiedensten Bereiche des gemeinsamen öffentlichen Lebens ausweisen. Nathusius macht auf die Tatsache aufmerksam, daß Chr. E. Luthardt und J. Köstlin, A. F. Chr. Vilmar, H. L. Martensen oder auch F. H. R. Frank die Konsequenzen christlicher Sittlichkeit nicht mehr nur für eine tugendhafte persönliche Gesinnung aufgewiesen hätten, sondern - vom Boden reformatorischer Lehre aus - diese christliche Sittlichkeit coram mundo fruchtbar machen wollten. Erst durch dieses Ansinnen sei es angesichts moderner Entwicklungen gelungen, die notwendige Akzeptanz, Beschäftigung und konstruktive Auseinandersetzung mit den Eigengesetzlichkeiten der öffentlichen Lebensbereiche zu initiieren.

Trotz dieser gemeinsamen Grundintention unterscheiden sich Nathusius' Verständnis nach die einzelnen ethischen Grundlegungen nicht unerheblich voneinander. Exemplarisch wird im folgenden seine Rezeption einiger dieser ethischen Entwürfe erläutert. Damit sollen nicht mehr, wie im Zusammenhang des Vergleichs christlich-sozialer Literatur, seine Erkenntnisfortschritte auf dem Gebiet eben dieser christlich-sozialen Literatur beleuchtet werden, sondern seine eigene theologisch-ethische *Grundlegung* wird in der Ethikdebatte der Zeit verankert.

Für die Näherbestimmung des Verhältnisses von Individual- und Sozialethik wird in der aktuellen Literatur zu Recht immer wieder auf die Schriften H. L. Martensens hingewiesen. Bereits Nathusius ist sich der für die sozialethische Debatte epochalen Bedeutung des dänischen Theologen bewußt, wenngleich er ihn nur begrenzt in positivem Sinn rezipiert. Martensen war es in seinem in Deutschland breit rezipierten Werk *Die Christliche Ethik* hauptsächlich darum gegangen, eine stringente Verbindung zwischen dem Reich der Gnade und dem Reich der Natur bzw. eine tatsächliche lebendige Vereinigung des Christlichen mit dem Humanen herauszuarbeiten[121].

Nathusius kritisiert allerdings, daß Martensen die sittlichen Gemeinschaften Familie, Kirche und Staat als Entfaltungsgebiete der christlichen Tugend behandelt habe, ohne zugleich den Konnex zwischen diesen Gemeinschaften und den göttlichen *Grundordnungen* herzustellen, womit er bereits die notwendige Frage nach den *Lebensbedingungen* dieser Gemeinschaften ver-

---

[121] Zu Martensen H. Brandt, *Gotteserkenntnis*; F. W. Graf, *Theonomie*; zur Bedeutung Martensens für die Entwicklung des Begriffs Sozialethik neuerdings ebenfalls F. W. Graf, *Sozialethik*.

säumt habe[122]. Als Hintergrund dieser Differenz macht er Martensens spekulativen Ausgangspunkt der ethischen Grundlegung namhaft, der fälschlicherweise zu einer Analogie zwischen Vernunftideen und der christlichen Sittlichkeitsidee führe. Die Überwindung der Alternativen 'autonomes' oder 'heteronomes' Prinzip kann Nathusius zufolge nicht mit Hilfe einer solchen Analogie erfolgen, sondern geschieht nur durch den sittlichen Willen der Erfüllung göttlicher Lebensordnungen, was zugleich über eine formale Einteilung von Pflichten, Tugenden und Gütern hinausführt[123].

Dennoch gilt ihm Martensen, wie Nathusius anläßlich dessen Todes am 3. 2. 1884 feststellte, aufgrund seiner dogmatischen und insbesondere seiner ethischen Schriften als „hervorragender Lehrer der Kirche“[124], dessen *Christliche Ethik* von einem entschieden christlich-positiven Standpunkt aus gegenüber einer zunehmend religionslosen ethischen Kultur „in den Kämpfen der Gegenwart eine bedeutende Rolle spielen wird“[125]. Die Autoren der *AKM* scheinen sich hinsichtlich der Einordnung Martensen weitgehend einig zu sein.

In einem ausführlichen Porträt innerhalb der *AKM* stellte etwa E. Schumacher Martensens Leben und Werk dar, wobei charakteristischerweise vor allem seine Gegnerschaft zu Kierkegaard aufgezeigt und zugleich auf sein spekulativ-dogmatisches Bestreben hingewiesen wurde, die Inhaltslosigkeit des offiziellen Christentums zu überwinden. Schließlich stellte Schumacher die durch die *Christliche Ethik* gebrachten Fortschritte auf eben diesem Gebiet heraus, insofern Martensen vor allem die Vereinigung des Humanen mit dem Christlichen angestrebt und damit das Christentum als die „alles durchdringende Macht im Menschenleben“ erwiesen habe[126]. In einer weiteren Rezension der 3. Aufl. der *Christlichen Ethik* von 1886 wurde in der *AKM* darauf aufmerksam gemacht, daß gewisse Partien der hier vorliegenden sozialen Ethik zum Vorzüglichsten gehören, „was für diese Richtung publizistisch überhaupt je verbreitet worden ist“[127].

Während Martensen Aspekte christlicher Ethik ganz bewußt für die Beleuchtung des reichen kulturellen Lebens der Gegenwart fruchtbar gemacht habe, wird etwa bei F. H. R. Frank eine deutliche Scheidung zwischen 'Christlichem' und 'Natürlichem' konstatiert. Nathusius kritisiert von dort aus Franks Polemik gegen den Begriff der Sozialethik. Frank hatte in seinem ethischen Hauptwerk *System der christlichen Sittlichkeit* (1884/87) die Notwendigkeit einer eigenständigen theologischen Sozialethik mit der Begrün-

---

[122] Vgl. *AKM* 1895, S. 766f.

[123] Vgl. *AKM* 1893, S. 1126.

[124] *AKM* 1884, S. 355.

[125] *AKM* 1893, S. 1125.

[126] Vgl. *AKM* 1884, S. 633-651, hier S. 650.

[127] *AKM* 1887, S. 107.

dung verneint, „dass, da wir es mit christlicher Ethik zu tun haben, das Subject dort gar nicht fassbar ist, um dessen Sittlichkeit es sich dabei handelte“[128]. Für den Erlanger Lutheraner Frank ist eine Sozialethik auch deshalb - etwa gegenüber v. Oettingens statistischen Untersuchungen - unmöglich, da die Möglichkeit fehlt, „den Thatbestand der collectiven Sittlichkeit festzustellen“ oder wie er formuliert: „das Wesen des Ethischen beginnt erst da, wo die Selbstbestimmung eintritt“[129]. Diese individualethische Ausrichtung wird schließlich daran deutlich, daß die praktischen Konsequenzen der Ethik unter den Rubriken „Das Werden des Menschen Gottes in seiner Beziehung auf die geistliche Welt “ bzw. „natürliche Welt“ abgehandelt werden[130]. Dann erstaunt Nathusius' Klage nicht, daß hier weder die Bedeutung der Familie als Glied der Gesellschaft deutlich herausgestellt werde noch sich der Geistliche zum Kampf gegen den internationalen Humanitätsgedanken der Sozialdemokratie bei Frank etwas holen könne[131].

Frank lehnt die christlich-sozialen Bestrebungen „als eine Mischung des Fleisches und Geistes“ ab. Seine Hauptbegründung dafür läßt den entscheidenden Unterschied zu Nathusius deutlich werden, wenn er formuliert: „Ein Zeichen geringen christlichen Verstandes ist es, diese Aeusserungen christlicher Gesinnung einem Gemeinwesen aufdrängen zu wollen, welchem innerlich die Motive des christlichen Ethos fremd sind und welches auch keine Verheissung dafür hat, dass im Laufe dieses Aeons sein natürliches Ethos mit jenem christlichen zusammenfallen wird“[132]. Nur in bezug auf den zweiten Punkt kann Einigkeit zwischen Frank und Nathusius konstatiert werden, abgesehen davon sieht Nathusius allen Grund, Frank mit Uhlhorn zusammen als ausgewiesene Vertreter christlich-sozialer Enthaltsamkeit zu beurteilen[133].

---

[128] F. H. R. Frank, *System der christlichen Sittlichkeit*, Erste Hälfte, S. 55; s. *Mitarbeit II*, S. 158. Zu Frank vgl. F. Wagner, *Lutherische Erfahrungstheologie* und zum Hintergrund der Erlanger theologischen Verhältnisse, H. Edelmann, *Subjektivität und Erfahrung* sowie M. Hein, *Lutherisches Bekenntnis*.

[129] F. H. R. Frank, *System der christlichen Sittlichkeit*, Erste Hälfte, S. 56.

[130] *A. a. O.*, Zweite Hälfte, S. 1ff.; 244ff.

[131] Vgl. *Mitarbeit I*, S. 287f.; *Mitarbeit II*, S. 176.

[132] F. H. R. Frank, *System der christlichen Sittlichkeit*, Zweite Hälfte, S. 304.

[133] Vgl. *Mitarbeit II*, S. 96. Einen ähnlichen Vorwurf könnte er sicherlich auch gegenüber Ritschls Entwurf einer „Sozialdogmatik“ (H. Timm, *Theorie und Praxis*, S. 70) machen, wenn ihn nicht bereits dessen dogmatischer Ansatz überhaupt vor einer positiven Rezeption hätte Abstand nehmen lassen. Im übrigen ist Ritschls Fruchtbarmachung des Reich-Gottes-Begriffs auf den Bereich geschichtlicher Gemeinschaftsformen gerade in sozialethischem Sinn materialiter blaß geblieben. M. Schick weist in diesem Zusammenhang auf das Problem einer Verflüchtigung des Reich-Gottes-Begriffs zum Ideal hin und sieht bei Ritschl wie auch bei W. Herrmann konkrete soziale Verbindlichkeiten zugunsten des privaten bürgerlichen Berufs in den Hintergrund gedrängt, vgl. *Kulturprotestantismus*, S. 20.

Von ganz anderer Seite her kritisiert Nathusius die ethische Grundlegung des Leipziger Systematikers Chr. E. Luthardt, wie sie in dessen geschichtlicher Darstellung der christlichen Ethik vorliege. Gemäß der eigenen Vorgehensweise lobt er an Luthardts Entwurf, daß dort keine Beschränkung auf die Entwicklung diverser theologischer Lehrmeinungen stattfinde, sondern auch in produktiver Absicht die Entwicklungslinien des sittlichen Volks- und Kulturlebens, beispielsweise während der Reformationszeit oder des Pietismus, aufgezeigt werden. Allerdings kann sich Nathusius Luthardts Verhältnisbestimmung von philosophischer und theologischer Ethik nicht anschließen. Während Luthardt das entscheidende Problem darin erblicke, daß seit Melanchthon beide Zugangsweisen zur Ethik nicht hinreichend *auseinandergehalten* worden seien, sieht Nathusius Melanchthons Fehler darin, daß dieser beides gerade nicht auf ein *einheitliches Prinzip* gebracht habe[134]. Die dadurch eingeleitete nachreformatorische Begriffsverwirrung resultiert Nathusius' Meinung nach somit nicht aus der mangelhaften Abgrenzung theologischer von philosophischer Ethik, sondern daraus, daß man der philosophischen Ethik eine eigenständige Bedeutung für die sittliche Entwicklung des Volkslebens beigemessen habe. Diese gleichgewichtige Darstellung ethischer Begründungsmuster im Sinne pluraler geschichtlicher Möglichkeiten hält Nathusius für eine Verkennung der reformatorischen Glaubenslehre, da diese gerade einen einzigartigen und *absoluten* handlungsleitenden Charakter trage.

Die größte Kongruenz zur Grundlegung seines eigenen Entwurfes erblickt Nathusius in J. Köstlins Ethikansatz. Zwar erscheint dessen Hauptwerk erst 1898/99, allerdings kann sich Nathusius sowohl in der Problembeschreibung als auch der eigenen konstruktiven Entfaltung auf frühere, das ethische Hauptwerk vorbereitende Schriften des Hallenser lutherischen Ethikers beziehen. Auf der Grundlage der Explikation der sittlichen Anlagen des Menschen, seines Sündenstandes und der Heilsoffenbarung Gottes arbeitet Köstlin die Berechtigung und Bedeutung weltlicher Arbeit des Christen im Gegensatz zu quietistischer Weltflüchtigkeit heraus. Daraus folgen einerseits Anforderungen an die einzelne sittliche Persönlichkeit im Umgang mit dem Nächsten, andererseits die Forderung *pflicht*gemäßer Beteiligung am „sittlichen Ge-

134 Vgl. *AKM* 1895, S. 1127. Dennoch wird auch Luthardts *Geschichte der christlichen Ethik* (1889/93) von Nathusius als Beleg für den allgemeinen Aufschwung wissenschaftlicher Beschäftigung mit der Ethik verstanden.
Auch v. Oertzen stellte bereits anläßlich einer Rezension des ersten Bandes der Luthardtschen *Geschichte* fest: „Es geht ein Zug zur Ethik durch die Zeit", *AKM* 1889, S. 549. Und J. H. Wilhelmi bestätigt diesen Eindruck der Entwicklung sozialethischer Theoriebildung über Luthardt hinaus, indem er konstatiert, daß gegenüber Nathusius' ethischer Grundlegung und Behandlung der sozialen Frage das Standardwerk Luthardts *Kompendium der theologischen Ethik* (1896) deutlich abfalle und die *Mitarbeit* als die erste evangelische Sozialethik überhaupt zu bezeichnen sei, vgl. *AKM* 1897, S. 1262, 1264.

meinleben“[135] in Familie und Staat. Gegenüber A. F. Chr. Vilmar werden nicht alle sittlichen Lebensregeln unmittelbar aus der Schrift deduziert, sondern systematisch aus der Überlieferung entwickelt. Gegenüber Martensens Ethik werden bei Köstlin die Gesetze der natürlichen Lebensgebiete allerdings nicht selbst zum Konstitutivum theologischer Ethik, sondern bleiben Objekt der Behandlung ohne ethisches Eigenrecht[136]. Der theologischen Ethik kommt die Aufgabe zu, diese großen Gemeinschaftskreise Familie, Wirtschaft und Staat als gottgewollte Gebiete zu beschreiben und aus deren göttlicher Ordnung die christlichen *Pflichtgebote* abzuleiten. Ethik ist damit bei Köstlin zwar auf Sozialität bezogen, allerdings steht sie, wie Nathusius hier kritisiert, immer noch primär im Zeichen individualethischer Fruchtbarmachung. Die ureigenen Gesetze dieser Lebensgebiete bleiben mit der christlichen Lebensführung immer noch im wesentlichen unvermittelt.

Durch den Blick auf verschiedene Grundlegungen der Sozialethik seiner Zeit sieht Nathusius folglich allen Grund, seine eigene Systematik über die individualethische Perspektive hinauszuführen. Dasjenige, was er vornehmlich bereits in der 1. Auflage der Mitarbeit durchgeführt hatte, erhält in der 2. Auflage - nicht zuletzt aufgrund der genannten aktuellen Debatten - einen schärferen Schliff.

Für seine eigene aktuelle Ausführung „bezüglich des Sozialen“[137] greift Nathusius auf die konkret und virulent gewordene Unterscheidung zwischen *sozial* und *sozialpolitisch* zurück: Ausgangspunkt ist die bereits mehrfach genannte Voraussetzung, daß als Gegenstandsbereich der *sozialen Frage* vor allem die Verhältnisse „der die Gesellschaft bildenden Gruppen oder Klassen“[138] und die gesetzliche Neuordnung dieser (grundsätzlich bestehenbleibenden!) Verhältnisse geltend gemacht werden. Das Attribut „sozial“ erhält allerdings auch jetzt keine Eindeutigkeit, wenn Nathusius einerseits als erstes Kennzeichen des Sozialen benennt: „Die Leute mit ähnlicher Beschäftigung und Lebenshaltung gesellen sich. Und alles, was diese Gruppen angeht, ihr Bestand, ihre Veränderungen, ihr Verhältnis zu einander (Klassenkämpfe),

---

135 J. Köstlin, *Christliche Ethik* (1899). Entscheidende prinzipielle Anregungen, die offensichtlich überhaupt erst den Plan einer Abfassung der *Mitarbeit* reifen ließen, empfing Nathusius eigenem Bekunden nach durch Köstlins 1877 erschienene Überschau *Staat, Recht und Kirche in der evangelischen Ethik*, in der dieser die Mängel und Notwendigkeiten zukünftiger protestantischer Ethik verhandelte.

136 Vgl. die Bemerkung innerhalb einer Rezension der *AKM* „Vilmar ist biblischer, Frank systematischer, Martensen interessanter als Köstlin, aber Köstlin ist ein ruhiger, besonnener, mit maßvollem Urteil an die Sachen herantretender Führer durch das weite Gebiet der Ethik“, *AKM* 1899, S. 774.

137 *Mitarbeit, 2. Aufl.*, S. 18. Insbesondere den im folgenden beschriebenen Definitionsversuch des „Sozialen“ scheint Ernst Troeltsch bei seiner Kritik an Nathusius innerhalb der Einleitung der *Soziallehren* vor Augen zu haben, wenn er dort vor allem auf Nathusius' unklare Begriffsbestimmung des „Sozialen“ rekurriert, vgl. S. 5ff.

138 *Mitarbeit, 2. Aufl.*, S. 28; vgl. *Mitarbeit I*, S. 36.

oder das Verhältnis ihrer Glieder zu einander, macht das gesellschaftliche oder soziale Leben aus"[139], er andererseits das Wesen der *sozialen* Bewegungen auf deren *spezifisch wirtschaftlich* bestimmte *Art der Gesellung* zurückführt und formuliert: „Die Menschen gesellen sich aus verschiedenen Beweggründen, aber sie gesellen sich auch, um gemeinsame [wirtschaftliche, Th. S.] Interessen zu vertreten"[140].

Bei seiner definitorisch unklaren Verwendung der Begriffe des „Sozialen" und der „sozialen Bewegungen" sind verschiedene Bezugspunkte im Spiel: einerseits die Kennzeichnung gesellschaftlicher Gesellungs- bzw. Entwicklungsprozesse, andererseits die Charakterisierung bestimmter Bewegungen, die gegen ihre wirtschaftlich-soziale Lage aufbegehren und ihre politischen Rechte einfordern. Bereits die undeutliche Beschreibung *sozialer* Phänomene ist dafür namhaft zu machen, daß bei Nathusius die Gefahr einer je willkürlichen Fassung sozialethischer Konkretionen droht. Übertragen auf die Beurteilung politisch-sozialer Reformbestrebungen bedeutet dies: Nathusius kann jede *soziale Bewegung* immer mit der Rechtfertigung zurückstutzen, daß durch eine solche Bewegung das „Soziale" - die Gesellschaft und der in ihr herrschende Gemeinschaftssinn - überhaupt gefährdet werde. Aufgrund der terminologischen Unklarheit müssen dann soziale Bewegungen gar nicht erst mit ökonomischen Gründen oder auf politischem Weg in ihre Schranken gewiesen werden, sondern es genügt bereits der Hinweis, daß diese Bewegungen gegen die entwicklungsgemäße menschliche Gesellung verstoßen! Jeder mißliebigen Richtung hält Nathusius sein Idealbild menschlicher Gesellung entgegen. Wann dies jeweils geschieht, ist allerdings nicht auf eine objektiv begründbare Entscheidung zurückzuführen, sondern beruht auf der willkürlichen Verwendung dieses vermeintlichen Idealbildes. Nathusius' unklarer Begriff des Sozialen im Rahmen seiner soziologischen Anschauung - noch nicht der christlichen Soziologie! - liefert somit selbst das Fundament für diese Möglichkeit willkürlicher Verwendung.

Verhältnismäßige Klarheit herrscht wenigstens hinsichtlich der Unterscheidung zwischen sozialem und sozialpolitischem Engagement. Erstgenannte Tätigkeit spielt sich Nathusius zufolge im *vorpolitischen* Raum ab, indem sie *in Theorie und Praxis* den *Boden* für die Verbesserung sozialer Verhältnisse und gesetzlicher Regelungen bereitet. Die soziale Frage ist hier nicht zuerst eine politische, sondern eine Frage nach der *Grundlegung* alles politischen Handelns. Indem Nathusius jegliche christlich-soziale Tätigkeit per definitionem als kulturell wirksame und bedeutsame *Erkenntnisleistung und Praxis* evaluiert, will er dieses Engagement zugunsten der „sozialen Heilung"[141] nun innerhalb der 2. Auflage noch deutlicher als bisher zur *Vor-*

[139] *Mitarbeit, 2. Aufl.*, S. 28.

[140] *A. a. O.*, S. 29.

[141] *A. a. O.*, S. 21.

aussetzung für jede soziale und sozialpolitische Antwortstrategie machen. Damit soll diese *Tätigkeit* bereits methodisch strikt von *sozialpolitischer Aktivität* unterschieden und vom *parteipolitischen* Getriebe ferngehalten werden.

Soziale Tätigkeit in diesem Sinn beinhaltet, wie Nathusius herausstellt, die „Erkenntnis der Bedingungen menschlicher Wohlfahrt überhaupt“[142]. Damit ist für Nathusius nun auch innerhalb der soziologischen Betrachtung wieder der Boden der christlichen Soziologie betreten. Erneut gilt: *Christlich motivierter* sozialer Tätigkeit muß die Erkenntnisleistung einer *christlichen Soziologie* zugrundeliegen.

Die Unklarheit hinsichtlich der benannten gesellschaftlichen Entstehungsbedingungen wird im Rahmen dieser christlichen Soziologie aber ebenfalls nicht beseitigt. Einerseits heißt es: „Wir kennen darum Gesellungen, welche völlig unabhängig von natürlichen Bedingungen ihre Kraft entfalten, z. B. die religiösen. Aber darum bleiben wir doch im Rechte, wenn wir bei der Betrachtung der Menschheit immer im Auge behalten, daß sie aus wesentlich wirtschaftlich bestimmten Gruppen besteht“[143]. Andererseits wird die Lehre von der menschlichen Gesellschaft jetzt noch deutlicher in eine Suche nach den göttlichen Existenzbedingungen der einzelnen gesellschaftlich bedeutsamen Faktoren präformiert. Somit schillert ohne Zweifel die von Nathusius vorgenommene Darstellung der Existenzbedingungen der gesellschaftlichen Gruppen, und die Herausarbeitung und Betonung der *christlich-kulturellen* Bedingungen gewinnt innerhalb der 2. Auflage eine noch weit stärkere Bedeutung als zuvor. Dafür spricht beispielsweise auch die ergänzende Feststellung, „daß alle gesellschaftlichen Gliederungen unter den Menschen *in gewissem Grade auch* wirtschaftlich bestimmt sind“[144]. Diese Beobachtung bestätigt sich, wenn etwa aus der ursprünglichen Erwähnung der „Naturverhältnisse“, die „das Wirtschaften bestimmen, [und] von Einfluß auf den sittlichen Charakter des Menschen sind“[145], jetzt die fast beiläufige Feststellung wird, daß „die Natur auf die Entwicklung des sittlichen Charakters“ zurückwirkt[146].

Trotz dieser deutlicher werdenden Tendenz hin zu einem theologischen Binnendiskurs werden im Zusammenhang des vorgelegten sozialethischen Programms jedoch auch weiterhin nationalökonomische Grundkenntnisse vermittelt und im Rahmen der theologischen Interpretation für dieses Sozialengagement fruchtbar gemacht. Dabei ist für die 2. Auflage insgesamt sogar festzustellen, daß die darstellenden nationalökonomischen Teilabschnitte *in-*

---

[142] *A. a. O.*, S. 20.
[143] *A. a. O.*, S. 36.
[144] *A. a. O.*, S. 42; vgl. *Mitarbeit I*, S. 58.
[145] *A. a. O.*, S. 53.
[146] *Mitarbeit, 2. Aufl.*, S. 38.

haltlich geringfügiger verändert werden als dies die Einleitung noch vermuten läßt.

2. Die eingeschränkte nationalökonomische Explikation

Daß der nationalökonomische Problembereich in seiner *Bedeutung* zurücktritt, wird nun bereits innerhalb der Darstellung der Mängel der bisherigen wissenschaftlichen Behandlung deutlich. Die innerhalb der ersten Auflage namhaft gemachten Defizite, die sich auf die Beschäftigung kirchlich-sozialer Literatur mit nationalökonomischen Fragen sowie die unzureichenden Problembeschreibungen innerhalb der praktischen Theologie und der theologischen Ethik bezogen, werden erneut aufgezeigt. Allerdings werden jetzt die Defizite auf den Gebieten der praktischen Theologie und Ethik *zuerst* benannt; erst im Anschluß daran erfolgt Nathusius' Aufforderung zur intensiveren Beschäftigung mit der Volkswirtschaft[147].

Durch den Blick auf die an entscheidenden Stellen pointiert veränderte Gliederung sowie die geänderten nationalökonomischen Passagen erschließt sich der Schwerpunkt des sozialethischen Programms nun weit deutlicher als noch innerhalb der 1. Auflage. Wurde dort die theologische Interpretation und Wende zu einer *christlichen Soziologie* erst innerhalb des II. Buches, also *im Anschluß* an die nationalökonomische Darstellung entfaltet, kommen *jetzt von Beginn an* die *primären* bzw. *eigentlichen* Intentionen der *Mitarbeit* zur Sprache: die Beschäftigung mit der Nationalökonomie erscheint beinahe nur noch als Mittel zum Zweck.

Der Impetus der eigenen Vorgehensweise und des kirchlich motivierten Interesses wird gegenüber dem Ersterscheinen der *Mitarbeit* jetzt sehr viel früher expliziert: Angesichts des nach wie vor drohenden Verlustes der religiösen Grundlage, der in den sozialen Umbrüchen der Zeit seine offenkundige Manifestation erfahre, soll das *soziale Gebiet* „nicht aus selbständigem Interesse am wirtschaftlichen und gesellschaftlichen Leben, sondern lediglich im kirchlichen Interesse" beschrieben werden: „Es ist eine eigentümlich kirchliche Frage, welche eine theologisch-wissenschaftliche Beantwortung finden soll"[148].

Der zu Beginn der Untersuchung der *Mitarbeit I* angeführte programmatische Satz: „Wir wollen eine wissenschaftliche Theorie geben von der Aufgabe der Kirche bei der Lösung der sozialen Frage" fällt an der analogen Stelle weg und wird ersetzt durch: „Bei der Behandlung unserer Frage müssen wir

---

147 Vgl. *a. a. O.*, S. 13.

148 *A. a. O.*, S. 2.

stets dessen eingedenk bleiben, daß wir es mit einer kirchlichcn Thätigkeit zu tun haben"[149].

Eine Passage, die innerhalb der 1. Auflage aufhorchen ließ, und auf dessen Tenor sich einige der positiven Rezensionen bezogen, wird ebenfalls charakteristisch verändert. Die Feststellung: „Das wirtschaftliche Leben und seine Einflüsse auf das soziale sind so eigentümlicher und selbständiger Natur, daß es seine besonderen Gesetze und auch gesetzliche Maßregeln verlangt" fällt nun gänzlich weg; aus der Forderung, neben der Mitarbeit der Kirche „eine spezifisch volkswirtschaftliche Thätigkeit [...] und eine gesetzliche Ordnung der Gesellschaft durch den Staat" zu verlangen, wird der Passus „spezifisch volkswirtschaftliche Thätigkeit" herausgebrochen[150].

Selbst zu Beginn des Kapitels „Hauptprobleme der Volkswirtschaftslehre" scheut sich Nathusius jetzt nicht zu formulieren: „Das religiöse Gebiet ist es demnach, von dem die Volkswirtschaftslehre die leitenden Ideen entnimmt, von denen alle ihre Einzelausführungen getragen werden [...], das bestimmt den Charakter des volkswirtschaftlichen Systems"[151]. Im übrigen ist hier die veränderte Gliederung von besonders aufschlußreichem Charakter: An die Stelle der bisherigen allgemeinen Gliederung ökonomischer Probleme tritt jetzt sogleich die Frage nach dem „wirtschaftlichen Menschen". Die Frage nach den „Existenzbedürfnissen der Volksgenossen"[152] wird folglich nicht mehr direkt an die Frage wirtschaftlicher Zielvorstellungen angebunden, sondern jetzt zugunsten einer anthropologischen Fragestellung eingezogen. Im Rahmen der Anthropologie gilt allerdings die Nationalökonomie nicht mehr als gleichberechtigte Macht. Die Ethik hat jetzt die Grundsätze „fast allein zu entwickeln"[153].

Ohnehin erweisen sich die nationalökonomischen Passagen vom Umfang her als erheblich gekürzt. Auch die entscheidende Einführung in die Erkenntnisse der Historischen Schule der Nationalökonomie fällt bis auf eine etwas ausführlichere Erwähnung Roschers ganz weg. Roscher wird nicht mehr vornehmlich als „nationalökonomischer Bahnbrecher", sondern als erbaulicher Schriftsteller gewürdigt[154]. Auch kommt nun das *konfessionelle* Element stärker zum Tragen, indem betont wird, daß besonders diejenigen

---

149 *A. a. O.*, S. 17.

150 *Mitarbeit I*, S. 169 im Vergleich mit *Mitarbeit, 2. Aufl.*, S. 125.

151 *A. a. O.*, S. 149.

152 *Mitarbeit I*, S. 195.

153 Vgl. *a. a. O.*, S. 198 im Vergleich mit *Mitarbeit, 2. Aufl.*, S. 149.

154 Nathusius bezieht sich auf das posthum erschienene Florilegium Roschers unter dem Titel *Geistliche Gedanken*, vgl. *a. a. O.*, S. 119, S. 151 sowie *AKM* 1895, S. 429. An letztgenannter Stelle wird die Interpretation des Nationalökonomen im Geist der christlichen Weltanschauung klar erkennbar, wenn Nathusius davon spricht, daß durch den einfältigen und überzeugten Christen Roscher am klarsten die „Wendung zur Wahrheit in der Geistesentwicklung unseres Jahrhunderts" zutage tritt.

Nationalökonomen, „deren religiöser Standpunkt derjenige des lebendigen evangelischen Glaubens ist"[155], die Bedeutung des Christentums als Grundlage des Wirtschaftslebens hätten herausarbeiten können.

Daneben verlagert sich die ökonomische Debatte insgesamt nicht unerheblich auf die Darstellung der *sozialistischen* Volkswirtschaftslehre. Dies heißt nicht, daß Nathusius etwa seine Position, die er durch die Beschäftigung mit der Historischen Schule der Nationalökonomie gewonnen hatte, aufgibt. Allerdings tritt diese *Position* zugunsten der ihm nun wichtiger werdenden *Negation und Kritik* deutlich zurück.

In inhaltlicher Hinsicht und im Anschluß an die sozialethische Ausgangsfrage wird jetzt in den einleitenden Passagen erneut dezidiert das Mißverständnis abgewiesen, daß kirchliche Tätigkeit vornehmlich in sozialer Praxis aufgehe. Da das Heil „wesentlich ein transcendentes Gut", ein „Gut der Seele"[156] sei, habe diese Tätigkeit, der eigentliche Beruf der kirchlichen Organe, wesentlich Seelsorge zu sein. Nathusius macht die Erfüllung dieser seelsorgerlichen Tätigkeit nun sehr viel deutlicher zum Maßstab für das soziale Handeln der Kirche, wenn er konstatiert, daß alles kirchliche Handeln durch „Rücksichten der Seelsorge"[157] bestimmt werde.

Zu beobachten ist, daß die im zweiten Buch der 1. Auflage präsentierte theologische Explikation des sozialethischen Programms nun stark zusammengezogen wird. Dies gilt insbesondere für die Passagen, in denen Nathusius unter der Überschrift „Die Voraussetzungen der Kirche" ursprünglich seine dogmatische Grundlegung vorgenommen hatte[158]. Allerdings bleibt diese Grundlegung in ihrem sachlichen Gehalt praktisch unverändert, wenn auch, wie ein neuer Einschub deutlich macht, der *Predigt* nun ein noch größerer Stellenwert im Rahmen der sozialen Tätigkeit der Kirche beigemessen wird. Nur durch diese Verkündigung der göttlichen Grundordnungen könne das geistliche Amt seinem Auftrag gemäß ausgeübt werden, auf das Volksleben einzuwirken[159].

In diesem Zusammenhang läßt sein Hinweis auf ein weiteres Desiderat aufhorchen: Er bemängelt, daß die *soziale Tätigkeit* der Kirche weder adäquat aus der ihr zugrundeliegenden christlichen Idee abgeleitet, noch durch den

---

155 *Mitarbeit, 2. Aufl.*, S. 119.

156 *A. a. O.*, S. 17. Hinsichtlich der Forderungen an den „wirtschaftlichen Menschen" werden jetzt über die 1. Auflage hinaus die dezidiert theologisch konnotierten Forderungen der Nächsten- und Gottesliebe in die Frage von „Gut" und „Wert" eingezogen, vgl. *a. a. O.*, S. 163f.

157 *A. a. O.*, S. 18.

158 Vgl. *Mitarbeit II*, S. 11-48 und *Mitarbeit, 2. Aufl.*, S. 233-247.

159 *Vgl. a. a. O.*, S. 264, 275. Für die Frage der pastoralen Aufgaben hinsichtlich christlicher Sittlichkeit wird erstmals R. Seeberg mit seiner Schrift *Die Kirche und die soziale Frage* (1897) konsultiert, vgl. *a. a. O.*, S. 495. Seeberg hatte in dieser Schrift auf Nathusius' 1. Auflage der *Mitarbeit* rekurriert.

Blick auf die *Geschichte* historisch untermauert worden sei. Obwohl für die „Erforschung der allgemeinen Kulturarbeiten der Kirche viel geschehen" sei, fehlten doch selbst „Vorarbeiten für eine den wissenschaftlichen Anforderungen entsprechende Darstellung der Geschichte der sozialen Thätigkeit der Kirche durch alle Perioden hindurch"[160].

Angesichts der späteren Hinweise Ernst Troeltschs, die Fragestellung seiner *Soziallehren* habe sich im Anschluß an eine geplante Rezension der 3., gegenüber der 2. Auflage unveränderten *Mitarbeit* ergeben, könnte hier einer der Einsatzpunkte des Programms der *Soziallehren* liegen. Es ist nicht von der Hand zu weisen, daß von diesem benannten Desiderat einer „allgemeine[n] Geschichte der kirchlich-sozialen Thätigkeit"[161] eine entscheidende Initialzündung für Troeltschs Vorhaben der *Soziallehren* ausging. Unternimmt Troeltsch seine umfangreiche historisch ausgerichete und soziologisch geleitete Untersuchung im direkten Anschluß an das, was Nathusius hier einfordert? Troeltschs *Soziallehren* werden sich exakt durch dieses Bemühen auszeichnen, wenn auch dann auf ganz anderer Grundlage und mit gänzlicher Horizontveränderung der Ergebnisse dieser 'allgemeinen Geschichtsdarstellung'!

3. Die verschärfte Auseinandersetzung mit den innertheologischen Gegnern

In dieser 2. Auflage erteilt Nathusius denjenigen theologischen Meinungsführern eine noch deutlichere und vehementere Absage, die mit außerkirchlicher Tendenz[162] die christliche Botschaft instrumentalisierten und diese lediglich zur Legitimation *sozial-* und *parteipolitischer* Anschauungen ins Spiel brächten. Dabei macht es für ihn keinen Unterschied, ob diese Instrumentalisierung mit der Absicht der Stützung oder des Sturzes der bestehenden Ordnung erfolge. In beiden Fällen finde eine Politisierung kirchlicher Mitarbeit statt, die sowohl dem *Wesen* der Kirche als auch dem *Wesen* der sozialen Bewegungen widerspreche.

Fatal erscheint ihm insbesondere der offensichtliche Mißbrauch christlich-sozialer Ideen durch eine „Richtung jüngerer Geistlicher"[163], die sogar kontraproduktiv gewesen sei, da die prinzipiellen Gegner sozialer Reformen - inklusive der Regierungen und Kirchenbehörden! - von diesen radikalen Forderungen abgeschreckt worden seien und sich in ihrer Beharrlichkeit erst recht bestätigt gefühlt hätten. Die sozialpolitischen Rückschritte auf kirchlicher und staatlicher Seite hält er für den deutlichen Beleg dieser falschen

---

160 *A. a. O.*, S. 24.

161 *Ebd.*

162 Vgl. *a. a. O.*, S. 2.

163 *A. a. O.*, S. 11.

Politisierung. Wiederum kommen vor allem Naumann und Göhre in den Blick, die sich nicht nur im Tempo, sondern vor allem in ihrer Zielsetzung von den bisherigen Artikulationen christlicher Sozialreform strikt unterschieden. Nach anfänglich lebhaftem Interesse, das er Naumanns Artikeln in der *Hilfe* und in der *Zukunft* sowie Göhres Innenansichten der Fabrikarbeiterschaft entgegengebracht habe[164], sei im Lauf der Jahre die grundsätzliche theologische Differenz zu seiner eigenen Position immer deutlicher geworden: „Die von Naumann ausgegebene Parole: entweder konservativ oder christlich-social ist eine jener Unbesonnenheiten, die wir an dem trefflichen Manne schon mehrfach zu beklagen hatten"[165].

Nachdem bisher bereits auf die kirchenpolitischen Differenzen zwischen Nathusius und der Naumannschen Richtung, die im Lauf der Jahre immer deutlicher geworden waren, hingewiesen wurde, ist der Blick auf den systematischen Hintergrund und Gehalt dieser Auseinandersetzung zu richten. Wie aufgezeigt wurde, läßt sich im Vergleich von Naumanns umfangreicher „Programm"-Schrift aus dem Jahr 1890 und Nathusius' eigenem Forderungskatalog ohne Frage von einer anfänglich breiten Verständigungsbasis zwischen beiden Theologen und damit ohne Zweifel von einem christlich-sozialen Konsens zwischen beiden theologischen Richtungen sprechen. Noch im Vorwort des II. Bandes der ersten Auflage vom September 1894 dankt Nathusius Naumann explizit für die positiven Anregungen, die er aus dessen Rezension gewonnen habe und schließt sich seiner Forderung nach christlich-sozialer „wissenschaftlicher apologetischer Volksliteratur"[166] an, zu der er selbst durch seine *Mitarbeit* beitragen wolle. Obwohl er gegenüber Naumann konstatiert, „daß ein theologischer Gegensatz vorhanden ist, der bei aller Gemeinschaft der praktischen Arbeit nicht verwischt werden kann"[167], hält er

164 Vgl. *Was ist christlicher Sozialismus?*, S. 31f.

165 *Der evangelisch-sociale Kongreß. Eine Absage*, *AKM* 1895, S. 564.

166 F. Naumann, *Das Soziale Programm*, S. 161, s. *Mitarbeit II*, S. IV.

167 *Ebd.* Auch Göhres Schrift *Drei Monate Fabrikarbeiter* konnte Nathusius im II. Buch der *Mitarbeit* noch als wichtiger Bezugspunkt dienen, einerseits als empirischer Nachweis der zunehmenden Gefährdung des Familienlebens durch die industriellen, großstädtischen Arbeitsverhältnisse (vgl. *Mitarbeit II*, S. 201), andererseits durch Göhres Herausstellung der positiven - keineswegs von vornherein entsittlichenden - Bedeutung der Fabrikarbeit (vgl. *a. a. O.*, S. 220) sowie durch dessen lebensnahe Beschreibung der Bildungs- und Freizeitverhältnisse der Fabrikarbeiter, vgl. *a. a. O.*, S. 448. Auch ein ungenannter Rezensent hob in der *AKM* die Bedeutung dieses Werkes hervor, indem er Göhres entschiedenes Plädoyer für die Bekräftigung des persönlichen Verhältnisses zwischen Arbeitgeber und Arbeitnehmer sowie die Notwendigkeit staatlicher Fürsorge herausstellte, vgl. *AKM* 1892, S. 177ff.
Allerdings negierten beide Besprechungen des Göhreschen Buches dessen Behauptung, wonach eine Annäherung von Christentum und Sozialdemokratie, oder gar ein 'sozialdemokratischer Pfarrer' ein legitimes Beispiel für die Modernisierung des ewigen Gehaltes des Christentums sein könne, vgl. *Mitarbeit II*, S. 412f.; *AKM* 1892, S. 180.

es für möglich, diesen theologischen Gegensatz um der gemeinsamen christlich-sozialen Sache willen zurückzustellen - immerhin schien man im Blick auf die praktischen Forderungen nach wie vor nicht allzuweit voneinander entfernt zu sein. Dennoch stieg bei Nathusius in dieser Zeit die Skepsis gegenüber Naumann merklich, nicht nur aufgrund der zunehmend schwieriger werdenden Debatten auf dem ESK und wegen des immer noch virulenten Apostolikumstreites, sondern weil Naumanns christlich-soziale Haltung offensichtlich immer stärker von theologischen Voraussetzungen bestimmt wurde, denen sich Nathusius schon bisher nicht anzuschließen vermocht hatte.

Nathusius' erste vehemente Abgrenzung gegenüber Naumann findet sich bereits anläßlich eines Elberfelder evangelisch-sozialen Kurses im Januar 1893, in dessen Verlauf Naumann Thesen zur Entwicklung eines evangelisch-sozialen Programms präsentierte. Anstoß nimmt Nathusius in seinem Bericht über diese Veranstaltung nicht an Naumanns sozialem Forderungskatalog, sondern an dessen Erörterung jüdischer Einflüsse auf Wirtschaft und Gesellschaft. Nathusius spricht Naumanns Thesen wie: „Der Kern der socialen Frage ist n i c h t die Judenfrage" oder „Die bürgerlichen Rechte der Juden müssen ungeschmälert bleiben" nicht nur die Relevanz für ein abzufassendes evangelisch-soziales Programm ab, sondern hält diese für den Ausdruck eines „doktrinären Humanismus"[168]. Hier befürchtet er durch Naumanns grundsätzliche theologische Haltung fatale Auswirkungen in bezug auf eine konstruktive christlich-soziale Antwortstrategie: Naumann verkenne aus theologischen und politischen Gründen, daß sich das jüdische Volkstum einer Integration in ein zu schaffendes neues Ständerecht entziehe, da die Juden „sich nie und nimmer in Stände einordnen lassen, weil sie allesamt, ob reich, ob arm, einen Stand bilden, nämlich den des möglichst arbeitslosen Gewinnes"[169].

Zwar bedauert er im Oktober 1894 die Maßnahmen des Frankfurter Kirchenregiments gegen Naumann, da dadurch die Kirche den Eindruck erwekke, sich ausschließlich zum Anwalt der Besitzenden zu machen[170], und lehnt auch zu Beginn des Jahres die „unfeinen Angriffe" der sozialpolitischen Reaktion auf Naumann und seine *Hilfe* ab[171]. Er hält die Arbeit der *Hilfe* und ihr entschiedenes Eintreten zugunsten von Christentum, Vaterland und Familienleben und der profunden Kritik an den neuesten Äußerungen des Freiherrn v. Stumm für einen wesentlichen Beitrag. Im Blick auf die ersten Hefte des 1.

Über Werk und Leben P. Göhres informiert vor allem die Untersuchung J. Brennings, *Christentum und Sozialdemokratie*.

168 *AKM* 1893, S. 348.

169 *A. a. O.*, S. 347.

170 Vgl. *AKM* 1894, S. 1214.

171 *AKM* 1895, S. 315.

Jahrganges applaudiert er: „so muß geschrieben werden, damit es die Arbeiter lesen“[172]. Zugleich weist er jedoch auf die Unbesonnenheiten im Blatt hin, die er wesentlich auf Naumanns theologische Stellung zurückführt. Dennoch bescheinigt er nicht nur Naumanns Zeitschrift eine mögliche Zukunft, sondern empfiehlt auch weitere seiner Schriften, etwa die *Socialen Briefe an reiche Leute* oder die von Naumann herausgegebene *Göttinger Arbeiterbibliothek*.

Vor allem ab dem Ende des Jahres 1895 beklagt Nathusius Naumanns immer stärker gewordene Betonung einer notwendigen politischen Tätigkeit und Organisation, da hier vor allem bezüglich der Situation der Landarbeiterschaft mit falschen Voraussetzungen und Forderungen operiert werde. So vermag die plötzliche Vehemenz, mit der Nathusius am Ende dieses Jahres seine Bewertung der Naumannschen Aktivitäten beschreibt, nicht zu überraschen, wenn er sein Urteil dahingehend zusammenfaßt, „daß es in dem gegenwärtigen Zeitpunkt kein größeres Hindernis für die socialen Reformen auf dem Lande giebt, als die Schriftstellerei Naumanns und seiner Gesinnungsgenossen“[173]. Inhaltlich wird damit auf dem gemeinsamen Feld der christlich-sozialen Bewegung die Grenze markiert, die aufgrund theologischer Grundentscheidungen längst zuvor definitiv gezogen worden war.

Was bereits für seine Wahrnehmung der Aktivitäten des ESK galt, findet sich nun auch hier wieder. Nathusius rezipiert und charakterisiert die durch Naumann, Göhre und ihre Anhänger repräsentierte Richtung durch Rückgriffe auf den dogmatischen Fundus der eigenen Anschauung. Nicht mehr der Konsens christlich-sozialer Ideale, sondern die Überzeugung vom unüberwindbaren Dissens prägt das Bild. Für Nathusius steht fest, daß die Naumannianer sich - jetzt klarer denn je erkennbar - durch einen veräußerlichten Reich-Gottes-Begriff theologisch und damit durch ihr politisches Verhalten auch praktisch auf falschem Boden befänden[174]. Sie könnten nur noch deshalb als „christlich-soziale Vertreter“ bezeichnet werden, „weil sie von der christlich-sozialen Bewegung ausgegangen sind und doch immer noch mannigfache Berührungen und Übergänge stattfinden“[175]. In diese endgültige Umwer-

---

172 *A. a. O.*, S. 426.

173 *A. a. O.*, S. 1321.

174 Vgl. *Mitarbeit, 2. Aufl.*, S. 136f.

175 *A. a. O.*, S. 137. So kann auch kaum verwundern, daß in der 2. Auflage der *Mitarbeit* die Wiedergabe eines Naumannschen Gesprächsbeitrages auf dem 4. ESK von 1893 nicht mehr erfolgt, in dem dieser „eine sehr lichtvolle Parallele“ (so Nathusius noch in *Mitarbeit II*, S. 104) zwischen der Sozialdemokratie und den schwärmerischen Wiedertäufern aufgezeigt hatte. Auch die mit Naumann gemeinsame Auffassung hinsichtlich der Anbahnung des Reiches Gottes (vgl. *Mitarbeit I*, S. 116) findet keine Erwähnung mehr. Naumanns 1892 auf dem 3. ESK gehaltener Vortrag *Christentum und Familie* wird ebenfalls praktisch nicht mehr rezipiert, vgl. *a. a. O.*, S. 186, 188 und *Mitarbeit, 2. Aufl.*, S. 339. Auch Nathusius' Bemerkung über Naumanns „vortreffliche Verwahrungen gegen Verfälschungen des eigentlichen Zwecks des Evangeliums“ sowie seine Be-

tung der Naumannschen christlich-sozialen Arbeit gehen insbesondere die Erfahrungen der Spaltung des ESK, Naumanns Auseinandersetzung mit Stoekker in bezug auf die Judenfrage sowie die spätere Gründung des NSV ein. In keiner Passage der *Mitarbeit* verläßt Nathusius den Boden der sachlichen Darstellung so sehr wie an diesem Ort! Allerdings muß natürlich auch darauf hingewiesen werden, daß Naumann selbst ab Mitte der neunziger Jahre eine neue Verhältnisbestimmung von religiöser Spiritualität und der Eigengesetzlichkeit weltlicher Gegebenheiten in sein theo-politisches Programm einzog, womit aus dem *evangelisch-sozialen* Gedanken mehr und mehr eine Proklamation des *protestantisch Idealen* wurde[176].

Die theologische Vertiefung der Argumentation gegenüber Naumann und seinen Gesinnungsgenossen erfolgt erneut mit Hilfe einer *historisch ausgerichteten* Untersuchung. Nathusius will durch den Blick auf die *Geschichte der sozialen Bewegung* Orientierung verschaffen, um so die „Lehren der Vergangenheit für die Beurteilung der heutigen Lage zu verwerten"[177]. Über die bereits genannte Studie *Was ist christlicher Sozialismus?* hinaus, die in dieser Hinsicht Vorarbeiten präsentierte, ist es vor allem die im folgenden Jahr erscheinende Studie *Die Christlich-socialen Ideen der Reformationszeit und ihre Herkunft*, durch die ein ausführlicher geschichtlicher und zugleich gegenwartsgeleiteter Rückblick erfolgt.

Das Anliegen beider Studien besteht darin, eine Parallele zwischen Müntzer, Karlstadt oder auch Jakob Strauß als den „christlich-sozialen Jungen der Reformationszeit"[178] und den gegenwärtigen „Jungen" um Naumann herzustellen und sachlich zu rechtfertigen.

Nathusius' Hauptthese lautet, daß die sozialen Bewegungen der Reformationszeit nicht als rechtmäßige Konsequenz von Luthers Freiheitskonzeption angesehen werden dürften, da ihr Ursprung in den mittelalterlichen Sektenbewegungen und säkularen politischen Freiheitsbestrebungen liege und die schwärmerische Bewegung damit von vorreformatorischer Art sei. Diese christlich-sozialen Ideen der Reformationszeit könnten deshalb keineswegs in

---

handlung des Armutsproblems (*Mitarbeit II*, S. 328) tauchen jetzt nicht mehr auf, vgl. *Mitarbeit, 2. Aufl.*, S. 440.
In dieser Linie steht auch der Umgang mit weiteren Repräsentanten der negierten Richtung: Die zuvor wenigstens kritische Rezeption der durch M. Weber und Göhre auf dem 5. ESK präsentierten Landarbeiterenquete (*Mitarbeit II*, S. 338) fällt gänzlich weg.

176 Vgl. H. Timm, *Naumanns theologischer Widerruf*, S. 56ff.

177 *Mitarbeit, 2. Aufl.*, S. 12. Als beispielhaft werden dabei A. Haucks *Der Communismus im christlichen Gewande* (1891); A. H. Braaschs *Martin Luthers Stellung zum Sozialismus* (1897) sowie G. Uhlhorns *Liebesthätigkeit* (1882ff.) genannt. Nathusius berichtet außerdem, auf diese geschichtliche Analogie nicht zuletzt durch die Lektüre von Luthardts *Geschichte der christlichen Ethik* (1889/93), insbesondere seiner Darstellung der Wiedertäufer der Reformationszeit, aufmerksam geworden zu sein, vgl. *AKM* 1895, S. 1127.

178 So bereits die Bezeichnung in *Was ist christlicher Sozialismus?*, S. 23.

eine stringente Verbindung mit Luthers reformatorischen Grundentscheidungen gebracht werden. Die Verkehrung des lutherischen Freiheitsgedankens habe ein subjektiv-mystisches Prophetentum und eine neue Gesetzlichkeit zur Folge gehabt. Aus dem Gedanken der Gewissensfreiheit sei die Forderung der Freiheit von Zins und Zehntem entsprungen[179]. Indem Müntzer und seine Mitstreiter den Begriff der Freiheit nicht als „Folge der Rechtfertigung, sondern [als] die Frucht der Heiligung“[180] aufgefaßt hätten, habe dies zur völlig falschen Forderung der radikalen Veränderung aller sozialen Lebensordnungen führen müssen.

Diese historischen, im übrigen detailliert ausgearbeiteten Studien enden in gegenwartsrelevanter Hinsicht damit, daß Nathusius den von den Naumannianern in Anspruch genommenen Zusammenhang von christlich-sozialer Tätigkeit und Luthers reformatorischen Grundentscheidungen vehement negiert. Nathusius stellt hier eine auf subjektiv-enthusiastischem Schriftverständnis beruhende prophetische Gewißheitsauffassung und eine mittelalterlich gefärbte Gesetzesgerechtigkeit fest, so daß er bilanziert: „Es findet sich bei Naumann [...] eine Verwirrung über die Ziele des Christentums, die es unmöglich macht zwischen seiner Theologie und der der Radikalen des Reformationszeitalters eine Grenze zu ziehen“[181].

Mit erneutem Bezug auf Luthers „scharfe[ ] Scheidung zwischen den rein geistlichen und den weltlichen Dingen“[182] deutet sich bis in die Wortwahl hinein eine konservative Interpretation der Zwei-Reiche-Lehre an, wenn die eigentliche und wesentliche Aufgabe des Evangeliums darin erblickt wird, „die Zurechtrückung aller irdischen Verhältnisse“[183] zu befördern und die bestehenden Ordnungen in ihrer jeweiligen geschichtlichen Form als „von Gott gewollte und geordnete Hilfsmittel des Heiligungslebens“[184] aufgefaßt werden.

Die Reaktionen auf diese beiden Schriften von Nathusius waren einerseits von ungläubig staunender, andererseits von freudig zustimmender Art. Vor allem von seiten der liberalen Theologie erging harsche Kritik. Harnack und A. Teichmann verwahrten sich gegen die Verquickung der - noch zumal defizitären - historischen Darstellung mit einem theologiepolitischen Gegenwartsinteresse. Harnack nahm in seiner Besprechung von *Was ist christlicher*

---

[179] Vgl. *a. a. O.*, S. 27.

[180] *Die christlich-socialen Ideen*, S. 63. Diese Schrift erschien als Heft 2 des ersten Jahrgangs der von Cremer und Schlatter herausgegebenen *Beiträge zur Förderung christlicher Theologie* und kann als Ausdruck für die in dieser Sache herrschende Meinung der Greifswalder Fakultät angesehen werden. Dies bestätigt Zöcklers Rezension der Schrift, vgl. *EKZ* 1897, Sp. 396ff.

[181] *Was ist christlicher Sozialismus?*, S. 32.

[182] *Die christlich-socialen Ideen*, S. 93.

[183] *A. a. O.*, S. 167.

[184] *Ebd.*

Sozialismus?, die er unter der Überschrift *Falsche Schlagworte* in Naumanns *Hilfe* vorlegte, strikt gegen Nathusius' Zeichnung der reformatorischen Verhältnisse Stellung. Er wies die dort gezogene „höchst fragwürdige geschichtliche Parallele“[185] zwischen den alten und den neuen Schwärmern entschieden zurück. Das grundsätzliche Problem der Nathusius'schen Kritik an den Naumannianern erblickte er in Nathusius' nur vermeintlicher Vorurteilslosigkeit bezüglich seines eigenen Ansatzes bei gleichzeitiger Mißinterpretation des Naumannschen Entwurfes. Letztlich griff er mit seiner Kritik in grundlegendem Sinn die Konzeption einer christlichen Soziologie überhaupt an, indem er über den „ja keineswegs starren und kurzsichtigen Theologen“ Nathusius formulierte: „Ein Mann, der so schreibt, und dabei den Freunden der 'Hilfe' schwarmgeistigen und wiederum 'gesetzlichen' Radikalismus vorwirft, befindet sich in einer großen Selbsttäuschung. Er selbst erkennt an, daß das Christentum in und mit dem Evangelium Grundordnungen bietet, die ihren bestimmenden Einfluß auf alle großen Verhältnisse des Lebens ausüben sollen, und die nicht verletzt werden dürfen [...] und doch nimmt er die Miene an, als sei ein Suchen und Ringen nicht mehr nötig“[186]. Das christologische wie auch das sozialethische 'Entweder-Oder' hielt Harnack für lediglich erschlichen. Die entscheidende Frage müsse hingegen sein, welchen Umfang Jesus Christus „selbst seinem erlösenden Werke gegeben hat“ und welche Konsequenzen für die Nachfolge Jesu sich daraus ergäben. Offensichtlich schien Harnack der Nathusius'sche Beitrag diskussionswürdig genug, um in dieser Sache sogleich einen eigenen Vorschlag anklingen zu lassen. Harnack stellte in konstruktiver und ergänzender Absicht neben die von Nathusius hervorgehobene paulinische Predigt von Sünde, Gnade und Glauben die *Herrenworte*, sprich: die Botschaft der Bergpredigt und vom anbrechenden Reich Gottes. Diese Botschaft sei der eigentlich bedeutsame Impuls für die reformatorischen Erhebungen gewesen. Wie sich zeigen wird, sollte Nathusius auf eben diese Harnacksche Replik alsbald reagieren.

Von derselben Richtung aus hielt Teichmann insbesondere Nathusius' Charakterisierung der Ritschlschen Ethik für unzutreffend, derzufolge diese Schule unter dem Signum der Perfektibilität des Christentums den Schwerpunkt der christlichen Religion in die Moral und die fundamentalen Dogmen in die Metaphysik verlege[187]. Von einer Veräußerlichung des geistlichen Inhalts des Evangeliums könne ebensowenig die Rede sein wie von der Umgestaltung des Reich-Gottes-Gedankens zu einer vollkommen diesseitigen Größe. Vor allem die kurzschlüssige Interpretation des eschatologischen Konzepts von J. Weiß habe Nathusius zu diesen Annahmen verleitet, während für die jüngeren Christlich-Sozialen gelte, daß das Reich Gottes „uns gewiß auch

185 A. v. Harnack, *Hilfe* 1896, Nr. 25, S. 3.
186 *A. a. O.*, S. 4.
187 Vgl. *CW* 1896, Sp. 616.

eine Besserung der Verhältnisse und Lebensordnungen bringen [wird], wenn diese auch in der gegenwärtigen Welt immer relativ mangelhaft bleiben“[188].

S. Eck monierte an den *Christlich-socialen Ideen*, daß Nathusius den sozialen Charakter der Aussagen Luthers unterbelichtet habe. Dessen leidenschaftlicher Zorn gegenüber der Zins- und Wucherpraxis müsse ebenfalls als Bestandteil der christlich-sozialen Ideen der Reformationszeit angesehen werden, so daß sich die strikte Trennung zwischen politisch-sozialer und evangelischer Freiheit verbiete[189].

Nathusius bezog sich bei seiner Replik vor allem auf Harnacks Kritik, machte sich diese jedoch nicht zu eigen, sondern hielt den Gedanken von „Paulinismus“ und „Herrenworten“ als zwei nebeneinanderstehenden Mächten für die eigentliche Wurzel theologischer Irrtümer: „Der Protestantismus wird niemals eine andere Vertiefung und Bereicherung erfahren als durch immer tiefere und reichere Versenkung in seine eigene Quelle, das ist die paulinische Lehre von der Gnade“[190]. Außerdem legte er in diesem Zusammenhang - fast zum Trotz - einige Jahre später unter dem Titel *Zur Charakteristik der Cirkumcellionen des 4. und 5. Jahrhunderts in Afrika* (1900) eine weitere historisch ausgerichtete Untersuchung vor. Dort zeigt er jetzt am Beispiel dieser asketischen Bewegung erneut einen historischen Zusammenhang religiöser Bewegungen mit bestimmten wirtschaftlichen Bestrebungen auf, konkret: die irrtümliche Anwendung christlicher Ideen auf die antiken Standesunterschiede und Vermögensverhältnisse. Nathusius parallelisiert dabei die christlich gegründeten Vollkommenheitsvorstellungen dieser fanatischen Bewegung[191] mit der falschen Begehrlichkeit des gegenwärtigen Arbeiterstandes nach vollkommen gleichen gesellschaftlichen Zuständen[192]. In diesem Zusammenhang finden sich allerdings auch Aussagen über die Frage der *Gewichtung wirtschaftlicher und religiöser Motive* für bestimmte geschichtliche Entwicklungen, die fast als Replik auf die erfolgte Kritik an der *Mitarbeit* gelten können. So etwa, wenn er sich gegen die abstrakt geistige Auffassung geschichtlicher Erscheinungen wendet und zugleich den Einfluß der „irdischen und materiellen Interessen“ als „causae secundae“[193] für alle großen religiösen Umwälzungen namhaft macht. Damit wird seine Gewichtung zugunsten einer christlichen Soziologie erneut deutlich erkennbar.

---

188 *Ebd.*

189 Vgl. *ThLZ* 1897, Sp. 474f. Positiver die Besprechungen von G. Traub, *Soziale Litteratur*, *ThR* 1, S. 356f., und mit Einschränkungen G. D. Heuver: „But we do not agree with him [Nathusius, Th. S.] in holding that Luther occupied a strictly scriptural position“, *The American Journal of Theology* 1898, S. 937.

190 *AKM* 1896, S. 758f.

191 Vgl. *Charakteristik der Cirkumcellionen*, S. 16.

192 Vgl. *a. a. O.*, S. 32.

193 *A. a. O.*, S. 3.

Im Zusammenhang der Auseinandersetzung mit Naumann wurde auch die Gründung des NSV im November 1896 von Nathusius mit großer Skepsis aufgenommen. Unter Naumanns Ägide gilt, so das Programm des NSV, das persönliche Bekenntnis zum christlichen Glauben als weitgehend irrelevant für jegliche politische Tätigkeit. Durch § 8 des Erfurter Programms des NSV - „Im Mittelpunkt des geistigen und sittlichen Lebens unseres Volkes steht uns das Christentum" - sieht Nathusius „die Person Jesu Christi als Gegenstand unseres Glaubens soeben eliminiert"[194] und erneut die Notwendigkeit einer deutlichen Scheidung von den „Jüngeren" sowie eines neuen Zusammenschlusses über Partei- und landeskirchliche Grenzen hinweg gegeben. In der Folge dieser Gründung scheint Nathusius die Hoffnung auf eine gemeinsame Zukunft mit Naumann endgültig aufgegeben zu haben, da dieser inzwischen eine Haltung zeige, „welche seine Erwähnung in einem kirchlichen Bericht nur noch dadurch rechtfertigen läßt, daß auch die Verwüstungen der Sittlichkeit des öffentlichen Lebens für das kirchliche Leben ein bedeutendes Interesse haben"[195]. Göhre hat für Nathusius spätestens durch seinen Austritt aus dem NSV im April 1899 und dem Eintritt in die sozialdemokratische Partei im Mai 1900 endgültig seine theologische Glaubwürdigkeit eingebüßt.

Doch Nathusius macht auch auf der „rechten" Seite Versäumnisse namhaft. Stoeckers Parteigründung im Jahr 1896 habe aufgrund der Verwendung des Namens „Christlich-Sozial" und ihres politisierenden Charakters nicht dazu beigetragen, die kirchlichen Reformideen hof- und konsensfähig zu machen[196]. Wie er an anderer Stelle bemerkte, kann der Name der Partei CSP allein keineswegs vermeiden, daß in ihr und ihrem Presseorgan, dem *Volk*, ein „Geist der Beunruhigung und der Unbotmäßigkeit herrscht"[197], der keineswegs den öffentlichen Konsens fördere. Auch die Vertreter des „sogenannten genuinen Luthertums" wurden aufgrund ihrer prinzipiell ablehnenden Haltung gegenüber kirchlich-sozialer Tätigkeit jetzt von Nathusius scharf in das Visier genommen. Er beklagte auch bei diesen grundsätzliche theologische Mängel, insofern sie „die Schranken zwischen dem spezifisch geistlichen oder kirchlichen Thun und dem weltlichen Leben in unevangelischer Weise"[198] erhöhten. In diesen Worten deutet sich als konkreter Hintergrund die inzwischen wieder mächtiger gewordene innerkirchliche Reaktion auf fortgesetzte Sozialreformen an: Nathusius vollzog diesen sozialpolitischen Rückschritt eben nicht mit - bzw. interpretierte die staatliche 'Aktion'

---

194 *AKM* 1897, 24. 12. 1896, S. 93.

195 *A. a. O.*, 24. 5., S. 650f., vgl. auch *a. a. O.*, S. 1215.

196 Vgl. *Mitarbeit, 2. Aufl.*, S. 11.

197 *Was ist christlicher Sozialismus?*, S. 41. Nathusius ist aber offensichtlich durchaus um eine umfassende Informationsbasis bemüht, wenn er darauf hinweist, seit Ersterscheinen am 1. 10. 1895 keine Nummer des *Volkes* unbetrachtet gelassen zu haben, *ebd.*

198 *Mitarbeit, 2. Aufl.*, S. 275.

anders! -, bestand auf seiner Beobachtung der Veränderungsbedürftigkeit der sozialen Verhältnisse und blieb damit bei seiner vehementen Betonung der Brisanz der sozialen Frage. Erneut wurden Klagen darüber laut, daß die quietistischen Vertreter von Politik, Theologie und Kirche durch ihre Haltung gewollt oder ungewollt der Wahrung bestehender Besitzstände im Sinn eines falsch verstandenen Konservatismus dienten und damit den Egoismus der Gutsbesitzer und Industriellen nur weiter bestätigten: „Die Sünden der Konservativen, die hier begangen sind, zu leugnen, fällt mir nicht ein“[199].

Allerdings - und damit vollzog er die verhängnisvolle Scheidung von den konservativen Christlich-Sozialen um Stoecker - rückte er nicht von seiner spezifischen Sicht der vermeintlich einzig möglichen gesellschaftlichen Gliederung auf dem Hintergrund seiner christlichen Soziologie ab, wie er im Anschluß an Stoeckers Austritt aus der Deutsch-Konservativen Partei betonte: „Es ist eine Forderung, die ich nicht anstehe als die Quintessenz der ganzen modernen sozialen Bewegungen zu bezeichnen, daß der sogenannte vierte Stand ständisch gegliedert und organisiert werde“[200].

4. Zur neuerlichen Auseinandersetzung mit der Sozialdemokratie

Im Zusammenhang der Vorwürfe unangemessener Politisierungen der sozialen Frage trat jetzt auch Nathusius' ohne Zweifel intensiver gewordene Beschäftigung mit Theorie und Praxis des Sozialismus, der materialistischen Weltanschauung und kommunistischen Gesellschaftsanschauung deutlich hervor[201]. Die hierfür relevante Darstellung der „kommunistische[n] Volkswirtschaftslehre der Sozialdemokratie“[202] ist gegenüber der 1. Auflage augen-

---

[199] *Was ist christlicher Sozialismus?*, S. 46. Dieser Bemerkung liegen die konkreten Ereignisse mit den bereits angedeuteten Aktivitäten des Freiherrn v. Stumm-Halberg zugrunde, die Nathusius vehement kritisierte. Insbesondere v. Stumms Vorwürfe und Verunglimpfungen gegen L. Weber und dessen christlich-soziale Tätigkeit führten jetzt auch Nathusius zu dem Fazit, daß es diesem „n i c h t um die Sache zu thun ist und daß der politische Einfluß dieses Mannes ein nationales Unglück ist“, *a. a. O.*, S. 47f. Ganz richtig bemerkte J. H. Wilhelmi in seiner Rezension der 2. Auflage der *Mitarbeit*, daß man bei dieser Neuauflage des Werkes in keiner Weise „auf einen Einfluß der Ära Stumm schließen dürfte“, *AKM* 1897, S. 1261.

[200] *Die Krisis der konservativen Partei*, S. 302.

[201] Die Ausweitung der diesbezüglichen einschlägigen Literatur in der 2. Auflage dürfte nicht zuletzt auf Naumanns Kritik an der 1. Auflage zurückzuführen sein, in der dieser insbesondere die Beachtung des Erfurter Programms sowie der Werke von F. Engels und K. Kautsky anmahnte, vgl. F. Naumann, *ThLZ* 1893, Sp. 313f.

[202] So die Benennung des einschlägigen Abschnittes, vgl. *Mitarbeit, 2. Aufl.*, S. 104-118. Die Ausweitung der Literaturangaben zu dieser Thematik innerhalb der 2. Auflage unterstreicht diese Beobachtung. Unter den über 70 neuen Literaturangaben sind 36 Werke, die sich mit den Themenkomplexen der materialistischen und sozialistischen Weltanschauung und Geschichtsauffassung sowie der Charakterisierung der Sozialdemokra-

fällig verändert. Insbesondere zieht Nathusius jetzt eine scharfe Trennlinie zwischen den frühen Vertretern sozialistischen Gedankenguts wie Blanc, Proudhon, Weitling oder Lassalle, die von ihm durchaus wohlwollend rezipiert werden, und den radikal-sozialistischen Ideologen Marx und Engels inklusive der einschlägigen parteipropagandistischen Verbreitung ihrer Ansichten und Forderungen. Deren Doktrinarismus und logischer Schematismus, verbunden mit „Anti-Antisemitismus"[203] und der revolutionären „Weltanschauung des Genusses"[204] sowie der Aufnahme darwinistischer Theoreme[205], führt Nathusius jetzt dazu, auch die Auseinandersetzung mit dem materialistischen Sozialismus explizit auf die *grundsätzliche* Ebene zu heben. Denn er hält dessen Bekämpfung weder durch Mittel politischer Gewalt noch durch detaillierte nationalökonomische Widerlegungsstrategien für möglich, sondern allein „durch die Geltendmachung einer der materialistischen Genußtheorie entgegengesetzten Weltanschauung, das ist des Christentums"[206].

---

tie befassen. Es werden jetzt beispielsweise vermehrt Schriften von Marx, etwa *Das Elend der Philosophie*, das *Manifest der kommunistischen Partei*, seine *Kritik an der politischen Ökonomie* und der erste Band des *Kapitals* aufgenommen. Kautsky kommt mit fünf Werken sowie seiner Zeitschrift *Neue Zeit* zur Sprache, wobei Nathusius insbesondere dessen Darstellungen von Marx' ökonomischen Lehren sowie der sozialdemokratischen Grundanschauungen rezipiert, auf seine offensichtlich ausführliche Lektüre der *Neuen Zeit* verweist (*Mitarbeit, 2. Aufl.*, S. 113), zugleich aber beklagt, daß Kautskys tendenziöse Darstellungen den wissenschaftlichen Wert teilweise erheblich verminderten, *a. a. O.*, S. 96.

Zudem erfolgt in diesem Zusammenhang jetzt eine ausführliche Darstellung der bodenreformerischen Anliegen des Amerikaners H. George, dessen Forderungen der Abschaffung von Grundschulden und Grundzinsen sowie der Einrichtung einer Bodenrentensteuer Nathusius als durchaus vernünftig erscheinen, vgl. *a. a. O.*, S. 197ff. Zur Bodenbesitzreform stellt sich Nathusius jetzt weitaus geneigter als noch innerhalb des ersten Bandes, wie auch E. F. Wyneken feststellte, vgl. *AKM* 1895, S. 677.

Nathusius sieht in ausschließlichem Privatbodenbesitz einen der Hauptgründe für die sozialen Übelstände der Zeit; ein weiteres Merkmal dafür, daß es dem Konservatismus in dieser Gestalt keineswegs unbefragt um die Bewahrung althergebrachter privater Besitzstände ging.

203 Vgl. *Mitarbeit, 2. Aufl.*, S. 137.

204 *A. a. O.*, S. 117.

205 *A. a. O.*, S. 145f. Im Zusammenhang dieser Tirade findet sich im übrigen einer der wenigen Verweise von Nathusius auf Nietzsche. Dieser verkehre, wie er bemerkte, die sozialistisch-kollektive Sicht der menschlichen Gesellschaft in geradezu spiegelbildlich falscher Weise, insofern sein „Aristokratismus" bewirke, daß „um ein einzelnes hervorragendes Exemplar zu schaffen, [...] Tausende anderer Existenzen geopfert werden" müssen, *a. a. O.*, S. 146. Auch für Nietzsche gelte, daß dieser zwar nicht durch eine materialistische Weltanschauung, aber durch den Gedanken des uneingeschränkt machtvollen und willensstarken Ich die Weltmacht göttlicher Liebe negiere, vgl. *Christliche Liebe und soziale Hilfe*, S. 3f.

206 *Mitarbeit, 2. Aufl.*, S. 117. Selbstverständlich gilt aber ohnehin: „So stark der Kommunismus in der Kritik auch ist, so schwach wird er, sobald er auf den Boden positiver Vorschläge sich begeben soll", *a. a. O.*, S. 176. Die schon innerhalb der ersten Auflage

Als wichtigsten historisch eruierbaren Faktor für die Ursprünge sozialistischer Bestrebungen und klassenkämpferischer Absichten nennt er zwar wiederum das Christentum und dessen soziale Ideen der Gleichheit, Gerechtigkeit und Humanität. Zugleich macht er die völlige Veräußerlichung dieser Ideen zum Ausgangspunkt seiner Kritik. Je unvollständiger „der eigentliche Kern des Christentums, nämlich die religiöse Befreiung und die Gleichheit vor Gott, erfaßt wurde, [...], desto mehr entstand das Bestreben einen radikalen Kommunismus auch im sozialen Leben zu verwirklichen“[207].

Die sozialistische Konzeption präsentiere demzufolge nur die politischen und ökonomischen Konsequenzen einer *grundsätzlich defizitären* Denkweise, die, theologisch konnotiert, innerhalb und, materialistisch konnotiert, außerhalb der Kirche vorzufinden sei. Von daher ergeben sich in dieser Zeit bei Nathusius vermehrt explizite Parallelisierungen zwischen der theologischen und der materialistisch-sozialistischen Antwortstrategie auf die soziale Frage, die er unter das gemeinsame Banner der *Veräußerlichung und Radikalisierung* der eigentlichen christlichen Idee auf dem Hintergrund verweltlichter Zukunftsvorstellungen stellt[208]. Diese Kritik einer Veräußerlichung wird nicht nur für vermeintlich kommunistische Zukunftsvorstellungen, sondern auch für die Forderung nach einer „demokratische[n] Ordnung der Gesellschaft, in der Bildung, Besitz, Aufgabe und Lebensstellung Aller möglichst ausgeglichen sind“, in Anschlag gebracht. Nathusius hält die Affinität der christlichen Botschaft zu *demokratischen Prinzipien* nicht für größer als zu kommunisti-

---

überraschende Notiz, wonach die Sozialdemokratie diejenige Partei sei, „auf die es bei der sozialen Frage und der sozialen Thätigkeit ganz besonders ankommt“ (*Mitarbeit II*, S. 412) findet sich - kaum verwunderlich - nicht mehr. Auch die ursprünglichen Bemerkungen, wonach „der Christ und der Pastor nicht b l o ß e r Gegner der Sozialdemokratie“ (*a. a. O.*, S. 413) sein könnten und die sozialdemokratischen Schriften gründlich zu studieren seien (vgl. *a. a. O.*, S. 414) sucht man jetzt vergeblich.

207 *Mitarbeit, 2. Aufl.*, S. 96f.

208 Zu dieser gängigen Parallelisierung einschlägig L. Hölscher, *Weltgericht oder Revolution*. Wie Nathusius einen konkreten Fall der *Verbündung* von Sozialdemokratie und protestantischer Geistlichkeit beurteilte, macht nicht nur seine Einschätzung P. Göhres deutlich, sondern auch seine Reaktion auf Christoph Blumhardts Eintritt in die Sozialdemokratische Partei. Dies führte er einerseits auf Blumhardts gänzliche Unkenntnis der „cynische[n] Gottlosigkeit“ der Partei zurück - ein Argument, das angesichts der Boller Weltabgeschiedenheit durchaus Berechtigung für sich beanspruchen kann - sowie auf das grundsätzlich defizitäre, weil gesetzliche Evangeliums- bzw. Reich-Gottesverständnis des württembergischen Noch-Pfarrers, vgl. *AKM* 1899, S. 1323. Im Rekurs auf die eigenen studentischen Erfahrungen (vgl. I. 1.2.3.) folgerte Nathusius: „Die geistliche Bedeutung Blumhards [sic!], die er auch heute noch hat, soll [...] zwar nicht geleugnet werden, aber wenn der Sprung in die Sozialdemokratie nicht durch einen entgegengesetzten Sprung wieder ausgeglichen wird, so muß das geistliche Leben in Boll zusammenschrumpfen, und es wird nur noch für Neugierige, nicht mehr wie einst für Hungrige und Durstige eine Sammelstelle werden“, *a. a. O.*, S. 1324.

schen Idealen: „So wenig das Christentum *gegen* eine solche Ordnung ist, so wenig ist es dafür“[209].

5. Eine neue Konkretion: Stände - Arbeiterbewegung - Gewerkschaften

Die Entwicklung in den letzten Jahren des 19. Jahrhunderts strebte mit Macht nach der Weiterentwicklung rechtlicher und politischer Instanzen zur Vertretung der Arbeitnehmerinteressen[210]. Spätestens mit der Gründung des Gesamtverbandes Evangelischer Arbeitervereine im Jahr 1890 mußte die Arbeiterbewegung auch zu einem festen Bestandteil der Konkretionen evangelischer Sozialethik werden. Es ist darauf hingewiesen worden, daß Nathusius bereits in seiner 1. Auflage der Mitarbeit auf diese Fragen eingegangen war. Prinzipiell verändern sich seine Forderungen im Rahmen der 2. Auflage nicht. Allerdings nimmt er die zunehmende Institutionalisierung der Arbeiterinteressen immer weniger als eine Frage an staatliche Instanzen wahr, sondern erblickt darin eine prinzipiell politische Fragestellung: „Die Arbeiterbewegung unseres Jahrhunderts ist der Versuch des völlig neu erwachsenen Berufsstandes der freien, industriellen Lohnarbeiter, zu einem politischen Stand zu werden“[211]. Er hält den Versuch, diese Entwicklung rückgängig zu machen, weder für möglich noch für sinnvoll und verzichtet nun auf die Bemerkung: „Es kann unter Umständen Jahrhunderte dauern, ehe es zu befriedigenden Zuständen kommt“[212].

Gegenüber der 1. Auflage der *Mitarbeit* betont er, daß nicht nur die Möglichkeit einer völligen Veränderung der Stände besteht, sondern daß bestimmte Berufsstände sogar gänzlich überflüssig werden könnten[213]. Allerdings wird in diesem Zusammenhang aufgrund einer doppelten Einschränkung deutlich, daß Nathusius diese aktuellen Entwicklungen in seine eigene Gesellschaftsauffassung nur noch mit allergrößten Schwierigkeiten integrieren konnte. Einerseits könne die Rede von der Organisation des vierten Standes „unmöglich

---

209 *Was ist christlicher Sozialismus?*, S. 34.

210 Vgl. dazu vor allem H. Grebing, *Geschichte der deutschen Arbeiterbewegung*; M. Schneider, *Die christlichen Gewerkschaften* sowie K. M. Hofmann, *Evangelische Arbeitervereinsbewegung*. Außerdem weist K. E. Pollmann auf die überwiegend positive Rezeption der Gewerkschaftsbewegung durch die KSK hin. Demzufolge begrüßte die KSK im Jahr 1904 die christlich-nationale Arbeiterbewegung sogar als den Anbruch einer neuen Zeit, vgl. *KSK*, S. 61ff.

211 *Mitarbeit, 2. Aufl.*, S. 51. F. W. Graf formuliert: „Trotz einer scharfen Kritik der als atheistisch und materialistisch bekämpften Sozialdemokratie stand N[athusius] der Arbeiterbewegung näher als den diversen Gruppierungen des politischen wie religiösen Liberalismus, denen er Individualismus und antisoziales Interessendenken vorwarf“, *Nathusius*, Sp. 488.

212 *Mitarbeit II*, S. 332.

213 *Mitarbeit I*, S. 69 im Vergleich mit *Mitarbeit, 2. Aufl.*, S. 50.

so verstanden werden, daß die gesamte Masse aller irgendwie beschäftigten Handarbeiter [...] zu einer großen festen Organisation werde“[214]. Eine einheitliche, womöglich parteigebundene Interessenvertretung wird vehement abgelehnt. Andererseits ist für ihn die „Quintessenz der ganzen modernen sozialen Bewegungen [...], daß der sogenannte vierte Stand ständisch gegliedert und organisiert werde“[215]. Von dieser Forderung nach einer „lebendigen Gliederung“ läßt er sich nicht abbringen, was erneut sein harmonistisches Gemeinschaftsideal zum Vorschein bringt: „Alle Fabrikarbeiter, Bergarbeiter, Landarbeiter, [...], über einen Leisten schlagen, könnte wohl jemand, der aus der Schule von Marx kommt, aber kein praktischer konservativer Staatsmann“[216].

In seinem wenige Jahre später veröffentlichten Aufsatz *Die kirchliche Aufgabe in bezug auf die Arbeiterbewegung* (1901/02) verbindet Nathusius sein politisch relevantes Gemeinschaftsideal hoch aufschlußreich unmittelbar mit der kirchlichen Praxis. Vom Gedanken der *Berührung* zwischen christlichen Bewegungen und Arbeiterbewegung aus, die auch letzterer einen gewissen Anteil an den Kulturgütern verschaffe, ist seiner Meinung nach die ständische Gliederung der nach wie vor geeignetste Weg zur Hebung und Beglückung der arbeitenden Klassen[217]. Offensichtlich ist Nathusius' Annäherungsversuch an die Arbeiterbewegung letztlich hier aber nichts anderes als ein 'Infiltrationsversuch' mit der eigenen christlichen Gesinnung. Gleichberechtigter Dialog findet weder auf der politischen noch der kulturellen Ebene statt, wenn Nathusius erneut betont, daß alles kirchlich-soziale Handeln letztlich Seelsorge ist, durch die „auf ein bestimmtes sittliches Verhalten hingewirkt werden soll“ und sich die Seelsorge darauf zu richten hat, „daß der betreffende Mann sich bekehrt“[218]. Der Schwerpunkt seines Interesses wird auch in diesem Fall deutlich. Denn die Prüfung der sozialen Verhältnisse - „wie weit sie der Entwicklung des religiös-sittlichen Lebens hinderlich oder förderlich sind“[219] - dient offensichtlich mehr der kirchlichen Selbstinterpretation und -vergewisserung als der tatsächlichen Bewältigung der sozialen Nöte. All dies bedeutete zwar keineswegs, daß man unter der genannten Prämisse etwa die tatsächliche permanente Prüfung der sozialen Verhältnisse zu vernachlässigen gedachte! Aber speziell auf diesem Feld der kirchlichen

---

[214] *A. a. O.*, S. 448.

[215] *AKM* 1896, S. 302.

[216] *A. a. O.*, S. 303. P. Baltzer, nach wie vor wohlwollender Rezensent der *Mitarbeit*, moniert besonders, daß Nathusius, der „so kundige[ ] Führer“ die inzwischen geschehene Weiterentwicklung der Genossenschaften unbeachtet gelassen hat und erhofft sich für die dritte Auflage die Klärung der Frage, „wie weit das Genossenschaftswesen christlich ist“, *EKZ* 1898, Sp. 32.

[217] Vgl. *Die kirchliche Aufgabe*, S. 56f., 64.

[218] *A. a. O.*, S. 110, 113.

[219] *A. a. O.*, S. 117.

„Pflege" der Arbeiterfrage war Nathusius von der Zeit überholt worden, da er sich nicht auf die Erkenntnis einlassen wollte, die bereits Stoecker mit seiner CSAP zwanzig Jahre zuvor hatte machen müssen: „die Verbindung von konservativer Parteistellung, pietistischer Volksfrömmigkeit und sozialem Engagement hatte unter der großstädtischen Arbeiterschaft keine dauerhafte Chance mehr"[220].

6. Conrad v. Massow und die konservative Sozialpolitik in der *AKM* (1897-1904)

Es dürfte kein Zufall sein, daß sich ab 1897 die Rubrik „Sozialpolitik" in der *AKM* findet. Die Ereignisse der letzten Jahre hatten mit Nachdruck die Selbstvergewisserung der eigenen konservativen sozialen und politischen Leitlinien gefordert: Eine neue sozialkonservative Begleitungsstrategie des werdenden Sozialstaates schien unumgänglich. Höchstwahrscheinlich wollten Nathusius als Herausgeber und U. v. Hassell als Schriftleiter deutlich machen, daß man sich trotz der innerparteilichen und innerkirchlichen Differenzen über eine angemessene sozialpolitische Beteiligung keineswegs aus den Zukunftsdebatten zu verabschieden gedachte. Für die monatliche detaillierte Berichterstattung wurde in C. v. Massow ein Gesinnungsgenosse, zugleich ein ausgewiesener praktischer Fachmann für diesen Fragenkomplex gefunden[221]. V. Massows Berichte - ebenfalls wieder in hohem Maße 'Persönlichkeitsjournalismus' - vereinigten die theoretische Verortung sozialpolitischer Ansichten mit der Erörterung anstehender gesetzlicher Maßnahmen und konkreter praktischer Erfordernisse, wobei alle theoretischen Überlegungen 'nur' Mittel zum praktischen Zweck sein sollten. Damit wurde beispielsweise den Kathedersozialisten soziale Kompetenz praktisch abgesprochen, denn

---

220 Th. Nipperdey, *Religion im Umbruch*, S. 109.

221 C. v. Massow, Jugendfreund von Nathusius, ehemaliger Landrat und Beamter der königlichen Regierung, partizipierte in vielfacher Weise an christlich-sozialen Aktivitäten. Er, der auch nach der Spaltung des ESK dessen Mitglied blieb, war Vorsitzender des Zentralvorstandes der von Bodelschwingh ins Leben gerufenen Arbeiterkolonien, Vorstandsmitglied des von Bodelschwingh geleiteten Deutschen Herbergsvereins sowie Mitglied des Brandenburgischen Provinzialausschusses für Innere Mission. V. Massow hatte seine Grundgedanken bereits 1894 in seinem Werk *Reform oder Revolution* ausgeführt und brachte dies im Jahr 1900 in einer Schrift zum neuen preußischen Fürsorgegesetz in Anwendung. In einer Rezension zur Schrift von 1894 bemerkte Nathusius allerdings, daß er v. Massows pessimistische Befürchtung einer möglichen Revolution dann für entkräftet halte, wenn man sich des Zusammenhangs der eigenen Ideen mit der Kulturentwicklung bewußt werde, d. h. durchaus auf die Kraft der eigenen Anschauung über das Gute vertraue, „womit ich aber nicht leugnen will, daß wenn die Stumm, v. Eynern und Genossen Einfluß gewönnen, sie eine Revolution doch noch zuwege bringen könnten", *AKM* 1895, S. 425.

„sie fechten mit ihren Theorien, welche das Volk beglücken sollen, aber mit dem Volke selbst halten sie selten Gemeinschaft“[222].

Von Beginn an hob er in seinen explizit *sozialen* und *sozialpolitischen*, dezidiert nicht *nationalökonomischen* Monatsberichten hervor, Lösungsversuche sozialer Probleme *jenseits* politischer Parteibildungen anzustreben. Die Tendenz, die die *AKM* damit zum Ausdruck bringen wollte, ist deutlich. Man meinte, ein gleichsam politikfreies Sozialengagement jenseits aller Diskussionsprozesse leisten und befördern zu können, weil nach wie vor vom einheitlichen gemeinsamen Interesse aller Beteiligten ausgegangen werden sollte, das durch politische Interessen und Machtkämpfe fälschlicherweise nur zugedeckt werde. Sozialpolitik habe nicht zuerst den Ausgleich widerstreitender Meinungen im Sinn, sondern insistiere auf der konstruktiven Erinnerung an das gemeinsame Gute. Von dieser Grundhaltung aus ergab sich nicht nur die deutliche Oppositionsstellung gegenüber einer Bildung wie Naumanns NSV oder Stoeckers CSP, sondern es kam zu einer deutlich eingegrenzten Definition des *Sozialen*. Als entscheidend galt es v. Massow, die soziale Frage gerade von der Arbeiterfrage zu unterscheiden. Die von ihm konstatierte Reduktion öffentlichen Interesses auf die Arbeiter- bzw. Industriearbeiterfrage verkannte seiner Meinung nach den entscheidenden Punkt. *Sozial* könne es nicht sein, die Interessen eines einzigen Standes einseitig zu vertreten, da der wahre soziale Gedanke sich auf das geordnete Verhältnis *aller* untereinander beziehe. Mit der Feststellung „societas bedeutet Gesellschaft, Gemeinschaft“[223], Sozialismus ist „Gesellschaftssinn“[224] wurde der konservative Ordnungsgedanke auf das sozialpolitische Gebiet appliziert.

Konkrete Kontroversen ergaben sich daraufhin beinahe zwangsläufig. Die konservativen Geister v. Oertzen als Vertreter von Stoeckers CSP und v. Massow schieden sich in der Beantwortung der Frage, ob dem Arbeiterstand das Notwendige *gegeben* werden müsse oder ob man ihm *selbst* die politische Artikulation und Durchsetzung der eigenen Bedürfniserfüllung zubilligte. V. Massows ordnungstheoretische und vermeintlich konziliante sozialpolitische Grundhaltung führte ihn dazu, diese Frage auf sozialharmonistische Weise durch die Forderung einer „echt christlich-menschliche[n] Gesinnung“[225] zwischen Arbeitgeber und Arbeitnehmer zu beantworten. Im konkreten Fall sozialpolitischer massiver Auseinandersetzungen wie der des Hamburger Hafenarbeiterstreiks von 1896/97 wurden folglich Antwortstrategien nicht auf politischer Verhandlungsbasis gesucht, sondern durch den Rekurs auf das christlich geprägte und ständisch geordnete Sozialgebilde, denn: Sozialpolitik

---

[222] *AKM* 1897, S. 1207.

[223] *A. a. O.*, S. 85.

[224] *MSL* 1901, S. 878.

[225] *AKM* 1897, S. 309.

ist weder Regierungs- noch Parlamentssache[226]. Daß damit legitime Gründe für - gesellschaftszerklüftende - Streiks ausgeschlossen sein mußten, ergab sich beinahe von selbst.

Von diesem Bild des sozialen Ganzen aus entwickelte sich in hochgradig dynamischer Weise das Interesse und Engagement der Konservativen an sämtlichen Etappen der sozialpolitischen Entwicklung. Der Gedanke einer wiederzuerreichenden idealen Versöhnung zwischen den wirtschaftenden Gruppen beinhaltete nicht nur die Forderung nach Stärkung der Selbstverwaltungskräfte[227], sondern beförderte auch die eigene Aktivität. Man schloß sich Posadowsky-Wehners Ansinnen an, einen Stillstand in der Sozialpolitik in jedem Fall vermeiden zu wollen[228]. Für die folgenden Jahre ist bei v. Massow praktisch für jede sozialpolitische Neuentwicklung enorme Sympathie festzustellen, sei es was den Schutz gewerblicher Arbeitsverhältnisse, die mögliche Einrichtung eines Reichsarbeitsamtes, die Etablierung von Handwerkerkammern, die rechtliche Verbesserung der Wohnverhältnisse, soziale Sicherung der Landarbeiter, die Einrichtung weiterer Arbeiterkolonien, das preußische Fürsorgeerziehungsgesetz oder den Ausbau der Organisation Evangelischer Arbeitervereine anging. Betont wurde, daß diese Maßnahmen nicht von repressiver Natur gegenüber den Betroffenen sein dürften, da sonst wiederum dem Gedanken des sozialen Ganzen widersprochen werde. Allerdings kann insbesondere im Punkt der Wohnreformen gefragt werden, ob durch den Versuch der Wiederbelebung familialer Strukturen angesichts der fortgeschrittenen und unaufhaltsamen Urbanisierungsprozesse nicht Anachronistisches gefordert wurde[229]. Außerdem zielte man, wie v. Massows Beurteilung einzelner sozialpolitischer Entwicklungsschritte deutlich machte, mindestens indirekt auf die sozialdemokratischen Einflüsse ab. In diesem Sinn verfolgten die Konservativen eine dezidiert sozialintegrative Strategie hinsichtlich der wirtschaftlich und sozial bedrängten Schichten, etwa durch die Forderung nach parteiunabhängigen Gewerkschaften. Das soziale Engagement trug aber zugleich einen bewußt 'exklusiven' Charakter gegenüber der Sozialdemokratie.

---

[226] Vgl. *a. a. O.*, S. 197. Gleichwohl wußte v. Massow anläßlich von Bismarcks Tod am 30. 7. 1898 dessen Sozialgesetzgebung der achtziger Jahre zu würdigen, wobei er das Momentum dieser Gesetzgebung vor allem in dessen Versuch des Interessenausgleichs erblickte und den gesunden Gedanken der Bismarckschen Regularien in der Verbindung von individueller Eigenverantwortlichkeit und überindividueller Sicherung sah, d. h. „wenn Verhältnisse eintreten, die außerhalb dieses Willens und dieser Kraft [des Arbeiters, Th. S.] liegen und ihn dennoch der Früchte seines Fleißes berauben", *AKM* 1898, S. 983.

[227] Vgl. *a. a. O.*, S. 81.

[228] V. Massow rekurriert hier auf die epochale Reichstagsrede des Staatssekretärs des Inneren und preußischen Staatsministers Graf Posadowsky-Wehner vom 6. 12. 1897, vgl. *a. a. O.*, S. 80.

[229] Vgl. zu den Debatten über die Wohnreformen nach 1890 und der Kritik an den sozialkonservativen Maßnahmen C. Zimmermann, *Wohnungsfrage*, S. 131ff.

In diesem Sinn konnte v. Massow freudig zum ersten deutschen Arbeiterkongreß, der im Oktober 1903 in Frankfurt stattfinden sollte, einladen, da dieser sich auf die Fahnen geschrieben hatte, vom Boden der gegenwärtigen Staats- und Gesellschaftsordnung aus eine fortschreitende Sozialreform und die ungehinderte Ausübung des Koalitionsrechts zu fordern - innerhalb der Schranken des christlichen Sittengesetzes![230].

C. Das praktisch-theologische Programm

Nach der Verschärfung der *sozialethischen* Debatten, die ihrerseits im Zusammenhang mit dem neuerlichen Durchbruch der grundsätzlichen *theologischen* Unterschiede interpretiert werden muß, verlagerte sich bei Nathusius gegen Ende des Jahrhunderts sein Hauptinteresse immer mehr von Problemen *kirchlich-sozialer Tätigkeit* hin zur *Frage der Zukunft der Kirche*. Zwar standen alle Schriften und Äußerungen, die nach Beendigung der 2. Auflage der *Mitarbeit* von ihm veröffentlicht wurden, immer noch betont in öffentlichkeitsrelevantem, sozial orientiertem Praxisinteresse. Doch die binnenorientierten theologischen Selbstvergewisserungsdiskurse nahmen deutlich zu. Dies ist zum einen darauf zurückzuführen, daß man auf vielen - kirchlichen wie staatlichen - Gebieten sozialer Tätigkeit lebhafte Aktivität und Konsolidierung entdeckte. Spätestens mit Beginn der Tätigkeit von Posadowsky-Wehner als Staatssekretär des Inneren war die weitere Ausformung sozialstaatlicher Gewährleistungen in vergleichsweise sichere Bahnen gelangt. Auch hatten die christlich-sozialen Grundsatzdiskussionen merklich nachgelassen, was die Arbeit der Kirche und auch der KSK wesentlich erleichterte und Nathusius zu der Beobachtung führte: „Im Ganzen geht es allen Parteiversammlungen der Gegenwart so, daß sie langsam zurückgehen, während die Konferenzen, die sich bestimmte praktische Aufgaben stellen (Kongreß für Innere Mission, kirchl.-soziale Konferenz etc.) zunehmen“[231].

---

230 Vgl. *MSL* 1903, S. 1007.

231 *MSL* 1901, S. 1101. Diese Konsolidierung der Praxis gegenüber theologisch-politischen Grundsatzdebatten zeigte sich auch im Zusammenhang der eigenen Zeitschrift. Im Jahr 1900 änderte sich, wie bereits anfangs erwähnt, der Name der *AKM*. In bewußter Annäherung an den ursprünglichen Titel des 1844 gegründeten Volksblattes lautete er jetzt *Monatsschrift für Stadt und Land*. Nathusius wies später darauf hin, daß damit das Mißverständnis vermieden werden sollte, ein politisches Blatt präsentieren zu wollen. Dennoch scheint sich diese Veränderung auf die Zahl der Abonnenten nicht wesentlich ausgewirkt zu haben. Bereits im Lauf des Jahres 1902 kam es zu einer ernsthaften Krise der *MSL*, die erst durch eine reichsweite konzertierte Aktion konservativer Kreise abgewendet werden konnte. Der Stellenwert der *MSL* in konservativen Kreisen wird etwa daran erkennbar, daß man im *Militär-Wochenblatt* auf die Bedeutung der *MSL* als der einzigen national-monarchischen und christlich-konservativen Revue Deutschlands

Zum anderen wurde ein intensiverer innerkirchlicher bzw. innertheologischer Diskurs für notwendig gehalten, weil man sich insbesondere auf konservativer Seite durch mehrere konkrete Anläße theologisch herausgefordert fühlte. Für Nathusius gilt, daß er zwar die kirchlich-soziale Arbeit als konsolidiert ansah, im gleichen Moment allerdings die Erneuerung exklusiver kirchlicher Deutungs- und Gestaltungsmacht - scheinbar paradoxerweise - weniger denn je für erreicht hielt. So ist die Tendenz unverkennbar, die Frage kirchlicher Gesellschaftsrelevanz nochmals grundsätzlich anzugehen. Mit dem bis dato präsentierten wirtschafts- und sozialethischen Programm hat die selbstauferlegte neue Inangriffnahme der Fragestellung insofern zu tun, als es Nathusius darum ging, die Prägekraft kirchlich-sozialer Glaubenspraxis für den weiteren Kontext endgültig als fruchtbar zu erweisen. Die eigene Selbstvergewisserungsfrage führte deshalb zu einer Debatte über die Ausprägung der praktischen Theologie als theoretischer und praxisrelevanter Wissenschaft. Mehr denn je galt für diese Zeit das bereits zu Beginn der neunziger Jahre formulierte, für ihn charakteristische Bonmot: „Es muß anerkannt werden, daß es für die Kirche erschwerend wirkt, daß wir in einer Zeit leben, welche im großen und ganzen die Richtung zum Praktischen so stark aufweist, daß auch die berechtigten Interessen der Theorie oder Lehre darüber verloren gehen können. [...] Man muß diese Gefahr bei der heutigen, im ganzen so erfreulichen Richtung auf das Praktische im Auge behalten“[232]. Vielleicht ein typischer Zug der konservativen Theologie der damaligen Zeit: man hatte sich aus der christlich- bzw. kirchlich-sozialen Debatte nicht aus Desinteresse zurückgezogen, sondern weil man die Ausweitung der eigenen theologischen Disziplin zu einer *praktischen Kulturwissenschaft* hin anstrebte. Aber offensichtlich zu einer ganz anders gearteten Kulturwissenschaft als derjenigen, um die man die liberalen Theologen der Zeit ringen sah. Zuerst jedoch rang man, wie bisher schon, mit der liberalen Theologie selbst.

---

hinwies, vgl. *MSL* 1902, S. 545f. Die Herausgeber der *MSL* bestätigten zu dieser Zeit - erstmals in dieser Deutlichkeit - die national-militärischen Interessen auf dem Boden der bis dato geäußerten nationalen und kolonialen Interessen. In Anlehnung an das Programm der deutsch-konservativen Partei wurde die Erhaltung eines starken Heeres sowie einer „achtunggebietenden Flotte“ (*a. a. O.*, S. 649) gefordert. Ansonsten kann für Nathusius nur festgestellt werden, daß - gegen Vereinnahmung von Bibel und Bekenntnis - nationale Interessen im Zweifelsfall immer hinter den Wahrheitsgehalt kirchlicher Verkündigung zurückzutreten hatten. Nationalistisches, gar chauvinistisches Pathos ist bei ihm praktisch nicht festzustellen. Insofern trifft auf ihn Nipperdeys Feststellung über die mehrheitliche protestantische Rezeption nationaler Ereignisse von Tragweite zu: „bei allem Hochgefühl ist wilder Nationalismus relativ selten, Chauvinismus gilt als heidnisch und - französisch“, *Religion im Umbruch*, S. 93. Ein ‘Pastorennationalismus’ im Sinn der unhinterfragten Identifizierung von protestantischer und nationaler Gesinnung kann Nathusius nicht zugeschrieben werden.

232 *AKM* 1892, S. 873.

1. Die Auseinandersetzung mit Harnacks *Wesen des Christentums*

Der vor allem zwischen Harnack und Cremer prominent geführte Streit über dessen 1899/1900 in Berlin gehaltene Vorlesung über das *Wesen des Christentums* [*WdC*] erfährt durch den Blick auf die Beteiligung des Greifswalder Kollegen Nathusius eine aufschlußreiche Beleuchtung. Mit dieser Debatte wird das letzte grundsätzliche theologische Gefecht zwischen den Vertretern der Greifswalder Schule und der liberalen Theologie ausgetragen. Harnack war in seiner Vorlesung für Hörer aller Fakultäten bekanntlich in methodischem Sinn davon ausgegangen, daß die von ihm zugrundegelegte Erkenntnisart durch den Verzicht auf dogmatische Setzungen eine objektive Erkenntnis über historische Vorgänge ermöglichen könne. Gegenüber den Auseinandersetzungen im Zusammenhang des Apostolikumstreites ist Nathusius' erste Reaktion von vergleichsweise konziliranter Art. Er erkennt Harnacks Bemühen um eine zeitgemäße Sprache und Aussagekraft der Theologie an und fordert die wohlwollende und ernsthafte Auseinandersetzung mit dessen Konzeption. Trotz aller Anerkennung ergeben sich aber seiner Meinung nach aufgrund Harnacks methodischer Voraussetzungen grundsätzliche Probleme im Blick auf dessen Christologie[233]. Zwar betone Harnack gegenüber den Vertretern der äußersten theologischen Linken, wie etwa den Nachfolgern der Baur- und Straußschule, den einzigartigen Charakter der christlichen Religion und ihres Stifters. Über eine Zeichnung Jesu als Vorbild seiner Gemeinde unter gleichzeitiger Absehung der Bedeutung des Kreuzestodes und der Osterbotschaft komme er aber nicht hinaus.

Die entscheidende Greifswalder Replik, an die Nathusius dann erneut anschließen sollte, erfolgte durch Cremer. Diesem ging es in seiner Antwort auf Harnack nicht darum, die präsentierten historischen Ergebnisse in Frage zu stellen, sondern den damit verbundenen Anspruch grundsätzlich zu kritisieren. Im Anschluß an die für Cremer charakteristische theologische Konzeption des paradoxen Heilsgeschehens befindet er Harnacks Auffassung von der Gnade Gottes als zu leicht und vermißt bei diesem die Tiefe des Gedankens der Sündenerkenntnis und Erlösungsbedürftigkeit. Gegen Harnack hält er an seiner Charakterisierung der Wunder, Naturzusammenhänge zu durchbrechen, fest und sieht den Inhalt der Christusbotschaft, die Bedeutung von Person *und* Werk Jesu, von diesem als grundsätzlich bestritten an. Indem Cremer die Auferstehung als Tatbeweis des paradoxen Vergebungsgeschehens bezeichnet, zieht er deutlich die Frontlinie zur liberalen Theologie. Hinter seiner Antwort auf Harnack wird zugleich Cremers konkrete Sorge und praktische Absicht deutlich: Das Evangelium bleibt Kirche und Volk nur erhalten, wenn

---

233 *MSL* 1900, 24. 9. 1900, S. 1099-1102. Ein Bericht über diese erste Reaktion von Nathusius auf Harnacks *WdC* findet sich außerdem in der Chronik der *CW* vom 4. 7. 1901, Sp. 309f.

es der Möglichkeit unbegrenzter individueller Interpretationsfreiheit enthoben bleibt.

Nathusius nimmt die Debatte im Anschluß an Cremers Vorlesungen sowie unter Einbeziehung der von R. Seeberg vorgestellten *Grundwahrheiten der christlichen Religion* erneut auf[234]. Im Vergleich zu seinen Bemerkungen aus dem Jahr 1900 fokussiert Nathusius nun Harnacks religionsgeschichtliche Einordnung des Christentums[235]. Diese Einordnung lasse Harnack nicht darüber hinaus gelangen, Jesus als bloßen „Religionsverkünder"[236]zu zeichnen und in ihm den Stifter einer, relativ gesehen, höheren versittlichten Religion zu erblicken. Dagegen habe zu gelten: Nicht auf den historischen Jesus und seine faktisch feststellbare Wirksamkeit ist die Aufmerksamkeit zu richten, sondern auf den Inhalt und die Bedeutung seiner Botschaft. In diesem Sinn wird von Nathusius wie von Cremer nicht nur die Relevanz historischer Wissenschaft für die Beurteilung biblischer Überlieferung in ihre Schranken gewiesen, sondern auch die Authentizität apostolischer Überlieferung stark gemacht. Nicht die *Predigt Jesu*, sondern die *Predigt von Jesus* habe als zentraler Inhalt der christlichen Überlieferung zu gelten: „Jesus ist mehr als eine Person der Geschichte. Er ist zugleich übergeschichtlich, weil wir thatsächlich in der Gegenwart ihn erleben"[237].

Im Zusammenhang seiner Teilnahme an dieser dogmatischen Debatte ergeben sich für Nathusius *praktische* Konsequenzen für die kirchliche Fragestellung, die seiner Ansicht nach aus der prinzipiellen Abwehrhaltung gegenüber der Position Harnacks zu folgen haben. Damit schließt sich der Kreis zu der in den achtziger Jahren geforderten kirchlichen Selbständigkeit und zum Punkt kirchlicher Lehre und Lehrqualifikation. Harnacks Schrift war dabei für Nathusius nur der signifikante Ausdruck für die Notwendigkeit einer Reformulierung dieses Plädoyers für kirchliche Selbständigkeit.

---

[234] *Harnack, Cremer, Seeberg über das Wesen des Christentums*, in: *MSL* 1902, S. 1198-1206.

[235] Religionsgeschichtliche Abhandlungen bilden in diesen Jahren einen Schwerpunkt der theologischen Arbeit von Nathusius, was die Beobachtung seiner Verlagerung von sozialethischen auf binnentheologische Fragestellungen noch zusätzlich unterstützt. Im selben Jahr 1902 waren von ihm bereits *Die Anwendung der Entwicklungslehre auf die Religionsgeschichte* sowie die thematisch nahestehende Erörterung *Zur religiösen Bewegung* erschienen. Allerdings ist für beide Studien festzuhalten, daß von Vertretern der religionsgeschichtlichen Schule explizit nicht die Rede ist. Troeltsch findet ohnehin an keiner Stelle der Schriften von Nathusius Erwähnung! An anderer Stelle nimmt er allerdings Bezug auf den Basler P. Wernle und dessen Veröffentlichung über den Ursprung der Religion, der „natürlich" auch die historische Methode vertrete, was Ausdruck für den Schwindel sei, „der unter der Maske der objektiven historischen Forschung materialistische oder pantheistische Weltanschauung und Philosophie vorträgt", *MSL* 1901, S. 1326.

[236] *MSL* 1902, S. 1199.

[237] *A. a. O.*, S. 1202.

2. Die Bildungsaufgabe der praktischen Theologie

Seine 1899 erschienene Schrift *Der Ausbau der praktischen Theologie zur systematischen Wissenschaft. Ein Beitrag zur Reform des theologischen Studiums* trägt in dieser letzten Schaffensphase von Nathusius gleichsam die Scharnierfunktion für die Verbindung zwischen dogmatischen Grundentscheidungen einerseits und seiner Beteiligung an den innerkirchlichen Debatten andererseits. Der der Disziplin der praktischen Theologie zugeschriebene *einheitsstiftende Charakter* wird daran erkennbar, daß Nathusius zufolge im Rahmen dieser Disziplin eine substantielle Unterscheidung zwischen Theorie und Praxis nicht mehr greift. Der bereits im Rahmen der Methodologie, der Wirtschafts- und der Sozialethik in Anschlag gebrachte Gedanke der Einheitlichkeit bzw. des „großen Ganzen des menschlichen Wissens“[238] findet nun seine Anwendung auf das Gebiet der praktischen Theologie und führt zu ihrer Fassung als der eigentlichen systematischen Integrationswissenschaft[239]. Damit stellt sich Nathusius bewußt einer Tendenz der Zeit entgegen, der Disziplin der praktischen Theologie sogar einen partiellen akademisch-wissenschaftlichen Legitimitätsverzicht zuzubilligen[240]. Durch die praktische Theologie wird die Herstellung eines theoretisch-praktischen Systems möglich, das das gesamte kirchliche Handeln umfaßt. Ohne ein solches „festgegliedertes System“ kann es „gar keine richtige Behandlung irgend eines einzelnen Gebietes geben“[241]. Die sich aufdrängende Parallele zwischen dem „großen Ganzen des menschlichen Wissens“ und dem „kirchlichen Handeln“ ist kein Zufall. Es ist naheliegend, daß das kirchliche Handeln schließlich selbst als entscheidendes Interpretament für jegliches menschliche Wissen und Handeln fungiert. Im Ansatz der praktischen Theologie findet sich bei Nathusius der letzte sinnfällige Beleg dafür, daß inhaltliche Kulturgestaltung in entscheidendem Sinn kirchliche Kulturgestaltung ist.

Die Erörterung dieses kirchlichen Gesamthandelns vollzieht er durch den bereits wohlbekannten dreifachen *organischen*, *systematischen* und *historischen* Methodenschritt. Allein diese Trias ermögliche die vollständige Erfassung kirchlicher Gestaltungsbereiche. Innerhalb dieser Trias gilt das bisher

---

238 *Ausbau der praktischen Theologie*, S. 8.

239 Vgl. zum Nathusius'schen Programm auch V. Drehsen, *Neuzeitliche Konstitutionsbedingungen*, S. 415f., der diesen Ansatz unter dem Aspekt der „Funktionalisierung der Geschichte in ihrer idealtypischen Rekonstruktion aus praktisch-theologischem Gegenwartsinteresse heraus“ erwähnt; vgl. neuerdings E. Nase in seiner Überschau über die „Verwissenschaftlichung“ der praktischen Theologie um die Jahrhundertwende, *Pfisters analytische Seelsorge*, S. 27ff.

240 Vgl. V. Drehsen, *Fachzeitschriftentheologie*, S. 75, mit dem Verweis auf den Zusammenhang von praktisch-theologischem Ansatz und der Idee eines theologischen Gesamtsystems.

241 *Ausbau der praktischen Theologie*, S. 49.

schon für die Gebiete der Methodologie und Ethik Gesagte. Die praktische Theologie muß ihre Begriffe *organisch* aus dem „Wesen des geschichtlichen Christentums“[242] [!] ableiten, in *systematischem* Sinn Hauptgedanken über ihren Gegenstand entwickeln und diese durch eine *historische* Betrachtung überprüfen und im geeigneten Fall untermauern. Nach bereits bekannter Ablehnung des angeblich praxisfernen Kirchenbegriffs Schleiermachers, der vermeintlich gänzlichen ekklesiologischen Theoriearmut eines Nitzsch und Achelis' Behandlung kirchlicher *Eigenschaften* statt des kirchlichen Wesens, gelangt Nathusius zur Forderung der *Wesenserörterung* von Kirche und der Bestimmung ihrer „Lebensthätigkeiten“[243]. Ohne auf diese einzelnen Erörterungen einzugehen, ist für den Zusammenhang zwischen der kirchlichen und der sozialethischen Fragestellung bedeutsam, daß Nathusius einer angemessenen *Wesens*erörterung unmittelbare Relevanz für alle anderen Lebensgebiete zuschreibt. Wie er betont, wären bei einer wissenschaftlichen Vorbildung der Geistlichen im Sinn seines Verständnisses praktischer Theologie die kirchlichen Streitigkeiten des letzten halben Jahrhunderts überhaupt vermeidbar gewesen[244]. Praktische Theologie hat demnach zu vermitteln, daß kirchliches Handeln im Sinn der *Sendung* als erste Aufgabe die seelsorgerliche Einwirkung auf den einzelnen und die Gemeinde verlangt. Kirchliche Bildung gestaltet sich im letzten Sinn als „die Wendung ihres [des kirchlichen, Th. S.] Blickes auf transcendente Ziele“[245] zur Vollendung der angebahnten Gemeinschaft zwischen Gott und der Welt“[246] - um so von der herrlichen Freiheit aus zur glücklicheren Allgemeinheit vorzustoßen.

In seinem umfangreichen dreiteiligen *Handbuch des kirchlichen Unterrichts* von 1903/04 nennt Nathusius anhand der Tauf- und Konfirmationspraxis die maßgeblichen Unterrichtsziele einer Kirche, die bewußt nicht Missions-, sondern Volkskirche[247] sein will. Durch einen *historischen* Abriß von der Urgemeinde bis zum 19. Jahrhundert werden die verschiedenen Motive kirchlichen Unterrichts zur Darstellung gebracht, wobei auch hier die reformatorisch-lutherischen Errungenschaften, die organische Einordnung des Unterrichts in das kirchliche Handeln und Luthers theologische Begründung der Volksunterweisung mitsamt dessen Betonung persönlichen Bekennens und Verstehens, in den Mittelpunkt rücken[248].

In bewußt *realistischer* Weise wendet sich Nathusius gegen die Versuche, ideale Gemeinden zu zeichnen. Im Gegenteil fordert er dazu auf, die Span-

---

242 *A. a. O.*, S. 9.
243 *A. a. O.*, S. 24.
244 Vgl. *a. a. O.*, S. 12.
245 So Nathusius schon 1893, *Die heutige praktische Theologie*, S. 27.
246 *A. a. O.*, S. 108.
247 *Handbuch des kirchlichen Unterrichts I*, S. 5.
248 Vgl. *a. a. O.*, S. 28ff.

nung zwischen Ideal und Wirklichkeit nicht nur auszuhalten, sondern als konstitutives Merkmal volkskirchlicher Verfaßtheit zu akzeptieren. Im zweiten Teilband des *Handbuches* transformiert er seine Forderung nach lebendiger Unterweisung auf die Frage der Unterrichts*inhalte*. Wiederum insistiert er darauf, daß die Einheitlichkeit des Unterrichts nicht durch ein möglichst ausgefeiltes und dogmatisch abgesichertes Lehrgebäude, sondern erst durch den Praxis*zweck* und *-vollzug*, das Wecken persönlichen Interesses, hergestellt werden kann[249].

Indem Nathusius als Zweck der katechetischen Unterweisung „die Abendmahlsreife des als Kind getauften jungen Christen“[250] bzw. die „Zugehörigkeit zur kirchlichen Gemeinschaft“[251] nennt, wird erkennbar, daß diese kirchliche Bildungsaufgabe im Sinn einer *formatio* des Jugendlichen den exemplarischen Ausgangspunkt jeglicher Gemeinschaft bilden soll. Eine weitere aufschlußreiche Differenzierung zieht Nathusius in den dritten Teilband des *Handbuches* ein, indem er einerseits die *christliche*, andererseits die *kirchliche* Erziehung im Konfirmandenunterricht behandelt. Erstgenannte Erziehung soll zur Weckung des inneren Lebens und der *christlichen* Charakterbildung - die auch ihre politische Öffentlichkeitswirkung zeitigt! - beitragen. Der spezifisch *kirchliche* Sinn des Unterrichts liegt in der Weckung des Verständnisses „für das Gemeindeleben und [in der] Liebe zur Bethätigung des christlichen Gemeinschaftssinnes“[252] mitsamt der Integration dieses Unterrichtes in die gottesdienstliche Praxis. Letztlich wird auch im *Handbuch* deutlich, daß die Forderung nach christlicher Charakterbildung ihre Legitimation aus dem vorfindlichen kirchlichen Gemeinschaftsgedanken erhält. Die Betonung der individuellen, freien und verantwortlichen Glaubenspersönlichkeit, so ist Nathusius zu verstehen, tönt nur voll, wenn sie zu allererst unter dem Dach und ‘intra muros’ zur Sprache gebracht wird.

Diese der Kirche zugemessene Bildungs- und Integrationsaufgabe, deren Behandlung die bisherigen sozialethischen Erwägungen beinahe völlig zu kompensieren scheint, wird auch an Nathusius’ homiletischem Programm erkennbar. Durch die vielfachen Veröffentlichungen eigener Predigten zielte er nicht nur darauf ab, seinen publizistischen Wirkungsgrad zu erhöhen, sondern dadurch bewußt einen Kontrapunkt zu den seiner Ansicht nach mangelhaften

---

[249] *Handbuch des kirchlichen Unterrichts II*, S. 12. Im Zusammenhang des pädagogisch-didaktischen Verfahrens erinnert vieles an die methodologische Grundlegung aus den achtziger Jahren, wenn Nathusius etwa auf die Unterscheidung von analytischem und synthetischem Verfahren hinweist und dies in folgendem Sinn für die Unterweisung fruchtbar macht: „Wir haben also bekannte Begriffe nicht zu definieren [sic!] sondern nur ihr Verständnis durch Veranschaulichung zu vertiefen, d. h. das an ihnen noch Dunkle und Unbekannte an Bekanntes anzuknüpfen“, *a. a. O.*, S. 22.

[250] *A. a. O.*, S. 9.

[251] *Handbuch des kirchlichen Unterrichts III*, S. 25.

[252] *A. a. O.*, S. 10.

homiletischen Standards der Zeit zu setzen. Als Motto seiner eigenen Predigttätigkeit kann gelten, was er im Zusammenhang seiner Kritik an der überwiegenden Gestalt der Universitätstheologie formuliert: „Ich bitte den Herrn der Kirche, daß er unserer lieben deutschen evangelischen Christenheit etwas Luft mache vor der vielen sie fast erdrückenden Theologie und theologischen Homiletik und daß er ihr viele Prediger erwecke, die davon zeugen, was sie gesehen und gehört haben und so zeugen, wie ihnen der Schnabel gewachsen ist“[253].

Dieses Bestreben entgeht, wie die Reaktionen zeigen, den Rezensenten seiner diesbezüglichen Schriften nicht. Durchweg registriert man die von den schulmäßigen homiletischen Dispositionen deutlich unterschiedene Konzeption der kirchlichen Verkündigungsaufgabe. Diese gehe „aus dem Leben ins Leben mit einem kräftig realistischen Zug und mit einer sehr geschickten, wenn auch zuweilen zu unmittelbaren Anknüpfung an die natürlichen Lebensverhältnisse. Durchweg tragen die Predigten das Gepräge einer großen christlichen Entschiedenheit, die mit energischer Sprache die Gewissen schärft“[254]. Beklagt wird dabei aber auch Nathusius' um Popularität bemühte „handgreifliche Beweisführung“[255] und „derbe Deutlichkeit“[256] erhabener Gottesgedanken. Auch wird moniert, daß die offensichtlich von tiefem sittlichen Ernst geleitete Intention homiletischer Unmittelbarkeit Nathusius nicht selten dazu verleite, die Zuhörer mit dem Vorwurf zu konfrontieren, eine „träge, gleichgültige, unkluge Masse“[257] zu sein.

2. 1. Die Debatte über die Konfirmationspraxis

Einige Debatten lassen deutlich werden, wie sich Nathusius die Erfüllung der Bildungsaufgabe durch die Disziplin der praktischen Theologie im Dienst der Kirche vorstellte. Ein konkreter Anlaß, in dem sich Nathusius' Schwerpunktverlagerung auf die innerkirchliche Perspektive manifestiert, ergab sich aufgrund von Thesen Stoeckers zur Frage, ob die gängige Konfirmationspraxis geändert werden sollte. Stoecker stellte diese Thesen auf der KSK im Jahr

---

253 *Katechismuspredigten I*, Vorwort. Er selbst galt ja, wie aus der Wuppertaler Zeit überliefert ist, als Prediger, der „ernste, stark pietistisch-erwecklich geprägte Bibelfrömmigkeit mit kritischer Gegenwartsdiagnose und auferbauendem seelsorgerlichem Zuspruch verband“, F. W. Graf, *Nathusius*, Sp. 486.

254 So etwa ein Rezensent des Predigtbandes *Unser Wandel ist im Himmel* von 1881, *ThLZ* 1882, Sp. 44.

255 So Löber in seiner Besprechung des I. Teils der *Katechismuspredigten*, *ThLZ* 1884, Sp. 44.

256 So der Rezensent Löber anläßlich der Besprechung des II. Teils der *Katechismuspredigten*, *ThLZ* 1884, Sp. 490.

257 Vgl. *Unser Wandel ist im Himmel*, S. 49.

1900 in Erfurt vor, woraufhin diese von der Konferenz angenommen wurden. In Aufnahme einer ursprünglichen Forderung Wicherns wollte Stoecker erhöhte Anforderungen an das Bekenntnis der Kirchenangehörigen gestellt wissen. Seine Thesen liefen auf die Abschaffung jeglichen Gelübdes nach Beendigung des Katechumenenunterrichts sowie auf die Trennung von Konfirmation und Abendmahl hinaus. Konfirmationsunterricht und -handlung sollten mit dem feierlichen Abschluß vor der Gemeinde enden und die Teilnahme am Abendmahl erst zu einem späteren Zeitpunkt und nach einer weiteren Prüfung durch Pastor und Kirchengemeinderat erfolgen[258].

Nathusius monierte, daß die Aufnahme als vollberechtigtes Glied der Gemeinde nach dieser Vorstellung nicht nur auf einen späteren Zeitpunkt verschoben werde, sondern ihren konstitutiven Zusammenhang mit der Konfirmationshandlung verlöre. Zwar stimmte er mit Stoeckers Klage hinsichtlich eines nur noch gewohnheitsmäßigen Konfirmierens überein. Er bezeichnete dies im Unterschied zu Stoecker jedoch nicht als Schuld der Institution Kirche, sondern als Schuld der Pastoren und deren Unterricht[259]. An die Stelle eines grundsätzlichen Vorwurfes kirchlicher Defizite trat der Appell an die gebildete und integrationsfähige Theologenpersönlichkeit. Der Gedanke einer strukturellen Veränderungsnotwendigkeit der Institution Kirche blieb damit praktisch ausgeschlossen. Auch in bezug auf den Ort und die 'Objekte' der Verkündigung schlug Nathusius' eingeschränkte Wahr-Nehmung der veränderten gesellschaftlichen Rahmenbedingungen und Ausdifferenzierungsprozesse durch. Über den Konfirmationsunterricht hinaus machte er beispielsweise für den Religionsunterricht geltend, daß dieser von einer durchweg theologisch-dogmatischen und unpersönlichen Wissensvermittlung zu wirklicher Volksunterweisung werden müsse. Dieser Gedanke schließt den Appell an die besondere Aufgabenerfüllung der christlichen Laien ein. Im Rückgriff auf Tholuck hält er es sogar für möglich, „daß die Form der Verkündigung des Evangeliums in der P r e d i g t demnächst weichen werde dem V o r t r a g"[260]. Der Grundgedanke besonderer Verantwortlichkeit der gebildeten Stände, den Nathusius im Zusammenhang der gesellschaftlichen und sozialen Aufgaben präsentiert hatte, erfährt an dieser Stelle bzw. zu dieser Zeit seine ekklesiologische Parallele. Damit schließt sich der Kreis zu den kritischen Anfragen, die hinsichtlich der Ausarbeitung „subjektiver Gewißheit" im *WdW* gestellt worden waren. Das frühere Insistieren auf dem Aspekt „subjektiver Gewißheit" erweist sich in diesen späten ekklesiologischen

---

[258] Vgl. Erfurter Thesen zur Konfirmationsreform vom 19. 4. 1900; *Kirchlich-soziale Blätter*, Nr. 5/1900.

[259] Vgl. *MSL* 1900, S. 539. Als zehn Jahre zuvor die Frage der Konfirmationspraxis Thema auf der preußischen Generalsynode war, sah Nathusius in der geplanten Trennung von Konfirmation und Gelübde eine Nähe zu einem donatistischen Gemeindeideal und betrachtete dies als Gefährdung des Volkskirchengedankens.

[260] *MSL* 1901, S. 93.

Konnotationen vor allem als Aufforderung zur individuellen Selbstintegration unter das Dach gewißheitsrepräsentierender Persönlichkeiten, Strukturen und Institutionen.

2. 2. Die Debatte über die Gemeinschafts- und Evangelisationsbewegung

Trotz seines deutlich erkennbaren Interesses an der Klärung des kirchlichen Selbstverständnisses ist Nathusius' Schwerpunktverlagerung nicht ausschließlich auf eigene Intentionen zurückzuführen. Einige Fragen zu diesem Themenkomplex beanspruchten um die Jahrhundertwende aus vielerlei Gründen Raum innerhalb der kirchlichen Diskussionslandschaft, so daß die Beschäftigung des 'Multiplikators' Nathusius mit diesen Themen als unumgänglich erschienen sein durfte. Seine *eigene* Einschätzung der sogenannten Gemeinschafts- oder Evangelisationsbewegung ist dennoch ebenfalls signifikant für diese Schwerpunktverlagerung.

Die verantwortlichen Vertreter der KSK strebten sehr bald nach Gründung der Konferenz eine größere Nähe und institutionelle Verflechtung mit den Kreisen der aufstrebenden, erwecklichen Gemeinschaftsbewegung an. Nathusius hatte 1896 das Anwachsen dieser Bewegung als Ausdruck für ein offensichtlich stetig steigendes Gemeinschaftsbedürfnis christlicher Kreise interpretiert: „Neue Formen sind zu schaffen, um jenen Strom nicht in jenes ungesunde Bett zu leiten, sondern zu zeigen, daß auch in der Kirche der Begriff und die Aufgabe der christlichen Gemeinschaft wohl Raum haben“[261]. Konsens zwischen KSK und Gemeinschaftsbewegung bestand sowohl hinsichtlich der schroffen Kritik gegenüber einer matten Glaubenspraxis als auch im Verständnis der sozialen (Laien-)Tätigkeit als missionarischer Aufgabe am deutschen Volk. In einem programmatischen Aufsatz *Kirche und Gemeinde der Heiligen* macht Nathusius darauf aufmerksam, daß in Hinsicht auf die *praxisrelevanten* Fragen - im Vergleich zu den Streitigkeiten mit der liberalen Theologenschaft - die Differenzen zwischen KSK und Gemeinschaftsbewegung prinzipiell überbrückbar seien, da diese sehr viel leichter unter der Rubrik der *Formen und Mittel* des christlichen Lebens abgehandelt werden könnten. Der Tenor seiner Rezeption dieser Bewegung geht dahin, die gemeinsamen Ziele um der kirchlichen Zukunft willen in den Vordergrund zu stellen. In der sozialen Gestaltung der kirchlichen Arbeit müßten sich die „kirchlich-objektive und die subjektiv-pietistische“[262] Richtung treffen. Seine Wahrnehmung der Gemeinschaftsbewegung ist somit durch diese Jahre hindurch sehr viel stärker vom Gedanken der Notwendigkeit gemeinsamer Aktion gezeichnet als von einer prinzipiellen Abwehrhaltung geprägt.

261 *AKM* 1896, S. 761.

262 *MSL* 1900, S. 94.

Allerdings zerbrach dieser Konsens schon nach wenigen Jahren, da einerseits meist nur Vertreter des süddeutschen Pietismus auf die Versammlungen der KSK kamen, sich andererseits die Vorstellungen von der Bedeutung sozialer Aufgaben auf Dauer nicht miteinander vermitteln ließen. Die Gemeinschaftsbewegung befand sich, wie Nathusius monierte, aufgrund ihres utopistischen Reich-Gottes-Begriffs und der Betonung der Einzelbekehrung gegenüber der sittlichen Einwirkung auf die Volksseele auf einem gänzlich anderen Weg[263]. Nicht nur von der liberalen, sondern nun auch von dieser Seite her hielt er die positiven Aspekte einer institutionalisierten und - in seinem Sinn - freiheitsgewährleistenden Kirche für grundsätzlich unterbelichtet. Zwar stand er mitsamt der KSK ohne Zweifel der Gemeinschaftsbewegung weit näher, allerdings schieden sich so für ihn in der Frage der theologischen Begründung des Wesens von Kirche die Geister in unüberbrückbarer Weise. An diesem Punkt wird deutlich, daß seine Rezeption dieser Bewegung in hohem Maß theologisch motiviert war. Kann man Nathusius an vielen Stellen seiner Rezeption der liberalen Theologie vorhalten, daß er sich nicht unerheblich von kirchenpolitischen und politischen Gesichtspunkten leiten ließ, so wird in bezug auf die Gemeinschaftsbewegung deutlich, daß der Kriterienkatalog und die Bewertungsmaßstäbe eindeutig theologisch konnotiert waren. Er hielt diese Bewegung vor allem deshalb nicht für die angemessene Antwort auf die kirchliche Bildungsaufgabe, weil diese sich durch ihre exklusiven Vermittlungsstrategien der Herausforderung *allgemeiner* Bildung und Verbreitung christlicher Überzeugungen entzöge. In der Frage einer konstruktiven kirchlich-theologischen Bildungsaufgabe konkretisierten die Greifswalder Theologen ihre Forderungen schließlich vor Ort.

2. 3. Die Gründung des Theologischen Studienhauses Greifswald (1896)

Anläßlich des 25jährigen Dozentenjubiläums Cremers hatte die theologische Fakultät im Juni 1895 zur finanziellen Unterstützung der Gründung eines Theologischen Studienhauses aufgerufen[264]. Der Aufruf war von den turnus-

[263] Vgl. *AKM* 1899, S. 644f.

[264] Erst kürzlich hat I. Garbe eine detaillierte Studie zur Gründung und Geschichte des Greifswalder Studienhauses vorgelegt, in der er auch auf die überregionalen Zusammenhänge verweist. Am 8. 5. 1895 hatte die Berliner landeskirchliche Versammlung der Positiven Union im Anschluß an Stoeckers Diktum „Es handelt sich für uns um Sein oder Nichtsein der Kirche der Reformation in unserem Volk" generell die Gründung von theologischen Studienhäusern bzw. Convikten beschlossen. I. Garbe bezeichnet die Greifswalder Gründung als „Kind der kirchlich-'positiven' Reaktion" und formuliert: „Das Studienhaus begann als Politikum und hatte stets auch eine politische Geschichte", vgl. *Geschichte*, Vorwort u. S. 16.
Ohne Zweifel stehen im Hintergrund auch die Vorkommnisse und Scheidungen der letzten ESK-Tagungen, von denen oben berichtet wurde. V. Schultze wies Anfang des

gemäß zum Dekan und Prodekan gewählten V. Schultze und Nathusius unterzeichnet, die beide aber über diese einjährige Amtszeit hinaus in allen Belangen des Hauses lange Zeit federführend blieben. Unter reger Mithilfe kirchlich-konservativ gesinnter Persönlichkeiten, den einzelnen Provinzialsynoden der reichsweit agierenden PU, der Provinzialsynode der Pommerschen Kirche sowie des preußischen Kultusministeriums unter dem bereits genannten Minister Bosse wurde das Studienhaus 1897 eröffnet[265]. Zugleich wurde ein Inspektorat eingerichtet, das unter der jeweiligen Führung von Fakultätsmitgliedern stand.

Schultze machte im Rückblick auf die Gründung eine doppelte Zielsetzung namhaft[266]. Zum einen sollte in großer Nähe zu den Aktivitäten der Fakultät die eingehende methodische Einführung in die theologische Wissenschaft mit besonderer Berücksichtigung des Schriftstudiums sowie der historischen und der altprotestantischen Theologie stattfinden, wofür man von seiten der Fakultät aus eine sachgemäße Leitung bereitstellte. Zum anderen wollte man vor allem die Segnungen eines Gemeinschaftslebens auf christlicher Grundlage in Angemessenheit an die akademischen Lebensformen vermitteln. Die aus Nathusius' Neinstedter Zeit bekannte Favorisierung des Familienideals fand ihre Entsprechung, indem Schultze in seiner Eröffnungsrede als Sinn des Hauses benannte, den Studenten ein Heim zu schaffen, das ihnen zwar das Elternhaus nicht ersetzen, aber doch ein Abbild davon bieten sollte[267]. Das Hauptaufnahmekriterium war allerdings nicht eine finanzielle Notlage, sondern die persönliche und wissenschaftliche Eignung. Qualifikation, nicht Bedürftigkeit, gab im Zweifelsfall den Ausschlag, wobei außerdem Kandidaten der Pommerschen Kirche bevorzugt aufgenommen wurden. Die „Heranbildung einer theologisch und religiös tief und fest gegründeten und von dem Ernste ihres Berufes erfüllten evangelischen Geistlichkeit" wurde als die „Kardinalfrage für Staat und Volksleben"[268] angesehen. Der vermeintlich private Bereich studentischen Lebens wurde damit in die kirchlich-theologische *formatio* eingezogen, so daß sich auch in diesem Punkt Nathusius' Bestreben öffentlichkeitsrelevanter kirchlicher Bildungspraxis zeigte.

Jahres 1897 auf die kirchenpolitischen Motive des eigenen Engagements hin: „Der Ernst der religiösen Lage, in der wir leben, die theologischen und kirchlichen Kämpfe, deren Zeugen wir sind, machten die Frage der wissenschaftlichen und sittlichen Ausbildung der jungen Theologen auf den Universitäten zu einer entscheidungsvollen", zit. nach *a. a. O.*, S. 26.

265 I. Garbe berichtet anschaulich von Nathusius' und Schultzes Versuchen, die benötigte Gründungssumme von 40 000 Mark zusammenzubringen. In diesem Punkt weist er auf die ausgedehnten Kontakte und den enormen Schriftverkehr von Nathusius mit potentiellen 'Sponsoren' der überregionalen adligen und kirchlichen Eliten hin, vgl. *a. a. O.*, S. 20.

266 Im Rückblick in *MSL* 1900, S. 542.

267 So ein Rückblick auf das fünfjährige Jubiläum des Studienhauses, *MSL* 1902, S. 631.

268 V. Schultze, *MSL* 1900, S. 542.

Man hielt die dauerhafte Etablierung des Studienhauses nicht nur im Greifswalder Interesse für sinnvoll, sondern sah diese für die gesamte 'positive' Richtung des kirchlichen und gesellschaftlichen Lebens als notwendig an. Nach wie vor sollte Greifswald bei diesen Bestrebungen eine besondere Rolle zukommen. Bereits im Aufruf des Jahres 1895 wurde als Zielsetzung formuliert, die Studierenden „in eine bekenntnismäßige Theologie" einzuführen und ihnen „sittlich-religiösen Halt"[269] zu vermitteln. Allerdings dachte man nicht nur an die theologische Ausbildung, sondern auch an die „Züchtung junger positiver Professoren"[270], wie einer der finanziellen Förderer artikulierte. Die Gründung kann so auch als spezifische Antwort auf die Frage der Kompetenzstreitigkeiten bei Neuberufungen theologischer Lehrer verstanden werden. Da man auf seiten der positiven Theologie trotz langjähriger Versuche, auf diese Berufungen entscheidenden Einfluß zu nehmen, letztlich gescheitert war, sollte diese Einrichtung den Nährboden für den gewünschten theologischen Nachwuchs darbieten. Von dieser programmatischen Zielsetzung her erklärte sich das ausgesprochen wohlwollende Entgegenkommen des Pommerschen Königlichen Konsistoriums in Fragen der Finanzierung des Hauses.

Augenscheinlich erfüllten sich nach anfänglichen Finanzierungsschwierigkeiten sehr bald die gesteckten Erwartungen, wenngleich man lange Jahre nur wenigen Studenten Raum bieten konnte. Unverkennbar bleibt insgesamt jedoch nicht nur die enge Verbindung der theologischen Fakultät mit den Interessen der Pommerschen Landeskirche, sondern im Fall von Nathusius das große pädagogische und theologische Ethos, mit dem er die 'positive' Zukunft der eigenen Zunft zu sichern gedachte. Die bereits zu Beginn der achtziger Jahre im *Timotheus* geforderte umfassende wissenschaftliche und charakterliche Ausbildung der Theologen, die zukünftig kirchliche und gesellschaftliche Verantwortung ausüben sollten, erfuhr in Nathusius' Engagement für das Studienhaus eine ihrer letzten und eindeutigsten Manifestationen.

---

[269] Abdruck des Gründungsaufrufes vom Juni 1895, zit. nach I. Garbe, *Geschichte*, o. S.

[270] Zit. nach *a. a. O.*, S. 18.

Schluß: Eine exemplarische protestantische Begleitung

Mit der Behandlung von Werk und Leben des Theologen Martin von Nathusius wurde auf exemplarische Weise eine intensive und folgenreiche protestantische Begleitungsstrategie des werdenden deutschen Sozialstaates aufgezeigt.

In bezug auf die Frage nach den geistigen Traditionen des Sozialstaates und des demokratischen Gemeinwesens zeigt sich im vorliegenden Fall, daß die *rein ideengeschichtliche Behandlung* einer solchen Begleitungsstrategie in der Tat zu kurz greifen würde. Dies wurde durch die bei Nathusius nachweisbare stringente Verbindung von theologischer *Überzeugung* und praktischem *Interesse*, von theologischer *Argumentation* und konkreter *Einflußnahme* signifikant. In genauem Sinn tritt eine Form theologischer Argumentation vor Augen, die von einer dogmatischen Grundlegung aus bewußt und schwerpunktmäßig *praktisch orientierte* theologisch verantwortete Rede zu sein beanspruchte. Die intuitive Einsicht des heutigen Betrachters, derzufolge Norm- und Wertbegründungen nicht nur Verwirklichungs*absichten*, sondern tatsächlich auch praktische Manifestationen nach sich ziehen, erhält somit in der vorliegenden Untersuchung ihre argumentative Bestätigung.

Im Blick auf Nathusius' protestantisch-konservative Lebensführung und seinen Vermittlungsversuch von Theorie und Praxis angesichts der gesellschaftlichen und sozialen Entwicklungen erlaubt es der historische Rekurs auf die Traditionen des Sozialstaates, von *geistigen und praktischen* Traditionsgehalten zu reden.

In Nathusius' Fall und im Blick auf die Bereiche seines Engagements legt es sich nahe, von einer protestantischen *Begleitung* sozialstaatlicher Entwicklungsprozesse statt von einer *Beteiligung* an diesen Prozessen zu sprechen. Zum einen kann der gelehrte und politisch interessierte Theologe Nathusius nicht mit einem politisch aktiven christlichen Laien vom Schlag eines Theodor Lohmann verglichen werden, da er letztlich nicht an den entscheidenen machtpolitischen Schnittstellen sozialstaatlicher Prozesse agierte. Zum anderen tritt Nathusius' Beitrag zur Öffentlichkeitsrelevanz des konservativen Protestantismus, etwa gegenüber Stoeckers polarisierender politischer und kirchlicher Wirkung, zweifelsohne zurück. Der Terminus der *Begleitung* bringt allerdings zum Ausdruck, daß Nathusius' Einordnung in ein grobes Raster der Alternativen 'aktive Beteiligung' oder 'passiv-quietistische Beobachtung' seinen faktischen Begleitungsstrategien nicht gerecht werden würde.

Daß Nathusius immer wieder zu christlich- bzw. kirchlich-sozialer Verantwortung aufrief, ist als bedeutsames Beispiel *theologisch* begründeter Begleitung im Sinn einer aufmerksamen und punktuell mitgestaltenden Partizipation an sozialstaatlichen Entwicklungsprozessen zu verstehen. Von daher war für die Frage des spezifisch Nathusius'schen Anfanges der Wirtschafts- und Sozialethik die Ausweitung des Blicks auf seine methodologischen, dogmatischen und praktisch-theologischen Schriften unumgänglich. Denn ihm galt die Begleitung des werdenden Sozialstaates als eine Aufgabe, bei der die gesamte christliche Überzeugung in ihrer Öffentlichkeitswirksamkeit zur Sprache zu bringen ist.

Vor dem Hintergrund seiner theologischen Grundlegungen zeichnete er ein klares Bild von den *praktischen Konsequenzen* bzw. *institutionellen Gestaltungskräften*, die aus dieser theologisch verantworteten Rede hervorgehen sollten. Dabei scheint einerseits ein Panorama seiner diakonischen, parochialen und wissenschaftspolitischen Aktivitäten auf, andererseits tritt das Bild derjenigen Gesinnungsgemeinschaften vor Augen, die Nathusius für die Durchsetzung seiner theologischen Überzeugungen für am geeignetsten hielt. Bezüglich der praktischen Orientierungsleistungen gestaltete sich Nathusius' Partizipation in der Weise, daß er seine ihm im Lauf der Zeit zugewachsene multiplikatorische Wirkmacht ausgiebig nutzte, sei es als Leiter der überregional bekannten und aktiven Neinstedter Anstalten, als Zeitschriftenherausgeber und kirchlicher Chronist, als reichsweit aktiver Konferenzteilnehmer im Kreis der christlichen Sozialreformer sowie als literarisch tätiger theologischer Lehrer. Die Darstellung seiner Person und seines Werkes hat ihre Pointe somit darin, daß diese Begleitung nicht als teilnahmslose Beobachtung aus der Außenperspektive, sondern als *praxisrelevante Begleitungsstrategie* zu verstehen ist. Und diese Begleitung lieferte in bezug auf die Frage ihrer Öffentlichkeitswirksamkeit mannigfache Initialzündungen für die Aktivitäten des sozialen Protestantismus der Zeit.

Die Vielzahl seiner partizipatorischen Bemühungen sowie seine Selbstintegration in kompetente theologische und kirchenpolitische Beziehungsgeflechte läßt bei genauerem Blick ein doppelt geprägtes Praxisinteresse deutlich werden: Einerseits das weitgefächerte Interesse am Aufbau schlagkräftiger christlich-sozialer bzw. kirchlich-sozialer Arbeit, andererseits sein durchgängig feststellbares Interesse an der Repristination kirchlicher Eindeutigkeit und Einheitlichkeit. Seine Aktivitäten sind primär von diesem Bemühen um die Eindeutigkeit der „herrlichen Freiheit" des Glaubens und um die Zukunftsfähigkeit der protestantischen Kirche, die allein diesen Glauben gewährleiste, geprägt. Im Fall der vorliegenden Begleitungsstrategie wird erkennbar, daß Nathusius als Vertreter des konservativen Protestantismus einerseits relevante sozialreformerische Kräfte und Absichten auf dem Weg zum werdenden Sozialstaat entwickelt bzw. formuliert hat, andererseits ein

Gutteil dieser Praxisentfaltung vor allem auf sein weitergehendes Interesse an der Frage nach der Zukunft der Kirche überhaupt zurückzuführen ist.

Diese Tatsache nimmt seiner Partizipation für konkrete soziale und sozialpolitische Erfordernisse jedoch nichts von ihrer Relevanz und Brisanz. Den christlichen Reformer Nathusius ausschließlich unter das Banner theologisch unterfütterter Mildtätigkeit zu stellen, hieße, seine ernsthafte Sorge angesichts der sozialen Zustände seiner Gegenwart zu unterschätzen. Allerdings macht der spezifische Charakter seiner Partizipation exemplarisch deutlich, weshalb nicht nur die staatlichen, sondern auch die spezifisch christlich-sozialen Reformabsichten während der gesamten Zeit des Kaiserreichs eines stabilen und zukunftsoffenen Fundaments ermangelten und ihnen damit von vornherein permanente Instabilität inhärierte. Daß die Bedeutung des christlich- bzw. kirchlich-sozialen Reformers Nathusius für die sozialprotestantischen Initialzündungen des werdenden deutschen Sozialstaates sehr bald in Vergessenheit geriet, ist somit auch auf grundsätzliche Defizite seines Denkens und Wirkens zurückzuführen.

Hat er sich als einer der führenden christlichen Sozialreformer nicht eindeutiger zu notwendigen grundsätzlichen Veränderungen der politischen und sozialen Verhältnisse bekannt, so ist dies nicht nur auf seine Orientierung an den Leitidealen und Leitlinien der staatlichen konservativen Eliten seiner Zeit zurückzuführen. Sondern bereits sein eigenes *theologisches* Modell zur Interpretation der politisch-gesellschaftlichen Verhältnisse schränkte seine Wirklichkeitswahrnehmung nicht unerheblich ein. Daß Nathusius seine argumentativen Klärungen und sozialethischen Reformabsichten jeweils an dem Punkt abbrach, an dem eine *grundsätzliche* Debatte über die bestehenden Verhältnisse hätte beginnen müssen, sei es in Fragen der Ständegliederung, der Eigentumsverhältnisse oder auch der demokratisch-parlamentarischen Kompetenzzuweisung, ist somit nicht nur auf seine politische, sondern eben auch auf seine theologisch konnotierte Weltanschauung zurückzuführen.

Nathusius' theologisch grundierte wirtschafts- und sozialethische Auseinandersetzung mit der nationalökonomischen Wissenschaft und ihren Begriffsbildungen weist in besonderer Weise auf seine Motivation hin, „eine neue sittliche Einheit der sich differenzierenden Gesellschaft herbeizuführen"[1]. Für seinen sozialethischen Entwurf brachte er den - allerdings de facto bereits längst nicht mehr vorhandenen - weltanschaulichen Grundkonsens der unterschiedlichen Wissenschaftsdisziplinen und Einzelerkenntnisse in Anschlag. Von der empirie- und praxisgeleiteten Ethiktheorie sowie der inhaltlichen Ausprägung der Historischen Schule der Nationalökonomie aus ergab sich für ihn die Möglichkeit, diese Disziplin ohne größere argumentati-

---

1 F. W. Graf, *Sozialethik*, Sp. 1134.

ve Probleme mit der eigenen, theologisch begründeten Wirklichkeitsdeutung und seinen praktischen Gestaltungsabsichten zusammenzubinden. Nathusius' intensive Beschäftigung mit eben dieser Schule ist somit nicht ausschließlich auf sein Bestreben nach interdisziplinärem Dialog zurückzuführen, sondern resultiert aus der Tatsache, daß er die inhaltlichen Bestimmungen dieser Wissenschaft mit den eigenen theologischen und politischen Grundüberzeugungen für prinzipiell kompatibel hielt. So ist auch bezüglich seiner Rezeption dieser Schulrichtung die generelle Kritik an den interessegeleiteten Forschungsabsichten und Erkenntnissen der Historischen Schule der Nationalökonomie nicht von der Hand zu weisen. Dieser Kritik zufolge gestaltete sich der Ideengang der Schule als „Gedankenabbild desjenigen sozialen und wirtschaftlichen Gesichtsfeldes, welches man, auf dem Standpunkte der breiten gesellschaftlichen Mittelschichten jener Zeit basierend, mit wissenschaftlicher Objektivität überblicken konnte"[2]. Nicht nur im Blick auf die Historische Schule selbst, sondern auch hinsichtlich Nathusius' Rezeption ist mit Recht daran zu erinnern, „wie bedeutungsvoll die Frage nach dem Standpunkt der einzelnen Forscher werden kann, und [daß] die verschiedenen volkswirtschaftlichen Theorien aus den gegebenen Umständen ihrer Zeit, aber auch aus dem Standpunkt innerhalb der Klassenverhältnisse, den der betreffende Theoretiker eingenommen hat"[3], miterklärt werden müssen. Es zeigt sich, daß die artikulierten und teilweise durchgeführten sozialreformerischen Absichten von Nathusius zwar auf aktuelle Erfordernisse reagierten, allerdings nur eingeschränkt von programmatischer Relevanz über den Tag und über die jeweiligen Anforderungen hinaus waren: „Wieviel auf diesem Gebiet, in Äußerer und Innerer Mission, die positive Richtung geleistet hat, ist außer Frage. Aber den Vorwurf kann man ihr nicht ersparen, daß sie, sicher im Gefühl des Besitzes, die wissenschaftliche Aufgabe, die der Geisteskampf der Zeit gestellt, nicht in ihrem ganzen Ernste erkannt hat. Als der Notstand sich dann herausstellte, rief man nach kirchenregimentlichen Maßnahmen"[4].

Im Blick auf Nathusius' interdisziplinäre Bemühungen ist im übrigen für heutige wirtschaftsethische Fragestellungen einem - wieder zu beobachtenden - inhaltlichen Anschluß an die Forschungsleistungen der Historischen Schule der Nationalökonomie kritisch zu begegnen. Auch wenn für die gegenwärtigen Diskussionen in diesem Punkt immer wieder auf die bedeutsame empirische Seite dieser Schule hingewiesen wird, ist doch unverkennbar, daß gerade durch die dortige spezifische Fassung der Empirie der Weg zu einer möglichst objektiven Wirklichkeitswahrnehmung immer wieder verstellt wurde. Zwar ist an jeden sozialethischen Entwurf berechtigterweise die Frage zu

---

2 Ch. Jaffé, *Begründer der älteren historischen Schule*, S. 101.

3 *A. a. O.*, S. 107.

4 E. Cremer angesichts der selbstgesetzten Aufgaben der Greifswalder Schule um Cremer und Nathusius, *Cremer*, S. 143.

stellen, inwieweit die theoretische Selbstpositionierung des Ethikers vom jeweiligen Wirklichkeitskontext abstrahieren kann. Allerdings liegt es in der Verantwortlichkeit des Ethikers, sich um eine möglichst objektive Erfassung der beschriebenen Wirklichkeit wenigstens zu bemühen[5]. Angesichts der neuerdings teilweise wieder positiven Rezeption dieser Schulerkenntnisse muß die Frage gestellt werden, ob ein derartiger Versuch der Installierung gemeinsamer materialer ethischer Codes für alle Wissenschaftsdisziplinen überhaupt sach- und wirklichkeitsgemäß sein kann. Zwar wird gegenwärtig in verstärktem Maß darauf hingewiesen, daß die Historische Schule durch ihren Zugang zur Ethik ihre wesentliche Stärke darin zeige, durch die Behandlung des subjektiven Aspekts die „Eindimensionalität des Handlungsverständnisses der neoklassischen Schule zu überwinden[6] und einen übergreifenden Blickwinkel einzunehmen: „For the structure of demand is not only determined by price-quantity-relations, but above all by the order of the conduct of life“[7]. So vermag tatsächlich eine sachgemäßere ethische Theoriebildung von nationalökonomischer Seite aus ihre Unterstützung erfahren. Allerdings ist zu fragen, ob die Dynamik ökonomischer Strukturen und Prozesse hier ihre angemessene, sachgemäße Bearbeitung erfährt. Will man sich dennoch auf die historisch greifbaren Erkenntnisleistungen und die Vertreter der Historischen Schule beziehen, bietet sich eher der Rückgriff auf die Forderung Schmollers an, ökonomische Veränderungen und Fortschritte durch den Blick auf die zugrundeliegenden Institutionalisierungsprozesse zu begleiten. In diesem Zusammenhang hatte Schmoller nicht nur angeregt, die Geschichte der Institutionalisierungen empirisch zu erforschen, sondern auch individuelles ökonomisches Verhalten mit dem Rahmenwerk bestimmter Konventionen, Moral und Recht kompatibel zu machen. Gerade weil die, erstaunlicherweise schon damals virulente, Näherbestimmung des Begriffspaares *Eigennutz und Gemeinsinn* bei Nathusius selbst nicht bis auf ihre demokratischen Implikationen hin vorangetrieben wurde, deutet sich im Institutionalisierungsthema die eigentliche Bedeutsamkeit eines historischen Rückgriffs auf diese Schule - und über deren demokratietheoretische Defizite hinaus - an.

Nathusius steht bezüglich seines wirtschaftsethischen Versuchs am Ende einer Epoche, in der die Suche nach interdisziplinärer, materialer Einheitlichkeit noch als möglich erschien. Der Blick auf sein Werk macht zugleich überdeutlich, daß die Möglichkeit einer erfolgreichen Suche vom Boden einheitlicher Weltanschauung aus endgültig verbaut war. Einer längst durchgesetzten, inhaltlich begründeten Ausdifferenzierung des wissenschaftlichen

---

5 Vgl. im Zusammenhang mit der Historischen Schule H. K. Betz, *Role of Ethics*, S. 81f.

6 Vgl. B. Schefold, *Wirtschaftsstile I*, S. 66.

7 P. Koslowski im Blick auf Schmoller am Beispiel des Angebot-Nachfrage-Verhältnisses, *Economics as Ethical Economy*, S. 7.

Fächerkanons mitsamt einer Vielzahl von unterschiedlichsten praktischen Folgerungen konnte eine solche Antwortstrategie nicht mehr genügen.

Dasselbe Fazit läßt sich auch im Blick auf Nathusius' positive Rezeption der Staats- und Gesellschaftslehre eines F. J. Stahl oder L. v. Stein ziehen. Sein Versuch, diese Lehren für die eigene Zukunftskonzeption fruchtbar zu machen, bringt vor allem sein Festhalten am althergebrachten und 'gewohnten' Gesellschaftsbild zum Vorschein. Er steht damit ohne Frage in der Linie neuprotestantischer Interpretationen der Modernisierungsprozesse, die das „restaurative Interesse an der Wiederherstellung eines christlichen Gesellschaftsorganismus“ bzw. einer christlich „geordneten Kulturgemeinschaft“[8] bekundeten. Auch in diesem Fall endete für Nathusius die Möglichkeit des interdisziplinären Gesprächs mit alternativen Gesellschaftskonzeptionen immer dann, wenn er sein favorisiertes - und eigenes! - Gesellschaftsbild grundsätzlich in Frage gestellt sah. Auch bezüglich dieses Gegenstandsbereiches zeigte sich, daß die theologische Grundierung eines außertheologischen Sachverhaltes in grundsätzlich legitimatorischer Absicht des Bestehenden stand.

Fatalerweise führte Nathusius' Transformation ekklesiologischer Leitgedanken auf den politisch-gesellschaftlichen Bereich noch zur Überhöhung und Zementierung seines Gesellschaftsverständnisses. Er übertrug den theologisch explizierten Gedanken, von der göttlich zugeeigneten „herrlichen Freiheit“ zu einer überindividuellen „glücklicheren Allgemeinheit“ zu gelangen, auf sein Bild der gewünschten gesellschaftlichen Wirklichkeit im Sinn eines harmonistischen Gemeinschaftsideals. Damit mußte zwangsläufig jede alternative Forderung bzw. Form des gesellschaftlichen Aufbruchs zugleich als fundamentaler Widerspruch gegen göttliche Ordnungsprinzipien begriffen werden. Dennoch schillert auch hier sein Umgang mit den de facto ja bestehenden gesellschaftlichen Verwerfungen: Es scheint geradezu typisch für diesen gesinnungsprotestantischen, konservativen Ansatz zu sein, daß Nathusius den sozialen Forderungskatalog nicht außerhalb, sondern im Rahmen des bestehenden ständischen Gesellschaftsaufbaus verortete. Gerade indem er auf dem Gegebenen grundsätzlich beharrte, wurde *innerhalb* des Gegebenen der modernen Veränderungsdynamik größter Spielraum gelassen, was sich beispielhaft an Nathusius' Verbindung seines Familienideals mit konkreten wohnungspolitischen- und arbeitsrechtlichen Forderungen oder an seiner positiven Einstellung gegenüber gewerkschaftlichem Engagement - eben innerhalb des bestehenden Klassenaufbaus! - zeigt.

So ist es beinahe konsequent, daß die Fragestellungen und ersten Formulierungsversuche der frühen Soziologie an Nathusius' Auge meist unbeachtet vorüberzogen. Zu einer positiven Rezeption dieser sich formierenden Diszi-

8 H. Ringeling, *Gemeinschaft*, S. 351.

plin und ihrer Anfragen „einerseits auf soziale Neutralität und Objektivität zu insistieren, andererseits aber auf eine bestimmte Normativität zu rekurrieren und für sich selbst eine moralische Funktion zu reklamieren“[9], kam es nicht.

Nathusius hat somit zwar der protestantischen Sozialethik keineswegs den Königsweg für einen sachgemäßen Umgang mit den wissenschaftlichen Ausdifferenzierungsprozessen und modernen Gesellschaftsentwicklungen am Ende des letzten Jahrhunderts gewiesen. Und doch bleibt bei aller Einschränkung sein Bemühen um authentisch-konstruktive theologische Argumentation und interdisziplinär orientierte Öffentlichkeitswirksamkeit festzuhalten. So kann auch auf Nathusius Anwendung finden, was Naumann für die christlichen Konservativen Huber, Wichern und den frühen Stoecker geltend gemacht hatte: „Diese Leute waren keine ‘toten Orthodoxen’, sondern voll von Lebenswillen und Tätigkeitsdrang, Verehrer sittlicher Mächte im Gewande der Vergangenheit, zugleich aber Suchende nach neuer Gestaltung der Kirche und des Staates aus der Vergangenheit und Geschichte heraus“[10]. Nicht zu Unrecht hatte Harnack im Blick auf Nathusius festgestellt, daß es diesem „selbst ehrlich um des christlichen Standes Besserung zu thun“[11] war.

Unverkennbar ist zwar, daß Nathusius’ theologisch grundgelegte Praxisbegründungen infolge seines Rekurses auf, vermeintlich unbezweifelbar feststehende, tradierte Glaubenswahrheiten letztlich der Möglichkeit einer vorurteilslosen Argumentationsoffenheit ermangelten und die Konzeption einer zukunftsfähigen Kirche bereits am Ausgangspunkt der theologisch-ekklesiologischen Argumentation scheiterte.

Und doch zeigen bereits die umfangreichen methodologischen und ausführlichen dogmatischen Grundlegungen der frühen Zeit sowie seine Bewertungen der unterschiedlichsten kirchenpolitischen Ereignisse und Bewegungen, daß seine theologische Argumentationsstrategie keineswegs *primär* oder gar *ausschließlich* als nachgängig-legitimatorischer Versuch der Untermauerung politischer Überzeugungen und Interessen zu interpretieren ist. Zwar haben in einzelnen Fällen theologisch fundierte Argumente durchaus der bewußten Verlagerung politischer Debatten auf das Feld der vermeintlich objektiven theologischen Diskussion gedient, um so letztlich die behauptete Unanfechtbarkeit des eigenen theologischen *und* politischen Standpunktes zu symbolisieren. Die theologische Argumentation diente in diesen Fällen sehr wohl als legitimatorisches Mittel zur Durchsetzung der eigenen politischen und kirchenpolitisch relevanten Interessen und Überzeugungen. Die bedrückendsten Momente ergeben sich in dieser Hinsicht bei der Betrachtung seiner

9 C. Quesel im Blick auf die frühen soziologischen Formulierungsversuche eines v. Stein, Gierke, Schmoller und Schäffle, *Soziologie und Soziale Frage*, S. 245.

10 F. Naumann, *Stöcker †*, S. 754f.

11 A. v. Harnack, *Hilfe* 1896, Nr. 25, S. 4.

Stellungnahmen zur Judenfrage, zur Frauengleichberechtigung und zu den Emanzipationsbestrebungen der Arbeiterschaft. Vor allem in erstgenanntem Punkt zeigt sich, in welcher Weise auch Teile der protestantischen Theologenschaft mit Hilfe argumentativer Verbrämung zur unheilvollen Aussaat des Antisemitismus beigetragen haben.

Dennoch ist nicht von der Hand zu weisen, daß es in vielen Punkten eben Nathusius' eigene Glaubensprägung und -haltung war, die in entscheidendem Maß das Raster seiner Wahrnehmungen und die Gestalt seiner Argumentation bestimmte. Selbst in denjenigen Fällen, in denen sich Interessengemeinschaften mit theologisch ganz anders positionierten Gruppen angeboten hätten, etwa den antietatistischen Ultramontanisten, den liberalen Theologen im ESK, dem antikatholischen Evangelischen Bund, Stoeckers politischen Christlich-Sozialen der späten neunziger Jahre oder der pietistischen Gemeinschaftsbewegung, wich Nathusius meist aus *dezidiert theologischen Gründen* vor der fraglosen Selbstintegration in diese Bewegungen zurück. Da er innerhalb dieser diversen Diskussionskontexte in hohem Maß immer wieder den selbstgesetzten Anspruch einer christlichen Lebensführung präsentierte, ist es unzureichend, seine Rezeption und Bewertung dieser Kontexte primär von seiner gesellschaftlich-politischen Einstellung her bestimmt sein zu lassen.

Durch seinen positiven Rekurs auf das 'Gewohnte' brachte er nicht allein das Moment *des politisch und gesellschaftlich* Althergebrachten und zu Erhaltenden zur Sprache, sondern wollte dadurch die für ihn entscheidenden Prägungen und seine damit in authentischem Einklang stehende christlich-soziale Grundüberzeugung aufzeigen. Er ist folglich ohne Zweifel zu denjenigen Personen, Gruppen und Bewegungen zu rechnen, „für die *christliches Gedankengut* mehr als die Legitimation von obrigkeitshörigem Gehorsam und reaktionärem Traditionalismus bedeutete“[12]. Die Verhärtung seiner sozialprotestantischen Selbstpositionierung - vom vergleichsweise konzilianten Vertreter der christlich-sozialen Bewegung zum Verfechter eines entschieden kirchlich geprägten und geleiteten sozialen Engagements - ist dann in erster Linie nicht als kirchenpolitisch-strategische Entscheidung zu verstehen. Seine seit Mitte der neunziger Jahre endgültig befestigte Überzeugung, daß der bisherige sozialprotestantische Konsens nicht länger aufrechtzuerhalten war, hatte vorrangig theologische Gründe. In diesem Punkt stand seiner Überzeugung nach in erster Linie die Sache des Glaubens selbst, erst in zweiter Linie die handfeste Frage kirchlichen Machterhalts auf dem Spiel. Von daher erklärt sich, daß Nathusius zufolge politische und gesellschaftliche Überzeugungsarbeit immer mit dem Versuch der kirchlich verorteten Orientierung über die eigenen Prägungen und die eigenen Glaubensüberzeugungen einzusetzen hatte.

---

12 F.-X. Kaufmann, *Christentum und Wohlfahrtsstaat*, S. 103.

Macht man aber für seine theologische Selbstpositionierung in hohem Maß biographische Prägungen geltend, so stellt sich die Frage, ob man in Nathusius' Fall überhaupt von einer *bewußten Begleitungsstrategie* gesellschaftlicher und kirchenpolitischer Vorgänge sprechen kann oder ob er nicht tatsächlich in den meisten Fällen eben gar nicht aus seiner biographischen Haut konnte.

Der Blick auf die angesprochenen Kontexte führt somit zu der Beobachtung, daß es zwar nicht gelingt, einen zweifelsfreien Kausalzusammenhang von Nathusius' religiöser Mentalität, seiner Selbstintegration in ein bestimmtes religiös geprägtes Milieu und seinen sozialprotestantischen Grundüberzeugungen herzustellen. Aber generell ist festzustellen, daß er sich in entscheidenden Lebensphasen durchgängig für diejenigen Wirkungsorte, Aktivitäten und inhaltlichen Themen entschied, die die Stringenz seiner eigenen Überzeugungen zu gewährleisten vermochten bzw. wenigstens nicht zu gefährden schienen. Die Überzeugungskraft des biographischen Erfahrungshorizontes und der kontextuellen Einbindungen sorgte dafür, daß mögliche Alternativen zum eigenen Standpunkt und Wirken meist gar nicht erst in das eigene biographische Blickfeld gerieten. Grundstürzende biographische oder werkgeschichtliche Brüche sind bei ihm nicht zu konstatieren. Zwar veränderten sich thematische Interessen und Schwerpunkte, allerdings nicht die inhaltlichen Bewertungsmaßstäbe angesichts des jeweils neuen Schwerpunktes. Zielpunkt blieb die Herausstellung der - eben auch für ihn persönlich fundamentalen - kulturellen Prägekraft des Christentums für alle Bereiche des Lebens, während die Mobilisierung der Kräfte des Evangeliums für die glückliche Lösung der sozialen Frage nur ein Etappenziel[13] darstellte. Kaum irgendwo prägnanter als anläßlich des Aufrufs zur Gründung der KSK war dieses Hauptziel formuliert worden: „Die kirchlich soziale Konferenz ist eine evangelisch-kirchliche, nicht eine parteipolitische Vereinigung, ein Sammelpunkt für evangelische Männer und Frauen, die im Geiste unserer Reformation beten und arbeiten, daß das Evangelium die bewegende Kraft unseres Volkslebens bleibe und immer mehr werde"[14].

Neben diesem erkennbaren Hauptinteresse an der Zukunftsfähigkeit der Institution Kirche und der von ihr verkündigten traditionalen Lehrgehalte macht Nathusius' Selbstintegration in das ihm entsprechende Diskussionsmilieu ein weiteres motivationales Moment deutlich. Seine theologischen Argumentationsstrategien und praktischen Aktivitäten zeichneten sich - im Sinn der biographischen Prägungen - erheblich, wenn auch vielleicht unbewußt, durch das Moment der permanenten Selbstvergewisserung eigener Prägungen und Ansichten aus. Die Behandlung jeweils neuer Themenstellungen, etwa

---

13 Vgl. M. Schick, *Kulturprotestantismus*, S. 147.

14 Deckblatt zu Martin von Nathusius, *Christliche Liebe und soziale Hilfe*, 1902.

die Frage nach der Reform kirchlicher Praxis im Blick auf Apostolikum oder Konfirmation, erscheint oftmals als nichts anderes denn als Reflex auf die biographisch 'gewohnte' kirchliche Praxis und somit als Versuch der sachkundigen Bestätigung eigener kirchlicher Erfahrungen. Schon die methodologisch gewonnene Argumentationssicherheit hatte sicherlich nicht zuletzt der Bestätigung persönlicher Selbstsicherheit bzw. Selbstbestätigung in den modernen Zeiten der immer unüberschaubarer werdenden gesellschaftlich-kulturellen Aufbrüche gedient. Auch die Institutionalisierungsversuche konservativ ausgerichteter Presseorgane, theologischer Zeitschriften oder kirchlicher Konferenzen können als ebensolche kollektiven Selbstbestätigungsversuche verstanden werden.

Die im Fall von Nathusius feststellbare thematische und kontextuelle 'Beharrung' ist allerdings nicht als Spezifikum der christlich-konservativen Anschauung überhaupt zu verstehen. Zwar zeichnen sich im vorliegenden Fall die einschlägigen konservativen Sozialisationsagenturen und -inhalte durch ein besonderes Beharrungsvermögen aus, sei es was die Wahrnehmung der äußeren Verhältnisse, sei es was die artikulierten Reformabsichten angeht. Allerdings ist eine solche Tendenz zur Konstanz generell ein Kriterium für die mögliche Applikation des Milieubegriffs. Konservativ geprägte Kontexte sind daher wohl kaum 'anfälliger' für Selbstbegrenzungs- und Selbstimmunisierungsstrategien als andere sozialisationsrelevante Milieus bzw. ganz anders geartete biographische Kontinuitätslinien.

In jedem Fall legt es der Blick auf Nathusius nahe, auch auf die konservativen Eliten des Kaiserreichs und ihre kommunizierenden Teilmilieus die Beobachtung einer religiös-kulturellen Vergesellschaftung bzw. einer kulturellen Versäulung in Anschlag zu bringen. Denn hier läßt sich ebenfalls „ein Netz sozialer Beziehungen und ein 'kommunikatives Kraftfeld' (R. Koselleck) gemeinsamer Werte, Einstellungen und Handlungsmuster" feststellen, „mit dem sich dieses sozialmoralische Milieu von den anderen signifikanten Teilkulturen auch im Übergang zur vollentwickelten Industriegesellschaft deutlich abgrenzt"[15]. Im Vergleich mit einem als 'liberal' bezeichneten Milieu bleibt jedoch festzuhalten: Der spezifische, tendenziell retardierende Charakter des konservativen, sozialaristokratischen Umfeldes sorgte bei Nathusius dafür, den Gedanken grundlegender positioneller Veränderungsnotwendigkeit der eigenen Einstellung - etwa durch die Erfahrung einer grundlegenden Differenz zwischen eigener Frömmigkeit und moderner Kultur - meist gar nicht erst aufkommen zu lassen oder bereits im Keim zu ersticken. Zwar hat die konservative Individualismuskritik des 19. Jahrhunderts eine „sehr viel höhere kritische Sensibilität für all die den einzelnen bedrohenden Seiten der kapitalistischen Moderne entwickelt, als der allzu harmonische Fortschrittsglaube

15 G. Hübinger in seiner Charakterisierung des Liberalismus der Zeit, *Kulturprotestantismus*, S. 306.

vieler Liberaler"[16]. Allerdings rang man sich letztlich nicht zur Anerkenntnis moderner Kulturentwicklungen jenseits traditionaler Kirchlichkeit und Frömmigkeitspraxis durch, sondern beließ es bei partiellen bzw. defensiven Antworten auf die faktischen Modernisierungsprozesse bzw. -anforderungen.

Dennoch relativiert sich am Ende das Bild, das etwa E. Troeltsch im Blick auf Nathusius' „hochkirchliche Steigerung der Selbständigkeit und Macht der Kirche"[17] gezeichnet hatte, indem er das Luthertum der Zeit generell als „Prinzip des Patriarchalismus und des Konservatismus" charakterisiert hatte, das dazu neige, „das Gegebene zu verherrlichen [!], wenn es mit jenen älteren Idealen übereinstimmt"[18]. Troeltsch gab zwar durch seine *Soziallehren* ohne Zweifel einen entscheidenden Anstoß zur grundsätzlichen Weiterentwicklung sozialethischer Fragestellungen, so daß Harnack anläßlich seiner Rezension des Werkes Troeltschs scharfe Unterscheidung „zwischen der inneren soziologischen Auswirkung des Christentums als religiösen Phänomens und seinen sozialen Wirkungen nach außen"[19] begrüßen konnte. Durch diese saubere Scheidung, so Harnack, werde eine Lösung wie die der Nathusius'schen *Mitarbeit* vermieden, bei der das Christentum „im Handumdrehen ein Prinzip des sozialen Lebens überhaupt [...], energischer sozialer Faktor in allen denkbaren gesellschaftlichen Verhältnissen wird". Harnack schloß sich in der Tat der grundsätzlichen Kritik Troeltschs am vorliegenden sozialethischen Entwurf des Greifswalder Theologen an. Da für Nathusius alles das, „was das Christentum enthält, absolute und normative Bedeutung haben müsse", entstehe auf diesem Weg sofort eine unüberbrückbare Differenz zwischen dem Christlich-Sozialen und allem übrigen Sozialen. Hier werde ein Abgrund geschaffen, „in welchem alle wirkliche Geschichte zu verschwinden droht". Troeltsch wie Harnack stellten somit zu Recht die von Nathusius antizipierte problemlose Kommensurabilität des kirchlich gebundenen Christentums mit den vorgefundenen sozialen Bedingungen in Frage, da jede neue Verbindung des Christentums mit den äußeren Bedingungen sofort für Modifikationen seiner eigenen Wirkung sorge. Von Troeltschs Neueinsatz der sozialethischen Fragestellung aus, der nicht unerheblich einerseits vom Rekurs auf die Arbeiten G. Simmels, andererseits wohl auch von M. Webers Kritik an Erkenntnismethode und -inhalt der Historischen Schule der Nationalökonomie geprägt ist, hat die Kritik an Nathusius' wissenschaftlicher Vorgehensweise ohne Frage ihre große Berechtigung.

---

16 K. Tanner, *Bürgerlicher Individualismus*, S. 109.

17 E. Troeltsch, *Soziallehren*, S. 592.

18 *A. a. O.*, S. 601.

19 Dieses und die folgenden Zitate A. v. Harnacks in: *Das Urchristentum und die sozialen Fragen*, S. 254f.

Doch der intensive Blick auf Nathusius konnte zum Vorschein bringen, daß die soziale Gestaltungsmacht des Luthertums in erheblich geringerem Maß quietistisch geprägt war als Troeltsch dies behauptet hatte und dessen konfessionelle Typisierung mindestens im konkreten Fall zu relativieren ist. In diesem Sinn formuliert W. Sparn über diese Typisierung: „Das 'Luthertum' erscheint als nur allzu homogene, durch die vier Jahrhunderte seit der Reformation hindurch invariante Größe, kraß abstechend von der modernisierungsfähigen Realisierung der Reformation, dem Kalvinismus"[20]. Troeltschs grundsätzliche und berechtigte Kritik an den methodischen Defiziten der sozialethischen Fragestellungen und Forderungen des Greifswalders führte ihn in bezug auf die Beurteilung der praktischen Relevanz dieses Ansatzes seinerseits zu defizitären Ergebnissen, es sei denn, man mißachtet, daß sich gerade die von Nathusius mitinitiierte KSK durch ihren sozialpolitischen Gestaltungswillen auszeichnete und eben nicht bereit war, diesen „zugunsten einer schon damals als 'reaktionär' empfundenen Beschränkung auf volksmissionarische Arbeitsfelder wieder preiszugeben"[21].

Der in Werk und Leben von Martin von Nathusius präsentierte sozialprotestantische Begleitungsversuch verdient somit selbst unter der Voraussetzung Beachtung, daß die Suche nach neuen Gestaltungsmöglichkeiten bei diesem innerhalb klarer Grenzen vonstatten ging, die protestantische christlich-soziale Bewegung insgesamt gesehen instabil und schwach blieb, deren bleibendes Verdienst eher im Bereich der kirchlichen Diakonie als unmittelbar auf dem Gebiet staatlicher Sozialpolitik anzusiedeln ist[22] und die Bedeutung der christlich inspirierten Initiativen der Zeit eher in ihrer katalytischen Funktion als in deren weltverändernden Wirkungen bestand[23]. Auch wenn das Bestreben der konservativen christlichen Sozialreformer, die eigenen Überzeugungen auf den praktischen Prüfstand zu stellen, viele Aporien überhaupt erst sichtbar werden ließ: Deren Sensibilität für die Veränderungen der Wirklichkeit sowie ihr damit einhergehendes, theoriegeleitetes sowie praktisches Bemühen sollte im Kontext der zukünftigen Beschäftigung mit protestantischen Leitidealen sozialintegrativen Denkens und sozialstaatlichen Handelns wieder seine angemessene Beachtung erfahren - jenseits von Heldengeschichten einerseits und Verdammungsabsichten andererseits: „The politics of realism might be horrid, but made more substantial contact with reality"[24]. Möglicherweise hat gerade dieser schlußendliche Dissens des sozialen Protestan-

---

20 W. Sparn, *Preußische Religion*, S. 153.

21 J.-Chr. Kaiser, *Protestantismus und Sozialpolitik*, S. 105f.

22 Vgl. F.-X. Kaufmann, *Christentum und Wohlfahrtsstaat*, S. 108.

23 Vgl. *a. a. O.*, S. 118.

24 So W. R. Ward angesichts des kirchlich-sozialen Engagements von Stoecker, L. Weber und Nathusius und deren Gründung der KSK, *Theology, Sociology and Politics*, S. 77.

tismus zu Zeiten des Kaiserreichs dem späteren „Pluralismus der protestantischen Weltanschauungen“[25] entscheidenden Vorschub geleistet, so daß sich bereits in eben diesem Dissens nicht weniger als die gegenwärtige Realität protestantischer Vielspältigkeit widerspiegelt.

---

[25] K. E. Pollmann, *Weltanschauungskampf*, S. 78.

Literatur

1. Archive

A. Archiv der Familie Nathusius, Bensheim

B. Archiv des Rauhen Hauses, Hamburg
- Briefe M. v. Nathusius [Bestand 81 B]

C. Archiv der Neinstedter Anstalten, Neinstedt

D. Universitätsarchiv Halle
- Curriculum vitae M. v. Nathusius

E. Universitätsarchiv Tübingen
- Curriculum vitae M. v. Nathusius [40/153 Nr. 96]

F. Archiv des Konsistoriums der Kirchenprovinz Sachsen, Magdeburg
- Visitationsbericht D. Moeller über die Kirchengemeinde St. Benedicti, Quedlinburg, vom 13. 5. 1876 [Rep A spec. G - A 15402]

G. Archiv der Landeskirche im Rheinland, Düsseldorf
- Acta betreffend die Besetzung der Pfarrstelle bei der evangelischen Gemeinde zu Wupperfeld

H. Geheimes Staatsarchiv - Preußischer Kulturbesitz, Berlin
- Acta betreffend: die Anstellung und Besoldung der ordentlichen und außerordentlichen Professoren in der theologischen Fakultät der Universität Greifswald [Rep. 76a Va Sekt. 7 Tit. IV Nr. 19 vol. V-VII]
- Nachlaß Stoecker: Briefe [Rep. 92: I]

I. Universitätsarchiv Greifswald
- Lehrer-Album der Königlichen Universität Greifswald [UAG Ost 3/734 Bd. 1]
- Personalakte M. v. Nathusius [PA 1590]
- Acta der Theologischen Fakultät 1887/88-1904/05 [Th. F. 73-89]

J. Archiv des Diakonischen Werkes, Berlin
- Akten des Kirchlich-Sozialen Bundes. Gründung der KSK [KSB 1]

2. *Originalliteratur Martin von Nathusius*

1871

— Vincenz von Paul, in: VB 28, Sp. 163-171; 183-191.
— Zur lutherischen Lehre vom heiligen Abendmahle, in: VB 28, Sp. 481-484; 496-502; 513-517; 577-581; 593-598; 609-616; Nachschrift: Sp. 949-951.
— Die eigentlichen Gegensätze, in: VB 28, Sp. 817-821.
— Innere Mission, in: VB 28, Sp. 833-836.
— Zum Gedächtnis des am 25. July 1471 heimgegangenen Thomas a Kempis, in: VB 28, Sp. 865-867.
— Mit herzlichem Danke, in: VB 28, Sp. 881-886.
— Die deutsche Nationalkirche, in: VB 28, Sp. 985-987.
— Die Kleinkinderschule, in: VB 28, Sp. 988-993.
— Die Octoberversammlung in Berlin, in: VB 28, Sp. 1001-1006.
— Die Camminer Conferenz, in: VB 28, Sp. 1006-1013.
— Die kirchliche Lage, in: VB 28, Sp. 1049-1051.
— Die Gnadauer Herbstkonferenz, in: VB 28, Sp. 1065-1070.
— Die Octoberversammlung in Berlin, in: VB 28, Sp. 1081-1089.
— Begriff und Methode des Confirmandenunterrichts, in: VB 28, Sp. 1140-1144.
— Die conservative Aufgabe, in: VB 28, Sp. 1153 -1157.
— Carl Borromeo, in: VB 28, Sp. 1211-1220; 1229-1232; 1247-1256.

1872

— Ein neues Jahr, in: VB 29, Sp. 1-6.
— Entweder-Oder, in: VB 29, Sp. 81-84.
— Blicke in die römische Kirche, in: VB 29, Sp. 113-120; 129-135; 145-151; 161-170.
— Das Schulaufsichtsgesetz, in: VB 29, Sp. 177-182.
— Ueber christliches Schriftenwesen. Vortrag, gehalten in Gnadau am 10. April 1872, in: VB 29, Sp. 241-253.
— Unsere Waffen, in: VB 29, Sp. 261-263.
— Die Gnadauer Frühjahrskonferenz, in: VB 29, Sp. 263-274.
— Blicke in die evangelische Kirche, in: VB 29, Sp. 329-334.
— Das deutsche Reich, in: VB 29, Sp. 441-447.
— Die konservative Partei, in: VB 29, Sp. 457-460.
— Zu welchen Erwartungen für die Zukunft der christlichen Kirche sind wir berechtigt? Ein Conferenz-Vortrag, geh. im Juni 1872, in: VB 29, Sp. 577-581; 593-600; 609-614; 641-649.
— Aus der Kirche, in: VB 29, Sp. 673-678; 689-698; 705-713.
— Die neuen Maßregeln, in: VB 29, Sp. 823-827.

1873

— Kirchlicher Quartalbericht, in: VB 30, Sp. 18-22; 33-37; 165-171; 181-187; 200-203; 467-471; 481-487; 739-744; 755-763.
— Fröhlich Neujahr!, in: VB 30, Sp. 1-7.
— Vier neue Gesetze, in: VB 30, Sp. 44-53.
— Für die gegenwärtige Krise, in: VB 30, Sp. 117-120.
— Mit Waffen der Gerechtigkeit zur Rechten und zur Linken, in: VB 30, Sp. 133-140.
— Die Gnadauer Frühjahrsconferenz, in: VB 30, Sp. 229-233.
— Eine kirchenpolitische Agitation, in: VB 30, Sp. 561-565.
— Die evangelisch-lutherische Conferenz in Berlin, in: VB 30, Sp. 609-616; 625-633.
— Welche Aufgaben stellen die neuen Kirchengesetze dem evangelischen Geistlichen? Vortrag, gehalten auf der evangelisch-lutherischen Konferenz zu Berlin am 27. August 1873, in: VB 30, Sp. 641- 654.

1874

— Kirchlicher Quartalbericht, in: VB 31, Sp. 33-39; 49-54; 225-230; 241-245; 417-421; 673-680; 689-696; 705-714.
— 1874, in: VB 31, Sp. 1-8.
— Eine schwere Frage, in: VB 31, Sp. 97-105.
— Die Gnadauer Frühjahrsconferenz, in: VB 31, Sp. 257-265; 273-276.
— Die evangelische Kirche und der preußische Staat, in: VB 31, Sp. 305-310; 321-326.
— Reorganisation des christlichen Vereinswesens, in: VB 31, Sp. 353-358.
— Aphorismen über Civilehe, in: VB 31, Sp. 385-390.
— Von der Selbständigkeit der Kirche, in: VB 31, Sp. 529-533; 545-550.
— Predigt zur Sedanfeier, gehalten in der Marktkirche zu Quedlinburg am 2. September 1874. Quedlinburg 1874, auch in: VB 31, Sp. 561-567.
— Die Gnadauer Conferenz, in: VB 31, Sp. 657-665; 680-683.
— Predigt über die Civilehe, gehalten am Reformationsfeste, 1. November 1874 in der Marktkirche zu Quedlinburg, in: VB 31, Sp. 721-729.
— Die kirchliche Presse, das Volksblatt und die Volksblattleser, in: VB 31, Sp. 737-741.
— Angesichts der Provinzialsynoden, in: VB 31, Sp. 773-776.
— Das Gemeindeprincip in der Kirchenverfassung, in: VB 31, Sp. 797-801; 817-824.
— Rückwärts, in: VB 31, Sp. 833-837.

1875

— Kirchlicher Quartalbericht, in: VB 32, Sp. 33-40; 56-62; 77-82; 389-393; 405-412; 421-427; 437-447; 713-718; 729-736; 745-750.
— Vorwärts, in: VB 32, Sp. 1-8.
— Fasten, in: VB 32, Sp. 109-112; 125-130.

— Carfreitagsconsequenzen, in: VB 32, Sp. 189-193.
— Die Gnadauer Conferenz, in: VB 32, Sp. 269-272; 285-293; 301-306.
— Rom, in: VB 32, Sp. 369-375.
— Die Wichtigkeit der Entscheidungen, welche von der bevorstehenden Generalsynode abhängen, in: VB 32, Sp. 561-566.
— Die evangelisch-lutherische Conferenz in Berlin, in: VB 32, Sp. 665-669; 681-686; 697-705; 718-721.

1876

— Kirchlicher Quartalbericht, in: VB 33, Sp. 253-257; 269-274; 285-290; 300-308; 549-553; 570-574; 581-586; 597-604; 613-617.
— Wer glaubt der fleucht nicht, in: VB 33, Sp. 1-5; 17-21; 33-37; 49-53.
— Nach fünfzig Jahren [zur Gnadauer Konferenz], in: VB 33, Sp. 117-120.
— Die Magdeburger Conferenz, in: VB 33, Sp. 353-355.
— Bischöfliche Kirchen-Verfassung, in: VB 33, Sp. 369-372.
— Die Selbständigkeit der christlichen Kirche. Correferat auf der Conferenz zu Magdeburg am 18. 5. 1876, in: VB 33, Sp. 401-405; 417-422.
— Die Gnadauer Conferenz, in: VB 33, Sp. 433-437.
— Die Gnadauer Herbstkonferenz, in: VB 33, Sp. 713-722.

1877

— Kirchlicher Quartalbericht, in: VB 34, Sp. 97-105; 113-120; 129-138; 309-313; 346-347; 693-697; 709-717; 725-733; 741-749.
— Woher und wohin?, in: VB 34, Sp. 2-8.
— Die preußische Landeskirche und ihre Behörde, in: VB 34, Sp. 149-155.
— Die Gemeinden der preußischen Landeskirche, in: VB 34, Sp. 165-171.
— Das kirchliche Gewissen. Vortrag gehalten auf der Gnadauer Frühjahrskonferenz am 10. April 1877, in: VB 34, Sp. 280f.
— Zur kirchlichen Selbständigkeit, in: VB 34, Sp. 485-489.
— Die Augustconferenz, in: VB 34, Sp. 581-583.
— Vom Predigen und von Predigten, in: VB 34, Sp. 813-818; 840-844.

1878

— Vom Heiligthum der Ehe und der Bedeutung der kirchlichen Trauformel. Ein Zeugniß gerichtet an die evangelische Christenheit, insonderheit an die Mitglieder der preußischen Synoden. Halle.
— Kirchlicher Quartalbericht, in: VB 35, Sp. 149-154; 165-171; 180-189; 197-203; 429-435; 448-454; 467-475.
— Ich bin nicht gekommen Frieden zu senden sondern das Schwerdt, in: VB 35, Sp. 1-4; 17-24; 33-36; 49-57.
— Die Passionszeit, in: VB 35, Sp. 133-136.
— Aus der Schule, in: VB 35, Sp. 277-281.
— Zur inneren Lage, in: VB 35, Sp. 397-402.
— Der Doctortitel des Königsmörders, in: VB 35, Sp. 485-490.
— Unser Glaube und die Wissenschaft, in: VB 35, Sp. 517-521.

— Vom Worte des Lebens, in: VB 35, Sp. 653-659.
— Zur Geschichte des Volksblattes, in: VB 35, Sp. 705-707.
— Zur Veränderung des Volksblattes, in: VB 35, Sp. 785-789.

1879

— Kirchlicher Quartalbericht, in: AKM 36, S. 198-215; 455-464; 696-703; 946-953.
— Die christliche Weltanschauung, in: AKM 36, S. 1-11.

1880

— Kirchlicher Quartalbericht, in: AKM 37/1, S. 230-239; 477-482.
— Conservativ, in: AKM 37/1, S. 1-15.
— Der Reichstag und die Civilehe, in: AKM 37/1, S. 397-403.
— Kirchlicher Quartalbericht, in: AKM 37/2, S. 198-209; 447-455.
— Ein Rückblick. Vom Herausgeber, in: AKM 37/2, S. 290-297.

1881

— Timotheus. Ein Rathgeber für junge Theologen in Bildern aus dem Leben. Leipzig.
— Unser Wandel ist im Himmel. Fünf Predigten aus der Pfingstzeit. Leipzig.
— Kirchlicher Quartalbericht, in: AKM 38/1, S. 223-231.
— Kirchlicher Quartalbericht, in: AKM 38/2, S. 491-499.
— Zur Geschichte der Monatsschrift, in: AKM 38/2, S. 242-245.

1882

— Predigt zum Todtenfeste 1882, gehalten in der St. Benedictikirche. Quedlinburg.
— Kirchlicher Quartalbericht, in: AKM 39/1, S. 222-228.
— Culturkampf und Conservative, in: AKM 39/1, S. 406-421.
— Kirchlicher Quartalbericht, in: AKM 39/2, S. 215-223.

1883

— Timotheus. Ein Rathgeber für junge Theologen in Bildern aus dem Leben. Leipzig. 2. Auflage.
— Naturwissenschaft und Philosophie. Zur Beleuchtung der neuesten materialistischen Kundgebungen du Bois-Reymonds u. A. (Zeitfragen des christlichen Volkslebens VIII/7). Heilbronn.
— Katechismuspredigten, nach der Ordnung des Kirchenjahres gehalten in Quedlinburg. 1. Teil: Vom 1. Advent bis Quasimodogeniti. Leipzig.
— Wissenschaft. Dubois-Reymond und die christliche Weltanschauung, in: AKM 40/1, S. 322-328.
— Kirchlicher Monatsbericht, in: AKM 40/1, S. 213-216; 328-332; 451-455; 566-568; 673-678.

— Kirchlicher Monatsbericht, in: AKM 40/2, S. 86-88; 331-336; 471-474; 611-613.
— Luther. Ein Ausblick in die Zukunft der Kirche, in: AKM 40/2, S. 563-573; S. 702-715.

1884

— Katechismuspredigten, nach der Ordnung des Kirchenjahres gehalten in Quedlinburg. 2. Teil: Vom Sonntage Misericordias Domini bis 27. Sonntage nach Trinitatis. Leipzig.
— Kirchlicher Monatsbericht, in: AKM 41/1, S. 88-92; 213-217; 353-356; 466-469.
— Zum Neujahr, in: AKM 41/1, S. 1-14.
— Professor du Bois-Reymond, in: AKM 41/1, S. 335-337.
— Kirchlicher Monatsbericht, in: AKM 41/2, S. 100-105; 209-212; 325-328; 435-438; 566-570; 684-688.

1885

— Bibelfestpredigten, gehalten am 10. Mai 1885 beim Fest der Wupperthaler Bibel-Gesellschaft. (gemeinsam mit G. Knapp). Barmen.
— Reden bei der Amtseinführung des Herrn Pastors Nathusius, gehalten in der evang.-luth. Kirche zu Wupperfeld in Barmen am 27. September 1885. Barmen.
— Das Wesen der Wissenschaft und ihre Anwendung auf die Religion. Empirische Grundlegung für die theologische Methodologie. Leipzig. [WdW]
— Kirchlicher Monatsbericht, in: AKM 42, S. 96-99; 204-206; 316-319; 431-434; 544-546; 654-657; 881-883; 994-997; 1100-1102; 1212-1215; 1324-1326.

1886

— Wissenschaft und Kirche im Streit um die theologischen Fakultäten (Zeitfragen des christlichen Volkslebens XI/8). Heilbronn.
— Kirchlicher Monatsbericht, in: AKM 43, S. 96-102; 208-211; 316-319; 427-431; 653-657; 764-767; 880-883; 1105-1110; 1212-1216; 1322-1325.

1887

— Kirchlicher Monatsbericht, in: AKM 44, S. 92-96; 206-210; 319-322; 430-432; 541-547; 764-768; 877-881; 992-995; 1101-1105; 1214-1218; 1325-1328.
— Die Stellung der evangelisch-theologischen Fakultäten in der preußischen Landeskirche, in: AKM 44, S. 596-611.

1888

— Die Verfassung der evangelischen Kirche und die neuesten Versuche zu ihrer Verbesserung in Preußen (Zeitfragen des christlichen Volkslebens XIII/4). Heilbronn.
— Konfirmation, Karfreitag, Ostern. Drei Predigten. Barmen.
— Kirchlicher Monatsbericht, in: AKM 45, S. 107-110; 210-214; 329-332; 542-545; 661-664; 774-776; 994-999; 1219-1221; 1339-1342.
— Eine Harzfahrt mit Arabesken, in: AKM 45, S. 291-315.
— Eine deutsche Dichterin vor hundert Jahren, in: AKM 45, S. 731-742; 812-822; 936-945; 1057-1070.

1889

— Katechismuspredigten, nach der Ordnung des Kirchenjahres gehalten in Quedlinburg. 2 Teile. Leipzig. 2. Auflage.
— Eine deutsche Dichterin vor hundert Jahren, in: AKM 46, S. 71-81; 158-169.
— Kirchlicher Monatsbericht, in: AKM 46, S. 93-96; 202-205; 317-320; 650-656; 876-880; 989-992; 1093-1103; 1209-1213; 1324-1327.
— Zur theologischen Darstellung der christlichen Erfahrung, in: Der Beweis des Glaubens. Monatsschrift zur Begründung und Verteidigung der christlichen Wahrheit für Gebildete XXV, S. 3-14.
— Das Wirken des erhöhten Christus in seiner Gemeinde, in: Der Beweis des Glaubens. Monatsschrift zur Begründung und Verteidigung der christlichen Wahrheit für Gebildete XXV, S. 401-412; 469-482.

1890

— Erwiderung auf: Offener Brief nebst angefügtem Promemoria an den Herausgeber der „Allgemeinen konservativen Monatsschrift“ Herrn Professor Martin v. Nathusius in Greifswald, in Sachen Thümmel. Von Tertius Gaudens. Sonderdruck aus: „Der wahre Protestant“ VII (1890), in: Freundschaftliche Streitschriften 27, S. 13-15.
— Kirchlicher Monatsbericht, in: AKM 47, S. 88-94; 200-206; 314-320; 421-428; 541-544; 653-656; 764-768; 876-880; 988-991; 1208-1216; 1326-1328.
— Eine deutsche Dichterin vor hundert Jahren, in: AKM 47, S. 238-248; 382-391.

1891

— Kirchlicher Monatsbericht, in: AKM 48, S. 89-95; 205-208; 311-315; 422-428; 533-536; 649-654; 762-764; 874-877; 985-990; 1211-1215.
— Der selige Thadden. Mit Portrait, in: AKM 48, S. 52-56.
— Der evangelisch-sociale Kongreß, in: AKM 48, S. 746-753.

1892

— Der Professoren-Antrag in der General-Synode, in: EKZ, Nr. 8, vom 13. 2, Sp. 120-125.
— Kirchlicher Monatsbericht, in: AKM 49, S. 85-93; 202-205; 313-318; 534-539; 650-654; 870-876; 989- 992; 1207-1213.
— Die Lehre der hl. Schrift vom irdischen Gut und ihre Anwendung auf die Gegenwart. Thesen, vorgetragen auf einer Konferenz der Inneren Mission 1892, in: AKM 49, S. 653.
— Die Verpflichtung der evangelischen Geistlichen auf das Bekenntnis, in: AKM 49, S. 1310-1318.

1893

— Die Kernfrage im Kampf für das Apostolikum gegen die Schule Ritschls (Zeitfragen des christlichen Volkslebens XVIII/3). Heilbronn.
— Die heutige praktische Theologie in ihren neuesten Erscheinungen (Knoke, Achelis, Krauß), in: „Halte was du hast". Zeitschrift für Pastoral-Theologie XVI, S. 22-38; 98-110.
— Kirchlicher Monatsbericht, in: AKM 50, S. 103-110; 216-222; 345-348; 572-575; 675-678; 789-794; 1018-1022; 1242-1247; 1356-1360.
— Die Mitarbeit der Kirche an der Lösung der sozialen Frage. Buch I: Die soziale Frage. Leipzig. [Mitarbeit I]

1894

— Kirchlicher Monatsbericht, in: AKM 51, S. 85-91; 427-432; 540-543; 651-655; 761-767; 873-877; 985-988; 1212-1216.
— Henry George, der Bodenbesitzreformer, in: AKM 51, S. 311-320.
— Der Beschluß des fünften Evangelisch-sozialen Kongresses zur Frauenfrage. Ein Briefwechsel [mit Elisabeth Gnauck-Kühne], in: Mitteilungen des ESK, 3. Folge Nummer 5, Juni, S. 5-8.
— Zur außerordentlichen Generalsynode der preußischen Landeskirche, in: AKM 51, S. 1319-1326.
— Die Mitarbeit der Kirche an der Lösung der sozialen Frage. Buch II: Die Aufgabe der Kirche. Leipzig. [Mitarbeit II]

1895

— Die Inspiration der Hl. Schrift und die historische Kritik (Zeitfragen des christlichen Volkslebens Bd. XX/6). Stuttgart.
— Zur Geschichte des Toleranzbegriffs. Greifswalder Studien. Theologische Abhandlungen, Hermann Cremer zum 25jährigen Professorenjubiläum dargebracht. Greifswald.
— Die freie Forschung, der Geldschrank und der evangelische Glaube, in: EKZ, Nr. 13, vom 31. 3., Sp. 198-202.
— Thesen über die Inspiration der heiligen Schriften des Alten und Neuen Te-

staments und die historische Kritik. Gestellt auf der Pastoralkonferenz in Posen am 18. Mai 1895, in: EKZ, Nr. 23, vom 9. 6., Sp. 355-356.
— Aufruf zur christlich-sozialen Konferenz, in: DEKZ, Nr. 30, vom 25. 7.
— Der Christ im öffentlichen Leben. Anti-Sohm, in: Kreuz-Zeitung, Nr. 486, vom 17. 10.
— Versäumnisse und Aufgaben der Kirchenzucht an dem sittlichen Leben des Volkes. Vortrag, gehalten auf der Pastoralkonferenz zu Berlin am 13. Juni 1895, in: EKZ, Nr. 30, vom 28. 7., Sp. 465-470; Nr. 31, vom 4. 8., Sp. 481-486; Nr. 32, vom 11. 8., Sp. 497-500; Nr. 33, vom 18. 8., Sp. 513-517; Nr. 34, vom 25. 8., Sp. 529-537; Nr. 35, vom 1. 9., Sp. 555-560.
— Kirchlicher Monatsbericht, in: AKM 52, S. 90-96; 198-202; 312-315; 423-429; 540-544; 649-653; 762-766; 1095-1098; 1204-1209; 1316-1321.
— Die Religion eines deutschen Idealisten, in: AKM 52, S. 337-348.
— Der evangelisch-sociale Kongreß. Eine Absage, in: AKM 52, S. 561-564.

1896

— Was ist christlicher Sozialismus? Leitende Gesichtspunkte für evangelische Pfarrer und solche, die es werden wollen. Berlin.
— Einladung zur Abhaltung einer christlich-sozialen Konferenz zum 1. 10. 1895, in: DEKZ, Nr. 12, vom 21. 3.
— Aufruf zur christlich-sozialen Konferenz, in: DEKZ, Nr. 30, vom 21. 3.
— Kirchlicher Monatsbericht, in: AKM 53, S. 92-96; 427-432; 534-537; 648-651; 757-762; 1100-1103; 1207-1212; 1325-1327.
— Die Krisis in der konservativen Partei, in: AKM 53, S. 299-303.
— Die Zukunft der Allgemeinen konservativen Monatsschrift, in: AKM 53, S. 897-898.

1897

— Die Mitarbeit der Kirche an der Lösung der sozialen Frage. Auf Grund einer kurzgefaßten Volkswirtschaftslehre und eines Systems der christlichen Gesellschaftslehre (Sozialethik). Leipzig. 2. Auflage. [Mitarbeit, 2. Aufl.]
— Die Christlich-socialen Ideen der Reformationszeit und ihre Herkunft (Beiträge zur Förderung christlicher Theologie Bd. 1, Heft 2, hg. v. A. Schlatter u. H. Cremer). Gütersloh.
— Zur Organisation der Vorbereitung auf das geistliche Amt, in: EKZ, Nr. 20, vom 16. 5. 1897, Sp. 311-315.
— Kirchlicher Monatsbericht, in: AKM 54, S. 91-94; 204-207; 424-427; 535-539; 648-652; 760-763; 986-989; 1100-1104; 1213-1216; 1327-1329.

1898

— Politische Ideale, in: Kreuz-Zeitung, Nr. 83, vom 19. 2.
— Die soziale Arbeit als Seelsorge am Volk, in: Die dritte Hauptversammlung der freien kirchlich-sozialen Konferenz zu Berlin am 19. und 20. April 1898. Referat von D. Martin v. Nathusius, Korreferat von E. F. Wyneken und Diskussion. Berlin, S. 43-78.

— Kirchlicher Monatsbericht, in: AKM 55, S. 87-93; 202-209; 428-432; 538-541; 650-655; 765-768; 876-880; 986-991; 1210-1213; 1321-1326.
— Die Begründung unserer christlichen Überzeugung. Ein Referat, in: AKM 55, S. 26-33.
— Über Hindernisse der Entfaltung sittlicher Kraft, in: AKM 55, S. 816-821.

1899

— Der Ausbau der praktischen Theologie zur systematischen Wissenschaft. Ein Beitrag zur Reform des theologischen Studiums. Leipzig.
— Die Frauenfrage, in: Hefte der freien kirchlich-sozialen Konferenz 1 (Aus den Verhandlungen der 4. Hauptversammlung der freien kirchlich-sozialen Konferenz zu Berlin am 11. und 12. April 1899. Referate von D. Martin v. Nathusius und Adolf Stöcker und Diskussion), S. 4-25; [Schlußwort Nathusius] 48-49.
— Bibel und Frauenbewegung. Referat und Diskussion, in: Hefte der freien kirchlich-sozialen Konferenz 5 (Aus den Verhandlungen des Frauenkursus der freien kirchlich-sozialen Konferenz zu Berlin am 13. bis 15. April 1899), S. 1-22.
— Die Unsittlichkeit von Ludwig XIV. bis zur Gegenwart. Ein Beitrag zur Geschichte des sittlichen Urteils. Erweiterter Vortrag vor dem Kongreß der deutschen Sittlichkeitsvereine in Stuttgart am 6. Oktober 1898 (Zeitfragen des christlichen Volkslebens XXIV/3). Stuttgart.
— Kirchlicher Monatsbericht, in: AKM 56, S. 91-95; 203-207; 315-318; 529-532; 642-645; 762-766; 869-871; 1100-1103; 1212-1216; 1321-1324.

1900

— Fünfzig Jahre Innerer Mission. Festschrift zur Feier des fünfzigjährigen Bestehens des Knabenrettungs- und Brüderhauses auf dem Lindenhof zu Neinstedt am Harz. Neinstedt.
— Zur Charakteristik der Cirkumcellionen des 4. u. 5. Jahrhunderts in Afrika. Wissenschaftliche Beilage zu dem Vorlesungsverzeichnisse der Universität Greifswald für das Wintersemester 1900/1901. Greifswald.
— Kirchlicher Monatsbericht, in: MSL 57, S. 92-95; 200-203; 428-430; 538-542; 653-656; 878-880; 986-989; 1099-1102; 1208-1213.
— Briefe über Schulreform. Briefwechsel mit Conrad von Massow, in: MSL 57, S. 636-640.
— Fünfzig Jahre Innerer Mission, in: MSL 57, S. 923-931.

1901

— Kirchlicher Monatsbericht, in: MSL 58, S. 91-96; 204-207; 316-319; 429-431; 541-544; 648-652; 763-766; 987-990; 1101-1102; 1212-1216; 1323-1326.

1902

— Über wissenschaftliche und religiöse Gewißheit (Zeitfragen des christlichen Volkslebens XXVII/8). Stuttgart.
— Die kirchliche Aufgabe in Bezug auf die Arbeiterbewegung, (zuerst englisch in: The American Journal of Theology, Chicago), in: Neue kirchliche Zeitschrift 13, S. 54-64; S. 102-118.
— Christliche Liebe und soziale Hilfe. Vortrag, gehalten bei der 7. Hauptversammlung der freien kirchlich-sozialen Konferenz zu Düsseldorf, am 30. April 1902. Mit Diskussion und Preßstimmen (Hefte der freien kirchlich-sozialen Konferenz 26). Berlin.
— Art.: Ernst Wilhelm Hengstenberg, in: Der Protestantismus am Ende des 19. Jahrhunderts in Wort und Bild, 2. Bd., hg. v. P. Carl Werckshagen. Berlin o. J. [1902], S. 617f.
— Kirchlicher Monatsbericht, in: MSL 59, S. 92-96; 200-204; 314-317; 420-423; 523-526; 625-629; 732-736; 930-934; 1034-1046; 1145-1148; 1249-1252.
— Giebt es eine christliche Politik ?, in: MSL 59, S. 591-597.
— Die Anwendung der Entwicklungslehre auf die Religionsgeschichte, in: MSL 59, S. 981-989.
— Zur religiösen Bewegung, in: MSL 59, S. 1082-1084.
— Harnack, Cremer, Seeberg über das Wesen des Christentums, in: MSL 59, S. 1198-1206.

1903

— Über die Bedeutung christlicher Erkenntnis. Barmen-Wupperthal.
— Kirchlicher Monatsbericht, in: MSL 60, S. 85-88; 184-188; 291-295; 605-608; 700-704; 808-811; 918-920; 1017-1021; 1224-1230.
— Das Gebet um gesegneten Strand, in: MSL 60, S. 548-554.
— Eleonore Fürstin Reuß. Das Leben einer dichtenden Christin, in: MSL 60, S. 1096-1104.
— Handbuch des kirchlichen Unterrichts nach Ziel, Inhalt und Form. 1. Teil: Das Ziel des kirchlichen Unterrichts, oder die Konfirmation in ihrer geschichtlichen Entwicklung und ihrer Gestaltung in der Gegenwart; 2. Teil: Die christliche Lehre nach Martin Luthers kleinem Katechismus; 3. Teil: Das pädagogisch-didaktische Verfahren. Leipzig 1903/1904.

1904

— Die Mitarbeit der Kirche an der Lösung der sozialen Frage. Auf Grund einer kurzgefaßten Volkswirtschaftslehre und eines Systems der christlichen Gesellschaftslehre (Sozialethik). Leipzig. 3. Auflage.
— Kirchlicher Monatsbericht, in: MSL 61, S. 82-85; 375-379; 604-608; 704-707; 811-814; 1021-1023; 1119-1122.

3. Zeitgenössische Literatur

Achelis, Ernst Christian: Rez.: M. v. Nathusius: Handbuch des kirchlichen Unterrichts nach Ziel, Inhalt und Form I, in: ThLZ 28 (1903), Sp. 610-613.
Allgemeine Conservative Monatsschrift für das christliche Deutschland [Begründet 1843 als Volksblatt für Stadt und Land] Jg. 36-41. Hg. v. M. v. Nathusius; ab 1882 hg. v. M. v. Nathusius u. D. v. Oertzen. Quedlinburg 1879-1881; Leipzig 1882; Berlin/Leipzig 1883-1884. [AKM]
Allgemeine Konservative Monatsschrift für das christliche Deutschland [Begründet 1843 als Volksblatt für Stadt und Land] Jg. 42-56. Hg. v. D. v. Oertzen; 1888 hg. v. D. v. Oertzen u. Th. Müller; ab 1889 hg. v. D. v. Oertzen u. M. v. Nathusius; ab 1897 hg. v. M. v. Nathusius; Schriftleitung U. v. Hassell. Leipzig 1885-1899. [AKM]
Aus der Arbeit der freien kirchlich-sozialen Konferenz. Red. v. E. Böhme. Berlin ab 1898, seit 1900 Kirchlich-soziale Blätter.
Die Aufgabe der Kirche und ihrer inneren Mission gegenüber den wirtschaftlichen und gesellschaftlichen Kämpfen der Gegenwart. Eine Denkschrift des Central-Ausschusses für die innere Mission der deutschen evangelischen Kirche (1884), in: Die protestantischen Wurzeln der Sozialen Marktwirtschaft. Ein Quellenband, hg. v. G. Brakelmann u. T. Jähnichen. Gütersloh 1994, S. 124-139.
Bacon, Francis: De dignitate et augmentis scientiarium. Lugani Ausg. v. 1763.
Baltzer, P.: Rez.: M. v. Nathusius: Die Mitarbeit der Kirche an der Lösung der sozialen Frage I, in: EKZ 1893, Sp. 741-746; 760-762; 773-776; 793-796.
— Rez.: M. v. Nathusius: Die Mitarbeit der Kirche an der Lösung der sozialen Frage II, in: EKZ 1896, Sp. 202-204.
— Sozial-Literarisches. Rez.: M. v. Nathusius: Was ist christlicher Sozialismus?, in: EKZ 1896, Sp. 530-538; 551-556.
— Rez.: M. v. Nathusius: Die Mitarbeit der Kirche an der Lösung der sozialen Frage, 2. Aufl., in: EKZ 1898, Sp. 31f.
Beck, Johann Tobias: Vorlesungen über Christliche Ethik. 3 Bde. Tübingen 1882/83.
Beiträge zur Förderung christlicher Theologie. Hg. v. A. Schlatter u. H. Cremer. Gütersloh ab 1897.
Bernheim, Ernst: Lehrbuch der Historischen Methode und der Geschichtsphilosophie. Mit Nachweis der wichtigsten Quellen und Hilfsmittel zum Studium der Geschichte. Leipzig [5]1908.
Beyschlag, Willibald: Leben Jesu. 2 Bde. Halle 1885.
Bibliographie der Deutschen Zeitschriften-Litteratur. Bd. 1 (1896) Leipzig 1897. Bd. 2 (1897). Leipzig 1898. Ergänzungsband I (1896-1898) Leipzig 1908. Ergänzungsband III (1893-95). Leipzig 1911. Ergänzungsband VII (1887-88). Leipzig 1914. Ergänzungsband XX (1861-67). Leipzig 1942.
Braasch, August Heinrich: Martin Luthers Stellung zum Sozialismus. Braunschweig 1897.
Braun, Max: Die Annäherung der Stände in der Gegenwart, in: Verhandlungen des ESK IV. Berlin 1893, S. 63-88.
Brentano, Lujo: Die christlich-soziale Bewegung in England. Leipzig [2]1883.

— Die klassische Nationalökonomie. Vortrag gehalten beim Antritt des Lehramtes an der Universität zu Wien. Leipzig 1888.
— Ueber die Ursachen der heutigen sozialen Not. Ein Beitrag zur Morphologie der Volkswirtschaft. Vortrag, gehalten beim Antritt des Lehramtes an der Universität Leipzig am 27. April 1889. Leipzig 1889.
— Die Stellung des Gebildeten zur Sozialen Frage. Berlin 1890.
Brühmer: Art.: Philipp v. Nathusius, in: ADB, Bd. 23. Leipzig 1886, S. 283ff.
Chalmers, Thomas: Kirchliche Armenpflege. Nach dem Engl. bearb. v. O. v. Gerlach. Berlin 1847.
Christliche Welt, hg. v. M. Rade. Ab 1886. [CW]
Chronik der Königlichen Universität zu Greifswald. Jg. 1888-1904. Greifswald 1889-1904.
Concordia. Zeitschrift für die Arbeiterfrage. Berlin ab 1870.
Contzen, Heinrich: Geschichte der volkswirthschaftlichen Literatur im Mittelalter. Berlin ^{2}1872.
Cremer, Ernst: Hermann Cremer. Ein Lebens- und Charakterbild. Gütersloh 1912.
Cremer, Hermann: Die kirchliche Trauung, historisch, ethisch und liturgisch. Ein Versuch zur Orientierung. Berlin 1875.
— Aufgabe und Bedeutung der Predigt in der gegenwärtigen Krisis. Berlin 1877, ^{2}1892.
— Über den Einfluß des christlichen Prinzips der Liebe auf die Rechtsbildung und Gesetzgebung. Rede zur akademischen Feier des Geburtstags Sr. Majestät Kaiser Wilhelms II. Berlin 1889.
— Der Kampf um das Apostolikum. Eine Streitschrift wider D. Harnack. Berlin 1892, ^{7}1893.
— Warum können wir das Apostolische Glaubensbekenntnis nicht aufgeben? Zweite Streitschrift zum Kampf um das Apostolikum. Berlin 1893.
— Die soziale Frage und die Predigt, in: Verhandlungen des ESK V. Frankfurt 1894, S. 11-22.
— Die paulinische Rechtfertigungslehre im Zusammenhange ihrer geschichtlichen Voraussetzungen. Gütersloh 1899.
— Taufe, Wiedergeburt und Kindertaufe in Kraft des Heiligen Geistes. Gütersloh 1900.
— Das Wesen des Christentums. Vorlesungen im Sommer-Semester 1901 vor Studierenden aller Fakultäten an der Universität Greifswald gehalten. Gütersloh 1901, ^{2}1903.
— Über Arbeit und Eigentum nach christlicher Anschauung. Gütersloh 1907.
Droysen, Johann Gustav: Grundriß der Historik. Leipzig ^{2}1875.
Du Bois-Reymond, Emil: Drei Reden. Friedrich II, Darwin, Kopernikus. Leipzig 1884.
Ebrard, August: Rez.: M. v. Nathusius: Das Wesen der Wissenschaft, in: AKM 44 (1885), S. 1221-1223 mit einer Nachschrift des Verfassers, S. 1223f.
Eck, Samuel: Rez.: M. v. Nathusius: Die christlich-socialen Ideen der Reformationszeit und ihre Herkunft, in: ThLZ 22 (1897), Sp. 474-477.
Ecke, Gustav: Die theologische Schule Albrecht Ritschls und die evangelische Kirche der Gegenwart. I. Bd.: Die theologische Schule Albrecht Ritschls. Berlin 1897. II. Bd.: Die evangelischen Landeskirchen Deutschlands im neunzehnten Jahrhundert. Blicke in ihr inneres Leben. Berlin 1904.

Eisenhart, Hugo: Geschichte der Nationalökonomik. Jena 1881.
Elvers, Rudolf: Victor Aimé Huber. Sein Werden und Wirken. 2 Theile. Bremen 1872/74.
Fabian-Sagal, Eugenie: Albert Schaeffle und seine theoretisch-nationalökonomischen Lehren. Zürich 1909.
Felix, Ludwig: Entwicklungsgeschichte des Eigentums unter kulturgeschichtlichen und wirtschaftlichen Gesichtspunkten. 3 Bde. Leipzig 1883-1887.
Fichte, Johann Gottlieb: Über die einzig mögliche Störung der academischen Freiheit. Eine Rede, gehalten den 19. October 1811 in Berlin. Berlin 1812.
— Deducirter Plan einer zu Berlin zu errichtenden höhern Lehranstalt (1807). Stuttgart/Tübingen 1817.
Fischer, Kuno: Francis Bacon und seine Nachfolger. Entwicklungsgeschichte der Erfahrungsphilosophie. Leipzig 1873.
Fontane, Theodor: Cecile. Ausgewählte Werke. Bd. 2 (Bibliothek der Weltliteratur. Deutsche Klassiker). Augsburg 1993.
Frank, Franz Hermann Reinhold: System der christlichen Gewißheit I. Erlangen 1873.
— System der christlichen Sittlichkeit. Erste und Zweite Hälfte. Erlangen 1884/87.
Furrer, Konrad: Die moderne Naturwissenschaft und die soziale Bewegung der Gegenwart, in: Verhandlungen des ESK VI. Erfurt 1895, S. 15-28.
Gierke, Otto: Johannes Althusius und die Entwicklung der naturrechtlichen Staatstheorien. Zugleich ein Beitrag zur Geschichte der Rechtssystematik. Breslau 1880.
— Das deutsche Genossenschaftsrecht. 4 Bde. Berlin 1868, 1873, 1881, 1913.
— Der Entwurf des bürgerlichen Gesetzbuches und das deutsche Recht. Veränderte und vermehrte Auflage der in Schmollers Jahrbuch für Gesetzgebung, Verwaltung und Volkswirtschaft erschienenen Abhandlung. Leipzig 1889.
— Die soziale Aufgabe des Privatrechts. Berlin 1889.
Gnauck-Kühne, Elisabeth: Die soziale Lage der Frau, in: Verhandlungen des ESK VI. Erfurt 1895, S. 82-100.
Göhre, Paul: Drei Monate Fabrikarbeiter und Handwerksbursche. Eine praktische Studie. Leipzig 1891.
— Die evangelisch-soziale Bewegung. Ihre Geschichte und ihre Ziele. Leipzig 1896.
Gottschick, Johannes: Rez.: M. v. Nathusius: Das Wesen der Wissenschaft und ihre Anwendung auf die Religion, in: ThLZ 11 (1886), Sp. 181-185.
Grau, Rudolf: Zur theologischen Darstellung des Glaubens der christlichen Erfahrung, in: Der Beweis des Glaubens. Monatsschrift zur Begründung und Verteidigung der christlichen Wahrheit für Gebildete XXV (1889), S. 241-261.
— Vom christlichen Glauben, in: Der Beweis des Glaubens. Monatsschrift zur Begründung und Verteidigung der christlichen Wahrheit für Gebildete XXV (1889), S. 441-468.
Gründler, Elise: Marie Nathusius - Ein Lebensbild. In neuer Darstellung. Mit einem Vorwort von Professor M. v. Nathusius. Gotha 1894.
Gumplowicz, Ludwig: Grundriß der Sociologie. Wien 1885.
Häckel, Ernst: Die heutige Entwicklungslehre im Verhältnisse zur Gesamtwissenschaft. Stuttgart 1877.

Harnack, Adolf: Das apostolische Glaubensbekenntnis. Ein geschichtlicher Bericht. Berlin 1892.
— Antwort auf die Streitschrift D. Cremers: „Zum Kampf um das Apostolikum", in: Hefte zur CW 7 (1893), Nr. 3. Leipzig 1893.
— Die evangelisch-soziale Aufgabe im Lichte der Geschichte, in: Verhandlungen des ESK V. Frankfurt 1894, S. 136-173.
— Ein falsches Schlagwort. Rez.: M. v. Nathusius: Was ist christlicher Sozialismus?, in: Die Hilfe 1896, Nr. 25, S. 2-4.
— Das Wesen des Christentums. Leipzig 1900. [WdC]
— Das Urchristentum und die sozialen Fragen, zuerst in: Preußische Jahrbücher 131 (1908), S. 443-459, hier nach: Aus Wissenschaft und Leben, Bd. 2. Gießen 1911, S. 253-273.
Hasbach, Wilhelm: Die allgemeinen philosophischen Grundlagen der von Francois Quesnay und Adam Smith begründeten politischen Ökonomie, in: Staats- und socialwissenschaftliche Forschungen, hg. v. G. Schmoller. Bd. 10. Leipzig 1891.
Hassel, Ulrich v.: Martin v. Nathusius †, in: Konservative Monatsschrift für Politik, Literatur und Kunst 63 (1906), S. 665-668.
— Erinnerungen aus meinem Leben 1848-1918. Stuttgart 1919.
Hauck, Albert: Der Communismus im christlichen Gewande. Leipzig 1891.
Haussleiter, Johannes: Nachruf Martin v. Nathusius, in: Chronik der Königlichen Universität Greifswald für das Jahr 1905/06. Greifswald 1906, S. 5-7.
Herrmann, Wilhelm: Rez.: M. v. Nathusius: Wissenschaft und Kirche im Streit um die theologischen Fakultäten, in: ThLZ 11 (1886), Sp. 519-522.
— Zur theologischen Darstellung der christlichen Erfahrung, in: Der Beweis des Glaubens. Monatsschrift zur Begründung und Verteidigung der christlichen Wahrheit für Gebildete XXV (1889), S. 173-184.
— Der Streitpunkt in betreff des Glaubens, in: Der Beweis des Glaubens. Monatsschrift zur Begründung und Verteidigung der christlichen Wahrheit für Gebildete XXV (1889), S. 361-378.
— Worum handelt es sich in dem Streit um das Apostolikum? Mit besonderer Rücksicht auf Cremers Streitschrift. Hefte zur CW 7 (1893), Nr. 4. Leipzig 1893.
— Religion und Sozialdemokratie, in: Verhandlungen des ESK II. Berlin 1891, S. 7-25.
Heuver, Gerald D.: Rez.: M. v. Nathusius: Die christlich-socialen Ideen der Reformationszeit und ihre Herkunft, in: The American Journal of Theology II (1898), S. 936-938.
Hildebrand, Bruno: Die Nationalökonomie der Gegenwart und Zukunft. Frankfurt 1848.
— Über die gegenwärtige Aufgabe der Wissenschaft der Nationalökonomie, in: Jahrbücher für Nationalökonomie und Statistik 1 (1863), hg. v. B. Hildebrand, S. 5-25; 137-146.
Holtzheuer, Otto: Rez.: M. v. Nathusius: Die Mitarbeit der Kirche an der Lösung der sozialen Frage II, in: DEKZ 1894, Nr. 50, vom 16. 12. 1894, S. 798f.
Huber, Victor Aimé: Die Selbsthilfe der arbeitenden Klassen durch Wirtschaftsvereine und innere Ansiedlung. Berlin 1848.
— Bruch mit der Revolution und Ritterschaft. Berlin 1852.
— Über Assoziation und deren Verhältnis zur inneren Mission. Berlin 1854.

Humboldt, Alexander v.: Kosmos. Entwurf einer physischen Weltbeschreibung. Stuttgart/Tübingen 1845-1858.
Humboldt, Wilhelm v.: Über die Aufgabe des Geschichtsschreibers. Berlin 1822.
Hundeshagen, Karl Bernhard: Der Communismus und die ascetische Socialreform im Laufe der christlichen Jahrhunderte, in: Theologische Studien und Kritiken 18 (1845), S. 535-607; 821-872.
— Ueber die Natur und die geschichtliche Entwicklung der Humanitätsidee. Heidelberg 1852.
Ingram, John Kells: Geschichte der Volkswirtschaftslehre, übersetzt v. E. Roschlau. Tübingen 1890.
Johnson, Franklin: Rez.: M. v. Nathusius: Der Ausbau der praktischen Theologie zur systematischen Wissenschaft, in: The American Journal of Theology IV (1900), S. 910.
Kähler, Martin: Die Wissenschaft von der christlichen Lehre von dem evangelischen Grundartikel aus im Abrisse dargestellt. Erlangen 1883/84.
— Der sogenannte historische Jesus und der geschichtliche biblische Christus. Halle 1892.
Kaftan, Julius: Christentum und Wirtschaftsordnung, in: Verhandlungen des ESK IV. Berlin 1893, S. 12-34.
— Das Verhältnis der lutherischen Kirche zur sozialen Frage, in: Verhandlungen des ESK X. Kiel 1899, S. 12-32.
Kahnis, Karl F. A.: Die lutherische Dogmatik, historisch-genetisch dargestellt I. Leipzig 1861.
Kant, Immanuel: Prolegomena zu einer jeden künftigen Metaphysik, die als Wissenschaft wird auftreten können. Königsberg 1783.
— Metaphysik der Sitten. Königsberg 1797.
— Streit der Fakultäten. Königsberg 1798.
Kautz, Julius: Die National-Ökonomik als Wissenschaft. Wien 1858.
— Die geschichtliche Entwicklung der National-Ökonomik und ihrer Literatur. Wien 1860.
Kirchlich-soziales Volks-Universal-Lexikon. Ein Nachschlage- und Belehrungsbuch für alle Fälle und Lagen des täglichen Lebens, hg. v. Eberhard Dennert. Berlin 1898.
Kladderadatsch, vom 29. 3. 1896 u. vom 17. 5. 1897.
Kliefoth, Theodor: Acht Bücher von der Kirche. Schwerin 1854.
Knapp, Josef: Art.: Gustav Friedrich Oehler, in: RE^3 (1904), Bd. XIV, S. 280-286.
Knies, Karl [o. A.]: Ethische und religiöse Gesichtspunkte zur Beurtheilung der Volkswirthschaft und Volkswirthschaftslehre in der Gegenwart, in: Protestantische Monatsblätter für innere Zeitgeschichte 12 (1858), S. 337-359; 13 (1859), S. 120-137; 217-235; 338-358.
— Die politische Oekonomie vom geschichtlichen Standpuncte. Braunschweig ^{2}1883.
Koehler, Karl: Rez.: M. v. Nathusius: Timotheus, in: ThLZ 6 (1881), Sp. 194-196.
Kögel, Julius: Die Aufgabe des evangelischen Geistlichen an der sozialen Frage. 1878.
— Art.: Nathusius, Martin v., in: RE^3 (1913), Bd. XXIV. Ergänzungen und Nachträge L-Z, S. 192-194.

Köstlin, Julius: Staat, Recht und Kirche in der evangelischen Ethik, in: Theologische Studien und Kritiken 50 (1877), S. 93-164; 217-281.
— Die Aufgabe der christlichen Ethik, mit Rücksicht auf ihre neuesten Bearbeitungen, in: Theologische Studien und Kritiken 52 (1879), S. 581-651.
— Christliche Ethik. Berlin 1899.
Konservative Monatsschrift für Politik, Literatur und Kunst [Begründet 1843 als Volksblatt für Stadt und Land] Jg. 63. Hg. v. R. Hobbing. Berlin 1906.
Krauß, Alfred: Rez.: M. v. Nathusius: Naturwissenschaft und Philosophie, in: ThLZ 9 (1884), Sp. 76.
Kritzler, Heinrich: Humanität und Christenthum. Bd. 1: Humanität und Offenbarung. Bd. 2: Cultur und Kirche. Gotha 1866/67.
Kübel, Robert: Über den Unterschied zwischen der Positiven und der Liberalen Richtung in der modernen Theologie. München [2]1893.
Langbehn, Julius: Rembrandt als Erzieher. Leipzig 1890.
Lasson, Adolf: Prinzip und Zukunft des Völkerrechts. Berlin 1871.
— System der Rechtsphilosophie. Berlin/Leipzig 1882.
Leipziger Illustrierte Zeitung, vom 17. August 1899.
Leisewitz, Johann Anton: Art.: Johann Gottlob Nathusius, in: ADB, Bd. 23. Leipzig 1886, S. 217ff.
Löber, Gotthilf Friedemann: Rez.: M. v. Nathusius: Katechismuspredigten I, in: ThLZ 9 (1884), Sp. 41-44.
— Rez.: M. v. Nathusius: Katechismuspredigten II, in: ThLZ 9 (1884), Sp. 490.
Lütgert, Wilhelm: Das Reich Gottes nach den synoptischen Evangelien. Eine Untersuchung zur neutestamentlichen Theologie. Gütersloh 1895.
— Rez.: M. v. Nathusius: Die Mitarbeit der Kirche an der Lösung der sozialen Frage II, in: Theologisches Literaturblatt 17 (1896), Sp. 183-186.
Luthardt, Ernst Christian: Kompendium der Dogmatik. Leipzig [2]1866.
— Geschichte der christlichen Ethik. 2 Bde. Leipzig 1889/93.
— Kompendium der theologischen Ethik. Leipzig 1896.
Marlo, Karl: Untersuchungen über die Organisation der Arbeit oder System der Weltökonomie. Zweite vervollständigte Auflage. 1. Bd.: Historische Einleitung in die Oekonomie. Tübingen 1885. 2. Bd.: Geschichte und Kritik der ökonomischen Systeme. Tübingen 1884. 3. Bd.: Allgemeine Grundsätze der Volkswirthschaft. Tübingen 1885. 4. Bd.: Allgemeiner praktischer Theil der Volkswirthschaft. Tübingen 1886.
Martensen, Hans Lassen: Die Christliche Ethik. Deutsche vom Verfasser veranstaltete Ausgabe. Allgemeiner Theil. Gotha [3]1878. Specieller Theil. Erste Abtheilung: Die individuelle Ethik. Gotha [2]1879. Zweite Abtheilung: Die sociale Ethik. Gotha 1878.
Martin, Marie: Einige Beiträge zur Frauenfrage, Rez.: M. v. Nathusius: Bibel und Frauenbewegung, in: CW 16 (1902), Sp. 88-91.
Massow, Conrad v.: Reform oder Revolution! Berlin 1894.
— Das Preußische Fürsorgeerziehungsgesetz vom 2. 7. 1900 und die Mitwirkung der bürgerlichen Gesellschaft bei seiner Ausführung. Berlin 1900.
Meier: Rez.: M. v. Nathusius: Unser Wandel ist im Himmel, in: ThLZ 7 (1882), Sp. 43-44.
Meusel, Carl: Kirchliches Handlexikon. Bd. I-VII. Leipzig 1887-1902.
Meyer, Rudolf: Was heißt conservativ sein? Reform oder Revolution. Berlin 1873.

— Der Emancipationskampf des vierten Standes. 2 Bde. Berlin 1874/75.
Monatsschrift für Stadt und Land [Begründet 1843 als Volksblatt für Stadt und Land] Jg. 57-62. Hg. bis zum 1. 10. 1905 v. M. v. Nathusius u. U. v. Hassell. Leipzig 1900-1902; Berlin 1903-1905. [MSL]
Mühlhäußer, Karl: Christenthum und Presse, in: Zeitfragen des christlichen Volkslebens I/1 (1876), S. 3-40.
Müller, Adam: Die Notwendigkeit einer theologischen Grundlage der gesamten Staatswissenschaften. Leipzig 1819.
Müller, Julius: Die christliche Lehre von der Sünde. Bd. I. Breslau ^{4}1858.
Nathusius, Dorothea: Marie Nathusius als Anstaltsmutter, in: Marie Nathusius. Ein Gedenkblatt zu ihrem fünfzigsten Todestage am 22. Dezember 1907. Barmen 1907, S. 21-32.
Nathusius, Marie: Elisabeth. Eine Geschichte, die nicht mit der Heirat schließt. 2 Bde. Halle 1858.
— Gesammelte Schriften. 15 Bde. Halle 1858-1861/1867-1869.
Nathusius, Philipp v. [Vater]: Lebensbild der heimgegangenen Marie Nathusius, geb. Scheele. Für ihre Freunde nah und fern. Samt Mittheilungen aus ihren noch übrigen Schriften. 3 Bde. Halle 1867.
Nathusius, Philipp v. [Sohn]: Conservative Partei und Ministerium. Berlin 1872.
— Die Civilehe. Vortrag, gehalten vor der Berliner Pastoralkonferenz am 30. Mai 1872, in: VB 29 (1872), Sp. 521-528; 546-556; 561-570.
[ungenannt]: M. v. Nathusius' Apologie der preußischen evang. Kirchenreformbestrebungen. Rez.: M. v. Nathusius: Die Verfassung der evangelischen Kirche und die neuesten Versuche zu ihrer Verbesserung in Preußen, in: EKZ 1888, Sp. 210-213.
Nathusius, Wilhelm v.: Karl Ernst Baer und der Darwinismus, in: AKM 57 (1900), S. 588-598; 701-707.
Naumann, Friedrich: Was ist innere Mission?, in: AKM 45 (1888), S. 691-696.
— Das soziale Programm der evangelischen Kirche (1890), in: Werke. Bd. 1: Religiöse Schriften, hg. v. W. Uhsadel. Köln/Opladen 1964, S. 141-265.
— Christentum und Familie, in: Verhandlungen des ESK III. Berlin 1892, S. 8-28.
— Rez.: M. v. Nathusius: Die Mitarbeit der Kirche an der Lösung der sozialen Frage I, in: ThLZ 18 (1893), Sp. 312-316.
— Die Evangelisch-sozialen Kongresse (5. 5. 1894), in: Werke. Bd. 1: Religiöse Schriften, hg. v. W. Uhsadel. Köln/Opladen 1964, S. 389-401.
— Konservatives Christentum (29. 6. 1895), in: Werke. Bd. 1: Religiöse Schriften, hg. v. W. Uhsadel. Köln/Opladen 1964, S. 464-480.
— Sociale Briefe an reiche Leute. Göttingen 1895.
— (Hg.): Göttinger Arbeiterbibliothek. Göttingen 1895.
— Stöcker † (1909), in: Werke. Bd. 1: Religiöse Schriften, hg. v. W. Uhsadel. Köln/Opladen 1964, S. 753-762.
Nobbe, Moritz August: Zur evangelisch-sozialen Bewegung, in: Mitteilungen des Evangelisch-sozialen Kongresses. 5. Folge Nr. 6, September 1896, S. 2-4.
Oertel, Georg: Der Konservatismus als Weltanschauung. Leipzig 1893.
Oertzen, Dietrich v.: Conservative Presse, in: AKM 39/1 (1882), S. 55-59.
— Rez.: Chr. E. Luthardt: Geschichte der christlichen Ethik. Erste Hälfte: Bis zur Reformation. Leipzig 1889.
— Ein Jubiläum 1843-1893, in: AKM 50 (1893), S. 1-12.

— Rez.: M. v. Nathusius: Die Kernfrage im Kampf für das Apostolikum, in: AKM 50 (1893), S. 1028f.
— Erinnerungen eines Zeitungsschreibers, in: MSL 60 (1903), S. 42-54; 141-155; 225-237; 351-367; 456-471; 555-571.
— M. v. Nathusius †, in: Das Volk 1906, Nr. 61, vom 13. 3. 1906.
— Von Wichern bis Posadowsky. Zur Geschichte der Sozialreform und der christlichen Arbeiterbewegung. Hamburg 1909.
— Adolf Stoecker. Lebensbild und Zeitgeschichte. Schwerin 1912.
Oettingen, Alexander v.: Die Moralstatistik und die Christliche Sittenlehre. Versuch einer Socialethik auf empirischer Grundlage. Erlangen 1868.
— Die Christliche Sittenlehre. Deductive Entwickelung der Gesetze christlichen Heilslebens im Organismus der Menschheit. Erlangen 1873.
Oettli, Samuel: Die Herrlichkeit des Alten Testaments. Rede, gehalten am Jahresfest der Bibelgesellschaft in Basel am 3. Juli 1894. Basel 1894.
Oken, Lorenz: Abriß der Naturphilosophie. Göttingen 1805.
— Über das Universum als Fortsetzung des Sinnensystems. Ein pythagoreisches Fragment. Jena 1808.
— Lehrbuch des Systems der Naturphilosophie. Jena 1809-1811.
Pfleiderer, Otto: Religionsphilosophie auf geschichtlicher Grundlage. Berlin 1878.
Renan, Ernest: La vie de Jésus. Paris 1863.
Reuß, Eleonore Fürstin: Das Jahr geht still zu Ende. EG Nr. 63. Ausgabe für die Evangelische Landeskirche in Württemberg. Stuttgart 1996.
— Philipp Nathusius Jugendjahre. Nach Briefen und Tagebüchern unter Mitwirkung von D. Martin von Nathusius. Berlin 1896.
— Philipp von Nathusius. Das Leben und Wirken des Volksblattschreibers. Neinstedt am Harz 1900.
Ritschl, Albrecht: Die christliche Lehre von der Rechtfertigung und Versöhnung. 3 Bde. Bonn 1870-1874.
— Unterricht in der christlichen Religion. Bonn 1875.
— Theologie und Metaphysik. Bonn 1881.
Ritter, Carl: Die Erdkunde im Verhältnis zur Natur und zur Geschichte des Menschen oder allgemeine vergleichende Geographie als höhere Grundlage des Studiums und Unterrichts in physicalischer und historischer Wissenschaft. Berlin 1817/18.
Roscher, Wilhelm: Grundriß zu Vorlesungen über die Staatswirthschaft nach geschichtlicher Methode. Göttingen 1843.
— System der Volkswirthschaft. Ein Hand- und Lesebuch für Geschäftsmänner und Studierende. Bd. 1: Grundlagen der Nationalökonomie. Stuttgart 1854; ^{12}1875; ^{20}1892.
— Ein neuer Versuch, die Volkswirthschaftslehre zu katholisiren, in: Protestantische Monatsblätter für innere Zeitgeschichte 21 (1863), S. 49-68.
— Geschichte der Nationalökonomik in Deutschland. München 1874.
— Rez.: M. v. Nathusius: Die Mitarbeit der Kirche an der Lösung der sozialen Frage I, in: Literarisches Centralblatt für Deutschland 23 (1893), Sp. 820-822.
— Geistliche Gedanken eines National-Oekonomen. Dresden 1895.
Rothe, Richard: Die Anfänge der christlichen Kirche und ihrer Verfassung. Wittenberg 1837.
— Theologische Ethik. 3 Bde. Wittenberg 1845-48.

— Dogmatik. 3 Bde. Heidelberg 1870.
— Theologische Encyklopädie, hg. v. H. Ruppelius. Wittenberg 1880.
Rüling, Bernhard: Rez.: M. v. Nathusius: Die Inspiration der Hl. Schrift und die historische Kritik, in: Theologisches Literaturblatt 17 (1896), Sp. 150.
Savigny, Friedrich Karl v.: Vom Berufe unserer Zeit für Gesetzgebung und Rechtswissenschaft. Heidelberg 1814.
Schäfer, Theodor: Leitfaden der inneren Mission. 1887.
— Art.: Nathusius, Martin v., in: Evangelisches Volkslexikon zur Orientierung in den sozialen Fragen der Gegenwart, hg. v. Evangelisch-socialen Central-Ausschuß für die Provinz Schlesien, red. v. Th. Schäfer. Bielefeld/Leipzig 1900, S. 534-535.
— Art.: Nathusius, Philipp v., in: Evangelisches Volkslexikon zur Orientierung in den sozialen Fragen der Gegenwart, hg. v. Evangelisch-socialen Central-Ausschuß für die Provinz Schlesien, red. v. Th. Schäfer. Bielefeld/Leipzig 1900, S. 535.
S., Th. [möglicherweise Theodor Schäfer]: Die Mitarbeit der Kirche an der Lösung der sozialen Frage II, in: Literarisches Centralblatt für Deutschland 1895, Sp. 1793-1794.
Schäffle, Albert Eberhard Friedrich: Mensch und Gut in der Volkswirthschaft oder der ethisch-anthropologische und der chrematistische Standpunkt in der Nationalökonomie, mit besonderer Rücksicht auf die Grundprincipien der Steuerlehre, in: Deutsche Vierteljahrs-Schrift 24 (1861), S. 232-307.
— Das gesellschaftliche System der menschlichen Wirthschaft. Tübingen ²1867.
— Kapitalismus und Socialismus. Tübingen 1870.
— Bau und Leben des socialen Körpers. 4 Teile. Tübingen 1875-1878.
— Die Aussichtslosigkeit der Sozialdemokratie. Drei Briefe an einen Staatsmann zur Ergänzung der „Quintessenz des Sozialismus". Tübingen 1885.
— Quintessenz des Sozialismus. Tübingen ¹³1891.
Scharling, Henrik. Humanität und Christenthum in ihrer geschichtlichen Entwicklung. Oder Philosophie der Geschichte aus christlichem Gesichtspunkte. Aus dem Dänischen von Al. Michelsen. Gütersloh 1874/1875.
Scheel, Hans v.: Die Theorie der Sozialen Frage. Jena 1871.
— Die politische Oekonomie als Wissenschaft. Jena 1872.
Schlatter, Adolf: Der Glaube im Neuen Testament. Eine Untersuchung zur neutestamentlichen Theologie. Leiden 1885.
— Die Entstehung der Beiträge zur Förderung christlicher Theologie und ihr Zusammenhang mit meiner theologischen Arbeit. Gütersloh 1920.
Schleiermacher, Friedrich Daniel Ernst: Über die Religion. Reden an die Gebildeten unter ihren Verächtern. Berlin 1799.
— Kurze Darstellung des theologischen Studiums. Berlin 1811.
— Dialektik. Berlin 1811.
— Glaubenslehre. Berlin ²1830.
— Christliche Sittenlehre. Berlin 1826/27.
Schlurmann, A.: Das Lutherische Gemeindehaus zu Barmen-Wupperfeld. Barmen 1896.
— Zur hundertjährigen Jubelfeier des luth. Gemeindehauses am 27. Juli 1902. Barmen 1902.
Schmidt-Warneck, Fedor v.: Volkswohl und Staat. Braunschweig 1892.

Schmoller, Gustav: Johann Gottlieb Fichte. Eine Studie aus dem Gebiet der Ethik und der Nationalökonomie, in: Jahrbücher für Nationalökonomie und Statistik 5 (1865), hg. v. B. Hildebrand u. J. Conrad., S. 1-61.
— Zur Geschichte der deutschen Kleingewerbe im 19. Jahrhundert. Statistische und national-ökonomische Untersuchungen. Halle 1870.
— Offenes Sendschreiben an Herrn Professor Dr. Heinrich von Treitschke über einige Grundfragen des Rechts und der Volkswirthschaft, in: Jahrbücher für Nationalökonomie und Statistik 23/24 (1874/1875), hg. v. B. Hildebrand, S. 225-349; 81-119.
— Die Thatsachen der Arbeitsteilung und der socialen Klassenbildung, in: Schmollersche Jbb. 14 (1889), S. 1004-1074.
Schönberg, Gustav: Handbuch der Politischen Oekonomie. Drei Theile in drei Bänden. Tübingen ^{2}1885/1886.
Schöner, Christian Heinrich: Die periodische Presse und die Kirche mit besonderer Berücksichtigung der Tagespresse. Gotha 1892.
Schumacher, E.: Bischof Martensen, in: AKM 41/1 (1884), S. 633-651.
Schultze, Victor: Art.: Otto Zöckler, in: RE^{3} (1908), Bd. XXI, S. 704-708.
Seeberg, Reinhold: Die Kirche und die soziale Frage, in: Neue kirchliche Zeitschrift 7 (1897), S. 839-880.
— Nachgelassene Aufgaben für die Theologie des 19. Jahrhunderts (Hefte der freien kirchlich-sozialen Konferenz 13). Berlin 1900.
— Die Grundwahrheiten der christlichen Religion. Leipzig ^{2}1902.
— Alexander von Oettingen, ein baltischer Theologe, in: MSL 63 (1906), S. 572-592.
Simmel, Georg: Die Probleme der Geschichtsphilosophie. Eine erkenntnistheoretische Studie. Leipzig 1892, ^{3}1907.
Soden, Hermann v.: Die Kirchengemeinde in ihrer sozialen Bedeutung, in: Verhandlungen des ESK I. Berlin 1890, S. 15-35.
— Und was thut die evangelische Kirche? Berlin ^{3}1890.
Sohm, Rudolph: Zur Trauungsfrage. (Zeitfragen des christlichen Volkslebens IV/1). Heilbronn 1879.
— Die deutsche Rechtswissenschaft, in: AKM 42 (1884), S. 229-234.
— Die Anfänge der christlichen Kirche; Die Kirche im Mittelalter, in: AKM 44 (1886), S. 561-586; 1010-1023; 1121-1134. Die Kirche im Reformationszeitalter; Die Kirche im achtzehnten Jahrhundert; Die Kirche im neunzehnten Jahrhundert, in: AKM 45 (1887), S. 52-69; 561-571; 933-950.
Der Staats-Socialist. Wochenschrift für Socialreform. Organ für christlich-sociale Bestrebungen, hg. v. Central-Verein für christlich-sociale Reform. Steglitz. 5 Jge. Dezember 1877 - März 1882.
Stahl, Friedrich Julius: Die Philosophie des Rechts. Rechts- und Staatslehre auf der Grundlage christlicher Weltanschauung. Bd. II, 1. Abth.: enthaltend die allgemeinen Lehren und das Privatrecht. Heidelberg ^{3}1854; 2. Abth.: Die Staatslehre und die Principien des Staatsrechts. Heidelberg ^{3}1856.
Stein, Lorenz v.: Der Socialismus und Communismus des heutigen Frankreichs. Ein Beitrag zur Zeitgeschichte. Zweite, umgearbeitete und sehr vermehrte Ausgabe. Bd. I: Der Begriff der Gesellschaft und die Bewegungen in der Gesellschaft Frankreichs seit der Revolution. Leipzig 1848.

— Geschichte der sozialen Bewegung in Frankreich von 1789 bis auf unsere Tage. Bd. I: Der Begriff der Gesellschaft und die soziale Geschichte der französischen Revolution bis zum Jahre 1830. Bd. II: Die industrielle Gesellschaft. Der Socialismus und Communismus Frankreichs von 1830 bis 1848. Bd. III: Das Königthum, die Republik, und die Souveränetät der französischen Gesellschaft seit der Februarrevolution 1848. Leipzig 1850.

Steinwachs, Otto: Was aus der Stiftung der Marie Nathusius geworden ist oder der gegenwärtige Stand der Neinstedter Anstalten, in: Marie Nathusius. Ein Gedenkblatt zu ihrem 50. Todestage am 22. Dezember 1907. Barmen 1907, S. 30-32.

Stillich, Oscar: Die politischen Parteien in Deutschland I. Die Konservativen. Eine wissenschaftliche Darlegung ihrer Grundsätze und ihrer geschichtlichen Entwicklung. Leipzig 1908.

Stoecker, Adolf: Christlich-sozial. Reden und Aufsätze. Berlin 1890.

— Wach' auf Evangelisches Volk! Aufsätze über Kirche und Kirchenpolitik. Berlin 1893.

— Die kirchliche Selbständigkeit und die Generalsynode, in: Aus der Arbeit der freien kirchlich-sozialen Konferenz 1 (1898).

Sulze, Emil: Die evangelische Gemeinde. Gotha 1891.

Swierczewski, Stanislaus: Christentum und Tagespresse im Urteile von 50 Zeitgenossen. St. Ulrich b. Mücheln 1905.

Taute, Gottfried Friedrich: Religionsphilosophie. Vom Standpunkt der Philosophie Herbarts. Elbing 1840.

Teichmann, Adolf: Rez.: M. v. Nathusius: Was ist christlicher Sozialismus?, in: CW 10 (1896), Sp. 615-617.

Todt, Rudolf: Der innere Zusammenhang und die nothwendige Verbindung zwischen dem Studium der Theologie und dem Studium der Sozialwissenschaften. Eberswalde 1877.

— Der radikale deutsche Socialismus und die christliche Gesellschaft. Wittenberg 1877, ²1878.

Tönnies, Ferdinand: Die Entwicklung der Soziologie in Deutschland im 19. Jahrhundert (1908), in: Soziologische Studien und Kritiken II. Jena 1929, S. 63-103.

Traub, Gottfried: Soziale Litteratur. Rez.: M. v. Nathusius: Die christlich-socialen Ideen der Reformationszeit und ihre Herkunft, in: ThR 1 (1897/98), S. 355-360.

Trendelenburg, Friedrich Adolf: Logische Untersuchungen. 2 Bde. Berlin 1840.

Troeltsch, Ernst: Die Absolutheit des Christentums und die Religionsgeschichte. Tübingen 1902.

— Die Soziallehren der christlichen Kirchen und Gruppen. GS I. Tübingen 1912. Neudruck Aalen 1977.

— Meine Bücher, in: GS IV, Neudruck Aalen 1981, S. 3-18.

Uhlhorn, Gerhard: 1. Bd.: Die christliche Liebesthätigkeit in der alten Kirche. 2. Bd.: Das Mittelalter. 3. Bd.: Seit der Reformation. Stuttgart 1882/1884/1890.

— Katholizismus und Protestantismus gegenüber der sozialen Frage. Göttingen 1887.

— Die kirchliche Armenpflege in ihrer Bedeutung für die Gegenwart. Göttingen 1892.

— Die Stellung der evangelisch-lutherischen Kirche zur socialen Frage der Gegenwart. Göttingen 1895.

Verhandlungen der Elberfelder Kreis-Synode. 1885-1887. Elberfeld 1886-1888.
Verhandlungen der Pommerschen Provinzial-Synode. Stettin 1893/1895/1897/1899.
Völter, Immanuel: Neuere soziale Litteratur. Rez.: M. v. Nathusius: Die Mitarbeit der Kirche an der Lösung der sozialen Frage I + II, in: Mitteilungen des Evangelisch-sozialen Kongresses. 4. Folge Nr. 8, Dezember 1895, S. 3-4.
Vogt, Eduard: Zur Literatur über die sociale Frage. Rez.: M. v. Nathusius: Die Mitarbeit der Kirche an der Lösung der sozialen Frage I, in: Historisch-politische Blätter für das katholische Deutschland 112 (1893), S. 349-360.
— Zur Literatur über die sociale Frage. Rez.: M. v. Nathusius: Die Mitarbeit der Kirche an der Lösung der sozialen Frage II, in: Historisch-politische Blätter für das katholische Deutschland 116 (1895), S. 77-80.
Volksblatt für Stadt und Land zur Belehrung und Unterhaltung [Begründet 1843 v. Pastor Friedrich v. Tippelskirch] Jg. 28-35. Hg. v. M. v. Nathusius. Wernigerode 1871-1872; Quedlinburg 1873-78. [VB]
Vorwärts. Neue Zeitung für Social-Politik auf monarchischer Grundlage für die Bürger, Handwerker und Arbeiter des Bergischen Landes. Barmen Erstausgabe vom 28. 9. 1887.
Wagner, Adolph: Die Abschaffung des privaten Grundeigenthums. Leipzig 1870.
— Rede über die sociale Frage (1871), in: Die protestantischen Wurzeln der Sozialen Marktwirtschaft. Ein Quellenband, hg. v. G. Brakelmann u. T. Jähnichen. Gütersloh 1994, S. 59-103.
— Lehrbuch der politischen Ökonomie. Leipzig 1876, ²1879.
— Systematische Nationalökonomie, in: Jahrbücher für Nationalökonomie und Statistik, hg. v. J. Conrad. NF 12 (1886), S. 197-252.
— Das neue Erfurter sozialdemokratische Programm, in: Verhandlungen des ESK III. Berlin 1892, S. 57-99.
Walter, Franz: Socialpolitik und Moral. Eine Darstellung ihres Verhältnisses mit besonderer Bezugnahme auf die von Prof. Werner Sombart neuestens geforderte Unabhängigkeit der Socialpolitik von der Moral. Freiburg 1899.
Weber, Ludwig: Die Bildung von Arbeitskommissionen zur Anregung kirchlicher Arbeit, in: Verhandlungen der freien kirchlich-sozialen Konferenz zu Kassel am 27. und 28. April 1897. Berlin 1897, S. 54-59.
— Die Förderung der kirchlich-sozialen Bestrebungen durch die preußische Generalsynode (Hefte der freien kirchlich sozialen Konferenz 29). Berlin 1904.
Weber, Max: Zur Rechtfertigung Göhres, in: CW 6 (1892), Sp. 1104-1109.
— /Göhre, Paul: Die deutschen Landarbeiter, in: Verhandlungen des ESK V. Frankfurt 1894, S. 43-97.
— Roscher und Knies und die logischen Probleme der historischen Nationalökonomie, in: Gesammelte Aufsätze zur Wissenschaftslehre, hg. v. J. Winckelmann. Tübingen ⁷1988, S. 1-145.
— Die »Objektivität« sozialwissenschaftlicher und sozialpolitischer Erkenntnis, in: Gesammelte Aufsätze zur Wissenschaftslehre, hg. v. J. Winckelmann. Tübingen ⁷1988, S. 146-214.
— Wirtschaft und Gesellschaft (1922), hg. v. J. Winckelmann. 2 Hbde. und Erläuterungsband. Tübingen ⁶1976.
Weiffenbach, Wilhelm: Rez.: Greifswalder Studien, darin Rez.: M. v. Nathusius: Zur Geschichte des Toleranzbegriffs, in: ThLZ 21 (1896), Sp. 513-521.
Weiß, Johannes: Die Predigt Jesu vom Reiche Gottes. Göttingen 1892.

— Ein evangelisch-soziales Lehrbuch. Rez.: M. v. Nathusius: Die Mitarbeit der Kirche an der Lösung der sozialen Frage I, in: CW 7 (1893), S. 524-526.
Weller, Gustav Adolf: Marie Nathusius. Ein Lebensbild, in: Marie Nathusius. Ein Gedenkblatt zu ihrem 50. Todestage am 22. Dezember 1907. Barmen 1907, S. 3-19.
Werner, Julius: Rez.: M. v. Nathusius: Die Mitarbeit der Kirche an der Lösung der sozialen Frage II, in: Fliegende Blätter, 52. Serie (1895), S. 133-142; 183-194.
Wichern, Johann Hinrich: Sämtliche Werke, hg. v. P. Meinhold. Hannover 1962-1988. [WSW]
— Die Mitarbeit der Kirche an den sozialen Aufgaben der Gegenwart (1871), in: Die protestantischen Wurzeln der Sozialen Marktwirtschaft. Ein Quellenband, hg. v. G. Brakelmann u. T. Jähnichen. Gütersloh 1994, S. 49-58.
— Nachruf auf Philipp von Nathusius, in: Fliegende Blätter 1872, S. 318-319.
Wilhelmi, Johann Heinrich: Strike und öffentliche Meinung. Ethische Erwägungen zur socialen Frage. Güstrow 1895.
— Die erste evangelische Sozialethik. Rez.: M. v. Nathusius: Die Mitarbeit der Kirche an der Lösung der sozialen Frage. [2]1897, in: AKM 54 (1897), S. 1260-1264.
Wissmann, Elisabeth v.: Tagebuch, beginnend mit ihrer Verheiratung mit Pastor Martin von Nathusius am 29. Juni 1883 [bis zum 16. Dezember 1883] 30 Seiten. (Masch. schr., unveröffentlicht).
Wundt, Wilhelm: Ethik. Eine Untersuchung der Thatsachen und Gesetze des sittlichen Lebens. Stuttgart 1886.
Wyneken, Ernst Friedrich: Der evangelische Pfarrer und die soziale Frage. Eine Kritik. Hannover 1891.
— Zur sittlich-religiösen Grundlegung der Volkswirtschaftslehre. Rez.: M. v. Nathusius: Die Mitarbeit der Kirche an der Lösung der sozialen Frage I, in: AKM 50 (1893), S. 1199-1214.
— Die soziale Frage und die Kirche. Rez.: M. v. Nathusius: Die Mitarbeit der Kirche an der Lösung der sozialen Frage II, in: AKM 52 (1895), S. 673-680.
Zeitfragen des christlichen Volkslebens. Begründet v. K. Mühlhäußer und F. H. Geffcken. Fortgeführt v. E. Frhr. v. Ungern-Sternberg, G. Schlosser u. a. Heilbronn ab 1876.
Zöckler, Otto: Ankündigung, in: EKZ 1882, Sp. 1-3.
— Wider die unfehlbare Wissenschaft. Eine Schutzschrift für konservatives Forschen und Lehren. Greifswald 1887.
— Rez.: M. v. Nathusius: Die christlich-socialen Ideen der Reformationszeit, in: EKZ 1897, Sp. 396-398.
[anonym]: Wissenschaft und Religion. Rez.: M. v. Nathusius: Das Wesen der Wissenschaft und ihre Anwendung auf die Religion, in: EKZ 1886, Sp. 89-96.

4. Sekundärliteratur

Alber, Jens: Vom Armenhaus zum Wohlfahrtsstaat. Analysen zur Entwicklung der Sozialversicherung in Westeuropa. Frankfurt a. M. 1982.
Altner, Günter: Charles Darwin und Ernst Haeckel. Ein Vergleich nach theologischen Aspekten. Zürich 1966.
— Darwinismus und Theologie, in: Der Darwinismus. Die Geschichte einer Theorie, hg. v. dems. Darmstadt 1981, S. 251-261.
Assel, Heinrich: Der andere Aufbruch. Die Lutherrenaissance. Ursprünge, Aporien und Wege: Karl Holl, Emanuel Hirsch, Rudolf Hermann (1910-1935). Göttingen 1994.
Barth, Hans-Martin: Art.: Apostolisches Glaubensbekenntnis II: Reformations- und Neuzeit, in: TRE 3 (1978), S. 554-566.
Bauer, Franz J.: Bürgerwege und Bürgerwelten. Familienbiographische Untersuchungen zum deutschen Bürgertum im 19. Jahrhundert. Göttingen 1991.
Baumann, Ursula: Protestantismus und Frauenemanzipation in Deutschland 1850 bis 1920. Frankfurt a. M./New York 1992.
Beintker, Horst: Art.: Hermann Cremer (1834-1903), in: TRE 8 (1981), S. 230-236.
Bergmann, Rudolf: 300 Jahre reformierte Diakonie in Elberfeld. Elberfeld 1974.
Berlepsch, Hans-Jörg v.: „Neuer Kurs" im Kaiserreich? Die Arbeiterpolitik des Freiherrn von Berlepsch 1890 bis 1896. Bonn 1987.
Besier, Gerhard: Preußische Kirchenpolitik in der Bismarckära. Die Diskussion in Staat und Evangelischer Kirche um eine Neuordnung der kirchlichen Verhältnisse Preußens zwischen 1866 und 1872. Berlin 1980.
— Religion · Nation · Kultur. Die Geschichte der christlichen Kirchen in den gesellschaftlichen Umbrüchen des 19. Jahrhunderts. Neukirchen-Vluyn 1992.
— Die Kleist-Hammersteinschen Anträge auf größere Selbständigkeit der evangelischen Kirche (1886/87), in: Die Geschichte der Evangelischen Kirche der Union, Bd. 2., hg. v. J. Rogge u. G. Ruhbach. Leipzig 1994, S. 284-296.
Betz, Horst K.: The Role of Ethics as Part of the Historical Methods of Schmoller and the Older Historical School, in: The Theory of Ethical Economy, ed. by P. Koslowski, S. 81-103.
Beyer, Heinz: Arbeit steht auf uns'rer Fahne und das Evangelium. Sozialer Protestantismus und bürgerlicher Antisozialismus im Wuppertal 1880-1914. Reinbek 1985.
Beyreuther, Erich: Friedrich August Tholuck, in: ders.: Frömmigkeit und Theologie. Gesammelte Aufsätze zum Pietismus und zur Erweckungsbewegung. Hildesheim/New York 1980, S. 305-316.
— Geschichte der Diakonie und der Inneren Mission in der Neuzeit. Berlin ^{3}1983.
Blaschke, Olaf/Kuhlemann, Frank-Michael: Religion in Geschichte und Gesellschaft. Sozialhistorische Perspektiven für die vergleichende Erforschung religiöser Mentalitäten und Milieus, in: Religion im Kaiserreich. Milieus - Mentalitäten - Krisen, hg. v. dens. Gütersloh 1996, S. 7-56.
Blasius, Dirk: Konservative Sozialpolitik und Sozialreform im 19. Jahrhundert, in: Rekonstruktion des Konservatismus, hg. v. G.-K. Kaltenbrunner. Freiburg 1972, S. 469-488.

Bloth, Hugo Gotthard: Die Kirche in Pommern. Auftrag und Dienst der evangelischen Bischöfe und Superintendenten der Pommerschen Kirche von 1792 bis 1919. Köln/Wien 1979.

Böckenförde, Ernst-Wolfgang: Lorenz von Stein als Theoretiker der Bewegung von Staat und Gesellschaft zum Sozialstaat (1963), in: ders.: Recht, Staat, Freiheit: Studien zur Rechtsphilosophie, Staatstheorie und Verfassungsgeschichte. Frankfurt a. M. 1991, S. 170-208.

— Die Entstehung des Staates als Vorgang der Säkularisation (1967), in: ders.: Recht, Staat, Freiheit: Studien zur Rechtsphilosophie, Staatstheorie und Verfassungsgeschichte. Frankfurt a. M. 1991, S. 92-114.

Born, Karl Erich: Staat und Sozialpolitik seit Bismarcks Sturz. Ein Beitrag zur Geschichte der innenpolitischen Entwicklung des Deutschen Reiches 1890-1914. Wiesbaden 1957.

— Sozialpolitische Probleme und Bestrebungen in Deutschland von 1848 bis zur Bismarckschen Sozialgesetzgebung, in: Interessenverbände in Deutschland, hg. v. H. J. Varian. Köln 1973, S. 72-84.

Brakelmann, Günther: Die soziale Frage des 19. Jahrhunderts. Witten [4]1964.

— Kirche und Sozialismus im 19. Jahrhundert. Die Analyse des Sozialismus und Kommunismus bei Johann Hinrich Wichern und bei Rudolf Todt. Witten 1966.

— Kirche, soziale Frage und Sozialismus 1871-1914. Gütersloh 1977.

— /Greschat, Martin/Jochmann, Werner: Protestantismus und Politik. Werk und Wirken Adolf Stoeckers. Hamburg 1982.

— /Jähnichen, Traugott (Hg.): Die protestantischen Wurzeln der Sozialen Marktwirtschaft. Ein Quellenband. Gütersloh 1994.

Brandt, Hermann: Gotteserkenntnis und Weltentfremdung. Der Weg der spekulativen Theologie Hans Lassen Martensens. Göttingen 1971.

Bredendiek, Walter: Christliche Sozialreformer des 19. Jahrhunderts. Leipzig 1953.

Brenning, Joachim: Christentum und Sozialdemokratie. Paul Göhre: Fabrikarbeiter - Pfarrer - Sozialdemokrat. Eine sozialethisch-historische Untersuchung. Augsburg 1980.

Brocke, Bernhard vom: Hochschul- und Wissenschaftspolitik in Preußen und im Deutschen Kaiserreich 1882-1907: das „System Althoff“, in: Bildungspolitik in Preußen zur Zeit des Kaiserreichs, hg. v. P. Baumgart. Stuttgart 1980, S. 9-118.

— (Hg.): Wissenschaftsgeschichte und Wissenschaftspolitik im Industriezeitalter. Das „System Althoff“ in historischer Perspektive. Hildesheim 1991.

Bruch, Rüdiger vom: Wissenschaft, Politik und öffentliche Meinung. Gelehrtenpolitik im Wilhelminischen Deutschland (1890-1914). Husum 1980.

— Kunst- und Kulturkritik in führenden bildungsbürgerlichen Zeitschriften des Kaiserreichs, in: Ideengeschichte und Kunstwissenschaft im Kaiserreich, hg. v. E. Mai/S. Waetzold/G. Wolandt. Berlin 1983, S. 313-347.

— (Hg.): „Weder Kommunismus noch Kapitalismus“. Bürgerliche Sozialreform in Deutschland vom Vormärz bis zur Ära Adenauer. München 1985.

— Bürgerliche Sozialreform im deutschen Kaiserreich, in: „Weder Kommunismus noch Kapitalismus“. Bürgerliche Sozialreform in Deutschland vom Vormärz bis zur Ära Adenauer, hg. v. dems. München 1985, S. 61-179.

— Gustav Schmoller, in: Deutsche Geschichtswissenschaft um 1900, hg. v. N. Hammerstein. Wiesbaden 1988, S. 219-238.

Budde, Heinz: Handbuch der christlich-sozialen Bewegung. Recklinghausen 1967.

Bühler, Arnold: Kirche und Staat bei Rudolph Sohm. Zürich 1965.
Conze, Werner u. a.: Art.: Freiheit, in: Geschichtliche Grundbegriffe 2 (1975), S. 425-542.
— /Oexle Otto Gerhard/Walther, Rudolf: Art.: Stand, Klasse in: Geschichtliche Grundbegriffe 6 (1990), S. 155-284.
Cordes, Martin/Otte, Hans (Hg.).: Gerhard Uhlhorn. Schriften zur Sozialethik und Diakonie. Hannover 1990.
Drehsen, Volker: Neuzeitliche Konstitutionsbedingungen der Praktischen Theologie. Aspekte der theologischen Wende zur sozialkulturellen Lebenswelt christlicher Religion. 2 Bde. Gütersloh 1988.
— „Evangelischer Glaube, brüderliche Wohlfahrt und wahre Bildung". Der evangelisch-soziale Kongreß als sozialethisches und praktisch-theologisches Forum des Kulturprotestantismus im Wilhelminischen Kaiserreich (1890-1914), in: Kulturprotestantismus. Beiträge zu einer modernen Gestalt des Christentums, hg. v. H. M. Müller. Gütersloh 1992, S. 190-229.
— Kulturprotestantismus im deutschen Kaiserreich. Rez. G. Hübinger: Kulturprotestantismus und Politik, in: Mitteilungen der Ernst-Troeltsch-Gesellschaft IX. Augsburg 1995/96, S. 149-158.
— Fachzeitschriftentheologie. Programm und Profil eines Gattungstyps moderner Praktischer Theologie, am Beispiel der „Monatsschrift für die kirchliche Praxis" (1901-1920), in: Der deutsche Protestantismus um 1900, hg. v. F. W. Graf u. H. M. Müller. Gütersloh 1996, S. 67-100.
Drescher, Hans-Georg: Ernst Troeltsch. Leben und Werk. Göttingen 1991.
Edelmann, Helmut: Subjektivität und Erfahrung. Der Ansatz der theologischen Systembildung von F. H. R. von Frank im Zusammenhang des »Erlanger« Kreises. München 1980.
Eisermann, Gottfried: Die Grundlagen des Historismus in der deutschen Nationalökonomie. Stuttgart 1959.
Engelberg, Ernst: Bismarck. Das Reich in der Mitte Europas. München 1993.
Fenske, Hans (Hg.): Im Bismarckschen Reich 1871 - 1890. Darmstadt 1978.
Festschrift zur 500-Jahrfeier der Universität Greifswald, 17. 10. 1956. Bd. II. Greifswald 1956.
Fischer, Heinz-Dietrich: Handbuch der politischen Presse in Deutschland 1480-1980. Synopse rechtlicher, struktureller und wirtschaftlicher Grundlagen der Tendenzpublizistik im Kommunikationsfeld. Düsseldorf 1981.
Flückiger, Felix: Die protestantische Theologie des 19. Jahrhunderts. Göttingen 1975.
Frank, Walter: Hofprediger Adolf Stoecker und die christlichsoziale Bewegung. Berlin 1928.
Friedrich, Norbert: „Die christlich-soziale Fahne empor!" Reinhard Mumm und die christlich-soziale Bewegung. Stuttgart 1997.
Füssl, Wilhelm: Professor in der Politik: Friedrich Julius Stahl (1802-1861). Das monarchische Prinzip und seine Umsetzung in die parlamentarische Praxis. Göttingen 1988.
Gall, Lothar: Zu Ausbildung und Charakter des Interventionsstaates, in: HZ 227 (1978), S. 552-570.
Garbe, Irmfried: Zur Geschichte des Theologischen Studienhauses zu Greifswald. Wiss. Hausarbeit. Greifswald 1995.

Gehlen, Arnold: Über kulturelle Kristallisation. Bremen 1961.
Gerhardt, Martin: Ein Jahrhundert Innere Mission. Bd. 1.: Die Wichernzeit. Bd. 2.: Hüter und Mehrer des Erbes. Gütersloh 1948.
Die Geschichte der Evangelischen Kirche der Union. Bd. 1: Die Anfänge der Union unter landesherrlichem Kirchenregiment (1817-1850), hg. v. J. F. G. Goeters u. R. Mau. Leipzig 1992. Bd. 2: Die Verselbständigung der Kirche unter dem königlichen Summepiskopat (1850-1918), hg. v. J. Rogge u. G. Ruhbach. Leipzig 1994.
Giouras, Athanasios: Arbeitsteilung und Normativität. Zur Rekonstruktion der Historischen Sozialtheorie Gustav Schmollers. Frankfurt a. M. 1994.
Gladen, Albin: Geschichte der Sozialpolitik in Deutschland. Eine Analyse ihrer Bedingungen, Formen, Zielsetzungen und Auswirkungen. Wiesbaden 1974.
Glaue, Paul: Art.: Nathusius, Martin v., in: RGG[1] (1913), Bd. IV, Sp. 677.
Göggelmann, Walter: Christliche Weltverantwortung zwischen Sozialer Frage und Nationalstaat. Zur Entwicklung Friedrich Naumanns 1860-1903. Baden-Baden 1987.
Gorges, Irmela: Sozialforschung in Deutschland 1872-1914. Gesellschaftliche Einflüsse auf Themen- und Methodenwahl des Vereins für Socialpolitik. Königstein/Ts. 1980.
Graf, Friedrich Wilhelm: Theonomie. Fallstudien zum Integrationsanspruch neuzeitlicher Theologie. Gütersloh 1987.
— Konservatives Kulturluthertum. Ein theologiegeschichtlicher Prospekt, in: ZThK 85 (1988), S. 31-76.
— Art.: Kulturprotestantismus, in: TRE 18 (1990), S. 230-243.
— /Tanner, Klaus: Art.: Kultur II. Theologiegeschichtlich, in: TRE 18 (1990), S. 187-209.
— /Tanner, Klaus: Das religiöse Fundament der Kultur. Zur Geschichte der neueren protestantischen Kulturdebatte, in: Protestantismus als Kultur, hg. v. R. Ziegert. Bielefeld 1991, S. 7-66.
— Protestantische Wortkultur heute, in: Protestantismus als Kultur, hg. v. R. Ziegert. Bielefeld 1991, S.125-132.
— Protestantische Theologie in der Gesellschaft des Kaiserreichs, in: Profile des neuzeitlichen Protestantismus, hg. v. dems., Bd. 2,1: Kaiserreich. Gütersloh 1992, S. 12-117.
— „endlich große Bücher schreiben". Marginalien zur Werkgeschichte der „Soziallehren", in: Ernst Troeltschs Soziallehren. Studien zu ihrer Interpretation (Ernst-Troeltsch-Studien Bd. 6, hg. v. F. W. Graf u. T. Rendtorff). Gütersloh 1993, S. 29-48.
— Art.: Martin von Nathusius, in: Biographisch-Bibliographisches Kirchenlexikon Bd. VI (1993), Sp. 483-494.
— /Müller, Hans Martin (Hg.): Der deutsche Protestantismus um 1900. Gütersloh 1996.
— Art.: Sozialethik, in: HWPh 9 (1996), Sp. 1134-1138.
— (Hg.): Sozialprotestantismus im Kaiserreich, voraussichtlich Gütersloh 1998.
Grebing, Helga: Geschichte der deutschen Arbeiterbewegung. Ein Überblick. München [9]1979.
Greiffenhagen, Martin: Das Dilemma des Konservatismus in Deutschland. Frankfurt a. M. 1986.

Greschat, Martin: Das Zeitalter der Industriellen Revolution. Das Christentum vor der Moderne. Stuttgart u. a. 1980.

Haacke, Wilmont: Staat, Gesellschaft und politische Zeitschrift, in: Aus Politik und Zeitgeschichte. Beilage zu: Das Parlament B 9/1976, S. 3-19.

Harnisch, Hartmut: Gustav von Schmoller und der gesellschaftliche Wandel seiner Zeit, in: Von der Arbeiterbewegung zum modernen Sozialstaat. FS f. G. A. Ritter, hg. v. J. Kocka/H. J. Puhle/K. Tenfelde. München u. a. 1994, S. 560-581.

Heesch, Matthias: Transzendentale Theorie und religiöse Erfahrung. Ihre Vermittlung als erkenntnistheoretische Grundintention in Richard Rothes Theologischer Ethik. Frankfurt a. M. 1990.

Heidenheimer, Arnold J.: Secularization Patterns and the Westward Spread of the Welfare State, 1883-1983. Two dialogues about how and why Britain, the Netherlands, and the United States have differed, in: The Welfare State, 1883-1983. Comparative Social Research 6 (1983), S. 3-38.

Heienbrok, Klaus/Przybylski, Hartmut/Segbers, Franz (Hg.): Protestantische Wirtschaftsethik und Reform des Kapitalismus. 100 Jahre Evangelisch-Sozialer Kongreß. Bochum 1991.

Heilmann, Martin: Adolph Wagner - Ein deutscher Nationalökonom im Urteil seiner Zeit. Probleme seiner biographischen und theoriegeschichtlichen Würdigung im Lichte neuer Quellen. Frankfurt/New York 1980.

Hein, Martin: Lutherisches Bekenntnis und Erlanger Theologie im 19. Jahrhundert. Gütersloh 1984.

Hennis, Wilhelm: Max Webers Fragestellung. Studien zur Biographie des Werks. Tübingen 1987.

— Die Wissenschaft vom Menschen. Tübingen 1995.

Hentschel, Volker: Geschichte der deutschen Sozialpolitik 1880-1890. Frankfurt a. M. 1983.

Herz, Johannes: Art.: Evangelisch-Sozial, in: RGG[2] (1928), Bd. II, Sp. 437-443.

Heyden, Hellmuth: Die Kirchen Greifswalds und ihre Geschichte. Berlin 1965.

Heyn, Immanuel: Art.: Greifswald, in: RGG[1] (1910), Bd. II, Sp. 1659-1665.

Hindelang, Sabine: Konservatismus und soziale Frage. Viktor Aimé Hubers Beitrag zum sozialkonservativen Denken im 19. Jahrhundert. Frankfurt a. M. 1983.

Hinze, Helmut: Innenpolitische Prozesse der 1880er Jahre und die Entwicklung des evangelischen Pressewesens im deutschen Kaiserreich, in: Sozialer Protestantismus und Sozialstaat, hg. v. J. Chr. Kaiser u. M. Greschat. Stuttgart 1996, S. 165-172.

Hockerts, Hans Günter: Hundert Jahre Sozialversicherung in Deutschland. Ein Bericht über die neuere Forschung, in: HZ 237 (1983), S. 361-384.

Hölscher, Lucian: Weltgericht oder Revolution. Protestantische und sozialistische Zukunftsvorstellungen im deutschen Kaiserreich. Stuttgart 1989.

Hofmann, Klaus Martin: Die Evangelische Arbeitervereinsbewegung 1882-1914. Bielefeld 1988.

Hohlwein, Hans: Art.: M. v. Nathusius, in: RGG[3] (1960), Bd. IV, Sp. 1312.

Hübinger, Gangolf: Kulturprotestantismus und Politik. Zum Verhältnis von Liberalismus und Protestantismus im wilhelminischen Deutschland. Tübingen 1994.

Jähnichen, Traugott: Vom Industrieuntertan zum Industriebürger. Der soziale Protestantismus und die Entwicklung der Mitbestimmung (1848-1955). Bochum 1993.

Jaffé, Chaim: Roscher, Hildebrand u. Knies als Begründer der älteren historischen Schule Deutscher Volkswirte. Ein Beitrag zur Geschichte und Theorie der Historischen Schule der Nationalökonomie in Deutschland. Wetzikon 1916.

Jahresbericht zum Jahresfest 1995 der Neinstedter Anstalten, veröffentlicht v. J. Wieggrebe. Neinstedt 1995.

Kaiser, Jochen-Christoph (Hg.): Frauen in der Kirche. Evangelische Frauenverbände im Spannungsfeld von Kirche und Gesellschaft 1890-1945. Quellen und Materialien. Düsseldorf 1985.

— Zur Politisierung des Verbandsprotestantismus. Die Wirkung Adolf Stoeckers auf die Herausbildung einer evangelischen Frauenbewegung um die Jahrhundertwende, in: Religion und Gesellschaft im 19. Jahrhundert, hg. v. W. Schieder. Stuttgart 1993, S. 254-271.

— Die Formierung des protestantischen Milieus. Konfessionelle Vergesellschaftung im 19. Jahrhundert, in: Religion im Kaiserreich. Milieus - Mentalitäten - Krisen, hg. v. O. Blaschke u. F.-M. Kuhlemann. Gütersloh 1996, S. 257-289.

— /Greschat, Martin (Hg.): Sozialer Protestantismus und Sozialstaat. Diakonie und Wohlfahrtspflege in Deutschland 1890 bis 1938. Stuttgart 1996.

— (Hg.): Soziale Arbeit in historischer Perspektive. Zum geschichtlichen Ort der Diakonie in Deutschland. Stuttgart 1996.

— Protestantismus und bürgerliche Gesellschaft im 19. Jahrhundert. Zwei neuere Studien und ihre Thesen, in: ASG 26 (1996), S. 459-470.

— /Loth, Wilfried (Hg.): Soziale Reform im Kaiserreich. Protestantismus, Katholizismus und Sozialpolitik. Stuttgart 1997.

— Protestantismus und Sozialpolitik. Der Ertrag der 1890er Jahre, in: Soziale Reform im Kaiserreich, hg. v. dems. u. W. Loth, Stuttgart 1997, S. 94-113.

Kandel, Johannes: Protestantischer Sozialkonservatismus am Ende des 19. Jahrhunderts. Pfarrer Rudolf Todts Auseinandersetzung mit dem Sozialismus im Widerstreit der kirchlichen und politischen Lager. Bonn 1993.

Kasparick, Hanna: Apostolikumstreit und Agendenreform (1892-1895), in: Die Geschichte der Evangelischen Kirche der Union, Bd. 2, hg. v. J. Rogge u. G. Ruhbach. Leipzig 1994, S. 318-331.

Kaufhold, Karl Heinrich: Gustav von Schmoller (1838-1917) als Historiker, Wirtschafts- und Sozialpolitiker und Nationalökonom, in: Vierteljahresschrift für Sozial- und Wirtschaftsgeschichte 75 (1988), S. 217-252.

Kaufmann, Franz-Xaver: Christentum und Wohlfahrtsstaat, in: ders.: Religion und Modernität. Sozialwissenschaftliche Perspektiven. Tübingen 1989, S. 89-119.

Kaupp, Peter: Art.: Gesellschaft, in: HWPh 3 (1974), Sp. 459-466.

Kessel, Eberhard: Wilhelm von Humboldt. Idee und Wirklichkeit. Stuttgart 1967.

Kleemann, Selmar: Die Familiennamen Quedlinburgs und der Umgegend. Quedlinburg 1891.

— Kulturgeschichtliche Bilder aus Quedlinburgs Vergangenheit. Quedlinburgische Geschichte zur Tausendjahrfeier der Stadt Quedlinburg. Bd. 2. Quedlinburg 1922.

Kleiner, Susanne: Marie Nathusius (1817-1857). Eine liedschaffende Frau im bürgerlichen Protestantismus des 19. Jahrhunderts. Magisterschrift. Würzburg 1995.

Knieper, Rolf: Gesetz und Geschichte. Ein Beitrag zu Bestand und Veränderung des Bürgerlichen Gesetzbuches. Baden-Baden 1996.

Koch, Grit: Adolf Stoecker: 1835-1909; ein Leben zwischen Politik und Kirche. Erlangen/Jena 1993.

Köllmann, Wolfgang: Wirtschaft, Weltanschauung und Gesellschaft in der Geschichte des Wuppertals. Wuppertal 1955.

— Sozialgeschichte der Stadt Barmen im 19. Jahrhundert. Tübingen 1960.

Kondylis, Panajotis: Konservativismus. Geschichtlicher Gehalt und Untergang. Stuttgart 1986.

Koslowski, Peter (Ed.): The Theory of Ethical Economy in the Historical School. Wilhelm Roscher, Lorenz von Stein, Gustav Schmoller, Wilhelm Dilthey and Contemporary Theory. Berlin/Heidelberg 1995.

— Economics as Ethical Economy in the Tradition of the Historical School. Introduction, in: The Theory of Ethical Economy, ed. by P. Koslowski, S. 1-11.

Koslowski, Stefan: Die Geburt des Sozialstaates aus dem Geist des Deutschen Idealismus. Person und Gemeinschaft bei Lorenz von Stein. Weinheim 1989.

— Vom socialen Staat zum Sozialstaat. Aufstieg und Niedergang einer Vision, in: Der Staat 34 (1995), S. 221-241.

— Art.: Sozialstaat, in: HWPh 9 (1995), Sp. 1245-1249.

Kouri, Erkki I.: Der deutsche Protestantismus und die soziale Frage 1870-1919. Zur Sozialpolitik im Bildungsbürgertum. Berlin/New York 1984.

Kraus, Hans-Christof: Ernst Ludwig von Gerlach. Politisches Denken und Handeln eines preussischen Altkonservativen. 2 Bde. Göttingen 1992.

— (Hg.): Konservative Politiker in Deutschland. Eine Auswahl biographischer Porträts aus zwei Jahrhunderten. Berlin 1995.

Kretschmar, Gottfried: Der Evangelisch-Soziale Kongreß. Der deutsche Protestantismus und die soziale Frage. Stuttgart 1972.

Landau, Peter: Die Entstehung des neueren Staatskirchenrechts in der deutschen Rechtswissenschaft der zweiten Hälfte des 19. Jahrhunderts, in: Religion und Gesellschaft im 19. Jahrhundert, hg. v. W. Schieder. Stuttgart 1993, S. 29-61.

Lange, Dietz: Schöpfungslehre und Ethik, in: ZThK 91 (1994), S. 157-188.

Laun, Justus F./Mahling, Friedrich: Art.: Christlich-Sozial, in: RGG^2 (1927), Bd. I, Sp. 1581-1586.

Leder, Hans-Günter: Evangelische Theologie im Wandel der Geschichte. Stationen der 450-jährigen Geschichte der Evangelisch-Theologischen Fakultät in Greifswald, in: Baltische Studien NF 76 (1990), S. 21-47.

Lenger, Friedrich: Werner Sombart, 1863-1994. Eine Biographie. München 1994.

Lenk, Kurt: Deutscher Konservatismus. Frankfurt/New York 1989.

Lepp, Claudia: Protestantisch-liberaler Aufbruch in die Moderne. Der deutsche Protestantenverein in der Zeit der Reichsgründung und des Kulturkampfes. Gütersloh 1996.

Lessing, Eckhard: Positive und „liberale“ Theologie im Zusammenhang der preußischen Kulturpolitik, in: Die Geschichte der Evangelischen Kirche der Union, Bd. 2., hg. v. J. Rogge u. G. Ruhbach. Leipzig 1994, S. 331-355.

Lewek, Gert: Kirche und soziale Frage um die Jahrhundertwende. Dargestellt am Wirken Ludwig Webers. Neukirchen-Vluyn 1963.

Liebersohn, Harry: Religion and Industrial Society: The Protestant Social Congress in Wilhelmine Germany. Philadelphia 1986.

— Fate and Utopia in German Sociology 1870-1923. Cambridge, Mass./London 1988.

— Troeltsch's Social Teachings and the Protestant Social Congress, in: Ernst Troeltschs Soziallehren. Studien zu ihrer Interpretation (Ernst-Troeltsch-Studien Bd. 6, hg. v. F. W. Graf u. T. Rendtorff). Gütersloh 1993, S. 241-257.

Lindt, Andreas: Friedrich Naumann und Max Weber. Theologie und Soziologie im wilhelminischen Deutschland. München 1973.

Link, Christoph: Herrschaftsordnung und bürgerliche Freiheit. Grenzen der Staatsgewalt in der älteren deutschen Staatslehre. Wien 1979.

Lisberg-Haag, Isabell: 'Im Ringen um Reinheit und Reife'. Die evangelische Sittlichkeitsbewegung und die Innere Mission im Kampf gegen die Unsittlichkeit (1880-1918), in: Sozialer Protestantismus und Sozialstaat, hg. v. J. Chr. Kaiser u. M. Greschat. Stuttgart 1996, S. 191-198.

Löffler, Rolf: Philipp Nathusius (1815-1872), in: Wer mir dienen will. 24 Lebensbilder von Männern und Frauen im Dienst der Liebe, hg. i. Auftrag v. Innerer Mission u. Hilfswerk der Evangelischen Kirchen in der DDR v. G. Bosinski u. P. Toaspern. Berlin 1978, S. 271-296.

Lorenz, Hermann: Werdegang von Stift und Stadt Quedlinburg. Quedlinburgische Geschichte zur Tausendjahrfeier der Stadt Quedlinburg. Bd. 1. Quedlinburg 1922.

Loth, Wilfried: Das Kaiserreich. Obrigkeitsstaat und politische Mobilisierung. München 1996.

Lübbe, Hermann: Religion nach der Aufklärung. Graz/Wien/Köln 1986.

Luhmann, Niklas: Politische Theorie im Wohlfahrtsstaat. München 1981.

Machtan, Lothar: Zur Entstehungs- und Wirkungsgeschichte sozialstaatlicher Intervention (im späten 19. und frühen 20. Jahrhundert). Einige Neuerscheinungen auf dem Gebiet der historischen Sozialpolitikforschung, in: ASG 24 (1984), S. 611-630.

— Prolegomena für eine neue wissenschaftliche Diskussion über die (Be-) Gründung des deutschen Sozialstaats im 19. Jahrhundert, in: 1999. Zeitschrift für Sozialgeschichte des 20. und 21. Jahrhunderts 7/2 (1992), S. 54-98.

— (Hg.): Bismarcks Sozialstaat. Beiträge zur Geschichte der Sozialpolitik und zur sozialpolitischen Geschichtsschreibung. Frankfurt/New York 1994.

— Hans Rothfels und die sozialpolitische Geschichtsschreibung in der Weimarer Republik, in: Bismarcks Sozialstaat, hg. v. dems. Frankfurt/New York 1994, S. 310-384.

Mahling, Friedrich: Art.: Kirchlich-Sozial, in: RGG^2 (1929), Bd. III, Sp. 1041-1045.

Maltzahn, Christoph v.: Heinrich Leo (1799-1878). Ein politisches Gelehrtenleben zwischen romantischem Konservatismus und Realpolitik. Göttingen 1979.

Mandelkow, Karl Robert (Hg.): Goethe im Urteil seiner Kritiker. Dokumente zur Wirkungsgeschichte Goethes in Deutschland. Teil III: 1870-1918. München 1979.

Mehnert, Gottfried: Programme Evangelischer Kirchenzeitungen im 19. Jahrhundert. Witten 1972.

— Evangelische Presse. Geschichte und Erscheinungsbild von der Reformation bis zur Gegenwart. Bielefeld 1983.

Meineke, Stefan: Friedrich Meinecke. Persönlichkeit und politisches Denken Friedrich Meineckes bis zum Ende des Ersten Weltkrieges. Berlin 1995.

Mommsen, Wolfgang J. (Hg.): Die Entstehung des Wohlfahrtsstaates in Großbritannien und Deutschland 1850-1950. Stuttgart 1982.

Motschmann, Klaus: Adolf Stoecker, in: Konservative Politiker in Deutschland, hg. v. H.-Chr. Kraus. Berlin 1995, S. 205-233.
Müller, Gerhard: Art.: Freie Kirchlich-soziale Konferenz (FKSK) 1897-1918, in: Lexikon zur Parteiengeschichte. Die bürgerlichen und kleinbürgerlichen Parteien und Verbände in Deutschland (1789-1945), Bd. 2, hg. v. D. Fricke u. a. Leipzig/Köln 1984, S. 658-662.
Müller, Johann Baptist: Der deutsche Sozialkonservatismus, in: Konservativismus, hg. v. H.-G. Schumann. Königstein/Ts. ^{2}1984, S. 199-221.
Müller-Salget, Klaus: Erzählungen für das Volk. Evangelische Pfarrer als Volksschriftsteller im Deutschland des 19. Jahrhunderts. Berlin 1984.
Mulert, Hermann: Art.: Greifswalder Schule, in: RGG^1 (1910), Bd. II, Sp. 1452.
— Art.: Greifswalder Schule, in: RGG^2 (1928), Bd. II, Sp. 1665.
Mumm, Reinhard: Der christlich-soziale Gedanke. Berlin 1933.
Murrmann-Kahl, Michael: Die entzauberte Heilsgeschichte. Der Historismus erobert die Theologie 1880-1920. Gütersloh 1992.
Nagel, Anne Christine: Martin Rade - Theologe und Politiker des Sozialen Liberalismus. Eine politische Biographie. Gütersloh 1996.
Nase, Eckart: Oskar Pfisters analytische Seelsorge. Theorie und Praxis des ersten Pastoralpsychologen, dargestellt an zwei Fallstudien. Berlin/New York 1993.
Nell-Breuning, Oswald v.: Ständischer Gesellschaftsaufbau, in: Handwörterbuch der Sozialwissenschaften, hg. v. E. Beckerath, Bd. 10 (1959), S. 6-11.
Neuer, Werner: Adolf Schlatter. Ein Leben für Theologie und Kirche. Stuttgart 1996.
Neugebauer, Fritz: Wer war Adolf Schlatter?, in: ThLZ 122 (1997), Sp. 770-782.
Neuser, Wilhelm H.: Das soziale Experiment des Kaisers und der Kirche. Der Evangelisch-soziale Kongreß, in: Die Geschichte der Evangelischen Kirche der Union, Bd. 2., hg. v. J. Rogge u. G. Ruhbach. Leipzig 1994, S. 307-318.
Nipperdey, Thomas: Deutsche Geschichte 1800-1866. Bürgerwelt und starker Staat. München 1983.
— Deutsche Geschichte 1866-1918. Bd. 1: Arbeitswelt und Bürgergeist. Bd. 2: Machtstaat vor der Demokratie. München 1990-1992.
— Religion im Umbruch. Deutschland 1870-1918. München 1988.
Nowak, Kurt: Geschichte des Christentums in Deutschland. Religion, Politik und Gesellschaft vom Ende der Aufklärung bis zur Mitte des 20. Jahrhunderts. München 1995.
— Sozialpolitik als Kulturauftrag. Adolf von Harnack und der Evangelisch-Soziale Kongress, in: Soziale Reform im Kaiserreich, hg. v. J.-Chr. Kaiser u. W. Loth. Stuttgart 1997, S. 79-93.
Oexle, Otto Gerhard: »Historismus«. Überlegungen zur Geschichte des Phänomens und des Begriffs, in: Jahrbuch der Braunschweigischen Wissenschaftlichen Gesellschaft 1986, S. 119-155.
Otte, Hans: Liebestätigkeit - Christlich oder kirchlich? Gerhard Uhlhorns Bedeutung für die Ortsbestimmung der Diakonie im Kaiserreich, in: Diakonie im Kaiserreich (1871-1918), hg. v. Th. Strohm u. J. Thierfelder. Heidelberg 1995, S. 334-355.
Pankoke, Eckart: Sociale Bewegung - Sociale Frage - Sociale Politik. Grundfragen der deutschen „Socialwissenschaft“ im 19. Jahrhundert. Stuttgart 1970.

— „Personality“ as a Principle of Individual and Institutional Development. Lorenz von Stein's Institutional Theory of a „Labor-Society“, in: The Theorie of Ethical Economy, ed. by P. Koslowski, S. 39-51.

— Art.: Soziale Frage, in: HWPh 9 (1995), Sp. 1129-1134.

— Art.: Sozialpolitik, in: HWPh 9 (1995), Sp. 1227-1236.

Pawlas, Andreas: Statistik und Ethik. Zur Problematik der Integration statistischer Aussagen in der Ethik, dargestellt an der Sozial- und Wirtschaftsethik Alexander von Oettingens. Frankfurt/Bern/New York 1991.

Peters, Horst: Die Geschichte der Sozialversicherung. Bad Godesberg 1959.

Pohl, Hans: Geschichte der Sozialpolitik in Deutschland. Eine Analyse ihrer Bedingungen, Formen, Zielsetzungen und Auswirkungen. Wiesbaden 1974.

Pollmann, Klaus Erich: Landesherrliches Kirchenregiment und Soziale Frage. Der evangelische Oberkirchenrat der altpreußischen Landeskirche und die sozialpolitische Bewegung der Geistlichen nach 1890. Berlin/New York 1973.

— Die freie kirchlich-soziale Konferenz von ihren Anfängen bis zum Ersten Weltkrieg (1897-1914). Manuskript. [KSK]

— Soziale Frage, Sozialpolitik und evangelische Kirche 1890-1914, in: Sozialer Protestantismus und Sozialstaat, hg. v. J. Chr. Kaiser u. M. Greschat. Stuttgart 1996, S. 41-56.

— Weltanschauungskampf an zwei Fronten. Der Sozialprotestantismus 1890-1914, in: Soziale Reform im Kaiserreich, hg. v. J.-Chr. Kaiser u. W. Loth. Stuttgart 1997, S. 56-78.

Priddat, Birger P.: Intention and Failure of W. Roschers Historical Method of National Economics, in: The Theory of Ethical economy, ed. by P. Koslowski, S. 15-34.

Quesel, Carsten: Soziologie und Soziale Frage. Lorenz von Stein und die Entstehung der Gesellschaftswissenschaft in Deutschland. Wiesbaden 1989.

Rammstedt, Otthein: Art.: Kaste, in: Lexikon zur Soziologie, hg. v. W. Fuchs-Heinritz. Opladen [3]1994, S. 330.

— Art.: Stand, in: Lexikon zur Soziologie, hg. v. W. Fuchs-Heinritz. Opladen [3]1994, S. 641.

Raschke, Joachim: Soziale Bewegungen. Ein historisch-systematischer Grundriß. Frankfurt a. M./New York 1985.

Rendtorff, Trutz: Art.: Christentum, in: Geschichtliche Grundbegriffe 1 (1972), S. 772-814.

— Art.: Gemeinde, in: HWPh 3 (1974), Sp. 238-239.

— Ethik. 2 Bde. Stuttgart [2]1990/91.

— Subsidiaritätsprinzip oder Gemeinwohlpluralismus?, in: ZEE 37 (1993), S. 91-93.

Resasade, Hadi: Zur Kritik der Modernisierungstheorien. Ein Versuch zur Beleuchtung ihres methodologischen Basissyndroms. Opladen 1984.

Reulecke, Jürgen: Vorgeschichte und Entstehung des Sozialstaats in Deutschland bis ca. 1930, in: Sozialer Protestantismus und Sozialstaat, hg. v. J.-Chr. Kaiser u. M. Greschat, Stuttgart 1996, S. 57-71.

Ribhegge, Wilhelm: Konservative Politik in Deutschland. Von der Französischen Revolution bis zur Gegenwart. Darmstadt [2]1992.

Rich, Arthur: Wirtschaftsethik I: Grundlagen in theologischer Perspektive. Gütersloh [3]1987.

Riedel, Manfred: Art.: Gemeinschaft, in: HWPh 3 (1974), Sp. 239-243.
— Art.: Gesellschaft, bürgerliche, in: HWPh 3 (1974), Sp. 466-473.
Rieger, Isolde: Die Wihelminische Presse im Überblick. 1888-1918. München 1957.
Ringeling, Hermann: Art.: Gemeinschaft, in: TRE 12 (1984), S. 346-355.
Ringleben, Joachim (Hg.): Christentumsgeschichte und Wahrheitsbewußtsein. Studien zur Theologie Emanuel Hirschs. Berlin 1991.
Ritter, Gerhard A.: Zur Geschichte der sozialen Ideen im 19. und frühen 20. Jahrhundert, in: Handbuch Sozialpolitik, hg. v. B. v. Maydell u. W. Kannengießer. Pfullingen 1988, S. 12-63.
— Der Sozialstaat. Entstehung und Entwicklung im internationalen Vergleich. München 1989.
Rogge, Joachim/Ruhbach, Gerhard: Die Geschichte der Evangelischen Kirche der Union. Bd. 2: Die Verselbständigung der Kirche unter dem königlichen Summepiskopat (1850-1918). Leipzig 1994.
Rosenkranz, Albert (Hg.): Das evangelische Rheinland, Bd. 1: Die Gemeinden. Bd. 2: Die Pfarrer. Düsseldorf 1956/58.
Rothfels, Hans: Theodor Lohmann und die Kampfjahre der staatlichen Sozialpolitik (1871-1905). Berlin 1927.
— Prinzipienfragen der Bismarckschen Sozialpolitik, in: ders.: Bismarck, der Osten und das Reich. Darmstadt 1962, S. 165-181.
Rüsen, Jörn: Johann Gustav Droysen, in: Deutsche Historiker Bd. II, hg. v. H.-U. Wehler. Stuttgart 1971, S. 7-23.
Sachße, Christoph/Tennstedt, Florian (Hg.): Geschichte der Armenfürsorge in Deutschland. Bd. 1: Vom Spätmittelalter bis zum Ersten Weltkrieg. Bd. 2: Fürsorge und Wohlfahrtspflege 1871-1929. Stuttgart u. a. 1980/1988.
— /Engelhardt, H. Tristam (Hg.): Sicherheit und Freiheit. Zur Ethik des Wohlfahrtsstaates. Frankfurt a. M. 1990.
Saile, Wolfgang: Hermann Wagener und sein Verhältnis zu Bismarck. Ein Beitrag zur Geschichte des konservativen Sozialismus. Tübingen 1958.
Schaeder, Erich: Gedächtnisrede auf Hermann Cremer, in: Blätter für die Kirchengeschichte Pommerns. München 1929.
Schäfer, Ulla G.: Historische Nationalökonomie und Sozialstatistik als Gesellschaftswissenschaften. Forschungen zur Vorgeschichte der theoretischen Soziologie und der empirischen Sozialforschung in Deutschland in der zweiten Hälfte des 19. Jahrhunderts. Köln/Wien 1971.
Schefold, Bertram: Wirtschaftsstile. Bd. I: Studien zum Verhältnis von Ökonomie und Kultur. Bd. II: Studien zur ökonomischen Theorie und zur Zukunft der Technik. Frankfurt a. M. 1994/95.
Schick, Manfred: Kulturprotestantismus und soziale Frage. Versuche zur Begründung der Sozialethik vornehmlich in der Zeit von der Gründung des Evangelisch-Sozialen Kongresses bis zum Ausbruch des Ersten Weltkrieges (1890-1914). Tübingen 1970.
Schieder, Wolfgang: Sozialgeschichte der Religion im 19. Jahrhundert. Bemerkungen zur Forschungslage, in: Religion und Gesellschaft im 19. Jahrhundert, hg. v. dems. Stuttgart 1993, S. 11-28.
Schliep, Hans Joachim: Die soziale Verantwortung der Kirche - Eine Erinnerung an Abt Gerhard Uhlhorn, in: Jahrbuch der Gesellschaft für Niedersächsische Kirchengeschichte 90 (1992), S. 185-200.

Schmidt, Karsten: Einhundert Jahre Verbandstheorie im Privatrecht. Aktuelle Betrachtungen zur Wirkungsgeschichte von Otto v. Gierkes Genossenschaftstheorie. Hamburg 1987.

Schmidt, Manfred G.: Sozialpolitik. Historische Entwicklung und internationaler Vergleich. Opladen 1988.

— Art.: Stand, in: Wörterbuch zur Politik, hg. v. dems. Stuttgart 1995, S. 928-929.

Schnädelbach, Herbert: Philosophie in Deutschland 1831-1933. Frankfurt 1983.

Schneemelcher, Wilhelm: Art.: Christlich-soziale Bewegung. I. Evangelisch-soziale Bestrebungen in Deutschland, in: Handwörterbuch der Staatswissenschaften. 3. Bd., hg. v. J. Conrad u. a. Jena [3]1909, S. 377-387.

Schneider, Michael: Die christlichen Gewerkschaften 1894-1933. Bonn 1982.

Schneider-Ludorff, Gundy: „Zu gleichwertigen, aber andersartigen Aufgaben geschickt". Die Frauenfrage auf dem Evangelisch-Sozialen Kongreß 1895-1910, in: Diakonie im Kaiserreich (1871-1918), hg. v. Th. Strohm u. J. Thierfelder. Heidelberg 1995, S. 379-395.

Schoellgen, Gregor: Ulrich von Hassell 1881-1944. Ein Konservativer in der Opposition. München 1990.

Schoeps, Hans-Joachim: Die preußischen Konservativen, in: Rekonstruktionen des Konservatismus, hg. v. G.-K. Kaltenbrunner. Freiburg 1972, S. 181-188.

Schoeps, Julius H.: Konservativismus, in: Konservativismus, Liberalismus, Sozialismus: Einführung, Texte, Bibliographien, hg. v. Julius H. Schoeps/Joachim H. Knoll/Claus-E. Bärsch. München 1991, S. 11-46.

Schorn-Schütte, Luise: Karl Lamprecht. Kulturgeschichte zwischen Wissenschaft und Politik. Göttingen 1984.

— /Sparn, Walter (Hg.): Evangelische Geistlichkeit. Zur sozialen und politischen Rolle einer bürgerlichen Gruppe in der deutschen Gesellschaft des 18. bis 20. Jahrhunderts. Stuttgart 1996.

Schrey, Heinz-Horst: Entwicklung der deutsch-protestantischen Sozialethik seit 1900, in: Christlicher Glaube und soziale Verantwortung, hg. v. K. Kremkau. Frankfurt a. M. 1986, S. 28-44.

Schumann, Hans-Gerd: »Konservativismus« als analytischer Strukturbegriff, in: Konservativismus. Königstein/Ts. [2]1984.

Shanahan, William O.: Der deutsche Protestantismus vor der sozialen Frage 1815-1871. München 1962.

Shionoya, Yuichi: A Methodological Appraisal of Schmoller's Research Program, in: The Theory of Ethical Economy, ed. by P. Koslowski, S. 57-78.

Sieg, Ulrich: Im Zeichen der Beharrung. Althoffs Wissenschaftspolitik und die deutsche Universitätsphilosophie, in: Wissenschaftsgeschichte und Wissenschaftspolitik im Industriezeitalter. Das „System Althoff" in historischer Perspektive, hg. v. B. v. Brocke. Hildesheim 1991, S. 287-306.

Sösemann, Bernd: Die konfessionelle Publizistik des 19. Jahrhunderts in der zeitgenössischen Auseinandersetzung und als Gegenstand der Forschung, in: Seelsorge und Diakonie in Berlin. Beiträge zum Verhältnis von Kirche und Großstadt im 19. und beginnenden 20. Jahrhundert, hg. v. K. Elm u. H.-D. Loock. Berlin/New York 1990, S. 385-412.

Art.: Sozial; das Soziale, [Red.] in: HWPh 9 (1995), Sp. 1113-1121.

Sparn, Walter: Preußische Religion und lutherische Innerlichkeit. Ernst Troeltschs Erwartungen an das Luthertum, in: Ernst Troeltschs Soziallehren. Studien zu ih-

rer Interpretation (Ernst-Troeltsch-Studien Bd. 6, hg. v. F. W. Graf u. T. Rendtorff). Gütersloh 1993, S. 152-177.
Spieker, Manfred: Legitimitätsprobleme des Sozialstaats. Konkurrierende Sozialstaatskonzeptionen in der Bundesrepublik Deutschland. Bern/Stuttgart 1986.
Starnitzke, Dierk: Diakonie als soziales System. Eine theologische Grundlegung diakonischer Praxis in Auseinandersetzung mit Niklas Luhmann. Stuttgart 1996.
Stavenhagen, Gerhard: Geschichte der Wirtschaftstheorie. Göttingen ^{4}1969.
Steenblock, Volker: Transformationen des Historismus. München 1991.
Steitz, Walter: Quellen zur Wirtschafts- und Sozialgeschichte von der Reichsgründung bis zum Ersten Weltkrieg. Darmstadt 1985.
Stenglein-Hektor, Uwe: Religionsforschung als Wirklichkeitsgewinn. Hochschulpolitische Tendenzen, theologische Studienreformbemühungen und Enzyklopädiediskussionen im Kulturprotestantismus, in: Der deutsche Protestantismus um 1900, hg. v. F. W. Graf u. H. M. Müller. Gütersloh 1996, S. 19-41.
Strathmann-v. Soosten, Elisabeth: Der Evangelisch-soziale Kongreß von 1890 bis 1904. Eine historisch-systematische Studie zum Verhältnis von christlicher Ethik und industrieller Gesellschaft. Unveröffentlichte Dissertation. Marburg 1987.
Strohm, Theodor: Diakonie in den Umbrüchen des Kaiserreichs - Versuch einer Bilanz, in: Diakonie im Deutschen Kaiserreich (1871-1918), hg. v. dems. u. J. Thierfelder. Heidelberg 1995, S. 18-55.
Stübinger, Ewald: Wirtschaftsethik und Unternehmensethik, in: ZEE 40 (1996), S. 148-161; 226-244.
Stupperich, Robert: Adolf Schlatters Berufungen, in: ZThK 76 (1979), S. 100-117.
— Der Kampf um das Christentum an der Jahrhundertwende, in: Jahrbuch für Berlin-Brandenburgische Kirchengeschichte 52 (1980), S. 131-146.
— (Hg.): Hermann Cremer. Haupt der „Greifswalder Schule“. Briefwechsel und Dokumente. Köln/Wien 1988.
Surányi-Unger, Theo: Philosophie in der Volkswirtschaftslehre. Ein Beitrag zur Geschichte der Volkswirtschaftslehre. 2 Bde. Jena 1923/26.
Tanner, Klaus: Die fromme Verstaatlichung des Gewissens. Zur Auseinandersetzung um die Legitimität der Weimarer Reichsverfassung in Staatsrechtswissenschaft und Theologie der zwanziger Jahre. Göttingen 1989.
— Bürgerlicher Individualismus und soziale Verantwortung, in: WzM 42 (1990), S. 97-114.
— Der Staat des christlichen Gemeinwohls? Protestantische Staatsutopien und die Krise sozialstaatlicher Institutionen, in: ZEE 39 (1995), S. 151-162.
Tennstedt, Florian: Sozialgeschichte der Sozialpolitik in Deutschland. Vom 18. Jahrhundert bis zum Ersten Weltkrieg. Göttingen 1981.
— Fortschritte und Defizite in der Sozialversicherungsgeschichtsschreibung - komparative und sonstige Kurzsichtigkeiten nach 100 Jahren „Kaiserlicher Botschaft“, in: ASG 22 (1982), S. 650-660.
— Sozialreform als Mission. Anmerkungen zum politischen Handeln Theodor Lohmanns, in: Von der Arbeiterbewegung zum modernen Sozialstaat. FS f. Gerhard A. Ritter, hg. v. J. Kocka, H.-J. Puhle u. K. Tenfelde. München u. a. 1994, S. 538-559.

Thier, Erich: Die Kirche und die soziale Frage. Von Wichern bis Naumann. Eine Untersuchung über die Beziehungen zwischen politischen Vorgängen und kirchlichen Reformen. Gütersloh 1950.

Thümmel, Hans-Georg: Art.: Greifswald, in: TRE 14 (1985), S. 209-212.

Timm, Hermann: Theorie und Praxis in der Theologie Albrecht Ritschls und Wilhelm Herrmanns. Ein Beitrag zur Entwicklungsgeschichte des Kulturprotestantismus. Gütersloh 1967.

— Friedrich Naumanns theologischer Widerruf. Ein Weg protestantischer Sozialethik im Übergang vom 19. zum 20. Jahrhundert. München 1967.

Turre, Reinhard: Es gibt immer eine sociale Frage. Gerhard Uhlhorn zur Auseinandersetzung zwischen Christentum und Sozialismus. Hannover 1985.

Uhlhorn, Gerhard: Schriften zur Sozialethik und Diakonie, hg. v. M. Cordes u. H. Otte. Hannover 1990.

Ullmann, Hans-Peter: Das Deutsche Kaiserreich 1871-1918. Frankfurt a. M. 1995.

Urban, Christine: Martin Friedrich Engelhard von Nathusius. Festschriftbeitrag. Greifswald 1989.

Voigt, Friedemann: „Die Tragödie des Reiches Gottes"? Ernst Troeltschs Rezeption von Soziologie und Kulturwissenschaft Georg Simmels. Dissertation. München 1996.

Wagner, Falk: Zur Theologiegeschichte des 19. und 20. Jahrhunderts, in: ThR 53 (1988), S. 113-200.

— Theologische Universalintegration. Richard Rothe (1799-1867), in: Profile des neuzeitlichen Protestantismus. Bd. 1: Aufklärung - Idealismus - Vormärz, hg. v. F. W. Graf. Gütersloh 1990, S. 265-286.

— Lutherische Erfahrungstheologie. Franz Hermann Reinhold Frank (1827-1894), in: Profile des neuzeitlichen Protestantismus. Bd. 2,2: Kaiserreich. Gütersloh 1993, S. 205-230.

Wahlhäuser, Hermann: Adolf Stoeckers Wirken auf dem Evangelisch-Sozialen Kongreß, in: Diakonie im Kaiserreich (1871-1918), hg. v. Th. Strohm u. J. Thierfelder. Heidelberg 1995, S. 356-378.

Ward, William R.: Theology, Sociology and Politics. The German Protestant Social Conscience 1890-1933. Bern 1979.

Weber, Marianne: Max Weber. Ein Lebensbild. München 1989.

Wehler, Hans-Ulrich: Das Deutsche Kaiserreich 1871-1918. Göttingen 1973.

— Deutsche Gesellschaftsgeschichte. Bd. 3: Von der „Deutschen Doppelrevolution" bis zum Beginn des Ersten Weltkrieges 1849-1914. München 1995.

Wenz, Gunther: Erweckte Theologie. Friedrich August Tholuck (1799-1877), in: Profile des neuzeitlichen Protestantismus. Bd. 1: Aufklärung - Idealismus - Vormärz, hg. v. F. W. Graf. Gütersloh 1990, S. 251-264.

Wichelhaus, Manfred: Kirchengemeinden und Bürgergemeinden im Wuppertal, in: „Wenn nicht jetzt, wann dann?". Aufsätze für H.-J. Kraus zum 65. Geburtstag, hg. v. H.-G. Geyer u. a. Neukirchen-Vlyun 1983, S. 415-430.

Winkel, Harald: Die deutsche Nationalökonomie im 19. Jahrhundert. Darmstadt 1977.

Winkler, Heinrich August: Organisierter Kapitalismus. Voraussetzungen und Anfänge. Göttingen 1974.

Witteborg, August: Geschichte der evang.-lutherischen Gemeinde Barmen-Wupperfeld von 1777 bis 1927. Zum 150jährigen Jubelfeste. Barmen 1927.

Wittkau, Annette: Historismus. Zur Geschichte des Begriffs und des Problems. Göttingen ²1994.

Wülfing, H.: Aus der Geschichte eines alten Hauses. Wuppertal-Barmen 1974.

Yu, Eun-Sang: Die Grundzüge der sozialen Gedankenwelt von Victor Aime [sic!] Huber. Eine Untersuchung seiner theologischen - und politischen Grundauffassungen. Berlin 1986.

Zahn-Harnack, Agnes v.: Der Apostolikumstreit des Jahres 1892 und seine Bedeutung für die Gegenwart, in: dies.: Schriften und Reden 1914-1950. Tübingen 1964, S. 58-69.

Zimmermann, Clemens: Von der Wohnungsfrage zur Wohnungspolitik. Die Reformbewegung in Deutschland 1845-1914. Göttingen 1991.

Zimmermann, Waldemar: Art.: Sozialreformerische Vereine, in: RGG² (1931), Bd. V, Sp. 654-655.

Zitt, Renate: Theodor Lohmanns Bedeutung für die Positionsbestimmung der Inneren Mission gegenüber der sozialen Frage, in: Diakonie im Deutschen Kaiserreich (1871-1918), hg. v. Th. Strohm u. J. Thierfelder. Heidelberg 1995, S. 74-104.

Namenverzeichnis